Fotobearbeitung mit Paint Shop Pro Photo XI

D1672625

Ralph Altmann ist Buchautor und Fachjournalist und schreibt seit mehr als zehn Jahren für das Computermagazin **c't** unter anderem über digitale Fotografie und Bildbearbeitung. Mindestens genauso lange ärgert er sich über oberflächliche Handbücher, fehlende, teilweise sogar falsche Erklärungen wichtiger Funktionen selbst in Fachbüchern und vor allem über das Chaos an un- und missverständlichen, gelegentlich einander widersprechenden deutschen »Fachbegriffen«, mit denen jeder konfrontiert wird, der sich mit Bildbearbeitung beschäftigt. Sein Anliegen: präzise und (gerade deshalb) verständliche Erläuterungen der Wirkungsweisen von Funktionen, Filtern und Werkzeugen, mit deren Hilfe Sie die Kontrolle über »Ihr« Computerprogramm (zurück)erlangen.

Ralph Altmann

Fotobearbeitung mit Paint Shop Pro Photo XI

Anleitungen, Funktionsweisen, Tipps und Tricks

 dpunkt.verlag

Ralph Altmann: info@ralphaltmann.de, www.ralphaltmann.de

Lektorat: Barbara Lauer, Bonn
Copy-Editing: Alexander Reischert, Köln
Herstellung: Birgit Bäuerlein
Umschlaggestaltung: Helmut Kraus, www.exclam.de
Layout und Satz: Ralph Altmann
Druck und Bindung: Stürtz GmbH, Würzburg

Bibliografische Information Der Deutschen Bibliothek
Die Deutsche Bibliothek verzeichnet diese Publikation in der Deutschen
Nationalbibliografie; detaillierte bibliografische Daten sind im Internet über
http://dnb.ddb.de abrufbar.

ISBN 978-3-89864-451-8

1. Auflage 2007
Copyright © 2007 dpunkt.verlag GmbH
Ringstraße 19 B
D-69115 Heidelberg

5 4 3 2 1 0

Vorwort

Die digitale Fotografie entwickelt sich derzeit so rasch wie kaum ein anderes technisches Gebiet. Neue Kameras und verbesserte Bildbearbeitungsprogramme erscheinen in jährlichem Rhythmus. Vor gerade einem Jahr erschien auch der Vorgänger dieses Buches zu Paint Shop Pro X, nun machte die neue Version XI bereits eine aktualisierte und komplett überarbeitete Neuausgabe notwendig.

Ich habe diese Gelegenheit für einige Ergänzungen genutzt: Das Kapitel **Mit Auswahlen arbeiten** ist völlig neu, **Mit Masken arbeiten** wurde um zahlreiche Themen erweitert. Mit den hier vorgestellten Arbeitstechniken können Sie rasch professionelle Ergebnisse erreichen.

Voraussetzung für ansehnliche, ohne langwieriges Herumprobieren entstandene Bildergebnisse ist die Kenntnis der Wirkungsweisen von Werkzeugen und Filtern. Der Schwerpunkt dieses Buches liegt deshalb auf der verständlichen Erläuterung solcher Grundlagen. Sie erfahren Wissenswertes über den Aufbau des »digitalen Bildes« und über seine Veränderung mit den Werkzeugen von Paint Shop Pro. Sie lernen gegebenenfalls auch deren Schwächen kennen – gleichzeitig aber auch, wie diese sich umgehen lassen. Am Ende werden Sie die Fähigkeiten von Paint Shop Pro besser verstehen und gezielter einsetzen. Und digitale Bildbearbeitung wird für Sie, so hoffe ich, etwas von der »Schwarzen Magie« verloren haben, die ihr bis heute anhaftet.

Bei allem habe ich mich bemüht, ein möglichst lesefreundliches Buch zu schaffen, in dem Sie ohne Mühe die Informationen finden, die Sie suchen. Fast 200 »Hyperlinks« (Seitenverweise) leiten Sie zu den Seiten mit ergänzenden oder Detailinformationen zu einem bestimmten Thema.

Dieses Buch ist auch das Resultat der – meist unsichtbaren – Hilfe vieler Personen und Firmen. Mein besonderer Dank geht an meine geduldige Lektorin Barbara Lauer sowie an Dr. Adolf Ebeling (c't-Magazin) für die Erlaubnis, Textauszüge sowie Skripts aus früheren Artikeln auf die Buch-CD aufzunehmen. Die Firmen Corel, ColorVision, Monaco Systems, Eizo und Agfa seien hier stellvertretend für viele genannt, die Software, Testgeräte, Hintergrundinformationen und Abbildungen zur Verfügung gestellt haben. Spezialwissen meiner studierenden Söhne Marc und Alexander ist ebenso in dieses Buch eingeflossen wie die Fürsorge und das Verständnis meiner Frau Elisabeth, ohne die der Arbeitsaufwand in solch kurzer Zeit nicht zu bewältigen gewesen wäre.

Ralph Altmann   Langerwisch, im Februar 2007

Im Buch verwendete Zeichen

Die Auszeichnungen und Abkürzungen im Text sollen Ihnen das Lesen erleichtern und dabei helfen, wichtige Informationen schnell zu finden.

[Tastenkürzel] sind eingerahmt. Drücken Sie einfach das angegebene Zeichen auf der Tastatur. Sondertasten sind wie folgt gekennzeichnet:

[Strg]   Steuerungstaste

[Alt]   Alt-Taste

[⇧]   Umschalttaste

⚲⇕   Ziehen bei gedrückter Maustaste

[⇧]⚲, [Strg]⚲   Mausklick (links) in Verbindung mit der angegebenen Taste

≫ **Seitenverweise** sind die »Hyperlinks«, die Sie zu weiterführenden Informationen in diesem Buch führen.

Befehle sind Menübefehle, Optionen in Dialogfenstern und Einträge in Auswahllisten, auf die Sie in der Regel mit der Maustaste klicken müssen, um die gewünschte Funktion auszulösen.

Befehlsketten sind durch das Zeichen > getrennte Folgen von Befehlen (z. B. **Datei>Öffnen**), die Sie in der angegebenen Reihenfolge »abarbeiten« müssen, um die gewünschte Funktion zu erreichen. Auch **Internet-Links** habe ich auf diese Weise ausgezeichnet.

Inhalt

1   Die Werkstatt

2   Das digitale Bild

3   Bilderfassung

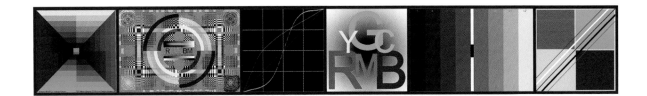

Einleitung

PSP-XI-Versionen

Die im September 2006 erschiene erste Version von Paint Shop Pro Photo XI (Dateiversion 11.00) war noch ziemlich unausgereift. Erst mit dem Patch vom Dezember 2006 (Dateiversion 11.11) wurden zahlreiche Mängel (wenn auch nicht alle) behoben. Falls Sie noch die erste Version benutzen, laden Sie sich unbedingt das aktuelle Update herunter (Menüpunkt Hilfe>Software-Updates). Die Tests in diesem Buch beruhen auf der Version 11.11 vom 18.12.2006.

Als ich vor etwa neun Jahren Paint Shop Pro das erste Mal begegnete, war das Programm gerade dem Shareware-Stadium entwachsen. Schon damals enthielt es fortschrittliche Funktionen und war teilweise (z. B. mit dem ständig sichtbaren Histogramm) Photoshop und anderen Programmen sogar voraus. Seitdem hat sich bei der Konkurrenz, aber auch in Paint Shop Pro viel getan. Heute noch gleicht das Programm einer im ständigen Umbau befindlichen Werkstatt, in der ältere und moderne Werkzeuge dicht nebeneinander liegen. Und auch in der jüngsten Version gibt es Funktionen, mit denen Paint Shop Pro zigmal teurere Profiprogramme in den Schatten stellt. Ich kenne kein anderes Bildbearbeitungsprogramm, dessen Oberfläche sich so tiefgreifend (einschließlich der Menüleiste) individuell anpassen lässt. Ein Highlight ist die komfortable und doch mächtige Automatisierung über Verlauf-Palette und Skripting-Funktion. Einige Filter benutzen intern den Lab-Farbraum, der in puncto Helligkeitsdarstellung große Vorteile hat. Viele pfiffige Funktionen und liebevoll ausgestaltete Details entdeckt man erst bei längerer Beschäftigung mit dem Programm.

Die Entwicklerfirma von Paint Shop Pro, Jasc, wurde Ende 2004 von Corel übernommen. Ein Jahr später erschien Paint Shop Pro X mit zwei wichtigen Verbesserungen: der Unterstützung von Farbmanagement und von Bildern in 16 Bit Farbtiefe/Kanal. In der jüngsten Version XI, um die es in diesem Buch geht, sind weitere, vor allem für Fotografen interessante Funktionen hinzugekommen. Doch auch, wenn Sie noch mit PSP X arbeiten, werden Sie hier viele wertvolle Informationen finden.

Was ist neu in Paint Shop Pro Photo XI?

Die Filter **Kurven** und **Niveaus** hat Corel gründlich überarbeitet und um Automatikfunktionen (≫193) und Pipetten (≫194) für die Kontrast- und Farbkorrektur ergänzt. Beide Filter enthalten jetzt Histogramme. Das **Farbfüllungswerkzeug** und der **Zauberstab** bekamen neue Auswahlmodi (≫254) und bringen damit deutlich bessere Ergebnisse als früher. Davon profitiert auch das neue **Umfärber-Werkzeug**, das als bisher einziges Korrekturwerkzeug interaktiv arbeitet, d. h., die Einstellungen lassen sich auch noch nach der Anwendung ändern. Das **Beschnittwerkzeug** lässt sich jetzt einfacher und komfortabler einsetzen.

Ein Filter **Hautglättung** erweitert die Make-up-Fähigkeiten des Programms. Zahlreiche neue Fotoeffekte sind für schnelle, unkomplizierte Farbeffekte gedacht. Interessant, aber noch nicht ausgereift (und deshalb für anspruchsvolle Zwecke kaum verwendbar) ist der Filter **Tiefenschärfe**. Auch die neuen Paletten **Verwalter** und **Fotoablage** hatten in der von mir getesteten Version noch Mängel.

Als Kenner früherer Versionen von Paint Shop Pro werden Sie möglicherweise zwei Funktionen vermissen: Der Filter **Niveaus** enthält keine Regler zur Einschränkung des Tonwertumfangs (**Output-Niveaus**) mehr, und das Histogramm des Filters **Histogrammanpassung** bietet keinen Vorher-Nachher-Vergleich mehr.

Hilfefunktionen und Dokumentation

Falls Sie das erste Mal mit Paint Shop Pro in Berührung kommen, kann Ihnen das **Lernstudio** (»26) den Einstieg wesentlich erleichtern. Es ist eine Art roter Faden, der Sie ohne langes Suchen zu den benötigten Funktionen führt. Zum »Lernen« ist das Lernstudio jedoch kaum geeignet, denn es bietet kein Hintergrundwissen. Teilweise werden kommentarlos die entsprechenden Funktionen aufgerufen.

Ausführlichere, mit Bildbeispielen unterlegte Informationen gibt die kontextsensitive **Online-Hilfe**. Oft beschränkt aber auch sie sich auf Schritt-für-Schritt-Anweisungen, aus denen weder die genaue Funktion noch Zusammenhänge deutlich werden. Wer tiefer in das Programm eintauchen will, muss sich unter viel redundanter Information das Wissenswerte mühsam zusammensuchen.

Das **Benutzerhandbuch** bietet zwar oft die wörtlich gleichen Informationen, jedoch von Wiederholungen bereinigt und auf das Wesentliche konzentriert. Erklärt werden Grundfunktionen von Werkzeugen und einige Arbeitsabläufe – für mehr ist auf den 123 Seiten auch kein Platz (zum Vergleich: das Handbuch zu Version 9 war 564 Seiten stark). Für Programmeinsteiger hat Corel den Zugang leichter und den Weg bis zu den ersten sichtbaren Erfolgen kürzer gemacht. Anwender wie Sie, die es genauer wissen wollen, werden dabei etwas vernachlässigt. Diese Lücke möchte ich mit diesem Buch füllen.

Offene Wünsche

Einige offene Wünsche aus der ersten Auflage dieses Buches sind erfreulicherweise kein Thema mehr. Verbesserungsbedürftig ist aber nach wie vor die **Histogramm-Palette**: Die Histogrammkurven sind oft nur schwer oder gar nicht zu erkennen. Der Filter **Farbton/Sättigung/Helligkeit** leidet unter einem viel zu kleinen, nur schwer bedienbaren Dialog, der präzise Einstellungen zu einer langwierigen Fummelarbeit macht. Überfällig ist auch eine Vollbilddarstellung von **Masken** und **Alphakanälen** als Graustufenbild, wünschenswert wäre zudem eine vollwertige **Kanälepalette**. Und schließlich gibt es auch noch eine ganze Reihe von kleineren Bugs und Inkonsequenzen zu beheben, zum Beispiel bei der Speicherung von Bildinformationen, der automatischen Sicherung und dem Farbmanagement.

CD-Inhalt

Paint Shop Pro Photo XI	(30-Tage-Testversion)
SnapFire Plus 1.0	(30-Tage-Testversion)

Beispielbilder		**PSP-Skripts:**	
		Kanäle simulieren	»242
Backup-Skripts	»159	Graustufenumsetzung	»247
Kameratestbilder	»122,123	Beleuchtungseffekte	»250
Monitorkalibrierung	»58,60	Kontrastausgleich	»245
SimpelFilter-Plugins	»210, 270	Tiefen/Lichter maskieren	»266
SmartCurve-Plugin	»195	Maske anzeigen	»261
Tonwertkurven	»186	Schärfen mit Konturenmaske	»264

Einige der Materialien finden Sie auch unter **www.simpelfilter.de**

Zusatzprogramme

Zum Programmpaket von Paint Shop Pro Photo XI gehört **Corel Snapfire Plus SE** (»27). Es handelt sich um ein Verwaltungs- und Diashowprogramm mit Funktionen zur Fotobearbeitung. Letzteres kann Paint Shop Pro besser und die neue Palette **Verwalter** bietet vergleichbare Verwaltungsfunktionen. Snapfire Plus lässt sich 30 Tage testen und hat anschließend nur noch den Funktionsumfang der SE-Version (u. a. ohne Bewertungen und Videounterstützung).

Die beiden mit PSP X ausgelieferten Programme **Corel Photo Album** (»154) und **RawShooter Essentials** (»126) gehören nicht mehr zum Lieferumfang. Leider haben wir von Adobe keine Genehmigung erhalten, den RAWShooter auf die Buch-CD aufzunehmen. Sie können dieses Programm aber kostenlos im Internet herunterladen, z. B. von hier:

www.pixmantec.com/products/rawshooter_essentials.asp
www.foto-freeware.de/raw-shooter-essentials.php.

Empfohlene Systemkonfiguration

Corel empfiehlt als Rechnerausstattung

- Mindestens 466-MHz-Prozessor
- Windows XP oder Windows 2000
- 512 MB RAM
- 500 MB freier Festplattenspeicher
- Monitor mit 32-Bit-Farbe, Auflösung 1024*768

Ich empfehle für den Fall, dass Sie zügig mit mehreren Megapixeln großen Bilddaten arbeiten wollen, mindestens die doppelten Werte für Geschwindigkeit und RAM-Speicher. Für ein tägliches automatisches Backup der Bilddaten sollte eine zweite Festplatte vorhanden sein (»159). Noch besser als ein großer Monitor ist die Kombination aus zwei Monitoren: Einer für das PSP-Hauptfenster und die Bilddarstellung, der zweite (das kann ein älterer und relativ kleiner Monitor sein) für die darauf ausgelagerten Paletten. Dazu ist eine Grafikkarte mit zwei Ausgängen erforderlich.

Corel-Support

Die Internet-Adresse, unter der Sie als registrierter Anwender zu Ihrem Problem eine schnelle und oft auch hilfreiche Lösung erhalten, lautet www.corel.de/support.

Außerdem finden Sie auf den Corel-Seiten die neuesten Updates, Übungsanleitungen, Grafikelemente und den Zugang zu Newsgroups.

Die Werkstatt

Mit Paint Shop Pro haben Sie eine umfangreiche Werkstatt zur Bearbeitung digitaler Bilder erworben. Oder ein »Labor«, wie es früher hieß – wohl, weil im Fotolabor so viel mit Chemikalien hantiert wurde. Das ist mit der Digitaltechnik zum Glück nicht mehr nötig. Zudem gehen die Möglichkeiten, die Paint Shop Pro bietet, weit über die Möglichkeiten eines konventionellen Fotolabors hinaus.

Lassen Sie uns zu Anfang einen Rundgang durch diese Werkstatt machen und schauen, wie sie eingerichtet ist, was für Werkzeuge in den Regalen liegen und wofür man diese gebrauchen kann. Sie können und sollten Ihre Fotowerkstatt anschließend ganz nach Ihren Vorlieben und Bedürfnissen umräumen und neu einrichten. Paint Shop Pro bietet dabei mehr Freiheiten als jedes andere mir bekannte Programm. Weiterhin werden Sie in diesem Kapitel erfahren, welche Voreinstellungen nützlich sind und welche Sie ändern sollten, wie Sie die neuen Farbmanagementfunktionen nutzen und wie sie vom Programm beim Ausdruck Ihrer Bilder unterstützt werden.

Programmoberfläche

1 So ähnlich präsentiert sich PSP XI nach dem ersten Start. Sichtbar ist hier aber nur ein Teil aller Symbolleisten und Paletten. Paint Shop Pro gestattet Ihnen das fast unbegrenzte Um- und Aufräumen. Sie können Ihre eigenen Arbeitsoberflächen gestalten (auch mehrere für unterschiedliche Zwecke) und speichern.

Paint Shop Pro öffnet sich beim ersten Start mit einer vordefinierten *Arbeitsoberfläche* mit den wichtigsten Werkzeugen und Hilfsmitteln, so dass Sie sofort mit der Arbeit beginnen können (**1**). Das *Programmfenster*, in dem sich die zu bearbeitenden Bilder öffnen und in dem normalerweise auch alle Werkzeug- und Symbolleisten und Paletten zu finden sind, ist oben von der *Titelleiste* und unten von der *Statusleiste* begrenzt. Die Titelleiste zeigt (neben dem Programmnamen) den Dateinamen des Bildes, das sich gerade im Vordergrund befindet, Zoomstufe und gewählte Ebene. Die Statusleiste zeigt Hinweise zum ausgewählten Werkzeug, die Bildabmessungen (in Pixeln), die Farbtiefe und die Position des Mauszeigers, die Farbwerte und die Deckkraft. Direkt unter der Titelleiste finden Sie die *Menüleiste*.

Diese drei Leisten sind fest mit dem Programmfenster verbunden. *Symbolleisten* und *Paletten* können Sie dagegen frei im Programmfenster und sogar außerhalb davon verschieben. Paint Shop Pro verfügt über zwölf Paletten und sieben Symbolleisten (**2**) plus eine Statuszeile (die zu den Symbolleisten zählt, sich aber nicht verändern, lediglich ausblenden lässt). Zudem sind in fünf Paletten eigene Symbolleisten vorhanden. Weitere Symbolleisten lassen sich hinzufügen.

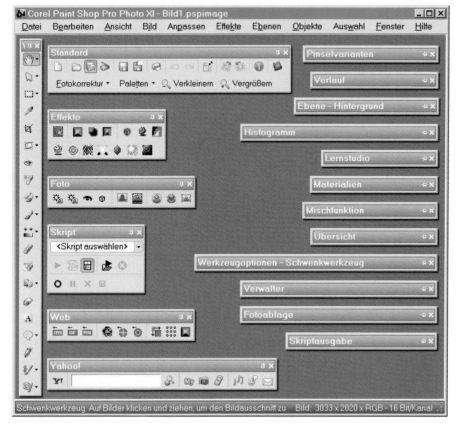

2 Alle Symbolleisten und Paletten (untere Liste, im Programmfenster rechts, eingeklappt) von Paint Shop Pro XI. Was davon angezeigt wird, wählen Sie unter Ansicht> Symbolleisten und Ansicht>Paletten. Die Paletten können auch über die Standard-Symbolleiste oder per Tastaturbefehl F2 ein- und ausgeblendet werden.

Menüfunktionen

Zwar lässt »Menü« an Kulinarisches denken, Programm-Menüs können aber wohl besser mit Regalen verglichen werden, in deren Fächern die Programmwerkzeuge liegen. Einige Regale sind von Programm zu Programm recht ähnlich (beispielsweise das Datei- und das Fenster-Menü), die meisten aber programmspezifisch. Treffende Beschriftung und eine klare Systematik können nicht nur unerfahrenen Anwendern helfen, benötigte Werkzeuge ohne langes Suchen »intuitiv« zu finden. Leider ist beides generell bei Bildbearbeitungsprogrammen nicht sehr verbreitet – und Paint Shop Pro macht da keine Ausnahme. Nachfolgend ein Überblick über die elf Hauptmenüs:

Datei Die »Schnittstelle« zur Außenwelt. Enthält Dateibefehle wie Öffnen, Speichern, Im- und Export, Senden und die Druckbefehle. Hier sind auch die Skript- und Stapelverarbeitungsbefehle zu finden, die Programmeinstellungen (allerdings nicht alle) und die Farbverwaltung. Eigene Arbeitsoberflächen speichern und laden Sie ebenfalls hier.

Bearbeiten Allgemeine Bearbeitungsfunktionen wie Rückgängig/Wiederherstellen, Kopieren und Einfügen (wahlweise als Bild, Ebene oder freie Auswahl).

Ansicht Vorschaugröße (Zoomstufe) und Ansichtsoptionen. Ein- und Ausblenden von Linealen, Raster und Hilfslinien, Symbolleisten und Paletten. Optionen und Einstellungen für die Programmoberfläche und für Tastaturbefehle (die bei den Programmeinstellungen im Datei-Menü besser aufgehoben wären).

Bild Befehle, die auf das gesamte Bild (statt auf einzelne Ebenen) wirken: Drehen/Spiegeln, Bild- und Leinwandgröße ändern, Farbtiefe ändern, Kanäle trennen/vereinen, Bildberechnungen. Zudem Bild- und Wasserzeicheninformationen sowie (nur auf eine Ebene wirkend) die Negativumsetzung.

Anpassen Auf einzelne Ebenen und Pixel wirkende Tonwert- und Farbkorrekturen, Schärfen, Weichzeichnen, Entrauschen sowie Linsenfehlerkorrektur.

Effekte Spezielle, meist komplizierte Bildeffekte, aber auch für die Bildbearbeitung wichtige (Hochpass, Poster, Konturen) sowie eigene Filter und Plugins. Effekte wirken ebenfalls auf einzelne Ebenen.

Ebenen Anlegen und Organisieren von Ebenen und Masken.

Objekte Befehle zum Bearbeiten und Anordnen von Vektorobjekten (Formen und Pfaden, Text).

Auswahl Auswahlen erzeugen, ändern, laden/speichern, umwandeln.

Fenster Fenster anordnen, Größe anpassen, Registerkartenansicht (**3**), Duplizieren. Enthält zudem eine Liste aller geöffneten Bilder.

Hilfe Online-Hilfe, Lernstudio, Internet-Support, Update-Einstellungen. Hier finden Sie auch eine Liste aller Befehle mit ihren Tastaturkürzeln.

Gewusst wo!

Einige Befehle liegen in Menüs, wo man sie nicht unbedingt vermutet:

Bild>Negativbild gehört, weil nur eine Ebene beeinflusst wird, eigentlich ins Anpassen-Menü.

Ebenfalls falsch im Bild-Menü liegt **Bild>Alphakanal löschen**. Der Befehl gehört ins Auswahl-Menü, ebenso wie drei Befehle aus dem Ebenenmenü, die Masken betreffen: **Maskierung/Anpassung umkehren**, **Überzug anzeigen** und **Maske laden/speichern**.

Fenster>Duplizieren dupliziert das Bild, gehört ins Bild-Menü (der Befehl zum Duplizieren einer Ebene liegt schießlich auch im Ebenenmenü).

Kontextmenüs

Kontextmenüs, die sich auf rechten Mausklick öffnen, enthalten eine Auswahl der im jeweiligen »Kontext« sinnvollen Menübefehle. Paint Shop Pro enthält 13 unterschiedliche Kontextmenüs, je nachdem, wo der Klick erfolgt und welches Werkzeug gewählt ist.

3 Die »Registerkartenansicht« geöffneter Bilder (**Fenster>Dokumente mit Registerkarten**) ist eine gute, aber schlecht umgesetzte Idee. Durch unnötig große Schrift und unnötige Informationen (Zoomstufe, Ebene) werden die Kartenreiter so lang, dass die Übersicht wieder verloren geht.

Geheime Befehle

Eine Reihe von nützlichen Befehlen erscheint in keinem Menü und in keiner Symbolleiste. Sie werden nur in der Tastaturbelegungstabelle (**Hilfe>Tastaturbelegung>Nicht verwendete Befehle**) angezeigt und können auch in Symbolleisten aufgenommen werden (**Ansicht>Anpassen>Befehle>Kategorien>Nicht verwendete Befehle** und dann den Befehl in eine Symbolleiste ziehen).

Einige dieser Befehle stammen aus früheren Paint Shop Pro-Versionen, die Funktion ist jetzt genauso oder verbessert in andere Werkzeuge eingegangen. Es sind aber auch einige nützliche Tastaturbefehle darunter, die weder in der Hilfe noch im Handbuch erwähnt werden.

Alle Paletten aus- und einblenden

Zwei »geheime Befehle« (siehe vorige Seite) sind nützlich, wenn Paletten und Symbolleisten am falschen Platz sind:

Mit der Funktionstaste [F2] machen Sie alle schwebenden Paletten und Symbolleisten unsichtbar und blenden sie auch wieder ein. Auf angedockte Elemente wirkt die Taste nicht.

Mit [Strg]⇧[T] blenden Sie alle Paletten und Symbolleisten ein und holen sie gleichzeitig zurück ins Programmfenster. So lassen sich Paletten wiederfinden, die man versehentlich zu weit über den Bildschirmrand geschoben hat.

Automatisch ausblenden

Eine unscheinbare Pin-Nadel in der linken oberen Ecke von Symbolleisten und Paletten ist der Schlüssel für mehr Platz auf dem Bildschirm. Ein Mausklick legt sie auf die Seite, worauf das ganze Fenster sich bis auf die Titelleiste ausblendet, sobald man auf etwas anderes klickt. Eine Berührung mit dem Mauszeiger genügt, um das Fenster wieder aufzuklappen.

Per Doppelklick auf die Titelleiste lassen sich übrigens Symbolleisten und Paletten ans Programmfenster andocken. Umgekehrt befreien Sie eine Symbolleiste daraus, indem Sie sie mit der Maus an der gepunkteten Begrenzung am linken Ende anfassen und ziehen.

Transparente Fenster?

Es wäre schön, wenn es in Paint Shop Pro so etwas gäbe. Die halbtransparenten Fenster und Popup-Hilfen in diesem Buch stammen zwar inhaltlich aus dem Programm – nur die Transparenz wurde von mir extra »für den Durchblick« hinzugefügt.

Symbolleisten

Die Symbolleisten enthalten Schaltflächen für häufig verwendete Befehle und für Werkzeuge. Die Ersteren – die Befehlssymbole – erlauben einen Schnellzugriff auf Menübefehle, die Sie sonst erst mühsam aufblättern müssten. Die Werkzeugsymbole in der Werkzeugleiste haben jedoch keine korrespondierenden Menübefehle. Während Sie die anderen Symbolleisten getrost ausblenden können und trotzdem über das Menü Zugriff auf alle Funktionen haben, dürfen Sie das bei der Werkzeugleiste nicht – es sei denn, Sie rufen diese Werkzeuge konsequent nur über die Tastatur auf.

Die Symbolleisten, welche lediglich Menübefehle enthalten, sind auf dieser Doppelseite zusammen mit ihren korrespondierenden Menübefehlen abgebildet. Die **Werkzeugleiste** (übernächste Seite) hängt eng mit drei Paletten zusammen: den **Werkzeugoptionen**, den **Pinselvarianten** und den **Materialien**.

Standard Diese Symbolleiste (1) klinkt sich in der Regel direkt unter der Menüleiste ein. Sie enthält einige »Standard«-Windows-Befehle, deren Tastaturkürzel man eigentlich im Kopf haben sollte, beispielsweise Neu [Strg][N], Öffnen [Strg][O], Speichern [Strg][S], Drucken [Strg][P] und Rückgängig [Strg][Z]. Diese selten oder nie angeklickten Symbole nehmen ja in vielen Programmen Platz weg – in Paint Shop Pro können Sie sie wenigstens entfernen.

Ebenso überflüssig sind die Funktionen am rechten Ende der Symbolleiste: Das Aufklappfeld Paletten enthält das Paletten-Untermenü aus Ansicht, und statt der Schaltflächen Verkleinern und Vergrößern können Sie schneller die Minus- und die Plustaste der Zahlentastatur oder, so vorhanden, das Mausrad verwenden.

Nun aber zu den Positiva dieser und anderer Symbolleisten: Sie gestatten den Schnellzugriff auf häufig benötigte Bildbearbeitungsfunktionen und können dazu Befehle aus ganz unterschiedlichen Menüs vereinen. Beispiele dafür sind hier die Befehle Drehen und Größe ändern aus dem Bild-Menü, die direkt neben Befehlen aus dem Datei-Menü stehen. Zudem können Symbolleisten individuell zusammengestellte Menüs enthalten, wie das Aufklappfeld Fotokorrektur mit ausgewählten Befehlen aus dem Anpassen-Menü zeigt. Es ist kein Problem, hier weitere Befehle z. B. aus dem Effekte-Menü einzufügen.

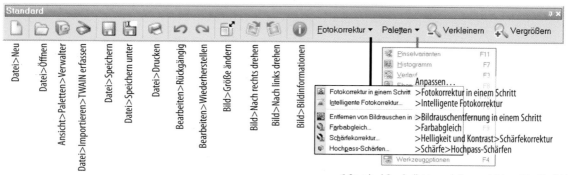

1 Standard-Symbolleiste und die zugehörigen Menübefehle

Anpassen>Hintergrundbeleuchtung
Anpassen>Aufhellblitz
Anpassen>Rote Augen entfernen
Anpassen>Schärfe>Unscharf maskieren
Anpassen>Farbabweichungskorrektur
Anpassen>Bildrauschen digitaler Kameras entfernen
Anpassen>Tonnenverzerrung entfernen
Anpassen>Fischaugenverzerrung entfernen
Anpassen>Kissenverzerrung entfernen

2 Foto-Symbolleiste und die zugehörigen Menübefehle

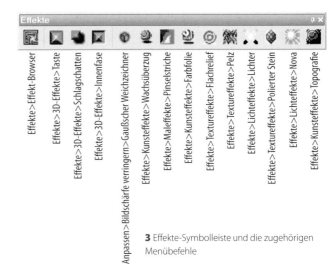

Anpassen>Bildschärfe verringern>Gaußscher Weichzeichner
Effekte>Effekt-Browser
Effekte>3D-Effekte>Taste
Effekte>3D-Effekte>Schlagschatten
Effekte>3D-Effekte>Innenfase
Effekte>Kunsteffekte>Wachsüberzug
Effekte>Maleffekte>Pinselstriche
Effekte>Kunsteffekte>Farbfolie
Effekte>Textureffekte>Flachrelief
Effekte>Textureffekte>Pelz
Effekte>Lichteffekte>Lichter
Effekte>Textureffekte>Polierter Stein
Effekte>Lichteffekte>Nova
Effekte>Kunsteffekte>Topografie

3 Effekte-Symbolleiste und die zugehörigen Menübefehle

Foto Neun Befehle aus dem Anpassen-Menü (**2**), die Sie an Ihre Bedürfnisse anpassen und in Ihre bevorzugte Arbeitsreihenfolge bringen sollten.

Effekte Wenn Sie nicht ständig dieselben Effekte benutzen, ist diese Symbolleiste mit einer recht willkürlichen Auswahl aus den über 70 Effekten relativ nutzlos (**3**). Beachten Sie, dass beim ersten Symbol die Popup-Hilfe nicht **Effekt-Browser** anzeigt, sondern »Voreinstellungen durchsuchen«.

Yahoo! Direktzugriff auf vorgegebene Internetseiten (ohne Menübefehle) (**4**)

Web Ausgewählte Effekte für Internet-Bilder, Webseitenhintergrund und selbst gestaltete Buttons (**5**)

Skript Sofern Sie mit Skripts arbeiten, ist diese Leiste eine große Hilfe. Das Unterfenster Skript auswählen und die folgenden drei Befehle (**6**) gibt es nämlich in keinem einzigen Paint Shop Pro-Menü! Sie finden sie allenfalls im schon erwähnten Anpassen-Dialog Ansicht>Anpassen>Befehle>Kategorien>Nicht verwendete Befehle und können sie von dort in ein Menü oder Untermenü ziehen.

Symbol- und Arbeitsreihenfolge

Alle vier Symbolleisten auf dieser Seite sind speziell auf bestimmte Arbeitsaufgaben zugeschnitten. Wenn Sie die Reihenfolge der Symbole der üblichen Reihenfolge Ihrer Arbeitsschritte (dem **Workflow**) anpassen, wird daraus gleich ein Leitfaden, den Sie nur von links nach rechts »durchklicken« müssen. Beispielsweise gehören in der Foto-Leiste die Objektivkorrekturen an den Anfang, die Schärfung aber ganz ans Ende.

4 Die Yahoo!-Symbolleiste (neu in PSP XI) bietet lediglich Zugriff auf einige Internetseiten von Yahoo!. Dabei wird der Standard-Internetbrowser geöffnet. Wenn Sie einen anderen Anbieter bevorzugen, ist diese Leiste für Sie nutzlos, denn die Links lassen sich nicht ändern.

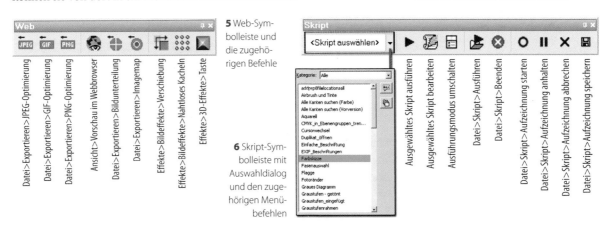

5 Web-Symbolleiste und die zugehörigen Befehle

Datei>Exportieren>JPEG-Optimierung
Datei>Exportieren>GIF-Optimierung
Datei>Exportieren>PNG-Optimierung
Ansicht>Vorschau im Webbrowser
Datei>Exportieren>Bildunterteilung
Datei>Exportieren>Imagemap
Effekte>Bildeffekte>Verschiebung
Effekte>Bildeffekte>Nahtloses Kacheln
Effekte>3D-Effekte>Taste

6 Skript-Symbolleiste mit Auswahldialog und den zugehörigen Menübefehlen

Ausgewähltes Skript ausführen
Ausgewähltes Skript bearbeiten
Ausführungsmodus umschalten
Datei>Skript>Ausführen
Datei>Skript>Beenden
Datei>Skript>Aufzeichnung starten
Datei>Skript>Aufzeichnung anhalten
Datei>Skript>Aufzeichnung abbrechen
Datei>Skript>Aufzeichnung speichern

Werkzeuge Die Werkzeugleiste spielt eine Sonderrolle: Während alle anderen Symbolleisten Befehle ausführen oder Dialogfelder öffnen, auf die Sie in der Regel auch über das Haupt- oder Kontextmenü Zugriff haben, gibt es für die Werkzeuge keinen Zweitweg. Zudem bewirkt ein Klick auf ein Werkzeugsymbol erst einmal nichts – außer, dass der Mauszeiger sich verändert und (standardmäßig) das gewählte Werkzeug anzeigt (**2**). Erst wenn Sie ins Bild klicken oder mit gedrückter Maustaste ziehen, geschieht etwas. Sie können auf diese Weise im Bild malen, Bildteile auswählen, verschieben, Helligkeit, Farbe und Schärfe verändern und vieles mehr. Da der Mauszeiger wie ein »Pinsel« wirkt (dessen Größe und Verhalten Sie ändern können), lassen sich so Bilder ganz individuell, im Extremfall sogar Pixel für Pixel bearbeiten. Über die Menübefehle und Dialogfelder beeinflussen Sie dagegen *alle* Pixel eines Bildes, einer Ebene oder zumindest einer Auswahl auf die gleiche Weise.

Die Werkzeugleiste enthält 20 Symbole, von denen sich elf aufklappen lassen. Mit dem in PSP XI neuen Umfärber-Werkzeug umfasst sie insgesamt 52 Werkzeuge. Jedes davon hat weitere Optionen, beispielsweise Pinselgröße, Form und Deckfähigkeit. Alle Optionen werden in der Palette **Werkzeugoptionen** angezeigt und können dort geändert und als Voreinstellung gespeichert werden.

Die nebenstehende Abbildung (**1**) zeigt alle 52 Werkzeuge aus der Werkzeugpalette mit ihren Symbolen, Bezeichnungen, Tastatur-Kurzbefehlen und den zugehörigen Optionen.

Diese Vielfalt an Werkzeugen stellt jedes herkömmliche Künstleratelier in den Schatten und ist sicherlich auf den ersten Blick verwirrend. Auf den zweiten Blick werden Sie jedoch feststellen, dass viele Werkzeuge – beispielsweise die Pinsel- und Retuschewerkzeuge in der Mitte und die Malwerkzeuge ganz unten – sehr ähnliche oder sogar gleiche Optionen besitzen. Auf die einzelnen Optionen gehe ich bei der Vorstellung der Paletten auf den folgenden Seiten ein.

Die Werkzeugoptionen-Palette gehört zur Werkzeug-Symbolleiste untrennbar dazu. Sie sollten sie also immer im Blick haben, was nicht ganz einfach ist, denn bei manchen Werkzeugen ist sie recht umfangreich. Es gibt zudem noch drei weitere Paletten, die für die Werkzeuge Bedeutung haben: die **Pinselvarianten**, wo Sie weitere Eigenschaften des Pinselstrichs (Abhängigkeit von Stift-Andruck, Richtung usw. sowie zufällige Änderungen) einstellen, die **Materialien**, wo Sie unter anderem die Farbe für einen Pinsel wählen, und die **Mischfunktion**, die (nur für Malwerkzeuge) das realitätsnahe Mischen von Farben »wie auf einer Palette« ermöglicht.

1 Werkzeugleiste und alle zugehörigen Werkzeugoptionen

Symbol	Bezeichnung	Kurzbefehl
	Schwenken	A
	Zoom	Z
	Auswählen	K
	Verschieben	M
	Auswahl	S
	Freihandauswahl	
	Zauberstab	
	Pipette	E
	Beschneiden	R
	An Achse ausrichten	
	Perspektivenkorrektur	
	Rote Augen	
	Make-Up	
	Klonen	C
	Bildfehler entfernen	
	Objektentfernung	
	Standardpinsel	B
	Airbrush	
	Heller/Dunkler	L
	Unterbelichten	J
	Überbelichten	
	Verschmieren	
	Verreiben	
	Weichzeichnen	
	Scharfzeichnen	
	Flachrelief	
	Sättigung erhöhen/verringern	
	Farbtonverschiebung nach oben/unten	
	Zieleigenschaft anwenden	
	Farbe ersetzen	
	Löschwerkzeug	X
	Hintergrund-Löschwerkzeug	
	Umfärber	
	Farbfüllung	F
	Bildstempel	I
	Text	T
	Formen	P
	Rechteck	G
	Ellipse	Q
	Symmetrische Form	H
	Zeichenstift	V
	Verzerrungspinsel	
	Gitterverzerrung	
	Ölpinsel	
	Kreide	
	Pastell	
	Zeichenkreide	
	Buntstift	
	Marker	
	Spachtel	
	Verschmieren	
	Mallöschwerkzeug	

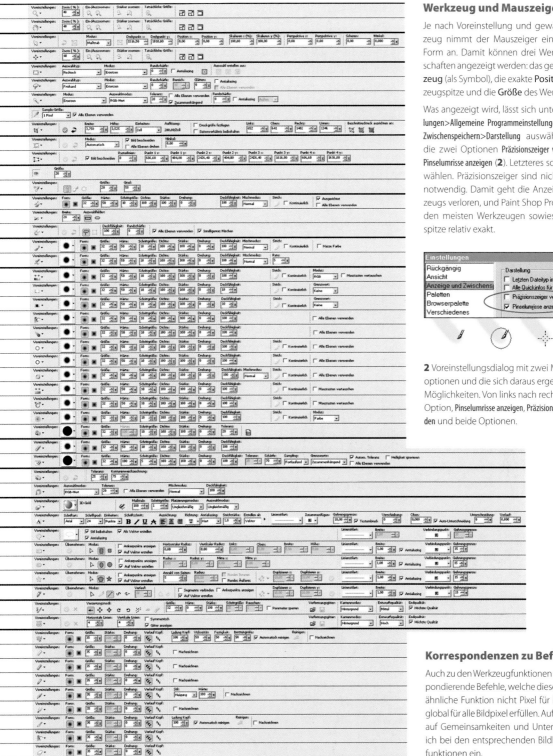

Werkzeug und Mauszeiger

Je nach Voreinstellung und gewähltem Werkzeug nimmt der Mauszeiger eine bestimmte Form an. Damit können drei Werkzeug-Eigenschaften angezeigt werden: das gewählte **Werkzeug** (als Symbol), die exakte **Position** der Werkzeugspitze und die **Größe** des Werkzeugs.

Was angezeigt wird, lässt sich unter Datei>Einstellungen>Allgemeine Programmeinstellungen>Anzeige und Zwischenspeichern>Darstellung auswählen. Es gibt die zwei Optionen **Präzisionszeiger verwenden** und **Pinselumrisse anzeigen** (**2**). Letzteres sollten Sie stets wählen. Präzisionszeiger sind nicht unbedingt notwendig. Damit geht die Anzeige des Werkzeugs verloren, und Paint Shop Pro markiert bei den meisten Werkzeugen sowieso die Pinselspitze relativ exakt.

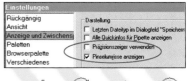

2 Voreinstellungsdialog mit zwei Mauszeigeroptionen und die sich daraus ergebenden vier Möglichkeiten. Von links nach rechts: keine Option, **Pinselumrisse anzeigen**, **Präzisionszeiger verwenden** und beide Optionen.

Korrespondenzen zu Befehlen

Auch zu den Werkzeugfunktionen gibt es korrespondierende Befehle, welche dieselbe oder eine ähnliche Funktion nicht Pixel für Pixel, sondern global für alle Bildpixel erfüllen. Auf diese Befehle, auf Gemeinsamkeiten und Unterschiede gehe ich bei den entsprechenden Bildbearbeitungsfunktionen ein.

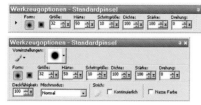

1 Zwei platzsparende Varianten der Werkzeugoptionen-Palette. Bei der schmalen Version oben schiebt ein Klick auf die kleinen Pfeile die versteckten Bereiche ins Sichtfeld. Unten habe ich die drei Palettenbereiche übereinander angeordnet. Die Positionen lassen sich (durch Ziehen mit der Maus an den gepunkteten Linien am linken Rand) beliebig vertauschen.

Paletten können zudem an den Rändern des Programmfensters andocken – die Werkzeugoptionen nur oben oder unten, die anderen Paletten auch seitlich. Je nach Stellung der Pin-Nadel bleibt die Palette sichtbar oder klappt sich seitlich ein, wenn sie nicht benötigt wird. Nachteil: Angedockte Paletten nehmen stets die volle Fensterbreite oder -höhe ein.

Voreinstellung oder Pinselspitze?

Bei einer Reihe von Werkzeugen haben Sie die Wahl, die Einstellungen als **Voreinstellung** oder als **Pinselspitze** zu speichern. Letzteres stellt die Einstellungen allen 16 Werkzeugen zur Verfügung, welche Pinselspitzen verwenden können. Eine Voreinstellung gilt dagegen immer nur für ein einziges Werkzeug.

Paletten

Paletten dienen in Paint Shop Pro nicht nur der Auswahl und dem Mischen von Farben, sondern auch der Anzeige von Bildübersichten und Bildinformationen, dem Zugriff auf Bildebenen und frühere Bildversionen und der Einstellung von Werkzeugoptionen. Die insgesamt zwölf Paletten können sich ähnlich wie Symbolleisten an die Ränder des Programmfensters heften, aber auch frei schweben und sich auf Wunsch automatisch einklappen. Paletten lassen sich – mit wenigen Ausnahmen – inhaltlich nicht verändern, Größe und Form sind aber ebenso flexibel anpassbar wie bei Symbolleisten (**1**). Beginnen wir mit der wohl wichtigsten, aber auch unübersichtlichsten Palette – sie enthält viele Elemente, die uns in Paint Shop Pro immer wieder begegnen werden.

Palette Werkzeugoptionen `F4`

Diese Palette enthält die »Feineinstellungen« des gewählten Werkzeugs. Alle 52 möglichen Varianten sehen Sie auf der vorigen Seite. Unten habe ich die Werkzeugoptionen des **Standardpinsels** etwas vergrößert dargestellt (**2**). Ihre Elemente kommen auch bei vielen anderen Werkzeugen vor. An erster Stelle (ganz links) steht der Button Voreinstellungen, den es lediglich bei zwei Werkzeugen (**Rote Augen** und **Pipette**) nicht gibt. Ein Mausklick öffnet einen Auswahldialog, wo Sie oben eine **Kategorie** und darunter eine vorhandene Voreinstellung wählen können. Solche Voreinstellungen werden als Skriptdatei (Endung **PspScript**) gespeichert. Die Popup-Hilfe zeigt, wo genau diese Skriptdatei liegt.

Eigene Werkzeug-Voreinstellungen speichern Sie per Klick auf den Button mit dem Diskettensymbol. Zuerst öffnet sich ein Dialog mit einem Eingabefeld für den Namen. Nach Klick auf Optionen kommen Felder für Urheber, Copyright und Beschreibung sowie eine Liste mit dem detaillierten Inhalt der Voreinstellung hinzu. Paint Shop Pro-Werkzeugeinstellungen lassen sich weitergeben, deshalb können Sie hier ihre Urheberschaft dokumentieren und bis in alle Einzelheiten bestimmen, welche Details gespeichert werden (**3**).

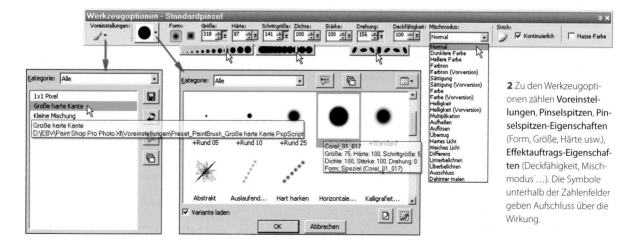

2 Zu den Werkzeugoptionen zählen **Voreinstellungen, Pinselspitzen, Pinselspitzen-Eigenschaften** (Form, Größe, Härte usw.), **Effektauftrags-Eigenschaften** (Deckfähigkeit, Mischmodus`…`). Die Symbole unterhalb der Zahlenfelder geben Aufschluss über die Wirkung.

Das zweite Element in dieser Palette enthält **Pinselspitzen** zur Auswahl. Solche Pinselspitzen finden Sie nicht nur beim Standardpinsel- und Airbrushwerkzeug, sondern auch bei den Werkzeugen zur Farb-, Tonwert- und Schärfekorrektur sowie den beiden Löschwerkzeugen. Der Bildstempel und das Formen-Werkzeug enthalten analoge Auswahlfelder für Bildstempel und Vektorformen. Während sich Pinselspitzen direkt im Auswahldialog speichern lassen, geht dies bei Bildstempeln und Formen nur über das Menü (Datei>Exportieren).

Pinselspitzen werden intern (ebenso wie Voreinstellungen) als Skriptdateien gespeichert. Für quadratische, runde und linienförmige Spitzen genügt dies (es sind quasi Vektorformen). Die meisten vorhandenen Pinselspitzen beruhen aber auf teilweise recht komplexen »Pixelmustern«, die selbst kleine Graustufenbilder sind. Sie können sogar eigene Pinselspitzen aus einer Auswahl oder einem Bild erstellen (**4**), das nicht größer als 500*500 Pixel ist (Datei>Exportieren>Spezialpinsel oder der Button 🖌 im Pinselspitzen-Auswahlfenster in **2**). Solche Pinselspitzen werden (zusätzlich zum Skript) als normale Paint Shop Pro-Bilder gespeichert, allerdings lautet die Endung nicht **PspImage**, sondern **PspBrush** (**5**).

Die Vektormalwerkzeuge (unterstes Symbol in der Werkzeugleiste), die nur auf Malebenen wirken, können mit pixelbasierten Pinselspitzen nichts anfangen, bei ihnen fehlt die Pinselspitzen-Auswahl deshalb in der Optionen-Palette. Die Form-Option wirkt dagegen *nur* auf solche Vektor-Pinselspitzen (wozu auch der Klonpinsel zählt). Vorsicht: Wenn Sie eine pixelbasierte Pinselspitze auswählen und dann eine Form wählen, wechselt Paint Shop Pro »eigenmächtig« zu einer Vektor-Pinselspitze gleicher Abmessung.

Die weiteren Elemente in der Optionen-Palette legen bestimmte Eigenschaften der Pinselspitze fest: Größe, Härte, Schrittgröße, Dichte, Stärke und Drehung. In die Zahlenfelder lassen sich Werte direkt eingeben, per Mausklick auf die kleinen Pfeil-Schaltflächen, per Mausrad oder über die Tastatur (Pfeiltasten) erhöhen oder erniedrigen. Ein Klick auf die rechte Schaltfläche in jedem Zahlenfeld öffnet ein Reglerfeld zum Verändern des Wertes mit der Maus. Die Symbole in diesen Feldern veranschaulichen, welche Pinselparameter verändert werden.

Deckfähigkeit und Mischmodus schließlich legen (unabhängig von der Pinselspitze) fest, wie sich der aufgetragene Effekt mit dem Untergrund vermischt. Kontinuierlich bedeutet, dass ein mehrmaliger Auftrag die Effektstärke nicht erhöht. (Auf einen Standardpinsel wirkt diese Option nur bei verringerter Deckkraft oder »nasser Farbe«.) Ein Klick auf Strich schaltet diese Einschränkung für alle vorher erfolgten Striche aus. Nasse Farbe hat eine von vornherein eingeschränkte Deckkraft und verlaufende, etwas dickere Ränder.

Weitere wichtige Parameter dienen zur Erweiterung bzw. Einschränkung der Effektwirkung: Toleranz erweitert die Wirkung auf einen größeren Tonwertbereich (Hintergrund-Löschwerkzeug, Farbfüllung, Zauberstab, Farbe ersetzen), Grenzwert schränkt auf Schatten, Mitteltöne oder Lichter ein (Unter- und Überbelichten). Eine verminderte Randschärfe schafft einen weichen Übergang (alle Auswahlwerkzeuge und Objektentfernung). Diese und weitere Optionen werden im Zusammenhang mit den entsprechenden Werkzeugen erklärt.

Pinselgröße ändern

Alternativ zur Wahl der Pinselgröße in der Werkzeugpalette können Sie auch bei gedrückter Alt-Taste ins Bild klicken und die Maus ziehen, bis die gewünschte Größe erreicht ist.

3 Voreinstellungsdetails. Per Mausklick auf die kleinen Diskettensymbole können Sie Parameter vom Speichern ausnehmen.

4 Pinselspitze aus einer Auswahl erstellen

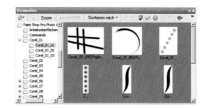

5 Pinselspitzen lassen sich auch im Verwalter ansehen. Die mitgelieferten Pinsel liegen im ersten Corel-Unterordner des Installationsverzeichnisses, selbst kreierte werden unter Eigene Dateien\Meine PSP-Dateien\Pinsel gespeichert.

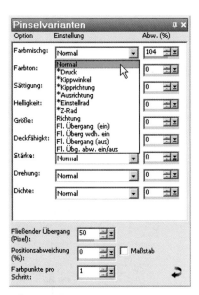

1 Über die Einstellungen in der Palette **Pinsel-varianten** verleihen Sie einem druckempfind-lichen Stift (eingeschränkt auch einer Maus) viele Eigenschaften eines richtigen Malpinsels.

2 Beispiele von Pinselvarianten (von oben nach unten, Schreibweise »Option Einstellung«):

Farbton Richtung; Größe Fl. Übergang ein; Größe Fl. Übergang wdh. ein; Größe Fl. Übergang abw. ein/aus; Deckfähigkeit Abw. 100 %; Größe Abw. 100 % (halbtransparente Farbe); Drehung Abw. 100 % (schmaler Pinsel); Positionsabweichung 100 %.

Palette Pinselvarianten F11

Normalerweise wirkt ein Pinsel mit den in den Werkzeugoptionen getroffenen Einstellungen stets gleichförmig. Mit den **Pinselvarianten** können Sie sein Verhalten in Abhängigkeit von der Malrichtung und anderen Parametern steuern und dabei auch zufällige Veränderungen einfließen lassen (**1**). Die meisten Optionen sind nur im Zusammenspiel mit einem druckempfindlichen Stift oder einer 4D-Maus möglich.

In der Palette stehen links unter **Option** die zu verändernden Pinsel-Eigenschaften (also die *Wirkungen*). In den Auswahlfeldern in der Mitte (unter **Einstellung**) wählen Sie die auslösenden Parameter (also die *Ursachen*) und in der rechten Spalte unter **Abw.(%)** die Stärke von weiteren, zufälligen Veränderungen. Die Einstellung Normal schaltet alle Varianten (außer zufällige) ab.

Die ersten drei Einstellungen Druck, Neigungswinkel und Neigungsrichtung werten Druck und Haltung eines druckempfindlichen Stiftes aus. Einstellrad bezieht sich auf das Einstellrad eines Airbrush-Stiftes – damit kann z. B. schnell die Farbe gewechselt werden. Ausrichtung und Z-Rad sind nur bei Verwendung einer 4D-Maus verfügbar. Bei einer normalen Maus lässt sich lediglich die Richtung der Bewegung auswerten und als steuernder Parameter verwenden. Dabei sind Richtungen nach oben und unten gleichwertig – es werden also nur 180° der möglichen 360° Richtungsänderung erfasst (**2**).

Die letzten vier Einstellungen werten nicht die Mausbewegung selbst, sondern die Länge des Malstrichs aus. Über eine gewählte Länge – festgelegt unter **Fließender Übergang (Pixel)** – wird die entsprechende Pinseloption zwischen Minimal- und Maximalwert verändert. Der Maximalwert ist dabei der in den Werkzeugoptionen eingestellte Wert bzw. die gewählte Farbe. Wird beispielsweise für Größe die Einstellung Fl. Übergang (ein) gewählt, wird der Pinselstrich über die eingestellte Anzahl Pixel von null bis zum Maximalwert dicker. Fl. Übergang (aus) verringert analog den Wert der gewählten Pinseloption, Fl. Übergang wdh. ein wiederholt dies und Fl. Übg. abw. ein/aus wechselt dabei ab.

Unabhängig von diesen Einstellungen können Sie unter **Abw.(%)** *zufällige* Veränderungen auslösen. Je nach Pinseloption fallen diese unterschiedlich stark aus. So bewirkt eine 100 %-Abweichung für **Drehung** Änderungen von 90° nach rechts oder links, für die **Deckfähigkeit** sogar nur Verringerungen um maximal 25 % (und keine Erhöhungen), für **Größe** aber Größenänderungen zwischen einem Drittel und dem Dreifachen der Ursprungsgröße. Eine Systematik habe ich hier nicht erkennen können – Sie müssen gegebenenfalls probieren.

Positionsabweichung (%) bewirkt eine ebenfalls zufällige Änderung der Pinselposition bis zu dem hier eingestellten Maximalwert. Wenn Maßstab angekreuzt ist, bezieht sich der Prozentwert auf den Pinseldurchmesser, andernfalls auf den mit Wurzel aus 2 (1,414) multiplizierten Pinseldurchmesser.

Farbpunkte pro Schritt legt schließlich fest, wie viele »Pinselabdrücke« pro Schritt des Pinselstrichs aufgetragen werden. Standard ist ein Abdruck pro Schritt. Die Schrittweite wird in den Werkzeugoptionen in Prozent des (geringsten) Pinseldurchmessers festgelegt.

Palette Materialien F6

Diese Palette ist die eigentliche »Farbpalette« von Paint Shop Pro, aufgeteilt auf drei Registerkarten. Die erste, **Rahmen** genannt, zeigt ein äußeres Rechteck für den Farbton, ein inneres für Sättigung und Helligkeit sowie fünf Graufelder. Eine Farbe kann direkt per Mausklick entnommen und durch Ziehen an den beiden »Schiebereglern« verändert werden (**3**). Die zweite Registerkarte **Farbauswahl** ist lediglich eine Alternative, sie enthält alle Farben in einem einzigen Rechteck, aber keine Schieberegler (**4**). Die Registerkarte **Farbfelder** gestattet, ausgewählte Farben sowie Muster und Farbübergänge (Farbverläufe) für eine spätere Wiederverwendung zu speichern (**5**). Ein rechter Mausklick in eines der Materialfelder führt zudem zu einer Palette zuletzt verwendeter Materialien.

Farben, Muster und Verläufe werden in Paint Shop Pro unter dem Begriff *Stil* zusammengefasst. Ein *Material* ist ein Stil plus eine optionale *Textur*.

Der rechte Teil der Materialien-Palette zeigt (unabhängig von der gewählten Registerkarte) je zwei Felder für die **Vordergrundfarbe** und die **Hintergrundfarbe** sowie für das **Vordergrundmaterial** und das **Hintergrundmaterial** (**6**). Bedeutung für die Arbeit hat nur das, was in den Materialfeldern angezeigt wird. Die kleinen Farbfelder können jedoch Vorder- und Hintergrundfarbe sozusagen »speichern«. Zudem lassen sich darüber die Farben eines Farbverlaufs, der die Vorder- und/oder die Hintergrundfarbe enthält, schnell ändern. Für andere Verläufe und Muster muss dafür zum Dialog **Materialeigenschaften** gewechselt werden (siehe folgende Seite). Im gleichen Dialog wird auch die Textur gewählt, die sich mit dem mittleren Button unter den Materialfeldern zuschalten lässt.

Der Button links daneben dient zur Auswahl des **Stils**. Der rechte Button schaltet Vorder- oder Hintergrundfarbe transparent und erzeugt damit Text und Vektorformen ohne **Umriss** oder ohne **Füllung** (**7**).

Ob eine gewählte Farbe zur Vordergrund- oder Hintergrundfarbe wird, entscheiden Sie per Maustaste: Linksklick beeinflusst den Vordergrund, Rechtsklick den Hintergrund. Analog wird, wenn Sie mit Pinsel oder Füllwerkzeug arbeiten, je nach Maustaste das Vordergrund- oder Hintergrundmaterial verwendet.

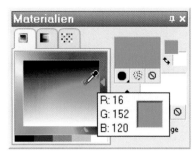

3 Palette **Materialien**, Registerkarte **Rahmen**. Die Farbwerte werden nur angezeigt, wenn Sie in den Voreinstellungen Alle Quickinfos für Pipette zeigen einschalten. Dort wählen Sie auch den Farbmodus und weitere Optionen (»**41**).

4 Registerkarte **Farbauswahl**. Als Stil ist hier ein Farbverlauf gewählt.

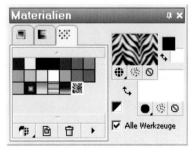

5 Registerkarte **Farbfelder**. Als Stil ist ein Muster gewählt.

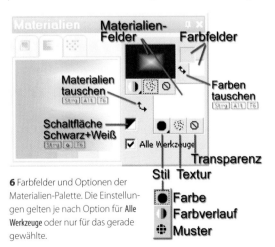

6 Farbfelder und Optionen der Materialien-Palette. Die Einstellungen gelten je nach Option für **Alle Werkzeuge** oder nur für das gerade gewählte.

7 Die Wirkung der Transparenz-Option auf einen Text und eine Vektorform. Ganz oben die Standardeinstellung mit Umriss und Füllung, in der Mitte ohne Umriss (Vordergrundmaterial transparent), unten ohne Füllung (Hintergrundmaterial transparent). Die Dicke des Umrisses wird übrigens in den Werkzeugoptionen unter **Strichstärke** (Text) bzw. **Breite** (Formwerkzeuge) eingestellt.

Freie Farbauswahl

In Verbindung mit der Materialien-Palette können Sie nicht nur Farben aus der Palette selbst,
sondern auch aus Bildern und sogar vom
gesamten Desktop (also auch aus anderen Programmen) wählen (**Screen-Sampling**). Führen
Sie einfach die Maus
über das Vorder- oder
Hintergrundfarbfeld,
drücken Sie die Taste
Strg und führen,
ohne diese Taste los-
zulassen, die Maus
über die gewünschte
Farbe und klicken.

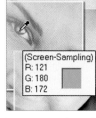

Das Pipettenwerkzeug gestattet nur die Aufnahme von Farben aus in Paint Shop Pro geöffneten Bildern, und bei diesen auch nur aus der
gerade aktiven Ebene. Das Gleiche gilt für die
Farbaufnahme per Materialeigenschaften>Farbe. Sie
müssen übrigens nicht zur Pipette wechseln
oder diesen Dialog aufschlagen, um eine Farbe
aus einem Bild aufzunehmen. Fast alle Werkzeuge werden zur Pipette, wenn Sie zusätzlich
die Strg-Taste drücken.

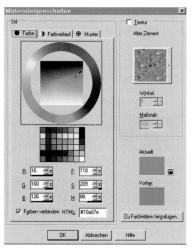

1 Alternative und genauere Farbauswahl im
Materialeigenschaften-Dialog

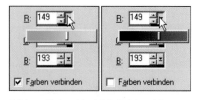

2 Farben verbinden wirkt sich lediglich auf die
Anzeige im Schieberegler aus.

Dialog Materialeigenschaften

Dieser umfangreiche Dialog ergänzt die Materialien-Palette um wichtige Funktionen. Leider ist er selbst keine Palette, sondern ein »klassischer« Paint Shop
Pro-Dialog, der für den Gebrauch jedes Mal geöffnet und anschließend wieder
geschlossen werden muss. Sie gelangen in diesen Dialog über einen einfachen
Mausklick in eines der Farb- oder Materialfelder der Materialien-Palette. Analog
zu dieser enthält er links drei Registerkarten und rechts einen festen Bereich.

Widmen wir uns zuerst den mit **Stil** überschriebenen Registerkarten. Sie
dienen der Auswahl von Farben, Farbverläufen und Mustern.

Farbe Der Farbkreis auf dieser Karte (**1**) stellt eine andere (ich finde: bessere)
Variante des Farbrechtecks dar, das sich auf der Registerkarte **Rahmen** der Materialien-Palette befindet, und erfüllt die gleiche Funktion. Zudem werden hier die
RGB- und HSL-Werte (hier mit FSH – Farbton-Sättigung-Helligkeit – bezeichnet)
der gewählten Farbe angezeigt, und sie lassen sich auch direkt ändern. (Näheres
dazu im folgenden Kapitel.) Die 48 Farbfelder in der Mitte enthalten Varianten
der sechs Grundfarben und dienen lediglich der schnelleren Auswahl.

Die Zahlenfelder gestatten die Direkteingabe der Werte, alternativ auch
die Änderung per Tastatur-Pfeiltasten sowie per »Schieberegler«, der sich per
Mausklick auf den kleinen Pfeil ganz rechts öffnet. Farben verbinden hat lediglich
Auswirkungen auf die Darstellung dieses Schiebereglers: Wenn eingeschaltet, zeigt
der Schieberegler die mögliche Farbvariation an, ansonsten den Grundfarbbereich
des Reglers (**2**). HTML dient der Anzeige oder Eingabe des Hexadezimalwerts einer
Farbe – eventuell wichtig, wenn Bilder für das Internet erstellt werden.

Farbverlauf Die zweite Registerkarte ist für Auswahl und Erzeugung von Farbübergängen (beide Begriffe werden synonym verwendet) zuständig. Diese können
in Paint Shop Pro leider nicht direkt mit der Maus in einem Bild »aufgezogen«,
sondern müssen hier vordefiniert werden. Gespeicherte Farbverläufe werden aus
dem Auswahlfenster geladen (**3**). Anschließend können **Stil**, **Winkel**, **Wiederholungen**, **Brennpunkt** und **Mittelpunkt** verändert werden.

Stil: Es gibt vier Stile (**4**): Linear (von unten nach oben), Rechteckig, Nova (von innen
nach außen) und Strahlenförmig (oben beginnend, im Uhrzeigersinn). Die Checkbox
Umkehren kehrt die Richtung des Farbverlaufs um.

Winkel: Drehwinkel von linearen, rechteckigen und strahlenförmigen Farbverläufen gegenüber der Horizontalen (0° … 359°).

Wiederholungen: Anzahl der Wiederholungen im Bildfenster (0 … 999).

Brennpunkt: Der Ausgangspunkt des Verlaufs, wo er mit seiner Anfangsfarbe
beginnt (bei einem Verlauf von Weiß nach Schwarz also mit Weiß).

Mittelpunkt: Beim Rechteckverlauf der Drehpunkt, bei der Nova ein Punkt, der
die »innere« Exzentrik des kreisförmigen Verlaufs bestimmt, und beim strahlenförmigen Verlauf der Ausgangspunkt (also quasi der Brennpunkt). Die Werte
von Mittel- und Brennpunkt werden in Prozent der Bildbreite und Bildhöhe
angegeben, d. h., 50/50 entspricht der Mitte von Bild oder Auswahl.

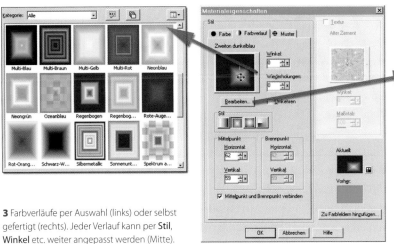

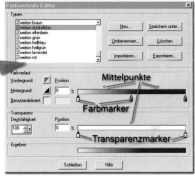

3 Farbverläufe per Auswahl (links) oder selbst gefertigt (rechts). Jeder Verlauf kann per **Stil**, **Winkel** etc. weiter angepasst werden (Mitte).

Die Abhängigkeit der Verläufe von Mittel- und Brennpunkt ist uneinheitlich, ich gehe auf der nächsten Seite darauf ein. Nur beim strahlenförmigen Verlauf (hier gibt es keinen Brennpunkt) oder wenn die Checkbox Mittelpunkt und Brennpunkt verbinden markiert ist, ist die Wirkung klar: Der Punkt ist dann sowohl *Ausgangspunkt* des Verlaufs als auch *Drehpunkt* für eventuelle Drehungen.

Bei Änderungen von Lage und Winkel (übrigens auch mit der Maus im Vorschaufenster möglich) passt Paint Shop Pro drei der vier Verlaufsstile so an, dass sie nach wie vor das Bildfenster komplett füllen. Ausnahme: Der Rechteckverlauf behält seine einmal an die Abmessungen von Bild oder Auswahl angepasste Form und wird erst anschließend gedreht bzw. verschoben – füllt also das Bild dann meist nicht mehr aus (**5**).

Rechteck- und strahlenförmige Verläufe passt Paint Shop Pro zudem an die Bildproportionen an. Nur wenn Bild oder Auswahl quadratisch sind, wird auch der Rechteckverlauf quadratisch. Die Nova erzeugt dagegen stets exakt kreisförmige Verläufe, unabhängig von den Bildproportionen (**4**).

Der strahlenförmige Verlauf fällt hier aus der Rolle: Er wird zwar auch an die Bildproportionen angepasst, aber erst nach einer internen Drehung um 90 Grad. Er ist also nicht analog zur Bildform, sondern senkrecht dazu verzerrt. Der grüne Teil des Verlaufs in **4** ist viel zu breit aufgefächert, und auch die anderen Winkel stimmen nicht. Noch deutlicher wird das an einem vierstrahligen Verlauf (**6**). Ich kann keinen Sinn in diesem Verhalten erkennen, es ist offenbar ein Bug.

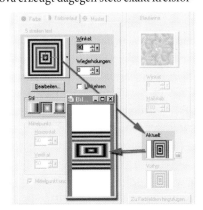

5 PSP passt den Verlauf an die Bildform an. Von der quadratischen und der Querformat-Vorschau kann man deshalb nicht auf das Ergebnis z. B. in einem Hochformatbild schließen.

Farbverläufe erstellen

Farbverläufe erstellen Sie im **Farbverlaufs-Editor** (Abbildung oben rechts). Ein Verlauf wird durch **Farbmarker** und **Mittelpunkte** definiert. Einem Marker kann die **Vorder**- oder **Hintergundfarbe** oder eine **benutzerdefinierte Farbe** zugewiesen werden, zudem lässt sich seine Position (in % der entsprechenden Bildabmessung) festlegen. Wenn Sie für die Marker **Vordergrund** oder **Hintergrund** als Farbe auswählen, kann der Verlauf schnell über die Materialien-Palette angepasst werden.

Änderungen der **Transparenz** werden analog in der zweiten Leiste definiert. Per Mausklick können Sie beliebig Marker hinzufügen und diese und die Mittelpunkte verschieben.

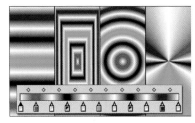

4 Die vier Farbverlaufs-Stile **Linear**, **Rechteckig**, **Nova** und **Strahlenförmig** (von links nach rechts). Alle Parameter sind null bzw. Standard. Der den Stilen zugrunde liegende Verlauf ist unten eingeblendet.

6 So müsste ein vierstrahliger Verlauf an ein Hochformatbild angepasst werden (links) und so wird er angepasst (rechts). Das linke Bild entstand mit einer Drehung von 90 Grad.

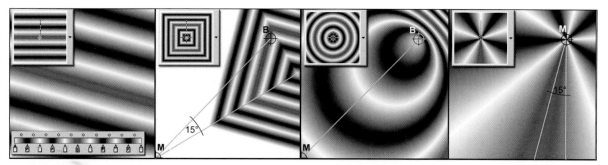

1 Der Einfluss von **Mittelpunkt** (M), **Brennpunkt** (B) und **Winkel** auf unterschiedliche Verlaufsstile. Der Drehwinkel beträgt jeweils 15°. Die kleinen Vorschaubilder zeigen den entsprechenden Verlauf ohne Verschiebung von Mittel- und Brennpunkt und ohne Drehung.

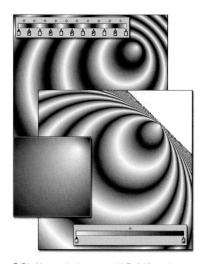

2 Die Nova mit einem aus 10 Farbübergängen bestehenden Verlauf (im Hintergrund) und einem 9 Mal wiederholten einfachen Verlauf. Alle weiteren Einstellungen sind gleich. Das kleinere, weiß umrandete Quadrat zeigt den Verlauf ohne Wiederholungen.

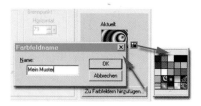

3 Farben, Verläufe und Muster lassen sich – auch in Verbindung mit einer Textur – mit individueller Bezeichnung zu den Farbfeldern zufügen. Umgekehrt können Farbfelder schnell in den Materialeigenschaften-Dialog geladen werden. Dazu dient der kleine Button neben der Aktuell-Vorschau.

Richtig verwirrend wird es, wenn Mittel- und Brennpunkt getrennt verschoben werden, was nur bei Rechteckverlauf und Nova möglich ist. Dann zeigt sich, dass der *Brennpunkt* den Ausgangspunkt des Verlaufs beeinflusst. Der Rechteckverlauf verschiebt sich gleichlaufend mit einer Verschiebung des Brennpunkts, während eine Verschiebung des Mittelpunkts keinerlei Auswirkungen hat, solange der Drehwinkel 0° beträgt. Bei anderen Winkeln erfolgt eine Drehung der Achse Brennpunkt-Mittelpunkt um den Mittelpunkt (**1**).

Bei der Nova bestimmt der Abstand zwischen Brenn- und Mittelpunkt die Exzentrik des Verlaufs. Die einzelnen Ringe rücken auf der dem Mittelpunkt abgewandten Seite näher aneinander, je größer der Abstand B-M wird. Über eine Verschiebung von M kann der Verlauf zudem gedreht werden (die Drehwinkeloption steht bei der Nova nicht zur Verfügung).

Manchmal beobachtete ich bei der Nova eine Umkehrung der Wirkung von Mittelpunkt- und Brennpunkteinstellung. Dies war aber stets mit einer völlig falschen Vorschau verbunden und verschwand, wenn ich die Punkte kurzzeitig über die Checkbox miteinander verband und gleich wieder trennte.

Mit einem einfachen Verlauf erzeugt die Nova natürlich aussehende Beleuchtungseffekte, wozu sie auch gedacht ist (Name!). Die Ringstrukturen in den Beispielen habe ich gewählt, weil sie die Effekte deutlicher sichtbar machen. Sie entstehen, wenn der Verlauf selbst schon aus mehreren Farbübergängen besteht. Fast die gleichen Bilder erhalten Sie übrigens, wenn Sie einen einfachen Farbübergang mehrmals wiederholen lassen. Ausnahme: Die Nova zeigt dabei (bei sonst gleichen Einstellungen) eine größere Exzentrik, welche bis zum Grenzfall des »Zusammenstoßens« aller Ringe an der Horizontlinie einer imaginären 3D-Landschaft reicht (**2**).

Diese ganzen kaum voraussehbaren und je nach Verlaufsstil unterschiedlichen Effekte machen die Verlaufsfunktion von Paint Shop Pro sehr unhandlich. Deshalb sollten Sie mit Verläufen stets auf einer neuen Ebene experimentieren.

Wenn die automatische Anpassung des Verlaufs an die Bildproportionen nicht erwünscht ist, hilft die Anwendung auf ein neues, quadratisches Bild, aus dem der Verlauf dann in das Originalbild kopiert wird. Verläufe lassen sich wie alle Materialien als Farbfelder speichern (**3**).

Muster Muster sind kleine Bilder, die von Paint Shop Pro nahtlos aneinander gefügt werden – ähnlich wie Kacheln. Sie sind oft quadratisch, müssen dies aber nicht sein. Auf der Registerkarte **Muster** finden Sie das schon bekannte Vorschaubild, das auf Mausklick in den Auswahldialog führt (**4**), und zwei Wertefelder für **Winkel** (0° … 359°) und **Flächendeckung** (10 … 250). Die Popup-Hilfe zeigt, was mit der zweiten Angabe gemeint ist: der **Maßstab** (in Prozent). Tragen Sie hier 100 ein, setzt PSP die Mustervorlage in Originalgröße ins geöffnete Bild und beginnt dabei links oben. Je nach Bildgröße und Maßstab erhalten Sie so einen Ausschnitt der Vorlage bis zu ihrer vielfachen Wiederholung. Damit Wiederholungen wirklich nahtlos ineinander übergehen, müssen die Ränder der Mustervorlage natürlich entsprechend beschaffen (z. B. einfarbig) sein. Muster können (wie die anderen Materialien auch) mit dem Pinsel oder dem Füllwerkzeug aufgetragen werden.

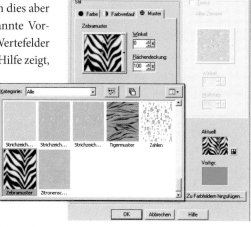

4 Die Registerkarte **Muster** mit geöffnetem Auswahldialog

Im Muster-Auswahldialog stehen nicht nur Muster aus den Paint Shop Pro-Musterbibliotheken, sondern auch alle im Programm geöffneten Bilder und Auswahlen bereit. Diese können also ohne weitere Maßnahmen direkt als Muster verwendet werden (**5**). Leider lassen sich solche selbst erstellten Muster nicht ähnlich einfach speichern und auch nicht als Farbfeld hinzufügen. Dazu müssen sie erst über Datei>Speichern unter in einen Muster-Ordner gelegt werden.

Textur Schauen wir noch kurz auf das bisher unbeachtet gebliebene Teilfenster **Textur**. Es lässt sich per Checkbox zu allen Stil-Registerkarten zuschalten. Inhaltlich unterscheidet es sich kaum vom Muster-Fenster, nur dass es hier statt **Flächendeckung** gleich verständlicher **Maßstab** heißt. Im Auswahldialog finden Sie jedoch, anders als bei den Mustern, ausschließlich Graustufenbilder (**6**). Zwar können Texturvorlagen auch mehrfarbig sein; da Paint Shop Pro aber hier sowieso nur die Helligkeitsinformation verwendet, ist dies unnötig.

5 Ein selbst erstelltes Muster (Vorlage war die Nova von der vorigen Seite). Hier sieht man deutlich, wie Paint Shop Pro die Musterbilder entsprechend der Winkel-Vorgabe dreht und aneinanderfügt.

Während Muster stets als *Bild* eingefügt und dabei weder die vorhandenen Pixel noch die Vorder- oder Hintergrundfarbe berücksichtigt werden, handelt es sich bei Texturen um *Masken*, mit denen die Mal- oder Füllfarbe maskiert wird. Die Wirkung einer Maske hängt von ihrer Helligkeit ab: Schwarz maskiert voll, d. h. macht die Malfarbe komplett transparent, Weiß gar nicht. Grautöne machen die Malfarbe halbtransparent. Die Malfarbe wirkt sich also nur dort aus, wo das Texturbild hell oder weiß ist. Je dunkler die Textur, desto transparenter bleibt die Malfarbe und desto mehr vom Untergrund bleibt sichtbar. Texturen können Bildern beispielsweise die Struktur von Leinwand oder zerknittertem Papier verleihen. Sie lassen sich nicht nur auf Vollfarben, sondern ebenso auf Verläufe und Muster anwenden.

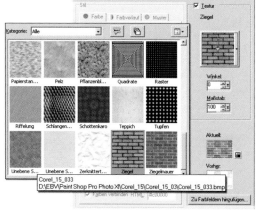

6 Textur-Auswahl im Materialeigenschaften-Dialog mit Speicherpfad-Anzeige

Um selbst eine Textur zu erstellen, müssen Sie das entsprechende Bild oder den Ausschnitt zuerst in einem Textur-Ordner speichern. Anders als bei den Mustern können geöffnete Bilder oder Ausschnitte nicht direkt verwendet werden.

Paletten automatisch einblenden

Paletten öffnet Paint Shop Pro auf Wunsch automatisch, wenn sie für ein bestimmtes Werkzeug wichtig sind (z. B. die Materialienpalette zum Pinselwerkzeug). Diese Option ist besonders bei Verwendung des Lernstudios empfehlenswert, Sie finden sie unter Datei>Einstellungen>Paletten.

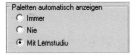

1 Das Lernstudio mit allen Themenseiten

Palette Lernstudio [F10]

Das seit PSP X vorhandene Lernstudio bietet nicht nur Informationen zum Arbeitsablauf, zu Werkzeugen und Befehlen, sondern aktiviert auch gleich die benötigten Werkzeuge und Filter. Die Startseite enthält sieben Aufgaben- und Themenbereiche in der Reihenfolge eines typischen Arbeitsablaufs (**1**).

Den Anfang macht das Einlesen oder Gewinnen eines Fotos, den Abschluss bildet der Ausdruck. Ein Klick auf ein Thema wählt das entsprechende Werkzeug oder öffnet das benötigte Dialogfenster (**2**). Einsatzhinweise gibt es allerdings nur für Werkzeuge, einige Themen führen sogar kommentarlos nur die entsprechende Funktion aus (z. B. Fotokorrektur in einem Schritt). Zum »Lernen« eignet sich das Studio deshalb nicht besonders gut. Komplexere Arbeitsanleitungen und

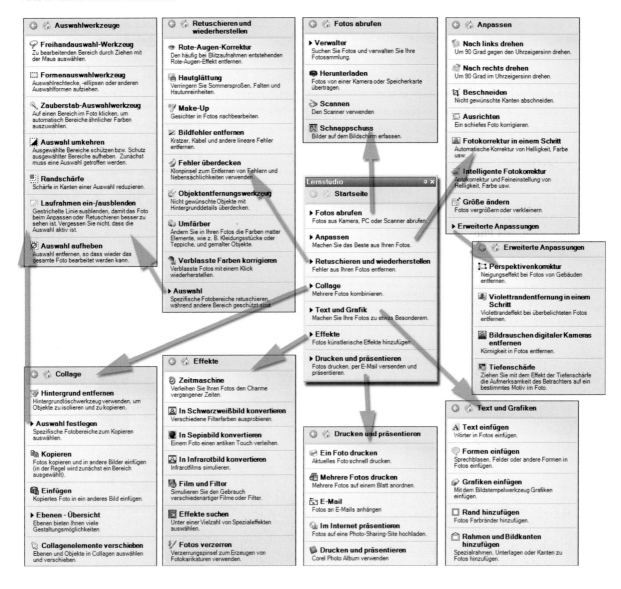

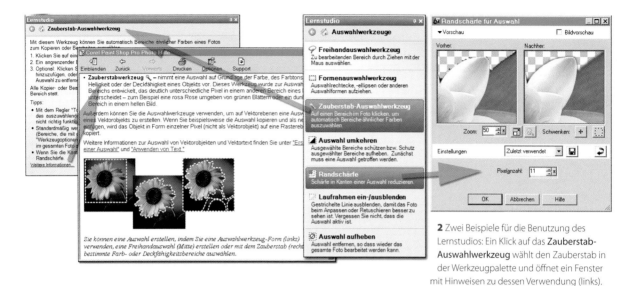

2 Zwei Beispiele für die Benutzung des Lernstudios: Ein Klick auf das **Zauberstab-Auswahlwerkzeug** wählt den Zauberstab in der Werkzeugpalette und öffnet ein Fenster mit Hinweisen zu dessen Verwendung (links). Wenn das nicht genügt, wird man per Link zur Online-Hilfe geführt. Ein Klick auf **Randschärfe** öffnet (sofern man vorher einen Bildbereich ausgewählt hat) den entsprechenden Dialog, in diesem Fall ohne Kommentar (rechts).

Tutorials, die es im **Learning Center** von PSP 9 noch gab, sind ersatzlos entfallen. Das Lernstudio ist eher ein »roten Faden« der Bildbearbeitung, der Neulingen den Einstieg erleichtert und manch zeitraubende Suche erspart.

Palette Verwalter `Strg` `B`

Schon in PSP X hatte Corel den Durchsuchen-Dialog der Vorgängerversionen durch eine Browser-Palette ersetzt, mit der sich Festplattenordner schnell nach Bilddateien durchsuchen und als Miniaturen anzeigen ließen. Für die Bildverwaltung lag das **Corel Photo Album** bei. In PSP XI wurden diese Funktionen erneut umgekrempelt. Statt der Browser-Palette gibt es jetzt den **Verwalter** (**3**), eine weitere Palette **Fotoablage** sowie die aus beiden Paletten heraus aufrufbare **Schnellüberprüfung** – eine Art Diashow.

Anstelle des Corel Photo Albums liegt PSP XI jetzt eine Light-Version von **Corel Snapfire Plus** bei. Diese Kombination hat Gründe: Intern greifen Snapfire, die Verwalter- und die Fotoalbum-Palette sowie die Schnellüberprüfung auf die gleichen Daten und teilweise auf die gleichen Einstellungen zurück.

Ob die Kombination sinnvoll ist, ist eine andere Frage: Snapfire ist eher ein Programm für Gelegenheits- und Spaßfotografen, die sich nicht viel um Bildverwaltung und -bearbeitung kümmern wollen oder müssen. Zudem enthielt das Programm Ende 2006 noch zahlreiche nicht ausgereifte, teilweise fehlerhafte Funktionen. Ich kann Snapfire deshalb nicht empfehlen und werde im Folgenden nur darauf eingehen, wenn es zum Vergleich nötig ist.

Corel Snapfire Plus SE

Die auf der PSP-CD enthaltene Testversion bietet fast identische Funktionen wie die Paletten **Verwalter** und **Fotoablage** unter einer wesentlich bunteren Oberfläche. Auch die Funktionsmängel sind gleich. Nach 30 Tagen muss man den Lizenzschlüssel kaufen (ca. 40 Euro) oder mit einigen Einschränkungen leben. Unter anderem sind danach keine Sicherungskopien und keine Videobearbeitungen mehr möglich und die RAW-Unterstützung fehlt

3 Verwalter-Palette mit Ordnerbaum (links) und Bilddatenfenster (rechts)

1 Im Ansicht-Menü von PSP XI wählen Sie den Verwaltermodus. Im Palettenmodus lässt sich der Verwalter wie jede andere Palette entweder am Hauptfenster andocken oder frei verschieben – sogar über das Hauptfenster hinaus. Im Dokumentmodus ist Letzteres nicht möglich, zudem kann der Verwalter hinter anderen Bildfenstern verschwinden.

2 Das in den EXIF-Daten eingetragene Aufnahmedatum lässt sich einzeln für jedes Bild oder für mehrere Bilder gleichzeitig (dann nur über das Kontextmenü) ändern. Beides gelingt nur mit JPEG-Dateien. Auch die Übernahme des Dateidatums als Aufnahmedatum ist nicht vorgesehen.

Snapfire aktualisieren!

Auch wenn Sie Snapfire gar nicht benutzen, sollten Sie das Programm regelmäßig auf den neuesten Stand bringen. Wegen der internen Verknüpfung wirken sich Fehler von Snapfire auch auf den Verwalter und dessen Funktionen aus. In der ersten Version (11.00) von PSP XI enthält der Verwalter noch weit mehr Fehler als nebenstehend beschrieben. Die Aktualisierung von PSP XI auf Version 11.11 genügte nicht, um diese auszuräumen – dazu war auch eine Aktualisierung von Snapfire auf Version 1.10 notwendig.

Der Verwalter lässt sich in zwei Modi öffnen (**1**), einige weitere Anzeigefunktionen wählen Sie in den Voreinstellungen (≫45). Die Symbolleiste enthält einen Zoom-Regler zum stufenlosen Ändern der Miniaturgröße, ein Sortieren-Menü, ein Suchfeld sowie acht Symbolschaltflächen zum Löschen, Drehen und Versenden von Bildern, zum Drucken von Kontaktbögen 🖼, für die **Schnellüberprüfung** 🖥 sowie für das Einblenden der Fensterspalte mit den Bilddaten. Eine **Menütaste** ganz links 🔧 führt zu wenigen weiteren Befehlen, z. B. zum Auswählen aller Bilder. Aus dem Kontextmenü ist nur der Befehl **Aufnahmedatum im Stapelverfahren korrigieren** wichtig, da er weder über eine Schaltfläche noch ein anderes Menü erreichbar ist (**2**).

Nach der Installation enthält der Ordnerbaum des Verwalters lediglich den Ordner Eigene Bilder. Die Ordner-Schaltfläche Weitere Ordner erlaubt, weitere vorhandene Ordner hinzuzufügen, was umständlich ist, da der letzte Pfad nicht gespeichert wird. Unterordner werden dabei (soweit in den Voreinstellungen nicht ausgeschlossen) mit aufgenommen. Das Anlegen neuer Ordner ist nicht möglich, das Löschen ebenso wenig. Bilder können (durch Verschieben der Miniaturen per Maus) in andere Ordner verschoben werden, doch Vorsicht: Der Zielordner wird dabei nicht markiert, man sieht also nicht deutlich, wo die Bilder landen werden. Der Mauszeiger wird dabei übrigens zu einem Pluszeichen, was üblicherweise für »Kopieren« steht. Bilder kopieren kann der Verwalter aber gar nicht, diese werden immer verschoben.

Gut ist, dass sich die Sortierfunktion nun über die Symbolleiste erreichen lässt. Dafür sind gegenüber dem Browser von PSP X viele Sortiermöglichkeiten (z. B. nach EXIF-Informationen) weggefallen, und auch die wichtige **absteigende** Sortierreihenfolge gibt es nicht mehr.

Ein ins Suchfeld der Symbolleiste eingegebener Begriff wird in allen zu den Bildern verfügbaren Informationen, also auch im Ordnernamen sowie in IPTC- und EXIF-Feldern gesucht. Die Fernglas-Schaltfläche 🔍 links daneben führt in einen erweiterten Suchdialog (**3**). Auch eine Kalendersuche ist möglich (**4**).

Den Bildern lassen sich **Kennzeichen** (entsprechen den IPTC-Stichworten), **Beschriftungen** und eine **Wertung** (1…5) zuordnen. Kennzeichen erscheinen in der Ordnerliste (**3**) und können Bildern auch bequem per »Drag and Drop« zugeordnet werden.

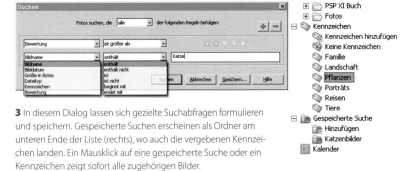

3 In diesem Dialog lassen sich gezielte Suchabfragen formulieren und speichern. Gespeicherte Suchen erscheinen als Ordner am unteren Ende der Liste (rechts), wo auch die vergebenen Kennzeichen landen. Ein Mausklick auf eine gespeicherte Suche oder ein Kennzeichen zeigt sofort alle zugehörigen Bilder.

4 Im Kalendersuchfeld lassen sich mehrere Tage bzw. Bereiche per Strg-🖱 bzw. ⇧-🖱 markieren. Vor-/Nach- oder monatsübergreifende Suchen sind hier nicht möglich, wohl aber im Suchen-Dialog (**3**)

5 Alle Alben erscheinen als Reiter in der Symbolleiste der Fotoablage. Der Ausdruck von Kontaktbögen und die Schnellüberprüfung sind über die Menütaste (links oben) aufrufbar.

Falls Ihre Alben nach einem Wechsel der Arbeitsoberfläche verschwunden sind, müssen Sie ein neues Album hinzufügen und wieder löschen – dann erscheinen die Alben wieder.

Die größten Mängel des Verwalters betreffen Verwaltungsfunktionen: Es lassen sich weder neue Ordner anlegen noch vorhandene umbenennen (der Browser von PSP X konnte beides). Für solche Aufgaben müssen Sie deshalb den Windows Explorer verwenden, was aber weitere Probleme verursacht: Im Explorer angelegte neue Unterordner werden im Verwalter selbst dann nicht sofort angezeigt, wenn der Hauptordner bereits gelistet ist, und es lassen sich im Explorer keine Ordner löschen, die im Verwalter gelistet sind (Ausweg: Paint Shop Pro schließen).

Der Verwalter eignet sich allenfalls zur Suche *nach*, nicht aber zum Verwalten *von* Bildern. Benutzen Sie zur Bildverwaltung besser das **Corel Photo Album** oder ein vergleichbares Programm.

Palette Fotoablage Strg W

Zum Einsortieren von Bildern in Fotoalben dient die Palette **Fotoablage** (**5**). Gespeichert werden nicht die Bilder selbst, sondern Verknüpfungen zu ihnen. Sofern in den Voreinstellungen gewählt, werden Dateinamen und Bewertungen angezeigt. Die Miniaturgröße ist hier fest vorgegeben, außerdem werden alle Miniaturen stets in einer Zeile angezeigt. Da auch der Platz für die Alben-Reiter begrenzt ist und Alben sich nicht verschachteln lassen, ist die Fotoablage eher für kurzfristige Aufgaben wie eine Diashow geeignet, zum Ordnung halten in einer umfangreichen Bildersammlung dagegen nicht.

Schnellüberprüfung

Die **Schnellüberprüfung** (in der Hilfe mit **Blitzüberprüfung** bezeichnet) ist nur aus dem **Verwalter** per Button oder über die Menütaste der **Fotoablage** erreichbar. Auch diese in PSP XI neue, an sich nützliche Funktion überzeugt bisher nicht. Sie öffnet alle ausgewählten Bilder (alternativ auch ein Video) eines Verwalter-Ordners oder eines Albums bildschirmfüllend als Diashow. Überblendeffekte und die Unterlegung mit Musik sind möglich (**6**). Beschriftungen und Bewertungen lassen sich (umständlich) eingeben (**7**), Letztere aber während der Show nicht anzeigen. Auch die Anzeige des Dateinamens ist nicht möglich.

Die zeitgesteuerte Diashow kann jederzeit angehalten und das aktuelle Bild gelöscht, gedreht, in das (aktuell geöffnete) Album gelegt oder korrigiert werden (**Schnellkorrektur**) (**8**). Letzteres wendet offenbar die **Fotokorrektur in einem Schritt** von PSP an, die jedoch selten befriedigende Ergebnisse bringt.

6 Einige Einstellungen für die Diashow. Leider werden diese nicht bis zum nächsten Aufruf der Schnellüberprüfung gespeichert.

7 Dia-Daten anzeigen öffnet diesen Dialog, wo sich die Beschriftung und die Bewertung des Bildes ändern lassen.

8 Die Steuerungsleiste der Schnellüberprüfung. Zum Blättern können Sie alternativ auch die Pfeiltasten auf der Tastatur verwenden.

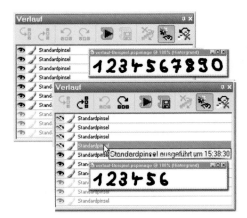

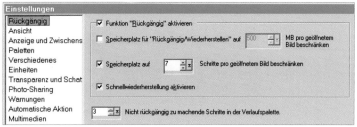

1 In den Voreinstellungen lässt sich der Speicherplatz und/oder die Anzahl der Rückgängig-Schritte begrenzen. Ich habe hier zum Zweck der Veranschaulichung nur sieben Rückgängig-Schritte und drei **Nicht rückgängig zu machende Schritte** gewählt (Standard sind 250 bzw. 10, die Maxima 1000). Letztere tauchen in der Verlauf-Palette erst auf, wenn der vorgegebene Speicherplatz bzw. die Anzahl der Rückgängig-Schritte verbraucht ist.

2 Mit zehn Pinselstrichen habe ich hier zehn Zahlen gemalt. Da ich vorher die Maximalzahl der Rückgängig-Schritte auf sieben eingestellt hatte, lassen sich die ersten drei (ganz unten im Stapel) nicht mehr rückgängig machen – sie sind ausgegraut. Im zweiten Versuch habe ich die letzten vier Aktionen rückgängig gemacht, damit verschwinden die letzten vier Zahlen.

3 Selektiv lassen sich einzelne Schritte rückgängig machen, ohne dass andere beeinflusst werden. Hier verschwinden selektiv zwei Zahlen.

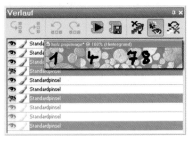

4 Alle Schritte – auch rückgängig gemachte und gelöschte – können erneut auf das gleiche oder ein anderes Bild angewendet werden. Hier habe ich die Schritte 1, 4, 7, 8 mit der Maus in das Holz-Bild gezogen. Per Quickskript hätte ich dagegen nur die aktiven Schritte (5, 6, 8, 9, 0) auf das zweite Bild anwenden können.

Palette Verlauf F3

Die Verlauf-Palette schreibt akribisch Schritt für Schritt alle Bearbeitungen, Pinselstriche und Funktionen mit, die Sie auf ein Bild anwenden – einschließlich der sekundengenauen Ausführungszeit. Aber sie ist weit mehr als ein Arbeitsprotokoll. Sie können Arbeitsschritte (die hier **Aktionen** heißen) *fortlaufend* oder *selektiv* rückgängig machen und wiederherstellen, erneut auf das Bild oder auf andere Bilder anwenden, rasch als **Quickskript** und dauerhaft als **PSP-Skript** auf der Festplatte speichern.

Jede von Paint Shop Pro an einem Bild ausgeführte Aktion wird sowohl auf die Bilddaten (im Hauptspeicher des Computers) angewendet als auch intern als Skriptdatei gespeichert. Bei den nächsten Aktionen überschreibt das Programm die älteren Bilddaten jedoch nicht einfach, sondern hebt sie noch eine Weile auf, ebenso die älteren Skripts. Dies erlaubt es, jederzeit zu einer älteren Bildversion zurückzukehren, und ist die Grundlage für die **Rückgängig-Funktion** (**2**).

Die als Skripts gespeicherten Aktionen erlauben zudem, einen Schritt jederzeit zu wiederholen. Da Paint Shop Pro auch Mausaktionen aufzeichnet, gelingt dies sogar mit Pinselstrichen. Diese Fähigkeit zur exakten Wiederholung ist die Grundlage für die Funktion **Selektives Rückgängigmachen von Aktionen** (**3**). Das Programm muss dazu zuerst auf eine ältere Bildversion zurückgreifen und auf diese dann spätere, nicht rückgängig gemachte Schritte erneut anwenden. Sie können dies sehr gut an Aktionen verfolgen, die einige Zeit brauchen.

Die Selektiv-Rückgängig-Funktion birgt auch Gefahren: Baut eine Aktion auf einer älteren auf und machen Sie nur diese rückgängig, kann die jüngere nicht oder nicht korrekt arbeiten. Auch zufällige Parameter können nicht exakt wiederholt werden. Dies betrifft z. B. Pinselstriche mit stark verringerter Dichte (die Farbpunkte werden hierbei zufällig verteilt). In der Palette Pinselvarianten eingestellte Zufallsparameter werden dagegen exakt wiederholt. Der Grund: Der Zufall wirkt hier nur beim erstmaligen Malen, im Skript werden aber die Pinselstriche selbst aufgezeichnet.

In den Voreinstellungen (**1**) können Sie wählen, wie viele ältere Versionen pro Bild aufgehoben werden sollen. Wird diese Zahl überschritten, fallen die ältesten

Aktionen aus der Verlauf-Palette heraus. Sie können nicht mehr rückgängig gemacht werden und sind normalerweise in der Palette auch nicht mehr sichtbar. Allerdings sind sie noch als Skript vorhanden und können deshalb erneut (auf dieses oder ein anderes Bild) angewendet werden. Wie viele solcher Skripts – über die Zahl der Rückgängig-Schritte hinaus – Paint Shop Pro speichert, legen Sie ebenfalls in den Voreinstellungen fest.

Nachfolgend gehe ich auf die Palettenfunktionen anhand der Schaltflächen im Palettenkopf ein. Einen Teil dieser Funktionen finden Sie (zusammen mit weiteren) auch im Kontextmenü (**5**). Zumeist müssen die zu ändernden Aktionen vorher ausgewählt sein, was Sie bei benachbarten Aktionen per Mausklick bei gedrückter Umschalttaste (⇧), bei nicht benachbarten Aktionen bei gedrückter Steuerungstaste (Strg) auf die Namen der Aktionen erreichen.

Bis hier rückgängig machen/wiederherstellen Macht alle Aktionen bis zur ausgewählten rückgängig bzw. stellt diese wieder her. Das Gleiche erreichen Sie per Mausklick auf das Augensymbol vor der ausgewählten Aktion oder – nun schrittweise – mit den entsprechenden Menüfunktionen (Bearbeiten>Rückgängig oder Strg Z bzw. Bearbeiten>Wiederherstellen oder Strg Alt Z). Rückgängig gemachte Aktionen sind mit einem gelben Kreuz markiert (**2**).

Auswahl rückgängig machen/wiederherstellen Macht nur die ausgewählten Aktionen *selektiv* rückgängig. Das Gleiche erreichen Sie per Strg auf die Augensymbole aller gewünschten Aktionen. Selektiv rückgängig gemachte Aktionen sind mit einem roten Kreuz markiert (**3**).

Quickskript ausführen/speichern Ein Quickskript speichert alle *aktiven* (d. h. nicht rückgängig gemachten) Aktionen zu einem Bild. Es kann auf das gleiche oder ein beliebiges anderes Bild angewendet werden. Quickskripts werden beim abermaligen Speichern überschrieben und gehen bei Beendigung des Programms verloren.

Rückgängig gemachte Befehle selektiv löschen Löscht nicht die »Befehle«, sondern die temporär gespeicherten *Bilddaten* der selektiv rückgängig gemachten Aktionen (die mit einem roten Kreuz markiert sind) und blendet diese gleichzeitig aus der Liste aus. Die Skriptdateien (also die »Befehle«) dieser Aktionen werden nicht gelöscht, sie lassen sich immer noch erneut auf ein Bild anwenden.

Nicht rückgängig zu machende Befehle anzeigen Damit Letzteres auch möglich ist, muss man die »gelöschten« Aktionen wenigstens sehen können. Nach Klick auf diese Schaltfläche erscheinen sie wieder in der Liste, sind nun allerdings ausgegraut.

Befehlsverlauf löschen Löscht ebenfalls nicht die »Befehle«, sondern die Bilddaten *aller* älteren Versionen. Die Skriptdateien bleiben erhalten. Die Aktionen können mit dem letztgenannten Button sichtbar gemacht, erneut auf Bilder angewendet (**4**) und auch als PSP-Skript gespeichert werden.

5 Das Kontextmenü der Verlauf-Palette. Die ersten vier Befehle und **Als Quickskript speichern** sind auch über die Schaltflächen im Kopf der Palette, die restlichen vier aber nur von hier ausführbar.

Aktionen speichern und anwenden

Mit den vier nur im Kontextmenü enthaltenen Befehlen können Aktionen gespeichert und erneut angewendet werden:

Als Skript speichern Speichert die ausgewählten Aktionen dauerhaft als PspScript-Datei.

In Zwischenablage kopieren Kopiert die Skriptbefehle der gewählten Aktionen in die Zwischenablage, von wo Sie sie z. B. in einen Texteditor einfügen können.

Auf aktuelles Dokument anwenden Wendet die gewählten Aktionen auf das aktuelle Bild an.

Auf andere geöffnete Dokumente anwenden Wendet die gewählten Aktionen auf *alle* anderen in Paint Shop Pro geöffneten Bilder an.

Ausgewählte Aktionen können Sie auch einfach mit der Maus aus der Palette in ein beliebiges geöffnetes Bild ziehen, um sie darauf anzuwenden. Beachten Sie, dass z. B. Pinselstriche im Zielbild entsprechend ihrer örtlichen Lage im Quellbild ausgeführt werden, d. h. pixelgenau und relativ zur linken oberen Bildecke. Eine eventuelle Auswahl hat keinen Einfluss auf die örtliche Lage, nur auf den Erfolg der Aktion.

Aktionen und Skripts

Die Aktionen in der Verlauf-Palette sind Skriptdateien mit allen Befehlen, welche für den entsprechenden Bearbeitungsschritt notwendig sind. Wenn Sie diese Bearbeitungsschritte gleichzeitig als Skript aufgenommen haben (schnell getan per Button **Skriptaufzeichnung starten** in der Skript-Symbolleiste) und anschließend speichern, erhalten Sie exakt dasselbe Skript wie bei der Speicherung aus der Verlauf-Palette heraus. Die Speichern-Dialoge sind völlig identisch (**1**).

Nur ein beinah identisches Skript erzeugt der Befehl **In Zwischenablage kopieren**: Es fehlen ein paar Kopfinformationen.

1 Im Speichern-Dialog für Skripts können weitere Ausführungsoptionen gewählt werden.

Aktionen und Ebenen

Per Quickskript, Kontextmenübefehl oder durch Ziehen mit der Maus übertragene Aktionen werden stets auf die aktuelle Ebene des Zielbildes angewendet. Ist diese dafür nicht geeignet, wird sie entweder umgewandelt (z. B. wird eine Malebene für eine Standardpinsel-Aktion in eine Rasterebene umgewandelt), oder es wird eine geeignete Ebene neu erzeugt.

Aktionen, die auf Masken- und Anpassungsebenen angewendet werden, beeinflussen die entsprechende Maske. Eine Ebenengruppe wird (ebenfalls ohne Warnung) zusammengefasst, wenn man eine Aktion auf sie anwendet.

Ein Quickskript wird temporär angelegt und beim nächsten Speichern eines Quickskripts überschrieben. Die Datei mit dem zuletzt gespeicherten Quickskript heißt QuickskriptVorl.PspScript und befindet sich im Ordner Eigene Dateien\Meine PSP-Dateien\Skripts (vertrauenswürdig). Diese Datei wird übrigens beim Beenden von Paint Shop Pro nicht gelöscht. Trotzdem lässt sich das enthaltene Quickskript nach einem Neustart nicht mehr aufrufen. Zumindest nicht aus der Verlauf-Palette heraus – Sie finden dieses Skript aber im Auswahlfeld der Skript-Symbolleiste, von hier kann es auch gestartet werden. Natürlich können Sie auch (z. B. als »letzte Rettung« nach einem Absturz) über den Windows Explorer auf die Quickskript-Datei zugreifen, sie kopieren und umbenennen und so dauerhaft als PSP-Skript speichern. Im Normalfall speichern Sie ausgewählte Aktionen dauerhaft über den Kontextmenübefehl **Als Skript speichern**. Auf die Arbeit mit Skripts gehe ich ausführlich im Kapitel **Automatisierung** am Ende dieses Buches ein »278.

Aus der Verlauf-Palette heraus gespeicherte Skripts erlauben die schnelle Erzeugung selbstablaufender Demonstrationen. Sogar Grafiken lassen sich damit »wie von Zauberhand« erstellen (es fehlt lediglich eine Verzögerungsfunktion). Wenn geöffnete Dialogboxen bei der Wiedergabe an vorgegebenen Positionen erscheinen sollen, markieren Sie beim Speichern diese Option. Hinter **Beschreibung** versteckt sich ein Fenster für Autoren- und Copyrightinformationen (**1**).

Palette Skriptausgabe ⇧ F3

Diese Palette enthält keine Optionen, erfüllt nur einen einzigen Zweck und ist deshalb mit wenigen Worten erklärt: Sie gibt die Aktionen, Ergebnisse und Warnmeldungen beim Ausführen von Skripts aus (**2**).

Da die Aktionen in der Verlauf-Palette auch nur Skripts sind, erhalten Sie entsprechende Ausgaben also schon, wenn Sie solche Aktionen erneut auf das aktuelle oder ein anderes Bild anwenden. Wirklich nützlich wird die Skriptausgabe aber erst, wenn Sie vorhandene Skripts ändern oder Skripts völlig neu erstellen möchten. Das Kontextmenü der Palette enthält nur drei Befehle: Kopieren, Löschen und Alles auswählen. Per Kopieren können Sie die Ausgaben in einen Texteditor übertragen und speichern.

2 Skriptausgabe mit dem Protokoll eines Skripts, das die Zahlen von 0 bis 9 ins Bild malt

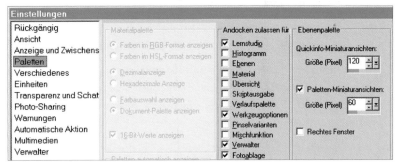

3 Die Voreinstellungen für die Ebenenpalette (**Datei**>**Einstellungen**>**Allgemeine Programmeinstellungen**). Wenn Sie per **Rechtes Fenster** zum alten Palettenlayout umschalten und zudem die Paletten-Miniaturansicht abwählen, erhalten Sie das Aussehen der Ebenenpalette von Paint Shop Pro 9.

Ebenenpalette [F8]

Ebenen entsprechen gestapelten Bildfolien, die gemeinsam den endgültigen Bildeindruck ergeben. Die Ebenen eines digitalen Bildes erlauben aber noch viel mehr. Detaillierte Ausführungen zu Ebenen und zur Ebenenpalette finden Sie im folgenden Kapitel (≫86). Hier sollen nur kurz die wichtigsten Palettenfunktionen vorgestellt werden.

Die Ebenenpalette zeigt alle Bildebenen mit jeweils einer Ebenenminiatur sowie (links davon) mindestens zwei Symbolschaltflächen an (**4**). Das obere Symbol kennzeichnet den **Ebenentyp**, das darunter liegende Auge die **Sichtbarkeit** – diese kann per Mausklick auf das Symbol aus- und eingeschaltet werden.

Befindet sich der Mauszeiger über der Ebenenminiatur, blendet sich zusätzlich eine **Quickinfo-Miniatur** ein. Die Größen beider Miniaturen lassen sich unabhängig voneinander in den Programmvoreinstellungen wählen (**3**). Hier findet sich auch eine Checkbox Rechtes Fenster, mit der sich das »klassische« Aussehen der Ebenenpalette (bis zur Version 9 von Paint Shop Pro) wiederherstellen lässt. Damit rückt die Eigenschaften-Leiste, die sich in der neuen Version oben unterhalb der Symbolleiste befindet, in ein eigenes, rechts angefügtes Teilfenster und wird individuell zu jeder Ebene angezeigt (**5**).

4 Diese Ansicht der Ebenenpalette gibt es erst seit Paint Shop Pro X.

Die Symbolleiste der Ebenenpalette enthält standardmäßig lediglich drei Symbolschaltflächen. Hinter der ersten Schaltfläche verstecken sich allerdings insgesamt 18 Befehle zum Anlegen von Raster-, Vektor-, Mal-, Masken- und Anpassungsebenen (**6**). Das (hier nicht dargestellte) Kontextmenü der Ebenenpalette enthält noch ein paar Befehle mehr. Ziehen Sie im Anpassen-Modus die am häufigsten benötigten Befehle (z. B. Duplizieren) als weitere Schaltflächen in die Symbolleiste. Vor allem wenn Sie die »breite« Ansicht der Palette bevorzugen, ist dort noch genügend Platz, und Sie müssen sich dann nicht mehr durch das Menü klicken. Ein Beispiel für solch eine neu gestaltete Symbolleiste finden Sie auf Seite ≫38.

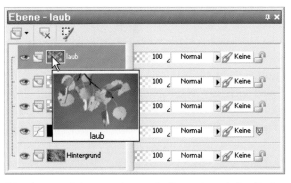

5 Die alternative Palettenansicht zeigt die Ebeneneigenschaften für alle Ebenen in einem zweiten Teilfenster. Die Größe der Ebenenminiaturen lässt sich nicht verändern.

6 Paint Shop Pro kennt zahlreiche Ebenenarten. Ausführliche Erläuterungen dazu finden Sie im folgenden Kapitel.

1 Mischfunktion-Palette mit entnommener Farbmischung, die im Vordergrund-Materialfeld erscheint. Die unteren Schaltflächen dienen dem Erstellen, Laden und Speichern von Mischfunktions-Seiten. Außerdem sind ein eigener Navigator und Rückgängig- und Wiederholen-Schaltflächen vorhanden.

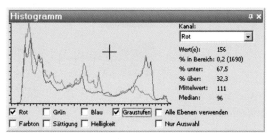

2 Die Histogramm-Palette

3 Die Registerkarten der Übersicht-Palette. Alle Paletten lassen sich stufenlos vergrößern.

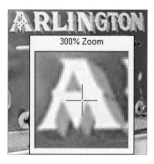

4 Lupenfunktion für pixelgenaues Arbeiten

Palette Mischfunktion ⬆ F6

Die Mischfunktion gestattet das Malen mit »streifigen« Farben, wie sie für Pinselstriche mit realen Ölfarben typisch sind. Sie enthält ein eigenes Malwerkzeug, **Mischfunktionsstempel** genannt, ein **Messerwerkzeug** zum Verschmieren der Farben und eine **Pipette** mit einstellbarer Größe, um die gemischten Farben aufzunehmen. Aufgenommene Mischfarben erscheinen im Vordergrundfeld der Materialien-Palette (**1**) und können (nur!) von den Vektormalwerkzeugen verwendet werden. Die Mischfunktion-Palette ist vor allem für die »Maler« unter den Anwendern gedacht und für die Arbeit an und mit Fotos kaum geeignet.

Palette Histogramm F7

Das Histogramm zeigt die Verteilung der Tonwerte (als Helligkeit oder Tonwert, nach Kanälen getrennt) eines Bildes in grafischer Form an (**2**). Es sollte bei der Bildbearbeitung immer eingeblendet sein. Sieben Checkboxen gestatten die Auswahl von sieben Kanälen, die gleichzeitig grafisch angezeigt werden können. Jeweils einer davon – auswählbar im Kanal-Feld rechts oben – wird für die statistische Auswertung herangezogen. Über zwei weitere Checkboxen wird bestimmt, ob das Histogramm aus der aktuellen Ebene (keine Checkbox markiert), dem Composite-Bild aller Ebenen oder nur aus der Auswahl erstellt wird. Ausführlich gehe ich auf diese Palette im folgenden Kapitel ein (»72).

Palette Übersicht F9

Diese Palette enthält die Registerkarten **Vorschau** und **Info**. Die Vorschau zeigt eine Miniaturansicht des aktiven Bildes. Wenn dieses Bild nicht komplett ins Bildfenster passt, wird der angezeigte Bereich in der Vorschau mit einem Rahmen markiert (**3**). Dieser Rahmen lässt sich direkt mit der Maus über die Vorschau bewegen. Den Vergrößerungsmaßstab und damit den Bildausschnitt verändern Sie dagegen über die Plus- und Minus-Schaltfläche oder per Schieberegler bzw. Direkteingabe ins Zahlenfeld. Die dritte Schaltfläche vergrößert das Bild auf 100 %. Alternativ geht das natürlich alles über das Menü oder schneller über Tastaturbefehle: Ansicht>Vergrößern ⊞, Ansicht>Verkleinern ⊟, Ansicht>Auf 100 % vergrößern Strg Alt N.

Die Registerkarte **Info** enthält einige Informationen zum Bild, die Paint Shop Pro ab Version X aber auch (mit Ausnahme der Speichernutzung) in der Statusleiste anzeigt. Bis zur Version 9 ist die Info-Karte dagegen für die Anzeige der Farbwerte und der Deckfähigkeit unverzichtbar.

Während die Übersicht das Navigieren in großen Bildern oder bei großen Zoomstufen erleichtert, bietet das **Vergrößerungsfenster** Ansicht>Vergrößerungsfenster Strg Alt M eine Lupenfunktion für das genaue Bearbeiten. Standard ist eine Vergrößerung auf 500 %. Mit den Tastaturbefehlen Strg ⊞ und Strg ⊟ lässt sich die Vergrößerung stufenweise um 100 % vergrößert oder verkleinert (**4**).

Dialogfelder

Wenn Sie statt eines Werkzeugs einen der zahlreichen Menübefehle von Paint Shop Pro wählen, treten Sie mit dem Programm in einen *Dialog*. In dem sich öffnenden **Dialogfeld** können Sie weitere Einstellungen vornehmen und die Wirkung anhand eines Vorschaubildes beurteilen, bevor der Befehl endgültig auf das Bild angewendet wird. Die meisten Dialogfelder besitzen gleichartige Elemente für die Darstellung der **Vorschau** und das Laden und Speichern von **Voreinstellungen** (2). Zudem können Sie die Dialogfelder in der Größe verändern und verschieben (auch über das Programmfenster hinaus – das ist sehr nützlich beim Zwei-Monitor-Betrieb). Paint Shop Pro merkt sich Position und Größe und öffnet das Dialogfeld beim nächsten Aufruf genauso, selbst dann, wenn das Programm zwischendurch beendet wurde.

2 Der prinzipielle Aufbau eines Dialogfelds von PSP XI

Standardmäßig enthalten die Dialogfelder eine Vorher-Nachher-Vorschau, die Sie über das kleine Dreieck links oben aus- und einschalten und über die Schaltflächen unterhalb der Vorschau anpassen können. Die Schaltflächen hat Corel in Paint Shop Pro XI etwas zusammengefasst und an Windows-Standards angepasst. Sie haben die folgenden Bedeutungen:

An Fenster anpassen Passt die Vorschau an die Fenstergröße an.

100 %-Ansicht Vorschau wird auf 100 % vergrößert.

Navigieren Öffnet ein kleines Navigatorfenster zur Wahl des in der Vorschau angezeigten Bildausschnitts (3).

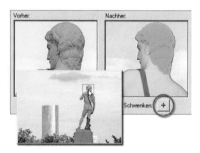

Die Vorschau des Effekts am Bild im Programmhauptfenster kann bei manchen Effekten länger dauern und lässt sich deshalb über das Kästchen **Bildvorschau** ein- und ausschalten. Bis PSP X gab es stattdessen die Schaltflächen **Prüfen** und **Automatische Prüfung**.

3 Wahl des im Vorschaubereich anzuzeigenden Bildausschnitts per Navigator

Unter **Einstellungen** können Sie die Einstellungen unter eigenen Namen speichern und später auf andere Bilder anwenden. Diese Einstellungen werden (genauso wie die Werkzeug-Voreinstellungen) als PspScript-Dateien gespeichert. Der **Effekt-Browser** (4) gestattet eine schnelle Voransicht der zu den Menübefehlen gespeicherten Voreinstellungen (nicht nur aus dem Effekte-Menü, sondern auch aus dem Anpassen- und Bild-Menü). Mit Übernehmen wenden Sie die Voreinstellungen unverändert an, Ändern öffnet das entsprechende Dialogfeld. Das recht langwierige Erzeugen der Miniaturen lässt sich mit Schnell-Rendering etwas abkürzen.

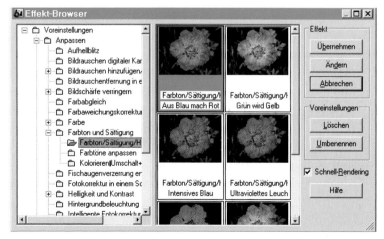

4 Der Effekt-Browser (Effekte>Effekt-Browser). Die Miniaturgröße wird in den Programmeinstellungen geändert (Datei>Einstellungen>Allgemeine Programmeinstellungen>Anzeige und Zwischenspeichern>Effekt-Browser-Miniaturansichten).

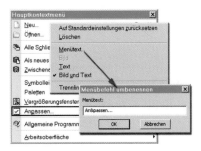

1 Natürlich lässt sich auch der Menübefehl **Anpassen** abändern. Nur löschen sollten Sie ihn nicht – das könnte jede weitere Änderung und damit auch den Rückweg unmöglich machen …

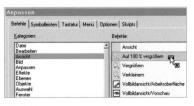

2 Befehle werden mit der Maus an die gewünschte Stelle gezogen.

3 Hier werden Symbolleisten neu angelegt oder auf die Standardeinstellungen zurückgesetzt. **Textbezeichnungen anzeigen** ist nicht empfehlenswert, da diese meist sehr lang sind und die Symbolleisten aufblähen.

4 Die Zuweisung von Tastaturbefehlen geschieht in diesem Dialog.

Arbeitsoberfläche anpassen

Der Weg zur individuell gestalteten Arbeitsoberfläche führt über den Menübefehl Ansicht>Anpassen. Sobald sich das gleichnamige Dialogfeld öffnet, wird Paint Shop Pro in den **Anpassmodus** geschaltet. Nach wie vor lassen sich alle Menüs, Unter- und Kontextmenüs aufklappen, die Schaltflächen und Befehle reagieren jedoch nicht mehr wie gewohnt. Stattdessen können Sie diese mit der Maus verschieben – auch ganz aus dem Menü heraus oder in andere Menüs hinein. Wenn Sie dabei die [Strg]-Taste gedrückt halten, werden die Einträge kopiert statt verschoben. Das Gleiche funktioniert mit den Symbolen in Symbolleisten, auch in den kleinen Symbolleisten, die sich im Kopf mancher Paletten befinden.

Ein rechter Mausklick auf eine Menüzeile oder ein Symbol öffnet ein spezielles Anpassen-Menü (**1**). Hier können Sie wählen, ob zum Eintrag nur ein Bild (nur bei Symbolleisten möglich), nur ein Text oder beides angezeigt werden soll, und den Menütext auch ändern. Das &-Zeichen vor einem Buchstaben bestimmt den **Tastaturbefehl (Hotkey)** – den Buchstaben auf der Tastatur, der zusammen mit der [Alt]-Taste den Befehl aufruft. Der Eintrag lässt sich mit einer Trennlinie (oberhalb bzw. links davon eingefügt) vom restlichen Menü abtrennen, auf die Standardeinstellung zurücksetzen oder ganz löschen.

Neu einzufügende Befehle können Sie in der Regel der »Befehlsbibliothek« des Anpassen-Dialogs entnehmen. Die weiteren Einstellungen, die Sie auf den insgesamt sechs Registerkarten dieses Dialogs vornehmen können, werden zum größten Teil Bestandteil der **Arbeitsoberfläche** und mit gespeichert, wenn Sie diese sichern. Es gibt davon nur zwei Ausnahmen (in den Abbildungen **5** und **6** rot markiert), die als Programmvoreinstellungen gespeichert werden und damit für jede Arbeitsoberfläche gelten.

Befehle Enthält eine Liste der PSP-Befehle, geordnet nach Haupt- und Kontextmenüs (Kategorien). Es fehlen leider die Befehle der Verwalter-Palette und der Fotoablage. Sie können Einträge aus dem rechten Teilfenster (Befehle) mit der Maus in ein vorhandenes Menü oder eine Symbolleiste ziehen und auf die gleiche Weise ein Neues Menü oder eine Neue Schaltflächengruppe anlegen (**2**).

Symbolleisten Enthält eine Liste aller Symbolleisten sowie der kleinen Symbolleisten von zwei Paletten (Ebenen- und Verlauf-Palette) und der Menüleiste (**3**). Bis auf diese drei lassen sich alle aus- und einblenden (sinnvoll für die Bearbeitung). Per Neu-Button können eigene Symbolleisten erzeugt werden, diese lassen sich Umbenennen und Löschen. Der Standard wird durch Zurücksetzen wiederhergestellt – wahlweise für die gewählte oder alle Symbolleisten.

Tastatur Enthält fast die gleiche, nach Kategorien geordnete Befehlsliste wie das Register **Befehle**. Unter **Aktuelle Tasten** wird – so vorhanden – der Tastaturbefehl angezeigt (**4**). Neue Tastaturbefehle werden ins benachbarte Feld eingegeben, Paint Shop Pro weist dabei auf Konflikte hin. Auch in dieser Liste fehlen die Befehle von Verwalter und Fotoablage, diesen können deshalb keine Tastaturbefehle zugewiesen werden.

Menü Mit Standardmenü ist in diesem Register (**5**) das Hauptmenü gemeint. Sie können es hier lediglich zurücksetzen – das ist das Gleiche, als wenn Sie im Register **Symbolleisten** (**3**) die Menüleiste zurücksetzen. Im rechten Teilfenster lässt sich ein Kontextmenü auswählen und auf Wunsch zurücksetzen. Angeklickte Kontextmenüs werden zum Bearbeiten geöffnet. Letzteres ist meist aber auch durch den gewohnten Rechtsklick in eine Palette möglich.

Die Menüanimationen lasse ich generell ausgeschaltet – sie stören nur und verlangsamen das Programm. Die Menüsymbole haben zwar auch keinen großen Nutzen, können jedoch beim Einprägen der Symbole hilfreich sein. Es spricht nichts dagegen, sie einzuschalten.

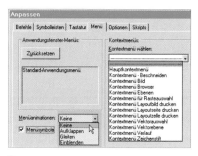

5 Seit PSP X gibt es im linken Auswahlfeld nur noch einen einzigen Eintrag (**Standardmenü**).

Optionen Auf dieser Registerkarte (**6**) legen Sie fest, ob die Elemente in Paletten und Symbolleisten durch **Quickinfos** – die gelben Popupfenster – erklärt werden sollen und ob in diesen auch die Tastaturkürzel angezeigt werden. Falls Sie das Programm noch nicht in- und auswendig kennen: immer einschalten! Autom. Ausblenden animieren ist dagegen eher eine Spielerei. Es betrifft nur Paletten, bei denen »Automatisch ausblenden« aktiviert ist (die Pin-Nadel muss »liegen«) *und* die am Fensterrand angedockt sind, und schiebt diese je nach eingestellter Geschwindigkeit mehr oder weniger rasch hinein oder heraus.

Große Symbole sind nützlich auf großen Bildschirmen mit hoher Auflösung. Quadrant-Rollups verwenden bewirkt, dass sich minimierte, freischwebende Paletten in Richtung der Bildschirmmitte entfalten (und nicht nur nach unten). Damit können diese auch am unteren Bildschirmrand platziert werden. Systemfarben verwenden tauscht die hübschen hellblauen Fensterleisten von Paint Shop Pro XI gegen das Windows-Standardlayout, was aber eventuell Probleme macht, wenn Sie (wie ich) Letzteres schon individuell verändert haben. Ausschalten!

Das Gleiche gilt für den letzten Punkt: **Personalisierte Menüs und Symbolleisten** halte ich für eine der nutzlosesten (Windows-)Erfindungen überhaupt. Diese Option bewirkt, dass selten verwendete Einträge nach unten verschoben oder gar ausgeblendet werden. Zumindest das Hauptmenü ist aber auch eine Art Inhaltsverzeichnis des Programms. Wenn selten verwendete Befehle hier nicht mehr auftauchen, wächst die Gefahr, dass man sie ganz vergisst – und wichtige Features des Programms deshalb vielleicht nie kennen lernt. Und für oft verwendete Befehle sollten Sie sich eh besser die Tastaturkürzel einprägen.

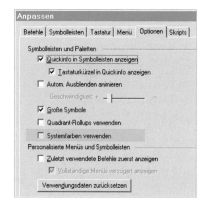

6 Hier steuern Sie Ansicht und Verhalten von Menüs, Paletten und Symbolleisten. Bis auf Systemfarben verwenden werden diese Einstellungen in einer benutzerdefinierten Arbeitsoberfläche gespeichert.

Skripts Skripts lassen sich normalerweise nicht in ein Menü oder eine Symbolleiste einfügen. (Ausnahme: Skripts, die in den vordefinierten Skriptordnern liegen, werden im Auswahlfeld Skript auswählen in der Skript-Symbolleiste angezeigt. In den Befehlslisten des Anpassen-Dialogs finden Sie dieses Feld unter Nicht verwendete Befehle.) Sie können jedes Skript aber mit einem Symbol verbinden, worauf es in den Befehlslisten unter Gebundene Skripts auftaucht und wie jeder andere Befehl in ein Menü oder eine Symbolleiste gezogen werden kann. Die Bindung geschieht im Anpassen-Register **Skripts** (**7**). Hier stehen 50 Symbole zur Verfügung (eigentlich sind es nur zehn in je fünf Farbvarianten). Jedes davon lässt sich an mehrere Skripts binden.

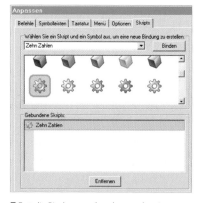

7 Erst die Bindung vorhandener oder eigener Skripts an ein Symbol gestattet, diese in Symbolleisten aufzunehmen.

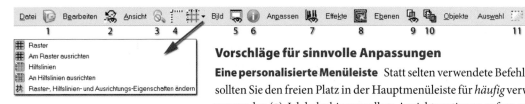

1 Ansicht>Paletten>Verwalter
2 Ansicht>Paletten>Verlauf
3 Ansicht>Auf 100 % vergrößern
4 Ansicht>Lineale
5 Ansicht>Paletten>Übersicht
6 Bild>Bildinformationen
7 Ansicht>Paletten>Histogramm
8 Effekte>Effekt-Browser
9 Ansicht>Paletten>Ebenen
10 Bearbeiten>Alle Ebenen kopieren
11 Auswahl>Laufrahmen ausblenden
12 Ebenen>Überzug anzeigen

1 Oft benötigte Befehle, für die man sich dennoch kein Tastaturkürzel merken will, sind in der Menüleiste gut aufgehoben. Werden sie als Symbole eingefügt, nehmen sie kaum Platz weg und bleiben von den Menütiteln unterscheidbar.

Vorschläge für sinnvolle Anpassungen

Eine personalisierte Menüleiste Statt selten verwendete Befehle auszublenden, sollten Sie den freien Platz in der Hauptmenüleiste für *häufig* verwendete Befehle verwenden (**1**). Ich habe hier vor allem Ansichtsoptionen aufgenommen (Symbole für das Ein- und Ausblenden von Paletten, Raster und Hilfslinien usw.) und diese umsortiert, wenn es mir logisch erschien. So stammt z. B. das ganz rechte Symbol (Überzug anzeigen) aus dem Ebenenmenü.

Ziehen Sie ein gewünschtes Symbol aus der Befehlsliste im Anpassen-Dialog (Ansicht>Anpassen>Befehle) heraus und nicht aus dem Untermenü selbst, sonst wird statt des Symbols der Text eingefügt. Diese Einschränkung betrifft allein die Hauptmenüleiste.

Eine Universal-Werkzeugleiste für alle Fälle Geht es Ihnen auch so, dass Sie einige »offen herumliegende« Werkzeuge nie benötigen, dafür aber öfter tief in Untermenüs versteckte Funktionen hervorkramen müssen? Stellen Sie sich doch einfach eine Werkzeugleiste zusammen, die Werkzeuge *und* Dialogbefehle enthält! Anschließend können Sie die alte Werkzeugleiste und alle anderen Symbolleisten schließen. Diese Universal-Symbolleiste passt mit Sicherheit noch unter das Hauptmenü – und wieder ist etwas Bildschirmplatz gewonnen (**2**).

2 Eine individuell zusammengestellte Werkzeugleiste mit Einzel-Schaltflächen, Schaltflächengruppen und einem Menü (P+S – enthält Paletten und Symbolleisten). Neue Schaltflächengruppen und Menüs finden Sie ebenfalls in der Befehlsliste im ersten Register des Anpassen-Dialogs.

Auf die Bild-Drehen-Befehle ganz links können Sie verzichten, wenn Sie die Bilddrehung generell bereits im Browser vornehmen (siehe folgende Seite).

Die Symbol-Reihenfolge sollte der üblichen Arbeitsreihenfolge folgen: Zuerst die Bilddrehung und die Geometriekorrekturen, dann Entfernung von Bildrauschen, Tonwert- und Farbkorrekturen, Entfernung von Bildfehlern, zum Schluss die Schärfung und (hier ganz rechts) die JPEG_Ausgabe-Optimierung. Sonstige öfter benötigte Werkzeuge füllen den rechten Teil der Leiste. An einigen Stellen stehen Pinsel- und Dialogkorrekturwerkzeuge direkt nebeneinander und können alternativ benutzt werden (z. B. Schärfen, Rote Augen).

Ebenenpalette anpassen Die Ebenenpalette gehört zu den Paletten mit eigenen Symbolleisten. Standardmäßig enthält sie drei Symbole, davon ist das erste eine sehr umfangreiche Schaltflächengruppe mit den Befehlen zum Anlegen neuer Ebenen. Um die Palette nicht zu sehr zu verbreitern, wäre es ideal, weitere Schaltflächengruppen oder komplette Untermenüs zuzufügen, etwa die Untermenüs Zusammenfügen und Ansicht aus dem Kontextmenü. Technisch geht dies – nur leider funktionieren die eingefügten Befehle anschließend nicht. Alle Befehle müssen hier als einzelne Symbole eingefügt werden. Ich habe dies für die sechs von mir am häufigsten benötigten Befehlen getan (**3**).

3 Kopf der Ebenenpalette mit neuen Schaltflächen:
1 Alle Ebenen anzeigen
2 Nur aktuelle Ebenen anzeigen
3 Ebenen duplizieren
4 Nach unten zusammenfassen
5 Sichtbare zusammenfassen
6 Gruppe zusammenfassen

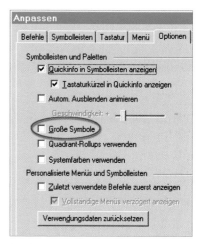

4 Für die Verlauf-Palette genügen diese sechs Symbole. Die ausgeblendeten können Sie löschen.

Verlauf-Palette anpassen Wenn Sie die Verlauf-Palette möglichst schmal halten wollen, um Platz zu sparen, können Sie die ersten vier Symbole entsorgen (**4**). Deren Funktionen lassen sich ebenso gut per Mausklick auf die Augensymbole erledigen, die vor jeder Zeile stehen. Zusätzlich Platz spart – auch in anderen Paletten und Symbolleisten – das Abschalten der großen Symbole im Anpassen-Dialog (Bearbeiten>Anpassen>Optionen) (**5**). Fügen Sie anschließend aus dem Kontextmenü der Verlauf-Palette den einzigen hier fehlenden Befehl Als Skript speichern hinzu (in Abbildung **4** das dritte Symbol von links).

Weitere Paletten anpassen Eine Symbolschaltfläche **Schnellüberprüfung** zum schnellen Aufruf der Diashow fehlt in der Palette **Fotoablage**. Das Einfügen von Symbolen in diese Palette sowie in die Palette **Verwalter** hat jedoch bei mir nicht funktioniert – diese beiden neuen Paletten nehmen die Symbole nicht an. Offenbar sind sie nicht völlig kompatibel zu den »alten« Paletten, was auch daran sichtbar wird, dass ihre Kontextmenüs im Anpassen-Dialog fehlen. Leider lassen sich Befehlen aus diesen Paletten deshalb auch keine Tastaturkürzel zuweisen.

Arbeitsoberfläche speichern

Damit Ihnen eine individuell gestaltete Arbeitsoberfläche nicht wieder verloren geht, sollten Sie sie unter einem »beschreibenden Namen« speichern. Datei>Arbeitsoberfläche>Speichern ⇧ Alt S öffnet einen Dialog, in dem die bereits vorhandenen Arbeitsoberflächen angezeigt werden (**6**). Hier können Sie auch wählen, ob die Information, welche Bilder geöffnet sind, mitgespeichert werden soll – diese Bilder werden dann beim nächsten Öffnen der Arbeitsoberfläche ebenfalls geladen. Manuell laden Sie eine Arbeitsoberfläche per Datei>Arbeitsoberfläche>Laden ⇧ Alt L über einen ähnlichen Dialog, gelöscht wird per Datei>Arbeitsoberfläche>Löschen ⇧ Alt D. Arbeitsoberflächen aus den Vorgängerversionen PSP 8 bis PSP X können Sie in Paint Shop Pro XI leider nicht verwenden.

PSP speichert zu einer Arbeitsoberfläche die Positionen und die meisten Einstellungen von Paletten und Symbolleisten (inklusive Ihrer individuellen Anpassungen), Dialogfeldern und Fenstern. Die im Anpassen-Dialog getroffenen Einstellungen werden bis auf zwei Ausnahmen (≫37) Bestandteil der Arbeitsoberfläche; zudem nimmt PSP auch einige Einstellungen aus den **Allgemeinen Programmeinstellungen** auf, z. B. die Andockoptionen von Paletten.

Nicht Bestandteil der Arbeitsoberfläche werden die Miniaturgrößen und die Darstellungsart der Ebenenpalette, die Miniaturgröße des Effekt-Browsers, die Art der Farbanzeige (z. B. RGB oder HSL, 16 Bit) und die Einstellungen für Lineale, Raster und Hilfslinien (obwohl in der Hilfe anderes behauptet wird).

Die *aktuelle* Arbeitsoberfläche speichert das Programm auch ohne explizite Aufforderung bis zum nächsten Aufruf, d. h., Paint Shop Pro öffnet sich so, wie es beim letzten Mal geschlossen wurde.

5 Anders als in vielen anderen Programmen sind die meisten Symbole von Paint Shop Pro grafisch gut gestaltet und deshalb auch in der Originalgröße gut erkennbar. **Große Symbole** (im Dialog Anpassen>Optionen) sollten Sie deshalb nach Möglichkeit abschalten – sie nehmen in den Symbolleisten nur unnötig Platz weg.

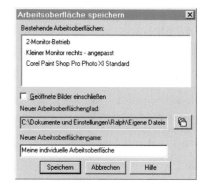

6 Speichern-Dialog für Arbeitsoberflächen. Die Informationen werden in einer Datei mit der Erweiterung **PspWorkspace** abgelegt, die Sie auf andere Computer übertragen können, um dort die gleiche Arbeitsoberfläche zu erhalten.

Zwei-Schirm-Betrieb

Wenn Sie zwei Monitore angeschlossen haben, eignen sich gespeicherte Arbeitsoberflächen ideal, um zwischen Ein- und Zwei-Schirm-Betrieb zu wechseln. Im Zwei-Schirm-Betrieb können alle Symbolleisten und Paletten auf den zweiten Monitor verbannt werden, so dass Sie den größeren und/oder besseren Monitor ganz für die Bildbearbeitung zur Verfügung haben.

Voreinstellungen

Wo sind die Voreinstellungen?

Datei>Einstellungen Die auf den folgenden Seiten
vorgestellten Programmvoreinstellungen finden
Sie in insgesamt sechs Unterdialogen:

 Allgemeine Programmeinstellungen...

Dateiformat...

Dateiformatverknüpfungen...

Speicherorte...

Automatische Speicherung...

Einstellungen zurücksetzen...

Ansicht>Verwaltermodus (»28) Den Darstellungs-
modus der Verwalter-Palette schalten Sie hier
um, weitere Voreinstellungen finden sich unter
den Allgemeinen Programmeinstellungen.

Ansicht>Andockoptionen Öffnet lediglich die Seite
Paletten des Dialogs Allgemeine Programmeinstellungen.

**Ansicht>Raster-, Hilfslinien- und Ausrichtungseigen-
schaften ändern** (»42) Die hier als Standard
festgelegten Werte sind Programm-Voreinstellungen. Zudem können die Werte individuell
für jedes Bild festgelegt werden. Diese werden jedoch nur im Dateiformat PspImage mit
gespeichert.

Ansicht>Anpassen (»36) Individuelle Gestaltung
von Menüs und Symbolleisten und Zuweisung
von Tastaturbefehlen. Die meisten dieser Einstellungen sind Bestandteil der Arbeitsoberfläche.

Datei>Farbverwaltung (»54) Einstellung der
Farbmanagementoptionen und des Arbeitsfarbraums, Monitorkalibrierung (drei Dialoge).

Fenster>Dokumente mit Registerkarten Eine
Ansichtsoption (auf Seite »13 kurz vorgestellt),
die als Bestandteil der Arbeitsoberfläche gespeichert wird.

Voreinstellungen sind nichts anderes als Regeln, an die sich ein Programm bei seiner Arbeit, in seiner visuellen Darstellung und in der Kommunikation mit dem Anwender zu halten hat. Sie haben gesehen, dass Paint Shop Pro die Einstellungen fast jeden Werkzeugs und jedes Dialogbefehls als Skriptdatei speichern kann, so dass Sie solche Einstellungen später wieder verwenden können. Auch die benutzerdefinierten **Arbeitsoberflächen** enthalten Voreinstellungen von ausgewählten Programmeigenschaften.

Eine dritte Gruppe von Voreinstellungen wird programmweit vorgenommen, gilt für alle Arbeitsoberflächen und bleibt bis zur nächsten Änderung erhalten. Diese Gruppe (die üblicherweise gemeint ist, wenn man von Voreinstellungen spricht) sollte »allgemeine«, eher auf den Computer als auf einen Benutzer bezogene Einstellungen enthalten, die man normalerweise später nicht mehr ändert. Dazu zählen beispielsweise die Organisation von Hintergrundprozessen (z. B. Speicherverwaltung, Speicherorte), die Filterung von Daten (z. B. welche Dateiformate angezeigt werden), die Farbverwaltung und die Kommunikation mit dem Internet (automatische Updates).

Überzeugend gelöst ist in Paint Shop Pro die Organisation der Voreinstellungen nicht. Am besten schneidet noch die Verwaltung der werkzeug- und funktionsbezogenen Voreinstellungen, der sogenannten **Ressourcen**, ab. Die allgemeinen **Programm-Voreinstellungen** und solche, welche die **Arbeitsoberfläche** betreffen, sind dagegen oft vermischt. Zudem gibt es für diese Voreinstellungen in Paint Shop Pro XI zehn unterschiedliche Dialoge und Befehle, verteilt auf drei Hauptmenüs. Dabei habe ich die Einstellungen zur **Farbverwaltung** noch nicht einmal mitgezählt. Diese speziellen Farbeinstellungen (neu seit Paint Shop Pro X) behandle ich ausführlich weiter unten in diesem Kapitel sowie im Kapitel 2 im Zusammenhang mit den Farbmodellen.

Die Einstellungen im Dialog Ansicht>Anpassen, welche vor allem die Arbeits-oberfläche betreffen, habe ich auf den vorigen Seiten vorgestellt. Im Folgenden geht es um die Programm-Voreinstellungen, die Sie in den sechs Dialogen unter Datei>Einstellungen (sowie einigen weiteren) finden. Ähnlich, wie ich im Anpassen-Dialog die Befehle, die *nicht in* einer Arbeitsoberfläche gespeichert werden, rot markiert habe, sind hier die Befehle, die *in* einer Arbeitsoberfläche gespeichert werden, blau markiert.

Allgemeine Programmeinstellungen

In diesem unter Datei>Einstellungen>Allgemeine Programmeinstellungen und auch im Hauptkontextmenü zu findenden Dialog (**1**) sind auf elf »Seiten« die meisten Programmvoreinstellungen, aber auch einige Arbeitsoberflächen-Einstellungen versammelt. Nachfolgend gebe ich einen Überblick und Einstellungsempfehlungen. Bereits auf den vorigen Seiten behandelte Einstellungen werde ich dabei nur kurz erwähnen und auf die entsprechenden Seiten verweisen.

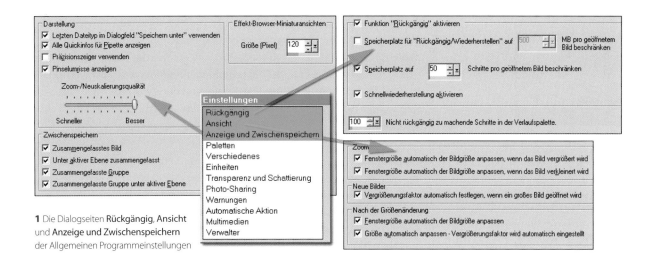

1 Die Dialogseiten Rückgängig, Ansicht und Anzeige und Zwischenspeichern der Allgemeinen Programmeinstellungen

Rückgängig Diese Funktion sollten Sie aktivieren, jedoch – wenn Sie Fotos bearbeiten – die Vorgabe von 250 Schritten drastisch herabsetzen (≫30). Mehr ist nur bei Pinselarbeiten zu empfehlen, da jeder Strich als neuer Schritt gespeichert wird. Die zusätzliche Beschränkung des Speicherplatzes in MB kann sinnvoll sein, um Festplatten nicht randvoll mit temporären Dateien zu füllen.

Nicht rückgängig zu machende Schritte in der Verlauf-Palette nehmen – da es sich nur um Skriptdateien handelt – relativ wenig Speicherplatz weg; diesen Wert können Sie also ohne Bedenken erhöhen. Schnellwiederherstellung aktivieren hieß bis PSP 9 Wiederherstellung aktivieren. Ich konnte keine Wirkung feststellen und bin mir nicht sicher, ob diese Einstellung überhaupt noch ausgewertet wird.

Ansicht Hier stellen Sie ein, ob und wie sich das Bildfenster bei Änderungen der Zoomstufe oder der Bildgröße anpasst. Ich verwende generell die Voreinstellungen (alle Optionen eingeschaltet). Die meisten Optionen sind selbsterklärend. **Nach der Größenänderung** bezieht sich auf Änderungen, welche die Pixelzahl beeinflussen. Der letzte Punkt in diesem Bereich wirkt sich aus, wenn Bilder durch solche Größenänderungen plötzlich über den Fensterbereich hinausgehen würden. Die Zoomstufe wird dann automatisch angepasst.

Anzeige und Zwischenspeichern Diese Seite enthält drei Bereiche. Ich habe hier lediglich zusätzlich im Bereich **Darstellung** die erste Option eingeschaltet, weil ich beim Speichern öfter ein anderes als das Original-Dateiformat verwende. Präzisionszeiger sind meist nicht nötig (≫17). Alle Quickinfos für Pipette anzeigen kann, wenn dieses ständig eingeblendete Fenster stört, abgeschaltet werden – Paint Shop Pro zeigt diese Infos auch in der Statusleiste an. Ausnahme: 16-Bit-Farbwerte werden nur in den Quickinfos angezeigt (**2**).

Zwischenspeichern beeinflusst den Bild-Cache und ermöglicht eine schnellere Bildaktualisierung nach Änderungen. Die Größe der **Effekt-Browser-Miniaturansichten** (≫35) habe ich etwas erhöht.

Wo speichert PSP XI die Rückgängig-Dateien?

Sie werden standardmäßig in einem von Paint Shop Pro angelegten Temp-Ordner gespeichert, bei mir unter dem folgenden Pfad:

C:\Dokumente und Einstellungen\Ralph\Lokale Einstellungen\Temp\Temporäre Dateien

Bei Ihnen sollte der Pfad – bis auf den Benutzernamen – identisch sein. Der Pfad wird im Dialog Datei>Einstellungen>Speicherorte unter Rückgängig/temporäre Dateien angezeigt und kann dort auch geändert werden.

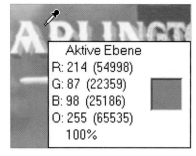

2 Pipetten-Quickinfo mit RGB-Werten im 8-Bit- und im 16-Bit-Format (in Klammern), der Deckfähigkeit (Opazität, mit zusätzlicher Angabe als Prozentwert) sowie einer vergrößerten Farbprobe

1 FSH oder HSL? Paint Shop Pro ist sich selbst nicht einig, ob es dieses Farbsystem englisch (Hue-Saturation-Lightness), wie in der blauen Statuszeile, oder deutsch (Farbton-Sättigung-Helligkeit), wie in der gelben Pipetten-Quickinfo, bezeichnen soll.

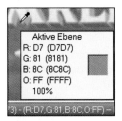

2 Diese Abbildung zeigt die gleiche Farbe nach Umstellung zur RGB-Anzeige und Hexadezimalanzeige (in Klammern die 16-Bit-Werte).

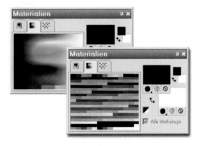

3 Der Unterschied zwischen Farbauswahl anzeigen und Dokument-Palette anzeigen zeigt sich nur bei Palettenbildern im Farbauswahl-Register der Materialien-Palette.

4 Bei Raster und Hilfslinien unterscheidet Paint Shop Pro zwischen **Aktuelle Bildeinstellungen** und **Standardeinstellungen**. Letztere werden auf alle zukünftig eingeblendeten Raster angewendet. Wird ein Bild im Dateiformat PspImage gespeichert, bleiben die individuellen Rastereinstellungen und Hilfslinien erhalten.

Ausrichtungstoleranz bestimmt, ab welcher Entfernung ein Element von der nächsten Raster- oder Hilfslinie »angezogen« wird, wenn im Menü Ansicht>Ausrichten am Raster aktiviert ist.

Paletten Diese Seite enthält zwei spezielle und zwei allgemeine Bereiche. Unter **Materialien-Palette** (≫21) legen Sie das **Farbmodell** (RGB oder HSL) und das **Zahlenformat** (Dezimal oder Hexadezimal) für die Anzeige von Farbwerten fest – nicht nur für die Materialien-Palette, sondern programmweit, also auch für die Pipette, die Info-Seite der Übersicht-Palette und die Statuszeile. Bitte beachten Sie, dass der Wertebereich auch bei HSL-Anzeige 0 … 255 ist, viele Filter H aber als Farbwinkel (0° … 359°), S und L als Prozentwerte anzeigen.

Leider gibt es bei den Bezeichnungen und bei der Anzeige von 16-Bit-Werten Unterschiede (**1**). 16-Bit-Werte anzeigen funktioniert nur in der Quickinfo der Pipette und zudem nur, wenn das RGB-Farbsystem ausgewählt ist (**2**). In der Statuszeile und der Übersicht-Palette werden auch bei 16-Bit-Bildern nur 8-Bit-Werte angezeigt. Die beiden restlichen Optionen in diesem Bereich beeinflussen die Registerkarte **Farbauswahl** der Materialien-Palette (**3**).

Der Bereich **Ebenenpalette** bestimmt Miniaturgrößen und Darstellung der Ebenenpalette (≫33). **Paletten automatisch anzeigen** blendet, wenn Sie Immer wählen, benötigte Paletten selbsttätig ein (das Ausblenden müssen Sie selbst vornehmen). **Andocken zulassen für** (eine Einstellung, die in die Arbeitsoberfläche eingeht) bestimmt, welche Paletten sich an den Programmfensterrand andocken dürfen. Ich stelle dies für die meisten Paletten aus, da diese angedockt auf die volle Fensterlänge oder -breite gezogen werden und so unnötig Platz wegnehmen.

Verschiedenes Die meisten Optionen sind selbsterklärend. Toleranz bezieht sich auf das Einfügen transparenter Auswahlen. Gesamtes Fenster aktualisieren kann bei manchen Grafikkarten hilfreich sein. Druckunterstützung für Fadenkreuzlupe und ähnliche Anzeigegeräte deaktivieren hat nichts mit dem Ausdruck von Bildern zu tun, sondern mit speziellen Eingabegeräten druckempfindlicher Grafiktabletts. Es schadet nicht, wenn Sie diese Option ankreuzen – normale, druckempfindliche Stifte werden trotzdem unterstützt.

Einheiten Die einzige Einheit, die Sie hier einstellen können, ist die Maßeinheit für **Lineale** (Pixel, Zoll oder Zentimeter). Zeigerpositionen zeigt Paint Shop Pro stets in Pixeln an, auch dann, wenn für die Lineale eine andere Maßeinheit gewählt ist. Voreinstellungen für die mit Linealen eng verwandten **Raster** und **Hilfslinien**

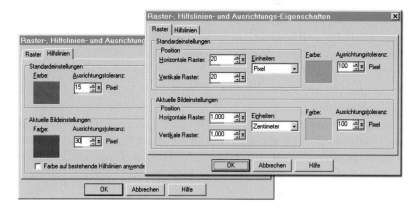

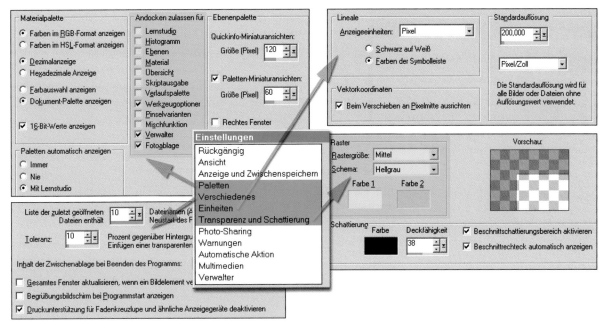

5 Die Dialogseiten Paletten, Verschiedenes, Einheiten und Transparenz
und Schattierung der Allgemeinen Programmeinstellungen. Blau markiert
sind Einstellungen, die mit in der Arbeitsoberfläche gespeichert werden.

müssen in einem anderen Dialog (Ansicht>Raster-, Hilfslinien- und Ausrichtungseigenschaften
ändern) vorgenommen werden (**4**). Mit Schwarz auf Weiß sind die Skalen der Lineale
besser lesbar als mit den kontrastärmeren Farben der Symbolleiste. Die Abbildung **6**
zeigt Lineale, Raster und Hilfslinien im Zusammenhang.

Die Option unter **Vektorkoordinaten** beeinflusst die Positionierung von
(Vektor-)Objekten, spielt für die Fotobearbeitung keine Rolle und ist sowieso
nur bei hohen Zoomfaktoren erkennbar. Die **Standardauflösung** hat ebenfalls
kaum Bedeutung, da die meisten Bilder Auflösungsinformationen mitbringen.

Transparenz und Schattierung Das **Raster**, das auf dieser Dialogseite verändert werden kann, hat nichts mit dem eben genannten Messraster zu tun.
Gemeint ist die Größe des Karomusters, das durch transparente Bildbereiche
»hindurchscheint« und diese so sichtbar macht. Es gibt vier wählbare Größen
von Winzig bis Groß und eine Reihe von vordefinierten Farbschemas, zudem lassen
sich Farben selbst definieren. (Die hier getroffenen Einstellungen gehen in die
Arbeitsoberfläche ein.)

Die **Schattierung** wirkt sich auf die Darstellung von Bildbereichen aus, die
vom Beschnittwerkzeug abgeschnitten werden – natürlich nur, wenn Beschnitt-
schattierungsbereich aktivieren eingeschaltet ist (**7**).

Beschnittrechteck automatisch anzeigen blendet den Beschnittrahmen schon dann
ins Bild ein, wenn das Beschnittwerkzeug gewählt wird. Nützlich ist dies, wenn
mehrere Bilder gleichartig beschnitten werden sollen, denn Paint Shop Pro merkt
sich die letzte Einstellung.

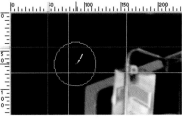

6 Lineale, Raster (hellgrau) und Hilfslinien (rot)
sowie die Pinselspitze mit Umriss (hellblauer
Kreis). Die Maßeinheit der Lineale in diesem
Beispiel ist Pixel, das Raster hat Zentimeter-
Abstand. Die genaue Position der Pinselspitze
wird in den Linealen angezeigt (die längeren
Striche ohne Zahlenwert). Ein Doppelklick ins
Lineal öffnet den Voreinstellungsdialog **4**.

7 Ein aufgezogener Beschnittrahmen in einem
Bild mit sieben Farben. Bereiche, die abgeschnitten werden, sind grau schattiert.

1 Ausschnitt aus der Photo-Sharing Webseite von Kodak

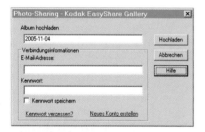

2 Hochladen von Bildern in ein benutzerdefiniertes Album. Vorgabe ist das aktuelle Datum.

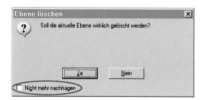

3 Warnmeldung mit Abschaltmöglichkeit

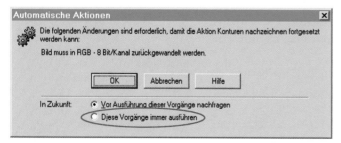

4 Besser rückfragen, bevor Schaden angerichtet wird? Sie können zwar die Rückfrage für künftige, gleichartige Fälle abschalten, bei der hier gezeigten Konvertierung von 16 Bit nach 8 Bit Farbtiefe empfiehlt sich das allerdings nicht.

Photo-Sharing Bei Photo-Sharing handelt es sich um von mehreren Firmen angebotene Internet-Dienste zum Speichern, Verteilen und Drucken von Bildern. Von Ihnen ausgewählte Internet-Nutzer können solche Bilder ebenfalls ansehen. Meine PSP X-Version hatte den Dienst Kodak Easyshare als Voreinstellung gespeichert (**1**), in PSP XI war diese Liste noch leer. Sharing-Dienste können Sie nicht selbst hinzufügen – dies ist nur über ein Software-Update möglich. Zur Nutzung müssen Sie sich (kostenlos) registrieren und erhalten damit einen Benutzernamen und ein Kennwort. Sie können das aktuelle Bild dann direkt aus Paint Shop Pro über den Menüpunkt Datei>Exportieren>Photo-Sharing hochladen oder ein oder mehrere Bilder in der Verwalter-Palette auswählen und über den gleich lautenden Eintrag im Kontextmenü gemeinsam hochladen. Paint Shop Pro gibt als Namen des Albums automatisch das Tagesdatum vor (**2**), diesen Namen können Sie jedoch ändern.

Warnungen Paint Shop Pro zeigt in manchen Fällen ein Warndialogfeld an, wenn es bei der Ausführung eines Befehls zu Datenverlusten kommen oder der Befehl auf das Bild im aktuellen Zustand nicht angewendet werden kann. Hier können Sie solche Warnungen ab- und wieder einschalten. Das Abschalten künftiger Warnungen ist auch immer dann möglich, wenn eine entsprechende Warnmeldung erscheint (**3**).

Automatische Aktion Wenn für die Ausführung eines Befehls Änderungen am Bild oder der Ebene notwendig sind, kann Paint Shop Pro diese automatisch ausführen. Auf dieser Dialogseite der **Allgemeinen Programmeinstellungen** legen Sie fest, ob dies »stillschweigend« (Immer) oder nach Rückfrage (Eingabeaufforderung) geschieht oder ob die Automatik ganz abgeschaltet werden soll (Nie). Es schadet nicht, anfangs einmal die Schaltfläche Alle nach Aufforderung zu betätigen. Bei jeder später erscheinenden Eingabeaufforderung können Sie dann aktuell entscheiden, ob diese Änderung künftig ohne Rückfrage ausgeführt werden soll (**4**).

Paint Shop Pro beachtet die in diesem Dialog getroffenen Einstellungen aber nicht immer. Beispielsweise werden beim Anwenden von Aktionen aus der Verlauf-Palette auf Vektorebenen und Ebenengruppen diese, wenn es PSP für nötig hält, *ohne Rückfrage* in Rasterebenen umgewandelt. Dies geschieht auch dann, wenn für solche Umwandlungen Eingabeaufforderung gewählt ist. Nur wenn Sie Nie wählen, tastet das Programm die Ebenen nicht an und reagiert mit einer Fehlermeldung.

Übrigens: Lassen Sie sich von der Online-Hilfe zu dieser Funktion nicht verwirren: Auch in Paint Shop Pro XI können die meisten Effekte nur auf 8-Bit-Bilder angewendet werden. Bilder in 16 Bit Farbtiefe müssen für die Anwendung solcher Effekte in 8 Bit/Kanal umgewandelt werden – und nicht umgekehrt.

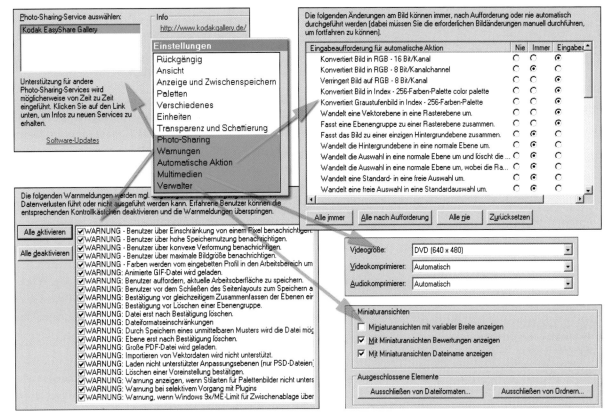

5 Die Dialogseiten Photo-Sharing, Warnungen, Automatische Aktion, Multimedien und Verwalter der Allgemeinen Programmeinstellungen

Multimedien Hier können Sie die Standardausgabegröße eines exportierten Videos ändern und die Komprimierungsmethode festlegen. Es stehen vier Videogrößen zur Auswahl: **HD (1920 x 1080)**, **HD (1280 x 720)**, **DVD (640 x 480)** und **VHS/Web (320 x 240)**. Die Komprimierungsmethode wird in der Regel automatisch festgelegt (**5**).

Verwalter Die Anzeige von Dateiname und Bewertung halte ich für selbstverständlich. Variable Breiten sparen etwas Platz, wenn Sie viele Hochformate haben.

Über die beiden Schaltflächen schließen Sie bestimmte Bilddateiformate von der Anzeige (**6**) und bestimmte Ordner vom Durchsuchen aus (**7**). Vor allem Letzteres spart Zeit und Speicherplatz.

Miniaturen und Kataloginformationen legt PSP XI in zwei Dateien ab: **ImageDB.db** und **Thumbnails.db**, bei mir im Verzeichnis C:\Dokumente und Einstellungen\Ralph\ Anwendungsdaten\Corel.

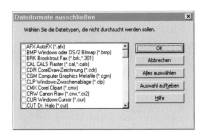

6 Auswahl von Bilddateiformaten, die der Verwalter nicht darstellen soll

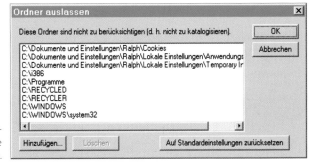

7 Auswahl von Ordnern, die der Verwalter nicht durchsuchen soll. Einige Systemordner sind schon vorgegeben.

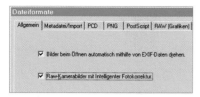

1 Voreinstellungen für Digitalkamerabilder

2 Ladeoptionen für WMF-Dateien

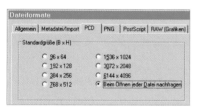

3 Welche Auflösung einer Kodak PhotoCD-
Datei soll geöffnet werden?

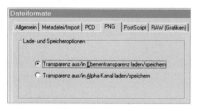

4 Mit dieser Einstellung werden PNG-Bilder mit
Transparenz als Rasterebene geöffnet, andernfalls als Hintergrundebene mit Alphakanal.

5 Konvertierungseinstellungen für PostScript-
Dateien

Spezielle Dateiformate

Voreinstellungen zu speziellen Dateiformaten treffen Sie im Dialog Datei>Einstel-
lungen>Dateiformat. Er enthält sechs Registerkarten. In den meisten Fällen werden
für Sie nur die Einstellungen auf der ersten Registerkarte bedeutsam sein.

Allgemein Die erste der Optionen (**1**) bewirkt die automatische Drehung eines
Bildes, falls die Kamera oder ein anderes Programm entsprechende Informationen in die EXIF-Daten eingetragen hat. Die zweite, RAW-Kamerabilder mit Intelligenter
Fotokorrektur, bewirkt, dass nach dem Öffnen von RAW-Dateien aus Digitalkameras
(so sie Paint Shop Pro überhaupt erkennt) die **Intelligente Fotokorrektur** geöffnet
wird, um gleich die meist notwendigen Korrekturen vorzunehmen.

Metadatei/Import Die Einstellungen wirken sich auf das Öffnen von WMF-
Dateien (Windows Meta File) aus (**2**). Unter **Ladeoptionen** legen Sie fest, ob die
Größeninformationen aus dem Datei-Header ausgelesen oder abgefragt werden
sollen. Die Einstellungen unter **Standardgröße** werden verwendet, wenn keine
Header-Informationen verfügbar sind. Vektordaten importieren bewirkt, dass WMF-
Vektordaten als Objekte importiert werden – andernfalls werden sie in Rasterbilder
umgewandelt. Glättung anwenden bewirkt (nur beim Import von Vektordaten) die
Glättung gekrümmter Polylinien.

PCD Das Kodak PhotoCD-Format (PCD) kann ein Bild in mehreren Auflösungen in einer einzigen Datei speichern. (Das Standard-Format nimmt sechs
Auflösungen auf, das Pro-Format eine siebte mit 6144*4096 Pixeln.) Auf dieser
Registerkarte legen Sie fest, ob beim Öffnen stets dieselbe Auflösung verwendet
oder jedes Mal die Auflösung erfragt werden soll (**3**).

PNG PNG-Dateien können Bildtransparenz auf zwei unterschiedliche Arten
enthalten: als Ebenentransparenz und als Alphakanal. Die Voreinstellung hier
wirkt sich vor allem darauf aus, wie PNG-Dateien *geöffnet* werden (**4**). Zum
Speichern sollten Sie stets die **PNG-Optimierung** nutzen (≫**108**). Ansonsten
wird ein Alphakanal selbst dann nicht gespeichert, wenn Sie diese Option hier
gewählt haben.

PostScript Paint Shop Pro kann PostScript-Dateien (auch mit mehreren Seiten)
bis Level 2 als Rasterbilder öffnen. Ein eventueller Ausdehnungsbereich wird
durch Anpassung der Leinwandgröße berücksichtigt. Sie können die notwendigen
Einstellungen bei jedem Öffnen abfragen lassen oder einmal als Voreinstellung
festlegen (**5**).

Zu den Voreinstellungen zählen die Größeneinstellungen Auflösung und
Seitenformat, der Bildmodus und drei weitere Optionen: Querformat schaltet die Seiten-
ausrichtung für den Fall, dass die PostScript-Dateien im Querformat vorliegen,
entsprechend um (die Bilder werden dabei nicht gedreht). Antialiasing wendet
auf PostScript-Objekte bei der Konvertierung in Rasterbilder Antialiasing an.
Transparenz übernehmen übernimmt den standardmäßig transparenten Hintergrund
– andernfalls wird ein weißer verwendet.

RAW (Grafiken) Das RAW-Grafikdateiformat (nicht zu verwechseln mit dem Kamera-RAW-Format) speichert Bilder als Rasterdaten ohne Kompression. Sie legen hier die **Header-Größe** und mit Kopf- und Fußbereich vertauschen die Richtung des Bildaufbaus fest (**6**). Unter **24-Bit-Optionen** wird bestimmt, in welcher Reihenfolge die Rot-, Grün- und Blauwerte der Pixel in die Datei geschrieben werden, und ob erst die Werte einer Farbe, dann der nächsten usw. (Planar (RRR GGG…)), oder ob die Farbwerte pixelweise geschrieben werden (Interleaved (RGB RGB…)).

6 Speicheroptionen für das RAW-Grafikformat

Dateiformatverknüpfungen

Dateien, deren Dateiformat mit einem Programm *verknüpft* ist, werden auf Doppelklick (im Explorer oder auf dem Desktop) in diesem Programm geöffnet. Das Programm wird, falls dies nicht schon geschehen ist, dazu gestartet. Im Dialog Datei>Einstellungen>Dateiformatverknüpfungen haben Sie die Möglichkeit, Grafikdateitypen aus einer langen Liste mit Paint Shop Pro zu verknüpfen oder solche Verknüpfungen zu lösen (**7**). Der Paint Shop Pro-eigene Dateityp PSPIMAGE ist bereits fest mit dem Programm verknüpft und lässt sich nicht lösen.

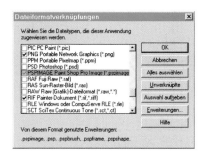

7 Dateiformatverknüpfungen mit PSP

Die Verknüpfung von Dateien mit Programmen ist eine Windows-Funktion – Paint Shop Pro greift hier lediglich darauf zurück. Sie können diese Verknüpfungen auch (und mit mehr Optionen) in den **Ordneroptionen** des Explorers verwalten (**9**). Windows nutzt für die Erkennung von Dateien deren Erweiterung. Hinter dem Datei*typ* PSPIMAGE verstecken sich mehrere Datei*formate* mit unterschiedlichen Erweiterungen (eine davon heißt auch **PspImage**). Die zugehörigen Erweiterungen werden unterhalb des Auswahlfensters in **7** und in einem extra Fenster angezeigt, das sich nach Klick auf Erweiterungen öffnet (**8**). Alle diese Formate sind mit Paint Shop Pro verknüpft, wie sie beispielsweise durch Doppelklick auf eine PspFrame-Datei (natürlich nicht in diesem Dialog, sondern im Bilderrahmen-Ordner von Paint Shop Pro, der im Explorer geöffnet ist) nachprüfen können. Hier können Sie sogar eigene Erweiterungen hinzufügen – was Sie sicher kaum benötigen werden.

8 Die zu einem Dateityp gehörenden Erweiterungen

Sinnvoll ist die Verknüpfung von (z. B.) JPEG-Dateien mit Paint Shop Pro, wenn Sie viel mit dem Explorer arbeiten. Für das Öffnen aus der Verwalter-Palette oder aus dem Fotoalbum heraus ist es nicht notwendig. Im Verwalter angezeigte Bilddateien öffnen sich auf Doppelklick stets in Paint Shop Pro.

Diese Verknüpfungen beeinflussen auch nicht die im Datei-Öffnen- und -Speichern-Dialog angezeigten Dateiformate. Eine Möglichkeit, hier nur die benutzten Formate anzuzeigen, gibt es in Paint Shop Pro leider nicht.

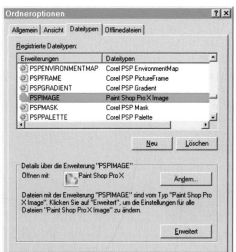

9 Im Windows Explorer gelangen Sie unter Extras>Ordneroptionen> Dateitypen in diesen Dialog, in dem sämtliche Windows bekannten Dateitypen aufgelistet sind und neu verknüpft werden können.

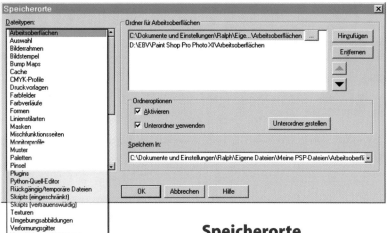

2 Ein kleiner Button im Voreinstellungsfenster vieler Werkzeuge öffnet die **Speicherorte**.

1 Zu jedem **Dateityp** finden Sie im rechten Teilfenster den oder die zugeordneten **Ordner** mit ihrer kompletten Pfadangabe sowie meist noch einige Zusatzoptionen. Ein Dateityp ist *kein* Ordner – die zugeordneten Ordner tragen in der Regel jedoch den gleichen Namen.

Wo sind die Voreinstellungen?

Die **Programm-Voreinstellungen**, um die es auf diesen Seiten geht, finden Sie *nicht* in den Speicherorten. PSP XI legt sie in der Windows-Registry im Schlüssel HKEY_CURRENT_USER \Software\Corel\Paint Shop Pro\11\General und einigen benachbarten Schlüsseln ab.

Die Einstellungen der aktuellen Arbeitsoberfläche sind unter HKEY_CURRENT_USER\SOFTWARE\Corel\ Paint Shop Pro\11\UI Customization zu finden. In diesem Schlüssel werden die Informationen aus einer Arbeitsoberflächen-Datei (PspWorkSpace) bei jedem Wechsel der Oberfläche geladen.

3 Plugins können Paint Shop Pro um viele interessante Funktionen erweitern. Hier teilen Sie dem Programm die Speicherpfade mit und steuern den Zugriff.

Speicherorte

Dies ist der zentrale Ort, wo Sie alle Speicherorte von Dateien, Einstellungen und Hilfsmitteln gemeinsam verwalten können (**1**). Sie gelangen übrigens nicht nur über Datei>Einstellungen>Speicherorte, sondern auch von jedem Voreinstellungsdialog (verfügbar zu fast jedem Werkzeug und Befehl) dorthin (**2**).

Die **Dateitypen** genannte Liste ist alphabetisch sortiert. Sie finden hier die sogenannten **Ressourcen** von Paint Shop Pro, worunter in der Programmhilfe fast alles verstanden wird, was an Voreinstellungen und Hilfsmitteln vorhanden ist – egal, ob Zubehör des Programms oder vom Anwender angelegt. Es gibt jedoch bei diesen »Dateitypen« deutliche Unterschiede, weshalb ich hier etwas genauer differenzieren möchte. Ressourcen im engeren Sinne sind dann nur die, die mit dem weiter unten behandelten **Ressourcen-Manager** verwaltet werden können. *Nicht* zu den Ressourcen zähle ich **Arbeitsoberflächen** (»39), **Profile** (CMYK- und Monitorprofile), **Plugins**, **temporäre Dateien** (Cache, Rückgängig-Dateien »41) und die zwei ebenfalls unter den Dateitypen zu findenden **Programmpfade** (zum Python-Quell-Editor und zum Web-Browser). Bevor ich auf die Ressourcenverwaltung ausführlicher eingehe, möchte ich zwei dieser Ausnahmen kurz vorstellen.

Plugins Plugins sind externe Zusatzprogramme nach einem von Adobe eingeführten Standard, die unter vielen Bildbearbeitungsprogrammen laufen. Sie müssen an einem Speicherort liegen, der auf dieser Dialogseite Paint Shop Pro bekannt gemacht wird (**3**). Außer (oder anstelle) der Vorgabe können Sie jeden beliebigen anderen Ordner einschließlich Unterordnern verwenden. Über die **Ordneroptionen** lassen sich nach Wunsch ausgewählte Ordner aus der Liste aktivieren oder deaktivieren. Der Zugriff auf Unterordner wird per Unterordner verwenden noch einmal extra geregelt. Zudem können Sie die Verwendung von Plugins generell gestatten

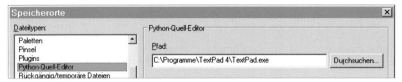

4 Das Auswählen eines Programmpfads am Beispiel des Python-Quell-Editors

(Plugins aktivieren) oder ausschließen oder auf die (gebräuchliche) Dateierweiterung .8b* (der Stern steht für ein beliebiges Zeichen) beschränken.

Vorfilterung der Zusatzdateitypen durch Dateiformat-Plugins zulassen ist für einige Dateiformat-Plugins von Bedeutung, die selbst Grafikdateien öffnen und erst dann an Paint Shop Pro übergeben.

Programmpfade Der **Python-Quell-Editor** wird gestartet, wenn Sie im Skript-Bearbeiten-Dialog von Paint Shop Pro (Datei>Skript>Bearbeiten) auf Text-Editor klicken. Standardmäßig ist hier der Pfad zum Windows-Editor (Notepad.exe) eingetragen. Sie können alternativ einen für Python besser geeigneten Programm-Editor (z. B. TextPad) über die Schaltfläche Durchsuchen auswählen (**4**). Analog wird der **Web-Browser** ausgewählt (in der Dateitypen-Liste ganz am Ende), nur dass Sie hier zuerst die Schaltfläche Hinzufügen betätigen müssen, da mehrere Web-Browser eingetragen werden können.

Wenn bei Ihnen (wie bei mir) nach dem Öffnen des Dateiauswahl-Dialogs keinerlei auszuwählende Dateien angezeigt werden, tragen Sie als Dateiname die Zeichen *.**exe** ein und klicken einmal auf Öffnen (**5**). Dann sollten im großen Fenster die Programmdateien wieder angezeigt werden.

Ressourcenverwaltung

Der Dialog **Speicherorte** ist Teil der Ressourcenverwaltung von Paint Shop Pro. Um diese zu verstehen, müssen wir den – ja bereits oben etwas eingeschränkten – Ressourcenbegriff noch weiter untergliedern. Paint Shop Pro kennt zwei Arten von Ressourcen, die unterschiedlich behandelt werden. Die eine Sorte wird in der Werkzeugoptionen-Palette, auf den Farbverlauf- und Muster-Registerkarten des Materialeigenschaften-Dialogs und in manchen Funktions-Dialogfeldern in Form von *Miniaturbildern* dargestellt (**6**). Die zweite Sorte bekommen Sie bildlich nicht zu Gesicht, dafür ist sie bei fast allen Werkzeugen, Funktionen und Effekten vorhanden. Es handelt sich um die **Voreinstellungen** (**7**).

Die »Miniaturbild-Ressourcen« möchte ich der Kürze halber **Motive** nennen. Fast alle Dateitypen aus dem Speicherorte-Dialog, von **Auswahl** bis **Verschiebungsabbildungen**, enthalten solche Motive. Es handelt sich entweder um reine Bilddateien, um »verkappte« PspImage- oder BMP-Dateien mit anderen Erweiterungen (Sie können sie direkt in Paint Shop Pro öffnen, die meisten werden sogar im Verwalter angezeigt) oder um Skriptdateien, die sich bildlich darstellen lassen, z. B. als Farbtabelle, Verlauf oder Vektorbild. Manchmal (beispielsweise bei Pinseln) gehören zu einem Motiv eine Bild- *und* eine Skriptdatei.

5 Im Dateiauswahl-Dialog für den Python-Editor kann es vorkommen, dass die Filterung der Dateiformate nicht funktioniert. Abhilfe: als Dateiname *.**exe** eintragen und auf Öffnen klicken.

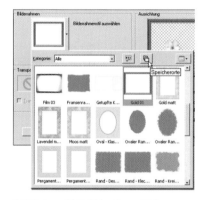

6 Motivauswahl im Bilderrahmen-Dialog (Bild>Bilderrahmen) anhand von Miniaturbildern

7 Beim Standardpinsel liegen die **Voreinstellungen** und die **Motive** dicht beieinander.

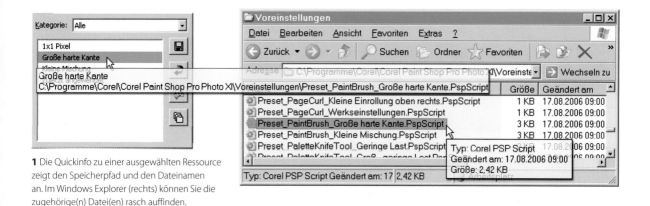

1 Die Quickinfo zu einer ausgewählten Ressource zeigt den Speicherpfad und den Dateinamen an. Im Windows Explorer (rechts) können Sie die zugehörige(n) Datei(en) rasch auffinden.

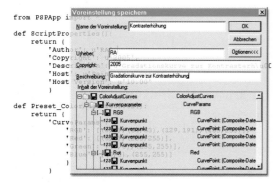

2 Was in den Werkzeugvoreinstellungen gespeichert wird, können Sie im Speichern-Dialog unter Details bestimmen (»**19**). Dies beeinflusst direkt die gespeicherte Skriptdatei (hier im Hintergrund eingeblendet).

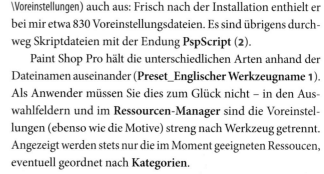

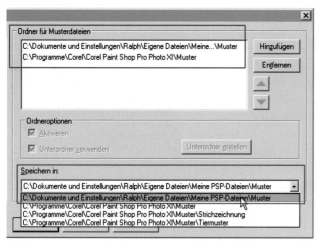

3 Im Dialog **Speicherorte** sind die Ordner, aus denen *gelesen* wird (oben), und der Ordner, in den *geschrieben* werden darf (unten), sauber getrennt.

Obwohl es viel mehr unterschiedliche Werkzeuge als Motivarten gibt, fasst Paint Shop Pro die Werkzeugvoreinstellungen unter dem einzigen Dateityp **Voreinstellung** zusammen. So sieht der verknüpfte Ordner (C:\Programme\Corel\Corel Paint Shop Pro Photo XI \Voreinstellungen) auch aus: Frisch nach der Installation enthielt er bei mir etwa 830 Voreinstellungsdateien. Es sind übrigens durchweg Skriptdateien mit der Endung **PspScript** (**2**).

Paint Shop Pro hält die unterschiedlichen Arten anhand der Dateinamen auseinander (**Preset_Englischer Werkzeugname 1**). Als Anwender müssen Sie dies zum Glück nicht – in den Auswahlfeldern und im **Ressourcen-Manager** sind die Voreinstellungen (ebenso wie die Motive) streng nach Werkzeug getrennt. Angezeigt werden stets nur die im Moment geeigneten Ressoucen, eventuell geordnet nach **Kategorien**.

Ressourcen-Pfade Schauen Sie, bevor wir zu diesen kommen, aber noch einmal auf den Dialog **Speicherorte** (**3**). Bei den meisten Dateitypen sind im rechten, oberen Teilfenster (Titel **Ordner für …**) zwei Pfade angegeben: Einer führt in den Programmordner (meist C:\Programme\Corel\Corel Paint Shop Pro Photo XI\…), der zweite führt in Ihren Eigene-Dateien-Ordner und dort zu Meine PSP-Dateien. Sie können per Hinzufügen beliebig weitere Ordner der Liste anfügen und nach oben oder unten verschieben (was lediglich die Suchreihenfolge verändert), wieder Entfernen (was den gewählten Ordner nicht von der Festplatte löscht, sondern lediglich aus der Liste entfernt) oder über die **Ordneroptionen** den Zugriff auf einen Ordner zeitweise sperren. Aktivieren aktiviert den in der Liste gewählten Ordner, Unterordner verwenden schließt dabei Unterordner ein und ist natürlich nur verfügbar, wenn Aktivieren gewählt ist.

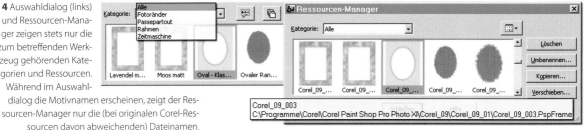

4 Auswahldialog (links) und Ressourcen-Manager zeigen stets nur die zum betreffenden Werkzeug gehörenden Kategorien und Ressourcen. Während im Auswahldialog die Motivnamen erscheinen, zeigt der Ressourcen-Manager nur die (bei originalen Corel-Ressourcen davon abweichenden) Dateinamen.

Wichtig ist: Die in dieser Liste angezeigten Ordner und eventuelle Unterordner verwendet Paint Shop Pro nur zum *Lesen* von Ressourcen. In welchen Ordner neue und geänderte Motive und Voreinstellungen *gespeichert* werden, legen Sie im unteren Auswahlfeld des Fensters unter **Speichern in** fest – und dies kann immer nur *ein* Ordner sein. Sie haben, wenn Sie dieses Feld aufklappen, auch nur die Auswahl aus den in der Liste darüber angezeigten Ordnern plus deren Unterordnern (falls vorhanden und aktiviert).

Diese Trennung von Lese- und Schreibrechten für die Ressourcen-Ordner verhindert das versehentliche Überschreiben von originalen PSP-Ressourcen. Standardmäßig ist unter **Speichern in** immer der entsprechende Ordner in …\Meine PSP-Dateien\ eingetragen, der nach der Installation erst einmal leer ist.

Ressourcen-Manager In den erwähnten Ressourcen-Manager gelangen Sie über den Button ▨ im Motivauswahldialog. Der Manager zeigt die Motivminiaturen ebenfalls an, jedoch mit ihren *Dateinamen* statt der deutschen beschreibenden Namen (**4**). Seit PSP XI hat Corel beides getrennt und stellt die Zuordnung (mit einigen Anfangsschwierigkeiten) über eine länderspezifische Zuordnungsdatei wieder her. Vier Schaltflächen dienen zum Löschen, Umbenennen, Kopieren und Verschieben von Motiven oder Voreinstellungen. Doch wenn Sie hier den Dateinamen eines originalen Corel-Motivs ändern, geht die Zuordnung verloren (die Zuordnungsdatei wird nicht aktualisiert) und der alte Name deshalb auch. Selbst angelegte Motive werden sowieso immer unter ihrem Dateinamen angezeigt.

Kategorien Noch ein Wort zu den Kategorien. Diese können die Organisation von Motiven verbessern, wenn Sie viele davon zu verwalten haben. Falls Sie Kategorien aber auch für Voreinstellungen einsetzen wollen, wird es kompliziert. Paint Shop Pro verwaltet wie gesagt alle Voreinstellungen unter einem einzigen Dateityp, zu dem nur ein einziger **Speichern in**-Ordner definiert werden kann. Sie können also nicht für **Meine Kurven** eine eigene Kategorie anlegen und für **Meine Scharfzeichnen**-Einstellungen eine zweite.

Zum Speichern von Voreinstellungen sind Kategorien also nicht zu empfehlen – zum Nur-Lesen schon eher. Für vorhandene, bereits mit Ressourcen gefüllte Ordner auf Ihrer Festplatte (die Sie eventuell aus dem Internet oder von einem Dritten erhalten haben) müssen Sie die Prozedur des Kategorien-Anlegens nicht durchführen. Tragen Sie einfach den Speicherpfad beim entsprechenden Dateityp ein – die Kategorie ist damit automatisch angelegt.

Ressourcen und ihre Namen

Bis PSP X trugen Ressourcen-Dateien und die Ordner, in denen sie lagen, die deutschen »beschreibenden« Namen, unter denen sie auch angezeigt wurden. In PSP XI ist Corel von diesem Prinzip abgegangen und bezeichnet nun die eigenen Ressourcen-Ordner und die darin liegenden Dateien mit Nummern. Beispielsweise lag der in Abb. **4** markierte Bilderrahmen früher unter dem Namen Oval-Klassisch im Ordner …\Bilderrahmen\Rahmen. Jetzt heißt er Corel_09_003 und liegt im Ordner …\Corel_09\Corel_09_01.

Dass Sie in den Motivauswahldialogen trotzdem die gewohnten Namen sehen, ist der Datei ContentTranslationText.xml (im Installationsverzeichnis von PSP) zu danken. Sie enthält die Zuordnungen der durchnummerierten Ordner- und Dateinamen zu den deutschen beschreibenden Namen. Ist eine Zuordnung vorhanden, wird der deutsche Name angezeigt, ansonsten der Dateiname.

Kategorien selbst anlegen

Das Anlegen von Kategorien ist sehr umständlich, denn es gibt dafür keine eigene Funktion. Sie müssen zuerst im Dialog **Speicherorte** einen neuen Ordner wählen oder einen Unterordner erstellen. (Nur Unterordner können per **Unterordner erstellen** direkt aus dem Dialog heraus neu angelegt werden.) Anschließend muss per Ressourcen-Manager mindestens ein Motiv oder eine Voreinstellung in den neuen Ordner kopiert oder verschoben werden. (Falls Sie kopieren, ist auch **Umbenennen** ratsam, sonst bemängelt PSP doppelt vorhandene Ressourcen.) Dies bedeutet, dass Sie sich mehrmals durch verschachtelte Ordnerbäume klicken müssen, denn Paint Shop Pro merkt sich hier auch keine Speicherpfade.

Nun erst wird dieser Ordner im Auswahldialog und im Ressourcen-Manager gefunden und als Kategorie angezeigt. Wenn Sie eigene Ressourcen darin speichern wollen, muss er noch als **Speichern in**-Ordner im Speicherorte-Dialog ausgewählt sein.

1 Das Speicher-Intervall lässt sich zwischen 1 und 100 Minuten wählen.

Manuelle Speicherung

Per Tastaturbefehl speichern Sie Ihre Bilder schnell und sicher:

Datei>Speichern [Strg] [S]

Datei>Speichern unter [F12]

Datei>Kopie speichern unter [Strg] [F12]

Bildrettung per Temp-Datei

Auch dann, wenn es aus irgendwelchen Gründen einmal nicht möglich sein sollte, Paint Shop Pro erneut zu starten, müssen ungesicherte Arbeitsschritte nicht verloren sein. Sofern automatische Sicherungsdateien vorhanden sind, lassen sie sich mit Paint Shop Pro (z. B. auf einem anderen Rechner) öffnen. Sie brauchen nur die Dateiendung **tmp** der Sicherungsdateien nach **PspImage** umzubenennen. Die Zuordnung von Original- und Sicherungsdateinamen können Sie einer Datei mit der Endung **PspAutosave** entnehmen, die sich im gleichen Ordner wie die Sicherungsdateien befindet (**2**).

Automatische Speicherung

Diese Option (im Menüpfad Datei>Einstellungen>Automatische Speicherung) soll verhindern, dass zeitaufwändige Arbeitsschritte verloren gehen, falls das Programm oder der Computer »abstürzt«. Die geöffneten Bilder werden in regelmäßigen Zeitabständen (**1**) in den Ordner für temporäre Dateien (im Speicherorte-Dialog unter **Rückgängig/temporäre Dateien** zu finden) gespeichert. Originaldateien werden also in keinem Fall überschrieben.

Bei normaler Beendigung des Programms werden die Sicherungsdateien gelöscht. Nach einem Systemabsturz findet Paint Shop Pro die Sicherungsdateien und öffnet die Bilder automatisch. So sollte es jedenfalls sein – doch in der Praxis hat diese an sich sehr empfehlenswerte Funktion zwei Tücken.

Die erste: Wenn Sie zu dem Zeitpunkt, wo die automatische Sicherung erfolgen soll, gerade mit einem Werkzeug, z. B. dem Pinsel, im Bild beschäftigt sind, lässt Paint Shop Pro diese Sicherung aus. Sie wird auch nicht nachgeholt, wenn Sie das Werkzeug absetzen, sondern erst zum nächsten regulären Termin durchgeführt – falls Sie dann nicht ebenfalls gerade mit einem Werkzeug im Bild arbeiten.

Der zweite, schlimmere Mangel: Wenn Sie zu dem Zeitpunkt, wo die automatische Sicherung erfolgen soll, gerade einen Dialog geöffnet haben, *löscht* Paint Shop Pro die Sicherungsdatei, ohne eine neue anzulegen. Nach dem Schließen des Dialogs wird die Sicherung nicht sofort, sondern erst zum nächsten regulären Termin durchgeführt – falls Sie dann nicht ebenfalls einen Dialog geöffnet haben oder gerade mit einem Werkzeug im Bild arbeiten.

Die Tatsache, dass die automatische Speicherung gerade bei kritischen Operationen versagen kann, macht sie meiner Meinung nach völlig unbrauchbar. Keinesfalls dürfen Sie sich von dieser Funktion »in Sicherheit wiegen« lassen und deshalb auf die regelmäßige manuelle Speicherung Ihrer Bilder verzichten.

2 Der Temp-Ordner von PSP XI im Windows Explorer. Die grün markierte Datei enthält das gesicherte Bild, die Datei darüber ist die Zuordnungsdatei. Der Ordner am Anfang der Liste enthält die Rückgängig-Dateien dieser Sitzung.

Einstellungen zurücksetzen

Angenommen, Sie haben die Programmvoreinstellungen oder die Arbeitsoberfläche allzu forsch umgestaltet und finden jetzt die wichtigsten Werkzeuge nicht mehr: Dieser Dialog (Datei>Einstellungen>Einstellungen zurücksetzen) ist die Rettung (**3**). Außer dem Zurücksetzen von **Allgemeinen Einstellungen**, **Speicherorten** und der **Arbeitsoberfläche** auf die Standardeinstellungen gibt es zwei Optionen, die helfen, falls Sie einmal Dialogfelder oder Paletten zu weit über den Bildschirmrand hinaus verschoben haben. Zudem können hier die Cache-Dateien gelöscht werden, die Paint Shop Pro zum Zwecke schnelleren Arbeitens anlegt.

Voreinstellungen ex- und importieren

Wenn Sie Paint Shop Pro XI auf einem neuen Rechner installieren und Ihre Arbeitsoberflächen und Werkzeug-Voreinstellungen mitnehmen wollen, brauchen Sie nur den Ordner Eigene Dateien\Meine PSP-Dateien vom alten auf den neuen Rechner zu kopieren. Eine ähnlich einfache Lösung gibt es für die Programmvoreinstellungen leider nicht. Diese müssen Sie nach dem Umzug neu einstellen – es sei denn, Sie scheuen sich nicht vor einem Eingriff in die Windows-Registrierung.

In der Registrierung speichern Windows und Windows-Anwendungsprogramme ihre Einstellungen. Paint Shop Pro XI legt die seinen im Schlüssel HKEY_CURRENT_USER\Software\Corel\Paint Shop Pro\11\ ab. Sie können diesen Schlüssel exportieren (**4**), diese Datei (sie hat die Endung **reg** und ist ziemlich groß) auf den zweiten Rechner übertragen und dort nach der Neuinstallation von Paint Shop Pro XI wieder mit der Registrierung zusammenführen (**5**).

Damit alles klappt, sollte Paint Shop Pro im gleichen Ordner installiert werden und auch Ihr Benutzername genauso lauten wie auf dem alten Rechner. Farbeinstellungen (siehe folgende Seiten) werden ebenfalls übertragen. Überprüfen Sie die eingestellten Profile und wählen Sie in der Farbverwaltung solche, die zum neuen Rechner passen.

Manipulationen an der Registrierung bergen immer ein gewisses Risiko. Führen Sie diesen Trick deshalb nur dann aus, wenn wichtigen Daten nichts zustoßen kann – am besten direkt nach der Neuinstallation von Windows und PSP XI.

Ressourcen aus Vorversion übernehmen

Ihre selbst geschaffenen Pinsel, Muster und anderen Ressourcen können Sie beim Versionswechsel auf PSP XI übertragen. Es gibt zwei Methoden:

Mit dem Windows Explorer Kopieren oder verschieben Sie die Ressourcendateien von den alten Speicherorten in die entsprechenden Ressourcen-Ordner der neuen Version. Beide liegen in Unterordnern von Eigene Dateien (**7**).

Per Dialog Speicherorte Fügen Sie für jeden Dateityp den Pfad zum alten Speicherort als weiteren Speicherort hinzu. Diese Methode ist etwas langwieriger als die erste.

Ihre alten Arbeitsoberflächen liegen zwar auch in einem Ressourcen-Ordner, lassen sich aber leider nicht in PSP XI verwenden.

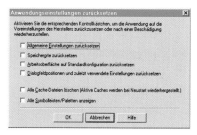

3 Gemeinsames Zurücksetzen von Programmeinstellungen. Einzeln zurücksetzen können Sie angepasste Menüs und Symbolleisten im Dialog Ansicht>Anpassen.

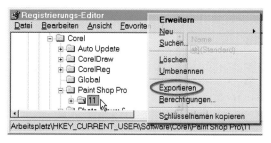

4 Der Zweig mit allen PSP XI-Einstellungen im Registrierungs-Editor von Windows.

Falls Sie den Regsitrierungs-Editor nicht unter den Windows-Programmen in der Taskleiste finden, können Sie ihn direkt aus dem Explorer starten. Pfad: C:\WINDOWS\regedit.exe

5 Aus der Registry exportierte Dateien werden per **Zusammenführen** wieder in diese importiert. Die Abbildung zeigt das Kontextmenü einer .reg-Datei im Explorer.

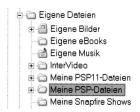

6 Auf die meisten Ressourcen von PSP X können Sie auch in PSP XI zugreifen – vorausgesetzt, Sie lassen bei der Installation den Ressourcen-Ordner nicht überschreiben.

Farbverwaltung

1 Die drei Menüpunkte für die Farbverwaltung im Datei-Menü von Paint Shop Pro XI

2 Die Farbverwaltung (Datei>Farbverwaltung>Farbverwaltung) zeigt den aktuellen Arbeitsfarbraum.

3 In den **Speicheroptionen** legen Sie fest, ob der Arbeitsfarbraum von Paint Shop Pro beim Speichern einer PspImage-, JPG- oder TIFF-Datei als ICC-Profil mit eingefügt wird.

Achtung: In JPEG2000-Dateien wird stets das sRGB-Profil eingebettet, beim Öffnen aber nicht erkannt (es gibt keine Profilfehlerwarnung). Bis PSP 10.01 geschah das Gleiche bei TIFF-Dateien, wenn **ICC-Profil einfügen** *nicht* gewählt war. Andere Programme erkennen das Profil und stellen die Farben evtl. falsch dar.

4 So ähnlich (abhängig von den installierten Profilen) sehen die Auswahllisten für den Farbarbeitsbereich und das CMYK-Profil aus.

Farbverwaltung – meist als **Farbmanagement** bezeichnet (»78) – soll verhindern, dass es auf dem Weg von der Bildaufnahme (z. B. Kamera oder Scanner) bis zur Bildwiedergabe (z. B. Monitor oder Drucker) zu Farbänderungen kommt. Dazu wird jedem Bild ein **Farbprofil** mit auf den Weg gegeben, das beschreibt, wie die Pixel-Tonwerte (die ja erst einmal nur Zahlen sind) farblich interpretiert werden müssen. Natürlich wird ein Bild auch farbig dargestellt, wenn dieses Profil fehlt – aber dann entsprechend der Voreinstellung des jeweiligen Wiedergabegerätes, was zu deutlich sichtbaren Farbabweichungen führen kann.

Farbmanagement ist eine Betriebssystemfunktion und wird von Anwendungsprogrammen lediglich genutzt. Bei den Einstellungen spielen Windows und Paint Shop Pro oft »Hand in Hand«, was die Sache aber nicht einfacher macht. Im Gegenteil: Oft müssen Einstellungen sowohl in Windows- als auch in Programmdialogen vorgenommen werden, und das in der richtigen Reihenfolge.

Die Farbverwaltung von PSP finden Sie unter dem gleichnamigen Menüpunkt Datei>Farbverwaltung (**1**). Nur wenn in diesem Dialog (**2**) Farbverwaltung aktivieren markiert ist, lassen sich Einstellungen ändern. Das hinter **Bild, Grafik oder Text erstellt von** angezeigte Farbprofil ist nicht – wie man vermuten könnte – das Original-Farbprofil des angezeigten Bildes, sondern der **Farbarbeitsbereich** von PSP XI. Widmen wir uns zuerst diesem, wozu Sie das zweite, gleichnamige Untermenü (Datei>Farbverwaltung>Farbarbeitsbereich) öffnen müssen (was nur geht, wenn kein Dokument geöffnet ist). Ob die Farbverwaltung aktiviert ist, spielt für den Farbarbeitsbereich und die Profilfehlerbehandlung keine Rolle.

Arbeitsfarbraum und Profilfehlerbehandlung

Unter **Farbarbeitsbereich** versteht Paint Shop Pro den **RGB-Arbeitsfarbraum**, in dem alle geöffneten Dokumente vorliegen (falls nicht schon von Hause aus, erfolgt eine **Zuweisung** oder eine **Konvertierung** in diesen Farbraum). Optional wird dieser Farbraum beim Speichern in bestimmte Dateitypen eingebettet (**3**). Standard-Farbarbeitsbereich ist **sRGB**. Im Auswahlfeld **Farbarbeitsbereich** können Sie einen beliebigen anderen RGB-Farbraum auswählen (**4**). sRGB wird von Corel zwar empfohlen, ist aber eigentlich nur für das Internet ausreichend. Immer mehr Kameras können Bilder in einem größeren Farbraum ausgeben. Wenn dies bei Ihnen der Fall ist oder Sie Ausdrucke auf einem hochwertigen Tintenstrahldrucker anfertigen, sollten Sie den Farbarbeitsbereich wechseln.

Das CMYK-Profil hat lediglich für die Separation und Ausgabe von CMYK-Bildern Bedeutung (Druckvorstufe). Paint Shop Pro kann RGB-Bilder in die CMYK-Kanäle trennen (Bild>Kanäle trennen>CMYK-Trennung) und wieder vereinigen und (nur im TIF-Format) CMYK-Bilder auch speichern.

Die in diesen beiden Listen angezeigten Profile holt sich das Programm aus einem tief verschachtelten Windows-Ordner: <windir>System32>spool>driver>color. Im Dialog **Speicherorte** finden Sie diesen Ordner übrigens nicht – Sie müssen ein neues Profil aber auch nicht selbst dorthin kopieren. Wenn Sie ein Profil **installieren** (**5**), kopiert Windows es automatisch in diesen Ordner. In Paint Shop Pro erzeugte Monitorprofile werden ebenfalls dorthin kopiert.

Mit den Checkboxen im unteren Dialogteil bestimmen Sie, wie sich das Programm bei **Profilkonflikten** verhalten soll – wenn also eine zu öffnende Datei ein anderes Profil enthält, als in Paint Shop Pro als Farbarbeitsbereich gewählt ist. Es gibt zwei Möglichkeiten:

Eingebettete Profile verwenden Die RGB-Tonwerte werden aus dem Datei-Farbraum in den PSP-Arbeitsfarbraum (**Farbarbeitsbereich**) umgerechnet (**konvertiert**). Dies gewährleistet in der Regel eine gleich bleibende Farbdarstellung. Nicht immer ist jedoch die Änderung der RGB-Daten des Bildes erwünscht. Das Programm warnt deshalb, bevor es die Umrechnung vornimmt (**6**).

Eingebettete Profile ignorieren Die RGB-Tonwerte bleiben unverändert und werden bei der Darstellung so interpretiert, als lägen Sie im PSP-Farbraum vor (dieser Farbraum wird **zugewiesen**). Das verändert in der Regel die Farbdarstellung in Paint Shop Pro – aber nicht unbedingt in einem anderen Programm. Nur in Ausnahmefällen (z. B. für die Zuweisung von Scannerprofilen ≫**150**) ist diese Option empfehlenswert.

Wird eine Datei geöffnet, die kein Profil enthält, gibt es natürlich auch keinen Konflikt – Paint Shop Pro ändert nichts an den Pixelwerten und weist der Datei stillschweigend den Arbeitsfarbraum zu. Ebenfalls nichts geändert wird, wenn Dateiprofil und Arbeitsfarbraum identisch sind.

Noch nicht erwähnt habe ich die erste Zeile in diesem Dialog: Hier wird das **Monitorprofil** angezeigt. Wählen können Sie das Profil im Dialog Datei>Farbverwaltung>Farbverwaltung, wozu Sie aber nun auch Farbverwaltung aktivieren wählen müssen. Für die bisher genannten Einstellungen war dies noch nicht nötig.

Monitor- und Druckerprofil festlegen

Nach der Aktivierung haben Sie in dem genannten Dialog die Wahl zwischen zwei weiteren Optionen. Die erste, Grundlegende Farbverwaltung, ist die wichtigste (**7**). Hier bestimmen Sie das Monitor- und das Druckerprofil. Genutzt werden diese Profile von Paint Shop Pro nur, wenn die Farbverwaltung aktiviert ist. Andernfalls sind die Optionen ausgegraut und lassen sich auch nicht ändern.

Ändern können Sie das Monitor- und das Druckerprofil allerdings nur dann, wenn es Alternativen gibt – und die müssen vorher unter Windows eingerichtet werden. Die Auswahlfelder **Monitorprofile** und **Druckerprofil** zeigen nicht alle *installierten* Profile, sondern nur diejenigen, die von Windows einem passenden Gerät *zugeordnet* wurden. Die Gerätebezeichnungen stehen direkt darüber: Es sind stets der **primäre M**onitor und der **Standarddrucker**. Welches von mehreren vorhandenen Geräten »Standard« ist, wird (ebenso wie die Zuordnung entsprechender Profile) unter Windows festgelegt. Für Monitore geschieht dies im Windows-Dialog **Eigenschaften von Anzeige** (Systemsteuerung>Anzeige>Einstellungen).

Farbverwaltung früher

Bis zur Version 9 verfügte Paint Shop Pro nur über den Farbverwaltungsdialog (**2**) zur Wahl des Monitor- und des Druckerprofils. Als **Farbarbeitsbereich** war sRGB vorgegeben, dies ließ sich nicht ändern. Damit konnten lediglich sRGB-Bilder korrekt dargestellt und bearbeitet werden. Statt der jetzt vorhandenen Funktion zur Monitorkalibrierung und Profilerstellung gab es nur die Möglichkeit, per Gamma-Änderung die Monitordarstellung innerhalb des Programmfensters anzupassen.

5 Eine im Windows Explorer angezeigte Profildatei (Endung **icc** oder **icm**) können Sie schnell per Kontextmenü installieren. Auch die Zuordnung zu einem Gerät (siehe folgende Seite) ist von hier aus möglich.

6 Paint Shop Pro meldet Farbraumkonvertierungen, dies sollten Sie nicht ausschalten. Bei Konvertierungen von einem größeren in einen kleineren Farbraum (wie hier) sind Verluste an Farbdifferenzierungen fast unausweichlich.

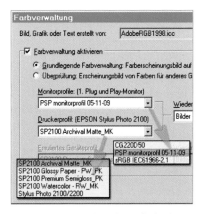

7 Einige Monitor- und Druckerprofile für den primären Monitor und den Standarddrucker

1 Auswahl des primären Monitors (links) und die Zuordnung von Monitorprofilen unter Windows. Standard kann immer nur ein Profil sein.

2 Zuordnung von Druckerprofilen zu einem ausgewählten Drucker.

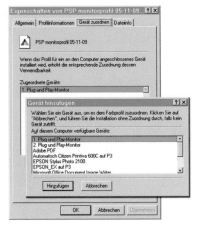

3 Zuordnung eines Gerätes zu einem im Explorer ausgewählten Profil. Die Quell-Liste enthält alle unter Windows installierten Monitore, Drucker, Scanner und Kameras. Das **Standardprofil** für ein Gerät können Sie hier übrigens nicht festlegen – dies ist nur im entsprechenden Geräte-Farbverwaltungs-Dialog möglich.

Wo sind die Profile?

Die einzelnen Windows-Versionen installieren ICC-Profile standardmäßig in den folgenden Ordnern:

Windows 98, 98SE, und **Windows ME**
C:\Windows\System\Color

Windows 2000
C:\WinNT\System32\Spool\Drivers\Color

Windows NT
C:\WinNT\System32\Color

Windows XP
C:\Windows\System32\Spool\Drivers\Color

Hier sollten Sie – sofern mehrere Monitore angeschlossen sind – den besseren bzw. größeren als **primären Monitor** definieren (**1**). Über Erweitert gelangen Sie in einen Unterdialog. Wechseln Sie zur Karte **Farbverwaltung** und fügen Sie passende Profile zu der Liste hinzu. Eines davon lässt sich Als Standard definieren und kann damit von allen farbmanagementfähigen Anwendungen verwendet werden. Windows selbst verwendet es allerdings nicht, d. h., auch nach einem Klick auf Übernehmen sehen Sie keine Änderung der Monitordarstellung.

Druckerprofile werden analog im Eigenschaften-Dialog des betreffenden Druckers zugeordnet und als Standard definiert.(**2**).

Statt einem Gerät Profile zuzuordnen, lassen sich auch umgekehrt einem Profil ein oder mehrere Geräte zuordnen. Dieser Weg beginnt im Kontextmenü einer im Explorer angezeigten Profildatei (Abbildung **5** auf der vorigen Seite). Zugeordnete Geräte erscheinen in einer Liste (**3**), die wieder per Hinzufügen-Button erweitert werden kann.

Nach Abschluss dieser Vorbereitungen unter Windows erfolgen die weiteren Einstellungen in der Farbverwaltung von Paint Shop Pro. Unter **Grundlegende Farbverwaltung** wählen Sie das **Monitorprofil**, das **Druckerprofil** und die **Wiedergabepriorität**.

Monitorprofil Paint Shop Pro steuert die Farbanzeige innerhalb *seines eigenen* Programmfensters anhand des hier gewählten Profils. Zusätzlich werden (das ist seit PSP X neu) Gamma-Kalibrierungsdaten aus diesem Profil in eine dafür vorgesehene Tabelle (LUT) der Grafikkarte geschrieben, was die Monitoranzeige für *alle* Windows-Programme optimieren *kann*. Ob dies wirklich geschieht, hängt davon ab, ob in Paint Shop Pro das Windows-Standard-Monitorprofil oder ein anderes ausgewählt wurde, und teilweise auch vom Profil selbst.

Sie sollten in Paint Shop Pro unbedingt das Windows-Standard-Monitorprofil auswählen bzw. dieses ebenfalls wechseln, wenn Sie das Monitorprofil in Paint Shop Pro wechseln. Andernfalls kann es passieren, dass Sie das gleiche Bild auf Ihrem Computer in drei Farbversionen sehen (≫61).

Druckerprofil Druckerprofile müssen nicht nur für einen bestimmten Drucker, sondern auch für eine bestimmte Papiersorte passen – deshalb gibt es in der Regel mehrere. Sofern solche papierspezifischen Profile zuvor installiert und dem Drucker zugeordnet wurden, können Sie hier eines davon auswählen. Dies wird von nun ab für alle Ausdrucke aus Paint Shop Pro verwendet. Damit die festgelegten Farben aber auch wirklich auf dem Papier ankommen, müssen Sie noch verhindern, dass der Drucker mit eigenen Korrekturen dazwischenfunkt (**4**).

Wiedergabepriorität Hier wählen Sie die **Umrechnungsmethode** für die Farbprofil-Umrechnung (**5**) aus dem Arbeitsfarbraum in den Monitor- und Druckerfarbraum. Was die einzelnen Methoden bedeuten, erkläre ich im folgenden Kapitel (≫82). **Bilder** ist voreingestellt und oft richtig. Alternativ können Sie mit **Korrektur** manchmal bessere Ergebnisse erzielen. **Grafik** und **Übereinstimmung** sind Spezialzwecken vorbehalten.

4 Wenn die Farbverwaltung in Paint Shop Pro aktiviert ist, muss sie für den Drucker *deaktiviert* sein. Wie, ist leider von Drucker zu Drucker etwas unterschiedlich. Bei Epson-Druckern führt Keine Farbanpassung im Dialog Eigenschaften>Haupteigenschaften>Modus manuell>Einstellungen>Farbmanagement zum Ziel.

Proofing-Einstellungen

Die zweite Farbverwaltungsoption heißt **Überprüfung**. In der Fachwelt gebräuchlicher ist der englische Begriff **Proofing**. Ein **Proof** ist ein Ausdruck oder ein Monitorbild (dann oft **Softproof** genannt), das die Farben so darstellt, wie sie auf einem anderen Gerät dargestellt würden. Es versteht sich von selbst, dass der Farbumfang eines Proof-Gerätes größer sein muss als der des zu überprüfenden Gerätes. Ein guter Monitor oder Tintenstrahldrucker kann die Farben einer Zeitungsdruckmaschine locker wiedergeben – umgekehrt ist das nicht möglich. Wenn **Überprüfung** gewählt ist, wird ein drittes Auswahlfeld **Emuliertes Geräteprofil** plus das zugehörige Feld für die **Wiedergabepriorität** aktiviert (**6**).

Emuliertes Geräteprofil Hier wird das »zu überprüfende« Gerät bzw. sein Profil ausgewählt. Die Liste enthält *alle* unter Windows installierten Profile aus dem Ordner <windir>System32>spool>driver>color, unabhängig davon, ob sie einem Gerät

5 Vier Methoden für die Umrechnung von Farbräumen. Ein Wechsel wirkt sich (nach Beendigung dieses Dialogs mit OK) sofort auf die Monitordarstellung der geöffneten Bilder aus.

zugeordnet sind oder nicht. Damit ist es möglich, Geräte zu emulieren, die an den Computer gar nicht angeschlossen sind, z. B. einen Belichter oder eine Offsetdruckmaschine.

Wiedergabepriorität In diesem zweiten Auswahlfeld lässt sich die Umrechnungsmethode für das emulierte Geräteprofil wählen.

Beachten Sie, dass im darüber liegenden Feld die Wiedergabepriorität jetzt automatisch auf **Übereinstimmung** eingestellt ist. Eine Änderung ist nicht empfehlenswert: Ein Proof soll ja gerade die Farben nicht korrigiert, sondern so darstellen, wie sie auf dem Ausgabegerät erscheinen.

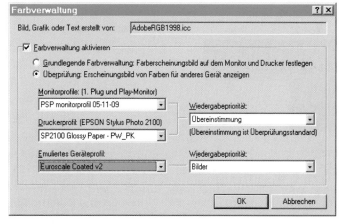

6 Proofing-Einstellungen von Paint Shop Pro. Hier wird der Ausdruck einer Vierfarb-Offsetdruckmaschine emuliert. Der Proof wird auf dem Monitor angezeigt, kann aber auch auf einem guten Tintenstrahldrucker ausgedruckt werden.

Kalibrierung oder Profilierung?

Mit einer **Kalibrierung** wird ein Gerät auf vorgegebene Einstellungen gesetzt, soweit dies möglich ist. Ein **Profil** beschreibt die nach der Kalibrierung noch verbleibenden Abweichungen von der Vorgabe. Diese können (in gewissen Grenzen) dann per Software ausgeglichen werden. Kalibrierung muss deshalb stets *vor* der Profilierung erfolgen.

Nur bei Monitoren sind Kalibrierung und Profilierung oft vermischt. Dies betrifft die Gamma-Kalibrierungseinstellungen, die als Korrekturwerte in eine dafür vorgesehene Tabelle (**Lookup-Table**, **LUT**) in der Grafikkarte übertragen werden. Das muss bei jedem Systemstart erneut geschehen. Permanent gespeichert werden die Daten oft im Monitorprofil. Dieses ist damit kein reines Beschreibungsprofil mehr, sondern enthält Kalibrierungseinstellungen – und der im Profil verzeichnete Gammawert beschreibt ein System, das zuvor vom selben Profil auf diesen Gammawert eingestellt wurde.

Gamma-Kalibrierung und PSP

Die Einstellung des richtigen Monitorgammas von 2,2 ist in der Regel Bestandteil der Monitorkalibrierung. Mit Paint Shop Pro lassen sich die notwendigen Messungen zwar ausführen, jedoch nutzt das Programm die ermittelten Korrekturdaten nicht für die **Kalibrierung** des Monitors (wozu sie in die LUT der Grafikkarte übertragen werden müssten), sondern nur für die **Profilierung** (sie sind nur im Monitorprofil verfügbar). Damit profitieren von diesen Korrekturen nicht alle, sondern nur die farbmanagementfähigen Windows-Programme.

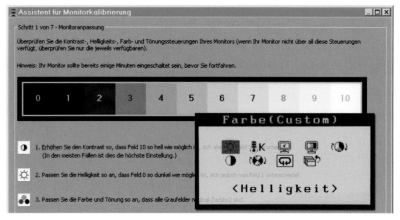

1 Kalibrierungsassistent von Paint Shop Pro XI und ein Monitor-Einstellungsmenü

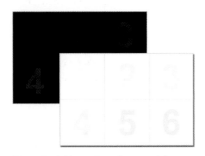

2 Zwei Testbilder zur Einstellung von Schwarz- und Weißpunkt, die Sie alternativ zum Paint Shop Pro-Testbild verwenden können (auf der Buch-CD). Die Unterschiede zwischen den Grautönen wurden für den Druck stark vergröbert.

Monitorkalibrierung und -profilierung

Eigentlich gehört die Monitorkalibrierung nicht zu den Aufgaben eines Anwendungsprogramms. Doch für ein Bildbearbeitungsprogramm ist die richtige Farbdarstellung auf dem Monitor essenziell – und dessen optimale Kalibrierung dafür die erste Voraussetzung. Zudem nützt die Auswahl eines Monitorprofils im Farbverwaltungsdialog überhaupt nichts, wenn dieses Profil nicht zum Monitor passt. Deshalb hat Corel in den (seit Version X vorhandenen) **Assistenten für Monitorkalibrierung** (Datei>Einstellungen>Monitorkalibrierung) nicht nur Hilfsmittel für die **Monitorkalibrierung** gepackt – dieser Assistent erzeugt auch gleich ein individuelles **Monitorprofil**.

Allerdings kann ein visuell, ohne spezielles Messgerät erzeugtes Monitorprofil nie sonderlich genau sein. Wenn Sie über ein Messgerät verfügen oder sich eines ausleihen können, sollten Sie die Einstellungen damit vornehmen. Dann benötigen Sie den Assistenten von Paint Shop Pro überhaupt nicht.

Kalibrierung

Die erste Bildschirmseite des Assistenten enthält lediglich einen elfstufigen Graukeil und einige Hinweise (**1**). Vergrößern Sie dieses Fenster zum Vollbild, es wird dann auf schwarzem Hintergrund angezeigt. Helle Bereiche und Farben in der Umgebung des Kalibrierungsfensters können dessen Beurteilung empfindlich stören. Das gilt auch für die Umgebung des Monitors. Selbstverständlich sollten keine Lichtquellen oder Reflexe direkt auf den Monitor fallen.

Alle Einstellungen werden an den entsprechenden Reglern oder Tasten des Monitors vorgenommen. Paint Shop Pro liefert hierfür lediglich das Messbild. Sie können auch andere Messbilder benutzen, beispielsweise die auf der CD enthaltenen Kalibrier-Testbilder (**2**). Per Kalibrierung werden drei Monitorparameter verändert: **Schwarzpunkt**, **Weißpunkt** und **Farbtemperatur**. Sie sollten die Kalibrierung auch in dieser (und nicht in der von Paint Shop Pro vorgeschlagenen) Reihenfolge vornehmen.

Schwarzpunkt Das Schwarz, das ein Monitor bei R,G,B = 0,0,0 anzeigt, ist in der Regel etwas heller als das Schwarz des ausgeschalteten Monitors. Dies muss auch so sein. Stellen Sie diesen Schwarzpunkt zu tief ein, werden »fast« schwarze Bildbereiche zu dunkel und damit von reinem Schwarz nicht mehr unterscheidbar. Liegt er zu hoch, wirkt das Bild flau, außerdem wird möglicherweise der Kontrastumfang des Monitors nicht gut ausgenutzt.

Der Schwarzpunkt wird per Helligkeitsregler (!) anhand von tief grauen Bildelementen eingestellt, die sich vom reinen Schwarz noch unterscheiden müssen. Im Paint Shop Pro-Assistenten ist dies der zweite Schritt (**1**).

Weißpunkt Anders als beim Schwarzpunkt kann es in den hellsten Bildbereichen nicht zum Abschneiden (Clipping) von Helligkeitsstufen (und damit Bilddetails) kommen. Trotzdem darf der Weißpunkt nicht zu hell sein, sonst überstrahlen helle Bildbereiche die weniger hellen und das Bild wirkt kontrastreicher, als es ist und auf einem Ausdruck erscheint. Der richtige Weißpunkt hängt (ebenso wie der Schwarzpunkt) auch von der Umgebungshelligkeit ab.

Bei Röhrenmonitoren wird die Weißpunkt-Helligkeit mit dem Kontrast-Regler verändert. 100 % sind meist viel zu hell (und verkürzen außerdem die Lebensdauer). Der Weißpunkt von LCD-Monitoren lässt sich nur gemeinsam mit dem Schwarzpunkt über die Helligkeit der Hintergrundbeleuchtung verändern. Bei korrekt eingestelltem Schwarzpunkt sollte keine Weißpunkt-Korrektur mehr nötig sein – andernfalls müssen Sie einen Kompromiss finden.

Falls Sie über ein Messgerät verfügen, können Sie die Helligkeit des weißen Monitorbildes sehr genau einstellen. Anhaltswerte sind 85 bis 95 cd/m² bei Röhrenmonitoren und 100 bis 120 cd/m² bei LCDs.

Farbtemperatur Dies ist Farbe des Monitor-Weiß, gemessen in Kelvin, und eigentlich auch eine Eigenschaft des Weißpunkts. Die Farbtemperatur-Einstellung (im Paint Shop Pro-Dialog der dritte Punkt) beeinflusst aber auch alle Grautöne und andere Farben. Die meisten Monitore werden mit einer Voreinstellung von 9300 Kelvin verkauft. Damit sind sie selbst für die Arbeit in einer Tageslicht-Umgebung viel zu »blau«. Empfehlenswert ist die Farbtemperatur der Normlichtart D65 (6500 Kelvin, dies entspricht dem sRGB-Standard). 5000 K sind ebenfalls standardisiert (D50) und werden in der Druckvorstufe verwendet, wirken jedoch bei Röhrenmonitoren oft zu gelb und flau.

Bei Röhrenmonitoren wird die Farbtemperatur durch unterschiedliche Verstärkung der R-, G- und B-Signale verändert, was unterschiedliche Elektronenstrahlstärken und damit Lichtfarben ergibt. LCD-Monitore haben eine gleichmäßige Hintergrundbeleuchtung, deren Farbe in der Regel nicht änderbar ist. Veränderungen müssen deshalb durch konstantes Herunterregeln einzelner LCD-Farben erfolgen, was Dynamikeinbußen zur Folge hat. Vermeiden Sie dies nach Möglichkeit. Eine exakte Einstellung der Farbtemperatur ist nur dann wichtig, wenn das Monitorbild direkt mit Aufsichtsvorlagen verglichen werden muss. Das Auge kalibriert sich selbst in sehr kurzer Zeit auf die vorhandene Farbtemperatur und empfindet diese als »neutral«.

Monitor und Umgebung

Alle Monitoreinstellungen sollten bei dem Umgebungslicht, bei dem später auch gearbeitet wird, und nach entsprechender Anwärmzeit durchgeführt werden. Röhrenmonitore benötigen etwa 30 Minuten, LCDs nur etwa 5 Minuten, bis die Farben sich nicht mehr verändern. Lichtquellen, die sich neben dem Monitor im Blickfeld des Betrachters (auch an dessen Rand) befinden, sollten nicht heller als das Monitorbild sein.

Vermeiden Sie aber auch eine zu dunkle Umgebung. Dies gilt auch für die Umgebung des Testbilds. Ein völlig schwarzer Hintergrund erlaubt zwar die Unterscheidung geringster Helligkeitswerte – dies entspricht jedoch nicht den Gegebenheiten realer Bilder. Schattenzeichnung, die beim Kalibrieren gut unterscheidbar war, geht dann beim realen Bild im Schwarz unter.

D65 oder D50?

Welche dieser beiden Normlichtarten die »richtige« für die Monitordarstellung ist, darüber wird in Fachkreisen heftig gestritten. Beides sind Tageslichtfarben, die sich künstlich nur mit Speziallampen erzeugen lassen. Die in Privathaushalten üblichen Kunstlichtquellen gehen kaum über 3000 Kelvin hinaus. Wenn vorwiegend bei Kunstlicht gearbeitet wird, sollten 5000 Kelvin deshalb völlig ausreichen. Ich persönlich habe jedoch an einem Röhrenmonitor D65 vorgezogen – D50 war mir zu gelb. Erst seit der Umstellung auf einen hochwertigen LCD-Monitor bevorzuge ich D50. LCD-Monitore haben bei gleicher Farbtemperatur ein brillanteres Weiß.

Auf den Weißpunkt des Arbeitsfarbraums (dieser ist meist D65) brauchen Sie bei der Monitorkalibrierung keine Rücksicht zu nehmen.

Zwei-Schirm-Betrieb und Profile

Sind an einen Computer zwei (oder mehr) Bildschirme angeschlossen, müsste eigentlich jedem sein individuelles Monitorprofil zugeordnet werden. Paint Shop Pro unterstützt dies jedoch nicht. Es verwendet stets das für den primären Monitor gewählte Profil, unabhängig davon, auf welchem Monitor es selbst angezeigt wird.

Öffnen Sie deshalb Paint Shop Pro auf dem Hauptmonitor und verschieben Sie die Paletten und Symbolleisten auf den Zweitmonitor – bei diesem spielen eventuelle Farbabweichungen keine große Rolle.

1 Drei der fünf Einstellungsseiten für das Monitorprofil von Paint Shop Pro

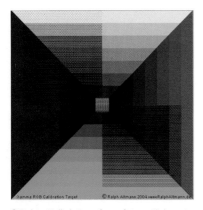

2 Sieben Helligkeitsstufen auf einen Blick – mit dem Kalibriertestbild auf der Buch-CD. Dieses Bild können Sie zur Beurteilung der korrekten Helligkeitsabstufung verwenden. Die Einstellungen selbst müssen Sie in Paint Shop Pro vornehmen.

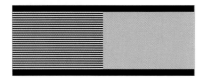

3 Das Geheimnis von Monitor-Kalibriertestbildern sind ein Pixel breite helle und dunkle Streifen, die sich zu einer Gesamthelligkeit von 50 % mischen. Eine zweite, homogene Farbfläche muss vom Monitor in gleicher Helligkeit dargestellt werden. Für ein Gamma von 2,2 – der Standard-Wert für PC-Systeme – hat diese Farbe den Tonwert 186.

Profilierung

Ein Klick auf den Weiter-Button im Kalibrierungsassistenten führt Sie zu den Einstellungen, die im Monitorprofil gespeichert werden. Auf fünf Dialogseiten können Sie für fünf verschiedene Helligkeitsstufen (6,25 %, 12,5 %, 25 %, 50 % und 75 %) die Monitorhelligkeit per Schieberegler »anpassen«, und dies wahlweise für **Alle Kanäle** zusammen oder – mit Erweiterte Optionen und ohne Kanäle verbinden – für die RGB-Kanäle getrennt (**1**). Für die visuelle Kontrolle empfehle ich Ihnen zusätzlich das auf der Buch-CD enthaltene Kalibriertestbild (**2**).

Was mit diesen Einstellungen angepasst wird, ist die Übertragungskurve des Monitors *zwischen* Schwarz- und Weißpunkt. Beispielsweise soll ein 50 %-Grau im Bild natürlich auch auf dem Monitor als 50-prozentiges Grau dargestellt werden, und nicht heller und nicht dunkler. Beschränkt sich die Einstellung auf diesen einen Mittelwert, lässt sich die Übertragungskurve als sogenannte **Gammafunktion** beschreiben (≫81). Paint Shop Pro XI erzeugt aber kompliziertere Kurven, die als sogenannte Farbtonwiedergabekurven (Tone Reproduction Curves, TRC) punktweise im Farbprofil gespeichert werden (≫80).

Die Speicherung des ICC-Profils ist der letzte Schritt im Kalibrierungsassistenten (**4**). Das Profil wird unter dem gewählten Namen sowohl im PSP-Ordner **Monitorprofile** (siehe Datei>Einstellungen>Speicherorte) als auch im Windows-Profilordner (unter Windows XP <windir>System32>spool>driver>color) abgelegt, sofort installiert und dem primären Monitor als Standardprofil zugeordnet. Damit kann es auch von anderen farbmanagementfähigen Anwendungen genutzt werden.

Windows selbst kann die von Paint Shop Pro im ICC-Profil gespeicherten Korrekturinformationen nicht nutzen. Wenn Sie ein Monitorprofil mit einem Messgerät erstellen, ist dies teilweise anders – dann werden die ebenfalls im Profil gespeicherten Gamma-Kalibrierungseinstellungen in die bereits erwähnte Korrekturtabelle (LUT) der Grafikkarte geladen und damit das Monitorbild für *alle* Programme entsprechend korrigiert. Paint Shop Pro speichert in den selbst erstellten Profilen solche Kalibrierungseinstellungen erst gar nicht. Wenn Sie in der Farbverwaltung ein *von Paint Shop Pro erstelltes* Monitorprofil auswählen, werden Gammakorrekturen, die andere Programme vorher in die LUT eingetragen haben, sogar mit den Standardwerten überschrieben – und der Monitor damit auf den (gammamäßig) unkalibrierten Zustand zurückgesetzt.

Fazit: Wenn Sie keine andere Möglichkeit haben, kalibrieren und profilieren Sie Ihren Monitor mit Paint Shop Pro. Die bessere Alternative ist allerdings, diese Einstellungen mit einem speziellen Messgerät zur Monitorkalibrierung vorzunehmen. Das so erstellte Monitorprofil wählen Sie im Farbverwaltungsdialog von Paint Shop Pro aus. Paint Shop Pro lädt dabei eventuell im Profil enthaltene, für die LUT bestimmte Informationen korrekt, womit das Monitorgamma für alle Windows-Anwendungen auf den Sollwert 2,2 eingestellt wird. Das gleiche Monitorprofil sollten Sie (falls nicht schon geschehen) unbedingt im Windows-Dialog Eigenschaften von Anzeige dem Monitor als Standardprofil zuordnen, damit es nicht nur von Paint Shop Pro, sondern von allen farbmanagementfähigen Programmen benutzt wird.

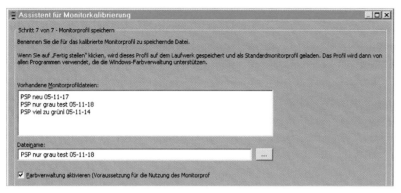

4 Monitorprofilen sollten Sie aussagekräftige Namen geben. Dazu gehört mindestens das erstellende Programm und das Datum.

Monitorkalibrierung mit Messgerät

Monitor-Kalibriertools – bestehend aus einem Farbmessgerät und Software – sind in den letzten Jahren erschwinglich geworden und viel genauer als die visuelle Methode (**5**). Mit teureren Modellen kann man außer dem Monitor auch gleich den Drucker profilieren. Die Arbeitsschritte sind nicht prinzipiell anders als bei der visuellen Methode (**6**). Zuerst erfolgt die **Kalibrierung** mit Einstellung von Schwarz- und Weißpunkt und Farbtemperatur. Bei der anschließenden **Profilierung** werden jedoch viel mehr Farben viel genauer gemessen, als dies visuell möglich ist. Dabei werden gleichzeitig die Gamma-Korrektureinstellungen für den Monitor ermittelt und diese bei jedem Systemstart in die LUT der Grafikkarte geladen, wovon auch Programme, die kein Farbmanagement unterstützen, sowie Windows selbst profitieren.

Für das Laden der Gammakorrekturen sorgt ein kleines Programm (Loader), das die Kalibrierungsprogramme in den Windows-Autostart-Ordner kopiert. PSP XI lädt wie gesagt solche Korrektureinstellungen ebenfalls in die LUT. Auch deshalb müssen Sie darauf achten, dass PSP dasselbe Profil verwendet.

Ein Bild – drei Farbvarianten?

Wenn Sie in Paint Shop Pro ein *mit PSP X oder XI erstelltes* Monitorprofil benutzen, als *Windows-Standard-Monitorprofil* jedoch ein anderes Profil eingestellt ist, kann es passieren, dass Sie dasselbe Bild auf Ihrem Computer in drei Farbvarianten sehen: Paint Shop Pro zeigt es entsprechend dem in der Farbverwaltung eingestellten Monitorprofil. Ein Internet-Browser (diese sind in der Regel nicht farbmanagementfähig) zeigt es »ohne Profil«, d. h., wie der Monitor die Farben von sich aus darstellt – was ein bisschen zufällig ist. Ein farbmanagementfähiges Programm wie Photoshop nutzt für die Darstellung das unter Windows eingestellte Standard-Monitorprofil und bietet damit die dritte Variante.

Schuld an diesem Durcheinander ist die nicht konsequente Um- und Durchsetzung des Farbmanagements durch Windows.

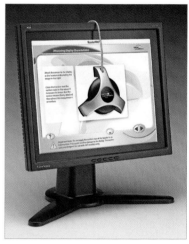

5 Der **Spyder 2** von Pantone ColorVision gehört zu den preiswerteren Kalibriergeräten.

6 Für professionelle Arbeit sind spezielle Kalibriertools unverzichtbar. Mit MonacoOPTIX Pro lassen sich auch mehrere Monitore aufeinander abstimmen. Die Messwerte werden exakt angezeigt.

Druckausgabe

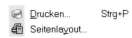

1 Zwei Menü-Druckbefehle für das (auch mehrfache) Drucken von Einzelbildern und das Zusammenstellen von Bildern auf einer Druckseite. Kontaktbögen drucken Sie in PSP XI direkt aus dem Verwalter oder der Fotoablage heraus.

2 Geben Sie hier den Dateinamen der Druckdatei ein. Ohne Angabe eines Laufwerks wird die Datei stets in Ihrem Benutzerverzeichnis unter **Dokumente und Einstellungen** abgelegt.

Eine Druckdatei mit dem Namen **Bild1.prn** wird anschließend mit dem Befehl

   copy Bild1.prn lpt1: /b

zum Drucker geschickt (auf der Eingabezeile unter **Start>Ausführen** eingeben). **/b** sorgt für die richtige Behandlung binärer Daten. **lpt1** steht für den Druckeranschluss, den Sie im Drucker-Eigenschaften-Dialog unter **Anschluss** finden.

Über USB oder Firewire angeschlossene Drucker müssen vorher *freigegeben* werden (ebenfalls im Eigenschaften-Dialog). Als Druckeranschluss wird nun der Freigabename inklusive Druckerpfad eingesetzt. Für einen am Computer **MeinPC** angeschlossenen **Drucker1** lautet der Befehl dann:

   copy Bild1.prn \\MeinPC\Drucker1: /b

Für das Ausdrucken von Bildern bietet Paint Shop Pro drei verschiedene, teilweise sehr komfortable Möglichkeiten (**1**). Sie können Einzelbilder drucken, mehrere Bilder individuell in einem Seitenlayout zusammenstellen sowie in den Paletten **Verwalter** und **Fotoablage** Bildminiaturen (Kontaktbögen) ausdrucken.

Einzelbilder drucken

Schon der Standard-Druckdialog von Paint Shop Pro (Datei>Drucken, Strg P) enthält ein kleines Vorschaubild sowie ein paar Funktionen mehr als übliche Druckdialoge. Sie sind auf das Teilfenster **Drucker** und die drei Registerkarten **Platzierung**, **Optionen** und **Vorlage** aufgeteilt.

Drucker Hier erfolgen Auswahl, Einrichtung und Anzeige des gewählten Druckers. Der Button Drucker führt in einen Dialog zur Drucker-Auswahl, der Button Eigenschaften in den Druckertreiber-Dialog des gewählten Druckers. Ausgabe in Datei leitet die Ausgabe der Druckbefehle in eine Datei um (**2**).

Platzierung In drei Teilfenstern wählen Sie hier die **Exemplare**, die **Ausrichtung** sowie **Größe und Position** (**3**). Die Angaben sind selbsterklärend.

Paint Shop Pro berücksichtigt die vom Druckertyp abhängigen Randeinstellungen automatisch. Im Druckertreiber-Dialog (erreichbar unter Eigenschaften) sollten Sie die Skalierung abschalten oder 100 % wählen, damit sich die Einstellungen nicht ins Gehege kommen.

Optionen Unter **Druckausgabe** wählen Sie zwischen Farb- und Graustufendruck. CMYK-Trennung bewirkt die Ausgabe von vier **Farbauszügen**, je einer pro CMYK-Kanal. Farbauszüge werden in Graustufen gedruckt. Über die Art der CMYK-Separation entscheidet seit PSP X das unter Datei>Farbverwaltung>Farbarbeitsbereich gewählte CMYK-Profil (≫54). Bis PSP 9 gab es stattdessen die Möglich-

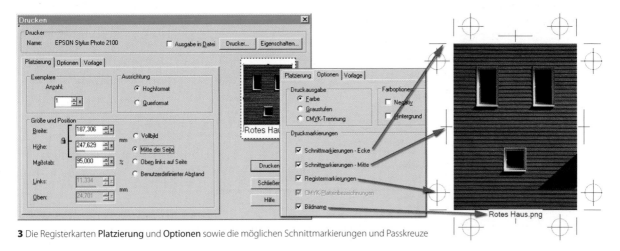

3 Die Registerkarten **Platzierung** und **Optionen** sowie die möglichen Schnittmarkierungen und Passkreuze

keit, die Einstellungen für die CMYK-Konvertierung unter Datei>Einstellungen>CMYK-Konvertierungseinstellungen selbst festzulegen. Die CMYK-Optionen sind nur interessant, wenn Sie Bilder direkt für die Weiterverarbeitung in einer Druckerei ausgeben wollen.

Unter **Farboptionen** können Sie die Ausgabe als Negativbild sowie eine Hintergrundfarbe wählen, die um das Bild herum gedruckt wird.

Die **Druckmarkierungen** sind u. a. für das spätere Beschneiden der Bilder nützlich. Registermarkierungen (auch **Passkreuze** genannt) dienen dem passgenauen Einsetzen von Druckplatten beim CMYK-Vierfarbdruck. Die Option Bildname sollten Sie mit Vorsicht verwenden – kleine Bilder werden damit teilweise überdeckt.

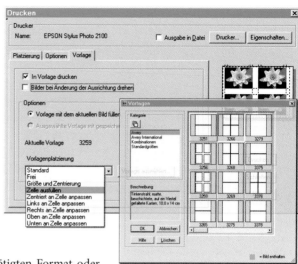

Vorlage Druckvorlagen helfen, Bilder in einem oft benötigten Format oder mehrfach auf einem Blatt (etwa für Passbilder und Visitenkarten) auszudrucken. In diesem Dialog (**4**) werden alle Zellen einer Vorlage mit dem aktuellen Bild gefüllt. Um unterschiedliche Bilder auf einem Blatt auszudrucken, benutzen Sie die Funktion **Seitenlayout**. Die Vorlagen selbst sind für beide Dialoge gleich.

4 Mit Hilfe einer **Vorlage** lässt sich das aktuelle Bild schnell in vordefinierten Formaten ausgeben. Für die Platzierung innerhalb der Zellen müssen Sie die Vorgaben unter **Vorlagenplatzierung** nutzen. Frei funktioniert hier nicht – nutzen Sie dafür den Dialog **Seitenlayout**. Nur dort können Sie Vorlagen auch neu anlegen und leer oder inklusive der Bilder speichern.

Bildzusammenstellungen drucken

Das Ausdrucken unterschiedlicher Bilder auf einem Blatt unterstützt Paint Shop Pro mit den Funktionen **Seitenlayout** und **Kontaktbogen drucken**. Letztere (in PSP XI nur aus dem Verwalter oder der Fotoablage heraus aufrufbar) dient der schnellen Übersicht über alle in einem Ordner vorhandenen Bilder in Form von Miniaturen.

Kontaktbogen drucken

Zu diesem Zweck legte man früher die Filmstreifen auf ein Blatt Fotopapier und belichtete beides. Diesem **Kontaktabzug** entspricht bei der maschinellen Verarbeitung der **Indexprint**. In PSP XI erreichen Sie die analoge Funktion über den Drucken-Button des **Verwalters** [icon] oder über das Menü Drucken in der Palette **Fotoablage**, was dann einen Dialog mit dem Namen **Kontaktbogen drucken** öffnet (**5**). Hier können Sie nun entweder alle Miniaturen aus dem (vorher) im **Verwalter** aufgeschlagenen Ordner oder die manuell ausgewählten Bilder drucken. Bildauswahlen nehmen Sie wie üblich mit Strg+Klick für Einzelbilder und mit Umschalt+Klick für fortlaufende Bilder vor. Der Ausdruck erfolgt auf einer beliebigen Vorlage aus der Vorlagenbibliothek oder dem – noch individuell anpassbaren – Kontaktbogen.

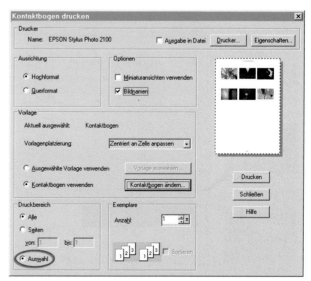

5 Falls Sie vergessen, die markierte Option **Auswahl** zu aktivieren, druckt Paint Shop Pro *alle* Miniaturen aus dem Fenster von **Verwalter** oder **Fotoablage**.

Bildabmessungen und Auflösung

Die in den Druckdialogen und im Seitenlayout angegebenen Abmessungen beziehen sich immer auf die aktuelle **Auflösung** des Bildes – die hier aber nirgends angezeigt wird und sich auch nicht ändern lässt. Wenn Sie ein Bild gescannt und die Scanauflösung (z. B. 2000 ppi) beibehalten haben, sind die Angaben in diesen Dialogen völlig unrealistisch.

Stellen Sie deshalb in PSP die Bildauflösung unter Bild>Größe ändern ⇧S (Resampling deaktivieren!) auf den gewünschten Wert, *bevor* Sie einen Druckdialog aufrufen. Richtwerte für Tintenstrahldrucker sind 150 … 300 ppi.

Vorlagen ändern?

Zellenposition und -größe in einmal gespeicherten Vorlagen lassen sich nicht mehr ändern. Die unter **Zellenplatzierung** zu findenden Befehle ändern nicht die Platzierung der Zelle, sondern nur die des Bildes *innerhalb* der Zelle.

Als einzige Änderung ist eine Verschiebung *aller* Zellen in vier Richtungen mit den Pfeiltasten zusammen mit der Strg-Taste (Verschiebung um 1,25 mm) oder den Tasten Strg⇧ (Verschiebung um 2,5 mm) möglich. Dies dient dem Ausgleich von Fehlpositionen beim Ausdruck.

Seitenlayout

Diese Funktion ist weit mehr als ein Druckdialog: Es handelt sich um ein kleines Layout-Programm mit eigener Menü- und Symbolleiste, welches das PSP-Programmfenster vollständig ersetzt. Beim Öffnen werden die in PSP geöffneten sowie im Browser ausgewählten Bilder in eine Miniaturleiste am linken Rand übernommen. Zusätzlich lassen sich Bilder per Öffnen-Dialog laden.

Ziehen Sie Bilder aus der Miniaturleiste auf das (anfangs stets leere) Seitenlayout. Bei der Platzierung helfen ein auf Wunsch einblendbares Raster und verschiedene Befehle unter Bearbeiten>Bildplatzierung. Größenänderungen sind ebenfalls mit der Maus oder exakter per Dialog (Bearbeiten>Größe ändern, heißt im Kontextmenü Größe anpassen) möglich (**1**). Es sind nur proportionale Änderungen erlaubt. Für die exakte Platzierung gibt es einen extra Dialog unter dem Namen **Bild positionieren**, wieder unter zwei Bezeichnungen: im Menü Bearbeiten>Bildplatzierung>Benutzerdefiniert und im Kontextmenü Bildplatzierung>Bildposition.

Der Befehl Datei>Drucken öffnet einen eigenen Druckdialog mit nur einer Registerkarte, aber zwei zusätzlichen Optionen für Kopf- und Fußzeilentext. Text kann zudem mit dem Textwerkzeug (ähnlich wie im PSP-Hauptprogramm) direkt eingegeben werden. Auch die Zufügung der Dateinamen ist möglich.

Eine fertig gestaltete Seite lässt sich als neue Druckvorlage mit einer Beschreibung und optional den (Links zu den) enthaltenen Bildern speichern. Einmal gespeicherte Vorlagen lassen sich aber *nicht* mehr ändern, und selbst das Löschen muss man umständlich über den Windows Explorer ausführen.

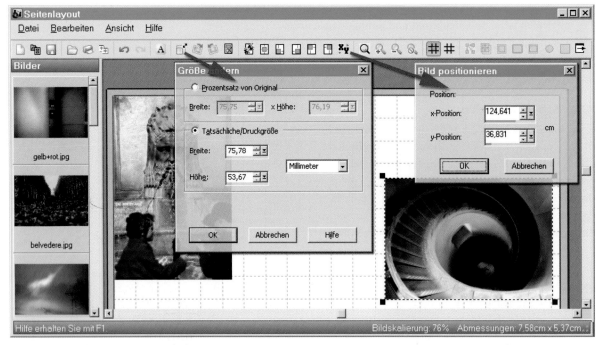

1 Das Fenster von **Seitenlayout** mit Miniaturleiste, zwei manuell platzierten Bildern und den Dialogen **Größe ändern** und **Bild positionieren**. Skalierung und Abmessungen werden auch stets in der Statuszeile angezeigt.

Ausgabe-Farbmanagement

Auch beim Drucker ist – wie beim Monitor – ein korrektes Profil Voraussetzung für die richtige Farbwiedergabe. Zwar erhalten Sie mit sRGB-Daten auch ohne Farbmanagement passable Ergebnisse (die meisten Drucker sind standardmäßig für sRGB optimiert), doch werden damit deren Fähigkeiten nicht ausgeschöpft. Das Gleiche gilt für Belichtungsdienste, deren auf Massenproduktion ausgerichtete Laserbelichter (Minilabs) vor allem im Blau-Grün-Bereich mehr Farben drucken können, als in sRGB enthalten sind.

Desktop-Drucker

Beim Ausdruck von Bildern auf Ihrem eigenen Drucker steuert PSP alle notwendigen Farbraumkonvertierungen (sofern die Farbverwaltung aktiviert ist). Ein gegenüber sRGB größerer Druck-Farbumfang lässt sich natürlich nur realisieren, wenn schon die Bilddaten in einem größeren Farbraum vorliegen – und das möglichst durchgehend ab Kamera oder Scanner. AdobeRGB ist eine gute Wahl, ECI-RGB für die Druckvorstufe geeignet. Die notwendigen Einstellungen habe ich im Farbmanagement-Abschnitt beschrieben (≫54). Vergessen Sie nicht, das Farbmanagement *im Druckertreiber* auszuschalten, sonst erfolgt eine doppelte Konvertierung – mit entsprechend expressionistischen Ergebnissen.

Ausdruck beim Dienstleister

Wenn Sie Ihre Bilder von einem Bilderdienst anfertigen lassen, ist die Einbettung eines Profils unnötig – die Geräte können es sowieso nicht lesen. Da diese Geräte sRGB-Daten erwarten, kann aber eine Konvertierung in diesen Farbraum sinnvoll sein. Wählen Sie dazu in PSP unter Datei>Farbverwaltung>Farbarbeitsbereich als Farbarbeitsbereich sRGB sowie Eingebettete Profile verwenden, öffnen Sie alle zu konvertierenden Bilder (das Profil muss natürlich eingebettet sein) und speichern Sie sie wieder. Beim Öffnen nimmt PSP die Konvertierung nach sRGB vor.

Bei der Auftragsvergabe sollten Sie alle automatischen Bildverbesserungen abwählen. Schließlich haben Sie das Bild bereits in PSP optimiert, da kann jede weitere Änderung nur Schaden anrichten.

Um die über sRGB hinausgehenden Farbfähigkeiten der Laserbelichter zu nutzen, ist wieder ein Profil nötig. Generische Profile findet man im Internet (Fuji-Frontier: www.fujifilm.de, Agfa d-lab: www.topfotoservices.co.uk/icc.html), individuelle teilweise auch (siehe Randspalte). Die Profile dienen als Ausgabeprofile, die Konvertierung erfolgt wie oben für sRGB beschrieben. Eine Einbettung ist nicht nötig. Erkundigen Sie sich bei Ihrem Dienstleister nach dem Maschinentyp und evtl. nach dem speziellen PD-Modus der Fuji Frontier, der manuell eingeschaltet werden muss, dann aber in Verbindung mit dafür geeigneten Profilen die besten Ergebnisse bringt.

Individuelle Profilierung

Generische Profile für Fotodrucker findet man auf der Installations-CD oder im Internet. Individuelle Profile sind meist besser, erfordern aber etwas Aufwand. Eine Vorlage (Target) mit zahlreichen Farbproben muss auf allen zu profilierenden Papieren und evtl. mit unterschiedlichen Tintensätzen (z. B. matte-black/photo-black) ausgedruckt werden. Ein Profil gilt stets nur für eine bestimmte Drucker/Tinten/Papier-Kombination. Deaktivieren Sie in PSP die Farbverwaltung und öffnen Sie nun erst die Target-Datei, um unerwünschte Profilkonvertierungen zu vermeiden. Auch im Druckertreiber muss ICM ausgeschaltet sein.

Nach dem Druck müssen die Farben ausgemessen, die Messwerte mit den Sollwerten verglichen und daraus das Druckerprofil berechnet werden. Da Messgeräte und Profilierungssoftware aber erheblich teurer als solche zur Monitorkalibrierung sind, lohnt sich hier ein Profilierungsdienst, beispielsweise von Image Engineering (www.image-engineering.de, ca. 80 Euro/Profil) oder DryCreekPhoto (www.drycreekphoto.com, ca. 50 US$). Das Target gibt es per Download, Sie müssen es wie beschrieben ausdrucken und einsenden, das Profil kommt per E-Mail.

Laserbelichter von Dienstleistern lassen sich im Prinzip genauso profilieren. Vielleicht finden Sie deren Profil aber auch im Internet: DryCreek-Photo verwaltet eine Datenbank mit über 1.500 individuellen Laserbelichter-Profilen. Anfang 2007 waren sechs Maschinen aus den Städten Bottrop, Hannover und Potsdam dabei.

Helligkeitskorrekturen

Wenn der Dienstleister Ihre im sRGB-Farbraum versandten Fotos zwar farbrichtig, aber stets etwas zu hell oder (öfter der Fall) zu dunkel ausbelichtet, sollten Sie Kopien der Bilder nur für diesen Zweck (!) in die Gegenrichtung korrigieren, etwa mit **Histogrammanpassung**, **Gammakorrektur** oder **Kurven**. Prinzipiell ist dies auch beim eigenen Drucker möglich, falls dessen Profil in puncto Helligkeit nicht korrekt ist.

Nicht zu empfehlen ist die »Digital Quality«-(DQ)-Tool-Methode, die viele Dienstleister anbieten. Damit wird der Monitor so an die Helligkeit des DQ-Prints (Abbildung links) angepasst, bis beide übereinstimmen – nun werden aber bei Ihnen alle anderen Bilder, z. B. aus der Digitalkamera, falsch angezeigt.

Das digitale Bild

2

Das digitale Bild ist – ganz anders als das stets an ein »anfassbares« Medium gebundene analoge Bild – ein flüchtiges, eigentlich nur mathematisches Gebilde: eine Menge von Zahlen, die sich beliebig zwischen Kamera, Computer und Speichermedien übertragen lässt und erst auf einem Monitor oder Drucker als Pixel sichtbar wird. Doch im digitalen Bild steckt viel mehr als möglichst viele Pixel: Es kann Aufnahme-Informationen (wie Datum und Kameraeinstellungen), Interpretationsvorschriften für die Farbe, »schwebend« angewendete Korrektur- und Bearbeitungsschritte, Bildebenen und Masken und sogar mehrere Bildversionen enthalten. Alles in einer einzigen Datei. Lassen Sie uns gemeinsam einen Blick in deren Innenleben werfen.

1 Die Pixel sind die farbigen »Mosaiksteinchen«, aus denen ein digitales Bild zusammengesetzt ist. Jedes Pixel muss man sich zudem als Mischung aus den drei Grundfarben Rot, Grün und Blau vorstellen (oben).

Pixel

Bits und Bytes

Ein **Bit** ist eine einstellige Zahl, die nur zwei Werte annehmen kann (deshalb heißt sie **Dualzahl**): Null oder Eins. Damit kann man schon zwei Farben darstellen: Schwarz (repräsentiert durch die Null) und Weiß (repräsentiert durch die Eins).

Sind zwischen Schwarz und Weiß weitere Abstufungen notwendig, verknüpft man die Bits zu mehrstelligen Zahlen (ähnlich, wie man im gewohnten dezimalen Zahlensystem nach der 9 mit 10 weiterzählt). Allerdings hat sich für duale Zahlen eine maximale Stellenzahl von 8 eingebürgert, genannt **Byte**. 8 Bits sind ein Byte. Damit lassen sich 256 Zahlen darstellen (von 00000000 bis 11111111), also auch 256 Farben oder – wie meist üblich – 256 Helligkeiten einer Farbe (bzw. 256 Graustufen bei einem Schwarz-Weiß-Bild).

Mit drei Farben lassen sich damit $256^3 = 16{,}7$ Millionen Farben darstellen – das ist die bekannte **True-Color**-Farbtiefe von 3*8 oder 24 Bit. Ein RGB-Farbpixel benötigt schon 3 Byte zur Darstellung, was die Dateigröße gegenüber dem Graustufenbild verdreifacht.

Statt dual oder dezimal schreibt man Byte-Werte (z. B. bei der Bezeichnung von Farben) oft **hexadezimal**, dies spart Platz und ist übersichtlicher. Das Hexadezimalsystem hat 16 Ziffern. Die ersten zehn sind die Ziffern 0 bis 9 des Dezimalsystems, dann folgen A, B, C, D, E, F für die Zahlwerte 10 bis 15. Zur Unterscheidung dient ein vorangestelltes #. Die Hexa-Zahl #DC ist dezimal 13*16 + 12*1 = 220, die Hexa-Zahl #10 ist dezimal 1*16 + 0*1 = 16.

Die Bildbausteine

Bei der »analogen« Fotografie bewirkt das Licht in Silberhalogenidkristallen physikalische Veränderungen, die anschließend chemisch millionenfach verstärkt und als Schwärzung sichtbar gemacht werden. Diese Kristalle oder (beim Farbfilm) winzige Farbpigmente bilden die Informationsträger, aus welchen das Foto zusammengesetzt ist. Beim digitalen Bild übernehmen **Pixel** diese Rolle.

Korn versus Pixel

Ein analoges Bild gibt die Farbinformationen im Prinzip beliebig fein wieder, lediglich begrenzt durch die Größe der lichtempfindlichen Kristalle. Diese werden bei starker Vergrößerung als – unregelmäßiges – Kornmuster sichtbar. Das digitale Bild besteht dagegen aus einem regelmäßigen Raster von in sich völlig gleichförmigen Farbpunkten, den Pixeln (es wird deshalb auch **Rasterbild** genannt). Die Pixel ähneln den Mosaiksteinchen, aus denen ein römisches Wandbild zusammengesetzt ist (**1**). Mit zwei wichtigen Unterschieden: Pixel sind immer quadratisch (abgesehen von Spezialformaten für Fernsehbilder) und sie haben keine Abmessungen. Wie groß sie – und damit das gesamte Bild – dargestellt werden, entscheidet erst das Programm, das sie anzeigt oder ausdruckt.

Die Ausnahme: Vektorbilder

Es gibt auch »pixellose« Bilder, deren Bestandteile mathematisch durch sogenannte Vektoren beschrieben werden. Für Fotos sind sie ungeeignet, sie werden aber gern für – komplett am Computer erschaffene – Grafiken verwendet. Wenn Sie Schrift in ein Bild setzen, legt Paint Shop Pro dafür automatisch eine Vektorebene an. Unser digitales Bild kann damit durchaus Vektoren enthalten. Die Basis bildet aber in der Regel ein Pixelbild.

2 Auch ein nur aus Schwarz und Weiß bestehendes Bild wirkt passabel, wenn die schwarzen und weißen Pixel geschickt verteilt sind.

3 Ein Graustufenbild hat nur eine »Farbe«, Grau, allerdings in 256 unterschiedlichen Helligkeiten vom Tiefschwarz bis Reinweiß.

4 Ersetzt man die 256 Helligkeitsstufen des Graustufenbildes durch 256 einzelne Farben, entsteht ein Farbbild, das von einem Vollfarbbild oft kaum zu unterscheiden ist. Um solche Bilder darzustellen, ist die vorherige Festlegung der **Farbpalette** notwendig. Internet-Browser verwenden eingebaute, standardisierte Paletten. Es ist aber auch möglich, die Palette individuell festzulegen und zusammen mit dem Bild zu versenden.

Pixelfarben

Eine (fast die einzige) wichtige Eigenschaft eines Pixels ist die Anzahl der Farben, die er annehmen kann. Wenn nur zwei – Schwarz und Weiß – möglich sind, lassen sich damit Strichzeichnungen wiedergeben, aber auch passable Graustufenbilder – vorausgesetzt, die Pixel selbst werden so klein dargestellt, dass viele von ihnen vom Auge gemeinsam als »Grau« gesehen werden (**2**). Üblicherweise nimmt man für Graustufenbilder jedoch Pixel, die selbst eine gewisse Anzahl (meist 256 = 8 Bit = 1 Byte) von Grau-Abstufungen annehmen können (**3**). 256 Helligkeitsabstufungen genügen völlig, damit das Auge den Eindruck eines homogenen, »natürlichen« Helligkeitsverlaufs ohne Sprünge hat. Man spricht von einer **Farbtiefe** von 8 Bit.

Farbbilder erfordern deutlich »leistungsfähigere« Pixel, die zahlreiche Farbnuancen annehmen können – bei einem **Echtfarbenbild** (True Color) beispielsweise mehr als 16,7 Millionen. Trotzdem genügen dazu drei Byte pro Pixel. Der Trick: Die Farben werden aus drei Grund- oder **Primärfarben** zusammengesetzt: Rot (R), Grün (G) und Blau (B). Man spricht auch von **Farbkanälen**. Je nach Mischungsverhältnis entsteht eine andere Farbe. Die Anteile werden ähnlich wie beim Graustufenbild als (Farb-)Helligkeit oder **Tonwert** in 256 Stufen (von 0 bis 255) angegeben. Sind die Anteile jeder Farbe null, entsteht Schwarz, mit den Maxima von 255 entsteht Weiß. Die weiteren »unbunten« Farben (die Grautöne) entstehen aus jeweils gleichen Anteilen der Primärfarben.

Die Farbtiefe bestimmt den Speicherplatzbedarf eines Pixels und damit des Gesamtbildes. 8-Bit-Graustufenbilder benötigen pro Pixel genau ein Byte. Bei 1-Bit-Schwarz-Weiß-Bildern (sogenannte Bitmaps) können acht Pixel in ein Byte gespeichert werden, der Speicherplatzbedarf schrumpft also auf ein Achtel. 8-Bit-RGB-Bilder benötigen drei Byte Speicherplatz pro Pixel.

Es gibt zwei Ausnahmen von diesen Regeln: **CMYK-Vierfarbbilder**, wie sie im Druckgewerbe verwendet werden, benötigen pro Pixel vier Byte Speicherplatz. Mit nur einem Byte pro Pixel kommen **Index-** oder **Palettenfarbbilder** aus (**4**). Dabei repräsentiert ein Byte nicht 256 Stufen einer Farbe, sondern 256 unterschiedliche Farben. Farbbilder enthalten in der Regel nie alle möglichen 16,7 Millionen Farbtöne (schon rein rechnerisch: sie müssten dazu ja mindestens 16,7 Millionen Pixel groß sein), die Reduzierung fällt deshalb oft kaum auf.

Scheinbar mehr als 8 Bit …

Die **Farbtiefe** wird in zwei unterschiedlichen »Zählweisen« angegeben: pro Farbe als auch summiert über alle Farben. Letzteres verwenden gern die Gerätehersteller, weil es höhere Zahlen ergibt. Leider verwendet auch Paint Shop Pro in den Farbtiefe-Menüs diese Zählweise. Ich ziehe die erste Methode vor, weil sie eindeutiger ist.

Ein RGB-Farbbild mit 8 Bit pro Farbe hat eine summierte Farbtiefe von 24 Bit. Wird das Bild in den CMYK-Druckerfarbraum (4 Farben) konvertiert, sind es summiert bereits 32 Bit, obwohl die Qualität nicht größer wurde – im Gegenteil, der CMYK-Farbraum ist kleiner als der RGB-Farbraum.

Wirklich mehr als 8 Bit …

Scanner und Digitalkameras verwenden intern meist größere Farbtiefen als 8 Bit/Farbe. Das vermeidet Lücken und Sprünge in den Helligkeitsstufen, die bei der Optimierung von Kontrast, Helligkeit, Farbsättigung etc. entstehen können. Auch für die Bildbearbeitung am PC ist es oft vorteilhaft, wenn das Bild in größerer Farbtiefe vorliegt. Bis zur Version 9 unterstützte Paint Shop Pro nur maximal 8 Bit/Farbe. Ab PSP X können auch 16-Bit-Bilder bearbeitet werden, allerdings nur mit wenigen Werkzeugen.

Transparenz

Die **Transparenz = Durchsichtigkeit** ist eine weitere Eigenschaft von Pixeln, die aber nur von wenigen Dateiformaten unterstützt wird. Dagegen spielt sie bei der Arbeit mit Bildebenen eine große Rolle. Für die Transparenz ist (meist) ein weiteres Byte/Pixel Speicherplatz erforderlich.

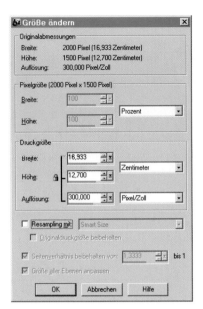

1 Im Größe-ändern-Dialog von Paint Shop Pro (Bild>Größe ändern) wird zwischen **Pixelgröße** und **Druckgröße** unterschieden.

Druckgröße und Auflösung

Die **Druckgröße** ist mit der **Auflösung** verknüpft. Im Größe-ändern-Dialog von Paint Shop Pro (**1**) lässt sich rasch ermitteln, ob eine gewählte Druckgröße noch eine akzeptable Auflösung ergibt. Zuerst muss das Häkchen im **Resampling**-Kästchen entfernt, dann Wunschbreite oder -höhe eingegeben werden. Die resultierende Auflösung errechnet das Programm.

Sie können solche Änderungen unbesorgt mit OK bestätigen, denn dabei wird kein einziger Bildpixel verändert. In die Datei wird lediglich der neue Auflösungswert eingetragen.

Die mathematische Beziehung zwischen Auflösung und Druckgröße lautet:

$$\text{Auflösung}^2 = \text{Pixelzahl}/\text{Bildfläche}$$

oder linear:

$$\text{Auflösung (in ppi)} = \frac{\text{Bildbreite (in Pixel)}}{\text{Bildbreite (in Zoll)}}$$

(analog für die Bildhöhe).

Natürlich lässt sich die Druckgröße auch anpassen, ohne die Auflösung zu ändern – und umgekehrt. Dies erfordert jedoch eine Neuberechnung der Bildpixel (**Resampling**), und dazu existieren verschiedene Methoden. Näheres erfahren Sie im 4. Kapitel (≫**180**).

Pixelzahl und Auflösung

Zwei Seiten weiter oben hieß es, dass die einfarbigen »Mosaiksteinchen«, die wir Pixel nennen, keine Abmessungen haben. Solche dimensionslosen Gebilde kann man natürlich nicht sehen, sie sind lediglich im Computer oder auf Speichermedien vorhanden. Erst wenn ein Digitalbild auf dem LCD-Display der Kamera, dem Monitor oder dem Druckerpapier erscheint, werden den Pixeln Dimensionen verliehen – und dies ganz nach unseren Wünschen, begrenzt nur durch das physikalische Vermögen des Gerätes. Was wir im Anzeige- oder Druckprogramm einstellen, sind allerdings nicht die Abmessungen der (dargestellten) Pixel, sondern die Bildabmessungen (**Anzeigegröße** bzw. **Druckgröße**), oft auch die **Auflösung**. Alle diese Werte sind eng miteinander und mit einem weiteren verknüpft: der **Pixelzahl**.

Megapixelmania

Der Wunsch nach vielen Pixeln ist verständlich: Je mehr Pixel ein Bild enthält, desto größer kann es dargestellt werden, ohne dass das Auge die einzelnen Pixel unterscheidet. Ob man die einzelnen Pixel sieht, hängt von deren Abmessungen und vom Betrachtungsabstand ab. (Nun sprechen wir den Pixeln doch Dimensionen zu – behalten aber im Hinterkopf, dass es sich nicht um die Originalpixel, sondern um deren Darstellung handelt.) Statt der Größe eines Einzelpixels gibt man an, wie viele davon entlang eines Zentimeters (Pixel pro Zentimeter, ppcm) oder eines Zolls (Pixel pro Inch, ppi) aufgereiht werden können. Dieser Wert wird **Auflösung** genannt. Die Angabe pro Zoll ist (auch in Europa) gebräuchlicher.

Bei einem Betrachtungsabstand von 30 cm genügt einem durchschnittlichen menschlichen Auge eine Auflösung von 250 bis 300 ppi, damit die Pixel nicht mehr sichtbar sind. Computerbildschirme haben meist deutlich geringere Auflösungen. Gehen Sie einmal auf 30 cm an Ihren Bildschirm heran, dann werden Sie das als »Körnigkeit« von einfarbigen Flächen sehen.

Der Begriff der Auflösung kommt erst bei der Darstellung eines Bildes ins Spiel. Ein digitales Bild hat überhaupt keine Auflösung, sondern lediglich eine **Pixelgröße** – Breite und Höhe, gemessen in Pixeln. Das Produkt ist die **Pixelzahl**, die z. B. bei digitalen Kameras angegeben wird. Eine 3-Megapixel-Kamera liefert stets Bilder mit etwa drei Millionen Pixeln, egal ob ein kleines oder ein großes Objekt fotografiert wird. Bei Flachbettscannern ist dies anders, bei diesen hängt die Pixelzahl des ausgegebenen Bildes von der Größe der Vorlage (genauer: vom gewählten Scanausschnitt) ab. Deshalb ist es hier sinnvoller, statt der maximalen Pixelzahl die Scanauflösung anzugeben.

Wenn ein 3-Megapixel-Digitalbild auf einem 21-Zoll-Monitor formatfüllend dargestellt wird, müssen sich die Pixel natürlich nicht so drängen wie auf einem 15-Zoll-Monitor oder gar auf einem Papierausdruck von 10∗5 cm. Je kleiner die Darstellung, desto dichter gepackt sind die Pixel (und desto kleiner werden sie selbst dargestellt), desto größer ist also die Auflösung. Optimale Auflösungen liegen, wie oben gesagt, oberhalb von 250 ppi.

Angenommen, unser fiktives 3-Megapixel-Bild hat Pixelabmessungen von 2000∗1500 Pixeln, dann wird das Bild bei 300 ppi in einer Größe von 6,7∗5 Zoll (17∗12,7 cm) dargestellt, das ist etwas kleiner als A5. Auf die Fläche eines 21-Zoll-Monitorschirms vergrößert (dessen Abmessungen sind theoretisch etwa 42∗32 cm – bei Röhrenmonitoren wird diese Fläche allerdings nicht komplett genutzt), hat das gleiche Bild jedoch nur eine Auflösung von etwa 120 ppi (47 Pixel pro Zentimeter). Das ist deutlich weniger als optimal, aber immer noch mehr, als gängige Bildschirme überhaupt darstellen können. Deren maximale physikalische Auflösung liegt (bedingt durch die Größe der Phosphorpunkte oder LCD-Zellen) bei etwa 100 ppi.

Fazit: Ein 3-Megapixel-Bild genügt für hochwertige Ausdrucke bis A5 und ist für die Bildschirmdarstellung sogar deutlich »oversized«. Die Pixelabmessungen von Digitalbildern, die für die Bildschirmansicht bestimmt sind – die Sie z. B. per Mail an Freunde schicken oder auf die Homepage stellen –, sollten Sie deshalb vorher entsprechend verringern.

Pixel oder Punkte?

In den technischen Daten von Scannern und Druckern finden Sie für die Auflösung oft die Maßeinheit **dpi** (Dots per Inch = Punkte pro Zoll). Ich habe bisher **ppi**, also Pixel pro Zoll, verwendet. Die Vermischung von dpi und ppi, insbesondere die falsche Verwendung von dpi bei Digitalbildern, stiftet einige Verwirrung. Merken Sie sich: Wenn es um Pixelbilder geht oder solche erzeugt werden, wie in Digitalkameras und Scannern, ist ppi die korrekte Maßeinheit. Finden Sie bei Scannern die dpi-Angabe, können Sie diese mit ppi gleichsetzen. Ein Scanner-Abtast»punkt« ist exakt ein Pixel.

Ganz anders ist dies jedoch bei Druckern. Diese benötigen meist viele einzelne Druckpunkte, um ein einziges »Pixel« (das hier **Rasterpunkt** genannt wird) darzustellen. Die Umrechnung ist kompliziert und hängt vom Druckverfahren ab. Selbst ein Tintenstrahler mit »2800 dpi« schafft nur unter Anwendung weiterer Tricks zur Qualitätsverbesserung (fünf Druckfarben, variable Tröpfchengrößen) Auflösungen von mehr als 200 ppi. Doch auch bei den Druckern gibt es eine Ausnahme: Sublimationsdrucker drucken »echte Pixel«, bei ihnen ist die angegebene dpi-Auflösung also gleich der echten Auflösung.

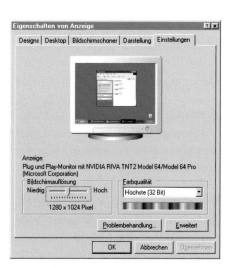

2 Übersicht-Palette mit Vorschau und Wahl der Anzeigegröße in Prozent.

Anzeigegröße

Die Anzeigegröße, die Sie in Paint Shop Pro beispielsweise in der Vorschau-Palette wählen, hat mit **Druckgröße** und **Auflösung** überhaupt nichts zu tun. Hier spielen lediglich die **Pixelgröße** und die **Bildschirmauflösung** eine Rolle. Eine Anzeigegröße von 100 % bedeutet, dass jedes Bildpixel 1:1 auf ein Bildschirmpixel abgebildet wird. 5000 % (die maximale Anzeigegröße in Paint Shop Pro) bedeutet, dass für ein Bildpixel 2500 Bildschirmpixel (50∗50) zur Verfügung stehen. Das ergibt eine 50fache Vergrößerung.

Die Bildschirmauflösung selbst stellen Sie nicht in PSP, sondern in der Windows-Systemsteuerung (**3**) ein. Sind hier z. B. 1280∗1024 Pixel gewählt (typische Auflösung eines 19-Zoll-Monitors), wird ein ebenso großes Digitalbild in 100 %-Ansicht bildschirmfüllend abgebildet. Viele Anwender arbeiten aber noch mit deutlich kleineren Monitoren und Bildschirmauflösungen, zudem geht Platz für Programm-Menüleisten etc. verloren. Dies sollten Sie berücksichtigen, wenn Sie Bilder ins Internet stellen. Diese werden von Web-Browsern in der Regel in 100 %-Größe wiedergegeben. Ein Bild, das auf Ihrem Monitor gerade eine ansprechende Größe hat, kann auf einem anderen bereits jeden Rahmen sprengen und nur noch mittels Scrollen zu betrachten sein.

3 Die Bildschirmauflösung bestimmt, wie groß Bilder, etwa aus dem Internet, auf dem Monitor dargestellt werden. Sie ändern diese Einstellungen in der Windows-Systemsteuerung unter Anzeige>Einstellungen>Bildschirmauflösung.

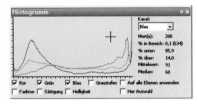

1 Paint Shop Pro kann im Histogramm die RGB-Farbkanäle sowie Farbton, Sättigung und Helligkeit anzeigen. Die Abbildung zeigt die Histogramme für Rot, Grün und Blau des Masken-Fotos von der vorherigen Seite. Meist ist die Anzeige der Graustufen völlig ausreichend.

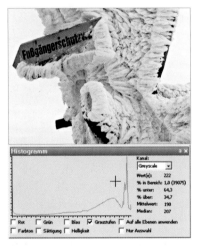

Ein flacher, ausgewogener Histogrammverlauf ist oft, aber nicht immer das Ideal. Für sehr helle **High-Key-Bilder** (oben) und sehr dunkle **Low-Key-Bilder** (unten) sind die steilen Berge am rechten oder linken Ende des Histogramms charakteristisch.

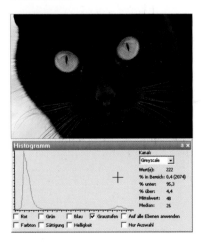

Pixelzähler: Das Histogramm

Das Histogramm ist eine einfache, aber recht aussagekräftige Darstellung der Helligkeitsverteilung in einem Bild. Es erlaubt eine erste Qualitätsbeurteilung, denn es gibt Auskunft über die (richtige) Belichtung. Auf der waagerechten x-Achse des Histogramms sind die Helligkeitswerte (Tonwerte) von 0 bis 255 aufgetragen. Zu jedem Helligkeitswert zeigt das Histogramm die Anzahl der Bildpixel an, die genau diesen Helligkeitswert haben. Dies ergibt in der Regel eine von links ansteigende Kurve, die ganz rechts wieder bis fast auf null abfällt. Völlig schwarze Pixel (Tonwert 0) sollte ein Bild nur wenige enthalten, ebenso völlig weiße Pixel (Tonwert 255). Ein »Pixelberg« im linken Teil des Histogramms kennzeichnet ein dunkles Bild mit ausgeprägten Schattenbereichen. Helle Bilder warten dagegen mit einem hohen Pixelberg im rechten Histogrammbereich auf. Zwei ausgeprägte Berge, womöglich mit steil abfallenden Flanken, deuten auf hohen Bildkontrast hin.

Allerdings ist das Histogramm nicht dazu gedacht, uns zu sagen, ob ein Bild hell, dunkel oder kontrastreich ist – dies sieht man zumeist besser am Bild selbst. Dagegen lassen sich die »Problembereiche« eines Fotos selbst auf einem guten Monitor nur schwer beurteilen, ganz aussichtslos ist dies auf der LCD-Anzeige einer Digitalkamera. Diese Problembereiche sind die hellen Lichter, die fast, aber nicht ganz weiß sein sollen (Wolken, Schnee), und die tiefen Schatten, die zwar dunkel, aber nicht pechschwarz sein dürfen.

Ob solche Bereiche noch »Zeichnung« enthalten oder völlig »ausfressen« (weiß werden) oder »zulaufen« (schwarz werden), hängt von der Belichtung ab. Unterbelichtung birgt die Gefahr des »Zulaufens«, lässt sich bei Digitalkameras aber meist noch eher korrigieren als Überbelichtung. Im Histogramm zeigen sich solche Belichtungsfehler als links oder rechts angeschnittene Berge. Dies sollte unbedingt vermieden werden. Übrigens ist das bei Fotos von sehr kontrastreichen Motiven gar nicht immer möglich. Aber auch für solche Fälle gibt es hilfreiche Tricks, auf die später ausführlich eingegangen wird.

Wenn am linken oder rechten Rand des Histogramms weite Lücken klaffen, war das Motiv offenbar recht kontrastarm; es fehlen die tiefen Schatten und/oder die hellen Lichter. Dies ist kein Fehler, sollte aber mittels Bildbearbeitung ausgeglichen werden. Ansonsten wirkt das Bild flau.

Histogramm und Bildbearbeitung

Das Histogramm ist nicht nur beim Fotografieren selbst sehr nützlich, sondern auch bei der Bildbearbeitung, denn auch dabei lauert die Gefahr, ungewollt (und ohne dass dies auf dem Monitor gleich sichtbar wird) Lichter- und Schattenzeichnung zu vernichten. In Paint Shop Pro finden Sie das Histogramm unter Ansicht>Paletten>Histogramm F7 (**1**). Es empfiehlt sich, das Histogrammfenster stets geöffnet zu halten, um sofort sehen zu können, ob sich ein Bildbearbeitungsschritt unvorteilhaft auswirkt. Paint Shop Pro bietet diese Funktion – die parallele Ansicht des Histogramms – übrigens als einziges mir bekanntes Bildbearbeitungsprogramm schon seit vielen Versionen. Sogar im Profiprogramm Photoshop ist eine vergleichbare Funktion erst seit der Version 8 (Photoshop CS) eingebaut.

Weniger lobenswert ist, wie Paint Shop Pro die bis zu sieben unterschiedlichen Histogrammkurven darstellt: als nur schwer zu unterscheidende dünne farbige Linien. Besonders die gelb gefärbte Kurve »Helligkeit« ist auf dem grauen Hintergrund kaum zu erkennen. Zum Glück werden die meisten der vielen Anzeigeoptionen nur selten benötigt. In der Regel ist das Graustufen-Histogramm völlig ausreichend.

Faktisch jede Bildbearbeitung beeinflusst auch das Histogramm. Besonders kritisch sind Veränderungen von Helligkeit und Kontrast, denn dabei kann es schnell zum sogenannten **Clipping** kommen – dem »Abschneiden« von Bildinformationen im Schatten- oder Lichterbereich. Aktivieren Sie im Filterdialog deshalb stets die **Bildvorschau**, denn dann sind solche schädlichen Folgen sofort in der Histogrammpalette sichtbar.

Die Filter **Histogrammanpassung** (2) und seit PSP XI auch **Kurven** und **Niveaus** verfügen über »eingebaute« Histogramme. Diese reagieren jedoch nicht dynamisch auf Änderungen, sondern zeigen stets das Ursprungshistogramm an. Beim Filter **Histogrammanpassung** war dies bis PSP X noch anders. In PSP XI hat Corel diese Funktion aus unerfindlichen Gründen entfernt.

2 Das Werkzeug **Histogrammanpassung** (Anpassung>Helligkeit und Kontrast>Histogrammanpassung Strg ⇧ H) zeigt das Histogramm des Originalbildes sowie eine Gradationskurve.

Einstellungen und Werte in der Histogramm-Palette

Kanal Auswahl des Kanals, dessen Werte angezeigt werden (3). Diese Auswahl ist unabhängig von der Auswahl der anzuzeigenden Histogrammkurven, welche durch die Optionskästchen erfolgt. Es stehen aber dieselben Kanäle zur Auswahl, in manchen Programmversionen teilweise mit englischen Bezeichnungen (4).

Werte(e) Mit dem Kursor gewählter Tonwert oder Tonwertbereich im vorgewählten Kanal. Der Bereich ist stets 0 bis 255 – auch für den Farbton (Hue). 0 entspricht dabei Rot, 85 Grün und 170 Blau.

% in Bereich Anteil der Pixel (in Prozent, zusätzlich die absolute Pixelzahl), die auf den gewählten Wert oder Wertebereich entfallen.

% unter Anteil der Pixel (in Prozent), deren Werte niedriger liegen als der gewählte Wert oder Wertebereich.

% über Anteil der Pixel (in Prozent), deren Werte höher liegen als der gewählte Wert oder Wertebereich.

Mittelwert Der arithmetische Mittelwert aus allen Pixel-Werten.

Median Tonwert desjenigen Pixels, der in einer nach Tonwerten geordneten Reihenfolge aller Bildpixel genau in der Mitte liegen würde.

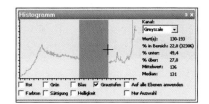

3 Maximal sieben Histogrammkurven werden über Optionskästchen ausgewählt. Die rechts angezeigten Werte beziehen sich dagegen auf den im Auswahlfeld sichtbaren Kanal und die Position unter dem Mauscursor (Kreuz). Mit gedrückter linker Maustaste lassen sich Bereiche auswählen.

4 Sieben Kanäle stehen zur Verfügung: die RGB-Kanäle Rot, Grün und Blau, ein »Graustufenkanal« (Grayscale) und die drei HSL-Kanäle Farbton (Hue), Sättigung (Saturation) und Helligkeit (Lightness).

Farben

Würfel, Kegel oder Zylinder: Farbmodelle

Das RGB-Farbmodell ist weit verbreitet und meist völlig ausreichend, jedoch keineswegs das einzige und schon gar nicht das »beste« Modell, um Farben zu beschreiben. Eingangs dieses Kapitels erwähnte ich das CMYK-Farbmodell, und im Histogramm ist uns ein weiteres, das HSL-Modell, begegnet. Es gibt noch viel mehr Modelle mit spezifischen Vor- und Nachteilen. Im folgenden Abriss stelle ich diejenigen Farbmodelle vor, die in Paint Shop Pro eine Rolle spielen.

RGB

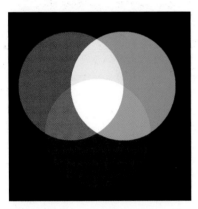

1 Das RGB-Farbmodell mit den drei Farbachsen und einer ausgewählten Farbe

(R,G,B = 220,131,218 bzw. #dc83da)

Das RGB-Farbmodell ist nach seinen Grundfarben Rot, Grün und Blau benannt. Nicht ganz zufällig sind dies die drei Farben, für die das menschliche Auge spezialisierte Farb-Sinneszellen (Zäpfchen) besitzt. Deshalb lassen sich aus rotem, grünem und blauem Licht fast alle sichtbaren Farben mischen. Jeder Farbfernseher und Computermonitor nutzt dieses Prinzip. Bei der Mischung addieren sich die Intensitäten (Helligkeiten) der drei Grundfarben, deshalb nennt man das RGB-System ein **additives Farbsystem**. Weiß entsteht durch die Mischung aller drei Grundfarben in jeweils maximaler Helligkeit (**2**), Schwarz entsteht, wenn alle drei Grundfarben eine Intensität von null haben – also fehlen. Die Grautöne sind Mischungen aus jeweils gleichen Anteilen der drei Grundfarben.

Das RGB-Farbmodell ist ein räumliches Koordinatensystem mit den Achsen R, G und B. Alle drei Farben können 256 Werte (von 0 bis 255) annehmen. Dieser Würfel mit der Kantenlänge 255 (**1**) enthält $256^3 = 16.777.216$ Farben, von denen jede durch ein Zahlentripel eindeutig definiert ist. Schwarz ist beispielsweise R,G,B = (0,0,0), Weiß ist (255,255,255) und ein mittleres Grau ist (128,128,128). Oft werden die Farbwerte hexadezimal und dann ohne Komma geschrieben. Weiß ist in hexadezimaler Schreibweise #FFFFFF, mittleres Grau #808080.

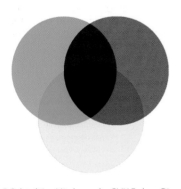

2 Additive Farbmischung der RGB-Farben. Die Mischung aller drei Farben ergibt Weiß.

CMY(K)

Additive Farbmischung und RGB-Farbmodell gelten lediglich für selbstleuchtende Farben. Bei Druckfarben liegen die Verhältnisse völlig anders. Das Papier reflektiert das auffallende Licht, jede darauf gedruckte Farbe nimmt durch Absorption davon etwas weg – subtrahiert also Licht. Subtraktive Farbmischungen bewirken keine Aufhellung, sondern eine Abdunklung (**3**).

Theoretisch kann man auch mit einem subtraktiven Modell alle Farben darstellen, wenn man als Grundfarben die zu RGB komplementären Farben Cyan (C), Magenta (M) und Gelb (Yellow, Y) benutzt. Weil das Papier aber nie ideal weiß und die Druckfarben nie ideal rein sind, benötigt man in der Praxis als Hilfsfarbe Schwarz (K). Das CMY-Farbsystem ist wie das RGB-System ein dreidimensionales räumliches Koordinatensystem, das um Schwarz erweiterte CMYK-System ist bereits vierdimensional. Trotzdem lassen sich damit nicht mehr (sichtbare) Farben darstellen als im RGB-System – eher weniger.

3 Subtraktive Mischung der CMY-Farben. Die Mischung aller drei Farben ergibt Schwarz.

HSL/FSH

Aus den RGB-Farben kann man zwar alle Farben mischen, es ist aber recht kompliziert, eine bestimmte Farbe aufzuhellen oder abzudunkeln, ohne den Farbton zu verändern. Dazu müssen alle drei Farbkomponenten gemeinsam verändert werden. Einfacher und intuitiver geht das mit Farbmodellen, welche die Helligkeit als eigene Komponente enthalten. Paint Shop Pro kennt und verwendet ein solches **HSL** (Hue, Saturation, Lightness) genanntes Farbmodell. Im Programm wird es meist deutsch mit **FSH** (Farbton, Sättigung, Helligkeit) bezeichnet.

HSL/FSH ist ein sogenanntes zyklisches Farbmodell. Der **Farbton** wird als Winkel auf einem Farbkreis angegeben. Bei 0° bzw. 360° liegt Rot, Grün liegt bei 120°, Blau bei 240° (**4**). Dieser Farbkreis bildet – das ist sein großer Vorteil – die Beziehungen zwischen den Farben korrekt ab. Mischfarben liegen stets zwischen zwei Farben, die Komplementärfarben liegen sich exakt gegenüber.

Die **Sättigung** ist die radiale Komponente dieses Kreises. Außen liegen die voll (zu 100 %) gesättigten, »reinen« Farben. Nach innen nimmt die Sättigung ab, im Kreismittelpunkt ist sie null – die Farbe ist hier völlig entsättigt, also grau.

Mit Farbton und Sättigung ist dieses Farbmodell lediglich zweidimensional – eine Kreisscheibe. Die dritte Dimension fügt die **Helligkeit** hinzu. Stellen wir uns einen Stapel von Farbkreisscheiben vor, die von unten nach oben heller werden: Dieser Stapel bildet einen Zylinder, dessen vertikale Dimension die Helligkeit ist (**6**). Die reinen Farben liegen auf dem mittleren Rand dieses Zylinders, also bei einer Helligkeit von 50 %.

Modell und Wirklichkeit

Wenn Sie sich schon einmal mit Farbmodellen beschäftigt haben, ist Ihnen sicher bekannt, dass das HSL-Modell die Form eines Doppelkegels hat. Ich sprach eben von einem Zylinder. Was ist richtig?

Beides, lautet die Antwort. Die drei Dimensionen des HSL-Systems spannen, mathematisch gesehen, einen Zylinder auf – dies ist der **Koordinatenraum** des Modells. Reines Schwarz und Weiß sind darin Flächen (nämlich die Grund- bzw. Deckfläche des Zylinders) mit entsprechend vielen zugeordneten HSL-Werten, die sich allein in Farbton und Sättigung unterscheiden, während der Helligkeitswert 0 bzw. 255 ist. Bei reinem Schwarz und Weiß ist es jedoch sinnlos, von Farbton oder Sättigung zu sprechen, und auch bei sehr dunklen und sehr hellen Farben können wir nur wenige Sättigungs-Nuancen unterscheiden. Der **Farbraum** wirklich unterscheidbarer Farben im HSL-Modell hat demnach unten und oben (bei Schwarz und Weiß) Spitzen und weitet sich erst zur Mitte hin aus.

Legt man die menschliche Farbwahrnehmung zugrunde, hat das HSL-Farbmodell also tatsächlich die Form eines Doppelkegels – noch dazu eines asymmetrisch »ausgebeulten«, denn Netzhautzellen sind nicht für alle Farben gleich empfindlich (**5**).

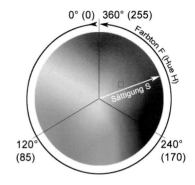

4 Der HSL-Farbkreis für eine Helligkeit (L) von etwa 70 %. Paint Shop Pro misst den Farbwinkel nicht in Grad, sondern »computergemäß« in Teilen von 256 (1 Byte). Die entsprechenden Angaben stehen in Klammern.

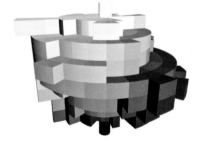

5 Das HSL-Doppelkegel-Farbmodell in einer Darstellung, die die unterschiedliche Empfindlichkeit des menschlichen Auges für bestimmte Farben berücksichtigt. (Quelle: AGFA)

6 Verlauf von Farbton, Sättigung und Helligkeit im HSL-Modell (Quelle: AGFA)

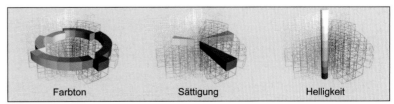

Farbton   Sättigung   Helligkeit

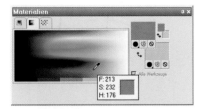

1 Die Materialien-Palette in der Ansicht **Farb-auswahl** zeigt den HSL-Farbzylinder »abgerollt« und auf der Seite liegend.

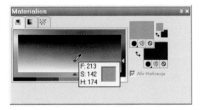

2 Die Materialien-Palette in der Ansicht **Rahmen** zeigt einen Schnitt durch den HSL-Farbraum bei der im rechteckförmigen Farb»kreis« gewählten Farbe.

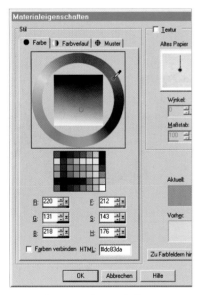

3 Der Dialog **Materialeigenschaften**

4 Ob Paint Shop Pro die RGB- oder die HSL-Farbwerte anzeigt, wird in den Voreinstellungen festgelegt (Datei>Einstellungen>Allgemeine Programmeinstellungen>Paletten).

Schneller ist dieser Dialog über das Kontextmenü der rechten Maustaste erreichbar.

Paint Shop Pro stellt das HSL-Farbmodell in zwei Paletten grafisch dar, allerdings nur zweidimensional und etwas verfremdet. Die **Materialien-Palette** zeigt in der Ansicht **Farbauswahl** einen auf der Seite liegenden, abgerollten HSL-Zylinder (**1**). Deshalb können hier mit der Pipette auch nur Farben von der Mantelfläche des Zylinders gewählt werden. Schwach gesättigte Farben mittlerer Helligkeit, die im Innern des HSL-Farbraums liegen, sind damit nicht auswählbar.

Die seit PSP 9 vorhandene Ansicht **Rahmen** behebt diesen Mangel. Sie stellt einen Schnitt durch den kopfstehenden (Schwarz ist oben, Weiß unten) HSL-Zylinder dar, und zwar von der Mittelachse (links) bis zur Mantelfläche (rechts). Bei welcher Farbe der Schnitt erfolgt, wird per Mausklick auf den »Farbkreis« festgelegt, der hier rechteckförmig ist und das Schnittbild wie ein Rahmen umschließt (was offenbar zu der seltsamen Bezeichnung geführt hat) (**2**).

Sättigung und Helligkeit der gewählten Farbe werden durch zwei getrennte Regler festgelegt. Damit ist zwar die Auswahl aller möglichen Farbwerte gewährleistet, jedoch gibt es auch hier einen Mangel: Die Anzeige der Farbwerte erfolgt nur, während man die Regler oder den Auswahlpunkt verschiebt, und zudem entweder im RGB- oder im HSL-(FSH-)System – in welchem, muss man vorher umständlich in den Programmvoreinstellungen festlegen (**4**).

Der Dialog **Materialeigenschaften** (per Klick auf eines der Farbfelder in der Materialien-Palette zu erreichen) ist da informativer: Er verfügt über Eingabe- und Anzeigefelder für die Kanäle beider Farbsysteme (**3**). Auch die Darstellung des HSL-Farbmodells ist intuitiver, denn der Farbkreis ist wirklich ein Kreis. Für Anwendungen, wo es auf exakte Farben ankommt, empfehle ich diesen Dialog.

RGB versus HSL

Wenn Sie das HSL-Modell gewählt haben und in der Materialien-Palette per Pipette eine Farbe aufnehmen wollen, werden Sie feststellen, dass gar nicht alle Zahlenkombinationen möglich sind. Manche HSL-Werte werden übersprungen. Wenn Sie solche Werte in der Materialeigenschaften-Palette direkt in die FSH-Felder eingeben, führt dies oftmals zu keiner Farbänderung. Dies passiert besonders oft, wenn die Helligkeit gering oder hoch ist – und ist natürlich die Auswirkung der auf der vorigen Seite erläuterten Diskrepanz zwischen dem größeren Koordinatenraum und dem kleineren Farbraum im HSL-Farbmodell.

Intern arbeitet Paint Shop Pro (fast) immer mit dem RGB-Farbmodell. Die HSL-Werte werden errechnet. Als einziges Zugeständnis an den wahrnehmungsgetreuen HSL-Farbraum setzt Paint Shop Pro zwangsweise die Sättigung auf null und den Farbton auf 255, wenn eine Helligkeit von 0 oder 255 gewählt wird (sichtbar nach Bestätigung mit OK und erneutem Aufruf des Dialogs).

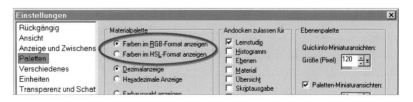

Die Diskrepanz zwischen Koordinaten- und Farbraum hat aber noch schwerwiegendere Folgen: Sie schränkt die Anzahl der mit dem HSL-Farbmodell darstellbaren Farben drastisch ein. Verständlich wird dies, wenn wir die möglichen Farbwerte (Koordinaten) im RGB- und HSL-Farbraum vergleichen. Da sowohl die drei RGB- als auch die drei HSL-Kanäle je 256 Werte annehmen können, lassen sich mit beiden Modellen 256^3, also etwa 16,7 Millionen Werte erfassen. Wie schon zwei Seiten zuvor erläutert, sind zahlreiche dieser Werte im HSL-Modell nur einer einzigen oder einigen wenigen realen Farben zugeordnet. Allein Schwarz und Weiß »verbrauchen« im HSL-Modell je 256^2 = 65536 Werte (die Koordinaten der Grund- und Deckfläche des HSL-Zylinders), wozu im RGB-Modell je ein einziger Wert genügt. Zwar entspricht auch im RGB-Modell nicht jedes Zahlentripel wirklich einer sichtbaren Farbe, das Verhältnis ist jedoch bei weitem günstiger. Im Ergebnis stehen im HSL-Modell für die sichtbaren Farben nur wenig mehr als 3 Millionen Werte zur Verfügung.

Wegen dieser stark eingeschränkten Farbauswahl sollten Sie eigentlich das HSL-Modell meiden. Immer ist das nicht möglich – beispielsweise bei der Schärfung eines Helligkeitskanals oder bei Korrekturen von Farbton und Sättigung.

Weitere Farbmodelle

Im Hintergrund verwendet Paint Shop Pro bei Bedarf Komponenten aus zwei weiteren Farbmodellen, die Sie selbst im Programm nie zu Gesicht bekommen werden. Der »Bedarf« tritt bei der Graustufenumsetzung und bei einigen Mischmodi ein, welche die Helligkeit verwenden. Der Grund ist, dass die im HSL-System definierte Helligkeit (in Paint Shop Pro unterschiedlich als L – Lightness bzw. H – Helligkeit bezeichnet) ebenfalls große Schwächen hat. Sie gibt die Helligkeit von Farben, wie unser Auge sie empfindet, nicht annähernd wieder.

Das Problem, Farben auf elektronischem Weg adäquat in Graustufen umzusetzen, trat erstmals bei der Einführung des Farbfernsehens auf. In Farbe ausgestrahlte Sendungen sollten auf Schwarz-Weiß-Fernsehern ebenfalls in guter Qualität darstellbar sein. Zu diesem Zweck entwickelte man das **YIQ-Farbmodell** mit zwei Farb- und einer Helligkeitskomponente. Uns interessiert hier nur die Letztere, die **Luminanz** genannt wird und das Kürzel Y trägt. Die Luminanz berücksichtigt die Empfindlichkeit des Auges für unterschiedliche Farben und zudem lässt sie sich einfach aus den RGB-Werten berechnen (**5**).

Ein noch besseres Modell des menschlichen Farbensehens, speziell des Helligkeitsempfindens, wurde in den siebziger Jahren des vorigen Jahrhunderts entwickelt: das **CIE-L*a*b*-Farbmodell**, kurz **Lab** genannt (**6**). Die Farbkomponenten a* und b* interessieren uns hier ebenfalls nicht, umso mehr aber die **Lab-Helligkeit L*** (gesprochen L-Star). Diese spezielle Helligkeit wichtet die Farben noch »wahrnehmungsgetreuer« als die Luminanz (**7**). Dafür ist die Ermittlung aus den RGB-Werten etwas komplizierter.

Paint Shop Pro benutzt die Lab-Helligkeit bei der Graustufenumsetzung eines Farbbildes (Bild>Graustufen). Außerdem liegt die Lab-Helligkeit der Graustufen-Kurve des Histogramms zugrunde.

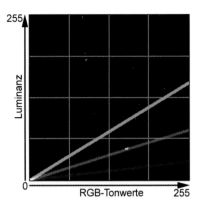

5 Die RGB-Farben gehen in die **Luminanz** mit unterschiedlicher Wichtung ein: Rot mit rund 30 %, Grün mit 59 % und Blau mit 11 %.

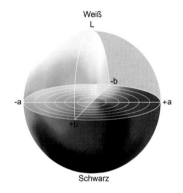

6 Das **Lab-Farbmodell** gibt die menschliche Farbwahrnehmung nicht nur am besten wieder, es ist auch **geräteunabhängig** und wird deshalb gern als Referenz für die Farbdarstellung verwendet. (Quelle: AGFA)

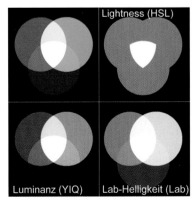

7 Die Helligkeiten aus drei Farbmodellen im Vergleich. Urteilen Sie selbst, welches die Beste ist.

Geräteabhängige Farben

Per Digitalkamera aufgezeichnete Pixel »bestehen« aus drei Zahlenwerten, die den jeweiligen Anteil in den RGB-Farbkanälen angeben. Damit ist jedoch die Farbe des Motivs keineswegs exakt definiert. Eine andere Kamera, ein anderer Sensor, ja sogar andere Sensorzellen auf dem gleichen Chip übersetzen dieselbe Motivfarbe in etwas abweichende Zahlentripel. Das liegt an nie ganz vermeidbaren Fertigungstoleranzen. RGB-Farben sind deshalb **geräteabhängig** – welche Farbe von den Pixelwerten repräsentiert wird, hängt vom Gerät ab, das die Pixel erzeugt.

Werden RGB-Werte von Ausgabegeräten wieder in Farben umgesetzt, geschieht auch dies sehr unterschiedlich. Das ist deutlich sichtbar, wenn in einer Verkaufsstelle mehrere Monitore das gleiche Bild anzeigen. Drucker interpretieren die gelieferten RGB- oder CMYK-Werte ebenfalls recht unterschiedlich.

Erst durch Farbmanagement werden die Farbwerte vergleichbar und können so ineinander umgerechnet werden, dass sich Dokumente zwischen den unterschiedlichsten Geräten bei weitgehend konsistenten Farben austauschen lassen.

Profil oder Farbraum?

Ein **Profil** beschreibt die von einem Gerät erfass- oder darstellbaren Farben. Trägt man alle diese Farben als Punkte in ein Lab-Koordinatensystem ein, erhält man einen unregelmäßig geformten Körper, den **Farbraum**. Profil und Farbraum werden oft synonym verwendet.

Paint Shop Pro verwendet zudem den Begriff **Farbarbeitsbereich**. Dies ist der **Arbeitsfarbraum** des Programms – und auch nichts anderes als ein Profil, das Sie unter Datei>Einstellungen>Farbverwaltung>Farbarbeitsbereich aus einer Liste vorhandener Profile auswählen können.

CIE und ICC

Die Abkürzungen stehen für die Institutionen, welche die Forschung und Standardisierung von Farbsystemen wesentlich bestimmten.

CIE Commission Internationale de l'Eclairage (Internationale Beleuchtungskommission). Verantwortlich für die Messung und Standardisierung von Farbsystemen und Normfarbtafeln.

ICC International Color Consortium (**www.color. org**), hat 1993 den ICC-Standard für das Farbmanagement eingeführt.

Farbprofile, Farbräume, Farbmanagement

Es scheint, dass mit dem Farbmodell und den entsprechenden Kanal-Tonwerten die Farben eines Bildes hinreichend bestimmt sind. Dies trifft unter den bisher genannten Farbmodellen jedoch nur für das Lab-Modell zu. Das Lab-Farbmodell ist **geräteunabhängig**, sagt man, während das RGB- und das CMYK-Farbmodell **geräteabhängig** sind. Dies liegt vor allem daran, dass in diesen beiden Modellen die Primärfarben (also R,G,B bzw. C,M,Y,K), aus denen jede Farbe gemischt wird, nicht eindeutig definiert sind. Welches Rot ist mit »Rot« gemeint? Auch ein Maler hätte Schwierigkeiten, eine gewünschte Mischfarbe zu treffen, wenn ihm zwar die Mischungsverhältnisse exakt, aber die Farben, aus denen gemischt werden soll, nur ungefähr angegeben werden.

Die exakte Festlegung der Farben unseres digitalen Bildes geschieht über ein **Farbprofil**, das nach der Institution, die diesen Standard schuf, **ICC-Profil** heißt. ICC-Profile können in die Bilddaten eingebettet werden, oft genügt es aber auch, wenn sie dem Anwender bekannt sind und er die entsprechenden Programm- und Druckertreiber-Einstellungen vornehmen kann.

Das ICC-Profil beschreibt, welche konkrete Farbe mit einer konkreten Tonwert-Kombination gemeint ist – also beispielsweise, welches Rot das RGB-Tripel 255,0,0 meint. Damit beschreibt das Profil gleichzeitig die Menge der von allen möglichen RGB-Tripeln darstellbaren Farben, den **Farbraum** (englisch **Gamut**) eines bestimmten Gerätes. Die Menge der RGB-Koordinaten (der Koordinatenraum) und die Menge der damit darstellbaren konkreten Farben (der Farbraum) müssen hier – ähnlich wie oben beim HSL-Modell – streng unterschieden werden. Mit den 256 Tonwerten in jedem Kanal eines 8-Bit-RGB-Bildes können zwar $256^3 = 16{,}7$ Millionen unterschiedliche Zahlentripel dargestellt werden, jedoch repräsentiert nicht jedes Tripel eine sichtbare Farbe, noch wird jede sichtbare Farbe durch ein Tripel repräsentiert (von »16,7 Millionen darstellbaren Farben« zu sprechen, ist eine Vereinfachung).

Die exakte Beschreibung von Farben erfordert ein geräteunabhängiges **Referenzfarbmodell**, das idealerweise alle sichtbaren Farben enthalten sollte. In einem Referenzfarbmodell können Farbräume (die durch Profile beschrieben werden) sichtbar gemacht werden: Sie bilden mehr oder weniger große unregelmäßig geformte Körper. Auch der Farbraum aller sichtbaren Farben bildet einen solchen, allerdings recht großen Körper. Es gibt keinen Referenzfarbraum, dessen Koordinatenraum exakt mit dem Raum aller sichtbaren Farben übereinstimmt – dazu ist unser Farbempfinden zu wenig linear und zu selektiv.

Profile und Referenzfarbmodell genügen zwar, um Farben eindeutig zu beschreiben, jedoch fehlt noch ein Instrument, das die Farben anhand der Profile ineinander umrechnet. Dies ist das **Farbmanagement-Modul** (Color Management Modul – CMM). Es wird vom Betriebssystem bereitgestellt. Paint Shop Pro beispielsweise übergibt die Bilddaten mit (eingebettetem oder angenommenem) Quellprofil und gewünschtem Zielprofil an das Windows-Farbmanagement-Modul (aktuell ICM 2.0), das diese Umrechnungen vornimmt.

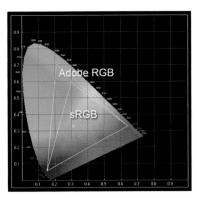 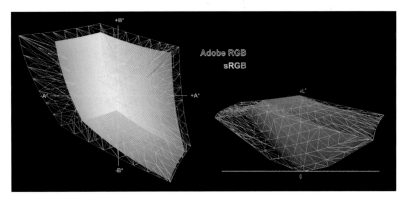

1 Die CIE-Normfarbtafel mit der (vereinfachten) Darstellung des Farbumfangs zweier standardisierter Farbräume: sRGB und Adobe RGB.

2 3D-Darstellung des sRGB-Farbraums (farbig) im Vergleich zum Adobe-RGB-Farbraum (Drahtmodell) im Lab-Koordinatensystem. Links die Draufsicht, rechts die Vorderansicht. Solche 3D-Darstellungen von Profilen lassen sich auf der Internetseite www.iccview.de interaktiv berechnen.

Referenz-Farbmodelle

Der erste Schritt zu reproduzierbaren Farben besteht in der exakten Festlegung der Primärfarben in einem geräteunabhängigen Farbmodell. Denkbar wäre, die spektrale Verteilung (Intensitäten und Wellenlängen) der Primärfarben anzugeben. Das ist aber kompliziert und nicht eindeutig, da unser Auge ganz unterschiedliche spektrale Verteilungen als gleiche Farbe empfindet.

Das Auge nimmt Farben mit nur drei Arten von »Sensoren« wahr, die – ganz ähnlich wie Digitalkamerasensoren – vorrangig im roten, grünen und blauen Wellenlängenbereich empfindlich sind. Nur deshalb ist es überhaupt möglich, technisch fast alle sichtbaren Farben mit drei unterschiedlich gemischten Farben darzustellen, wie es in jedem Fernsehgerät oder Monitor geschieht. Auch bei Messungen der menschlichen Farbwahrnehmung wird ein solches **Tristimulus-System** aus drei, nun aber exakt festgelegten Farben (farbige Lichtquellen mit exakt bekannten Wellenlängen) eingesetzt. Solche Messungen führten bereits 1931 zum **CIE-XYZ-Farbsystem**, das fast alle sichtbaren Farben enthält und mathematisch eindeutig beschreibt. Mittels rein mathematischer Umwandlungen wurden später daraus das **CIE-Yxy-Modell** und das schon erwähnte **CIE-L*a*b*-Modell** entwickelt.

CIE-XYZ und CIE-L*a*b* werden als sogenannte **Referenzfarbräume** für Farbraumumrechnungen benutzt. (Zur besseren Unterscheidbarkeit von den unregelmäßig geformten Farbräumen sollte man besser von *Farbmodellen* sprechen.) Da diese Farbmodelle zwei Profile verbinden, findet man auch oft die englische Bezeichnung **Profile Connection Space** (PCS). Einige Profil-Parameter (**Primärfarben** und **Weißpunkt**) definiert man über ihre Koordinaten im CIE-XYZ-Modell. Die **CIE-Normfarbtafel** (**1**) beruht auf dem Yxy-Modell. Sie erlaubt den anschaulichen Größenvergleich von Farbräumen. Diese bilden innerhalb der Farbtafel (die alle sichtbaren Farben einer bestimmten Helligkeit enthält) geschlossene, meist dreieckförmige Flächen. Das Lab-Farbmodell wird gern zur dreidimensionalen Darstellung von Farbräumen eingesetzt (**2**).

Ein Farbraum für alles?

Man könnte doch alle Bildfarben sofort nach der Aufnahme in ein geräteunabhängiges Farbmodell umsetzen und hätte stets richtige Farben!

Diese an sich überzeugende Idee ist bisher mit **sRGB** nur in einer Art Light-Version verwirklicht. Geräteunabhängige Farbmodelle wie **CIE-XYZ** und **CIE-L*a*b**, die alle sichtbaren Farben enthalten, sind für Bilder in 8 Bit Farbtiefe viel zu groß. Da sie neben den sichtbaren Farben noch viel mehr Koordinaten enthalten, denen gar keine sichtbaren Farben entsprechen, steht für einen kleinen Farbraum (z. B. eines Druckers) nur noch ein Bruchteil der 16,7 Millionen möglichen Koordinaten zur Verfügung. Damit besteht die Gefahr, dass die Sprünge zwischen den Farben sichtbar werden. Verhindern ließe sich das nur durch den Wechsel zu 16 Bit Farbtiefe, wo es dann genügend Reserven gibt, die Dateigrößen sich aber sofort verdoppeln.

CIE-L*a*b würde sich gut als universeller, geräteunabhängiger (16-Bit-)Farbraum eignen. Doch bisher können erst wenige Bildbearbeitungsprogramme mit 16-Bit-Lab-Bildern umgehen. Paint Shop Pro hat gerade erst den Sprung zur 16-Bit-Bearbeitung getan, stellt für solche Bilder aber noch nicht alle Werkzeuge zur Verfügung. Lab-Bilder lassen sich gar nicht öffnen. Bis sich das Lab-Format allgemein durchsetzt, wird noch einige Zeit vergehen.

sRGB ist besonders auf dem Consumer-Markt weit verbreitet und demonstriert, wie problemlos Farbmanagement von der Digitalkamera bis zum Drucker funktionieren kann. Leider ist der sRGB-Farbraum recht klein und erfüllt höchstens durchschnittliche Qualitätsansprüche.

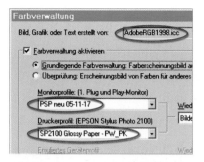

1 Die Auswahl von Monitor- und Druckerprofil erfolgt in Paint Shop Pro unter **Datei>Farbverwaltung>Farbverwaltung**. Als **Monitorprofil** wurde hier ein individuell erstelltes, als **Druckerprofil** ein generisches Profil gewählt. Ganz oben im Dialog wird der Arbeitsfarbraum angezeigt.

Farbarbeitsbereich	
Aktuelles Monitorprofil:	PSP neu 05-11-17
Farbarbeitsbereich:	AdobeRGB1998
CMYK-Profil:	EuroscaleCoated

2 Die Auswahlmöglichkeit für den **Farbarbeitsbereich** (d.i. der Arbeitsfarbraum) ist in PSP X neu hinzugekommen (**Datei>Farbverwaltung>Farbarbeitsbereich**). In den Vorgängerversionen war sRGB als Farbarbeitsbereich fest vorgegeben.

Attribut	Daten	Größe	Beschreibung
„rTRC"	„curv"	8204	Rote Farbton–Wiedergabekurve
„gTRC"	„curv"	8204	Grüne Farbton–Wiedergabekurve
„bTRC"	„curv"	8204	Blaue Farbton–Wiedergabekurve

3 Farbtonwiedergabekurven eines mit Paint Shop Pro XI erstellten Monitorprofils. Diese Kurven werden mit je 4096 Stützpunkten (à 2 Byte) in den TRC-Tags (Tone Reproduction Curves) des Profils gespeichert.

ICC-Profile

ICC-Geräteprofile beschreiben die von konkreten Geräten erfass- oder darstellbaren Farben. Diese bilden einen gerätespezifischen Farbraum (man spricht z. B. von einem *Druckerprofil* und einem *Druckerfarbraum*). Je nach Gerätetyp unterscheidet man zwischen **Eingabeprofilen** (Scanner, Kameras) und **Ausgabeprofilen** (Drucker, Belichter etc.). **Monitorprofile** sind eigentlich Ausgabeprofile, bilden aber aus historischen Gründen einen dritten Typ. Der Monitor ist die wichtigste Benutzerschnittstelle, sein Profil wurde früher (und wird teilweise auch heute noch) als **Arbeitsfarbraum** verwendet (**1**). Zudem können in einem Monitorprofil Einstellungen für die Monitorkalibrierung gespeichert werden.

Ein Geräteprofil ist immer individuell – es soll ja gerade die von einem konkreten Gerät erfass- oder darstellbaren Farben beschreiben und muss deshalb individuell für dieses Gerät ausgemessen werden, was oft langwierig ist und spezieller Messgeräte bedarf. Deshalb gibt es für handelsübliche Geräte wie Monitore und Drucker **generische Profile**, welche die *durchschnittlichen* Eigenschaften des Gerätetyps beschreiben. Solche Profile finden sich oft auf den Internetseiten der Hersteller. Sie sind ein Notbehelf, aber besser als gar kein Profil.

Arbeitsfarbräume

Das Profil (bzw. der Farbraum) eines durchschnittlichen Monitors stand Pate, als vor etwa zehn Jahren der heute weit verbreitete *standardisierte* RGB-Farbraum definiert wurde: sRGB. Es gibt zahlreiche weitere standardisierte Farbräume, die alle auf dem RGB-Modell beruhen, und auch standardisierte CMYK-Farbräume. Sie zeichnen sich durch (in XYZ-Koordinaten) eindeutig definierte **Primärfarben**, einen ebenso definierten **Weißpunkt** und meist einen festgelegten **Gammawert** (1,8 oder 2,2) aus.

Wird ein Standardfarbraum durchgehend von der Bilderfassung über die Bildbearbeitung bis zur Bildausgabe eingesetzt, muss man sich um Farbmanagement nicht mehr kümmern, und die Farbprofile müssen auch nicht mehr in die Dateien eingebettet werden. Um die richtige Konvertierung der Farben zwischen Gerätefarbraum und Standardfarbraum (die natürlich nach wie vor notwendig ist) kümmern sich die Gerätehersteller. In einem Bildbearbeitungsprogramm muss der Standardfarbraum als **Arbeitsfarbraum** gewählt werden. In Paint Shop Pro lautet die Bezeichnung **Farbarbeitsbereich** (**2**).

Als Standardfarbraum für ein solches *medienneutrales* Farbmanagement hat sich sRGB weitgehend durchgesetzt. Viele Digitalkameras geben sRGB-Bilder aus, viele Drucker haben einen sRGB-Modus, und Corel empfiehlt für Paint Shop Pro ebenfalls sRGB als Farbarbeitsbereich. Leider handelt es sich bei sRGB um einen recht kleinen Farbraum. Der Farbraum guter Monitore geht heute deutlich über sRGB hinaus, und sogar Tintenstrahldrucker können teilweise (im Grün-Blau-Bereich) mehr Farben drucken, als sRGB enthält.

Bis zur Version 9 von Paint Shop Pro hatten Sie keine Wahl – doch seit PSP X sollten Sie überlegen, als Farbarbeitsbereich einen größeren Standardfarbraum als sRGB zu wählen, beispielsweise Adobe RGB.

Profil-Parameter

»Einfache« Profile bzw. Farbräume sind durch die schon erwähnten drei Parameter **Primärfarben**, **Weißpunkt** und **Gamma** definiert. Daraus kann das Farbmanagementmodul alle Zwischenfarben errechnen. Oft reichen aber diese Werte nicht aus. Statt eines Gammawertes kann dann eine durch mehr oder weniger viele Stützpunkte definierte **Farbtonwiedergabekurve** vorhanden sein – entweder gemeinsam für alle Farbkanäle oder drei oder vier Stück davon für die RGB- oder CMYK-Kanäle einzeln (**3**). Genügt auch dies noch nicht (bei Druckerprofilen öfter der Fall), ordnet man möglichst viele Ursprungs- und Zielfarben über Tabellen einander zu. Zwischenfarben werden auch hier errechnet, trotzdem können solche Profile viele hundert Kilobyte groß werden.

Primärfarben Dies sind die drei oder vier Farben, aus denen alle anderen Farben gemischt werden, und die in einem 8-Bit-RGB-Farbbild (unabhängig von dessen Farbprofil) stets die Wertetripel 255,0,0 (Rot), 0,255,0 (Grün) und 0,0,255 (Blau) haben. Welche exakten Farben von diesen Wertetripeln repräsentiert werden, wird durch die Koordinaten im Referenzfarbraum bestimmt – und diese sind abhängig vom Farbprofil.

Weißpunkt Damit ist nicht die *Helligkeit* (darüber macht ein Profil keine Aussagen), sondern die *Farbe* von Weiß gemeint. In einem beliebigen RGB-Farbraum hat Weiß natürlich stets das Wertetripel 255,255,255. Soll ein Monitor diese Werte anzeigen und misst man das Ergebnis, hat sein »Weiß« je nach Bauart und Voreinstellungen eine ganz bestimmte Farbe, die sich (analog zu den Primärfarben) als Punkt im XYZ-Farbraum darstellen lässt. Dies sind die Koordinaten, die in einem Monitorprofil als dessen **Weißpunkt** (Tag wtpt) eingetragen werden.

In der Praxis verwendet man statt der abstrakten XYZ-Koordinaten die **Farbtemperatur**, um die Farbe von Weiß und von Lichtfarben zu beschreiben. Die Farbtemperatur ist die Temperatur eines »Schwarzen Strahlers«, welcher Licht in der entsprechenden Farbe aussendet. Sie wird schon seit langem zur Charakterisierung von Lichtfarben verwendet. Es gibt eine Reihe von **Normlichtarten** mit festgelegten Farbtemperaturen (**4**). Am gebräuchlichsten sind die Normlichtarten **D50** (5000 Kelvin) und **D65** (6500 Kelvin). D steht für Daylight (Tageslicht). sRGB und Adobe RGB verwenden den Weißpunkt von D65.

Gamma Zwischen Schwarz (Tonwert 0) und Weiß (Tonwert 255) verläuft die Helligkeit einer RGB-Farbe in der Regel nicht linear, sondern nach einer **Gammafunktion**. Diese absichtliche (!) nichtlineare Verzerrung der Helligkeit ist sehr viel älter als digitale Fotografie und Farbmanagement. Röhrenmonitore (also auch alle Fernsehgeräte) reagieren auf analoge Eingangsspannungen keineswegs proportional: Die Hälfte der maximalen Eingangsspannung erzeugt nicht die *Hälfte*, sondern nur etwa ein *Fünftel* der maximalen Helligkeit. Um diese technisch bedingte Verzerrung nicht in jedem Fernsehgerät korrigieren zu müssen, entschloss man sich, sie durch eine sogenannte Gamma-Vorentzerrung des Videosignals auf der Senderseite (meist direkt in der TV-Kamera) auszugleichen.

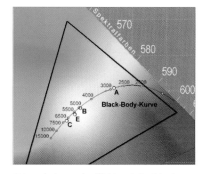

4 Ausschnitt aus der CIE-Normfarbtafel mit Farbtemperaturen (Black-Body-Kurve) und den Normlichtarten A, B, C und E. Die Weißpunkte der D-Normlichtarten D50 und D65 liegen auf den Farbtemperaturen 5000 und 6500 Kelvin.

Einige Farbtemperaturen

Kerzenlicht	1.500 K
Sonnenuntergang	2.200 K
Glühlampe	2.600 K
Halogen	3.000 K
Leuchtstofflampe	4.200 K
Sonne	5.200 K
Blitzgerät	5.400 K
Mittagssonne	6.000 K
leicht bewölkt	7.000 K
Dunst, Schatten	8.000 K
stark bewölkt	10.000 K

Die Gammafunktion

Die Gammafunktion ist eine Potenzfunktion und wird meist als

$$y = x^{1/gamma}$$

geschrieben. Der griechische Buchstabe Gamma ist willkürlich gewählt. Diese Funktion beschreibt die **Gammakodierung** und ergibt bei einem Gamma von z. B. 2,2 eine erst stark, dann schwächer ansteigende Kurve (siehe Abbildung **2** auf der nächsten Seite).

Die Umkehrung der Funktion, welche die **Dekodierung** (z. B. in einem Monitor) beschreibt, lautet

$$y = x^{gamma}$$

und ergibt eine erst sanft, dann stärker ansteigende Kurve. Meist benutzt man aber nur die oben gezeigte Gammafunktion und kehrt statt der Funktion den Gammawert um. Ein Monitor hat dann beispielsweise nicht ein Gamma von 2,4, sondern von 1/2,4 = 0,42.

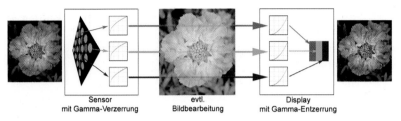

1 Bildübertragungskette mit interner Gammakodierung. Zwischen Kamerasensor und Monitor-display ist das Bild stark »aufgehellt« – was man aber natürlich nirgends sieht.

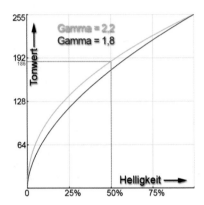

2 Die interne »Aufhellung« durch Gamma-kodierung im Detail. Auf der horizontalen Achse ist die Helligkeit des Motivs aufgetragen, auf der vertikalen Achse der Tonwert des Digi-talbildes. Einer 50 %igen Motivhelligkeit ent-spricht bei Gamma = 2,2 ein Pixeltonwert von fast 75 % des Maximums. Dies hat den Vorteil, dass für die untere Hälfte des Motivhelligkeits-umfangs nicht nur 128, sondern 186 Digitalisie-rungsschritte zur Verfügung stehen.

In der Praxis verwendet man bei sehr kleinen Helligkeitswerten sogar eine lineare, nicht so stark ansteigende Funktion, um Bildrauschen weniger zu verstärken (ITU-R-Empfehlung Rec. 709, früher CCIR Rec. 709).

Das Gamma des Auges

Unsere Sinnesorgane können schwache Signale wesentlich besser auflösen als sehr starke. Deshalb empfinden wir die in der Fotografie oft benutzte Graukarte als mittleres (50 %iges) Grau, obwohl sie lediglich 18 % des auffallenden Lichts reflektiert, also deutlich dunkler ist.

Misst man die Helligkeitsempfindung des Auges in Abhängigkeit von der physikalischen Licht-intensität, ergibt sich ebenfalls eine Potenzfunk-tion der Form $y = x^{1/gamma}$.

Das Gamma des Auges ist etwa 2,47.

Die Vorentzerrung hebt – dem Ver-halten des Monitors genau entgegen-gerichtet – kleine Signale stärker an als große. Eine vorteilhafte Erhöhung des Signal-Rauschabstands ist die Folge. Dieser hat für digitale Signale zwar kaum noch Bedeutung, doch auch hier ist die Gammakodierung der Bil-der vorteilhaft: Ursprünglich geringe Helligkeiten des Bildmotivs werden (da ihre Helligkeit ja angehoben wird) mit feineren Abstufungen digitalisiert als ursprünglich große Helligkeiten, das heißt, die »Schatten« werden besser aufgelöst. Ohne Gammakodierung würden die bei 8-Bit-Digitalisierung zur Verfügung stehenden 256 digitalen Tonwerte linear auf den zu messenden Hel-ligkeitsbereich verteilt (**2**). Da unser Auge im unteren Helligkeitsbereich sehr empfindlich ist, bestünde die Gefahr, dass dort die Abstufungen sichtbar werden. Im oberen Bereich wären dagegen die Stufen unnötig fein, es würde Information verschenkt.

Die Gammakodierung des Signals dient also vor allem dazu, Unzulänglich-keiten der Signalverarbeitung zu kompensieren. Würden alle Bilder mit 10 oder mehr Bit digitalisiert und übertragen, wäre sie nicht nötig.

Allgemein gilt: Jedes bei Aufnahme und Digitalisierung aufgeprägte Gamma muss bei der Wiedergabe durch eine gleich große, entgegengerichtete Gamma-funktion kompensiert werden, damit der Bildeindruck erhalten bleibt (**1**). Die standardisierten Gammawerte von 1,8 (Mac) und 2,2 (PC) sind jedoch kleiner als das »natürliche« Monitor-Gamma (2,35 bis 2,55). Für die Korrektur der verbleibenden Abweichung enthält jede moderne Grafikkarte eine Korrektur-tabelle (Look-up-Table, **LUT**). Beim Mac werden die nötigen Korrekturwerte (aus dem Monitorprofil) hier automatisch eingetragen, Windows ist dazu auf Fremdprogramme angewiesen. Monitor-Kalibrierungsprogramme bringen solche Programme mit. Paint Shop Pro XI lädt vorhandene Korrekturdaten ebenfalls in die LUT, speichert jedoch in selbst erstellten Profilen solche Daten nicht.

Auch der Gammawert des Bildes wird im Profil gespeichert. Dies ermöglicht es einem farbmanagementfähigen Programm, Bilder, die mit unterschiedlichen Gammawerten kodiert wurden, stets in der richtigen Helligkeit anzuzeigen. Von einem Mac stammende Bilder mit einem Gamma von 1,8, die kein Profil enthalten, werden dagegen auf dem PC zu dunkel dargestellt.

Wiedergabeprioritäten

Aufgabe des Farbmanagement-Moduls ist es, Farben aus einem Farbraum in einen anderen Farbraum umzurechnen. Ist der Zielfarbraum größer als der Quellfarbraum, bereitet dies keine Probleme, andersherum schon: Was soll mit den Farben geschehen, die außerhalb des Zielfarbraums liegen? Man kann sie beispielsweise einfach »abschneiden« (womit die Farben nicht verschwinden, sondern mit der nächstliegenden darstellbaren Farbe gefüllt werden) oder versuchen, alle Farben so anzupassen, dass der Gesamteindruck erhalten bleibt. Es gibt insgesamt vier solcher Umrechnungsmethoden, die unter dem Begriff **Wiedergabeprioritäten** zusammengefasst werden, Ihnen aber auch als **Umrechnungsziele** oder dem englischen Begriff **Rendering Intends** begegnen können. Wie so oft in der Bildbearbeitung hat man sich im deutschsprachigen Raum bisher nicht auf eine Bezeichnung einigen können – dies gilt auch für die Wiedergabeprioritäten selbst.

Nachfolgend gebe ich zuerst die in Paint Shop Pro verwendeten Begriffe (**3**), dann in Klammern die (oft aussagekräftigeren) Alternativen an.

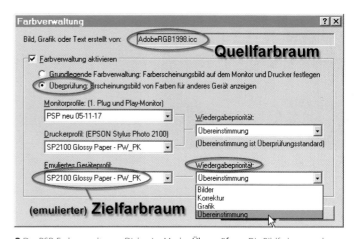

3 Der PSP-Farbverwaltungs-Dialog im Modus **Überprüfung**. Die Bildfarben werden aus dem Arbeitsfarbraum (Quellfarbraum) zuerst in den Druckerfarbraum (Zielfarbraum) und dann für die Monitordarstellung in den Monitorfarbraum umgerechnet.

Bilder (Wahrnehmungsgetreu, Fotografisch, Perzeptiv): Die Abstände zwischen den Farben des Quellfarbraums werden so verringert, dass alle Farben in den Zielfarbraum passen. Diese vor allem für Fotos empfohlene Umrechnungsmethode erhält weitgehend den Gesamteindruck eines Bildes, jedoch kann es zu Sättigungsverlusten kommen – die Bilder wirken flauer.

Korrektur (Absolut farbmetrisch): Farben aus dem Quellfarbraum, die es auch im Zielfarbraum gibt, bleiben unverändert, außerhalb liegende Farben werden genau auf dem Rand des Zielfarbraums platziert. Damit können Farbdifferenzierungen verloren gehen.

Digitalkameras arbeiten prinzipbedingt in diesem Modus, wenn man den automatischen Weißabgleich abschaltet. Sie erfassen nur einen Ausschnitt aller real vorkommenden Farben und schneiden die restlichen ab. In der Bildbearbeitung hat dieser Modus nur Berechtigung, wenn sogenannte Logofarben exakt erhalten werden sollen.

Übereinstimmung (Relativ farbmetrisch, Proofing): Dieser Modus gleicht dem vorigen, jedoch wird der Weißpunkt an den des Zielfarbraums angepasst.

Digitalkameras mit automatischem Weißabgleich arbeiten so. Für Umrechnungen aus einem kleinen in einen großen Farbraum – etwa von CMYK zu RGB – und für Proofzwecke ist dieser Modus gut geeignet. In umgekehrter Richtung können wie bei **Korrektur** Farbunterschiede verloren gehen. Wenn jedoch im konkreten Bild nur wenige Farben außerhalb des Zielfarbraums liegen, bringt dieser Modus oft bessere Ergebnisse als **Bilder**, denn er erhält die Farbdifferenzen derjenigen Farben, die innerhalb des Zielfarbraums liegen, vollständig.

Grafik (Sättigung): Bei der Umrechnung der Farben hat der Erhalt der Sättigung Priorität vor dem Erhalt des Farbtons. Diese Methode ist wenig gebräuchlich und nur sinnvoll, wenn es auf »knallige« Farben ankommt.

Welcher Arbeitsfarbraum?

Der Arbeitsfarbraum (in PSP: Farbarbeitsbereich) sollte mindestens den Quellfarbraum der Bilder und den Druckerfarbraum umfassen, aber auch nicht größer als nötig sein.

sRGB – die PSP-Voreinstellung, ist nur dann empfehlenswert, wenn Kamera oder Scanner ausschließlich sRGB-Bilder liefern und diese für das Internet oder einen sRGB-Drucker bearbeitet werden. **Adobe RGB** ist eine bessere Alternative – viele Kameras können bereits Bilder in diesem Farbraum ausgeben. Sind die Bilder für einen guten Tintenstrahldrucker oder den Vierfarbdruck bestimmt, kommen auch **ECI-RGB** und **L*-RGB** in Frage.

Welche Wiedergabepriorität?

Für Fotos wird einhellig **Bilder** empfohlen. Doch das ist nicht immer richtig. Das Farbmanagement interessiert es nicht, welche Farben wirklich in einem Bild vorkommen. Es drängt die Bildfarben im Modus **Bilder** auch dann zusammen, wenn dies nicht nötig wäre, weil es im konkreten Bild gar keine außerhalb des Farbraums liegenden Farben gibt.

Probieren Sie alternativ **Übereinstimmung** aus und kontrollieren Sie mit der Farbverwaltungsoption **Überprüfung** (**3**), welche Wiedergabepriorität für ein konkretes Bild die bessere ist. Wenn mit **Übereinstimmung** keine Farbdifferenzierungen in den kritischen Bereichen (dies sind in der Regel die Bereiche mit hochgesättigten Farben) verloren gehen, können Sie diese Wiedergabepriorität bedenkenlos wählen.

1 Dieses RGB-Farbbild habe ich als Ausgangsbild für die Separationen benutzt.

2 Separation der HSL-Kanäle

3 Die separierten HSL-Kanäle (**2**) wurden hier zu einem RGB-Bild zusammengefügt. Solche »falschen« Kombinationen bewirken starke Farbverfremdungen.

4 Separation der RGB-Kanäle

5 Separation der CMYK-Kanäle

6 Speichern eines CMYK-Bildes im TIF-Format

Kanäle und Ebenen

Farbkanäle

Die Bezeichnung **Kanal** für die einzelnen (Farb-)Komponenten eines Bildes sollte Ihnen aus dem bisher Gesagten vertraut sein. RGB- und HSL-Farbbilder benötigen drei, Bilder im CMYK-Farbraum vier Kanäle. PSP verfügt über keine Kanälepalette, deshalb kann man den Kanalaufbau eines Bildes nicht direkt sehen. Allerdings ist es mit Bild>Kanäle trennen möglich, ein Farbbild in seine Kanäle aufzutrennen (zu separieren). Man erhält drei bzw. vier Graustufenbilder mit den Bildinformationen je eines Kanals (**1**, **2**, **4**, **5**). Umgekehrt können mit den unter Bild>Kanäle kombinieren versammelten Befehlen RGB-, HSL- und CMYK-Bilder aus einer entsprechenden Anzahl von Graustufenbildern komponiert werden. Sie müssen dazu nicht einmal die gleiche Größe haben. Paint Shop Pro skaliert alle Teilbilder auf die Größe des Bildes, das für den ersten Kanal gewählt ist. Auch Über-Kreuz-Kombinationen sind möglich (**3**).

Die Kanal-Separation ist recht informativ, bringt aber in der Praxis wenig Nutzen. Zwar lassen sich Bilder damit kanalweise bearbeiten, doch fehlt die »Zusammenschau« – das Ergebnis sieht man erst, wenn die Teilbilder wieder zusammengefügt sind. Weiter hinten zeige ich Ihnen, wie man Kanäle durch Ebenen simulieren und so Bilder kanalweise bearbeiten kann (≫**242**). Einige PSP-Dialoge erlauben es ebenfalls, Bilder kanalweise zu bearbeiten.

Bis Version 9 stellte Paint Shop Pro die CMYK-Kanäle ohne Rücksicht auf die subtraktive Farbmischung beim Druck dar, so dass sie »negativ« erscheinen (»Schwarz« bedeutet »keine Farbe«). Die Ergebnisse der CMYK-Kanaltrennung mussten deshalb noch invertiert werden (bis PSP 9 mit Anpassen>Farbbalance>Negativbild), bevor sie für den Vierfarbdruck geeignet waren. Seit PSP X ist dies nicht mehr nötig. Zudem funktioniert das Speichern eines CMYK-Bildes nun auch ohne vorherige Separation. Wählen Sie Datei>Speichern unter>Dateityp:TIF und dann Optionen>Farbkanäle>CMYK (**6**). Vergessen Sie aber nicht, dies wieder zurückzustellen, sonst werden künftig alle TIFF-Bilder im CMYK-Farbmodell gespeichert.

Alphakanäle

Neben den Farbinformationen lassen sich auch noch andere Infomationen in Kanälen speichern. Solche zusätzlichen Kanäle, die im Prinzip ebenfalls Graustufenbilder darstellen, heißen **Alphakanäle**. Genutzt werden sie vor allem zum Speichern von Auswahlen und Maskierungen. Nach Erstellen einer Auswahl (**7**) ist der Befehl Auswahl>Auswahl laden/speichern>Auswahl in Alphakanal speichern verfügbar (**8**). Der gleiche Weg führt zum Laden einer Auswahl aus einem Alphakanal. Den Dialog zum Löschen von Alphakanälen (**9**) finden Sie dagegen im Bild-Menü direkt unter den Kanäle-trennen/kombinieren-Befehlen.

Letztere separieren leider keine Alphakanäle. Das wäre aber wünschenswert, um diese direkt als »Graustufenbild« bearbeiten zu können. Die Bearbeitung ist zwar möglich, jedoch fehlt eine ausreichende Sichtkontrolle (**10**).

7 Mittels Zauberstab und einer **Randschärfe** von 7 Pixeln (sollte besser »Randunschärfe« heißen) wurden hier die Augen ausgewählt.

8 Mit Auswahl> Auswahl laden/speichern>Auswahl in Alphakanal speichern erzeugen Sie den Alphakanal. Das kleine Fenster links zeigt, dass in diesem Bild bereits eine weitere, rechteckige Auswahl (Auswahl #1) als Alphakanal gespeichert ist.

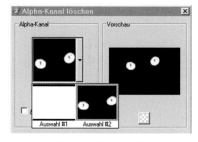

9 Alphakanäle lassen sich selektiv löschen. Den Befehl dazu finden Sie nicht im Auswahl-, sondern im Bild-Menü: Bild>Alpha-Kanal löschen.

10 Ob ein Bild Alphakanäle enthält, verrät lediglich dieser Dialog, zu finden unter Bild>Bildinformationen.

1 Ein aus vier Ebenen kombiniertes Bild (oben), der prinzipielle Aufbau (Mitte) und die Darstellung in der Ebenenpalette (unten).

2 Ein rechter Mausklick in den Kopf der Ebenenpalette und dann **Allgemeine Programmeinstellungen** öffnet diesen Dialog, wo die Miniaturgrößen gewählt werden können. Zur gewohnten »klassischen« Zeilenansicht wechseln Sie mit **Rechtes Fenster**.

Ebenen

Unser digitales Bild ist bisher relativ übersichtlich: Es besteht lediglich aus einer zweidimensionalen Schicht von farbigen Pixeln. Farbraum, Kanäle – alles das, was ich auf den vorangehenden Seiten erläutert habe – ändert daran nichts, sondern dient lediglich der Erklärung und der besseren Handhabbarkeit.

In diesem Abschnitt werden wir nun weitere Schichten hinzufügen und das Bild damit zu einem komplexen Sandwich aus Pixeln, Filtern und Masken machen. Üblicherweise entsteht ein solch dreidimensionaler Aufbau während der Bearbeitung eines Bildes oder einer Bildkomposition und wird nach deren Abschluss wieder auf eine zweidimensionale Pixelschicht reduziert. Dies ist aber keineswegs nötig, ja oft sogar schädlich, denn es verhindert nachträgliche Änderungen. Jedes Bildbearbeitungsprogramm kann inzwischen solche Kompositionen in einer einzigen Datei speichern.

Die einzelnen Schichten des Bild-Sandwichs werden **Ebenen** genannt. Sie entsprechen übereinander liegenden transparenten Folien, die unterschiedliche Versionen desselben Bildes oder auch ganz unterschiedliche Bilder enthalten können. Den Aufbau zeigt die Ebenenpalette (**1**), die mit PSP X deutlich benutzerfreundlicher und flexibler wurde (**2**). Hier lassen sich einzelne Ebenen ein- und ausblenden, miteinander verbinden und gruppieren, Deckkraft und Mischmodus ändern und vieles mehr.

Paint Shop Pro unterstützt bis zu 500 Ebenen. Wie viele jedoch tatsächlich in einem Bild möglich sind, hängt von der Größe des Arbeitsspeichers ab.

Die Ebenentypen in Paint Shop Pro

Hintergrundebene Die Hintergrundebene ist die unterste Ebene eines Bildes. Sie enthält Rasterdaten (Pixel), hat jedoch gegenüber einer Rasterebene einige Einschränkungen. Sie lässt sich nicht umbenennen oder verschieben und unterstützt keine Transparenz. Deckkraft und Mischmodus lassen sich nicht ändern. Eine Hintergrundebene kann rasch in eine reguläre Rasterebene umgewandelt werden. Paint Shop Pro speichert in zahlreichen Bilddateiformaten (darunter auch JPEG und TIF) jedoch lediglich Bilder, die auf die Hintergrundebene reduziert sind.

Rasterebenen Ebenen, die ausschließlich Rasterdaten (Pixel) enthalten. Die Effektbefehle, die Zeichenwerkzeuge und viele andere Funktionen können nur auf Rasterebenen angewendet werden.

Vektorebenen Ebenen, die nur Vektorobjekte (Linien und Formen), Vektortext oder Vektorgruppen enthalten. Vektorobjekte und -text sind nicht aus Pixeln zusammengesetzt, sondern werden mathematisch durch Punkte und Kurven definiert. Deshalb sind sie »unendlich fein« aufgelöst: Sie verlieren ihre Schärfe und Detailgenauigkeit auch bei extremen Vergrößerungen nicht. Allerdings ist es für die Anwendung vieler Werkzeuge und Funktionen sowie zum Speichern oft nötig, Vektorebenen in Rasterebenen umzuwandeln.

Malebenen Spezielle Rasterebenen, welche die Eigenschaften eines Malgrunds (trocken/nass, Leinwandstruktur) und die Verlaufs- und Überlagerungseigenschaften von Malfarben simulieren. Malebenen werden manuell (Ebenen>Neue Malebene…) oder automatisch bei erstmaliger Verwendung eines Malwerkzeugs erstellt. Sie können in Rasterebenen, nicht aber in Vektorebenen umgewandelt werden.

Maskenebenen Ebenen, welche die darunter liegenden Ebenen teilweise oder vollständig maskieren, d. h. unsichtbar (transparent) machen. Maskenebenen sind immer Raster-Graustufenebenen. Der Tonwert ihrer Pixel bestimmt den Grad der Maskierung: Schwarz maskiert darunter liegende Bilder vollständig, Weiß gar nicht. Grauwerte bewirken je nach Tonwert eine mehr oder weniger starke Maskierung, d. h. Transparenz (**3**).

Obwohl Maskenebenen eigentlich ganz normale Graustufenbilder enthalten und sich auch wie diese mit Pinsel- und anderen Werkzeugen bearbeiten lassen, zeigt Paint Shop Pro sie nicht direkt, sondern nur als Miniatur in der Ebenenpalette an – die Bearbeitung muss deshalb fast »blind« erfolgen. Das Einfügen von Bildern oder Bildteilen in Maskenebenen (und auch in Anpassungsebenen) ist mit dem Kopierbefehl Bearbeiten>Als neue Auswahl einfügen [Strg][E] möglich.

In der Regel beeinflusst man mit Maskenebenen pixelgenau die Deckfähigkeit einer einzigen Ebene, um damit beispielsweise Details freizustellen oder bei Montagen weiche Übergänge zu schaffen. Paint Shop Pro unterstützt dies, indem es beim Hinzufügen einer Maskenebene automatisch eine neue Ebenengruppe anlegt, die nur die Maske (als oberste Ebene) und die vorher gewählte Ebene oder Ebenengruppe enthält.

Anpassungsebenen Korrekturebenen, die wie ein Filter auf die darunter liegenden Ebenen wirken und deren Helligkeit oder Farben verändern. Eine Anpassungsebene führt dieselbe Korrektur aus wie der entsprechende Befehl im Menü **Anpassen** bzw. **Effekte**, verändert dabei jedoch kein einziges Bildpixel. Zudem können die Korrekturwerte durch erneuten Aufruf der Anpassungsebene jederzeit verändert werden. In Paint Shop Pro XI gibt es neun Arten von Anpassungsebenen.

Anpassungsebenen sind gleichzeitig Maskenebenen, die standardmäßig weiß sind, also den Korrektureffekt voll auf die darunter liegenden Ebenen durchschlagen lassen. Durch partielle Abdunklung einer Anpassungsebene kann der Effekt entsprechend vermindert oder ganz aufgehoben werden (**4**).

Ebenengruppen Alle Ebenentypen lassen sich – auch vermischt – zu Ebenengruppen zusammenfügen. Dies dient der Übersicht, außerdem lassen sich einige Funktionen so schnell auf alle Ebenen einer Gruppe anwenden. Ebenengruppen können wieder Ebenengruppen enthalten (verschachtelte Gruppen). Teilweise legt Paint Shop Pro Ebenengruppen automatisch an, beispielsweise beim Hinzufügen einer Maskenebene (**3**). Werden alle Ebenen aus einer Ebenengruppe entfernt, löscht Paint Shop Pro die Ebenengruppe.

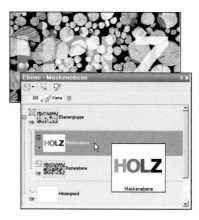

3 Eine Maskenebene, welche die Schrift (in unterschiedlichen Grautönen) enthält, bewirkt im Bild des Holzstapels (oben) partielle Abschwächungen der Deckfähigkeit. Dort schimmert der weiße Hintergrund hindurch.

4 Per Anpassungsebene **Kurven** werden hier – maskiert durch die in der Anpassungsebene dunkel erscheinenden Flächen – nur die der Schriftform entsprechenden Bereiche des darunter liegenden Bildes aufgehellt. Dies bewirkt ein ähnliches Ergebnis wie in **3**.

Anpassungsebenen und die dazu analogen Programmbefehle

- Helligkeit/Kontrast Anpassen>Helligkeit und Kontrast>Helligkeit/Kontrast ≫**189**
- Kanäle mischen Anpassen>Farbe>Kanäle mischen ≫**209**
- Farbabgleich Anpassen>Farbabgleich ≫**212**
- Kurven Anpassen>Helligkeit und Kontrast>Kurven ≫**189**
- Farbton/Sättigung/Helligkeit Anpassen>Farbton und Sättigung>Farbton/Sättigung/Helligkeit ≫**216**
- Umkehren Bild>Negativbild
- Niveaus Anpassen>Helligkeit und Kontrast>Niveaus ≫**191**
- Poster Effekte>Kunsteffekte>Poster ≫**205**
- Schwellenwert Anpassen>Helligkeit und Kontrast>Schwellenwert ≫**204**

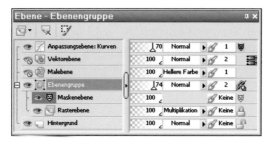

1 Die »klassische« Palettenansicht mit den sieben Ebenenarten und ihren Eigenschaften: Die drei nebeneinander stehenden Felder im rechten Teilfenster sind für **Deckfähigkeit**, **Mischmodus** und **Verbindung** zuständig. Die Symbolschalter ganz rechts bedeuten (von oben nach unten): **Masken-Überzug** (ein), **Mischbereich eingeschränkt** (nur Anzeige), **Gruppenzugehörigkeit** (ein), **Masken-Überzug** (aus), **Transparenzschutz** (ein und aus).

2 Die seit PSP X neue Palettenansicht zeigt die Infomationen, die sich in **1** im rechten Teilfenster befinden, nun nur für die gerade gewählte Ebene im Kopf der Palette. Der Symbolschalter für die **Sichtbarkeit** der Ebene (Auge) und die Symbole für den Ebenentyp liegen hier nun über- statt nebeneinander.

Die Anpassungs- und die Maskenebene habe ich in beiden Abbildungen gelb bzw. orange markiert.

Ebeneneigenschaften

Ebenen in Paint Shop Pro können die folgenden Eigenschaften haben (**1, 3**): **Name, Markierungsfarbe, Sichtbarkeit, Deckfähigkeit, Mischmodus, Gruppenzugehörigkeit, Verbindung, Masken-Überzug, Transparenzschutz, Leinwandtextur, Mischbereich.**

Name Paint Shop Pro vergibt Ebenennamen automatisch. Diese können – und sollten aus Gründen der Übersichtlichkeit, vor allem dann, wenn mit vielen Ebenen gearbeitet wird – verändert werden (Mausklick in Ebenennamen).

Markierungsfarbe Die Markierung von Ebenen mit individuell festgelegten Farben dient dazu, die Ebenenpalette übersichtlicher zu gestalten. Sie wirkt sich nicht auf die Ebenen selbst aus (**2**).

Wird eine Ebenengruppe markiert, erhalten alle untergeordneten Ebenen, die keine eigene Markierungsfarbe haben, die Farbe der Ebenengruppe zugewiesen. Ich stellte allerdings fest, dass Paint Shop Pro dabei manchmal falsche Entscheidungen trifft und sich erst korrigiert, wenn man den Dialog Ebeneneigenschaften ein zweites Mal aufruft.

Sichtbarkeit Ebenen und Ebenengruppen können sichtbar und unsichtbar geschaltet werden. Dazu dient das Augensymbol neben jeder Ebene. Über Ebenen>Ansicht bzw. das Kontextmenü lassen sich rasch alle oder nur die aktive Ebene ein- und ausblenden.

Deckfähigkeit Die Deckfähigkeit beschreibt, wie stark sich eine Ebene im Gesamtbild auswirkt. Bei einer Deckfähigkeit von 100 % (dem Normalfall) verdecken z. B. Pixel oder Vektorobjekte alles Darunterliegende vollständig (vorausgesetzt, sie sind selbst nicht ganz oder teilweise transparent). Eine Deckfähigkeit von 0 % wirkt wie die Ausblendung der Ebene, diese wird völlig durchsichtig. Bei dazwischen liegenden Deckfähigkeiten werden die Tonwerte von Vorder- und Hintergrundebene je nach dem Wert der Deckfähigkeit miteinander gemischt. Über die Verringerung der Deckfähigkeit lässt sich auch die Wirkung von Anpassungs- und Maskenebenen verringern.

Mit der Einstellung der Deckfähigkeit wird die Ebene stets als Ganzes beeinflusst. Masken und Mischbereiche verändern ebenfalls die Deckfähigkeit, jedoch Pixel für Pixel unterschiedlich.

Mit der Deckfähigkeit rechnen

Sind **A** der Tonwert des Pixels in der oberen Ebene (Vordergrund), **d** die Deckfähigkeit dieser Ebene und **B** der Tonwert des Pixels in der darunter liegenden Ebene (Hintergrund), so ergibt sich der Tonwert **C** des Mischpixels nach der Formel

$$C = d*A + (1 – d)*B$$

Diese Formel gilt auch für den Einfluss einer Maske auf die maskierte Ebene, **d** ist dann die Helligkeit der Maske in einem Punkt.

Mit d = 50 % erhält man den *Durchschnitt* der Tonwerte (C = (A + B)/2). Der Modus **Durchschnitt** im Dialog **Bild>Berechnung** arbeitet so.

Mischmodus Der Mischmodus legt fest, wie die Pixel oder Vektorobjekte der aktuellen Ebene mit denen der darunter liegenden Ebenen vermischt werden. Im Standardmischmodus Normal verdeckt ein Pixel alle darunter liegenden Pixel komplett, sofern die Deckfähigkeit 100 % beträgt und das Pixel selbst keine Transparenz besitzt. Paint Shop Pro verfügt über 20 weitere Mischmodi. Kurze Erläuterungen zu allen Mischmodi finden Sie drei Seiten weiter.

Gruppenzugehörigkeit Das Zusammenfassen von Ebenen in Gruppen bewirkt noch nicht, dass diese gemeinsam verschoben werden können. Dazu muss zusätzlich die in der Ebenenpalette bei jeder Gruppe vorhandene Schaltfläche **Gruppenzugehörigkeit** betätigt werden. Im Eigenschaften-Dialog (**3**) heißt diese Funktion **Gruppe verbunden**.

Verbindung Sollen Ebenen, die zu unterschiedlichen Gruppen gehören, gemeinsam verschoben werden, müssen diese die gleiche Verbindungs-nummer erhalten. Auf diese Weise definierte Ebenenverbindungen gehen der Gruppenzugehörigkeit vor. Weder Gruppierung noch Verbindung gestatten jedoch, dass mehrere Ebenen gemeinsam bearbeitet werden können.

Masken-Überzug Der Masken-Überzug bedeckt (und markiert damit) Bildflächen, die von einer **Maskenebene** maskiert werden (**4**). Bei **Anpassungsebenen**, die ebenfalls eine Maske enthalten können, werden dagegen die *nicht* maskierten Bereiche (also die, wo sich der Effekt der Anpassungsebene voll auswirken kann) vom Überzug bedeckt.

Farbe und Transparenz des Überzugs sind im Dialog **Ebeneneigenschaften** wählbar. Standard ist Rot mit 50 % Deckfähigkeit. Dieser halbtransparente Über-zug ist jedoch kaum sichtbar, wenn er über stark strukturierten Bildflächen liegt. Für die Unterscheidung unterschiedlicher Maskierungsgrade ist er überhaupt nicht geeignet. Eine Graustufenansicht der Maske als Vollbild bietet Paint Shop Pro von Hause aus leider nicht. Sie können dies jedoch mit einer zusätzlichen Ebene und der Änderung der Überzug-Einstellungen selbst einrichten (≫261). Ein Notbehelf ist, die Quickinfo-Miniaturansicht (die in der Ebenenpalette erst sichtbar wird, wenn man den Mauszeiger darüber führt) in den Programm-voreinstellungen auf das Maximum zu vergrößern (≫32).

Transparenzschutz Diese (standardmäßig ausgeschaltete) Funktion schützt transparente Bildbereiche vor der Bearbeitung. Die meisten Werk-zeuge und Effekte wirken sowieso nur auf Pixel, die wenigstens eine minimale Deckfähigkeit haben. Wenn Sie aber z. B. beim Malen mit dem Standardpinsel verhindern wollen, dass transparente Bereiche mit übermalt werden, schalten Sie den Transparenzschutz ein. Der Transparenzschutz ist nur für Rasterebenen verfügbar. Auch Hintergrundebenen unterstützen keine Transparenz.

Leinwandtextur Die Leinwandtextur ist eine spezielle Eigenschaft von Mal-ebenen und beeinflusst Struktur und Verlauf von Farben, die mit den speziellen Malwerkzeugen von Paint Shop Pro aufgebracht werden.

3 Die meisten Ebeneneigenschaften lassen sich direkt bei Neuanlage einer Ebene, aber auch später im Dialog **Ebeneneigenschaften** wählen.

4 Der farbige Masken-Überzug zeigt, welche Bildbereiche von einer Maskenebene maskiert oder von einer Anpassungsebene beeinflusst werden.

Speichern von Ebenen

Wenn alle Ebenen und Ebeneneigenschaften erhalten bleiben sollen, müssen die Bilder im Paint Shop Pro-Dateiformat **PspImage** gespei-chert werden. Beim Speichern im Photoshop-Format PSD werden Raster- und Anpassungs-ebenen beibehalten, Vektorebenen jedoch in Rasterebenen umgewandelt und Gruppen zu einer Ebene zusammengefasst. Andere Formate speichern meist sogar nur das zu einer Hinter-grundebene zusammengefasste Bild.

Mischbereich Über den Mischbereich lässt sich die Deckfähigkeit von Pixeln oder Vektorobjekten farb- und tonwertabhängig festlegen, was z. B. Montagestellen unsichtbar macht. Diese Funktion findet sich im Dialog **Ebeneneigenschaften** (Ebenen>Eigenschaften>Mischbereiche bzw. Doppelklick auf den Ebenennamen). Die beiden Reglerbalken enthalten acht Einzelregler, und dies für jeden von drei Farbkanälen sowie einen Graustufenkanal. Das ergibt insgesamt 32 Möglichkeiten, die Deckfähigkeit von Pixeln zu verändern. Die Mischbereichsfunktion gehört zu den komplexesten Funktionen überhaupt, aber auch zu den nützlichsten. Sie zu verstehen, lohnt sich, denn dies erschließt ein mächtiges Werkzeug zum Überblenden von Ebenen.

Die Funktion legt wie gesagt die Deckfähigkeit anhand von Pixel-Tonwerten fest. Wenn als **Mischkanal** eine Farbe gewählt ist, werden nur die Tonwerte im entsprechenden Kanal berücksichtigt, wenn Grau-Kanal gewählt ist, die errechneten Helligkeitswerte der Pixel.

Betrachten wir zunächst den Balken **Diese Ebene**. Der Farb- bzw. Graustufenbalken zeigt alle möglichen Tonwerte von 0 (Schwarz) bis 255 (Weiß bzw. Vollfarbe). Anfangs stehen je zwei kleine Regler-Dreiecke auf 0 (links) bzw. 255 (rechts). Der Bereich zwischen diesen Reglern hat volle Deckfähigkeit (100 %), wie das kleine Popup-Fenster verrät, das erscheint, wenn man mit dem Mauszeiger über den Balken fährt. Verschiebt man nun einen der oberen Regler zur Mitte, verringert dies im Bereich der dabei entstehenden »Rampe« die Deckfähigkeit. Für eine Deckfähigkeit von null muss auch ein unterer Regler zur Mitte verschoben werden. Die Einstellungen im nebenstehenden Beispiel (**1**) haben auf **Diese Ebene**, also das Vordergrundbild, folgende Wirkungen:

1 Die Abbildung ganz oben zeigt die beiden zu mischenden Ebenen, in der Mitte ist das Ergebnis zu sehen. Den Mischbereich habe ich im Dialog **Ebeneneigenschaften** (unten) auf Tiefen und Mitteltöne des Blaukanals reduziert. Damit wird der Himmel, der vor allem helle Blautöne enthält, zu großen Teilen transparent.

- Pixel, die im Blaukanal Tonwerte zwischen 0 und 138 haben, behalten ihre Deckfähigkeit von 100 %.
- Pixel, die im Blaukanal Tonwerte zwischen 170 und 255 haben, werden komplett transparent (Deckfähigkeit 0 %).
- Pixel, die im Blaukanal Tonwerte zwischen 138 und 170 haben, werden mit wachsendem Tonwert zunehmend transparent (Deckfähigkeit 100 % … 0 %).

Die gelben Blätter enthalten viel Rot. Deshalb nimmt eine zu **1** analoge, jedoch im Rotkanal vorgenommene Einstellung die Blätter aus dem Mischbereich heraus. Sie werden durchsichtig.

Der damit eingestellte Mischbereich reicht von 0 bis 138 und dann abfallend bis 169, was Paint Shop Pro mit dem farbigen Balken anzeigt. Pixel mit einem Blau-Tonwert ab 170 gehen in die Mischung überhaupt nicht ein.

Lassen Sie sich nicht davon irritieren, dass beim Mischmodus Normal (wie im Beispiel **1**) eigentlich gar keine Mischung stattfindet, sondern eine Überdeckung. Die Änderung des Mischmodus z. B. auf Farbe macht die Wirkungsweise klarer (**2**).

2 Für dieses Beispiel habe ich als Mischmodus Farbe gewählt, was das Ergebnisbild aus der Farbe des Vordergrunds und der Helligkeit des Hintergrunds mischt. Die Mischbereichseinstellungen sind die gleichen wie oben. Von der Mischung nicht betroffen ist nur der untere Bildbereich.

Der untere Balken im Mischbereichs-Dialog ist mit **Darunter liegende Ebene** beschriftet (richtig müsste hier die Mehrzahl stehen). Auf den ersten Blick scheint die Funktion exakt der des oberen Mischbalkens zu entsprechen. Vertauschen wir also einmal die Ebenen und nehmen für die nun untere die gleichen Einstellungen vor wie im Beispiel **1**. Das Werkzeug selbst wird natürlich wieder auf die obere Ebene angewendet (**3**). Das Ergebnis weicht nicht nur deutlich von der Erwartung ab – es scheint sogar eine Art »Negativ« zu sein. Laut Reglerstellung reicht der Mischbereich wieder von den geringen bis zu den mittleren Blau-Tonwerten des Laub-Bildes. Pixel mit hohen Blau-Tonwerten sind aus dem Mischbereich ausgeschlossen – aber gerade die tauchen im Mischbild auf!

Die scheinbar ausgesparten Blattformen sind dagegen verständlich, denn sie liegen im Mischbereich, werden also – da wir den Mischmodus Normal haben – vom Herbstwald komplett überdeckt. Eine Änderung des Mischmodus macht auch hier deutlicher, dass und wo die Pixel wirklich gemischt werden.

Paradox ist, was mit den Hintergrundpixeln geschieht, die außerhalb des Mischbereichs liegen, also vor allem den blauen Pixeln unten in der Mitte. Sie setzen sich gegen den Vordergrund komplett durch. Das ist etwas ganz anderes, als bei dem Beispiel auf der vorigen Seite passierte. Dort wurden die außerhalb des Mischbereiches liegenden (Vordergrund-)Pixel transparent, also unsichtbar.

Das Popup-Fenster weist für diesen Bereich eine »Deckfähigkeit« von 0 % aus. Das mag stimmen, wenn man Deckfähigkeit hier als »Mischfähigkeit« interpretiert. Doch nirgends wird erwähnt, dass die Hintergrundpixel, die in diesen Bereich fallen, eine nach oben gerichtete »Durchschlagskraft« von 100 % haben. Im Übergangsbereich (der Rampe, so vorhanden) verringert sich diese Durchschlagskraft bis auf null, während gleichzeitig die Mischfähigkeit ansteigt.

Um exakt das gleiche Ergebnis wie in Beispiel **1** zu erhalten, müssen wir deshalb im unteren Mischbalken die »negative« (komplementäre) Einstellung wählen. Was dort ausgespart blieb, wird jetzt zum Mischbereich (**4**).

Die Regler lassen sich auch übereinander wegziehen. Das ergibt einen Mischbereich, der z. B. nur die Tiefen und die Lichter des Vordergrundbildes umfasst und die Mitteltöne ausspart. Bei Anwendung auf **Darunter liegende Ebene** bewirkt dies dagegen eine Schneise für die Mitteltöne, die nun durch das Vordergrundbild unbeeinflusst hindurchscheinen, während Tiefen und Lichter des Hintergrunds abgedeckt bzw. je nach Mischmodus verändert werden (**5**).

Die folgenden Merksätze fassen die Wirkung noch einmal zusammen:

• Pixel, deren Tonwerte innerhalb der Mischbereiche von **Diese Ebene** oder **Darunter liegende Ebene** liegen, werden miteinander gemischt. Für den Mischmodus Normal bedeutet dies: Vordergrundpixel überdecken Hintergrundpixel.
• Pixel außerhalb des Mischbereichs von **Diese Ebene** sind unsichtbar.
• Pixel außerhalb des Mischbereichs von **Darunter liegende Ebene** sind stets sichtbar.
• Die Einstellungen von **Diese Ebene** und **Darunter liegende Ebene** verhalten sich komplementär.

3 Die gleichen Einstellungen wie in **1** auf dieselbe, aber nun unten liegende Ebene angewendet, bewirken etwas völlig anderes.

4 Erst die komplementären Einstellungen zaubern das gleiche Bild wie in **1** hervor.

5 Die Mitteltöne liegen hier außerhalb des Mischbereichs. Dies habe ich durch Übereinander-Hinwegziehen der Regler erreicht.

Normal
Dunklere Farbe
Hellere Farbe
Farbton
Farbton (Vorversion)
Sättigung
Sättigung (Vorversion)
Farbe
Farbe (Vorversion)
Helligkeit
Helligkeit (Vorversion)
Multiplikation
Aufhellen
Auflösen
Überzug
Hartes Licht
Weiches Licht
Differenz
Unterbelichten
Überbelichten
Ausschluss

1 Neben **Normal** bietet Paint Shop Pro zwanzig Ebenen-Mischmodi. Bei Pinseln kommt noch der Modus **Dahinter auftragen** hinzu. Der Mischmodus **Überzug** hieß bis PSP 9 **Überlagern**.

Bei Bildern mit 16 Bit Farbtiefe sind leider alle Mischmodi inaktiv.

Formelzeichen

In den Formeln bedeuten:

 – gleiches Ergebnis, wenn die Ebenen vertauscht werden

 – anderes Ergebnis, wenn die Ebenen vertauscht werden

A – Vordergrundebene

B – Hintergrundebene (wie »Background«)

C – Mischbild (wie »Composite«)

B1, B2 – Bild1, Bild2 (in **Bildberechnung 2**)

H, S, L – die Komponenten des HSL-Farbsystems (≫**75**)

Y – die Luminanz (≫**77**)

S – eine spezielle, in Photoshop verwendete Variante der Sättigung. Sie errechnet sich aus dem **Maximum** und dem **Minimum** der drei RGB-Werte eines Pixels nach der Formel:

$$S = \max(R,G,B) - \min(R,G,B)$$

Alle Tonwerte müssen im normierten Wertebereich 0,0 … 1,0 eingegeben werden.

Die Mischmodi

Die Mischmodi (**1**) gestatten die Verknüpfung der Tonwerte zweier Ebenen oder Farben und erlauben zahlreiche Effekte. Dahinter stecken oft ganz einfache mathematische Formeln. Ich habe hier auch die Funktionen aus dem Dialog **Bildberechnung** aufgenommen (**2**). Es sind ebenfalls (teilweise sogar identische) Mischmodi, die lediglich auf zwei Bilder statt auf zwei Ebenen wirken.

Dunklere Farbe Nimmt von den Tonwerten der Vordergrund- und der Hintergrundpixel *kanalweise* den jeweils kleineren (dunkleren) Wert.

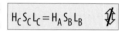
$$B \le A: \quad C = B$$
$$B > A: \quad C = A$$

Hellere Farbe Die Umkehrung des vorigen Modus: Es werden die jeweils helleren Tonwerte übernommen.

$$B \le A: \quad C = A$$
$$B > A: \quad C = B$$

Farbton Mixt das Composite-Bild aus Farbton H des Vordergrunds sowie Sättigung S und Helligkeit L des Hintergrunds. Grautöne im Vordergrund werden wie Rot behandelt.

$$H_C S_C L_C = H_A S_B L_B$$

Farbton (Vorversion) Mixt das Ergebnis aus Farbton H des Vordergrunds sowie *Photoshop-Sättigung S* und Luminanz Y des Hintergrunds. Vordergrund-Grautöne bleiben auch im Mischbild grau. Alle »Vorversion«-Modi entsprechen den gleichnamigen Photoshop-Modi.

$$H_C S_C Y_C = H_A S_B Y_B$$

Sättigung Mischt die Sättigung S des Vordergrunds mit Farbton H und Helligkeit L des Hintergrunds. Vordergrund-Grautöne machen gesättigte Hintergrundfarben zu 50 % Grau. Grau im Hintergrund wirkt ebenfalls entsättigend auf den Vordergrund.

$$H_C S_C L_C = H_B S_A L_B$$

Sättigung (Vorversion) Mischt die *Photoshop-Sättigung S* des Vordergrunds mit Farbton H und Luminanz Y des Hintergrunds. Vordergrund-Grau entsättigt den Hintergrund.

$$H_C S_C Y_C = H_B S_A Y_B$$

Farbe Mischt Farbton H und Sättigung S des Vordergrunds mit der Helligkeit L des Hintergrunds.

$$H_C S_C Y_C = H_A S_A L_B$$

Farbe (Vorversion) Mischt das Composite-Bild aus Farbton H und *Photoshop-Sättigung S* des Vordergrunds sowie der Luminanz Y des Hintergrunds.

$$H_C S_C L_C = H_A S_A Y_B$$

Helligkeit Mischt die Helligkeit L des Vordergrunds mit Farbton H und Sättigung S des Hintergrunds. Das entspricht dem Modus Farbe mit vertauschten Ebenen.

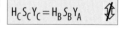
$$H_C S_C L_C = H_B S_B L_A$$

Helligkeit (Vorversion) Mischt die Luminanz Y des Vordergrunds mit Farbton H und *Photoshop-Sättigung S* des Hintergrunds.

$$H_C S_C Y_C = H_B S_B Y_A$$

Multiplikation Multipliziert die Tonwerte, wirkt wie die Projektion zweier übereinander gelegter Dias.

$$C = A * B$$

Aufhellen Die Umkehrung des vorigen Modus. Vorder- und Hintergrund werden »negativ multipliziert« und hellen sich gegenseitig auf (wie bei der Projektion auf die gleiche Leinwand).

$$C = 1 - (1 - A)*(1 - B)$$
$$\text{oder } (1 - C) = (1 - A)*(1 - B)$$

Auflösen Siehe Randspalte.

Überzug (Überlagern) Eine Kombination der Modi **Multiplikation** und **Aufhellen**. Ist der Hintergrund dunkler als 50 % Grau, werden die Tonwerte multipliziert, ist er heller, werden sie negativ multipliziert (und anschließend jeweils verdoppelt).

$$B \leq 0,5: \quad C = 2*A*B$$
$$B > 0,5: \quad C = 1 - 2*(1 - A)*(1 - B)$$

Hartes Licht Dieser Modus gleicht exakt dem Modus **Überzug** bei vertauschten Ebenen.

$$A \leq 0,5: \quad C = 2*A*B$$
$$A > 0,5: \quad C = 1 - 2*(1 - A)*(1 - B)$$

Weiches Licht Der Vordergrund moduliert die Tonwerte des Hintergrunds ähnlich wie eine Gamma-Änderung zwischen 2,0 und 0,5, was sehr weiche Mischungen ergibt. (Die Erklärung dieses Modus in der Online-Hilfe von PSP ist falsch.)

$$A \leq 0,5: \quad C = (2*A - 1)*(B - B^2) + B$$
$$A > 0,5: \quad C = (2*A - 1)*(\sqrt{B} - B) + B$$

Differenz Die absolute Differenz der Tonwerte von Vorder- und Hintergrund (wie stets pro Farbkanal). Der Modus eignet sich dazu, zwei Bildversionen miteinander zu vergleichen.

$$C = |A - B|$$

Unterbelichten Bei hellem Vordergrund setzt sich die Vordergrundebene, bei dunklem Vordergrund die Hintergrundebene im Mischbild durch.

$$C = B / (1 - A)$$

Überbelichten Die Umkehrung des vorigen Modus. Das Mischbild wird vom Vordergrund abgedunkelt.

$$C = 1 - (1 - B) / A$$
$$\text{oder } (1 - C) = (1 - B) / A$$

Ausschluss Helle Bildbereiche invertieren die jeweils andere Ebene, sehr dunkle Bereiche verändern gar nichts. Mittlere Helligkeiten setzen sich im Ergebnis stark durch.

$$C = A + B - 2*A*B$$

Addition Addition der Tonwerte im Dialog **Bildberechnung** (2). Bei **Divisionsfaktor** = 2 ist das Ergebnis gleich dem von Durchschnitt oder dem Mixmodus Normal bei der Deckfähigkeit 50 %.

$$C = B1 + B2$$

Subtraktion Einfache mathematische Subtraktion. Wird *Bild2* vor der Anwendung invertiert, erhält man das Ergebnis der subtraktiven Farbmischung (»74).

$$C = B1 - B2$$

UND, **ODER**, **XOR** Die logischen Operationen **UND** (Und-Funktion, logische Multiplikation), **ODER** (Oder-Funktion) und **XOR** (ausschließliches Oder) verknüpfen die Farbwerte bitweise miteinander. Das Ergebnis hängt nur noch davon ab, ob ein Bit an einer bestimmten Stelle des dualen 8-Bit-Werts, der den Tonwert eines Pixels ausdrückt, gerade Null oder Eins ist. Eine im Bild gar nicht sichtbare Änderung eines Farbwertes um ein Bit kann deshalb im Berechnungsergebnis eine große Wirkung haben.

Weitere Mischmodi

Auflösen Dieser Modus »mischt« gar nicht und fällt deshalb genauso aus dem Rahmen wie der »Mischmodus« Normal. Er macht Pixel der Vordergrundebene nach dem Zufallsprinzip transparent – je kleiner die Deckfähigkeit des Vordergrunds ist, desto mehr Pixel. Eine vollständig deckende Ebene wird gar nicht verändert, eine wenig deckende wird stark löchrig, so dass der Hintergrund hindurch scheint. Man kann sagen, dass die Deckfähigkeit der Ebene »gedithert« wird, ähnlich wie die Bildfarben bei der Farbreduktion per Fehlerdiffusionsverfahren (»102).

Dahinter auftragen Dieser Modus steht nur als Pinseloption zur Verfügung. Man kann mit ihm auf (auch teilweise) transparenten Bereichen einer Ebene malen, ohne dass die bereits vorhandenen Pixel übermalt werden. Damit ist er sozusagen die Umkehrung der Ebenenoption **Transparenzschutz** (»89). Er funktioniert nicht auf Hintergrundebenen, da diese keine Transparenz unterstützen.

2 Der Dialog **Bildberechnung** (Bild>Berechnung) mischt zwei Bilder mit zehn mathematischen Funktionen: Multiplikation und Differenz entsprechen den gleichnamigen Mischmodi, **Dunkelstes** und **Hellstes** sind andere Namen für **Dunklere Farbe** und **Hellere Farbe**. Durchschnitt entspricht einer Überlagerung mit Deckfähigkeit 50 %. Die weiteren Funktionen finden Sie im Haupttext.

Die Berechnung kann für **Alle Kanäle** oder Einzelkanäle – auch über Kreuz – erfolgen. Das Ergebnis wird durch den **Divisionsfaktor** dividiert und um den **Wichtungsfaktor** erhöht bzw. erniedrigt (das ist also kein Faktor, sondern ein Summand). Ein Anwendungsbeispiel finden Sie auf Seite »237.

Metadaten und Dateiformate

Ein digitales Bild enthält neben Pixeln meist noch weitere Informationen, die sich im Unterschied zu jenen im »Klartext« lesen lassen. Genau das ist auch ihr Zweck. Da noch kein Programm die Fotos von Tante Sigrids Geburtstagsfeier allein anhand der Pixel identifizieren kann, müssen den Bildern computerlesbare Informationen beigepackt werden. In welcher Form, entscheidet oft das Dateiformat – nur wenige können alle benötigten Informationen aufnehmen. Widmen wir uns erst kurz diesen Metadaten und ihrer Behandlung in Paint Shop Pro und dann ausführlich den Eigenheiten der Dateiformate.

Metadaten

Wenn ein Foto automatisch aus zigtausend Fotos herausgesucht werden soll, muss es sogenannte **Metadaten** enthalten – etwa Angaben zum Motiv. Die einfachste Lösung ist, diese Informationen in den Dateinamen zu packen. Zusammen mit hierarchisch verschachtelten Ordnern, welche die Inhalte nach immer allgemeineren Kriterien zusammenfassen (z. B. nach Jahr/Monat oder nach Kategorien wie Naturfotos/Tiere/Vögel etc.), lässt sich damit schon ein kleines Bildarchiv aufbauen. Diese Methode stößt jedoch rasch an Grenzen. Datei- und Ordnernamen können nicht beliebig verlängert werden (unter Windows maximal 255 Zeichen), zudem gibt es häufig Einordnungsprobleme. Gehört das Foto »Sigrid mit Graupapagei« in den Familienfoto-Ordner oder doch in den mit den Vögeln? Spezielle Medienverwaltungsprogramme verknüpfen Einzelbilder zwar auch mit mehreren Kategorien, speichern solche Informationen jedoch in der Regel in einer eigenen Datenbank. Geht diese verloren oder wechselt man das Programm, muss das Bildarchiv neu aufgebaut werden.

Völlig ungeeignet sind diese Methoden für professionelle Zwecke. Bilder, die weitergegeben werden, müssen Angaben zu Autor, Copyright, Motiv usw. unlösbar direkt in der Bilddatei enthalten. Für solche Informationen über Urheber und Inhalt wurde der **IPTC-Standard** entwickelt. Vor allem technische Daten enthalten die **EXIF-Informationen**, die in jeder Digitalkameraaufnahme enthalten sind. Sowohl IPTC- als auch EXIF-Daten werden in JPEG- und TIFF- Dateien und wenigen anderen Dateiformaten in sogenannten **Tags** gespeichert.

Wie und wie komplett die IPTC- und EXIF-Informationen unterstützt werden, ist von Programm zu Programm verschieden. Gerätehersteller können zudem eigene EXIF-Tags hinzufügen, die dann von älterer Software eventuell nicht erkannt oder falsch interpretiert werden. Leider halten sich auch nicht alle Hersteller streng an die Standards. Paint Shop Pro macht da keine Ausnahme – die Metadaten-Unterstützung gehört zu den Schwächen des Programms. Allerdings können IPTC-Daten überhaupt erst seit Version X eingegeben werden, und vielleicht sind die weiter unten beschriebenen Mängel, wenn Sie dieses Buch in der Hand halten, schon gar nicht mehr aktuell.

IPTC (IIM, alt)	EXIF
Dokumenttitel	Hersteller
Überschrift	Modell
Stichwörter	Software
Beschreibung	Exif-Version
Verfasser der Beschreibung	FlashPix-Version
Anweisungen	Kamerahinweise
Autor	Künstler*
Autorentitel	Copyright*
Bildrechte	Künstlerkommentare*
Quelle	Datum und Zeit
Kategorien	Sekundenbruchteil
Zusätzliche Kategorien	Originaldatum und -zeit
Thema erstellt am	Ursprünglicher Sekundenbruch
Ort	Digitalisierungsdatum und -zeit
Staat/Provinz	Digitalisierungs-Sekundenbruch
Land	Bildtitel*
Aufgebercode:	Eindeutige Bild-ID
Copyright	Bildbreite
URL für Copyright-Informationen	Bildhöhe
Dringlichkeit	Komponenten pro Pixel
IPTC-Kern	Planar-Konfiguration
Ersteller	Ausrichtung
Ersteller: Berufsbezeichnung	Fotometrische Interpretation
Ersteller: Adresse	x-Auflösung
Ersteller: Ort	y-Auflösung
Ersteller: Staat/Provinz	Auflösungseinheit
Ersteller: PLZ	Pixelhöhe
Ersteller: Land	Pixelbreite
Ersteller: Telefon(e)	Komponentenkonfiguration
Ersteller: E-Mail(s)	Komprimierte Bit pro Pixel
Ersteller: Website(s)	Farbraum
Überschrift	Komprimierung
Beschreibung	Schwarz-Weiß-Referenz
Stichwörter	Weißpunkt
IPTC-Themencode	Primäre Farbarten
Verfasser der Beschreibung	YcbCr-Eigenschaften
Erstellungsdatum	JPEG-Byte-Größe
Genre	JPEG-Verschiebung
IPTC-Szene	Sounddatei
Speicherort	Belichtungsprogramm
Ort	Beschreibung der Geräteeinste
Staat/Provinz	Szenerie
Land	Aufnahmetyp
ISO-Ländercode	Motivbereich
Titel	Motiventfernung
Jobkennung	Belichtungsmodus
Anweisungen	Belichtungsindex
Anbieter	Belichtungswichtung
Quelle	Helligkeit
Copyright-Vermerk	Entfernung zum Motiv
Verwendungsbedingungen	Kontrast
	Sättigung
	Schärfe
	Belichtungszeit
	F-Nummer
	Blende
	Max. Blende
	Verschlussgeschwindigkeit
	Brennweite
	Brennweite bei 35mm-Film
	Blitzlicht
	Blitzstärke
	Breite der Brennebene
	Höhe der Brennebene
	Brennebenenauflösung
	ISO-Geschwindigkeit
	Opto-elektrischer Umwandlung
	Spektral-Empfindlichkeit
	Ortsfrequenz-Tabelle
	Lichtquelle
	Messmodus
	Bildsensortyp
	Bildquelle
	CFA-Muster
	Digitalzoom-Faktor
	Benutzerdefiniertes Rendering
	Weißabgleich
	Verstärkungsregelung
	GPS-Version
	Info zu GPS-Bereich

1 Unvollständige Listen standardisierter IPTC- (links) und EXIF-Informationen. Von den EXIF-Daten lassen sich nur die rot markierten Einträge manuell ändern, alle anderen werden von der Kamera bzw. dem Bildbearbeitungsprogramm gesetzt.

IPTC

Der Standard wurde vor mehr als zehn Jahren vom namensgebenden International Press and Telecommunication Council (IPTC) zusammen mit Hard- und Softwareherstellern, Verlagen und Agenturen geschaffen. Es gibt einen »alten« IPTC-Standard (IIM) und einen »neuen« mit nur teilweise identischen Einträgen (**1**). Die IPTC-Metadaten gliedern sich in vier Bereiche:

- Urheber- und Kontaktinformationen des Fotografen (Name, Berufsbezeichnung, Adresse, Telefonnummer, E-Mail-Adresse und Website)
- Inhaltliche Informationen zum Bild (Überschrift, Beschreibung, Schlagwörter, IPTC-Themencode, Verfasser der Beschreibung)
- Informationen zum Aufnahmeort, Erstellungsdatum, Genre und IPTC-Szene
- Statusinformationen wie Bildquelle, Copyright, Nutzungsbedingungen, Arbeitsanweisungen

EXIF

Informationen zu Geräten, Einstellungen und Software werden in den EXIF-Daten (Exchangeable Image Format) gespeichert. Ein Digitalfoto enthält beispielsweise das Kameramodell, Belichtungsmodus, Blende und Verschlusszeit, Objektivbrennweite, das Aufnahmedatum, Daten zum Blitz und vieles mehr. Mit entsprechender Zusatzausrüstung ist sogar die Speicherung von GPS-Standortdaten möglich. Die Software, mit der die Nachbearbeitung erfolgt, trägt sich in der Regel ebenfalls ein. Auch Hinweise für die optimale Weiterverarbeitung auf Druckern oder Belichtern können in die EXIF-Daten aufgenommen werden.

Im Gegensatz zu IPTC-Informationen lassen sich die meisten EXIF-Daten nicht selbst erzeugen oder ändern (**1**). Sie werden vom ausgebenden oder bearbeitenden Gerät erzeugt und stellen deshalb auch eine Bildsignatur dar, die sich zumindest von Laien nicht so einfach fälschen lässt.

Der Dialog Bildinformationen

In PSP XI werden die Metadaten im **Verwalter** (»27) und auf den vier Registerkarten der **Bildinformationen** (Bild>Bildinformationen ⇧Ⅰ) angezeigt, sie lassen sich hier zum großen Teil auch ändern. Nicht bei allem, was in den Bildinformationen steht, handelt es sich um Metadaten. Gehen wir die vier Karten einzeln durch:

Bildinformationen Bei den hier enthaltenen Informationen handelt es sich teilweise um gespeicherte, teilweise um aktuell ermittelte Bilddaten, die aber keine Metadaten im engeren Sinne darstellen (**2**). Unter **Quelldatei** finden sich Dateiname und -typ. Unter **Bild** werden die Bildabmessungen (in Pixeln und in Zoll – Umstellung auf Zentimeter ist nicht möglich), die Auflösung und die Farbtiefe angezeigt. **Status** zeigt die Anzahl der Ebenen und Alphakanäle, ob eine Auswahl vorhanden ist und ob das Bild geändert wurde. **Verwendeter Speicher** informiert über die Größe des benötigten Arbeits- und Festplattenspeichers für das Bild selbst sowie eine eventuell vorhandene Auswahl, Masken, Alphakanäle und den Rückgängig-Speicher.

Dateinamen-Vorgaben

Starke Einschränkungen gibt es für die Verwendung von Sonderzeichen. Zwar erlauben sowohl der Mac als auch der PC deutsche Umlaute in Dateinamen – doch heißt das noch lange nicht, dass sie diese auch vom jeweils anderen Rechner lesen können. Ganz im Gegenteil: Eine Datei mit einem kleinen Windows-Umlaut im Namen lässt sich auf älteren Macintosh-Systemen weder öffnen, löschen noch umbenennen.

Umlaute sind leider auch in den IPTC-Feldern ein Problem, wenn die Datei zwischen Windows- und Mac-Rechnern übertragen wird. In Verlagen wird vorrangig mit Macs gearbeitet, deshalb sollten Sie im Zweifelsfall besser die Umlaute ausschreiben.

Metadaten und Dateiformate

Die beiden wichtigsten Bilddateiformate TIFF und JPEG können sowohl EXIF- als auch IPTC-Daten speichern, andere verbreitete Formate leider bisher nicht. Spezielle Programm-Dateiformate unterstützen Metadaten, wenn das Programm selbst diese unterstützt. Dies ist z. B. beim Photoshop-Dateiformat (PSD) und beim Paint Shop Pro-Dateiformat (**PSP** bzw. **Psp-Image**) der Fall. Öffnet man solche Dateien in einem Fremdprogramm, gehen diese Daten in der Regel verloren.

Paint Shop Pro unterstützt das TIF-Format hinsichtlich Metadaten nur unvollständig. In LZW-komprimierten TIFFs gehen sogar fast alle Einträge verloren. Im Photoshop-PSD-Format, das PSP lesen und schreiben kann, werden nur die Urheberinformationen gespeichert, aber keine weiteren IPTC- und auch keine EXIF-Daten.

2 Die **Bildinformationen** geben Aufschluss über Größe, Aufbau und Speicherplatzverbrauch des digitalen Bildes.

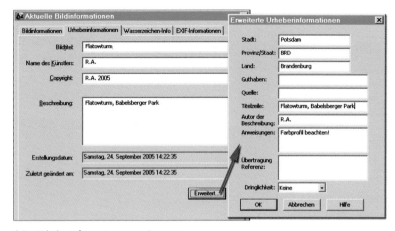

1 Die **Urheberinformationen** mit den erweiterten Eingabemöglichkeiten. Rechts gehören alle (IPTC-)Informationen hinein, die auch von anderen Programmen gelesen werden sollen.

Urheberinformationen Hier können Informationen zum Urheber und zum Bildinhalt eingegeben werden – also die eigentlichen Metadaten. Seit PSP X ist ein Button Erweitert vorhanden, der zu einer Eingabemaske für einige motivbezogene IPTC-Daten (**1**), beispielsweise den **Aufnahmeort** und die **Titelzeile**, führt.

Ob Paint Shop Pro die hier eingetragenen Daten aber überhaupt speichert und wo, hängt vom Dateiformat ab. Außerdem können IPTC-Daten auch im Verwalter eingegeben werden. Teilweise handelt es sich um die gleichen Felder, teilweise (trotz ähnlichem Feldnamen) um völlig verschiedene, teilweise verschiebt PSP die Daten sogar eigenmächtig in andere Felder. Einzelheiten finden Sie auf der folgenden Seite.

2 Im Dialog Bild>Wasserzeichen>Wasserzeichen einfügen lassen sich die Sichtbarkeit und weitere Optionen für ein einzufügendes Wasserzeichen festlegen. Ohne eine (kostenpflichtige) Registrierung unter www.digimarc.com werden jedoch nur »anonyme« Wasserzeichen ohne Urheberinformation hinzugefügt.

Wasserzeichen-Info Wasserzeichen sollen Bilder unsichtbar so kennzeichnen, dass jederzeit – sogar nach dem Ausdruck – der Autor ermittelt werden kann. Deshalb müssen sie (statt in zusätzlichen Datei-Tags) in den Pixeln selbst gespeichert werden. Die 256 Pixel-Tonwerte pro Farbe bieten dafür genügend Spielraum. Änderungen von nur wenigen Tonwerten bleiben in einem Foto praktisch unsichtbar. Ein Wasserzeichen legt sich als schwaches, von »Rauschen« kaum zu unterscheidendes Muster über das Bild, ist aber von speziellen Programmen auslesbar. Mit Wasserzeichen versehene Bilder, die im Internet kursieren, lassen sich sogar automatisch auffinden. Wunder kann jedoch auch ein Wasserzeichen nicht leisten. Gröbere Zuschnitte und Bearbeitungen übersteht es meist nicht. Um einen Ausdruck zu überleben, muss es selbst recht »grob« sein (im Druck lassen sich deutlich weniger als 256 Tonstufen pro Farbe darstellen), was die Bildqualität verringert.

Paint Shop Pro verwendet das verbreitete Digimarc-Wasserzeichensystem. In den Bildinformationen lassen sich Wasserzeichen nur anzeigen. Zum Einfügen dient ein eigener Dialog (**2**).

3 Paint Shop Pro warnt vor dem Verlust der EXIF-Daten, wenn ein Bild als komprimierte TIFF-Datei gespeichert werden soll. Jedoch gehen auch beim Speichern in anderen Dateiformaten, beispielsweise BMP und PNG, solche Daten verloren – in diesen Fällen warnt das Programm leider nicht.

EXIF-Informationen Die meist von der Kamera eingetragenen, oft sehr ausführlichen EXIF-Daten lassen sich abschnittsweise ein- und ausblenden (**4**). Editierbar sind nur die Einträge unter **Künstler** und der **Bildtitel**. Diese Felder sind wichtig als Alternative zu den (nicht IPTC-konformen) Urheberinformationen im zweiten Unterdialog. Füllen Sie zumindest die Felder **Künstler**, **Copyright** und **Bildtitel** aus, letzteres aber nicht mit dem Bildtitel, sondern der Beschreibung (**5**).

Über den Button Aufnahmedatum korrigieren lassen sich das Aufnahme- und das Digitalisierungsdatum (nur gemeinsam) abändern – aber nur, wenn diese bereits gesetzt sind. Nützlich ist dies bei gescannten Fotos, die hier das Scandatum enthalten. Bei Fotos aus Digitalkameras sollten keine Änderungen nötig sein.

Das Auswahlfeld **Ausrichtung** beeinflusst die Bildanzeige in vielen Programmen, welche diesen EXIF-Tag auslesen, darunter auch Paint Shop Pro. Das Bild wird beim Öffnen gleich entsprechend gedreht. Auch diese in PSP X hinzugekommene Funktion ist noch nicht fehlerfrei: Seltsamerweise wird bei jeder Änderung der *Ausrichtung* das EXIF-*Aufnahmedatum* gelöscht.

Metadaten in Paint Shop Pro

Die Behandlung von Metadaten in Paint Shop Pro XI kann man nur unausgegoren und chaotisch nennen. Es gibt sechs Bereiche, wo Metadaten angezeigt und eingegeben werden können, drei davon im eben vorgestellten Bildinformationen-Dialog: **Urheberinformationen**, **Erweiterte Urheberinformationen (1)** und **EXIF-Informationen (4)**. In der Verwalter-Palette tauchen EXIF- und IPTC-Daten noch einmal unter **Zusätzliche Daten** auf, jedoch nicht übereinstimmend und mit teilweise anderen Bezeichnungen. Zudem gibt es hier die Felder **Kennzeichen** und **Beschriftung**, die manchmal (!) auch IPTC-Einträge erzeugen. Die Tabelle **5** gibt einen Überblick darüber, wie PSP XI diese Einträge bei unterschiedlichen Dateiformaten handhabt.

Die meisten Einträge in den Urheberinformationen gehen in JPEG- und TIFF-Dateien schon dann verloren, wenn das Bild gespeichert und wieder geöffnet wird. Sicher sind nur die **Erweiterten Urheberinformationen** und die **EXIF-Informationen** – und dies auch nur in JPEGs und unkomprimierten TIFFs (**3**).

Wenn Sie Bilder an Agenturen weitergeben, sind die IPTC-Felder **Autor**, **Überschrift** und **Beschreibung** meist Pflicht, **Ort** und **Land** erwünscht. Wichtig für die Katalogisierung sind **Stichworte** – diese Einordnung nehmen Agenturen aber anhand von Stichwortlisten meist selbst vor. In PSP XI ist die IPTC-konforme Vergabe von Stichworten nur für JPEG-Dateien und nur im Verwalter (Feld **Kennzeichen »28**) möglich. Die IPTC-Beschreibung kommt entweder ins Verwalter-Feld **Beschriftung** oder als **Bildtitel** in die **EXIF-Informationen**. Die IPTC-Überschrift geben Sie in den **Erweiteren Informationen** unter **Titelzeile** ein. *Nur* bei JPEG-Dateien können Sie solche IPTC-Eingaben auch im Verwalter vornehmen.

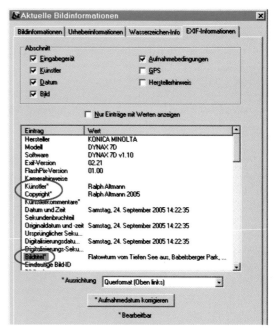

4 Aus den EXIF-Daten kann man interessante technische Details erfahren, hier aber auch einige wichtige Daten eintragen.

5 So behandelt PSP XI die in den **Bildinformationen** oder als **Kennzeichen** oder **Beschriftung** im **Verwalter** eingegebenen Daten bei unterschiedlichen Dateiformaten. Nur die jeweils fett oder mit einem + gekennzeichneten Daten werden gespeichert.

-> bedeutet, dass die Daten zusätzlich in IPTC- oder EXIF-Tags geschrieben werden.

<- bedeutet, dass der Inhalt aus einem anderen (EXIF-)Tag gelesen wird.

	JPEG	TIFF	TIFF (LZW)	PSD
Urheber-informationen	Copyright (-> IPTC-Copyright) Beschreibung	Copyright (-> IPTC, -> EXIF) (Name <- **EXIF-Künstler**) (Beschreibung <- **EXIF-Bildtitel**)	Copyright (-> IPTC) Beschreibung (-> IPTC)	Bildtitel (-> IPTC-Überschrift) Name (-> IPTC-Autor) Copyright (-> IPTC-Copyright) Beschreibung (-> IPTC)
Erw. Urheber-informationen	Alle Einträge werden gespeichert und in die entsprechenden IPTC-Tags geschrieben.		–	–
EXIF-Informa-tionen	Alle Einträge werden gespeichert, zwei davon in IPTC-Tags: Bildtitel -> IPTC-Beschreibung Künstler -> IPTC-Autor, IPTC-Ersteller		–	–
Kennzeichen	+ (-> IPTC-Stichwort)	–	– (jedoch -> IPTC-Stichwort)	–
Beschriftung	+ (-> IPTC-Beschreibung)	+ (wird gespeichert, jedoch nicht IPTC-konform)		–

```
AFX AutoFX (*.afx)
BMP Windows oder OS/2 Bitmap (*.bmp)
BRK Brooktrout Fax (*.brk,*.301)
CAL CALS Raster (*.cal,*.cals)
CDR CorelDraw-Zeichnung (*.cdr)
CGM Computer Graphics Metafile (*.cgm)
CLP Windows-Zwischenablage (*.clp)
CMX Corel Clipart (*.cmx)
CRW Canon Raw (*.crw,*.cr2)
CUR Windows-Cursor (*.cur)
CUT Dr. Halo (*.cut)
D3D/DDS * (*.dds)
DCR Kodak Raw (*.dcr)
DCX Zsoft Multipage Paintbrush (*.dcx)
DGN MicroStation-Zeichnung (*.dgn)
DIB Windows oder OS/2 DIB (*.dib)
DNG - Digitales Negativbild (*.dng)
DRW Micrografx Draw (*.drw)
DWG AutoCAD-Zeichnung (*.dwg)
DXF Autodesk Drawing Interchange (*.dxf)
EMF Windows Enhanced Meta File (*.emf)
EPS Encapsulated PostScript (*.eps,*.ai,*.ps)
FPX FlashPix (*.fpx)
GEM Ventura/GEM-Zeichnung (*.gem)
GIF CompuServe Graphics Interchange (*.gif)
HPGL HP Graphics Language (*.hgl,*.hpg,*.pgl)
IFF Amiga (*.iff)
IMG GEM Paint (*.img)
JP2 JPEG 2000 (*.jp2,*.j2c,*.j2k,*.jp…
JPG JPEG  (*.jpg,*.jif,*.jpe,*.jpeg)          BMP Windows oder OS/2 Bitmap (*.bmp)
Kamera-Raw-Datei (*.crw,*.cr2,*.dc…           BRK Brooktrout Fax (*.brk,*.301)
KDC Kodak Digital Camera-Datei (*.…           CAL CALS Raster (*.cal,*.cals)
KFX Kofax (*.kfx)                             CLP Windows-Zwischenablage (*.clp)
LBM Deluxe Paint (*.lbm)                      CUT Dr. Halo (*.cut)
LV Lazer View (*.lv)                          D3D/DDS * (*.dds)
MAC MacPaint (*.mac)                          DCX Zsoft Multipage Paintbrush (*.dcx)
MRW Minolta Raw (*.mrw)                       DIB Windows oder OS/2 DIB (*.dib)
MSP Microsoft Paint (*.msp)                   EMF Windows Enhanced Meta File (*.emf)
NCR NCR G4 (*.ncr)                            EPS Encapsulated PostScript (*.eps,*.ai,*.ps)
NEF Nikon Raw (*.nef)                         FPX FlashPix (*.fpx)
ORF Olympus Raw (*.orf)                       GIF CompuServe Graphics Interchange (*.gif)
PBM Portable Bitmap (*.pbm)                   IFF Amiga (*.iff)
PCD Kodak Photo CD (*.pcd)                    IMG GEM Paint (*.img)
PCT Macintosh PICT (*.pct)                    JP2 JPEG 2000 (*.jp2,*.j2c,*.j2k,*.jpc,*.jpx)
PCX Zsoft Paintbrush (*.pcx)                  JPG JPEG  (*.jpg,*.jif,*.jpe,*.jpeg)
PDF Portable Document File (*.pdf)            LBM Deluxe Paint (*.lbm)
PEF Pentax Raw (*.pef)                        MAC MacPaint (*.mac)
PGM Portable Greymap (*.pgm)                  MSP Microsoft Paint (*.msp)
PIC Lotus PIC (*.pic)                         NCR NCR G4 (*.ncr)
PIC PC Paint (*.pic)                          PBM Portable Bitmap (*.pbm)
PNG Portable Network Graphics (*.png)         PCT Macintosh PICT (*.pct)
PPM Portable Pixelmap (*.ppm)                 PCX Zsoft Paintbrush (*.pcx)
PSD Photoshop (*.psd)                         PGM Portable Greymap (*.pgm)
PSPIMAGE Paint Shop Pro Image (*.…            PIC PC Paint (*.pic)
RAF Fuji Raw (*.raf)                          PNG Portable Network Graphics (*.png)
RAS Sun-Raster-Bild (*.ras)                   PPM Portable Pixelmap (*.ppm)
RAW Raw (Grafik)-Dateiformat (*.raw…          PSD Photoshop (*.psd)
RIF Painter-Dokument (*.rif,*.riff)           PSP Animation Shop (*.psp)
RLE Windows oder CompuServe RLE…              PSPIMAGE Paint Shop Pro Image (*.pspimage)
SCT SciTex Continuous Tone (*.sct…            RAS Sun-Raster-Bild (*.ras)
SGI SGI-Bilddatei (*.rgb,*.bw,*.rgba,…        RAW Raw (Grafik)-Dateiformat (*.raw,*.*)
SRF Sony Raw (*.srf)                          RIF Painter-Dokument (*.rif,*.riff)
SVG Scalable Vector Graphics (*.sv…           RLE Windows oder CompuServe RLE (*.rle)
TGA Truevision Targa (*.tga)                  SCT SciTex Continuous Tone (*.sct,*.ct)
TIF Tagged Image File-Format (*.tif,…         SGI SGI-Bilddatei (*.rgb,*.bw,*.rgba,*.sgi)
WBMP Wireless Bitmap (*.wbmp,*.w…             TGA Truevision Targa (*.tga)
WMF Windows Meta File (*.wmf)                 TIF Tagged Image File-Format (*.tif,*.tiff)
WPG WordPerfect Bitmap (*.wpg)                WBMP Wireless Bitmap (*.wbmp,*.wbm)
WPG WordPerfect-Vektor (*.wpg)                WMF Windows Meta File (*.wmf)
XBM X Windows Bitmap (*.xbm,*.bm…            WPG WordPerfect Bitmap (*.wpg)
XPM X Windows Pixmap (*.xpm)                  XBM X Windows Bitmap (*.xbm,*.bm…
XWD X Windows Dump (*.xwd,*.wd…
```

1 Dateiformate, die Paint Shop Pro lesen (linke Liste) und schreiben kann. Markierte Formate werden auf den folgenden Seiten vorgestellt.

Ein Stern hinter dem Dateinamen in der Titelleiste des Bildfensters zeigt an, dass die Datei noch nicht gespeichert wurde.

Dateiformate

Windows identifiziert Dateien bekanntlich anhand ihrer Endung, also den (meist) drei Buchstaben, die hinter dem Punkt stehen. Das »native« Paint Shop Pro-Dateiformat hat die etwas längere Endung **PspImage**. Es ist sozusagen das PSP-Arbeitsformat, denn zum Austausch mit anderen Anwendungen, für das Internet oder Druck- und Belichtungsdienste ist es nicht geeignet. Für solche Zwecke müssen die Bilder in einem Standard-Dateiformat wie JPEG oder TIFF gespeichert werden.

Paint Shop Pro kann zahlreiche Dateiformate schreiben und noch sehr viel mehr lesen (**1**). Für die tägliche Arbeit kommen Sie aber mit einigen wenigen aus. Doch auch bei den Standard-Dateiformaten gilt es zu beachten: Es gibt zahlreiche »Dialekte«, die nicht immer von allen Programmen verstanden werden.

PspImage

Das Paint Shop Pro-Dateiformat **PspImage** unterstützt Ebenen, Alpha-Kanäle, Masken- und Anpassungsebenen und auch sonst alles, was Sie im Programm selbst anlegen und einstellen können. Es ist deshalb das ideale Arbeitsformat. Sie können jederzeit die Arbeit an einem Bild unterbrechen, es als PspImage abspeichern und zu einem anderen Zeitpunkt daran weiterarbeiten. Auch für die Archivierung eignet sich dieses Format. Der Trend geht zu »verlustfreier Bildbearbeitung«, bei der die Bildbearbeitungsschritte nicht mehr direkt, sondern über Masken- und Anpassungsebenen auf das Original angewendet werden und teilweise auch verschiedene Bearbeitungsstufen als Ebenen übereinander liegen. Solche Ebenenstapel lassen sich nur als PspImage, mit einigen Einschränkungen auch als Photoshop-PSD-Datei speichern.

Im Optionen-Dialog (**2**) können Sie wählen, zu welchen Paint Shop Pro-Versionen die Datei kompatibel sein muss. Ältere Versionen unterstützen eventuell nicht alle neuen oder geänderten Funktionen von PSP XI. Zudem lässt sich hier eine der beiden Komprimierungsmethoden **RLE** und **LZ77** (**4**) wählen. Beide Methoden arbeiten verlustfrei. Für Fotos ist LZ77 besser geeignet.

PSD

Das Photoshop-Dateiformat ist eigentlich wie PspImage ein »proprietäres«, d. h. herstellereigenes, nicht standardisiertes Dateiformat, wird aber wegen der großen Verbreitung von Photoshop auch von vielen anderen Programmen (zumindest teilweise) unterstützt. Paint Shop Pro macht hier keine Ausnahme. PSD-Dateien lassen sich sowohl laden als auch speichern. Neben PspImage ist das PSD-Format sogar das einzige, in dem Paint Shop Pro Ebenen speichern kann – wenn auch nicht alle Typen. Vektorebenen werden in Rasterebenen umgewandelt. Anpassungsebenen bleiben erhalten, ebenso die Deckkraft-, Mischmodus- und

2 Speicheroptionen für PspImage-Dateien …

3 … und für TIFF-Dateien

4 Kompressionsmethoden

Run-Length-Kodierung (RLE) Die »Lauflängenkodierung« ist besonders gut für Bilder und Grafiken mit großen einfarbigen Bereichen und mehreren Ebenen geeignet. Fotos lassen sich damit weniger gut komprimieren, die Speicherplatzersparnis beträgt durchschnittlich weniger als 20 %.

LZ77 Der 1977 entwickelte »Lemple-Zif-Algorithmus« (ein Vorgänger der bekannteren LZW-Kompression) arbeitet langsamer, komprimiert jedoch effektiver als RLE. Fotos werden auf die Hälfte und weniger ihrer Originalgröße komprimiert.

FAX-CCITT 3 Bilder, die nur Schwarz und Weiß enthalten, werden damit verlustfrei komprimiert, alle anderen vorher auf Schwarz und Weiß reduziert. Wie der Name sagt, eignen sich damit gespeicherte Bilder zum Versand per Fax. CCITT ist die (französische) Abkürzung für den Internationalen Ausschuss für Telegrafie und Telefonie.

Huffman-Kodierung Diese Komprimierungsmethode berechnet Wahrscheinlichkeiten für das Auftreten einzelner Werte und erreicht (ebenso wie die vorgenannte) bei relativ gleichförmigen Bildern hohe Kompressionsraten. Reale Fotos werden dagegen kaum komprimiert, oft sind die Dateien sogar größer als bei unkomprimierter Speicherung. Auch diese Methode erzeugt in Paint Shop Pro ein reines Schwarz-Weiß-Bild ohne Zwischentöne.

LZW-Komprimierung Die nach den Erfindern Lemple, Zif und Welch benannte Methode ist die bevorzugte Komprimierungsmethode für TIFF-Farbbilder. Bilddateien können damit um ein Drittel bis zur Hälfte verkleinert werden, Grafikdateien noch deutlich mehr.

PackBits Eine Methode ähnlich der beim PspImage-Format verfügbaren RLE-Komprimierung. Farbkanäle bleiben erhalten, jedoch ist die Komprimierung noch geringer als mit RLE und bei Fotos kaum der Rede wert.

Mischbereichseinstellungen. Umgekehrt, wenn PSD-Dateien aus Photoshop in Paint Shop Pro geöffnet werden, muss dies aber nicht so sein, weil Photoshop beispielsweise mehr Mischmodi und Anpassungsebenen (dort Einstellungsebenen genannt) unterstützt als Paint Shop Pro.

TIFF

Das Tagged Image File Format hat sich seit seiner Einführung 1986 weltweit verbreitet, da es sehr flexibel und frei von Patentansprüchen ist. TIFF erlaubt das Speichern von Vorschaubildern, von Pfaden und Alphakanälen, es kann Graustufen-, RGB-, CMYK- und Lab-Bilddaten in 8 oder 16 Bit pro Kanal speichern. Photoshop und wenige andere Programme (Paint Shop Pro leider nicht) können sogar Ebenen mit allen zugehörigen Einstellungen im TIF-Format speichern. Zusätzliche Informationen werden in sogenannten **Tags** (die dem Format den Namen gaben) am Anfang der Bilddatei abgelegt. Dabei kann es sich um EXIF- und IPTC-Informationen, aber auch um beliebige andere Daten handeln. Nachteil dieser Flexibilität ist, dass solche »Dialekte« nicht von allen Programmen verstanden werden. Paint Shop Pro selbst nutzt nur einen Bruchteil der TIFF-Fähigkeiten und öffnet beispielsweise in Photoshop angelegte TIFFs mit Ebenen als sogenanntes **Composite**, d. h. auf die Hintergrundebene reduziert.

Wenn in PSP XI Bilder im CMYK-Farbmodell gespeichert werden sollen, führt an TIFF kein Weg vorbei. Unkomprimiert sind TIFFs leider recht groß: 8-Bit-RGB-Bilder benötigen mindestens drei Byte pro Pixel, CMYK-Bilder sogar vier Byte pro Pixel Speicherplatz. Im Optionen-Dialog lassen sich vier Komprimierungsmethoden wählen – bei allen gehen aber, wie oben erwähnt, die EXIF-Daten verloren. Für Farbbilder geeignet sind nur die LZW- und die Packbits-Komprimierung (die beiden anderen erzeugen reine Schwarz-Weiß-Bitmaps), für Fotos empfehlenswert ist lediglich LZW.

Speicheroptionen kontrollieren!

Paint Shop Pro wendet einmal eingestellte Speicheroptionen ohne Nachfrage auch auf alle später zu speichernden Bilder an. Dies kann verheerende Folgen haben, wenn Sie z. B. vergessen, eine für Internet-Bilder gewählte hohe JPEG-Kompressionsrate wieder rückgängig zu machen und dann Dateien speichern, die für den Ausdruck bestimmt sind.

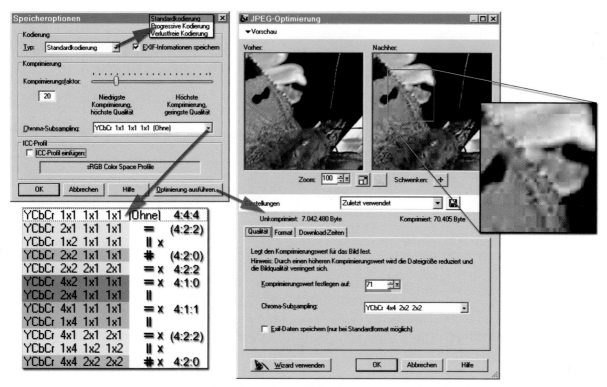

Chroma-Subsampling

Das bei der JPEG-Kompression benutzte YCbCr-Farbmodell hat eine Helligkeitskomponente (**Y**) und zwei Chroma-Komponenten (**Cb** für den Gelb-Blau- und **Cr** für den Cyan-Rot-Anteil). In der Fernsehtechnik, wo dieses Verfahren herkommt, werden Cr und Cb mit geringerer Abtastrate als die Helligkeit Y übertragen. Ein Verhältnis Y:Cb:Cr = 4:2:2 ist noch Studioqualität, 4:1:1 ist für Heimanwendungen geeignet.

PSP bietet eine reiche Auswahl an Subsampling-Methoden, die aber abweichend vom Standard bezeichnet und zudem »ungeordnet« sind. Ich habe die Einträge in der oben abgebildeten Liste mit verschiedenen Grautönen hinterlegt, um den Grad der Komprimierung anzudeuten: Je dunkler, desto stärker ist die Komprimierung. Das Zeichen dahinter zeigt die Richtung der Pixel-Zusammenfassung an und gleichzeitig, ob sich die Methode besser bei vorwiegend horizontalen (=) oder vertikalen (||) Bildstrukturen eignet oder ob dies egal ist (#).

Das kleine x bedeutet »Photoshop-Kompatibilität«, d.h. annähernd gleiche Anzeige in diesem Programm. An letzter Stelle steht die (etwa) der PSP-Methode entsprechende übliche Bezeichnung der Subsampling-Methode.

1 Zwar können Sie im JPEG-Speicheroptionen-Dialog (links oben) bereits alle Einstellungen vornehmen, doch fehlt die Kontrolle. Erst nach Klick auf **Optimierung ausführen** öffnet sich der erweiterte Dialog mit Vorschaufenster (oben). Schneller geht es über **Datei>Exportieren>JPG-Optimierung.**

JPEG

Das JPEG-Verfahren (Joint Photographic Experts Group) ist das verbreitetste Kompressionsverfahren für digitale Bilder. Es erlaubt sehr hohe, beliebig wählbare Kompressionsraten, die jedoch mit einem zunehmenden Verlust an Bilddetails erkauft werden. Trotzdem können bei noch unsichtbaren oder vernachlässigbaren Qualitätsverlusten Kompressionsraten von 10:1 und mehr erzielt werden. Wo Speicherplatz knapp ist, wie in Digitalkameras und im Internet, ist JPEG deshalb das (fast) allein vorherrschende Format für fotografische Bilder. Es kann EXIF- und IPTC-Informationen aufnehmen, ICC-Profile einbetten und speichert Pfade, jedoch keine Alphakanäle.

Kennzeichen von JPEG sind 8*8 Pixel große Blockbildungen und »Geisterbilder« an Kanten (Artefakte), die jedoch erst bei hohen Kompressionsraten und Vergrößerung sichtbar werden (**1**). Intern erfolgt eine Umrechnung vom RGB- in den YCbCr-Farbraum, wobei die Farben zusätzlich blockweise zusammengefasst werden können (**Chroma-Subsampling**). Bekanntlich ist das Auge für Farbdifferenzierungen unempfindlicher als für Helligkeitsunterschiede.

Im Optionen-Unterdialog des Speichern-Fensters von PSP (**1**) können Sie neben dem Komprimierungsfaktor und der Subsampling-Methode einen **Kodierungstyp** wählen. **Standard** baut das Bild (wie allgemein üblich) zeilenweise auf.

Progressiv baut relativ schnell eine grob aufgelöste Bildversion auf, die dann in mehreren Durchgängen verfeinert wird. Im Internet werden solche Bilder sofort in voller Größe, aber niedriger Auflösung angezeigt und mit dem fortschreitenden Übertragen der Bilddatei verbessert. **Verlustfreie Kodierung** schließlich tut, was der Name sagt, erzielt dabei jedoch nur eine relativ geringe Kompressionsrate, vergleichbar mit der von TIFF-LZW und PspImage-LZ77.

Leider zeigt der Optionen-Dialog weder den zu erwartenden Qualitätsverlust noch den Komprimierungserfolg (als Dateigröße) an. Wechseln Sie deshalb am besten gleich per Optimierung ausführen in den Dialog **JPEG-Optimierung**, wo Sie außer den Dateigrößen auch die programmübliche Vorschau vorfinden. Fast alle Einstellungen können Sie hier ebenfalls ausführen, zudem werden noch Download-Zeiten angezeigt.

Wenn das zu speichernde Bild eine »richtige« Ebene ist (also keine Hintergrundebene), erweitert sich der Optimierungsdialog um die Karte **Hintergrundfarbe**. Hier können Sie im Bild vorhandene Transparenz durch eine bestimmte Farbe ersetzen. Die PSP-Hilfe ist in diesem Punkt missverständlich: JPEG unterstützt keine Transparenz. Die Ersetzung transparenter Pixel durch Pixel in der Farbe des Webseiten-Hintergrunds hat aber den gleichen Effekt.

JPEG 2000

Diese Weiterentwicklung des JPEG-Formats verwendet die sogenannte **Wavelet-Kompression** und erzielt bei gleichen Kompressionsstärken wesentlich bessere, artefaktfreie Ergebnisse (**2**). JPEG 2000 unterstützt zudem Bilder mit 16 Bit Farbtiefe (auch im CMYK- und Lab-Farbmodell) und Alphakanäle, damit auch Transparenz. Die Komprimierungsstärke kann innerhalb des Bildes unterschiedlich

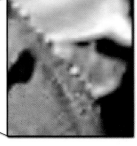

2 Mit einer gleich starken Komprimierung wie in **1** (100:1) sieht das JPEG-2000-Bild lediglich unscharf, aber nicht zerstört aus.

sein. »Interessenbereiche« wie Gesichter werden dann geringer komprimiert als weniger wichtige Bereiche. Diese Option wird, ebenso wie erhöhte Farbtiefe, von Paint Shop Pro jedoch bisher nicht unterstützt. Leider ist das Format auch im Internet, für das es eigentlich geschaffen wurde, noch wenig verbreitet. Internet-Browser benötigen ein Plugin, um JPEG-2000-Dateien anzeigen zu können.

Im Optionen-Dialog kann die **Komprimierungsstärke** oder alternativ die gewünschte **Dateigröße** eingestellt werden (**3**). Weitere Optionen und eine Vorschau gibt es nicht. Mit Nur JPEG 2000 Codestream speichern wird das »reine Bild« gespeichert – Alphakanäle und Meta-Bildinformationen gehen verloren. Metadaten speichert PSP jedoch auch bei den Standardeinstellungen nicht mit.

Beim Speichern wird übrigens stets das sRGB-Farbprofil eingebettet, auch wenn ein anderer Farbarbeitsbereich eingestellt ist. Beim Öffnen gibt es trotzdem keine Profilfehlerwarnung – offenbar wertet PSP das Profil gar nicht aus.

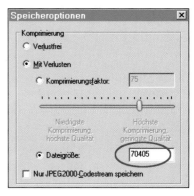

3 Zielvorgabe der Dateigröße bei JPEG 2000

PSP-Farbreduktionsmethoden

Ähnliche Farben Ersetzt die Originalfarbe durch diejenige Palettenfarbe, welche dem Original am nächsten kommt. Gut geeignet für Strichzeichnungen und einfache Grafiken. Macht Fotos kontrastreich und »plakativ«, weil alle Verläufe zerstört werden.

Fehlerdiffusion Ersetzt ebenfalls die Originalfarbe eines Pixels durch die nächstliegende Palettenfarbe, überträgt jedoch den dabei entstehenden Fehler auf das nächstfolgende Pixel, bevor dieses korrigiert wird. Dadurch gleichen sich Fehler über mehrere Pixel hinweg aus. Diese Methode kann Farbverläufe gut wiedergeben und wird deshalb vor allem bei Fotos eingesetzt.

Geordnetes Dithering Ersetzt die Originalfarben nebeneinander liegender Pixel so durch Palettenfarben, dass deren Mischung dem Original möglichst nahe kommt. Auf diese Weise können nicht mehr vorhandene Farben simuliert werden. Nachteil ist das sichtbare, regelmäßige geometrische Muster.

1 Reduktion auf zwei Farben. Nur in diesem Dialog können Sie den Fehlerdiffusions-Algorithmus wählen. Das Hintergrundbild zeigt das Ergebnis der Floyd-Steinberg-Fehlerdiffusion noch einmal in Originalgröße.

Palettenbilder und Farbreduktion

Als die Computer noch langsam und speicherarm waren, ersann man Methoden, mit möglichst wenig Farben realistische Farbbilder darzustellen. Das Ergebnis ist das heute noch weit verbreitete GIF-Format. Doch bevor ich darauf näher eingehe, sind ein paar Ausführungen zur Farbdarstellung und Farbreduktion nötig. Paint Shop Pro bietet hier deutlich mehr Optionen als andere Programme, was ein Vorteil ist – aber auch erst einmal verwirrend.

Die beiden Schlüsselwörter der Farbreduktion heißen **Farbpalette** und **Dithering**. Die einfachste Farbpalette besteht aus zwei Farben. (Eine einzige Farbe genügt nicht, denn Sie brauchen mindestens noch eine Hintergrundfarbe, damit sich die Malfarbe abhebt.) Beispielsweise Schwarz und Weiß. Damit kann man nicht nur Strichzeichnungen fertigen, sondern ansehnliche Graustufenbilder, wie jede Zeitung beweist – die Bilder sind allein mit schwarzer Farbe auf weißem Papier gedruckt. Für die Abstufungen von Dunkel- nach Hellgrau sorgt die feine Verteilung der schwarzen Druckpunkte, das **Druckraster**. Es muss kein regelmäßiges Raster sein. Ausschlaggebend ist die Mischung von feinen Farbpunkten mit einer Hintergrundfarbe, Dithering ist der Oberbegriff dafür. Es gibt zahlreiche Verfahren. Für den Computerdruck wird meist die **Fehlerstreuung** bzw. **Diffusion** eingesetzt, für die es auch wieder mehrere Algorithmen gibt.

Wenn nur die Palettenfarben Schwarz und Weiß zur Verfügung stehen, fällt die Entscheidung, welche davon ein bestimmtes Pixel erhalten soll, leicht. Pixel mit Tonwerten zwischen 0 und 127 werden mit Schwarz, solche zwischen 128 und 255 mit Weiß gefüllt. Farbige Pixel wandelt man vorher entweder in Graustufen um oder zieht lediglich einen der drei Farbkanäle für die Entschei-

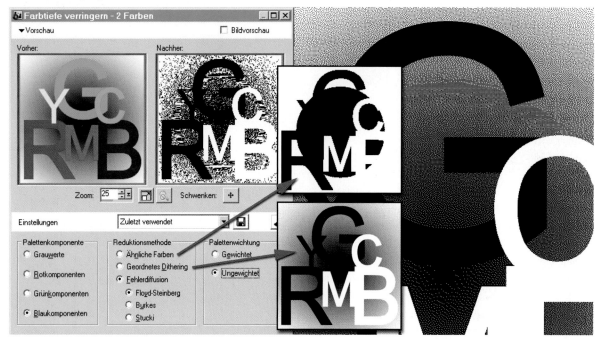

dung heran und lässt die anderen unberücksichtigt. Sie können dies in PSP sehr schön nachvollziehen, wenn Sie ein Bild auf zwei Farben reduzieren (Bild>Farbtiefe verringern>2-Farben-Palette, ⌨Strg ⌨⇧ ⌨1). Unter **Palettenkomponente** wählen Sie den Farbkanal bzw. die Grauwerte aus. In der Abbildung **1** habe ich den Blaukanal gewählt. Damit werden die Buchstaben R, G und Y schwarz – deren Farben Rot, Grün und Gelb sind im Blaukanal null. Cyan, Blau und Magenta (die Buchstaben C, B, M) enthalten dagegen alle im Blaukanal den Maximal-Tonwert 255, werden also weiß. Der Hintergrundverlauf (er enthält in allen Kanälen die gleichen Farbanteile) wird exakt bei Tonwert 127 in Schwarz und Weiß getrennt.

Eine solche scharfe Trennung erreichen Sie nur mit der Reduktionsmethode **Ähnliche Farben**. Bei den anderen Methoden werden wie gesagt Dithering-Methoden angewendet, um die Helligkeitsabstufungen zu simulieren.

Darf die Palette mehr als zwei Farben enthalten, können weitere Bildfarben aufgenommen werden, die repräsentativ für das Bild sind. PSP macht dies automatisch mit zwei Verfahren: **Median-Schnitt, optimiert** und **Octree, optimiert** – mit recht unterschiedlichen Ergebnissen (**3**). Alternativ zu solchen »flexiblen« Paletten können Sie auch bildunabhängige, standardisierte Farbpaletten benutzen, die aber in unterschiedlichen Betriebssystemen teilweise unterschiedliche Farben enthalten. PSP bietet eine 16-Farben-Windows-Palette und (nur bei der Reduktion auf 256 Farben) eine »websichere« Farbpalette, optional ergänzt um die Windows-Farben, als Standardpaletten an (**2**).

Statt der Pixel-Farbwerte werden in einem Palettenbild lediglich die Indizes (d. h. die Nummern) der Tabellenplätze gespeichert, in denen diese Farbwerte abgelegt sind – deshalb heißt es auch **indiziertes Farbbild**. Ein RGB-Bild benötigt also statt 3*8 Bit nur 8 Bit (bei einer 256-Farben-Tabelle, $2^8 = 256$)

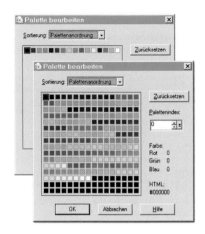

2 Die Windows-Farbpalette mit 16 und die websichere Farbpalette mit 256 Farben (davon sind nur 216 unterschiedlich). Sie können solche Paletten per Bild>Paletten>Palette laden ⌨⇧ ⌨O auf ein Bild anwenden und über die Befehle im gleichen Menü auch bearbeiten und speichern.

Websichere Farben

Ein per Internet verbreitetes Bild soll auf einem PC oder Mac stets gleich aussehen. Die Standard-Paletten von Mac-OS und Windows sind leider unterschiedlich, enthalten aber immerhin 216 gleiche Farben. Dies sind die »browser-unabhängigen« oder »websicheren« Farben.

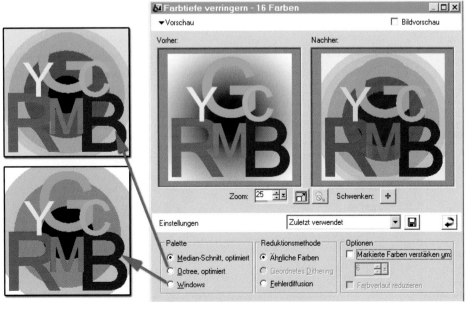

3 Bei der Farbreduktion auf 16 Farben gibt es mehrere Möglichkeiten, die Palettenfarben zu gewinnen. Keine davon kann alle Helligkeitsstufen des Hintergrund-Grauverlaufs retten. Doch nutzt auch keine einzige Methode alle Palettenfarben aus. Wie Sie leicht nachzählen können, rettet **Median-Schnitt** immerhin 12 Abstufungen, bringt aber dafür Farbfehler hinein. **Octree** arbeitet farblich sauber, rettet aber nur 11 Abstufungen, und **Windows** sogar nur 10. Warum das so ist und wie Sie bessere Ergebnisse erreichen, erfahren Sie auf den nächsten Seiten.

Palettenoptionen

Median-Schnitt, optimiert Wählt die Palettenfarben aus Mittelwerten der am häufigsten vorkommenden Bildfarben aus. Kann Farbverschiebungen verursachen (sogar dann, wenn im Original weniger Farben als in der Palette vorkommen), stellt aber die Bildhelligkeiten insgesamt natürlicher dar als die Octree-Methode.

Octree, optimiert Versucht, über einen baumartig verzweigenden Algorithmus die Originalfarben möglichst genau zu reproduzieren. Die Palette erhält exakte Farben, mit denen sich jedoch nicht immer alle Originalfarben exakt simulieren lassen. Schneller und farblich genauer als die Median-Methode, der Gesamteindruck kann jedoch schlechter sein.

Windows Ändert die Pixelfarbe in die ähnlichsten Farbe der Windows-Palette.

Standard/Websicher Ändert die Pixelfarbe in die ähnlichste Farbe der Standard- bzw. websicheren Palette.

Weitere Optionen

Markierte Farben verstärken ist nur zusammen mit der Palettenoption **Median-Schnitt** verfügbar. Dies soll (vorher im Bild ausgewählte) Farben bei der Palettenbildung »wichtiger« machen. Ich konnte (bei gewähltem Cyan) jedoch keine Verbesserung der Cyan-Darstellung erkennen, lediglich Grün wurde klarer dargestellt.

Farbverlauf reduzieren beeinflusst nicht die Palettenfarben, sondern die Fehlerdiffusion und reduziert das Ditherung etwas zugunsten einfarbiger Flächen.

1 Der Weg zur eigenen Palette: **Palette bearbeiten**, Farben neu zuweisen (der Farbauswahldialog ist hier nicht dargestellt), speichern und neu laden.

Speicherplatz pro Pixel. Standardpaletten müssen zudem gar nicht in die Bilddatei eingebettet werden. Individuell errechnete Paletten vergrößern die Bilddatei maximal um 256 Byte, was in der Regel deutlich weniger ist als der durch die Farbreduktion erzielte Speicherplatzgewinn.

Mit der Reduktionsmethode **Fehlerdiffusion** werden die Helligkeitsbereiche gedithert, damit geraten Verläufe viel natürlicher, ohne harte Übergänge. In der Abbildung **3** habe ich die dabei möglichen Optionen gegenübergestellt. Zudem sind das (nur mit der Windows-Palette mögliche) **Geordnete Dithering** und das Ergebnis einer Umsetzung mit einer eigenen Palette eingefügt.

Auswahl der Palettenfarben

Die Methode, mit der die Palettenfarben ausgesucht werden, bestimmt die Qualität des Ergebnisses. Beim Vergleich der Farbpaletten (**2**) fällt auf, dass alle automatisch erzeugten Paletten neben den sechs Primärfarben, die wir benötigen, noch Zwischenfarben enthalten. Auch die beiden Octree-Paletten (Nr. 4 und 5) enthalten drei (schwach) farbige Felder zu viel. Wo kommen diese Farben her? Das Testbild wurde aus einem Grauverlauf als Hintergrund (256 Graustufen) und sechs Buchstaben in den Primärfarben montiert, dürfte also nur 262 Farben enthalten. Die Probe mit Bild>Bildfarben zählen ergibt aber knapp 3000 Bildfarben!

Die Lösung: Die Farben entstanden als Mischfarben an den halb transparenten Rändern der Buchstaben, als diese mit dem Hintergrund verschmolzen wurden. Solche Mischfarben entstehen bei Montagen fast immer. Die Algorithmen von PSP haben also nichts falsch gemacht, sondern lediglich Farben berücksichtigt, die zwar im Bild vorhanden, aber kaum sichtbar sind.

Die Aufnahme solcher »falschen Farben« lässt sich nur verhindern, wenn die Palette von Hand bearbeitet wird (**1**). Laden Sie dazu eine vorhandene Palette (Bild>Paletten>Palette laden ⟨⇧⟩⟨O⟩ – eventuell muss die Palette vorher erst erstellt werden). Die Palette wird gleich auf das Bild angewendet, deshalb sollten sie dieses vorher duplizieren ⟨⇧⟩⟨D⟩ und beide Bilder nebeneinander stellen. Nach dem Laden können Sie die Palette bearbeiten (⟨⇧⟩⟨P⟩). Ein Doppelklick auf eines der nicht benötigten Farbfelder öffnet den Farbauswahldialog. Mit der Pipette (zu der sich der Mauszeiger automatisch wandelt) können Sie nun aus dem Duplikat (!)

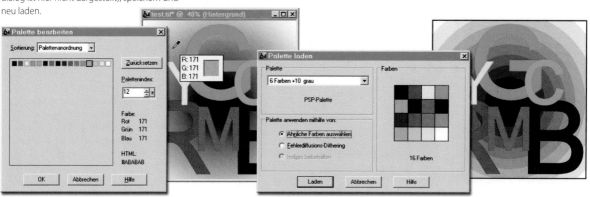

Farben entnehmen, die nach OK-Klick zu Palettenfarben werden. (Das Original verändert sich dabei in teilweise überraschender Weise, aber darauf brauchen Sie keine Rücksicht zu nehmen.)

Wenn alle Palettenfarben zugewiesen sind, schließen Sie das Fenster und speichern die Palette unter einem neuen Namen (Bild>Palette>Palette speichern). Das Originalbild sieht jetzt sicher sehr seltsam aus, Sie verwerfen es einfach und öffnen es neu. Erst wenn Sie die eben gespeicherte Palette erneut laden, weist PSP die Palettenfarben korrekt zu.

Schon die Option Ähnliche Farben auswählen zeigt jetzt die bessere Ausnutzung der Palettenplätze. Wenn Sie die Graustufen entsprechend aufgeteilt haben, ist der Hintergrund optimal abgestuft (1). Auch die Farbdiffusion erzeugt erst mit dieser Palette einen befriedigenden Hintergrundverlauf (3). Bedenken Sie, dass allen Demonstrationen Bilder mit nur 16 Farben zugrunde liegen.

100 %-Ansicht!

Alle durch Dithering erzeugten Bilder werden nur in der 100 %-Ansicht (oder Vielfachen davon) richtig dargestellt. Kleinere Werte können grobe Falschdarstellungen bewirken. PSP wählt in den entsprechenden Dialogen die 100 %-Zoomstufe für die Vor/Nach-Fenster bereits selbst.

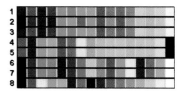

2 Alle in **3** verwendeten Farbpaletten im direkten Vergleich

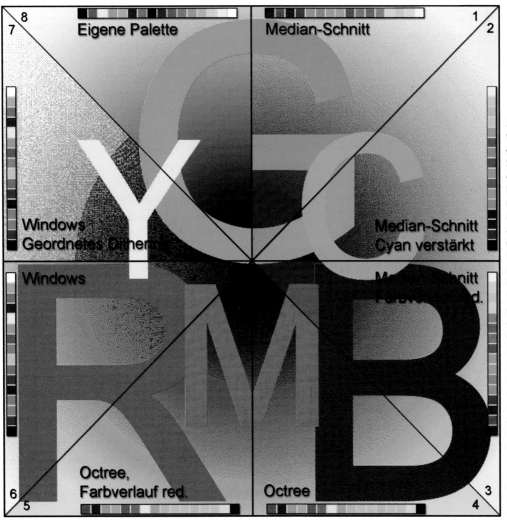

3 Paletten- und weitere Optionen im Vergleichstest. Median-Schnitt und Windows erzeugen deutliche Farbstörungen im Hintergrund-Grau, Median-Schnitt verändert zudem sogar die reinen Farben der Buchstaben. Octree ist da zwar farblich korrekt und auch der Hintergrund bleibt grau, doch fehlt in der Palette (und damit im Bild) das helle Weiß.

Die eigene Palette schneidet in allen diesen Punkten am besten ab, hat aber auch einen Nachteil: Der Übergang zwischen Buchstaben und Hintergrund ist recht hart – weil wir aus der Palette alle Übergangsfarben entfernt haben.

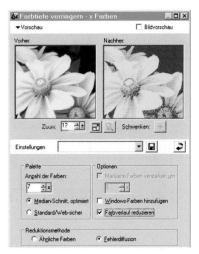

1 Bildfarben individuell reduzieren

2 Bei der Reduzierung auf 32K und 64K Farben lässt sich nur die Reduktionsmethode wählen.

3 Farbtransparenz erfordert ein Palettenbild.

4 In diesem Dialog können Sie schnell eine Farbe auswählen, die transparent werden soll.

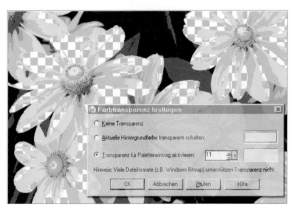

Sehr kleine und sehr große Paletten

Mit der Reduzierung auf 2, 16 oder 256 Farben sind die Möglichkeiten keineswegs erschöpft. Mit Bild>Farbtiefe verringern>x Farben (4/8 Bit) Strg⌂6 können Sie die Anzahl der Bildfarben zwischen 2 und 256 individuell wählen. Das Ergebnis ist ein indiziertes Farbbild mit einer Farbpalette von 2 Farben, 16 Farben (4 Bit) oder 256 Farben (8 Bit). Nur diese drei Palettengrößen sind standardisiert (die Zwei-Farben-Tabelle ist jedoch nicht von allen Programmen lesbar). Wenn das Bild weniger als 16 bzw. 256 Farben enthält, werden also die Palettenplätze nicht vollständig ausgenutzt. Im Hinblick auf die Tabellengröße macht es keinen Sinn, ein Bild mit weniger als 16 oder weniger als 256 Farben zu speichern, durch eine effektivere Komprimierung kann damit jedoch Speicherplatz gespart werden. GIF speichert stets eine 256-Farben-Tabelle mit. In das BMP-Dateiformat kann Paint Shop Pro Paletten mit 2, 16 und 256 Farben einbetten.

Wenn 256 Farben nicht genügen, erlaubt PSP die Reduzierung auf 32 000 Farben (Bild>Farbtiefe verringern>32000 Farben (8 Bit/Kanal) Strg⌂4) und auf 64 000 Farben (Bild>Farbtiefe verringern>64000 Farben (8 Bit/Kanal) Strg⌂5). Die Menübefehle deuten schon an, dass diese Bilder genauso viel Speicherplatz verbrauchen wie True-Color-Bilder, nämlich 8 Bit pro Kanal. Platz gewinnt man also nicht.

Farbtransparenz

Im Menü Bild>Palette verstecken sich zwei weitere, bisher noch nicht betrachtete Einträge, die für die ab der nächsten Seite erläuterten Dateiformate von großer Bedeutung sind: Farbtransparenz festlegen (Strg⌂V) und Farbtransparenz anzeigen (⌂V). Dass hier nicht einfach *Transparenz*, sondern *Farbtransparenz* steht, deutet auf Unterschiede zu der Transparenz hin, die wir bei den Ebenen betrachtet haben. Die Farbtransparenz lässt sich auf ein normales 8-Bit-RGB-Bild nicht anwenden. Versucht man dies doch, wird das Bild per automatischer Aktion in ein Palettenbild mit 256 Farben umgewandelt (**3**). Sie können natürlich gleich von einem Bild mit 256 (oder weniger) Farben ausgehen.

Im Unterschied zur »normalen« Transparenz benötigt Farbtransparenz keinen zusätzlichen Alphakanal. Der Trick: Es wird einfach eine Farbe aus der Farbpalette als transparent definiert (**4**). Diese Farbe bleibt im Bild zwar erhalten, doch wird dem anzeigenden Programm mit einem kleinen Eintrag in der Datei mitgeteilt, diese Farbe »auf transparent zu schalten«. Paint Shop Pro zeigt eine eventuell vorhandene Transparenz erst nach Aufforderung an: Mit dem schon erwähnten Befehl Farbtransparenz anzeigen bzw. schnell per Tastenkombination ⌂V schalten Sie die Transparenzanzeige ein und auch wieder aus.

Farbtransparenz ist in erster Linie eine Eigenschaft des Anzeigeprogramms. Wenn einige (ältere) Internet-Browser transparente GIF- und PNG-Bilder nicht richtig anzeigen, so liegt das nicht an diesen Bildern. Transparenz in PNG-Bildern wird noch nicht sehr lange unterstützt.

GIF

Das Dateiformat, für das dieser längere Ausflug in die Theorie in erster Linie nötig war, heißt **Graphics Interchange Format** und war in der Anfangszeit des Internets das dort bevor-

5 GIF-Speicheroptionen

zugte Bilddateiformat. Für Grafiken, grafische Seitenelemente und blinkende Werbebanner ist es das auch heute noch. GIF kann indizierte Farbbilder mit maximal 256 Farben darstellen, ist deshalb für fotografische Bilder wenig geeignet, erzielt aber (auch durch die integrierte LZW-Kompression) sehr geringe Dateigrößen. Alpha-kanäle werden nicht unterstützt, jedoch (nur von **GIF-Version 89a**) die erwähnte Farbtransparenz. Diese modernere Version kann zudem mehrere Bilder in einer Datei speichern und zeitgesteuert nacheinander ablaufen lassen (Animation).

Die GIF-Optionen rufen Sie entweder über den relativ kargen Speicheroptionen-Dialog (**5**) oder direkt über Datei>Exportieren>GIF-Optimierung auf. Im wirklich vorbildlichen Dialog (**6**) lässt sich nicht nur eine bestehende Transparenz übernehmen, sondern jede beliebige Farbe (mit einstellbarem Toleranzbereich) transparent machen. Palettenbilder unterstützen keine Teiltransparenzen (d. h., Pixel können nur voll transparent oder voll deckend sein), doch diese Einschränkung lässt sich im zweiten Fenster **Teiltransparenz** umgehen (**7**). Dies geschieht per Dithering-Muster oder Fehlerdiffusion ganz ähnlich, wie auf den vorigen Seiten für die Farbreduktion beschrieben. Statt zwei Farben zu mischen, werden nun lediglich transparente und deckende Pixel so gemischt, dass der Eindruck einer Teiltransparenz entsteht.

Das dritte Unterfenster **Farben** enthält die schon von der Farbreduktion her bekannten Palettenoptionen mit einer kleinen Verbesserung (**8**). Sie können hier die **Dithering-Stärke** wählen – in den Farbreduktionsdialogen gibt es nur »ganz oder gar nicht«. Sie sehen: In den GIF-Optionen sind alle notwendigen Optionen vereint. Eine Umwandlung in ein Palettenbild vor dem Speichern eines Bildes als GIF ist gar nicht nötig.

Das vierte, hier nicht abgebildete Unterfenster **Format** enthält exakt dieselben Einstellungen wie das Fenster **Speicheroptionen** (**5**). Wählen Sie Interlaced, wenn das Bild bei der Darstellung im Internet nicht zeilenweise, sondern von grober zu feinerer Auflösung dargestellt werden soll. Das fünfte Unterfenster **Download-Zeiten** schließlich zeigt eine Tabelle mit geschätzten Zeiten bei vier unterschiedlichen Übertragungsgeschwindigkeiten.

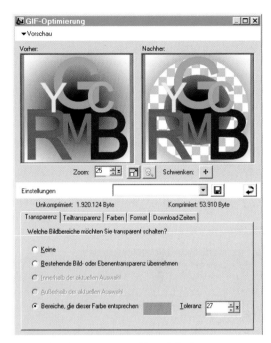

6 Hier habe ich einen grauen Farbbereich für die Transparenz ausgewählt. Mit noch höherer Toleranz lässt sich sogar der komplette Hintergrundverlauf durchsichtig machen.

7 Transparenz mit Dithering. Mit der Wahl der Hintergrundfarbe der Internetseite kann Transparenz vorgetäuscht werden, falls der anzeigende Web-Browser keine Transparenz unterstützt.

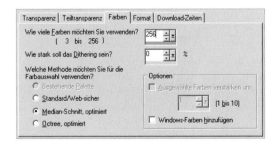

8 Eine Dithering-Stärke von 0 % entspricht der Farbreduktionsmethode **Ähnliche Farben**.

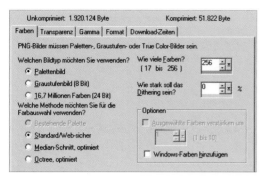

1 PNG kann neben Palettenbildern auch Graustufen- und RGB-Farbbilder speichern. Weitere Unterschiede zur GIF-Optimierung gibt es nicht. Sie gelangen in diesen Dialog auch über Datei>Exportieren>PNG-Optimierung.

2 Die Dateiformat-Voreinstellung legt fest, wie PNG-Transparenz geladen wird. Als Alphakanal speichern können Sie Transparenz nur über den Optimierungsdialog – die Einstellung hier hat keine Auswirkung.

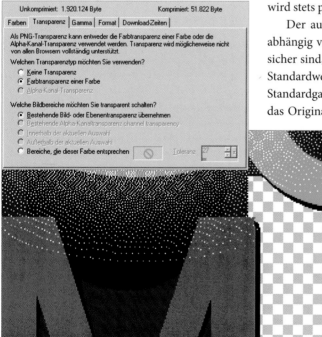

3 Transparenz wird bei PNG-Palettenbildern immer gedithert.

PNG

Das PNG-Format (Portable Network Graphics) war eigentlich als bessere und zudem patentfreie Alternative zum GIF-Format gedacht, hat dieses aber bisher nicht verdrängen können. Es unterstützt wie GIF Palettenbilder mit 256 Farben, darüber hinaus aber auch 8-Bit- und sogar 16-Bit-RGB-Bilder sowie Transparenz, die sowohl auf einer ausgewählten Farbe als auch auf einem Alphakanal basieren kann. Die Komprimierung erfolgt verlustfrei und erzielt dabei kleinere Dateien als mit anderen verlustfreien Verfahren, z. B. TIFF-LZW. Deshalb wird PNG zunehmend als Alternative zu TIFF verwendet, wenn Bilder platzsparend archiviert werden müssen. Metadaten können mit gespeichert werden – jedoch leider nicht entsprechend den IPTC- und EXIF-Standards.

In Paint Shop Pro können Palettenbilder, Graustufen- und RGB-Farbbilder bis maximal 8 Bit/Kanal im PNG-Format gespeichert und geladen werden (**1**). PNGs mit höherer Farbtiefe werden beim Öffnen in 8 Bit pro Kanal umgewandelt.

Im **Transparenz**-Unterdialog entscheiden Sie, ob Transparenz als Ebenentransparenz oder – speziell für Nicht-Palettenbilder – als Alphakanal gespeichert wird. Die Voreinstellung unter Datei>Einstellungen>Dateiformat>PNG (**2**) hat nur Einfluss, wenn PNG-Dateien *nicht* über den Optimierungs-Dialog gespeichert werden. Einen Unterdialog **Teiltransparenz** gibt es für PNG nicht. Die Transparenz wird stets per Fehlerdiffusion gedithert (**3**).

Der auf der Registerkarte **Gamma** einzugebende Wert ist abhängig vom System, auf dem das Bild erstellt wurde. Falls Sie sicher sind, an einem PC zu sitzen, sollten Sie hier natürlich den Standardwert nehmen (0,45455 ist der reziproke Wert vom PC-Standardgamma 2,2). Andere Werte können nur auftreten, wenn das Originalbild auf einem anderen System erstellt und dort als PNG-Datei gespeichert wurde. Behalten Sie einen abweichenden Gammawert bei, wenn Sie am Bild *keine* Helligkeitsanpassungen vorgenommen haben – andernfalls nehmen Sie den PC-Wert.

4 Der zutreffende gAMA-Wert ist abhängig vom Erzeugersystem.

BMP

Das Bitmap Picture ist das Standardformat für Bilder auf DOS- und Windows-kompatiblen Computern. Gespeichert wird eine reine »Pixeltabelle« ohne Auflösungs- und Metainformationen. Das urprüngliche BMP-Format ist unkomprimiert, jedoch gibt es auch eine Variante mit RLE-Komprimierung (**5**).

Unter »Bitmap« wird in der Bildverarbeitung oft ein reines Schwarz-Weiß-Bild ohne Grautöne (1 Bit Farbtiefe) verstanden. BMP kann neben solchen Bitmaps aber auch indizierte Farbbilder, Graustufen- und RGB-Bilder mit 8 Bit Farbtiefe und maximal einem Alphakanal aufnehmen. Von Paint Shop Pro wird lediglich der Alphakanal nicht unterstützt und beim Öffnen ignoriert.

Kamera-RAW

Das **RAW-Dateiformat** digitaler Kameras ist kein einheitliches Format, sondern eine Sammelbezeichnung für zahlreiche untereinander nicht kompatible, herstellerspezifische Dateiformate, welche die »Rohdaten« des Digitalkamerasensors enthalten. Ganz roh sind diese Daten zwar auch nicht, sie haben jedoch den Vorteil, dass Kameraeinstellungen wie Weißabgleich, Schärfung etc. noch nicht auf die Bilddaten angewendet, sondern nur mit in die Datei gespeichert werden. Auch die Farbinterpolation (das »Zusammenrechnen« der einfarbig in Rot, Grün und Blau erfassten Lichtsignale zu Bildpixeln) wurde noch nicht vorgenommen, und diese Daten liegen in der kamerainternen Farbtiefe vor, die meist deutlich höher als 8 Bit ist. Trotzdem sind die Dateien deutlich kleiner als TIFF-Dateien des gleichen Bildes, da die Daten besser gepackt werden können.

Paint Shop Pro unterstützt erst wenige RAW-Formate von einer Hand voll Kameraherstellern. Die Bilder werden in 16 Bit Farbtiefe geöffnet. Sofern in den Voreinstellungen (Datei>Einstellungen>Dateiformat>Allgemein) vorgewählt, wird dabei gleichzeitig die **Intelligente Fotokorrektur** für die Bearbeitung geöffnet.

In den meisten Fällen besser ist die Konvertierung mit einem speziellen RAW-Konverter. Die Light-Version eines solchen Konverters haben Sie wahrscheinlich zusammen mit Ihrer Digitalkamera erhalten, falls diese RAW unterstützt. Flexibler, weil nicht auf ein einziges RAW-Format festgelegt, sind Programme von Drittanbietern. Paint Shop Pro X lag das Programm **RawShooter Essentials** bei, das nicht nur zahlreiche RAW-Formate kennt, sondern diese auch in einer beliebig großen Vorschau zeigt und komfortablere Korrekturmöglichkeiten bietet. Hersteller Pixmantec wurde zwar 2006 von Adobe übernommen, das kostenlose Programm lässt sich aber nach wie vor im Internet herunterladen. Ich werde daran im folgenden Kapitel beispielhaft die Arbeit mit RAW-Dateien erläutern (≫**126**).

5 Speicheroptionen des BMP-Formats. Unter Windows bietet sich das gleichnamige Format an, OS/2 wird jedoch auch von vielen Windows-Programmen verstanden. Die Run-Length-Kodierung (RLE) spart etwas Speicherplatz.

Grafik-RAW-Format

Älter als die Kamera-RAW-Formate ist das RAW-Grafikdateiformat, das auch stets diese Endung trägt. RAW speichert Bilder im Rasterdatenformat ohne Kompression und wird vor allem von Spieleentwicklern und in der Wissenschaft verwendet.

Paint Shop Pro kann RAW-Dateien öffnen und speichern, jedoch ohne Berücksichtigung der enthaltenen Header-Informationen. Diese (Pixelabmessungen, Auflösung etc.) müssen beim Öffnen von Hand eingegeben werden. Übrigens öffnet Paint Shop Pro auch die Kamera-RAW-Dateien von Panasonic-Digitalkameras (sie tragen ebenfalls die Endung RAW) als Grafik-RAW-Dateien – was natürlich nur Pixelbrei ergibt.

Kamera-RAW-Erweiterungen

Die folgende Liste ist keinesfalls vollständig, zudem können sich auch Dateien mit gleicher Endung bei verschiedenen Kameramodellen unterscheiden und dann von PSP bzw. RawShooter Essentials nicht lesbar sein.

Nikon:	NEF
Fuji:	RAF
Canon:	CRW,CR2
Konica-Minolta:	MRW
Olympus:	ORF
Panasonic:	RAW
Epson:	ERF
Foveon:	X3F
Kodak:	DCR
Leaf:	MOS
Pentax:	PEF
Sony:	SRF

6 RawShooter Essentials ist ein kostenloser RAW-Konverter in englischer Sprache.

Bilderfassung

3

Bei jedem Foto stellt Sich die Frage neu: Wird das, was bei der Aufnahme zu sehen war, auch in genau dieser Qualität, mit dieser Stimmung auf dem Foto sichtbar sein? Der Weg vom Motivdetail zum Bildpixel ist lang und voller Hürden, die von den kleinen, unvollkommenen technischen Wunderwerken namens Digitalkamera auf ganz unterschiedliche Weise gemeistert werden. Je besser Sie also die Möglichkeiten und Grenzen Ihrer Kamera kennen, desto besser werden Ihnen auch schwierige Aufnahmen gelingen.

Wenn Ihr Bilderrohstoff RAW heißt oder Sie analoge Fotos per Scanner digitalisieren, gibt es noch einiges mehr zu beachten. Lohn der Mühen sind technisch optimale Digitalfotos, bei denen Sie sicher sein können, das Letzte aus dem Rohmaterial herausgeholt zu haben. Qualität bei der Bilderfassung lässt sich durch nichts ersetzen. Auch Paint Shop Pro kann nur auf das Pixelmaterial zurückgreifen, das von Kamera oder Scanner gewonnen wurde.

Bilder aus der Digitalkamera

Wenn ein Digitalbild »fertig« auf der Speicherkarte landet, hat es schon eine Vielzahl von Bearbeitungsschritten hinter sich. Viele davon dienen dem Zweck, Unzulänglichkeiten der Technik auszubügeln. Digitalfotos unterscheiden sich in zahlreichen Einzelheiten von analogen Fotos.

Vom Licht zum Pixel

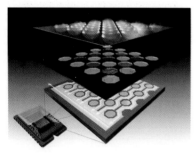

1 Der Bildsensor ersetzt in Digitalkameras den Film. Er wird elektronisch ausgelesen, deshalb benötigen einfache Digitalkameras keinen mechanischen Verschluss mehr. In digitalen Spiegelreflexkameras ist er aus konstruktiven Gründen noch vorhanden.

Ein Sensorchip (**1**) enthält Millionen Fotozellen, die auf einfallendes Licht mit einer Spannung reagieren. Die Spannung steigt analog (!) zur einfallenden Lichtmenge. Nach einer Belichtung werden alle Fotozellen reihen- und spaltenweise ausgelesen, die Signale eventuell verstärkt und digitalisiert. Das Ergebnis ist ein Bild, das aus den Helligkeitswerten aller Fotozellen besteht. Es hat mit einem Foto noch nicht viel gemein, denn es fehlt unter anderem die Farbinformation. Bessere Digitalkameras können diese Daten (ergänzt um die Kameraeinstellungen, Farbprofil etc.) als RAW-Dateien ausgeben.

Oft wird die Anzahl der Fotozellen mit der Pixelzahl gleichgesetzt. Eine Fotozelle ist jedoch *kein* Pixel. Die Gewinnung der Pixel ist ein komplizierter Prozess. Die zwei wichtigsten Unterschiede zwischen Pixel und Fotozelle sind:

- Pixel sind in der Regel farbig – Fotozellen sind nicht farbempfindlich.
- Pixel sind quadratisch und grenzen eng aneinander. Zwischen Fotozellen wird aber meist noch viel Platz für die Auswertungselektronik gebraucht – dieser steht als lichtempfindliche Fläche nicht zur Verfügung.

Die fehlende Farbinformation wird den Fotozellen durch rote, grüne und blaue Farbfilter aufgeprägt. Jede Fotozelle »sieht« also eigentlich nur eine einzige Farbe (**2** und **3**). Für die optische Vergrößerung der Fotozelle sorgen Mikrolinsen, die ebenfalls direkt über der Chipfläche angebracht sind und das Licht auf die Fotozellen konzentrieren. Ein Problem wird dadurch aber nicht beseitigt: Kleine Sensoren haben eine geringere Empfindlichkeit und damit auch einen kleineren Dynamikumfang als große (**3**).

2 Schematischer Aufbau eines CCD-Bildsensors aus Fotozellen, Farbfiltern und Mikrolinsen (Quelle: Fuji). Als Abschluss kommt ein Infrarotfilter über den Chip, um diesen für Fotos meist unerwünschten Wellenlängenbereich auszusperren.

Wie das Auge: Bayer-Mosaik

Bei den meisten Sensoren liegen die Fotozellen nebeneinander und sind durch Filter einzeln farbempfindlich gemacht. Die Anordnung ist nach dem Erfinder **Bayer-Mosaik** getauft. Es gibt doppelt so viel grüne wie rote oder blaue Filter – ähnlich wie im menschlichen Auge, wo die grünempfindlichen Zäpfchen ebenfalls in der Überzahl sind.

3 Die Zahl der freigesetzten Elektronen hängt von der Lichtmenge und der Fläche einer Fotozelle ab. Je größer diese ist, desto geringer muss die für ein verwertbares Signal (das über dem Rauschpegel liegt) nötige Lichtmenge sein – desto empfindlicher ist also die Zelle.

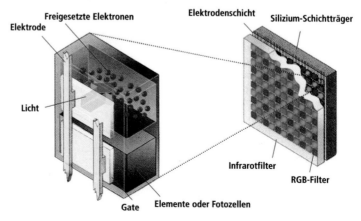

Sensor-Eigenschaften

Da jede Fotozelle nur für eine einzige Farbe empfindlich gemacht werden kann, benötigt man für ein vollwertiges RGB-Pixel die Informationen aus mindestens drei Zellen. Eine »6-Megapixel-Kamera«, die nur Bilder mit 2 Millionen Pixeln liefert, wäre aber wohl nicht zu verkaufen. In der Praxis errechnet man durch geschickte Interpolation aus den vorhandenen Sensorzellen etwa gleich viele RGB-Pixel. Die Helligkeitsinformation ist ja vorhanden – und die etwas verringerte Farbauflösung stört meist nicht, da das Auge für Farbinformationen wesentlich weniger empfindlich ist als für Helligkeitsunterschiede. Lediglich bei kleinen Motivdetails von nur einem oder wenigen Pixeln Breite kann diese Technik die Originalfarbe nicht eindeutig erkennen. Hier können bei starker Vergrößerung Farbränder oder gar völlig falsche Farben sichtbar werden.

Eine alternative, noch kaum verbreitete Sensortechnologie verwendet einen dreischichtigen Siliziumchip, in dem die Fotozellen nicht neben-, sondern übereinander liegen (**4**). Farbinterpolation wird damit überflüssig, die Farbauflösung verbessert sich deutlich, die Moiré-Neigung wird geringer.

Solche Vorteile müssen aber nicht ausschlaggebend dafür sein, dass sich eine Technologie durchsetzt. Es spielen noch viele andere, teilweise wichtigere Merkmale von Sensorchips eine Rolle. Eine Auswahl:

Empfindlichkeit Die Lichtempfindlichkeit von Fotozellen hängt vor allem von ihrer Größe ab. Manche Kameras schalten deshalb die Zellen in Gruppen zusammen, um die Empfindlichkeit zu erhöhen – was aber die Auflösung verringert. In der Regel werden stattdessen die analogen Signale vor der Digitalisierung verstärkt. Auch dies hat einen Nachteil: Das Rauschen wird in gleichem Maß verstärkt. Die Empfindlichkeit wird genauso wie bei analogen Filmen in ISO/DIN gemessen und reicht von unter 100 (die geringste Stufe benötigt keine Verstärkung und hat deshalb das geringste Rauschen) bis 1800 und mehr.

Dynamikumfang Er gibt an, welchen Helligkeitsbereich (Kontrastumfang) ein Sensor verarbeiten kann und ist für die Qualität eines Sensors oft bedeutsamer als die Pixelzahl. Fotos im Schnee, womöglich noch bei Gegenlicht, Wasser mit Lichtreflexen und ähnliche Motive waren schon für den analogen Film eine Herausforderung. Dieser reagiert aber darauf noch relativ »gutmütig«. Unter- und überbelichtete Bildbereiche auf Negativfilm lassen sich im Fachlabor oft retten, da die sogenannte **Schwärzungskurve** anfangs sanft ansteigt und auch sanft endet (**5**). Die dazu äquivalente Kurve eines digitalen Bildsensors beginnt und endet abrupt. Bei zu wenig Licht liefert der Sensor keine Spannung (bzw. nur Rauschen), über einem Maximalwert erhöht sich die Spannung nicht mehr. Für Digitalfotografen ist es deshalb viel wichtiger, Fehlbelichtungen zu vermeiden, als für ihre analog arbeitenden Kollegen. Wenn dies doch passiert, werden im Bild die dunklen Bereiche (Schatten) tiefschwarz, die hellen Bereiche (Lichter) reinweiß und ohne Zeichnung abgebildet. Im Fotografenjargon: Die Schatten »saufen ab« und die Lichter »fressen aus«. Bildbearbeiter sprechen vom »Abschneiden« bzw. **Clipping** der entsprechenden Tonwertbereiche.

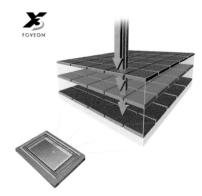

4 Im X3-Sensor der Firma Foveon liegen wie beim analogen Farbfilm die drei farbempfindlichen Schichten übereinander. Kurzwelliges blaues Licht erreicht nur die obere Schicht, grünes Licht erreicht die mittlere und langwelliges rotes Licht die untere Schicht.

Die ersten mit diesen Chips ausgestatteten Kameras sind die Sigma SD9 und die SD10. Letztere hat 10,2 Millionen Sensoren in drei Schichten, die erzeugten Bilder sind etwa 3,5 Mio Pixel groß (2268∗1512 Pixel) und sollen qualitativ 6-Millionen-Pixel-Bildern anderer Kameras nicht nachstehen.

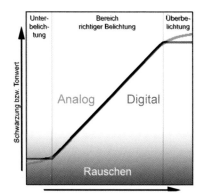

5 Schematische Schwärzungskurve eines analogen Films (grün) im Vergleich mit der Wiedergabecharakteristik eines digitalen Bildsensors (rot).

Analogie zwischen Film und Super CCD SR

Negativfilm · Super CCD SR · Hochempfindliche Schicht · R-Pixel · Blauempfindliche Schicht · Grünempfindliche Schicht · Vierte Farbschicht · Rotempfindliche Schicht · Niedrigempfindliche Schicht · S-Pixel · Aufbau des Negativfilms · (Schemazeichnung) · Silberhalogenidkorn · Super CCD SR (Schemazeichnung)

1 Im **Super CCD SR Chip** von Fujifilm bilden je eine kleine »R«-Fotozelle und eine große »S«-Zelle ein Paar. Die S-Zelle ist lichtempfindlicher und für die schwach ausgeleuchteten Bildstellen zuständig. Bei hohen Lichtstärken, wenn diese Zelle bereits in die Sättigung gerät, hat die benachbarte R-Zelle noch Reserven.

Motiv- und Sensorkontrast

Das menschliche Auge erfasst – teilweise erst nach längerer Adaption – Lichthelligkeiten im Bereich von elf Zehnerpotenzen, was mehr als 36 Blendenstufen (EV) entspricht. Solche Unterschiede kommen in der Praxis durchaus vor, etwa bei Gegenlicht. Negativfilm bewältigt etwa 12 EV (Kontrastumfang 1:4000), Fotosensoren liegen mit 7 bis 9 EV (1:125 bis 1:500) deutlich darunter. Höhere Dynamikumfänge erfordern spezielle Chiparchitekturen oder Kamerakonstruktionen. Deutliche Verbesserungen sind für die Zukunft von »intelligenten« CMOS-Sensorzellen, die ihre Empfindlichkeit selbsttätig an die Lichtverhältnisse anpassen, der sogenannten **Mehrfach-Integration** (für ein Bild werden zwei oder mehr kurz aufeinander folgende Belichtungen verwendet) und anderen neuen Verfahren zu erwarten, die sich derzeit in der Entwicklung befinden.

Rauschminderung

Da das Rauschen der Bildhelligkeit zufällige Schwankungen hinzufügt (die Pixel werden sowohl heller als auch dunkler), lässt es sich durch Mittelung von zwei oder mehr Aufnahmen recht gut unterdrücken. Scanner bieten dafür die Funktion **Mehrfachabtastung** (Multisampling »138). Mit der Digitalkamera erreicht man den gleichen Effekt durch Überlagerung mehrerer nacheinander aufgenommener Fotos (»242). Unbewegte Motive und ein gutes Stativ sind dafür natürlich Voraussetzungen.

Software-Werkzeuge zur Rauschentfernung können unbeabsichtigt auch feine Bilddetails angreifen. Diese Gefahr ist mit modernen, speziell dafür entwickelten Rauschfiltern weniger gegeben. Trotzdem ist es natürlich am besten, gleich bei der Aufnahme so wenig Rauschen wie möglich einzufangen.

Scharfzeichnung verstärkt in der Regel auch das Bildrauschen – es sei denn, die besonders rauschgefährdeten Bereiche werden von der Schärfung ausgenommen.

Der Dynamikumfang hängt ebenfalls von der Größe der Fotozellen ab. Aber selbst große Sensoren erreichen in der Regel nur Werte zwischen 8 und 9 EV (Exposure Value – **Belichtungsstufe** bzw. **Lichtwert**). Es bedarf spezieller Tricks, um auf noch höhere Werte zu kommen. Fujifilm verwendet verschieden große, paarweise angeordnete Fotozellen (**1**). Gemeinsam erfassen diese beiden Zellen eine viel größere Spanne zwischen Hell und Dunkel, als es eine allein könnte. Das Ergebnis ist ein Dynamikumfang von ca. zehn Blendenstufen, was sich in besserer Durchzeichnung von dunklen und hellen Bildpartien bemerkbar macht. Zudem gewinnt Fujifilm durch spezielle Interpolationsmethoden bis zu doppelt so viele Pixel, wie der Sensor Fotozellen enthält.

Rauschen Bildsensoren liefern auch dann geringe Signale, wenn sie gar kein Licht erhalten. Der **Dunkelstrom** ist ein zufälliges, stark temperaturabhängiges Rauschsignal, das sich bei CCD-Sensoren pro 25°C Temperaturerhöhung verzehnfacht. Jede Erhöhung der ISO-Empfindlichkeit, die ja durch analoge Verstärkung des Bildsignals erreicht wird, verstärkt ihn zusätzlich. Wenn das Bild anschließend noch aufgehellt wird, kann das Dunkelstrom-Rauschen sehr störend in Erscheinung treten.

Relativ konstant ist das sogenannte **Fixed-Pattern-Rauschen**, das durch Herstellungstoleranzen und Empfindlichkeitsunterschiede der Sensoren entsteht. Anders als der Dunkelstrom summiert es sich über eine längere Belichtungszeit. Viele Kameras nehmen deshalb nach Langzeitaufnahmen (im Sekundenbereich) automatisch ein zweites Bild mit ebenso langer Belichtungszeit, jedoch geschlossenem Verschluss auf. Dieser **Dark Shot** enthält nur das Rauschen und wird intern vom Originalbild subtrahiert.

Ein Sonderfall des Rauschens sind **Hot Pixel**: defekte Sensorzellen, die entweder gar kein oder stets das maximale Signal liefern. Diese werden meist schon bei der Fertigung erkannt und durch die Kamerasoftware intern »abgeschaltet«, d. h. bei jedem Foto durch Informationen benachbarter Fotozellen ersetzt.

Blooming Damit ist das »Überschwappen« von elektrischen Ladungen von einer CCD-Sensorzelle auf benachbarte Zellen bei Überbelichtung gemeint. Es entstehen Überstrahlungen und Lichthöfe. CMOS-Sensoren kennen Blooming nicht, hier können überschüssige Ladungen über die Versorgungsleitungen abfließen. Auch bei aktuellen CCD-Sensoren ist das Blooming-Problem durch spezielle Chiparchitekturen mit Anti-Blooming-Gates weitgehend entschärft.

Farbtiefe Die Feinheit der internen Digitalisierung entscheidet mit über die Qualität des Bildes. Ein 8-Bit-Analog-Digital-Wandler kann 256 Spannungsstufen unterscheiden. Damit digitalisierte Pixel haben 256 Helligkeitsstufen bzw. 8 Bit **Tonwertumfang** oder **Farbtiefe** pro Kanal. 10-Bit-AD-Wandler unterscheiden 1024, 12-Bit-Wandler sogar 4096 Spannungsstufen. Je größer die Feinheit der Digitalisierung ist, desto größer ist auch die Chance, vom Sensor erfasste Helligkeitsdifferenzierungen im Pixelbild wiederzufinden.

Bilder im RAW-Format werden mit der vollen intern erfassten Farbtiefe ausgegeben. Für die JPEG-Ausgabe erfolgt eine Reduzierung auf 8 Bit Farbtiefe. Damit wird auch der Dynamikumfang des Bildes auf 8 Bit (ca. 8 EV) komprimiert. Wie intelligent dies geschieht, bestimmt letztlich die Bildqualität. Auf der Ausgabeseite (Monitor, Ausdruck) genügen 8 Bit Kontrastumfang völlig – wenn die bildwichtigen Informationen (Detailzeichnung) darin noch vorkommen. Um dies zu gewährleisten, wird die Helligkeitsverteilung mit einem **Gamma** von 2,2 »verzerrt« (≫82). RAW-Bilder erhalten diese Gammakodierung erst im RAW-Konverter, mit dem sie »entwickelt« werden.

Sensorgröße Wenn auf einem größeren Sensor nicht nur mehr, sondern auch größere Fotozellen untergebracht werden, hat dies positiven Einfluss auf zahlreiche elektrische Daten wie Dynamikumfang, Empfindlichkeit und Rauschverhalten. Unmittelbar steht die Sensorgröße mit wichtigen optischen Eigenschaften der Kamera in Zusammenhang. Vor allem Kleinbild-Fotografen müssen beim Umstieg zur Digitalkamera umdenken. Die gewohnte Wirkung einer Brennweite (50 mm sind ein »Normalobjektiv«, 400 mm ein »Supertele«, und ein 18-mm-Weitwinkel erfasst einen Wolkenkratzer auch dann komplett vom Fuß bis zur Spitze, wenn man direkt davor steht) stellt sich nicht ein – es sei denn, man besitzt eine Profikamera mit Vollformat-Sensor.

Je kleiner der Sensor, desto größer ist die scheinbare **Brennweitenverlängerung** eines Objektivs. Der **Verlängerungsfaktor**, mit dem man die reale Brennweite multiplizieren muss, um die **kleinbildäquivalente Brennweite** zu erhalten, ist das Verhältnis von Kleinbild- zu Sensorabmessung. Ein 50-mm-Objektiv an einer Digitalkamera mit einem »2/3-Zoll«-Sensor (Verlängerungsfaktor 4) hat den gleichen Teleeffekt wie ein 200-mm-Objektiv an einer Kleinbildkamera.

Mit dem gleichen Verlängerungsfaktor ist die Blende zu multiplizieren, will man die Wirkung auf die **Schärfentiefe** abschätzen. Eine große Blendenöffnung (entspricht einer kleinen Blendenzahl) bedeutet geringe Schärfentiefe – dies wird z. B. in der Porträtfotografie gern eingesetzt, um das Hauptmotiv optisch vom Hintergrund zu trennen. Beispielsweise bewirkt die relativ große Blende von 2,0 an einer Digitalkamera mit Verlängerungsfaktor 4 eine ähnlich hohe Schärfentiefe wie Blende 8 an einer Kleinbildkamera – und das ist für eine Gestaltung mit Unschärfe schon viel zu viel.

Für die Makrofotografie ist die Erhöhung der Schärfentiefe dagegen vorteilhaft. Viele Digitalkameras gestatten problemlos Makroaufnahmen bis herab zum Verhältnis 1:1, wofür früher aufwändige Zusatzausrüstungen nötig waren.

CCD, CMOS oder JFET?

CCD-Sensoren werden seit langem u. a. in Videokameras eingesetzt, sind bewährt, allerdings etwas stromhungrig. Fujifilm zeigt mit den Super-CCD-Chips, dass diese Technologie noch lange nicht ausgereizt ist. Die relativ neue CMOS-Sensortechnologie ist billiger, stromsparender und erlaubt die Integration weiterer Teile der Kameraelektronik auf dem Chip. Canon setzt CMOS-Sensoren mit großem Erfolg bei professionellen Modellen ein, und auch beim Foveon handelt es sich um einen CMOS-Chip. Nikon verwendet in den D2h-Kameras eine dritte, angeblich noch schnellere und sparsamere Technologie: JFET. Eine »beste« Technologie gibt es nicht – alle haben Vor- und Nachteile.

2 Sensorformate im Vergleich (Abbildung 1:1). Die Tabelle enthält die Abmessungen (mm), die Größenbezeichnung (Zoll), den Verlängerungsfaktor und die Megapixelzahl der in der zweiten Zeile als Beispiel angegebenen Kameras. (Die Zoll-Größenangabe stammt aus der Videotechnik und gibt *nicht* die Chipgröße an.)

	Abm.	Größe	V	MP (Beispiel)
1	36x24	KB	1,0	11
	Canon 1Ds (MarkII), Kodak Pro SLR			
2	28,7x19,1		1,25	4
	Canon 1D (MarkII)			
3	23,7x15,6		1,5	6,1
	Nikon D70, Dynax 7D			
4	17,3x13	4/3"	2,0	8
	4/3-System, z. B. Olympus E-300			
5	8,8x6,6	2/3"	4,0	5
	Minolta D7, Lumix LC			
6	7,2x5,3	1/1,8"	4,6	7
	Canon PowerShot SD500			
7	5,8x4,3	1/2,5"	5,6	5
	Canon PowerShot SD400			
8	5,4x4,0	1/2,7"	6,0	3
	Canon PowerShot A510			

Belichtungs-modus

Fokus-einstellung

Blitzbereitschaft und Blitz-Belichtungskorrektur

ISO-Empfindlichkeit

Bildgröße Qualitätsstufe

Batteriestatus

verbleib. Bildanzahl

Belichtungs- und Fokus-messfeld

Histogramm

Belichtungskorrektur   Blende   Belichtungszeit

1 Display einer Digitalka-mera (am Beispiel einer Lumix DMC-LC1) mit allen Informationen. Manche Kameras zeigen im Display auch optional die Fokus- und Belichtungsmessfelder an.

Richtige Belichtung

Die korrekte Belichtung ist mit Digitalkameras noch wichtiger geworden als beim in dieser Hinsicht schon recht kritischen Diafilm. Dafür bietet die Digital-kamera mit sofortiger **Bildanzeige**, **Histogramm** und **Clipping-Warnung** aber auch viel bessere Kontroll- und Korrekturmöglichkeiten.

Der **Weißabgleich** ist mit Digitalkameras einfacher geworden. In den Anfangszeiten der Farbfotografie nahm man je nach den Lichtbedingungen (Tages- oder Kunstlicht, Blitz) noch spezielle Filme oder arbeitete mit Farb-filtern. Heute genügt – falls man der Automatik nicht traut – ein Messfoto.

Displayqualität und Bildbeurteilung

Die wichtigste »Benutzerschnittstelle« der Digitalkamera, das LCD-Display (**1**), ist leider immer noch nur begrenzt tageslicht- und so gut wie nicht sonnen-lichttauglich. Aber auch unter idealen Lichtbedingungen gestattet kein Kamera-display die Belichtung »nach Sicht«, weil generell der Kontrast und bei dunklen Motiven auch automatisch die Helligkeit der Anzeige erhöht wird. Wer meint, alles richtig eingestellt zu haben, weil das Bild auf dem Display gut aussieht, kann bei Betrachtung auf dem Monitor böse Überraschungen erleben.

Auch das digitale Live-Display ist deshalb nicht viel mehr als ein Hilfsmittel zum Finden des richtigen Bildausschnitts – und dabei in puncto Auflösung jedem optischen Durchsichtssucher (dem Sucher einer Spiegelreflexkamera sowieso) unterlegen. Deshalb sind die auf dem Display angezeigten Zusatzinformationen wie Histogramm und Clipping-Warnung so wichtig. Zudem hat man hier auf Wunsch alle Kameraeinstellungen im Blick.

Die derzeit größten Displays finden sich bei den »Kompakten«. Die Kodak Easy-Share setzt in puncto Displaygröße und Ergonomie (Touch-Screen, integriertes Bildverwaltungssystem) Maßstäbe. (Abbildung: Kodak)

Belichtung per Automatik

Sollen alle Helligkeitszonen des Motivs adäquat auf dem Foto wiedergegeben werden, muss der Motiv-Kontrastumfang vom Sensor komplett erfasst werden können – er darf also keinesfalls größer sein als der Dynamikbereich des Sensors. Aber auch wenn dies gewährleistet ist, können durch Über- oder Unterbelichtung Helligkeitszonen des Motivs aus dem Sensor-Dynamikbereich herausfallen, also in tiefem Schwarz oder reinem Weiß untergehen. Richtige Belichtung heißt, die »goldene Mitte« zu finden, wo ein mittleres Grau im Motiv als mittleres Grau auf dem Foto erscheint.

Profifotografen messen dazu eine im Motiv platzierte Graukarte mit dem Spot-Belichtungsmesser. Wer die Belichtungsautomatik seiner Kamera benutzt, kommt höchstens zufällig auf den gleichen Wert. Einfache Automatiken dieser Art messen die Durchschnittshelligkeit des Motivs und belichten so, dass diese Helligkeit als mittleres Grau dargestellt wird (**2**). Enthält das Motiv ausgedehnte helle oder sehr dunkle Bereiche, weicht der Durchschnitt natürlich stark von der mittleren Helligkeit ab. Deshalb werden Schneebilder »automatisch« in der Regel unter- und schwarze Katzen überbelichtet (**3**). Moderne Belichtungsautomatiken versuchen mit ausgeklügelten Techniken (z. B. Mehrfeldmessung, Vergleich mit Motivdatenbank) solche Fehler zu vermeiden, trotzdem sind sie nicht allen Situationen gewachsen.

Histogrammkontrolle

Das wichtigste Hilfsmittel für eine korrekte Belichtung ist das (in Bildbearbeitungsprogrammen seit langem verwendete) Histogramm (≫72). Es zeigt in Form eines Balkendiagramms, wie viele Bildpixel auf die 256 möglichen Helligkeitsstufen entfallen. Damit lässt sich die Helligkeitsverteilung innerhalb des Bildes schnell beurteilen, vor allem aber sieht man sofort, ob alle Motiv-Helligkeitszonen innerhalb des Dynamikumfangs der Kamera liegen. Andernfalls ist das Histogramm links oder rechts »abgeschnitten«.

Während ein Belichtungsmesser nur einen einzigen Messwert ermittelt, sind im Histogramm die Messwerte von Millionen Belichtungsmessern (jede Fotozelle stellt einen winzigen Belichtungsmesser dar) zusammengefasst. Leider behandeln vor allem Hersteller von Consumerkameras das Histogramm noch etwas stiefmütterlich, stellen es zu klein dar oder verstecken den Zugriff tief im Menü. Im Profibereich hat man dagegen die Nützlichkeit dieses Instruments seit langem erkannt. Es gibt Profikameras, die ein eigenes LCD-Display nur für die Anzeige des Histogramms haben.

Da das Histogramm auf die Bilddaten zugreift, muss erst einmal ein Foto gemacht sein, bevor es errechnet werden kann. Für Kompaktkameras, die das »Sucherbild« sowieso auf dem Display anzeigen, ist dieses Live- oder Echtzeit-Histogramm technisch kein Problem. Spiegelreflexkameras können konstruktionsbedingt das Histogramm erst nach der Aufnahme anzeigen. Man muss also erst einmal ein »Messfoto« anfertigen, anhand dessen dann die richtige Belichtung gewählt wird.

Clipping-Warnung

Wenn auf dem Display Bildbereiche blinkend angezeigt werden, so sind diese über- oder unterbelichtet worden. Kameras mit Live-Vorschau warnen schon vor der Aufnahme auf diese Art vor dem Abschneiden von Tonwertbereichen. Das Blinken lässt sich schneller erkennen als die Histogrammgestalt und sollte stets ernst genommen werden. Überbelichtung ist im Nachhinein nicht mehr korrigierbar, Unterbelichtung nur unter gleichzeitiger Verstärkung des Rauschens.

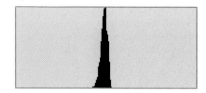

2 Ein extrem kleiner Motivkontrast kann als Test für die Belichtungsautomatik der Kamera dienen. Dafür eignet sich gut ein weißes Monitorbild. Stellen Sie einen automatischen Belichtungsmodus ein und das Bild unscharf. Im Kamera-Histogramm sollten nun die Bildpixel eng um die Mitte verteilt sein. Im Digitalbild wird dieser mittleren Helligkeit der Tonwert 128 zugeordnet.

3 Die Belichtungsmessung der Fuji S3Pro hatte für dieses Motiv eine Belichtungszeit von 1/60 Sekunde bei Blende 3,2 empfohlen. Belichtet wurde mit 1/500 Sekunde, also drei Belichtungsstufen weniger (-3 EV). Das (hier nachträglich transparent) eingeblendete Histogramm zeigt, dass alle Helligkeitszonen des Motivs in den Tonwertumfang des digitalen Bildes passen.

Licht und Lichtwert

Der **Lichtwert** (LW) sagt nichts über das Licht, sondern nur etwas über die (richtige) Belichtung aus – der englische Begriff **Exposure Value** (**EV**, Belichtungswert) ist da treffender. Bei einer Empfindlichkeit von ISO 100/21° bedeutet der Lichtwert 0 eine Belichtung von 1 Sekunde (s) bei Blende 1.0, oder 2 s bei 1.4, oder 4 s bei Blende 2.0. Der Lichtwert entspricht also einer Reihe von Kombinationen aus Blendenwerten und Belichtungszeiten, bei denen immer die gleiche Lichtmenge auf den Sensor fällt (entweder viel Licht über kurze Zeit oder weniger Licht über längere Zeit). Hohe Lichtwerte entsprechen einer hohen Motivhelligkeit und umgekehrt. Außer von der Motivhelligkeit ist der Lichtwert aber auch von der Filmempfindlichkeit abhängig.

Eine Erhöhung des Lichtwerts um 1 (+1 EV bzw. plus eine **Belichtungsstufe**) bedeutet eine Halbierung der Belichtung. Das wird entweder durch die Halbierung der Belichtungszeit oder durch die Verkleinerung der Blende um eine Stufe erreicht.

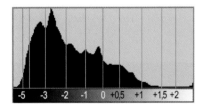

1 Unabhängig vom Dynamikbereich der Kamera beträgt der Abstand vom mittleren Grau, auf das automatisch belichtet wird, bis zum reinen Weiß am rechten Histogrammende stets knapp 2,5 Belichtungsstufen – das heißt, die hellsten Bildstellen sind etwa 5,5 Mal so hell wie die Mitteltöne. Der restliche Dynamikumfang einer Kamera verteilt sich auf die Schattenbereiche.

In das abgebildete Histogramm sind die (experimentell ermittelten) Belichtungsstufen der Dynax 7D eingezeichnet. Eine Belichtungskorrektur verschiebt den »Pixelberg« um den entsprechenden Betrag nach rechts oder links.

Motivkontrast und Kamera-Dynamikumfang

Die Breite des Histogrammfensters repräsentiert den gesamten Dynamikumfang einer Kamera. Unterschiede zwischen einem großen oder kleinen Dynamikumfang zeigen sich übrigens allein in der linken Histogrammhälfte. Der Vorteil eines großen Dynamikumfangs besteht also (bei gleicher Belichtungseinstellung) in der besseren Schattenzeichnung. Der Kontrastumfang des Motivs kann annähernd gleich, kleiner oder größer als der Kamera-Dynamikbereich sein:

Motivkontrast gleich Kamera-Dynamikbereich Bei diesem Idealfall müssen Sie bei der Belichtung lediglich darauf achten, dass die Pixelberge genau in das Histogrammfenster passen. Der Kamera-Kontrastumfang wird bestmöglich ausgenutzt. Wie das Histogramm konkret geformt ist, spielt keine Rolle.

Motivkontrast größer als Dynamikbereich Wenn es unmöglich ist, eine Belichtungseinstellung zu finden, bei der weder links noch rechts die Pixelberge angeschnitten werden, müssen Sie sich entscheiden, ob die Schatten- oder die Lichterzeichnung für das Bild wichtiger ist. Im ersten Fall belichten Sie reichlicher und nehmen das Ausfressen der Lichter in Kauf. Einige kleinflächige »Spitzlichter«, die reinweiß sind, schaden übrigens kaum einem Bild und sind oft sogar erwünscht. Umgekehrt wird, wenn die Lichterzeichnung wichtig ist, eher knapp belichtet, so dass nur wenige Pixel in Zone 255 fallen.

Nur bei unbewegten Motiven und mit Stativ ist es möglich, zwei exakt gleiche, unterschiedlich belichtete Fotos zu machen und sie später in PSP zu überlagern. Damit lässt sich der Dynamikumfang der Kamera drastisch erhöhen. Eine Belichtungsreihen-Funktion, wie sie komfortablere Kameras bieten, ist für solche Zwecke (aber auch in anderen Fällen, wo man schneller ein paar Probeaufnahmen gemacht als das Histogramm analysiert hat) eine nützliche Hilfe.

Motivkontrast kleiner als Dynamikbereich Dies ist der unproblematischste Fall – obwohl solche Bilder zuerst misslungen scheinen, denn sie sind flau. Im Histogramm bleiben links und rechts Lücken, im Digitalbild fehlen die ganz dunklen Tiefen und/oder die hellsten Lichter. Kontrast und Helligkeit lassen sich jedoch in Paint Shop Pro rasch anpassen. Belichten Sie solche Motive möglichst so, dass die Histogrammlücke auf die Schatten fällt – das vermindert zusätzlich das Rauschen, was ja vor allem in den Schattenbereichen auftritt.

Belichtung auf die Lichter

Die Graukarten-Methode ist präzise, aber recht umständlich und manchmal gar nicht zu realisieren. Für mehrere Probeaufnahmen mit Histogrammbeurteilung bleibt oft auch keine Zeit. Also doch die Belichtungsautomatik benutzen? Nicht unbedingt. Es gibt eine Alternative, die viel einfacher als die Graukarten-Methode, aber fast ebenso genau ist. Ich nenne sie »Belichtung auf die Lichter«. Aber was bedeutet dies konkret?

Zwischen den hellsten Stellen im Bild – den Lichtern – und dem mittleren Grau, auf das ja eigentlich belichtet werden soll, gibt es einen festen Zusammenhang. Die (standardisierte) Graukarte reflektiert stets 18 % des auffallenden Lichts. Dies entspricht dem, was das Auge wegen seiner nichtlinearen Charakteristik als »mittleres Grau« empfindet. Die hellsten Bildstellen können nicht mehr als 100 % reflektieren (von Lichtquellen direkt im Bild wollen wir absehen). Zwischen 18 % und 100 % Licht sind es knapp 2,5 EV. Im Histogramm ist dies die rechte Hälfte: von Tonwert 128 (entspricht 18 % Licht) bis Tonwert 255 (entspricht 100 % Licht) (**1**).

Wegen dieses festen Abstands zwischen mittlerem Grau und Reinweiß kann man statt einer Graukarte auch eine »Weißkarte« ausmessen und den ermittelten Belichtungswert um 2,5 Belichtungsstufen erhöhen. Die Karte selbst wird gar nicht benötigt, denn reines Weiß – beziehungsweise eine Helligkeitszone, die auf dem Foto zu reinem Weiß werden soll – ist in fast jedem Motiv vorhanden. Es sind die »Spitzlichter«. Da diese sich aber schwer ausmessen lassen, ziehe ich es vor, die hellsten Motivstellen auszumessen, die noch Zeichnung enthalten sollen, und die Belichtung nur um +1,5 … +2,0 Belichtungsstufen zu korrigieren.

Die Messung selbst erfolgt mit dem Spot-Messmodus der Kamera. Der ermittelte Belichtungswert wird mit der AE-L-Taste gespeichert, die Kamera zurück auf den gewünschten Motivausschnitt geschwenkt und ausgelöst. Der gewünschte Korrekturwert für die Belichtung – beispielsweise +2,0 EV – muss natürlich zuvor als Belichtungskorrektur fest eingestellt werden.

Die Belichtung per Graukarte und die eben beschriebene Methode sollten das exakt gleiche Ergebnis bringen, wobei die Spot-Messung der Lichter natürlich viel schneller und bequemer geht. Die Matrixmessung ohne Graukarte bringt dagegen in der Regel Ergebnisse, die vom Optimum abweichen. Die Kamera hält in diesem Fall den Mittelwert des vom Motiv her einfallenden Lichtes für »mittleres Grau« – was aber oft nicht der Realität entspricht, wie an High-Key- und Low-Key-Bildern besonders deutlich wird.

Da die Messung per Graukarte und die Lichtermessung den Lichter-Tonwertbereich stets voll ausschöpfen, werden kontrastarme Motive, die gar kein reines Weiß enthalten sollen (z. B. Nebelbilder), zu hell aufgenommen. Dies lässt sich aber in Paint Shop Pro schnell korrigieren – und damit werden gleich die eventuell verrauschten Tiefen weggeschnitten, die bei spärlicherer Belichtung im Bild verbleiben müssten.

Weißabgleich

Dem menschlichen Auge erscheint ein weißes Blatt fast immer weiß – egal, welche Farbtönung (Farbtemperatur) das Licht hat, von dem es beleuchtet wird. Fotofilm und digitale Bildsensoren geben die Farben jedoch exakt wieder, was sich als Farbstich auswirkt. Zwar lässt sich jeder Farbstich im Nachhinein korrigieren, allerdings kann sich dabei die Bildqualität verschlechtern. Besser ist ein **Weißabgleich**, wie er von Videokameras bekannt ist, bereits bei der Aufnahme.

Die meisten Digitalkameras nehmen den Weißabgleich automatisch vor. Sie messen dazu entweder über ein spezielles Fenster die Farbtemperatur des Umgebungslichts, oder es wird die Farbtemperatur der Motivbeleuchtung

Adams Zonensystem

Der amerikanische Fotograf Anselm Adams hat Ende der dreißiger Jahre des vorigen Jahrhunderts ein nach ihm benanntes **Zonensystem** entwickelt. Er teilte die Helligkeitsstufen des Motivs in 11 Zonen (von 0 bis 10) ein, die einzeln mit dem Spotbelichtungsmesser auszumessen sind. Die Belichtung muss gewährleisten, dass alle Zonen innerhalb des Film-Kontrastumfangs liegen, der bei Negativfilm etwa 11 Blendenstufen beträgt. Idealerweise wird Zone 0 als tiefes Schwarz und Zone 10 als helles Weiß abgebildet – dies gelingt aber nur, wenn der Motiv-Kontrastumfang ebenfalls etwa 11 Blendenstufen umfasst.

Adams Ziel war nicht die exakte, sozusagen dokumentarische Belichtung (dazu hätte die Messung von zwei oder drei Zonen genügt), sondern die individuelle Beeinflussung der Lichtstimmung der von ihm angefertigten Schwarz-Weiß-Bilder. Die große Anzahl der Zonen erlaubte ihm, Zonen mittlerer Helligkeit im fertigen Bild nach Wunsch auch deutlich dunkler oder heller darzustellen, ohne dass andere Zonen außerhalb des Belichtungsspielraums gerieten. Dies erforderte zusätzlich die Nutzung spezieller Film- bzw. Papiersorten und eine entsprechend angepasste Entwicklung, um eine »weiche« oder »harte« Gradation zu erzielen.

Jede Sensor-Fotozelle einer Digitalkamera ist praktisch ein kleiner Spot-Belichtungsmesser für einen einzigen Bildpixel. Mit dem **Histogramm** erhalten Sie die Messergebnisse als perfektionierte Ausführung des Adamschen Zonensystems, erweitert auf 256 Helligkeitszonen. Eine wunschgemäße Anpassung und Verschiebung der Zonen nehmen Sie in Paint Shop Pro vor.

Weißabgleich-Einstellungen

 Sonne

 Bewölkt

 Neonlicht

 Halogen/Glühlampenlicht

 Blitz

Manuell

Farbtemperatur

Die Farbtemperatur ist ein Maß für die Lichtfarbe und wird in Kelvin angegeben (≫**81**). Da damit aber die Nichtlinearität des Auges nicht berücksichtigt wird (wir nehmen bei niedrigen Werten Unterschiede viel deutlicher wahr als bei hohen), findet man, wenn es um die Verschiebung von Farbtemperaturen geht (z. B. bei Kompensationsfiltern) auch die Maßeinheit **Mired**. Die Mired-Zahl ergibt sich aus dem mit 1 000 000 multiplizierten Kehrwert der Kelvin-Zahl.

Je geringer die Kelvin-Zahl, desto rötlicher ist das Licht. Kerzenlicht hat etwa 1500 K (667 M), Halogenlicht 3000 K (333 Mired), Mittagssonne 6000 K (167 Mired) und das Licht eines bewölkten, trüben Tages erreicht 10 000 K (100 Mired).

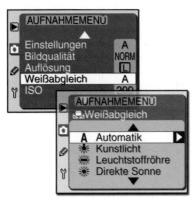

1 Weißabgleich-Einstellungen im Kameramenü der Nikon D100

direkt durch das Objektiv (TTL – Through the Lenses) ermittelt. Letzteres ist von Vorteil, wenn das Motiv anders beleuchtet wird als der Kamerastandort. Andererseits werden dabei spezielle Lichtstimmungen, die man möglicherweise erhalten möchte, wegkorrigiert. Alternativ zur Automatik bieten Digitalkameras Weißabgleichs-Voreinstellungen, z. B. für Kunstlicht, Leuchtstoffröhre, Blitz und Tageslicht, Letzteres oft noch in mehreren Varianten (**1**).

Die exakteste, aber auch aufwändigste Weißabgleich-Methode ist die manuelle: Ein Stück Papier oder ein weißer Gegenstand, der vom selben Licht wie die zu fotografierende Szene beleuchtet ist, wird formatfüllend fotografiert. Aus dem gemessenen Licht ermittelt die Kamera die Farbkorrekturwerte und wendet sie auf Wunsch auf spätere Fotos an. Das Weißabgleich-Foto muss in einem speziellen Kameramodus aufgenommen werden. Manche Kameras (z. B. von Canon) gestatten die Speicherung mehrerer solcher Fotos für wiederkehrende Aufnahmesituationen.

Auf im RAW-Format gespeicherte Bilder sind die Weißabgleich-Einstellungen nicht angewendet worden, diese sind jedoch in der Datei enthalten. Sie können nachträglich im RAW-Konverter auf das Bild angewendet und dabei – das ist der große Vorteil – auch noch abgeändert werden, falls man nicht einen individuellen Weißabgleich nach Sicht vorzieht. Der ist am Monitor-Vorschaubild natürlich viel besser möglich als am kleinen Kameradisplay.

Bildqualität

Dass die **Pixelzahl** nicht das einzige Argument für oder gegen eine Digitalkamera sein sollte, hat sich inzwischen herumgesprochen. Viele professionelle Kameras liefern bei relativ geringen Pixelzahlen bessere Bilder als manche Super-Megapixel-Kamera, vor allem, wenn diese die Pixel mit einem kleinen Sensor gewinnt. Trotzdem bleibt die Pixelzahl ein wichtiger Bildparameter. Bestimmend für die Weiterverarbeitungsmöglichkeiten sind zudem die **Komprimierung** und der **Farbraum**. Diese drei Parameter können Sie auf Wunsch individuell für jedes Bild neu festlegen – im Rahmen der Kameramöglichkeiten natürlich.

Pixelzahl

Fast jede Kamera bietet die Möglichkeit, die Pixelzahl (meist **Auflösung** genannt und als Breite∗Länge in Pixeln angegeben) des gespeicherten Bildes zu reduzieren. Oft ist die Maximalzahl gar nicht nötig, wenn das Bild etwa fürs Familienalbum oder das Internet bestimmt ist. Sechs Megapixel, die heute Standard sind, gestatten eine Vergrößerung des Bildes »in Offsetqualität« bis A4, bei guter Qualität sogar bis A3 und größer. Für die Darstellung auf einem 19-Zoll-Monitor (übliche Auflösung 1024∗1280 Bildpunkte) ist ein Ein-Megapixel-Bild dagegen völlig ausreichend. Kleine Pixelzahlen verringern drastisch die Dateigrößen.

Theoretisch könnte die Reduzierung der Pixelzahl auch durch das Zusammenschalten von Sensorzellen erreicht werden. Als Anwender hätte man dann die Wahl zwischen hoher Auflösung mit Standard-Empfindlichkeit und geringerer Auflösung bei höherer Empfindlichkeit und geringerem Rauschen. Kameras, die so arbeiten, sind mir jedoch nicht bekannt. Deshalb können Sie ohne Nachteile die Pixelzahl auch noch später in Paint Shop Pro reduzieren.

Dateiformat und Komprimierung

Die Speicherung im JPEG-Format ist allgemein üblich, bessere Kameras bieten als Alternative das herstellerspezifische RAW-Format. JPEG erzielt kleine Dateien auf Kosten der Bildqualität (≫100). Es gibt meist zwei oder drei Komprimierungsstufen, genannt **Qualitätsstufen**. Eine geringe Qualitätsstufe – also hohe Komprimierung – wirkt sich auf die Bildqualität weniger aus als eine geringe Auflösung. Wenn also nur wenig Platz auf der Speicherkarte ist, sollten Sie eher die Komprimierung erhöhen als die Auflösung herabzusetzen.

Das verlustlose TIFF-Dateiformat wird kaum noch unterstützt und ist unnötig, wenn RAW als Alternative zur Verfügung steht. RAW-Dateien sind bei besserer Qualität bis zur Hälfte kleiner als TIFF-Dateien. Nachfolgend ein paar Beispiele für die Spiegelreflexkamera S3 Pro von Fujifilm.

Bildqualität und Speicherplatzbedarf (Fuji S3 Pro)				
	Wide	Std	Fine	Normal
Auflösung	RAW	RAW	JPEG	JPEG
4256 ∗ 2848	25 MB/**41**	13,0 MB/**81**	4,7 MB/**220**	2,4 MB/**437**
3024 ∗ 2016	–	–	3,0 MB/**349**	1,5 MB/**698**
2304 ∗ 1536	–	–	1,7 MB/**597**	880 KB/**1173**
1440 ∗ 960	–	–	1,0 MB/**995**	520 KB/**1932**
(fett gedruckt: speicherbare Bildanzahl auf 1 GB – Speicherkarte)				

Farbraum und Kameraprofil

Digitalfotos werden meist im **sRGB-Farbraum** ausgegeben. Dieser standardisierte, aber recht kleine Farbraum hat sich im Massenmarkt durchgesetzt. Falls Ihre Kamera eine Alternative wie **Adobe RGB** anbietet und Sie *nicht* ausschließlich für das Internet fotografieren, sollten Sie diese wählen (≫80). Die gegenüber sRGB bessere Darstellung von Cyan- und Gelbtönen wird vor allem beim Ausdruck, aber auch an guten Monitoren sichtbar.

Ein individuell erstelltes Kameraprofil bringt dagegen selten Vorteile. Ein Profil beschreibt bekanntlich die Abweichung der vom Gerät »gesehenen« von den wirklichen Farben und erlaubt damit die nachträgliche Korrektur. Die (physikalischen) Motivfarben sind jedoch stark von der Lichtfarbe abhängig und entsprechen nicht den von uns empfundenen Farben – vor allem dann nicht, wenn die Betrachtung des Bildes in einer Umgebung mit völlig anderer Farbtemperatur erfolgt. Diese Abweichung wird bereits bei der Aufnahme durch den automatischen oder manuellen Weißabgleich eliminiert. Ein Kameraprofil speichert dagegen die Farbtemperatur der Motivbeleuchtung intern als festen Weißpunkt, passt also möglicherweise schon beim nächsten Foto nicht mehr, wenn sich die Lichtfarbe ändert. Deshalb lohnt sich die Erstellung eines Kameraprofils nur, wenn die Lichtverhältnisse gleich bleiben, etwa im Atelier.

Pixelrausch

Die Hersteller überbieten sich mit Megapixelzahlen. Die Frage ist aber nicht nur, ob Sie als Anwender solche hochaufgelösten Bilder wirklich brauchen, sondern auch, ob die Informationsmenge mit höheren Pixelzahlen überhaupt noch zunimmt. Diese hängt nicht nur von der Anzahl der Sensorzellen ab, sondern vor allem von der optischen Qualität der Kamera. Die Schärfeleistung von Objektiven ist beschränkt. Etwa 100 Linienpaare pro Millimeter kann ein Kleinbild-Objektiv maximal auflösen. Das stimmt annähernd mit der Auflösung von feinkörnigen Emulsionen überein, die auf der 24∗36mm-Bildfläche zwischen 25 und 50 Millionen Details abbilden können. Vor allem Zoomobjektive sind aber bei weitem nicht so scharf. Deshalb wirken mit hoher Auflösung gescannte Kleinbilddias oft unschärfer als ein 6-Megapixel-Foto aus einer guten Digitalkamera.

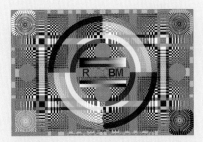

1 Das Kameratestbild **Auflösungs-Testbild.TIF** in voller Größe …

2 … und ein Ausschnitt. Die durch die farbigen Buchstaben gehenden Streifen sind 1 Pixel breit.

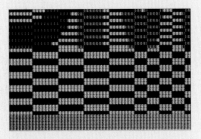

3 Makrofoto der Pixel-Feinstruktur bei Darstellung auf einem LCD-Monitor

4 Im Ausschnitt aus einem Vollformat-Foto des Testbildes verschmelzen die Leuchtpunkte.

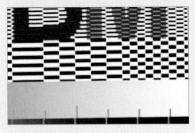

5 Das gleiche Foto vom auf 400 % vergrößerten Testbild

Kameratests

Auf der Buch-CD finden Sie Testbilder, mit denen Schärfe, Auflösung, chromatische Aberration und der Dynamikbereich von Digitalkameras zwar nicht wissenschaftlich exakt, aber für praktische Vergleiche völlig ausreichend getestet werden können. Die Testbilder sind für die Darstellung auf einem Monitor gedacht. Beachten Sie, dass jeder Monitor die Bildpixel aus farbigen Leuchtpunkten zusammensetzt. Diese möglicherweise auf dem Foto sichtbare Feinstruktur ist natürlich nicht Bestandteil des Testbildes. Sie kann durch vergrößerte Darstellung des Testbildes weitgehend unsichtbar gemacht werden.

Ich empfehle die Darstellung auf einem LCD-Monitor, denn nur diese stellen Bilder in 100 %-Ansicht (bzw. Vielfachen davon) pixelgenau dar. In 100 %-Ansicht zeigt ein LCD-»Pixel« – bestehend aus drei nebeneinander liegenden Leuchtpunkten in den Farben Rot, Grün und Blau – genau ein Bildpixel an. Das Raster von Röhrenmonitoren stimmt dagegen nie exakt mit dem Pixelraster überein, was zusätzliche Interpolationsfehler verursacht.

Schärfe und Auflösung

Für die Tests benutzte ich die Dynax 7D mit 6,3 Megapixeln. Das Testbild (**Auflösungs-Testbild.TIF**) hat die Abmessungen von 1002×668 Pixeln, also weit unter 1 Megapixel (**1**). Es sollte bei einer formatfüllenden Aufnahme kein Problem sein, alle (teilweise nur 1 Pixel breiten) Details scharf abzubilden (**2**). Mehr noch – müsste auf dem Foto nicht auch die »Feinstruktur« der Testbild-Pixel sichtbar werden? Auf dem Monitor wird das Testbild von ziemlich genau 2 Millionen farbigen LCD-Leuchtpunkten dargestellt (**3**); zumindest rechnerisch bleibt da noch einiges an Reserve. In der Praxis zeigt sich aber, dass die Auflösung nicht ausreicht, um die Leuchtpunkte auf dem Foto einzeln darzustellen (**4**). Es sind zwar farbige Streifen und Punkte zu sehen, doch handelt es sich offenbar vor allem um Interpolationsartefakte. Diese Streifen sind deutlich breiter als die Monitor-Leuchtpunkte.

Wenn das Testbild ohne diese Monitor-Feinstruktur dargestellt werden soll, vergrößern Sie es einfach auf 400 oder mehr Prozent und vergrößern die Entfernung zur Kamera um den gleichen Faktor. Mit einer solchen Vergrößerung ist die Darstellung auch auf einem Röhrenmonitor möglich. Je größer die Testbild-Pixel im Verhältnis zu den Monitor-Leuchtpunkten dargestellt werden, desto weniger wirken sich die vom Monitor hinzugefügten Unschärfen und Interpolationseffekte aus (**5**).

Auf diese Weise können Sie die Schärfe und Abbildungsqualität mehrerer Kameras objektiv vergleichen. Interessant ist aber auch, wie sich unterschiedliche Kameraeinstellungen auf die Abbildungsqualität auswirken. Die nebenstehenden Fotos wurden mit Blende 8 aufgenommen. Sehr große und sehr kleine Blendenöffnungen verursachen aus optischen Gründen zusätzliche Unschärfen, was man auf einem Testfoto deutlich sehen kann. Mit einer Belichtungsreihe bei verschiedenen Blendenöffnungen haben Sie schnell ermittelt, welche Blende an Ihrer Kamera die schärfste ist.

Aufnahmecharakteristik und Dynamikbereich

Das zweite Testbild (**Belichtungsstufen-Testbild.TIF**) enthält acht unterschiedlich helle Graufelder sowie Schwarz und Weiß (**6**). Die Grautöne haben untereinander einen Abstand von einer Belichtungsstufe. Der jeweilige Abstand von mittlerem Grau (18 % Helligkeit, Belichtungsstufe 0) ist auf den Balken angegeben. Insgesamt umfassen die Balken damit einen Kontrastbereich von 7 EV (entspricht 1:128), bei Einbeziehung des schmalen weißen Balkens von knapp 7,5 EV. Das Testbild hat eine durchschnittliche Helligkeit von 18 %, so dass Sie bei der Nutzung von Belichtungsautomatik und Matrixmessung (möglichst ohne »Mittenbetonung«) stets richtig belichten – vorausgesetzt, Sie nehmen das *gesamte* Testbild inklusive des schwarzen Rahmens auf. Wie viel des grauen Randbereichs mit aufs Bild kommt, spielt für die Belichtung keine Rolle.

Am Ergebnis interessiert nicht das Foto, sondern dessen Histogramm. Es zeigt die genaue Lage der Belichtungsstufen der Kamera (**7**). Die unterschiedlich hellen Balken erzeugen im Histogramm acht Spitzen. Die größte sollte sich bei exakter Belichtung (in **7** das mittlere Histogramm) etwa in der Mitte befinden. Sie repräsentiert den Balken 0 und den grauen Randbereich. Damit diese »18 %-Spitze« größer als die anderen wird (was die Identifizierung bei weiteren Tests erleichtert), sollten Sie stets ein wenig vom grauen Rand mit fotografieren.

Die Lage der Spitzen muss mit der Theorie (gelbe Linien) nicht völlig übereinstimmen. Viele Kameras nehmen intern eine Kontrasterhöhung vor, die links liegenden Spitzen sind dann weiter nach links, die rechts liegenden nach rechts verschoben. Schwarz und Weiß aus dem Testbild werden idealerweise gerade eben von der Clipping-Warnung erfasst. Im Histogramm erscheinen sie als kleinere, halb abgeschnittene Spitzen ganz an den Enden.

Der Motiv-Kontrastumfang von 7,5 EV sollte auch für billige Kompaktkameras kein Problem sein. Um den Dynamikumfang auszutesten, verschieben Sie einfach die Belichtung schrittweise hin zu kürzeren Belichtungszeiten. Wenn bei einer Belichtungskorrektur von -2 EV die am weitesten links liegenden Spitzen (-4 und -5) noch voneinander und von Schwarz unterscheidbar sind (machen Sie die Probe am Foto: auch hier sollte der Balken »-5« noch von Schwarz unterschiedliche Tonwerte aufweisen), hat die Kamera einen Dynamikumfang von mindestens 9,5 EV, was schon ein recht guter Wert ist. Für die Dynax 7D ermittelte ich auf diese Weise einen Dynamikbereich von ca. 9 EV.

Damit Sie die Aufnahmecharakteristik der Kamera (und nicht die Wiedergabecharakteristik des Monitors) messen, sollte der Monitor genau kalibriert sein und vor allem der Gammawert stimmen. Ob es ein LCD- oder Röhrenmonitor ist, spielt keine Rolle. Für die Darstellung auf unkalibrierten LCD-Monitoren liegt ein zweites Testbild (**Belichtungsstufen-Testbild Raster.TIF**) auf der Buch-CD, das die Helligkeitsstufen durch Schwarz-Weiß-Raster simuliert. Für Röhrenmonitore eignet sich dieses Testbild nicht. Der Monitor-Schwarzpunkt darf nicht zu hoch sein, regeln Sie (nur für diese Aufnahme!) die Helligkeit zusätzlich etwas herunter und den Kontrast herauf. Die Kamera muss manuell so stark unscharf eingestellt sein, dass die Rasterpunkte nicht mehr sichtbar sind.

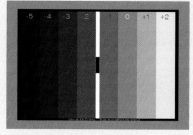

6 Jeder der grauen Balken taucht im Histogramm als charakteristische Spitze auf.

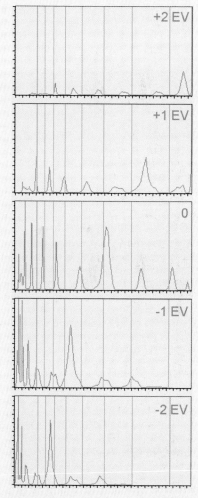

7 So setzt die Dynax 7D Motiv-Helligkeitsstufen in Tonwerte um. Die fünf Histogramme sind bei unterschiedlichen Belichtungskorrekturwerten aufgenommen. Die gelben Linien zeigen die theoretische Lage der acht im Testbild vorkommenden Helligkeitsstufen.

RAW-Daten verarbeiten

Paint Shop Pro und RAW-Formate

Anfang 2007 unterstützte Paint Shop Pro Photo XI RAW-Dateien der folgenden Kameras:

Canon® EOS-1D Mark II, 10D, 20D, Rebel, Rebel XT, 300D, 350D, Kiss, Kiss n, D30, D60, Power-Shot G3, S30, S40, S50, S60, Pro1

Fuji® FinePix F700, S5000Z, S7000Z

Kodak® DCS720X, DCS760C, DCS760M

Konica Minolta® DiMAGE 5, 7, 7Hi, 7i, DiMAGE A1, A2, Maxxum7D/Dynax7D, Dynax5D

Nikon® Coolpix 8800, D1H, D1X, D2H, D50, D70, D70s, D100

Olympus® C-5050, C-5060, C-8080, E-1, E-10, E-20

Pentax® *ist D

Die Verwalter-Palette von Paint Shop Pro sowie Snapfire Plus (eine zeitbegrenzte Version liegt PSP XI bei) zeigen diese RAW-Dateien auch als Miniaturbilder an. Das Corel Photo Album 6 (Bestandteil des PSP X-Pakets) unterstützt dagegen nur eine Auswahl der genannten Formate.

RAW-JPEG-Kombination

RAW ist für sofortige Betrachtung und Weiterverarbeitung noch zu »roh«, JPEG reizt die Kamerafähigkeiten nicht aus. Viele Kameras können deshalb beide Formate kombinieren. Das getrennt und meist nicht in der maximal möglichen Auflösung gespeicherte JPEG-Bild genügt dabei für Qualitätskontrolle und Internet-Veröffentlichung, das RAW-Bild wird archiviert und erst bei Bedarf zum fertigen Foto »entwickelt«.

Konverter-Grundfunktionen

Ein RAW-Konverter sollte zumindest das können, was die Kamera bei der JPEG-Ausgabe intern vornimmt. Neben der unumgänglichen **Farbinterpolation** und der **Gammakodierung** sind dies: die Festlegung des **Weißpunktes**, die Anpassung der **Helligkeit**, eventuell Korrekturen von **Farbton**, **Sättigung**, **Kontrast** und **Schärfe**.

Die ISO-Empfindlichkeit kann nicht nachträglich geändert werden, denn sie wird schon vor der Digitalisierung durch eine mehr oder weniger hohe analoge Verstärkung der Sensorsignale festgelegt.

RAW-Dateien werden oft als **digitale Negative** bezeichnet, die erst »entwickelt« werden müssen. Normale JPEG-Dateien ähneln dagegen den Bildern aus einer Sofortbildkamera. Anders als ein Negativ ist eine RAW-Datei jedoch nicht offen lesbar – was bei einem digitalen Bild heißt, dass es sich nicht mit einem beliebigen Bildbearbeitungsprogramm öffnen lässt. RAW ist kein einheitliches Format, sondern von Hersteller zu Hersteller (und oft sogar von Kamera zu Kamera) unterschiedlich (≫109). Gemeinsam ist, dass im RAW-Format die (fast) unbearbeiteten Rohdaten des Bildsensors gespeichert werden. RAW hat, wie das Negativ, eine Reihe von Vorteilen, aber auch Nachteile.

Vorteile Im RAW-Format werden die Daten in der vollen (der Kamera intern zur Verfügung stehenden) Farbtiefe gespeichert. Dies sind meist 12 Bit gegenüber nur 8 Bit im JPEG-Format. Trotzdem ist eine RAW-Datei nur etwa halb so groß wie eine unkomprimierte 8-Bit-TIFF-Datei (allerdings größer als eine JPEG-Datei der höchsten Qualitätsstufe).

Kameraeinstellungen wie Weißabgleich, Kontrast und Schärfung werden auf RAW-Daten nicht angewendet, sondern lediglich mit in der Datei gespeichert. Sie können damit jederzeit originalgetreu oder verändert auf die Bilddaten angewendet werden. Das macht RAW-Bilder flexibel und sicher. Eventuell unter Zeitdruck bei der Aufnahme vorgenommene falsche Einstellungen wirken sich nicht endgültig aus.

Ein weiterer Vorteil kann sich in Zukunft ergeben, da Software ständig verbessert wird. Vielleicht gibt es in ein paar Jahren wesentlich bessere Algorithmen zur »Entwicklung« eines RAW-Bildes als heute.

Nachteile RAW-Dateien sind deutlich größer als JPEG-Dateien in der höchsten Qualitätsstufe. Da sie erst konvertiert werden müssen, stehen sie für Druck und Internet-Präsentation nicht sofort zur Verfügung. Selbst die Voransicht ist oft nur mit speziellen, herstellerabhängigen »Viewern« möglich, und auch nur in »Daumennagelgröße«. Die den Kameras beiliegenden kostenlosen RAW-Konverter sind von sehr unterschiedlicher Qualität und meist von geringem Funktionsumfang. Bessere Pro-Versionen sind oft ziemlich teuer und können genauso wie die kostenlosen Konverter nur das herstellereigene RAW-Format lesen.

Der letztgenannte Nachteil relativiert sich allerdings in letzter Zeit: Bildverwaltungsprogramme und -browser unterstützen mehr und mehr RAW-Formate. Daneben gibt es eine ganze Reihe von mehr oder weniger universell einsetzbaren Konvertern, die oft komfortabler und schneller sind als die herstellereigenen.

Ob die »fremden« Konverter stets auch die gleiche Bildqualität aus der RAW-Datei herausholen, ist dagegen nicht sicher, denn die meisten Hersteller legen ihre RAW-Formate und Konvertierungsalgorithmen nicht offen. Dies ist ein Hauptkritikpunkt an RAW, denn es schließt die Verwendung von RAW als Archivierungsformat weitgehend aus (≫132)

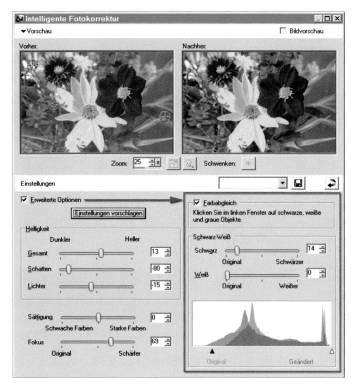

1 Intelligente Fotokorrektur mit Grund- und erweiterten Optionen (rot umrandet). Den hellsten und dunkelsten Bildpunkt findet PSP automatisch.

2 Auch den Referenzpunkt für die Einstellung der Farbtemperatur (Weißpunkt) findet PSP selbsttätig. Er kann aber auch per Mausklick manuell festgelegt werden. Beachten Sie, dass die beiden Reglergruppen ein gegensätzliches Verhalten zeigen. Mit den Reglern im Bereich **Weißabgleich** legen Sie die Lichtfarbe bei der Aufnahme fest. Wenn diese »kalt« war, wird das Bild in die Gegenrichtung korrigiert, also wärmer. Die Regler unter **Farbabgleich** beeinflussen die Bildfarben direkt. »Kälter« macht hier die Farben wirklich kälter, also blauer. Die Tönungsregler wirken analog.

RAW-Konvertierung mit Paint Shop Pro

Paint Shop Pro XI öffnet die unterstützten RAW-Dateien direkt im 16-Bit-Fomat und führt dabei außer der Farbinterpolation und der Gammakodierung (entsprechend dem voreingestellten Arbeitsfarbraum) keine weiteren Korrekturen aus. Als Weißpunkt wird offenbar die Voreinstellung der Kamera verwendet. Wenn in den PSP-Voreinstellungen RAW-Kamerabilder mit Intelligenter Fotokorrektur (**3**) gewählt wurde, öffnet sich nach dem Öffnen des RAW-Bildes automatisch der Dialog **Intelligente Fotokorrektur** (**1**). Andernfalls sollten Sie diesen Dialog von Hand öffnen (Datei>Intelligente Fotokorrektur). In diesem und dem Dialog Datei>Farbabgleich können Sie die notwendigen Korrekturen vornehmen. Beide Dialoge wirken natürlich auch auf normale 8- oder 16-Bit-RGB-Bilder, deshalb stelle ich sie ausführlich erst im Bildbearbeitungskapitel vor.

  Intelligente Fotokorrektur erlaubt die Änderung von **Bildhelligkeit** (getrennt für das Gesamtbild, Lichter und Schatten), **Farbsättigung** und **Schärfe**. Unter Erweiterte Optionen können zudem Schwarz- und Weißpunkt des Bildes (nur deren Helligkeiten) verändert werden. Die Farbtemperatur lässt sich indirekt über die Auswahl eines Bildpunktes ändern, der Grau sein soll. Besser geeignet für die Anpassung von Farbtemperatur und Farbtönung des Bildes ist der Dialog **Farbabgleich** mit den erweiterten Optionen (**2**).

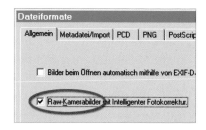

3 Dieses Häkchen im Dialog Datei>Einstellungen> Dateiformate ist notwendig, damit PSP beim Öffnen einer RAW-Datei die **Intelligente Fotokorrektur** automatisch aufruft.

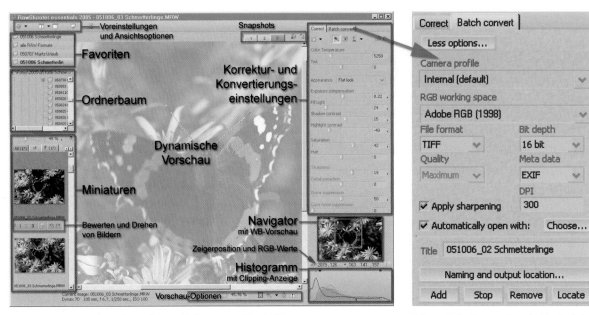

1 RawShooter Essentials mit den wichtigsten Teilfenstern und Symbolleisten

2 Bevor Sie beginnen, sollten Sie hier die Farb-profil- und Ausgabeeinstellungen vornehmen.

RWsetting-Dateien

Im Unterordner **.RWsettings** des Original-Bilder-ordners speichert RSE Einstellungen und Datei-namen jedes konvertierten RAW-Bildes in einer Datei mit der Endung **rws**. Soll eine RAW-Datei später erneut konvertiert werden, kann RSE hier die alten Einstellungen entnehmen.

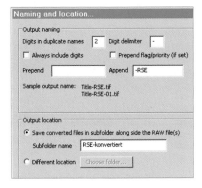

3 Namen von konvertierten Dateien können aus Originalname, Vor- und Nachsilben, lau-fender Nummer, Markierung (flag) und Bewer-tung (priority) fast beliebig zusammengesetzt werden. Die Speicherung erfolgt in einem Unterordner des Originalverzeichnisses, alter-nativ lässt sich ein anderer Speicherort wählen.

RAW-Konvertierung mit RawShooter Essentials

Im Vergleich zu den eher rudimentären RAW-Funktionen von Paint Shop Pro ist ein vollwertiger RAW-Konverter eine ganz andere, aber auch viel kompli-ziertere Welt. Während PSP individuelle Korrekturen erst erlaubt, wenn die Helligkeitsinformationen der rot, grün und blau maskierten Sensorzellen zu RGB-Pixeln zusammengefügt sind, kann und sollte ein RAW-Konverter bereits davor ein- und auf die Sensorinformationen selbst zugreifen (wie weit dies wirk-lich geschieht, wissen allerdings nur die Hersteller).

Zusammen mit Paint Shop Pro X hatte Corel das Programm **RawShooter Essentials** (kurz **RSE**) ausgeliefert. Hersteller Pixmantec wurde Mitte 2006 von Adobe übernommen, deshalb fehlt der RawShooter auf der Paint Shop Pro XI-CD. Adobe hat RSE-Techniken in sein (Anfang 2007 erst als Beta-Version vorlie-gendes) Programm **Adobe Lightroom** eingebaut, doch dieses ist im Gegensatz zu RSE kostenpflichtig. Falls Sie PSP X und damit auch den RawShooter nicht besitzen, können Sie Letzteren im dem Internet herunterladen (Download-Links siehe ≫**9**). RawShooter Essentials holt aus RAW-Dateien deutlich mehr Qualität heraus als PSP XI. Im Folgenden erläutere ich die Hauptfunktionen des englischsprachigen Programms.

Der RawShooter enthält ein großes »dynamisches« Vorschaufenster und vier Teilfenster, die sich beliebig anordnen lassen: Ordner- und Favoritenfenster, Miniaturen und das Einstellungsfenster mit Navigator und Histogramm (**1**). Jedes Fenster hat seine eigene Symbolleiste – sogar jede Miniatur. Diese blendet sich erst ein, wenn man den Mauszeiger über die Miniatur bewegt.

Voreinstellungen

Batch convert (**2**) Hier finden Sie unter More options die wichtigsten Konvertierungsoptionen: **Camera profile** (das Kameraprofil, sofern vorhanden und mit Hilfe von RSE (!) erstellt), **RGB working space** (Arbeitsfarbraum – wählen Sie den Farbraum der Kamerabilder oder den Arbeitsfarbraum von Paint Shop Pro), **File Format** (Dateiformat – nur TIFF und JPEG möglich), **Bit depth** (Farbtiefe, 8 oder 16 Bit), **Meta data** (legt fest, ob EXIF-Daten in die Ausgabedatei eingebettet werden – sehr empfehlenswert), **Apply sharpening** (nur, wenn dies markiert ist, wird die gewählte Schärfung beim Speichern wirklich auf das Bild angewendet) und **DPI** (die Ausgabeauflösung – ein Wert, der sich jederzeit ohne Auswirkungen auf das Bild ändern lässt). Anschließend können Sie mit **Automatically open with** und Choose wählen, ob die konvertierten Dateien gleich in einem Bildbearbeitungsprogramm geöffnet werden sollen.

Während diese Einstellungen für *alle* künftig zu verarbeitenden Bilder gelten, bezieht sich der **Title** (Bildtitel) auf das aktuell in der Vorschau angezeigte Bild. Sie können die Titel ändern, RSE merkt sich die Namen, bis die Konvertierung ausgeführt wird. Umbenannt werden stets nur die konvertierten Dateien. Auch alle anderen Einstellungen wirken sich niemals auf die Originale aus.

Die breite Schaltfläche unter **Title** führt zum zweiten wichtigen Voreinstellungsdialog für die Dateispeicherung:

Naming and output location (**3**) Im ersten Teilfenster **Output naming** legen Sie die Namenskonventionen für die zu speichernden Dateien fest. Der Original-Dateiname (Title) wird dabei stets mit eingebunden. Das zweite Teilfenster **Output location** dient zur Auswahl eines Unterordners (Subfolder) oder eines anderen Speicherortes.

Zwei weitere Einstellungsdialoge sind unter dem kleinen Fragezeichen ![icon] (das erste Symbol ganz oben links im Programmfenster **1**) versteckt:

Preferences (**4**) Die meisten Einstellungen hier beziehen sich auf die interne Arbeitsweise und Spezialfälle. Wichtig ist das rot markierte Häkchen – sonst zeigt RSE statt der Farbtemperatur eine Art Prozentwerte an.

Processing Bias Parameters (**5**) Hier können Sie kameraspezifische Einstellungen vornehmen, die auf alle Bilder einer speziellen Kamera *zusätzlich* zu den aktuellen Einstellungen (also auch, wenn diese null sind) angewendet werden. Die gleichen Regler finden Sie im Correct-Fenster (Abbildungen auf den folgenden Seiten), doch dort eben nicht als **Bias**, was so viel wie Grundeinstellung heißt. Die unteren vier Reglerstellungen gelten sogar nur speziell für eine bestimmte **ISO-Range** (Empfindlichkeit) der Kamera.

Kameramodell, Empfindlichkeit und weitere Werte entnimmt RSE den RAW-Dateien selbst. Sie brauchen nur, während dieses Fenster geöffnet ist, mit der Maus über eine Miniatur zu gehen – schon werden die Parameter angezeigt, die für das Kameramodell gelten, mit dem das Foto aufgenommen wurde.

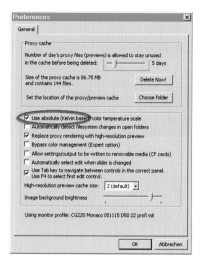

4 Voreinstellungsdialog mit Vorgaben für temporäre Dateien (Proxy cache) und speziellen Optionen. Mit dem Regler ganz unten können Sie die Hintergrundfarbe des Miniaturfensters ändern.

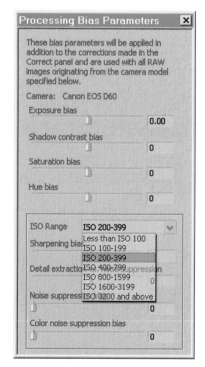

5 Kamera- und ISO-spezifische Voreinstellungen berücksichtigen das unterschiedliche Farb- und Rauschverhalten verschiedener Kameras bei unterschiedlichen Empfindlichkeiten.

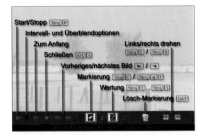

1 Die Symbolschaltflächen der Slideshow sind auf dem Monitor leider noch schlechter zu erkennen als hier im Bild. Prägen Sie sich am besten die Tastaturkürzel ein.

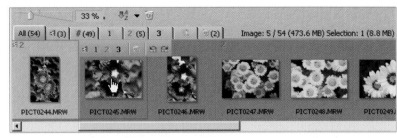

2 Im Miniaturenfenster (hier in der Filmstreifen-Ansicht) kann rasch zwischen der Anzeige unterschiedlich markierter/bewerteter Bilder gewechselt werden. Zum Löschen markierte Bilder werden erst per Klick auf den »Papierkorb« (in der obersten Symbolleiste ganz rechts) gelöscht.

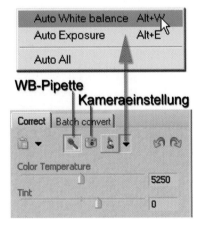

3 Einer der drei möglichen Histogramm-Anzeigemodi. Die drei farbigen Kästchen rechts und links oben zeigen kanalweise an, ob Clipping stattfindet. In der Leiste darüber werden die Mauszeigerposition und die RGB-Farbwerte angezeigt. Die kleine Schaltfläche ganz rechts oben schaltet die Pipetten-Farbanzeige zu (**6**).

Arbeitsablauf mit RawShooter Essentials

Sehr viel Sorgfalt und viele versteckte Finessen haben die RSE-Entwickler darauf verwendet, dem Anwender die Arbeit mit den eigenen Kamera-RAW-Dateien komfortabel und schnell von der Hand gehen zu lassen. Beeindruckend ist die Schnelligkeit, mit der selbst große Dateien fast in Echtzeit korrigiert und als Vorschau auf dem Monitor angezeigt werden. Eine zusätzliche temporäre Speicherung erlaubt es, alle RAW-Dateien eines Ordners als **Slideshow** (Diashow) schnell hintereinander bildschirmfüllend auf dem Monitor anzuzeigen. Die Slideshow kann zwar auch der Präsentation dienen, in erster Linie ist sie jedoch das bevorzugte Mittel zur *Durchmusterung* neuer Fotos, um gleich die »Spreu vom Weizen« zu trennen und so unnötige Arbeit zu vermeiden.

Bilder durchmustern, drehen und bewerten Diese ersten Arbeitsschritte lassen sich komplett im Slideshow-Modus ﹝Alt﹞﹝S﹞ vornehmen (**1**). Sie können die Bilder hier in die richtige Lage drehen, eine von drei möglichen Bewertungen (Priorities) und eine zusätzliche Markierung (Flag) vergeben und Bilder zum Löschen markieren. Die Bewertungen und Markierungen finden Sie später in der Symbolleiste des Miniaturenfensters wieder (**2**). Per Mausklick lässt sich hier zwischen der Anzeige aller oder markierter bzw. bewerteter Bilder umschalten. Auch im Miniaturenfenster können Sie Bewertungen und Markierungen vergeben und ändern und Bilder drehen.

Weißabgleich RSE bietet dafür mehrere Methoden, die über die entsprechenden Symbole im Correct-Fenster ausgewählt werden (**4**). **As Shot** überträgt die Weißabgleich-Vorgabe der Kamera auf das Bild. **Auto White balance** versucht, die Farbtemperatur des bei der Aufnahme vorhandenen Lichts aus dem Bild selbst zu ermitteln. Bei der dritten Methode muss per **Eye Dropper** (Pipette) ein Bildpunkt angeklickt werden, der farblos sein soll. Schon vor dem Anklicken zeigt der Navigator, wie sich die Bildfarben damit verändern werden.

Alle Methoden beeinflussen die beiden Weißabgleich-Regler **Color Temperature** und **Tint**. Diese können natürlich auch manuell verstellt werden – das ist im Anschluss an eine automatische Korrektur meist notwendig. **Tint** sorgt dabei für das Feintuning der per **Color Temperatur** gewählten Farbtemperatur.

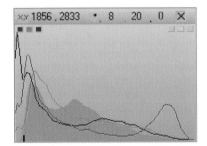

4 Eine manuelle und zwei automatische Möglichkeiten des Weißabgleichs werden über Symbole aufgerufen. WB-Pipette, Kameraeinstellung und Auto White balance.

Die WB-Pipette lässt sich übrigens auch im Slideshow-Modus benutzen.

Helligkeit und Kontrast einstellen Ähnlich wie beim Weißabgleich können Sie diese Optimierung komplett RSE überlassen, indem Sie **Auto Exposure** anklicken (**4**). Alternativ stehen für manuelle Korrekturen ein Auswahlfeld und vier Regler zur Verfügung (**5**). Das Auswahlfeld **Appearance** (Erscheinungsbild) enthält neben der Standardeinstellung **Flat look** (dabei wird das Bild nicht verändert) je drei Varianten für üblicherweise in Innenräumen (**Indoor**) und unter freiem Himmel (**Outdoor**) anzutreffende Lichtverhältnisse in den Stärken **normal**, **medium** und **strong**. Diese sechs Varianten stellen Vorschläge dar, die Sie erst einmal ausprobieren sollten, bevor Sie mit den Reglern experimentieren. Alle Varianten berücksichtigen die Charakteristik des konkreten Bildes. Meist wird der Kontrast erhöht und durch Abdunklung mehr »Tiefe« geschaffen, sehr kontrastreiche Bilder können aber (zumindest im Modus normal) auch etwas weicher werden.

Gerät das Bild mit den Appearance-Varianten zu dunkel und kontrastreich, können Sie dies per Regler **Exposure compensation** (Belichtungsausgleich) teilweise korrigieren. Dieser Regler verschiebt die Bildhelligkeit global um maximal 3 EV nach oben oder unten – nun ja, nicht exakt, denn Über- und Unterbelichtung und das damit verbundene Ausfressen von Lichtern versucht RSE nach Möglichkeit zu vermeiden. Deshalb wird die Bildhelligkeit eher in der Art einer Gammakorrektur geändert. Die Auswirkungen dieses und aller anderen vier Regler sollten Sie übrigens stets am Histogramm (**3**) kontrollieren. Als Hilfe gegen versehentliches Abschneiden von Tiefen oder Lichtern ist zudem die Clipping-Warnung (**6**) nützlich. RSE warnt hier bereits sehr früh, wenn nur einer der drei RGB-Werte »am Anschlag« ist (also den Wert 0 oder 255 hat).

Fill Light (Aufhelllicht) wirkt nicht global, sondern hellt vor allem die Schatten und Mitteltöne auf. Es gibt in PSP einen ähnlich wirkenden Filter **Aufhellblitz** (Anpassen>Aufhellblitz ≫197). Mit dem Aufhelllicht können Sie Bilder noch retten, die in den Schatten abzusaufen drohen – wenn dort wenigstens noch etwas Zeichnung vorhanden ist. Zu starke Zugabe bewirkt einen unnatürlichen Bildeindruck und breite Halos an kontrastreichen Kanten.

Shadow contrast (Tiefenkontrast) und **Highlight contrast** (Lichterkontrast) erlauben die getrennte Kontrastanpassung in den Schatten- und Lichterbereichen des Bildes. Die Wirkungen sind nicht streng abgegrenzt. Beide Regler beeinflussen bei höheren Werten auch die Bildbereiche, für die sie eigentlich nicht zuständig sind.

Sättigung und Farbton (**7**) Je nach Foto und erfolgter Aufhellung (die meist mit Sättigungsverlusten verbunden ist) kann eine leichte Sättigungserhöhung erforderlich sein, was Sie mit dem Regler **Saturation** erreichen. Reine Graustufenbilder erzeugen Sie durch Verschieben nach ganz links auf den Wert -100.

Der Regler **Hue** gestattet die leichte Verschiebung von Bildfarben, ohne graue oder weiße Bereiche zu beeinflussen. Dies unterscheidet ihn von den Weißabgleichs-Reglern **Color Temperature** und **Tint** (**4**), die stets das ganze Bild einschließlich der farblosen Bereiche beeinflussen.

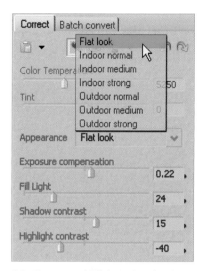

5 Zur Kontrast- und Belichtungskorrektur bietet RSE unter **Appearance** sechs Vorschläge, die aber für meinen Geschmack oft zu dunkel und kontrastreich ausfallen. Die vier Regler darunter erlauben feinfühligere Korrekturen.

6 Die Clipping-Warnung ⌨Strg färbt zu dunkle Bereiche blau und zu helle rot. Die im Bild über der Pipette sichtbare RGB-Anzeige wird in der Leiste über dem Histogramm zugeschaltet (**3**).

7 Veränderung von Sättigung und Farbton im Correct-Fenster

In Wertefelder von RSE können Sie direkt Zahlen eingeben oder per Pfeiltasten oder Mausrad schrittweise ändern. Ein Klick auf das kleine rote Dreieck ganz rechts stellt den Regler auf 0.

Spot-Messung

Wenn Sie bei gedrückter ⌈Strg⌉-Taste in die Vorschau klicken, setzt RSE einen Spot-Messpunkt. Die RGB-Werte dieses Pixels werden permanent in der Informationsleiste über dem Histogramm angezeigt. Auf diese Weise können Sie die Auswirkungen von Korrektureinstellungen auf bestimmte Farben verfolgen.

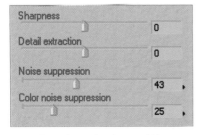

1 Schärfen und Rauschentfernung bilden in RSE eine Einheit, deshalb sollten Sie (nur hier) mit den Schärfekorrekturen beginnen.

2 Ein Vergleich der beiden Schärfungsmethoden von RSE mit extremen Werten und in starker Vergrößerung macht die Unterschiede deutlich. Ganz unten ist das Original zu sehen.

Schärfungs-Halos (mittleres Bild an den Uhrzeigern) stören bei normaler Vergrößerung übrigens nicht, wenn sie eine bestimmte Breite nicht überschreiten. Für den richtig »knackigen« Schärfeeindruck sind sie bei ausgedruckten Bildern oft sogar erforderlich.

Schärfen und Rauschentfernung Schärfen ist in der Regel der letzte Bildbearbeitungsschritt und auf jeden Fall *nach* der Rauschentfernung auszuführen (da sonst das Rauschen mitgeschärft wird). In Paint Shop Pro sollten Sie diese Reihenfolge unbedingt einhalten. RSE arbeitet jedoch alle Einstellungen gemeinsam und in intern festgelegter Reihenfolge ab (**1**).

Die beiden für das Schärfen zuständigen Regler **Sharpness** (Schärfe) und **Detail extraction** (Detailhervorhebung) arbeiten etwas unterschiedlich. **Sharpness** ähnelt einem Unscharf-maskieren-Filter mit höherem Schwellenwert (in PSP zu finden unter Anpassen>Schärfe>Unscharf maskieren) bzw. mit Konturenmaske, wirkt auf kontrastarme Bereiche wenig oder gar nicht, erzeugt aber die typischen Schärfungs-Halos. **Detail extraction** erzeugt so gut wie keine Halos und hebt allein durch lokale Kontrastanhebung auch sehr feine, vorher kaum sichtbare Strukturen heraus – diese können jedoch auch bloß Bildrauschen sein (**2**).

Detail extraction sollte deshalb vor allem dann recht vorsichtig eingesetzt werden, wenn das Bild homogene Bildflächen enthält. Übrigens schärft RSE auch bei der Reglerstellung 0 schon ein wenig (abhängig von Kameramodell und ISO-Empfindlichkeit). Um dies zu verhindern, müssen die Regler nach ganz links (-50) verschoben oder im Fenster **Batch convert** das Häkchen vor **Apply sharpening** entfernt werden (»127).

Für die Rauschentfernung gibt es ebenfalls zwei Regler, die hier für zwei Haupttypen des in Digitalbildern vorkommenden Rauschens zuständig sind: niederfrequentes (Helligkeits-)Rauschen und Farbrauschen. **Noise suppression** (auch **Luminanzglättung** genannt) hat einen etwas glättenden Charakter und kann in höheren Dosen Details verwischen und das Bild flacher wirken lassen. **Color noise suppression** wirkt allein auf hochfrequentes Farbrauschen und entfernt dieses zuverlässig aus homogenen Bildbereichen wie blauem Himmel.

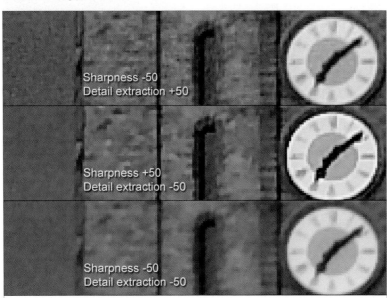

Ebenso wie beim Schärfen wendet RSE eine geringe Rauschentfernung bereits dann an, wenn die entsprechenden Regler auf 0 stehen. Negative Werte können hier jedoch nicht eingestellt werden – die Rauschentfernung lässt sich nicht völlig abschalten.

Stattdessen sollten Sie in der Digitalkamera (falls dies überhaupt möglich ist) jede Schärfung und Rauschentfernung abschalten. Diese Funktionen wirken stets »destruktiv«, d. h. ändern Bildpixel. Bei Veränderungen in RSE oder PSP können Sie stets noch auf die Originaldatei zurückgreifen, bei einer bereits in der Digitalkamera veränderten Datei nicht mehr.

Versionsvergleich per Schnappschuss Eine der nützlichsten Funktionen in RSE ist der **Snapshot**, mit dem die aktuellen Korrektureinstellungen fixiert werden. Bei jedem Snapshot wird oberhalb der Vorschau ein Reiter hinzugefügt (**3**). So kann man schnell durch unterschiedliche Korrekturversionen blättern und diese vergleichen. Direkt nebeneinander stellen lassen sich zwei Bildversionen erst mit der Premium-Version des RawShooters.

Korrektureinstellungen auf andere Bilder übertragen Direkt unterhalb des mit **Correct** beschrifteten Reiters befinden sich das **Group correction icon** (Gruppenkorrektursymbol) und ein kleiner Pfeil, der auf Mausklick ein zweizeiliges Menü öffnet (**3**). Es handelt sich um zwei Möglichkeiten, die für ein Bild getroffenen Korrektureinstellungen auf andere Bilder zu übertragen. In jedem Fall öffnet sich zuvor ein Auswahldialog (**4**), wo die zu übertragenden Einstellungen einzeln ausgewählt werden können.

Bilder, auf die diese Einstellungen übertragen werden sollen, wählen Sie im Miniaturenfenster aus (wie unter Windows gewohnt, wählt [Strg]⎚ einzelne Elemente und [⇧]⎚ zusammenhängende Gruppen). Dies kann vorher, aber auch hinterher geschehen. Befinden sich die Bilder in unterschiedlichen Ordnern, kopieren Sie mit Copy corrections to clipboard die Einstellungen in die Zwischenablage und fügen sie mit Paste corrections den betreffenden Bildern hinzu.

Batch-Verarbeitung Alle diese Korrekturen und Einstellungen sind bisher nur in der Vorschau und in der Slideshow zu sehen. Die Konvertierung – also die Anwendung auf die Bildpixel und die Speicherung – erfolgt erst, wenn das oder die gewählten Bilder der **Batch queue** hinzugefügt werden (Taste [Einfg], ganz rechtes Symbol in der oberen Symbolleiste des RSE-Fensters oder Schaltfläche Add im Fenster **Batch convert 5**). Die Batch queue ist eine Art Warteschlange, wie Sie sie vielleicht von der Verarbeitung von Druckdokumenten kennen. Konvertierung und Speicherung erfolgen im Hintergrund, währenddessen kann an weiteren Bildern gearbeitet werden. Die Voreinstellungen für Dateinamen und Speicherort habe ich bereits zu Anfang dieses Abschnitts erläutert (≫**127**).

Weitere RAW-Konverter

Weitere Alternativen zu kameraspezifischen RAW-Konvertern finden Sie in der folgenden Liste. Zumeist sind laufzeitbegrenzte Versionen zum Ausprobieren herunterladbar.

Adobe Lightroom (Beta) http://labs.adobe.com/technologies/lightroom
Bibble www.bibblelabs.com
Breeze Browser www.breezesys.com/products.htm
Capture One www.phaseone.com
Helicon Filter http://heliconfilter.com
LightZone www.lightcrafts.com
SilverFast DC www.silverfast.de/digital-camera-software

3 Drei per Snapshot aufgenommene Korrekturversionen und die Symbole **Snapshot löschen** (links) und **Snapshot hinzufügen** [Strg][B].

Rechts neben den Snapshot-Funktionen befinden sich Symbol und Aufklappmenü für die Übertragung von Korrektureinstellungen.

4 Auswahl der zu übertragenden Korrektureinstellungen

5 Verarbeitung und Speicherung der RAW-Dateien im Fenster **Batch convert** (Ausschnitt). Die Verarbeitung kann per **Stop** jederzeit unterbrochen werden. **Add** fügt Bilder hinzu, **Remove** entfernt Bilder aus der Warteschlange. **Locate** öffnet den Windows Explorer mit dem unter **Naming and output location** gewählten Ausgabeordner.

Das RAW-Potenzial

Der Vergleich von zwei bei kritischen Belichtungsbedingungen aufgenommenen Fotos – eines normal, das zweite im RAW-Format – zeigt deutlich, was an Informationen in der höheren Farbtiefe einer RAW-Datei steckt. Das folgende Foto habe ich mit einer Nikon Coolpix 5700 im TIF-Format mit Belichtungsautomatik aufgenommen. Die Belichtung war offenbar etwas zu hoch – die Zeichnung in den Blütenblättern ist in einem matschigen Rot untergegangen.

Das zweite Foto ist mit exakt den gleichen Belichtungseinstellungen, aber im RAW-Modus fotografiert. Nach der Konvertierung zeigt sich die schon verloren geglaubte Zeichnung in den Blütenblättern, und sogar die Schattenzeichnung ist besser geworden.

Übrigens unterstützen weder PSP noch RSE das RAW-Format der Coolpix 5700. Die Konvertierung musste deshalb mit den sehr begrenzten Möglichkeiten des Nikon Editors erfolgen. Mit RSE wäre das Ergebnis wahrscheinlich noch besser ausgefallen.

DNG als Kamera-Dateiformat

Einige Kamerahersteller unterstützen bereits DNG als Ausgabeformat. Darunter sind sowohl Profi- und Highend-Modelle (Hasselblad-Imacon, Leica) als auch Kameras für Normalanwender (Ricoh, Samsung). Leica hat das DNG-Format zum internen Format des Digitalmoduls für R-Kameras gewählt.

OpenRAW und Digitales Negativ-Format DNG

Es gibt inzwischen weit über 100 unterschiedliche RAW-Formate, und diese Zahl nimmt ständig zu. Einige werden vom Hersteller schon gar nicht mehr unterstützt. Kaum ein Hersteller hat die Spezifikationen seiner RAW-Formate veröffentlicht. Es kann durchaus passieren, dass Sie in ein paar Jahren Ihre (dann historischen) Fotos von heute mit den dann aktuellen Bildbearbeitungsprogrammen und RAW-Konvertern nicht mehr öffnen können – und ob der originale RAW-Konverter aus dem Jahr 2006 unter der übernächsten Windows-Version noch läuft, ist ebenso fraglich.

Das einzig wirksame Mittel gegen diese Gefahr besteht in der Offenlegung aller RAW-Formate. Schließlich gehört das Bild dem Fotografen und nicht dem Kamerahersteller. Leider zeichnet sich gegenwärtig aber sogar eine gegenläufige Tendenz ab. Canon, Phase-One, Sony und Nikon verschlüsseln Teile ihrer RAW-Dateien. Adobe und andere große Firmen erhalten Lizenzen, kleinere Hersteller können vielleicht, aber dürfen diese Daten nicht entschlüsseln. Letztlich kommt dies einer Enteignung des Fotografen gleich, denn er kann über seine Bilder bei der Wahl des RAW-Konverters nicht mehr frei verfügen – und kommt damit im schlimmsten Fall überhaupt nicht mehr an sie heran. Im Internet finden Sie nähere Informationen zu diesem Thema unter www.openraw.org und (deutschsprachig) unter www.write4u.de/html/openraw.html.

Die noch bessere Lösung bestünde in der Entwicklung eines gemeinsamen standardisierten *und* offenen RAW-Formats für alle Kameras. Obwohl dies derzeit noch Utopie ist, da sich die Sensortechnologien erheblich unterscheiden, hat Adobe mit dem **DNG-Format** bereits einen Schritt in diese Richtung gemacht. DNG könnte zum Prototyp eines universellen Kamera-Dateiformats analog dem TIF-Format (das ursprünglich auch von Adobe stammt) werden.

Adobes DNG als universales RAW-Format

Eine DNG-Datei besteht im Wesentlichen aus drei Teilen:

- den ins DNG-Format übersetzten ursprünglichen RAW-Daten samt den zugehörigen, von der Kamera mitgelieferten Einstellungen;
- optional einer JPEG-Vorschau, auf welche gewünschte Konvertierungseinstellungen sowie Bildausschnitt und Ausrichtung bereits angewendet sind;
- optional der eingebetteten originalen RAW-Datei.

Die Einbettung der originalen RAW-Datei stellt eine Sicherheitsmaßnahme dar und erlaubt für den Fall, dass einmal verbesserte Konvertierungstechniken zur Verfügung stehen, die Datei neu und besser zu konvertieren. Eingebettete RAW-Dateien lassen sich jederzeit wieder extrahieren. Wenn Sie diese RAW-Dateien sowieso archivieren, ist die Einbettung allerdings nicht nötig. Fällt sie weg, werden DNG-Dateien sogar bis zur Hälfte kleiner als die RAW-Originale.

Der DNG-Konverter für die Konvertierung (1) lässt sich kostenlos von Adobes Webseite (www.adobe.de) herunterladen.

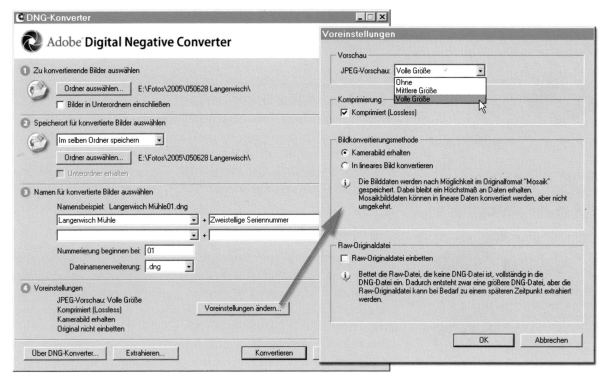

1 Der **Digital Negativ Converter** konvertiert den Inhalt ganzer Ordner in einen wählbaren Speicherort. Die neuen Dateinamen lassen sich dabei recht flexibel wählen.

DNG – doch kein universales Format?

Der DNG-Konverter kann RAW-Dateien weder anzeigen noch erlaubt er die Änderung von Einstellungen. Dafür hat Adobe das Photoshop-Plugin **Adobe Camera RAW** (ACR) vorgesehen, das unter anderen Programmen nicht einsetzbar ist. Andere RAW-Konverter unterstützen DNG bisher meist nur teilweise. Paint Shop Pro zeigt DNG-Dateien im Verwalter dank eingebettetem JPEG-Bild zwar an, meldet beim Versuch, diese zu öffnen, jedoch: »Das Format der angegebenen Datei wird nicht unterstützt«. RawShooter Essential kann nur diejenigen DNG-Dateien öffnen, deren originale RAW-Dateien das Programm ebenfalls lesen kann.

Dies bedeutet, RAW-Fomate, die RawShooter nicht unterstützt, lassen sich leider auch nicht über den Umweg DNG-Datei im RawShooter öffnen. In diesem Fall bleibt als einziger Vorteil des DNG-Formats die verringerte Dateigröße übrig. Adobe Lightroom besitzt diese Einschränkung natürlich nicht.

Aber auch wenn Sie DNG bisher nicht benutzen (können) – behalten Sie dieses Format wenigstens im Auge. Es scheint die bisher einzige realistische Alternative zu dem Chaos an inkompatiblen, als Firmengeheimnis behandelten RAW-Formaten, mit denen gegenwärtig der Markt überschwemmt wird.

DNG-Einstellungen

JPEG-Vorschau Volle Größe ist vorteilhaft für die Bildvorschau.

Komprimierung Bezieht sich nicht auf die JPEG-Vorschau, sondern auf die RAW-Daten. Komprimiert (Lossless) arbeitet verlustfrei und halbiert die Dateigrößen ungefähr.

Bildkonvertierungsmethode Legt fest, ob die im Bayer-Mosaik vorliegenden RAW-Daten erhalten bleiben (Kamerabild erhalten) oder bereits zu RGB-Pixeln interpoliert werden sollen (In lineares Bild konvertieren). (»Linear« bedeutet hier also *nicht* die lineare Gammakodierung mit Gamma = 1, wie sie einige RAW-Konverter vornehmen können.) Wählen Sie die erste Option, es sei denn, der RAW-Konverter kann solche DNG-Dateien nicht verarbeiten. »Lineare« DNGs sind zudem um das Doppelte bis zum Siebenfachen (!) größer als normale.

RAW-Originaldatei einbetten kann sinnvoll sein, um die Dateien gemeinsam zu archivieren. Die DNG-Dateien werden jedoch größer.

Bilder aus dem Scanner

Die analog-digitale Hybrid-Lösung (Foto auf konventionellem Film, Digitalisierung mit Scanner) kommt aus der Mode, seit Digitalkameras in puncto Bildqualität die analogen Ahnen nicht nur eingeholt, sondern teilweise schon überholt haben. Doch in Millionen Haushalten und Firmen ruhen historische Schätze in Form von Dias und Negativen und warten auf ihre Digitalisierung. Mit einem Scanner können diese vor dem endgültigen Vergessen bewahrt werden – und sei es nur, um anlässlich eines Jubiläums den Gästen des Geburtstagskinds (also des Sprösslings oder der Firma) die bewegten Anfangsjahre in Form einer digitalen Diashow vorzuführen.

Scanner-Technik

Scannen nennt man das punktweise Abtasten einer Vorlage mit anschließender Digitalisierung der ermittelten Farb- und Helligkeitsinformationen. Handelsübliche Scanner arbeiten wie Digitalkameras mit CCD-Sensoren, die aber einfacher aufgebaut sind: Statt des flächigen Chips genügt eine Leiste aus meist drei CCD-Zeilen – für jede Grundfarbe eine. Diese Sensorzeile wird zusammen mit einer Optik über oder unter der Vorlage bewegt (**1**).

Es gibt im Wesentlichen zwei Gerätetypen: **Filmscanner** für Negative und Dias im Kleinbildformat (**2**), aber auch für größere Formate, und **Flachbettscanner** für sogenannte Aufsichtsvorlagen wie belichtete oder gedruckte Fotos. Mit Hilfe einer **Durchlichteinheit** können mit Flachbettscannern höherer Auflösung auch Filmbilder gescannt werden. Im professionellen Bereich sind zudem **Trommelscanner** verbreitet, die eine höhere Bildqualität liefern, jedoch auch um ein Vielfaches teurer sind.

Flachbettscanner

Ein vorhandener Flachbettscanner ist die einfachste und zugleich preiswerteste Möglichkeit, ein Foto zu digitalisieren. Die Qualität des Ergebnisses wird vor allem von der Größe und Qualität der Vorlage – in der Regel ein Foto-Abzug – bestimmt. Die notwendige Scan-Auflösung wird heute auch von sehr preiswerten Geräten locker erreicht. Schon ein nur 7*10 cm großer Fotoabzug, mit einer Auflösung von 600 ppi gescannt, wird zu einem 1600*2400 Pixel (knapp vier Megapixel) großen Digitalbild. Fotoabzüge sind grundsätzlich viel feiner aufgelöst als gedruckte Bilder; mit noch höherer Auflösung können Sie also eventuell noch ein paar mehr Details herausholen. Über 1200 ppi bilden Sie dann aber nur noch die Kornstruktur des Fotopapiers (bzw. des Negativs, von dem es vergrößert wurde) ab.

Der große Vorteil eines Scans direkt vom Negativ oder Dia liegt weniger in dessen höherer Auflösung, sondern vor allem im höheren Kontrastumfang. Detailzeichnung in den Tiefen und Lichtern , die bei der Vergrößerung auf Fotopapier verloren gegangen ist, kann beim Scannen des Originals hervorgeholt

1 Funktionsprinzip eines Flachbettscanners (Quelle: AGFA)

2 Der Filmscanner Super Coolscan 5000 ED von Nikon (hier mit Filmstreifeneinzug SA-21) hat eine maximale optische Auflösung von 4000 ppi und verarbeitet Kleinbildnegative und -dias mit einem Dichteumfang bis 4,2. Die Bilddaten werden intern mit 16 Bit Farbtiefe erfasst. Staub und Kratzer können beim Scannen automatisch entfernt werden (Digital ICE), Mehrfachabtastung ist möglich.

und verstärkt werden. Da aber dieses Original sehr viel kleiner als der Abzug ist, muss es mit einer entsprechend höheren Auflösung gescannt werden. 1200 ppi holen aus einem Kleinbildnegativ (24*36 mm) lediglich 1134*1700 Pixel (knapp zwei Megapixel) heraus. Wenn das gescannte Bild ein vollwertiger Ersatz für das Original sein soll (und nicht nur schnell ein Bild für die Internet-Homepage gebraucht wird), sind mindestens 2400 ppi erforderlich. Diese Auflösung ist in den meisten Fällen auch ausreichend. Zwar haben feinkörnige Filmmaterialien eine noch deutlich höhere Auflösung, doch kann diese von Kompaktkameras und Zoomobjektiven gar nicht ausgeschöpft werden. Nur spezielle (und meist teure) Profi-Objektive erreichen Schärfeleistungen, die das Scannen mit 4000 und mehr Pixel pro Zoll rechtfertigen.

Mit dem Flachbettscanner fotografieren

Haben Sie schon einmal versucht, mit dem Flachbettscanner ein Foto zu schießen? Natürlich eignen sich dazu am besten flache Objekte wie Blätter, aber auch aufgeschnittene Früchte und Ähnliches, dessen oft sehr interessante Struktur der Scanner in hoher Detailgenauigkeit erfasst. Leider haben die meisten Flachbettscanner nur eine Schärfentiefe von wenigen Millimetern. Ein weiteres begrenzendes Kriterium ist die Ausleuchtung, die mit steigender Entfernung vom Vorlagenglas rapide abfällt. Eine Zusatzbeleuchtung von oben (dazu reicht eine stärkere Schreibtischlampe) kann helfen und ergibt eventuell interessante Gegenlichteffekte.

Für Makroaufnahmen ist eine physikalische Auflösung von wenigstens 600 ppi erforderlich. Die Aufnahmen können sich mit normalen Kamera-Makroaufnahmen nicht nur messen, sondern sind oft besser – vorausgesetzt, Sie wählen ein Motiv, das sich während der Scanzeit nicht bewegt. Mit höheren Auflösungen lassen sich Vergrößerungen erzielen, die es mit einem Schulmikroskop locker aufnehmen: Ein mit 9600 ppi gescanntes Detail wird auf dem Monitor in fast 100facher Vergrößerung angezeigt.

Gut geeignet sind solche Scannerfotos auch als Ausgangsmaterial für Grafiken, wie die Beispiele in der Randspalte zeigen (**3**).

Filmscanner

Filmscanner – oft Diascanner genannt – sind speziell für das Scannen von Dias und Negativen konstruiert. Die Funktionsweise ähnelt der von Flachbettscannern mit Durchlichteinheit. Als Flachbettscanner noch deutlich geringere Auflösungen hatten als heute, waren qualitativ hochwertige Ergebnisse fast nur mit Filmscannern erreichbar. In puncto Auflösung sind Flachbettscanner inzwischen genauso gut oder besser, doch die Handhabung von Filmscannern ist nach wie vor einfacher und zeitsparender. Mit speziellem (aber auch recht teurem) Zubehör lassen sich ganze Diamagazine und unzerschnittene Kleinbild- und APS-Filme hintereinander einscannen. Filmscanner bieten zudem spezielle Funktionen wie Staub- und Kratzer-Entfernung und Mehrfachabtastung, die es bei Flachbettscannern bisher noch kaum gibt.

Scanner-Auflösung

Was für Digitalkameras die Pixel-Anzahl, ist für Scanner die Auflösung: Sie entscheidet über die Informationsmenge, die sich aus einer Vorlage herausholen lässt. Die Scan-Auflösung wird meist in dpi (Dots per Inch – Punkte pro Zoll) angegeben, was zwar nicht falsch ist, jedoch auch nicht besonders richtig. Die Maßeinheit dpi kommt aus dem Druckgewerbe – und dort will ich sie auch lassen und für Scan-Auflösungen generell die Maßeinheit ppi (Pixel pro Zoll) verwenden. Schließlich erhält man als Ergebnis des Scanvorgangs, ganz ähnlich wie als Ergebnis einer Digitalkamera-Aufnahme, vollwertige Pixel (≫**71**).

3 Zwei gescannte Ahornblätter, ein daraus entstandener Scherenschnitt und eine weitere, per Computerbearbeitung entstandene Version.

Moiré

Wo regelmäßige Muster leicht unterschiedlicher »Frequenz«, also Wiederholungsrate, aufeinandertreffen, entstehen Moirés (≫168). Schon die Überlagerung eines regelmäßigen Textilmusters mit dem Leuchtpunkt-Gitter des Computermonitors kann ein Moiré erzeugen. Digitalkameras, die mit ihrem regelmäßigen Sensorraster ebenfalls für Moirés empfindlich sind, enthalten serienmäßig ein Anti-Moiré-Filter.

Etwas Vergleichbares gibt es bei Scannern nicht. Beim Scannen gedruckter Vorlagen überlagert sich das regelmäßige Muster der Druckpunkte mit dem ebenfalls regelmäßigen Abtastraster des Scanners. Besonders gefürchtet sind Moirés, die beim erneuten Ausdruck einer gescannten, gedruckten Vorlage entstehen – hier überlagern sich sogar drei leicht abweichende Muster.

Moirés lassen sich nur unter Qualitätsverlust beseitigen. Je schärfer ein gedrucktes Bild gescannt wird, desto deutlicher sind die einzelnen Rasterpunkte zu erkennen. Also muss man bereits beim Einscannen eine etwas unschärfere Einstellung wählen. Man kann das gescannte Bild auch in einem Bildbearbeitungsprogramm weichzeichnen, bis die einzelnen Rasterpunkte nicht mehr erkennbar sind, und es anschließend wieder leicht schärfen. Ein Detailverlust ist jedoch in keinem Fall zu vermeiden.

1 SilverFast zeigt unter **Scan-Typ** sowohl die interne Scanner-Farbtiefe als auch die über alle Kanäle summierten Ausgabe-Farbtiefen. **42->24 Bit Farbe** bedeutet, dass die interne Scanner-Farbtiefe von 14 Bit/Kanal (= 42 Bit) auf 8 Bit/Kanal reduziert wird. Drei Zeilen tiefer müsste es eigentlich **42->48 Bit Farbe** heißen. Hier erfolgt die Ausgabe mit 16 Bit/Kanal = 48 Bit, doch die Farbtiefe erhöht sich nicht – da es keine 14- oder 42-Bit-Dateien gibt, werden die restlichen Bits mit Nullen aufgefüllt. Bei CMYK-Ausgabe müssten die (summierten) Ausgabe-Farbtiefen sogar auf 32 bzw. 64 Bit steigen – doch hier ist das Programm inkonsequent und ändert die Zahlen nicht.

Scanner-Eigenschaften

Scanner und Digitalkameras haben sowohl Ähnlichkeiten als auch charakteristische Unterschiede. Die optischen Eigenschaften des Objektivs (das auch Scanner besitzen) und das Licht, mit dem die Vorlage beleuchtet wird, bleiben bei Scannern in der Regel gleich – Weißabgleich ist deshalb nicht notwendig. Dagegen ist die **Profilierung** eines Scanners (anders als bei der Digitalkamera) meist sinnvoll. Eine weitere wichtige Besonderheit ist, dass ein Scan stets in zwei Schritten erfolgt. Nach dem **Prescan** (Vorscan) können Korrekturen und Einstellungen durchgeführt werden, die erst beim **Fertigscan** angewendet werden.

Zu den Grundeigenschaften eines Scanners zählen die maximale optische **Auflösung**, der Dynamikumfang, der hier **Dichteumfang** heißt, und die **Farbtiefe**. Zudem werden oft bereits auf Hardwareebene wichtige Korrekturen wie die **Staub- und Kratzerentfernung** vorgenommen. Spezialfunktionen wie die Einstellung der **Lampenhelligkeit** und die **Mehrfachabtastung** helfen, von kritischen Vorlagen noch akzeptable Ergebnisse zu gewinnen. Ich stelle diese Hardware- und weitere Softwarefunktionen auf den folgenden Seiten an zwei verbreiteten Scanprogrammen vor: **Nikon Scan** und **SilverFast**. Je nach Softwareversion und Scannertyp können die Einstellungen bei Ihnen abweichen.

Auflösung Die maximal mögliche Auflösung eines Scanners ist als Qualitätsmerkmal mit der Megapixelzahl einer Digitalkamera vergleichbar. Moderne Scanner können hier oft viel mehr als nötig: 9600 Pixel pro Zoll sind auch für das schärfste Dia Overkill – damit würde dieses zum 120-Megapixel-Digitalbild. Beachten Sie aber den Unterschied zwischen *optischer* (bzw. *physikalischer*) Auflösung und *interpolierter* Auflösung. (Er entspricht etwa dem Unterschied zwischen optischem Zoom und Digitalzoom einer Digitalkamera.) Per Interpolation kann man beliebig große Bilder (oder Ausschnitte) erzeugen, die aber keinen Deut mehr Information enthalten als die Originale.

Vor allem bei Flachbettscannern nutzt man die Maximalauflösung oft bewusst nicht aus. Die richtige Wahl der **Scan-Auflösung** ist ein eigenes Thema, denn sie sollte nicht nur im Hinblick auf das Ausgabebild, sondern auch unter Beachtung der Art und Qualität der Vorlage (Fotoabzug, gedrucktes Bild etc.) geschehen, um z. B. Moirés zu vermeiden.

Dichteumfang Dem Dynamikbereich der Digitalkamera entspricht beim Scanner der maximal zu verarbeitende **Dichteumfang**. Die Angaben lassen sich leider nicht direkt vergleichen. Der Dynamikbereich wird in EV-Stufen angegeben, die Zweierpotenzen darstellen: Die Erhöhung um eine Stufe entspricht einer Verdopplung der Lichtmenge. Die Dichte ist dagegen in Zehnerpotenzen abgestuft: Die Erhöhung um eine Stufe entspricht einer *Verringerung* des (durchgelassenen oder reflektierten) Lichts auf ein Zehntel des Ausgangswertes.

Eine *Vorlage* – etwa ein Dia – hat einen Dichteumfang von 3, wenn die hellsten Bereiche 10^3 = 1000 Mal so viel Licht durchlassen wie die dunkelsten Bereiche. Ein *Scanner* hat einen Dichteumfang von 3, wenn er sowohl die hellsten als auch die dunkelsten Bereiche dieses Dias gerade noch »auflösen«, d. h. mit Zeichnung versehen scannen kann. Man kann natürlich EV-Stufen und Dichteumfang ineinander umrechnen. $10^3 = 1000$ ist rund $1024 = 2^{10}$, d. h., ein Dichteumfang von 3 entspricht einem Dynamikumfang von rund 10 EV-Stufen. Preiswerte Scanner kommen nur wenig über einen Dichteumfang von 3 hinaus, Spitzenmodelle erreichen 4 und mehr. Der Dichteumfang des Nikon Coolscan 5000 liegt bei 4,2, was einem Dynamikumfang von fast 14 EV-Stufen entspricht.

Je größer der Dichteumfang eines Scanners, desto mehr Details können noch aus stark geschwärzten Filmbereichen (überbelichteten Negativen, unterbelichteten Dias) herausgeholt werden. Drucke auf Papier und Fotoabzüge haben einen Dichteumfang bis etwa 2, Negative bis 3 und Dias bis 4. Röntgenfilme können einen Dichteumfang bis 6 (1 : 1 000 000 bzw. 20 EV-Stufen) haben.

Neben dem Dichte*umfang* spielt auch die Dichte selbst eine Rolle. Sehr dichte (überbelichtete) Negative beispielsweise können von manchen Scannern nicht mehr ordnungsgemäß verarbeitet werden, obwohl der Dichteumfang selbst gar nicht so groß ist. CCD-Scanner sind im Bereich geringer Helligkeiten nur wenig empfindlich. Manche Scanner erlauben deshalb, die **Lampenhelligkeit** zu erhöhen. Auch durch **Mehrfachabtastung** lässt sich mehr Licht aus dunklen Bereichen sammeln und zugleich das **Rauschen** vermindern.

Farbtiefe Auch bei Scannern müssen wir zwischen der *internen* Farbtiefe der Digitalisierung und der Farbtiefe der ausgegebenen Dateien unterscheiden. Nur die Letztere können Sie wählen. Stand der Technik sind 12 und 14 Bit interne Farbtiefe, hochwertige Scanner digitalisieren mit 16 Bit. Diese interne Farbtiefe steht für alle per Scanner-Software vorgenommenen Korrekturen zur Verfügung. Erst bei der Datenausgabe wird die interne Farbtiefe entweder in eine 16-Bit-Datei gepackt oder auf 8 Bit reduziert.

In der Scan-Software finden Sie oft die verdreifachten oder sogar vervierfachten (bei CMYK-Ausgabe) Zahlenangaben für die Farbtiefe (**1**). 24 Bit entsprechen bei einem RGB-Bild 8 Bit, 48 Bit entsprechen 16 Bit pro Kanal.

Staub- und Kratzerentfernung Auf Scans von Dias und Negativen sind Schmutz, Kratzer und Fingerabdrücke leider sehr viel deutlicher zu sehen als bei normalen Vergrößerungen auf Fotopapier. Eine ausgesprochen nützliche Funktion ist deshalb die Entfernung solcher Störungen bereits während des Scannens. Je nach Hersteller nennt sich dies z. B. CleanImage oder Digital ICE. Die Technologie wurde bei für den privat- und semiprofessionellen Gebrauch bestimmten Geräten zuerst von Nikon eingeführt (**2**). Inzwischen verfügen auch Filmscanner anderer Hersteller über analoge Technologien.

Der Trick hinter der Kratzerentfernung ist ein Vorscan mit Infrarotlicht. Das so erstellte «Bild» enthält nur die Störungen, jedoch nicht die Farbinformationen. Es dient beim folgenden Scan als Maske, um die Störungen auszublenden. Sie werden durch Farbinformationen der Umgebung ersetzt. Mit Schwarz-Weiß-Filmen funktioniert das Verfahren leider nicht – Silberkristalle sind im Gegensatz zu den Farbfilm-Farbstoffen für Infrarotlicht nicht durchsichtig.

Dichte

Die Dichte ist ein Maß für die Schwärzung oder Lichtundurchlässigkeit (**Opazität**) einer Vorlage. Je nachdem, ob es sich um eine Aufsichts- oder Durchsichtsvorlage handelt, wird die Dichte anhand des Reflexionsvermögens oder der Lichtdurchlässigkeit mit einem **Densitometer** bestimmt.

Dichte (D), **Opazität** (O), **Durchsicht** (Transmission, T) und **Reflexionsgrad** (R) stehen in engem Zusammenhang. Ein Film mit einer Lichtdurchlässigkeit von T = 10 % hat eine Opazität von O = 1/T = 10. Die gleiche Opazität hat eine Aufsichtsvorlage mit einem Reflexionsvermögen von R = 10 %.

Die Dichte ist als Zehnerlogarithmus der Opazität definiert:

$$D = \log (O)$$

Ein Film mit der Opazität 10 hat die Dichte 1. Eine Dichte von 3 bedeutet, dass eine Vorlage nur ein Tausendstel ($10^3 = 1000$) einer bestimmten Lichtmenge reflektiert bzw. durchlässt. Hohe Dichtewerte stehen also für dunklere Bereiche. Als Faustregel kann man sich merken, dass eine Erhöhung der Dichte um 0,3 die Lichtdurchlässigkeit der Vorlage bzw. deren Reflexionsvermögen halbiert.

Neben dem Dichteumfang haben in der Fotografie die Extremwerte **Minimaldichte** (D_{min}) und **Maximaldichte** (D_{max}) praktische Bedeutung. D_{min} ist der Dichtewert des hellsten Punktes im Bild, D_{max} der Dichtewert des dunkelsten Punktes.

2 Nikons Filmscanner bieten zwei Stärken der Kratzerentfernung und zwei weitere Korrekturoptionen: **Digital ROC** dient der Restauration verblasster Farben und **Digital GEM** entfernt Filmkorn und Rauschen. **Digital DEE** ist eine Funktion zur Tiefenanhebung und nur mit dem LS-5000 verfügbar.

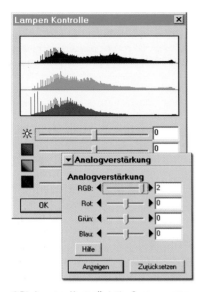

1 Die **Lampen Kontrolle** ist im Scanprogramm SilverFast unter Optionen>Spezial>Lampenhelligkeit zu finden und mit einer Histogrammanzeige verbunden. Mit dem obersten Regler werden alle drei LED-Leuchten des Nikon Scanners gemeinsam beeinflusst, die anderen verstellen diese einzeln. Der Stellbereich ist jeweils ± 2 EV. Durch Verstellung aller vier Regler lässt sich die Belichtung bis zu ± 4 Lichtwerte ändern.

Im Programm **Nikon Scan** (Fenster im Vordergrund) heißt die gleiche Funktion **Analogverstärkung**. Damit ist bei Digitalkameras die Verstärkung der analogen Sensorsignale zur Erhöhung der ISO-Empfindlichkeit gemeint – gegenüber besserer Beleuchtung stets die schlechtere Lösung. Aber keine Sorge: Auch Nikon Scan erhöht hier die Beleuchtungsstärke.

Lampenhelligkeit Hohe Dichten, wie sie bei zu knapp belichteten Dias öfter vorkommen, sind für CCD-Scanner immer problematisch. Hier gelangt nur wenig Licht hindurch. Es ist dasselbe Problem wie bei einem Foto von einem nur schwach beleuchteten Motiv: Das wenige Licht, was die Fotozellen während der Belichtung sammeln können, liegt im Bereich des Rauschens, jede spätere Aufhellung verstärkt das Rauschen mit. Der einzige wirkliche Ausweg heißt: Mehr Licht! Viele Filmscanner können die interne Lampenhelligkeit erhöhen, womit dichte Filmbereiche besser durchleuchtet werden (**1**). Umgekehrt ist eine geringere Lampenhelligkeit manchmal nützlich, um die schwachen Informationen aus überbelichteten Dias auszulesen.

Da die Lampenhelligkeit aber auf die Sensorempfindlichkeit abgestimmt ist, hat jede größere Veränderung einen Pferdefuß: Am anderen Ende der Helligkeitsskala (d. h. des Histogramms) erfolgt eine Fehlbelichtung. Beispielsweise wird die bessere Tiefenauflösung durch Ausfressen der Lichter erkauft. Dies kann auch gar nicht anders sein, denn eine Erhöhung der Lampenhelligkeit erhöht nicht den Dichteumfang (Dynamikbereich) des Scanners, er wird lediglich verschoben. Den kompletten Dichteumfang eines solchen Dias bekommt man nur durch **Mehrfachabtastung** digitalisiert.

Mehrfachabtastung Mit dieser auch **Multiscan** genannten Einstellung tastet der Scanner jede Bildzeile mehrmals hintereinander ab (**2**). Die Informationen werden intern zu einem einzigen Bild verrechnet. Das zufällig verteilte Sensorrauschen hebt sich dabei teilweise auf, während Motivdetails verstärkt und somit besser vom Rauschen getrennt werden.

Die Nikon-Scanner erlauben bis zu 16fache Multiscans und erhöhen damit nach Firmenangaben den Dynamikbereich um bis zu vier Bit. Ein durch Mehrfachabtastung erzeugtes 12-Bit-Bild erhält so die Qualität eines 16-Bit-Bildes ohne Rauschunterdrückung. Falls Ihr Scanner diese Funktion nicht besitzt, können Sie das Bild natürlich auch selbst mehrfach scannen und die Bilder in Paint Shop Pro überlagern (≫**268**).

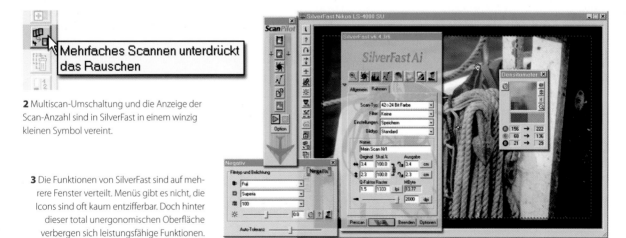

2 Multiscan-Umschaltung und die Anzeige der Scan-Anzahl sind in SilverFast in einem winzig kleinen Symbol vereint.

3 Die Funktionen von SilverFast sind auf mehrere Fenster verteilt. Menüs gibt es nicht, die Icons sind oft kaum entzifferbar. Doch hinter dieser total unergonomischen Oberfläche verbergen sich leistungsfähige Funktionen.

Richtig scannen

Der erste Arbeitsschritt beim Scannen ist die Wahl der richtigen **Scan-Auflösung** (**4** und **5**). Doch dabei sollten Sie es nicht bewenden lassen. Alle Helligkeits- und Farbkorrekturen im Scanprogramm werden sozusagen noch »im Scanner« ausgeführt – einige wirklich direkt an der Hardware, andere durch Bearbeitung der frisch digitalisierten Scanner-Rohdaten. Diese sind zwar nicht ganz so roh wie die RAW-Daten einer Digitalkamera (es handelt sich um vollwertige RGB-Pixel, da Scanner für jede Farbe extra Sensorzellen haben und deshalb keine Farbinterpolation nötig ist), trotzdem hat die Korrektur im Scanprogramm ähnliche Vorteile wie die Bildkorrektur im RAW-Konverter. Mit einer Ausnahme: *Schärfen* sollten Sie das Bild im Scanprogramm nur sanft. Auch wenn Scanprogramme wie SilverFast (**3**) zum Schärfen hochwertige Werkzeuge verwenden, die teilweise besser arbeiten als die mancher Bildbearbeitungsprogramme, so sollte das Schärfen doch der allerletzte Arbeitsschritt sein. Wenn die Bilder nach dem Scannen nicht mehr bearbeitet werden und der Verwendungszweck feststeht, können Sie natürlich auch gleich die »Fertigschärfung« vornehmen.

Auflösung wählen

Eine Änderung der Scan-Auflösung ist vergleichbar mit der Wahl einer anderen Bildauflösung an der Digitalkamera. Während dort aber die Auswahl gering ist, können Sie beim Scanner beliebige Werte einstellen. Mein Rat: Nehmen Sie stets die (optische) Maximalauflösung oder ganzzahlige Teile davon – dies kommt der Bildqualität zugute, da dann der Scanner nicht interpolieren muss. Eventuell müssen Sie etwas rechnen, da oft nur die Ausgabeauflösung angezeigt wird (**4**).

Komplizierter ist es, wenn Vorlagen oder Ausschnitte unterschiedlicher Größe zu scannen sind. Oft stehen die benötigte **Ausgabegröße** und die **Ausgabeauflösung** – oder stattdessen die **Rasterweite** und der **Qualitätsfaktor** – schon fest und Sie müssen dazu die richtige **Scan-Auflösung** ermitteln, was etwas einfacher wird, wenn Sie vorher die **Skalierung** bestimmen.

Alles halb so schlimm – die Beziehungen zwischen diesen ganzen Begriffen sind recht einfach. Oft können Sie bereits im Scanprogramm die gewünschte Ausgabeauflösung und -größe eingeben, die weiteren Berechnungen nimmt das Programm vor. Aber gehen wir zum besseren Verständnis die Fachbegriffe einmal der Reihe nach durch:

Scan-Auflösung Gibt an, wie viele Pixel der Scanner pro Längeneinheit der Vorlage erzeugt. Je nachdem, ob in Zoll oder Zentimeter gemessen wird, gibt es zwei Maßeinheiten: **Pixel pro Zoll** (ppi) und **Pixel pro Zentimeter** (ppcm).

Vorlagengröße Die Größe des zu scannenden Bildes als Breite∗Höhe. Hier muss darauf geachtet werden, dass die Maßeinheit zur Maßeinheit der Scan-Auflösung passt. Also Zoll, wenn diese in ppi, und Zentimeter, wenn diese in ppcm angegeben oder gewünscht wird. Gerechnet wird stets nur mit einer Abmessung, also der Breite *oder* der Höhe der Vorlage.

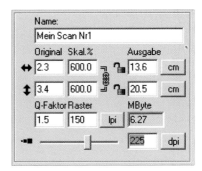

4 SilverFast besitzt einen vorbildlichen Dialog für die Auflösungs- und Größeneinstellungen. Die Abbildung zeigt eine Skalierung von 600 % für eine vorgegebene Rasterweite von 150 lpi, was einer Ausgabeauflösung von 225 ppi (hier als dpi bezeichnet) entspricht. Die Scan-Auflösung ergibt sich als Produkt aus der Skalierung und der Ausgabeauflösung zu 2700 ppi.

5 Der analoge Dialog von Nikon Scan ist etwas weniger komfortabel, auch fehlen Verriegelungsmöglichkeiten. Die Scan-Auflösung ergibt sich hier aus Maßstab und Ausgabeauflösung zu 2000 ppi. Der Scan-Ausschnitt wird mit der Maus in der Vorschau aufgezogen.

Rasterweiten

Einige oft benutzte Rasterweiten:

Laserdrucker (600 dpi)	70 lpi
Zeitungen	80 lpi
Magazine, Broschüren	120 – 133 lpi
Kunstmagazine	175 – 200 lpi

Bei Rasterweiten ist die metrische Angabe (bezogen auf Zentimeter) üblicher als bei der Auflösung. Ein »60er Raster« meint 60 lpcm und entspricht ca. 150 lpi. Im Zeitungsdruck wird ein 30er Raster (80 lpi) eingesetzt.

Bildberechnungen

Die Beziehung zwischen der nach dem Scannen erhaltenen linearen **Scangröße** (Länge oder Breite in Pixeln) der **Scan-Auflösung** und der **Vorlagengröße** lautet:

Scangröße = Scan-Auflösung*Vorlagengröße

Verwenden Sie für die Auflösung ppi, müssen Sie die Vorlagenabmessung in Zoll angeben, analog für ppcm und cm. Die Scangröße erhalten Sie stets in Pixeln.

Wollen Sie für eine gewünschte **Scangröße** die notwendige **Scan-Auflösung** ermitteln, benutzen Sie die Formel

Scan-Auflösung = Scangröße/Vorlagengröße

und setzen auf der rechten Seite beispielsweise die gewünschte Breite in Pixeln und die Breite der Vorlage ein.

Die **Vorlagengröße**, die für eine gewünschte **Scangröße** und **Scan-Auflösung** notwendig ist, ermitteln Sie nach der Formel:

Vorlagengröße = Scangröße/Scan-Auflösung

Meist soll das Bild später in einer anderen Größe gedruckt werden. Es ist dann einfacher, mit der Skalierung als mit den Abmessungen zu rechnen. Die Skalierung ist das Verhältnis zwischen **Ausgabegröße** und **Vorlagengröße**:

Skalierung = Ausgabegröße/Vorlagengröße

Zur Ermittlung der notwendigen **Scan-Auflösung** muss die Skalierung dann nur noch mit den (meist von der Druckerei vorgegebenen) Parametern **Rasterweite** und **Qualitätsfaktor** multipliziert werden:

Scan-Auflösung =
Rasterweite*Qualitätsfaktor*Skalierung

Beispiel

Ein Foto-Abzug der Größe 9*13 cm soll für eine Broschüre gescannt werden, in der das Bild in der Größe 4,5*6,5 cm (**Skalierung** auf 1/2) erscheint. Die **Rasterweite** beträgt 152 lpi, als **Qualitätsfaktor** wird 1,5 gewählt.

Die optimale **Scan-Auflösung** ist dann:

152*1,50*0,5 = 114 ppi

Scangröße Die Größe des gescannten Bildes als Breite*Höhe, gemessen in Pixeln. Auch hier wird jeweils nur mit einer der beiden Abmessungen gerechnet. Die Scangröße ergibt sich aus der Multiplikation der Vorlagengröße mit der Scan-Auflösung. Die Anzahl der »Megapixel« des gescannten Bildes erhalten Sie durch Multiplikation von Breite und Höhe geteilt durch 1.000.000.

Ausgabegröße Die Größe des ausgegebenen Bildes als Breite*Höhe, nun aber nicht in Pixeln, sondern in Zentimetern oder Zoll.

Ausgabeauflösung Die Auflösung des ausgegebenen Bildes in Pixeln pro Längeneinheit (Zoll oder Zentimeter).

Skalierung Das Verhältnis zwischen **Ausgabegröße** und **Vorlagengröße** bzw. zwischen **Scan-Auflösung** und **Ausgabeauflösung**. Eine Skalierung von 3 bedeutet eine dreifache (lineare) Vergrößerung, d. h., Breite und Höhe verdreifachen sich, die Auflösung sinkt auf ein Drittel. Mit der Skalierung rechnet es sich oft einfacher als mit den Abmessungen.

Rasterweite Ein Maß für die Druckauflösung beim Rasterdruck, vergleichbar mit der Pixelauflösung eines Digitalbildes. Es gibt an, wie viele **Rasterpunkte** (diese entsprechen den Pixeln) bzw. **Linien** auf einer Längeneinheit nebeneinander gedruckt werden können, so dass sie noch unterscheidbar bleiben. Die Maßeinheit ist **Lines per Inch** (lpi) oder **Linien pro Zentimeter** (lpcm).

Qualitätsfaktor Das Verhältnis zwischen der **Ausgabeauflösung** (in ppi oder ppcm) eines Bildes und der **Rasterweite** (in lpi oder lpcm) beim Druck.

Wird eine Vorlage für den (Raster-)Druck gescannt, ermittelt man mit dem Qualitätsfaktor die optimale Auflösung. Diese ist stets etwas höher als die Rasterweite. Beim hochwertigen Vierfarbdruck (Rasterweite > 133 lpi) wählt man Qualitätsfaktoren von 1,5, bei geringeren Rasterweiten auch höhere Qualitätsfaktoren bis 2,0. Deutlich größere Auflösungen erzeugen unnötig große Dateien und können sogar die Qualität des Ausdrucks wieder verschlechtern.

Handelt es sich bei der Scan-Vorlage selbst um ein im Rasterdruck gedrucktes Bild, lässt sich mit dem Qualitätsfaktor die optimale Scan-Auflösung ermitteln. Gebräuchliche Qualitätsfaktoren liegen zwischen 1,5 und 2. Höhere Qualitätsfaktoren (und damit Scan-Auflösungen) bringen keine Qualitätsverbesserung mehr, im Gegenteil: Damit steigt die Gefahr von Moirés.

Die folgende Tabelle enthält für eine 24*36-mm-Kleinbildvorlage und verschiedene Scan-Auflösungen die resultierenden Ausgabegrößen am Monitor (Monitorauflösung 100 ppi) und beim Ausdruck in Offsetqualität (300 ppi).

Scan-Auflösung (ppi)	450	540	675	900	1350	2700
Bildmaße (Pixel)	425*638	510*765	638*957	850*1276	1276*1913	2551*3827
Bilddateigröße (MB)	0,76	1,12	1,75	3,1	6,98	27,9
Bildmaße am Monitor (cm)	10,8*16,2	13*19,4	16,2*24,3	21,6*32,4	32,4*48,6	64,8*97,2
Bildmaße im Ausdruck (cm)	3,6*5,4	4,3*6,5	5,4*8,1	7,2*10,8	10,8*16,2	21,6*32,4

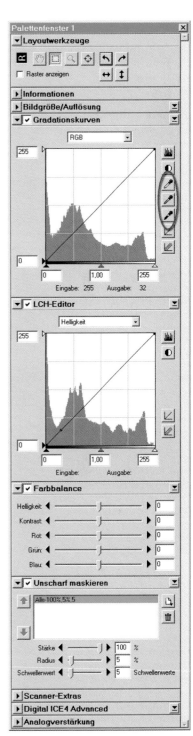

1 Nikon Scan enthält drei völlig unterschiedlich gestylte Fenstertypen, von denen nur die Paletten (**2**) klar und übersichtlich sind. Die Abbildung zeigt das Vorschaufenster mit Weißpunkt-Pipette und Anzeige der RGB-Werte sowie (im Vordergrund) die Pipetten-Voreinstellungen.

Weißpunkt, Schwarzpunkt, Graupunkt

Eine Fotokamera verfügt über komplizierte Messtechnik, um kurz vor dem Foto die richtige Belichtung zu bestimmen. Ein Scanner hat, da ihm das Motiv nicht weglaufen kann, so etwas nicht nötig. Er fährt einfach (sofern Sie automatische Belichtung aktiviert haben) die Scanvorlage im **Prescan** genannten Schnelldurchlauf ab und ermittelt die hellsten und dunkelsten Bildpunkte. Das ist, als würden Sie vor dem Fotografieren eine »Weißkarte« und eine »Schwarzkarte« ausmessen und die Belichtung auf den Mittelwert einstellen. Sie können damit nichts falsch machen und bekommen den Helligkeitsumfang des Motivs – sofern er den Kamera-Dynamikbereich nicht überschreitet – komplett aufs Foto. Das Gleiche gilt für den Scanner, nur dass es hier statt Helligkeitsumfang **Dichteumfang** heißt. Meist ist der vom Scanner erfasste Helligkeitsumfang sogar zu groß, denn auf den Vorlagen gibt es sehr helle und dunkle Stellen, die gar nicht zum Motiv gehören, beispielsweise Staubkörner und der tiefschwarze Rand von Dias.

Um diese auszuschließen, können Sie generell per Voreinstellung ein paar Tonwerte von den hellsten und dunkelsten Bereichen abschneiden lassen (**1**). Ich stelle diese **Zielwerte** allerdings meist auf null, wähle den Bildausschnitt so, dass kein Dia- oder Negativrand erfasst wird und wähle den hellsten Bildpunkt manuell mit der **Weißpunkt-Pipette** (**2**). Für den dunkelsten Punkt (**Schwarzpunkt**) und den **Graupunkt** gibt es ebenfalls Pipetten. Die Graupunkt-Einstellung ist nichts anderes als die Einstellung der Farbtemperatur, die Sie vom Weißabgleich im RAW-Konverter kennen. Standardmäßig wird die Farbe, die Sie mit dieser

2 Einige der Paletten von Nikon Scan. Rot umrandet sind die Pipetten für Weiß-, Grau- und Schwarzpunkt.

1 Schwarzpunkt, Weißpunkt und Mittelton-Helligkeit im SilverFast-Histogramm. Beachten Sie die Option **L** (logarithmisch). Mit der ⌜Alt⌟-Taste ist ein Vorher-Nachher-Vergleich möglich. In den Quickinfo-Hilfefenstern des Dialogs sind **Lichtwert** und **Tiefenwert** verwechselt.

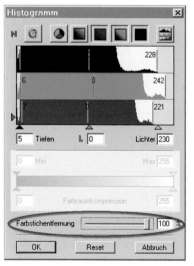

2 Was Farbstichentfernung bedeutet, zeigt das SilverFast-Histogramm sehr anschaulich, wenn Sie die Ansicht mit drei Einzelhistogrammen wählen und den Regler **Farbstichentfernung** von 0 auf 100 verstellen. Der Weißpunkt wird nun aus den jeweiligen Kanal-Maximalwerten statt aus dem Höchstwert gebildet. Beim folgenden Scan wird dieser Weißpunkt (hier R,G,B = 228, 242, 221) auf den Zielwert 255, 255, 255 gesetzt und das reale, im Bild vorhandene Weiß nicht nur aufgehellt, sondern auch entfärbt.

Pipette anklicken, zu Grau, wobei die Helligkeit erhalten bleibt. Es ist aber auch möglich, hier über Zielwert für Graupunkt eine Farbe einzustellen. Analog können Schwarz- und Weißpunkt farbige Zielwerte erhalten, indem die RGB-Werte im Voreinstellungsdialog unterschiedlich gewählt werden.

Alternativ zur Pipetten-Methode können Sie diese Einstellungen der Automatik überlassen, welche – gegebenenfalls unter Berücksichtigung der genannten Voreinstellungen – Weiß- und Schwarzpunkt automatisch findet. Bei einem Vollformat-Scan sollten die Ergebnisse der Automatik nicht von der schon beim Prescan erfolgten automatischen Belichtung abweichen. Anders ist dies, wenn Sie einen Ausschnitt wählen (oder den schwarzen Diarand ausschließen), denn die Automatik wertet stets die Farben des aktuellen Ausschnitts aus.

Eine dritte Möglichkeit bietet das Histogramm, wo Schwarz- und Weißpunkt einfach per Schieberegler angepasst werden können (**1**). Ich benutze dies oft im Anschluss an die Automatik, wenn diese mir das Bild zu stark verändert hat. Durch getrenntes Einstellen in den jeweiligen Farbkanälen können Sie hier auch Farbveränderungen erzielen und Farbstiche entfernen (**2**). Im Prinzip ist damit ebenso die Einstellung der Farbtemperatur möglich, doch finde ich die Grau-Pipette für diesen Zweck deutlich intuitiver.

Helligkeit und Kontrast

Die Grau-Pipette beeinflusst wie gesagt nur die *Farbe*, nicht die *Helligkeit* von Grau. Die Helligkeit der Mitteltöne – und damit die Bildhelligkeit insgesamt – verstellen Sie über den mittleren Regler unterhalb des Histogramms (**1**). Dieser wird üblicherweise als **Gammaregler** bezeichnet, weil er die Bildgradation in Art einer Gammakurve verbiegt (≫82) und dabei Tiefen stärker anhebt als helle Bereiche, was ja meist erwünscht ist. In Nikon Scan arbeitet er auch so (Palette **Gradationskurven** in Abb. **2** auf der vorigen Seite), in SilverFast nur annähernd und nur dann, wenn die Option L (für *logarithmisch*) gewählt wurde (**1**).

Wenn Schwarz- und Weißpunkt korrekt gewählt sind, darf daran bei Helligkeits- und Kontraständerungen nichts mehr verändert werden. Die Werkzeuge von Nikon Scan und SilverFast gewährleisten dies auch (mit einer Ausnahme).

Die Wirkung des Gammareglers sehen Sie an der Gradationskurve besser als im Histogramm. Nikon Scan zeigt beides überlagert an (**6**), in SilverFast müssen Sie das Histogramm erst schließen und den Dialog **Gradation** öffnen (**3**). Dieser enthält an oberster Position den gleichen Mitten-Regler wie das Histogramm. Sie können hier also die Auswirkungen auf die Gradation (auch mit den unterschiedlichen Optionen N = normal und L = logarithmisch) direkt verfolgen.

Zwar wirkt sich schon die Änderung der (auch **Halbtöne** genannten) Mitteltöne auf den **Bildkontrast** aus, gezielt ändern Sie diesen jedoch erst mit den vier weiteren Reglern und den sieben Punkten in der Kurve selbst. Alle Punkte lassen sich per Maus verschieben und damit die Kurve umformen. Auch die Regler tun nichts anderes: Der Regler ⬤ senkt beispielsweise bei Verschiebung nach rechts die **Dreivierteltöne** (zwischen den Tiefen und den Mitteltönen) ab und hellt die **Vierteltöne** auf, was eine typische S-Form der Kurve ergibt (**3**).

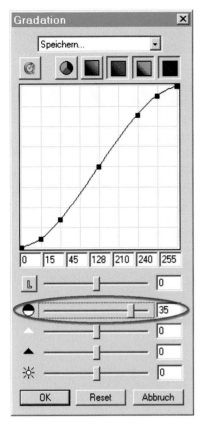

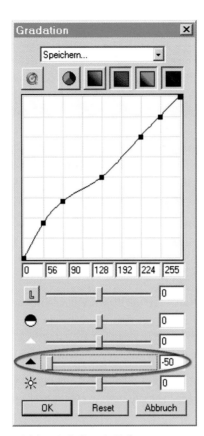

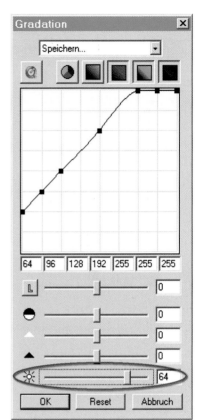

3 Kontrastanhebung mit der dafür typischen S-Verformung der Gradationskurve

4 Selektive Aufhellung der Tiefen

5 Per Helligkeitsregler werden die Tonwerte linear verschoben – hier um exakt 64 Stufen.

Die beiden weiteren Regler wirken selektiv nur auf Dreiviertel- und Viertel-töne (**4**). Sie können damit diese Bereiche fast nach Belieben aufhellen oder abdunkeln, was aber stets auch Auswirkungen auf den Mittenkontrast hat. Umgekehrt wirken sich Kontraständerungen mit solchen *global* (d. h. auf alle Bildpixel gleichermaßen) arbeitenden Werkzeugen stets auch auf die Bildhelligkeit aus. Wie sich *lokale* Kontrasterhöhungen ohne solche Nachteile in Paint Shop Pro bewerkstelligen lassen, erfahren Sie im Kapitel 5 (≫266).

Der unterste Regler ☼ in diesem SilverFast-Dialog ist die oben erwähnte Ausnahme: Er verschiebt die Tonwerte aller Bildpixel mehr oder weniger linear nach oben oder unten und verschiebt damit auch Schwarzpunkt und Weißpunkt des Bildes (**5**). Deshalb sollten Sie ihn gar nicht erst anfassen.

Im Dialog **Gradationskurven** von Nikon Scan (**6**) können Sie nicht nur Schwarz- und Weißpunkt und den Gammawert ändern, sondern per Mausklick auch beliebige Punkte auf den Kurven setzen und ziehen. Das ist flexibler als die SilverFast-Methode, kann aber auch schneller zu unerwünschten Resultaten führen. Eine gute Hilfe ist die parallele Histogrammanzeige; zudem wird, wenn Sie die Maus über die Vorschau bewegen, der Tonwert des jeweiligen Bildpunktes als Punkt auf der Gradationskurve angezeigt.

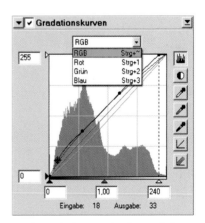

6 In diesem Dialog von Nikon Scan sind alle Helligkeits- und Kontrasteinstellungen vereint. Alternativ zur Korrektur des RGB-Composite-Kanals können Sie auch im ganz ähnlich aufgebauten **LCH-Editor** die Lab-Helligkeit L bearbeiten.

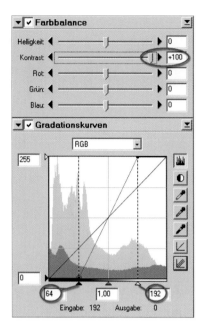

1 Was eine Kontrasterhöhung in der Farbbalance-Palette anrichtet, zeigt Nikon Scan leider nicht im Histogramm an. Das Gleiche lässt sich aber mit den rot markierten Einstellungen in der Gradationskurven-Palette erreichen – und hier mit Histogrammkontrolle. Hellgrau habe ich das Original eingeblendet, dunkelgrau das Ergebnis. Es ist völlig verflacht und an beiden Enden um 64 Tonwerte beschnitten.

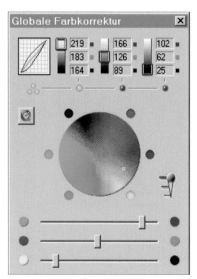

2 Die **Globale Farbkorrektur** von SilverFast erlaubt die Auswahl eines, zweier oder aller drei Helligkeitsbereiche des Bildes.

Globale Farbkorrekturen

Globale Farbkorrekturen sind solche, die keine Rücksicht auf die konkrete Farbe eines Pixels nehmen. Sie können sie ebenso im Gradationskurvendialog vornehmen, indem Sie die Farbkanäle einzeln auswählen. Und im Falle des in Nikon Scan **Farbbalance** genannten Werkzeugs sollten Sie dies auch wirklich tun. Schließen Sie die Farbbalance-Palette und vergessen Sie sie! Alle hier möglichen Einstellungen lassen sich *besser* – weil Sie die Auswirkungen am Histogramm sehen können – in der Palette **Gradationskurven** vornehmen.

Weil aber viele Programme über ähnliche Werkzeuge verfügen, erläutere ich kurz, was die fünf Regler bewirken (**1**, obere Palette). Der Einstellbereich reicht jeweils von -100 bis +100.

Helligkeit Dies ist ein Gammaregler. Der Minimalwert -100 entspricht einem Gamma von 0,5, der Maximalwert +100 einem Gamma von 2,0. Mit dem Gammaregler in der Gradationskurven-Palette haben Sie sogar einen Einstellbereich von 0,45 bis 3,0.

Kontrast Mit diesem Regler wird nicht, wie mit dem Kontrastregler von SilverFast, die Gradationskurve zur S-Form gebogen, sondern gedehnt bzw. bei Kontrastverringerungen gestaucht. Die Dehnung schneidet Tiefen und Lichter unwiederbringlich ab (**1**), die Stauchung macht das Bild flau.

Rot, Grün, Blau Diese drei Regler wirken genauso wie der Regler Helligkeit, jedoch beschränkt auf einen Farbkanal.

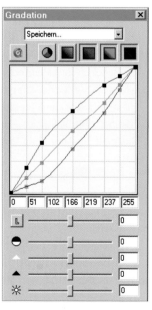

3 Die Gradationskurven der nebenstehenden Einstellung mit ihren jeweiligen Ankerpunkten

Das entsprechende Werkzeug von SilverFast heißt **Globale Farbkorrektur** und arbeitet prinzipiell nicht viel anders als die Farbbalance von Nikon (**2**). Leider gibt es ebenfalls keine Histogrammkontrolle (lediglich eine Mini-Gradationskurve), dafür allerdings auch keinen zerstörerischen Kontrastregler. Korrekturen können auf die Schatten-, Mittelton- oder Lichterbereiche beschränkt werden. Alternativ zur Reglerverstellung lässt sich die Richtung der Farbverschiebung auf einer Farbscheibe vorgeben. Das ist nicht nur sehr viel intuitiver als die Verschiebung dreier Regler oder gar von Kurvenpunkten – es führt auch viel schneller zum Ziel. Trotzdem handelt es sich lediglich um die Beeinflussung von fünf Punkten der Gradationskurve (Schwarz- und Weißpunkt tastet SilverFast nicht an). Wenn Sie diese im Anschluss öffnen, ist das sehr schön zu sehen (**3**).

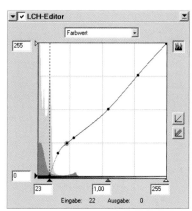

4 Entsättigungen gelingen mit dem LCH-Editor recht gut, definierte Sättigungserhöhungen weniger.

Selektive Farbkorrekturen

Soll eine bestimmte Bildfarbe verändert werden – beispielsweise Grün mehr Sättigung erhalten oder heller werden –, geht dies mit den bisher genannten Werkzeugen nicht. Das RGB-Farbmodell ist für solche Korrekturen überhaupt schlecht geeignet. Besser ist ein Modell, das Helligkeit, Sättigung und Farbton als getrennte Komponenten enthält. Wir werden später in Paint Shop Pro mit dem HSL-Modell arbeiten. Nikon Scan verwendet das LCH-Modell, eine Abart des Lab-Models (»77). L ist die Lab-Helligkeit, C (Chroma) entspricht der Sättigung und H ist der Farbton. Alle drei Komponenten lassen sich im **LCH-Editor** getrennt verändern. Das Fenster **Helligkeit** übergehe ich hier, denn es geht ja um Farbkorrekturen, und außerdem wirkt es ähnlich wie die Gradationskurve.

Chroma, also die Sättigung, verändern Sie im Fenster **Farbwert** (**5**) ähnlich wie die RGB-Tonstufen in der Gradationskurven-Palette. Allerdings reagiert das Bild sehr empfindlich auf Änderungen. Es ist kaum möglich, die Sättigung gezielt zu verändern. Einzelfarben lassen sich gar nicht beeinflussen. Sättigungsverringerungen und Graustufenumsetzungen funktionieren etwas besser (**4**).

Ebenfalls (unnötig) kompliziert zu bedienen finde ich das dritte Teilfenster dieser Palette: **Farbton**. Es enthält ein Farbspektrum und eine Linie, welche die Ausgangslage aller Farben anzeigt. Fahren Sie mit der Maus über das Bild: Ein Punkt auf der Kurve zeigt, über welcher Farbe der Mauszeiger gerade steht. Sie können Ankerpunkte setzen, nach oben oder unten zu anderen Farben ziehen und so ausgewählte Farben gezielt verändern (**6**). Das Regler-Dreieck an der rechten Seite verschiebt das gesamte Spektrum und ändert damit alle Bildfarben. Standardmäßig ist die Korrektur auf einen Farbwinkel von 60° begrenzt, ein Klick auf den kleinen Punkt rechts unten vergrößert ihn auf 120° und 180°.

5 Kaum ein Bild nutzt mehr als ein Drittel des Chroma-Wertebereichs aus, deshalb sind Änderungen überhaupt nur in diesem untersten Teil der Kurve sinnvoll. Ich habe hier die schwach gesättigten Bereiche »abgeschnitten« und damit das Bild größtenteils in Graustufen umgewandelt (**4**). Stärker gesättigte Bereiche (das rote Tuch) blieben unbeeinflusst.

Mit viel Gefühl lassen sich Sättigungsbereiche des Bildes individuell verstärken. Fixieren Sie die Kurve in der rechten Histogrammhälfte mit ein oder zwei Punkten und erhöhen Sie die Steilheit im untersten Bereich. Das ist ein wenig Glückssache – definierte Sättigungsänderungen sind mit diesem Werkzeug nicht möglich.

6 Das Farbtonfenster erlaubt sowohl globale als auch selektive Korrekturen. Ziehen Sie eine Farbe mit der Maus von der Mittellinie (Ausgangslage) nach oben oder unten zur Zielfarbe. Der kaum sichtbare Regler unten links legt die Toleranz der Quellfarbe fest.

1 Das Minus- oder Pluszeichen in dem zur Hand umgewandelten Mauszeiger zeigt, ob die gewählte Randfarbe abgezogen oder addiert wird. Die Werte in der Tabelle sind Prozentangaben, die sich auf den Abstand der Hauptfarbe eines Pixels (das ist die selektierte Farbe) von dem am nächsten liegenden Wert in einem der anderen Farbkanäle beziehen.

Die HSL-»Regler« können nicht direkt, sondern nur durch Mausklick auf die oberen oder unteren Enden verstellt werden. Die HSL-Werte werden von ihnen nur näherungsweise über das Hinzufügen oder Abziehen von Primärfarben von der Quellfarbe beeinflusst. Hauptmangel: Jede Änderung von Farbton, Sättigung oder Helligkeit beeinflusst auch die beiden anderen Komponenten.

Während Nikon Scan bei der Auswahl von Quellfarbe und Toleranzbereich keine Einschränkungen macht, ist die **Selektive Farbkorrektur** von SilverFast auf die sechs Primärfarben bzw. bei Umschaltung auf Typ: CM12 auf zwölf Farben beschränkt, Toleranzen lassen sich gar nicht wählen. Dies liegt auch daran, dass SilverFast hier intern stets im RGB-Farbraum arbeitet. Der Dialog ist nochmal deutlich abstrakter als der von Nikon, erlaubt aber auch wesentlich feinfühligere Korrekturen (**1**). Die Einstellungen lassen sich für jede Quellfarbe extra speichern, es gibt eine ganze Reihe von nützlichen Voreinstellungen, weitere lassen sich anlegen und sogar eine Maskierungsfunktion hat der Hersteller hier eingebaut. Führt eine Korrektureinstellung allein nicht zum Ziel, können zudem neue »Korrekturebenen« auf eigenen Dialogseiten angelegt werden.

Die Korrektur selbst geschieht im Farbkreis, dessen Mittelpunkt stets die Quellfarbe zeigt. Ziehen mit der Maus zu einer Randfarbe addiert diese zur Quellfarbe, umgekehrt wird beim Ziehen von einer Randfarbe zum Mittelpunkt die Randfarbe subtrahiert. Die Wertetabelle in diesem Dialog ist für die Korrektur nicht unbedingt nötig, sie lässt sich einklappen.

Farbton H, Sättigung S und Helligkeit L der Quellfarben lassen sich näherungsweise über die drei »Regler« rechts unten beeinflussen – in diesem Fall auch mehrere Quellfarben gemeinsam, wenn diese per Strg⌘ auf die kleinen »Lämpchen« unter der Tabelle ausgewählt wurden.

Die in der Abbildung gezeigten Einstellungen bewirken die Umfärbung von Rot nach Blau ähnlich dem Beispiel **6** auf der vorigen Seite. Es sind noch weit extremere Werte (bis weit über 1000) möglich, aber in der Praxis wenig sinnvoll. Dieses Werkzeug ist – wie die Korrekturwerkzeuge in Scanprogrammen überhaupt – eher für sanfte Korrekturen als für Bildverfremdungen gedacht.

Korrekturen im Scanprogramm – oder extern?

Alle Helligkeits-, Kontrast- und Farbkorrekturen, die zwischen Prescan und Fertigscan erfolgen, führt die Scansoftware intern an den in voller Scan-Farbtiefe vorliegenden Rohdaten aus. Sie erhalten also selbst nach sehr groben Eingriffen ein Bild mit einem vollständigen, von 0 bis 255 reichenden Tonwertverlauf ohne Abrisse, d. h. Lücken im Histogramm. Das ist ein großer Vorteil gegenüber einem unkorrigierten Scan, an dem die Korrekturen später nachgeholt werden müssen – und dafür lohnt sich gegebenenfalls die Beschäftigung mit solchen ausgetüftelten, wenig anschaulichen Werkzeugen, wie sie nicht allein Silver-Fast und Nikon Scan enthalten. Je besser das vom Scanner gelieferte Ausgangsmaterial ist, desto weniger muss nachkorrigiert werden und desto besser sind die Ergebnisse. Das ist hier nicht anders als bei Digitalkamerafotos.

Falls Sie sich dennoch mit solchen Werkzeugen nicht anfreunden mögen und zudem beim Scannen noch Zeit sparen wollen, können Sie in vielen Programmen die Scan-Daten ohne alle Korrekturen in 16 Bit Farbtiefe speichern. In SilverFast gibt es dafür sogar einen eigenen Scan-Typ: **HDR**. HDR-Dateien (High Density Range – hoher Dichteumfang) sind die RAW-Dateien des Scanners. Der Unterschied zu unkorrigierten 16-Bit-Dateien ist aber nicht sehr groß.

Schneller scannen

Scannen ist ein zeitaufwändiger Prozess, da Prescan, Bildkorrektur und Fertigscan in der Regel für jedes Bild einzeln wiederholt werden müssen und die Scan-
zeiten im Minutenbereich liegen. Schneller ginge es, wenn sich Scannen und
Bearbeiten trennen ließen. Dazu müssen erst einmal die unbearbeiteten Rohdaten der Scans mit dem vollen Dichteumfang, genannt **HDR-Dateien** (High
Density Range), auf der Festplatte gespeichert werden. Die Bearbeitung kann
zu einem späteren Zeitpunkt mit dem Scanprogramm oder auch einem anderen
Programm geschehen. Noch schneller geht es mit automatischen Zuführungs-
einheiten für Dias, Negativstreifen oder ganze Filme und dem **Index Scan**.

HDR-Scan

Wenn Sie in SilverFast den HDR-Modus (Scan-Typ 48 Bit HDR Farbe) wählen, werden alle Bearbeitungsmöglichkeiten ausgeblendet. Lediglich Ausschnitt, Auflösung und Filmtyp lassen sich noch wählen (**2**). Bei Positiv und Negativ Direkt
werden die Daten völlig unbearbeitet gespeichert, bei Negativ erfolgt vorher eine
Umwandlung ins Positiv. Falls Sie die Dateien gleich in Paint Shop Pro weiter-
verarbeiten wollen, sollten Sie stets diese Option wählen, denn die Negativ-Posi-
tiv-Umwandlung ist kompliziert und abhängig von der Marke des Negativfilms
(**3**). Die Daten werden in der vollen scannerinternen Farbtiefe als TIFF- oder
JPEG-Dateien und im **Scannerfarbraum** gespeichert (≫**150**).

    Die SilverFast-Scanprogramme können leider solche Dateien nicht öffnen,
noch nicht einmal die selbst erstellten. Dies ist nur mit dem (kostenpflichtigen)
Programm SilverFast HDR möglich. Aber Sie haben ja Paint Shop Pro XI, das
mit seiner 16-Bit-Verarbeitung auch HDR-Dateien gewachsen ist.

    Falls Sie aber die SilverFast-HDR-Version einsetzen, kann nun auch der
JobManager seine Nützlichkeit unter Beweis stellen, der beim Einzelscan kaum
einen Zeitgewinn bringt. Mit ihm werden alle Bilder anhand des (nun blitzschnell von der Festplatte geladenen) »Prescans« hintereinander bearbeitet,
die zeitintensivere Anwendung auf die Bilddateien erfolgt erst im Anschluss.
Bestandteil von SilverFast ist zudem eine **SRD** genannte, hervorragende Funktion zur Kratzerentfernung, die rein auf Software basiert und deshalb auch
nachträglich auf gescannte Bilder angewendet werden kann.

    Alternativ zu HDR können Sie in SilverFast auch den reinen 16-Bit-Modus
wählen (Scan-Typ 48 Bit Farbe) und auf jede Bearbeitung verzichten. Der einzige,
aber wichtige Unterschied zum HDR-Scan ist, dass die Dateien nun nicht im
Scanner-, sondern im vorgewählten Arbeitsfarbraum ausgegeben werden.

    Nikon Scan kennt keinen extra HDR-Modus, kann aber 16-Bit-Dateien nicht
nur speichern, sondern auch wieder öffnen und mit den gleichen Werkzeugen
bearbeiten wie einen Prescan – natürlich ausgenommen solche, die direkt auf die
Hardware zugreifen, wie Multiscan, Analogverstärkung und Kratzerentfernung.
Sie haben die Wahl zwischen zwei Dateiformaten: TIFF und NEF (Nikon Elec-
tronic Image Format). Letzteres ist trotz gleicher Endung zu den RAW-Dateien
von Nikon-Kameras nicht kompatibel und lässt sich auch in PSP nicht öffnen.

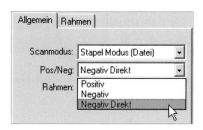

2 Film-Auswahl im HDR-Modus von SilverFast

Graustufenscans

In SilverFast gibt es nicht nur einen 16-Bit- und
einen 8-Bit-Graustufenmodus, sondern sogar
1 Bit Strich (Strichzeichnung). Nikon Scan bietet
lediglich einen Modus für Schwarz-Weiß-Nega-
tive. Graustufenumsetzungen können Sie hier
aber schnell mit dem LCH-Editor vornehmen.
Mehr Flexibilität bietet in jedem Fall die Nachbearbeitung in Paint Shop Pro.

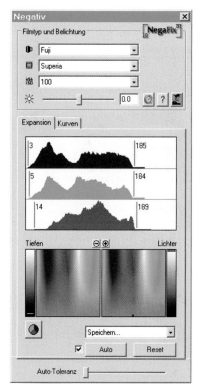

3 Die NegaFix-Funktion von SilverFast kennt
nicht nur zahlreiche Filmtypen, sondern erlaubt
darüber hinaus im hier abgebildeten Experten-
dialog individuelle Anpassungen von Schwarz-
und Weißpunkt sowie (auf der Registerkarte
Kurven) Gradationsänderungen.

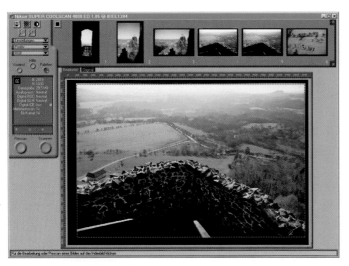

1 Nikon Scan mit Indexbildstreifen und Vorschaubild. Sind alle sechs Prescans erzeugt, kann man beliebig zwischen den großen Vorschaubildern wechseln.

Index Scan

Die Nikon Filmscanner erlauben mit entsprechenden Adaptern das automatische Scannen (**Stapelscan**) von Filmstreifen mit maximal 6 Bildern, mit Sonderzubehör auch das Scannen kompletter APS- und Kleinbildfilme. Dabei wird bereits beim Einziehen des Films ein **Index** erzeugt (**1**). Es handelt sich um Miniaturbilder ohne hohe Auflösung, die jedoch einen raschen Überblick über die Bilder, Auswahl und Drehung ermöglichen. Nikon Scan führt anschließend für alle markierten Indexbilder Prescans durch und speichert diese temporär. Dadurch können nun ebenfalls in einem Zuge hintereinander die notwendigen Korrekturen durchgeführt werden, die wiederum gespeichert und erst bei den abschließenden Fertigscans automatisch auf die Bilder angewendet werden.

SilverFast differenziert zwischen dem **Batch Scan** ohne Bearbeitungsmöglichkeiten (**3**) und Stapelscans, die nur über den **JobManager** möglich sind (**2**) und individuelle Bearbeitungen erlauben. Indexbilder werden bei beiden Verfahren erzeugt. Allerdings speichert SilverFast einmal erstellte Prescans nicht, deshalb muss bei der Bearbeitung der im Job gespeicherten Bilder der Prescan jedes Mal neu erzeugt werden, was kaum weniger Zeit kostet als der endgültige Scan.

2 JobManager von SilverFast mit mehreren ausgewählten Bildern

3 Im Stapel-Modus werden die in der Übersicht markierten Bilder hintereinander gescannt und auf der Festplatte gespeichert.

Farbmanagement und Scanner-Profilierung

Scanner nehmen ihre »Fotos« – im Gegensatz zu Digitalkameras – bei stets gleichen Lichtverhältnissen auf (wenn wir von der Möglichkeit, die Lampenhelligkeit zu ändern, absehen). Die Farbtemperatur bleibt deshalb in der Regel ebenfalls gleich. Dies macht es vergleichsweise einfach, exakte Farben zu gewinnen. Schwarz- und Weißpunkt hängen dagegen stark vom Reflexions- bzw. Transmissionsverhalten der Vorlage ab, was durch die automatische Belichtungssteuerung erfasst und berücksichtigt wird.

Farbmanagement-Einstellungen

Beim Scannen sind mindestens zwei Geräte beteiligt: Der *Scanner* als Eingabegerät übergibt die ermittelten Farbwerte an das Scanprogramm, das sie zum Zwecke der Vorschau ohne oder mit Korrektur an den *Monitor* weiterreicht. Das Farbmanagementmodul (ICM) benötigt also ein **Scannerprofil** und ein **Monitorprofil**, um die Farben korrekt umzurechnen. Sie scannen aber sicher nicht, um das Bild nur auf dem Monitor anzuzeigen. Deshalb wird noch ein **Ausgabeprofil** benötigt, das den Farbraum der ausgegebenen Daten beschreibt. Da früher fast ausschließlich für den Druck gescannt und die Bilddaten schon beim Scannen dafür optimiert (und teilweise bereits nach CMYK umgesetzt) wurden, verstehen einige Scanprogramme (SilverFast) auch heute noch unter Ausgabeprofil das **Druckerprofil**.

Heute ist es allerdings nicht mehr üblich, sich früh auf einen recht kleinen Farbraum festzulegen – dies schränkt die Verwendungsfähigkeit der Bilder zu sehr ein. Die Bilddaten sollen in einem angemessen großen, möglichst universell verwendbaren **Arbeitsfarbraum** vorliegen. Dies kann sRGB sein, wenn die Bilder ausschließlich im Internet Verwendung finden. Optimal ist, dafür den Arbeitsfarbraum des weiterverarbeitenden Programms zu nehmen – also den Farbraum, der in Paint Shop Pro als **Farbarbeitsbereich** eingestellt ist. (Bei TWAIN-Anbindung des Scanprogramms muss dies sogar so sein.) Da Scannerfarbräume jedoch recht groß sind, gehen auch dabei Farbdifferenzierungen verloren, die zukünftige Drucker und Monitore vielleicht ausgeben können. »Zukunftssicher« sind sie deshalb nur mit einem möglichst großen Farbraum wie Wide Gamut RGB oder ProPhoto RGB, die wiederum 16 Bit Farbtiefe erfordern, um ihre Vorteile ausspielen zu können. Oder Sie scannen im **HDR-Modus** und belassen Ihre Scandateien damit gleich im Scannerfarbraum.

Nikon Scan

Zuerst müssen Sie das Farbmanagement aktivieren und das **Monitorprofil** wählen (**4**). Auf der RGB-Registerkarte wählen Sie dann den **Farbraum**, in dem Nikon Scan die Dateien ausgeben soll (**5**). Das hier gewählte Profil ist gemeint, wenn im Scanfenster **kalibriertes RGB** angezeigt wird. Empfehlenswert ist, dieses in Nikon Scan gewählte Profil in Paint Shop Pro als Farbarbeitsbereich einzustellen bzw. das PSP-Profil auch in Nikon Scan zu wählen.

Scannen in CMYK und Lab

Scanner gewinnen ebenso wie Digitalkameras die Bilddaten *immer* im RGB-Farbmodell. Zwar können einige Scanprogramme, darunter SilverFast, die Daten noch intern in einen (stets kleineren) CMYK-Farbraum umwandeln, doch dies ist nur dann zu empfehlen, wenn ausschließlich für den professionellen Vierfarbdruck (mit Farbseparierung) gescannt wird.

SilverFast kann zudem Bilder im geräteunabhängigen Lab-Farbraum ausgeben. Dieser ist größer als alle anderen Farbräume, jedoch von Paint Shop Pro nicht lesbar, scheidet also aus diesem Grunde aus.

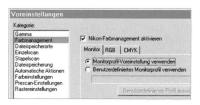

4 Das aktuelle Monitorprofil holt sich Nikon Scan von Windows. Alternativ können Sie hier ein anderes Profil auswählen.

5 Nikon Scan verfügt über eine festgelegte Auswahl an Arbeitsfarbräumen. Der Hilfetext in diesem Dialog ist übrigens falsch: Nicht die *untere*, sondern die *obere* Gruppe hat ein Gamma von 2,2 und kommt deshalb für PC-Nutzer allein in Frage.

Scanner GB (gemeint ist **Scanner RGB**) sollten Sie nur wählen, wenn Sie den Scans später ein individuelles Scannerprofil zuweisen können. Dies ist gar kein Farbraum, sondern die Bezeichnung für die Rohdatenausgabe des Scanners. Beachten Sie, dass in diese Dateien (fälschlich) das sRGB-Profil eingebettet wird.

Individuelle Profile für Nikon Scan

Nikon Scan verwendet intern ein generisches Scannerprofil. Individuell erstellte Profile sind aber meist besser. Wenn Sie ein solches Profil nachträglich einem gescannten Foto zuweisen wollen, sollte Nikon Scan nicht schon intern eine Farbraumumrechnung durchführen. Deaktivieren Sie deshalb das Farbmanagement oder wählen Sie unter Voreinstellungen>Farbmanagement>RGB >Farbraum Scanner RGB aus. (Der einzige Unterschied zur Deaktivierung besteht darin, dass nun einige Werkzeuge weiterhin verwendbar bleiben). Übrigens bettet Nikon Scan in beiden Fällen in die gescannten Dateien den sRGB-Farbraum ein, was natürlich falsch ist, denn ausgegeben werden die Scanner-Rohdaten.

Beim Öffnen im Anwendungsprogramm muss das eingebettete Profil deshalb verworfen (»ignoriert«) werden. An seiner Stelle weisen Sie das Scannerprofil zu. Dabei werden nicht die Tonwerte, sondern deren farbliche Interpretation verändert – das Bild sollte nun deutlich besser dem Original entsprechen. Anschließend können Sie das Bild in einen gewünschten Farbraum wie Adobe RGB konvertieren. (Im Unterschied zur *Zuweisung* eines Farbraums werden bei der *Konvertierung* die Tonwerte verändert, damit der Farbeindruck erhalten bleibt.)

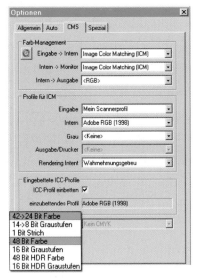

1 Empfohlene Einstellungen für die (links unten eingeblendeten) grün markierten Scan-Typen in SilverFast

Bei HDR-Scans wird statt des unter Profile für ICM> Intern gewählten Profils stets das Scannerprofil (Profile für ICM>Eingabe) eingebettet.

Nikon Scan erlaubt keine Auswahl eines individuellen Scannerprofils. Sie können ein solches Profil dem gescannten Bild nur im Nachhinein *zuweisen*. In PSP XI müssen Sie dazu das Scannerprofil als **Farbarbeitsbereich** und im selben Dialog Eingebettete Profile ignorieren wählen (≫55). Das Bild wird nun geöffnet und gleich wieder *mit eingebettetem Profil* gespeichert. Um es in sRGB oder Adobe RGB zu konvertieren, stellen Sie anschließend dieses Profil als Farbarbeitsbereich und nun Eingebettete Profile verwenden ein und öffnen das Bild erneut.

SilverFast

In SilverFast ist die Nutzung eines individuellen Scannerprofils ganz selbstverständlich. Der Farbmanagement-Dialog (unter Optionen>CMS zu finden) ist jedoch hochgradig undurchsichtig. Die Registerkarte **CMS** enthält drei Teilfenster (**1**):

Farb-Management Hier schalten Sie das Farbmanagement schrittweise ein oder aus. Die ersten zwei Auswahlfelder bestimmen die Farbumrechnung zwischen SilverFast und den beteiligten Geräten: dem Scanner (**Eingabe->Intern**) und dem Monitor (**Intern->Monitor**). Sie haben hier nur die Auswahl zwischen Kein und Image Color Matching (ICM) und entscheiden sich natürlich für ICM. Nur wenn SilverFast als Plugin gestartet ist, kommt für die Monitorausgabe noch Automatisch hinzu – damit wird die Einstellung des Host-Programms übernommen.

Im dritten Auswahlfeld (**Intern->Ausgabe**) dürfen Sie dagegen *nicht* ICM wählen, sonst setzt SilverFast die Dateien in einen Druckerfarbraum um – den, der im Teilfenster **Profile für ICM** unter **Ausgabe/Drucker** eingestellt ist. Falls dort ein CMYK-Profil steht, werden die Bilder sogar gleich nach CMYK umgesetzt. Auch die beiden Varianten CIE-LAB und P&P CMYK kommen für unsere Zwecke nicht in Frage, wählen Sie stattdessen immer <RGB> (**1**).

Profile für ICM Dies sind die für die Farbraumumrechnungen benötigten ICC-Profile. Unter **Eingabe** wählen Sie das Scannerprofil. **Intern** bestimmt den von SilverFast verwendeten Arbeitsfarbraum, in dem in der Regel auch die ausgegebenen Dateien vorliegen. Das Monitorprofil lässt sich nicht direkt wählen, es wird entweder von Windows oder dem Host-Programm vorgegeben. **Grau** ist nur bei Graustufenscans verfügbar. Unter **Ausgabe/Drucker** wählen Sie das Druckerprofil – aber nur, wenn Sie oben unter **Intern->Ausgabe** ICM eingestellt haben. Der **Rendering Intent** bestimmt die Umrechnungsmethode (heißt in Paint Shop Pro **Wiedergabepriorität**), hier ist die Voreinstellung Wahrnehmungsgetreu oder alternativ Relativ farbmetrisch möglich (≫82).

Eingebettete ICC-Profile Hier können Sie nur entscheiden, *ob* ein Profil eingebettet werden soll. Welches, entscheidet SilverFast selbst. Bei normalen RGB-Scans wird stets das unter **Intern** gewählte Profil eingebettet. Haben Sie oben unter **Intern->Ausgabe** aber ICM und unter **Ausgabe/Drucker** ein Druckerprofil gewählt, wird dieses eingebettet. Noch anders beim HDR-Scan (Rahmen>Scan-Typ>48 Bit HDR Farbe), nun wird das Scannerprofil eingebettet. Es gibt noch eine vierte Möglichkeit (Plug&Play CMYK), die für uns aber keine Rolle spielt.

Bei Negativen ist die Wahl eines Scannerprofils nicht möglich – hier nimmt die NegaFix-Funktion von SilverFast die Farbinterpretation selbst in die Hand. Für Dia-Scans in 8 oder 16 Bit Farbtiefe sollten Sie stets die in **1** gezeigten Einstellungen und einen Arbeitsfarbraum wählen, der mit dem Farbarbeitsbereich von Paint Shop Pro identisch ist. Letzteres ist unbedingte Voraussetzung, wenn das Scanprogramm per TWAIN in Paint Shop Pro eingebunden ist, da dabei keine Profilinformationen übergeben werden.

Scanner-Profilierung

Die Profilierung eines Scanners ist stets sinnvoll (**2**) und im Vergleich zur Monitorkalibrierung recht einfach, da lediglich ein **Target** benötigt wird. Das Target enthält Farb- und Graustufenfelder, deren genaue Farbwerte bekannt und in einer Datei hinterlegt sind. Es wird gescannt und das Ergebnis anschließend mit den Referenzdaten verglichen. Es gibt Aufsichts-Targets und Dia-Targets, jedoch keine Negativ-Targets, da deren Farben zu sehr vom Material und Entwicklungsprozess abhängen und immer Interpretationssache sind.

Wenn Ihre Scansoftware – wie SilverFast – einen Profilierungsmodus hat, ist dies im Handumdrehen erledigt (**3**). Andernfalls benötigen Sie ein spezielles Profilierungsprogramm. In jedem Fall muss der Scan des Targets mit denselben Einstellungen erfolgen, mit denen später gearbeitet wird. Sie sollten alle Tonwert- und Farbkorrekturen deaktivieren, lediglich die Belichtungsautomatik darf eingeschaltet bleiben. Natürlich darf die Scansoftware auch keine Farbumrechnung durchführen, deshalb sollte man das Farbmanagement deaktivieren oder einen Farbraum wählen, der die gleiche Wirkung hat (in Nikon Scan **Scanner RGB**). Der 16-Bit-Modus ist ob der großen Scannerfarbräume stets empfehlenswert. Da die Eigenschaften von Scannern relativ konstant bleiben, müssen Sie diesen Aufwand nur einmal im Jahr oder seltener treiben.

HDR oder 16 Bit?

HDR-Scans werden von SilverFast im Scanner-farbraum ausgegeben, alle anderen Scans im internen Arbeitsfarbraum. Paint Shop Pro konvertiert beide Dateitypen korrekt in *seinen* Arbeitsfarbraum, sofern Sie Farbmanagement aktiviert und **Eingebettete Profile beibehalten** gewählt haben – und diese Farbprofile natürlich auch eingebettet sind.

Für die Bildfarben ist es egal, ob sie als HDR-Datei erst in PSP oder andernfalls schon in SilverFast vom Scanner- in den Arbeitsfarbraum konvertiert werden. Wenn Sie jedoch die gescannten Dateien mit ihrem größeren Farbraum *archivieren* wollen, sollten Sie HDR wählen.

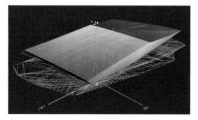

2 Vergleich eines mit SilverFast erstellten Scannerprofils des LS-4000 (Drahtmodell) mit dem Farbraum Adobe RGB (farbig). Der Scannerfarbraum ist in den dunklen und mittleren Tonbereichen deutlich größer als Adobe RGB.

Profilierungshilfen

Obwohl für die Scanner-Profilierung kein Messgerät erforderlich ist, finden sich preiswerte Lösungen dafür selten – meist ist die Scanner-Profilierung Teil von umfangreichen, professionellen und teuren Profilierungspaketen z. B. von GretagMacbeth, MonacoOptix oder ColorVision. Ein kostenloses Profilierungsprogramm finden Sie unter www.littlecms.com/iphoto/. Preiswerte Targets für Scanner und Digitalkameras gibt es u. a. bei Wolf Faust (www.targets.coloraid.de/).

3 SilverFast benutzt sogenannte IT8-Kalibrierungs-Targets, die anhand des aufgedruckten Strichcodes erkannt werden. Nach Einlegen des Targets und dem Prescan drücken Sie den markierten Button, worauf sich ein Raster über die Vorschau legt, dessen Größe noch angepasst werden muss. Alles Weitere geschieht automatisch. Das ermittelte Scannerprofil wird in den CMS-Voreinstellungen ausgewählt und kann sofort verwendet werden.

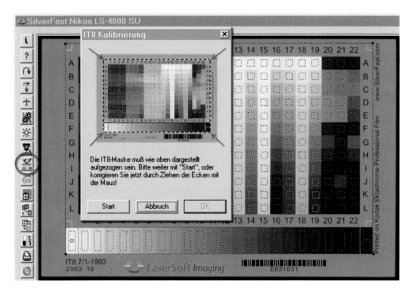

Bildimport und Bildverwaltung

Gescannte Bilder werden vom Scanprogramm automatisch auf der Festplatte gespeichert oder gleich in Paint Shop Pro geöffnet. Digitale Fotos landen dagegen in der Regel erst einmal auf einer Speicherkarte und müssen von dieser auf den Rechner übertragen werden. Die Art der Übertragung ist nicht nur ein technisches Problem und eine Frage des Komforts, sondern hat auch Einfluss auf das Farbmanagement. Zudem sollten bestimmte Entscheidungen schon beim Bildimport getroffen werden, um spätere Mehrarbeit zu vermeiden.

Bildimport

Für das Einlesen von Scannner-Bilddaten wurde vor langer Zeit **TWAIN** entwickelt. Diese schon reichlich betagte Schnittstelle findet sich immer noch in fast jedem Bildbearbeitungsprogramm (auch in PSP) und kann für Digitalkamerafotos genutzt werden, sofern die entsprechenden Treiber installiert sind. Nachfolger **WIA** (Windows Image Acquisition) benötigt für den Bildimport in ein Anwendungsprogramm ebenfalls einen Kameratreiber, das Laden der Bilder auf die Festplatte gelingt aber auch ohne (**3**). Ganz ohne Treiberinstallation kommt **PTP** (Picture Transfer Protcol) aus. PTP erlaubt auch die direkte Bildübertragung zu einem Drucker. Das entsprechende Übertragungsprotokoll muss im Kameramenü ausgewählt werden. Neben dem Protokoll spielt der Anschlusstyp eine große Rolle, er bestimmt vor allem die Geschwindigkeit.

USB Der »Universal Serial Bus« ist zum Anschluss von Kameras, Scannern und Druckern weit verbreitet. Es gibt zwei Versionen: **USB 1.1** überträgt bis zu 1,5 MB/s (Megabyte pro Sekunde), **USB 2.0** bis zu 60 MB/s. Sowohl bei der Installation als auch beim Import ist USB recht komfortabel und erlaubt zudem zahlreiche Varianten (**1**). Per USB angeschlossene Geräte werden in der Regel als externes Laufwerk oder »Wechselmedium« erkannt, auf das mit dem Windows Explorer direkt zugegriffen werden kann.

1 Windows XP erkennt angeschlossene USB-Geräte automatisch und kann so konfiguriert werden, dass beim Anschluss der Kamera Paint Shop Pro geöffnet oder zum Speicherkarten-Ordner gewechselt wird.

PC als Display und Speicherkarte

Viele Kameras können Bilder direkt auf einen angeschlossenen TV- oder Computermonitor ausgeben und ohne Umweg über die Speicherkarte direkt auf der PC-Festplatte speichern. Dies ist besonders für Atelieraufnahmen vorteilhaft.

Die Abbildung unten zeigt das Übertragungsfenster von DiMAGE Transfer von Konica-Minolta. Links unten habe ich das (nicht zum Computer übertragene) Kameramenü der Dynax 7D eingeblendet. Die Fernsteuerung der Kamera vom Computer aus erlaubt DiMAGE Transfer nicht. Dies ist nur bei Profikameras realisiert.

Firewire Der »Feuerdraht« erlaubt Datenübertragungsraten in ähnlicher Größenordnung wie USB 2.0 und ist genauso unproblematisch zu verwenden. Er ist vor allem bei Camcordern, hochwertigen Scannern und einigen Spiegelreflex-Digitalkameras verbreitet. Falls Sie an Ihrem Computer einen Anschluss mit dem Namen **IEEE-1394** finden: Dies ist eine andere Bezeichnung für Firewire.

WLAN oder Wireless LAN (drahtloses lokales Netzwerk) gestattet die Bildübertragung per Funk zum PC und ist in manchen Profi-, aber zunehmend auch in Kompaktkameras zu finden. Alternative Bezeichnungen sind **WiFi** (Wireless Fidelity – Nikon) und **IEEE 802.11b**. Die Übertragungsraten liegen derzeit noch in der Größenordnung von USB 1.1.

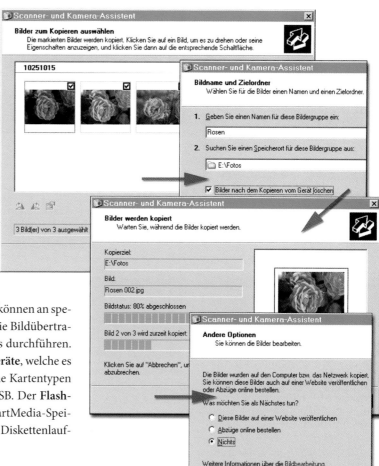

2 Im PSP-Dialog Datei>Importieren>TWAIN-Quelle wird die Quelle ausgewählt. TWAIN erfassen startet das Scanprogramm oder den Bildimport von der Kamera.

Docks und Lesegeräte Einige Kameras können an spezielle Geräte angedockt werden, welche die Bildübertragung und oft gleich das Laden der Akkus durchführen. Universeller einsetzbar sind **Kartenlesegeräte**, welche es auch als Kombigeräte für unterschiedliche Kartentypen gibt. Der Anschluss erfolgt meist über USB. Der **Flash-Path-Adapter** ist ein »Lesegerät« für SmartMedia-Speicherkarten, er wird wie eine Diskette ins Diskettenlaufwerk des Computers eingelegt.

Bildimport mit Paint Shop Pro

Unter Datei>Importieren finden Sie sowohl die TWAIN-Einstellungen (**2**) als auch den WIA-Import. Hier können nur Geräte ausgewählt werden, welche zuvor in der Windows-Systemsteuerung unter Scanner und Kameras installiert wurden. TWAIN sollten Sie, wenn es irgend geht, vermeiden. Zum einen unterstützt TWAIN kein Farbmanagement, außerdem ist Paint Shop Pro so lange blockiert, wie ein über TWAIN eingebundenes Scanprogramm geöffnet ist. Sie können also die Wartezeit, während das nächste Bild gescannt wird, nicht schon zur Kontrolle und Bearbeitung vorher gescannter Bilder nutzen. Lassen Sie das gescannte Bild lieber auf Festplatte speichern und öffnen Sie es von dort mit PSP erneut. Einige Scanprogramme können im sogenannten Stand-alone-Betrieb gescannte Bilder an ein Bildbearbeitungsprogramm übergeben.

Kamerabilder öffnen Sie über WIA ebenfalls direkt in PSP, nun natürlich ohne lange Wartezeiten. Alternativ können Sie aber auch nach Anschluss einer Kamera im Dialog **1** den **Scanner- und Kamera-Assistenten** von Windows wählen (**3**). Ähnliche, oft besser ausgestattete Assistenten liegen den Digitalkameras bei, sie sind nach der Installation ebenfalls in der Liste von Dialog **1** zu finden.

3 Der TWAIN-Nachfolger **WIA** (Windows Image Acquisition) macht die Bildübertragung einfacher. Nach dem Anschluss der Kamera startet der Kamera-Assistent und zeigt Miniaturansichten der Bilder, die sich hier gleich drehen lassen. Alle Bilder erhalten den gleichen Namen plus eine laufende Nummer. Ordner müssen manuell angelegt werden.

WIA gestattet keinen direkten Zugriff auf das Speichermedium und ist nur unter Windows XP verfügbar. Neben der Bildübertragung sind Sonderdienste wie Webseitenerstellung, die Übertragung zu einem Foto-Belichtungsdienst oder die Versendung per E-Mail möglich.

1 Probieren Sie im Photo Album einen anderen Verbindungstyp aus, wenn es mit dem vorgeschlagenen nicht funktioniert.

2 Mit den entsprechenden Einstellungen führt Corels Photo Album den Bildimport automatisch nach dem Anschließen der Kamera in einen Ordner mit dem Tagesdatum (*nicht* dem Aufnahmedatum!) durch. Leider können die Dateien dabei nicht umbenannt werden.

3 Die gemeinsame Umbenennung vorher ausgewählter Dateien »im Stapel« bietet nur das Fotoladeprogramm des Corel Photo Albums. Als Dateiname wird der Name des übergeordneten Ordners vorgeschlagen. Alternativ können Bilder auch per Stapelverarbeitungsfunktion in Paint Shop Pro umbenannt werden.

4 Die Download-Optionen des Snapfire-Fotoladeprogramms gleichen denen des Photo Albums bis aufs Haar.

Bildimport mit Corel Photo Album 6

Bestandteil des Photo Albums ist ein Fotoladeprogramm mit komfortableren Optionen als die des Kamera-Assistenten von Windows (**1**). Als Speicherort wird ein Unterordner mit dem Tagesdatum vorgeschlagen, zudem werden Bilder automatisch gedreht, sofern die EXIF-Daten die entsprechenden Lage-Infomationen enthalten (**2**). Probleme gibt es mit der Dateiendung JPE, die manche Kameras anstatt JPG verwenden. Solche Bilder können im Photo Album nicht gedreht werden (noch nicht einmal manuell). Abhilfe bietet nur die Änderung der Dateiendung, was jedoch nicht im Photo Album, sondern nur im Windows Explorer oder mit einem der weiter unten vorgestellten Tools möglich ist.

Nach dem Herunterladen ist die sofortige Durchmusterung der Bilder in der Diashow des Photo Albums empfehlenswert. Hier können Sie Bilder löschen, drehen, als »Lieblingsfoto« markieren oder in eine von drei Ablagen verschieben (E-Mail, Drucker, Upload). Die wichtige Namensgebung – die Bilder haben ja immer noch die kryptischen, von der Kamera vergebenen Dateinamen – ist hier nicht möglich. Öffnen Sie dazu in der Miniaturenansicht die Funktion Stapel-Umbenennung (nur über die Symbolleiste unter Verwalten>Stapelverarbeitung >Umbenennen erreichbar). Als Dateiname schlägt das Programm den Namen des übergeordneten Ordners vor, verbunden mit einer laufenden Nummer (**3**). Wenn Sie dem Ordner das Tagesdatum gegeben haben, wird dieses damit in den Bilddateinamen aufgenommen.

Bildimport mit Snapfire

Das PSP XI beiliegende, zusammen mit Snapfire installierte Fotoladeprogramm ist auch nach Ablauf der 30-Tage-Testdauer von Snapfire Plus noch lauffähig. Ablauf und Einstellungen sind mit den oben für das Photo Album gezeigten fast identisch (**4**). Allerdings ist in Snapfire anschließend keine Stapelumbenennung von Bildern möglich.

Bilder ordnen und verwalten

Gleich beim Bildimport oder kurz danach sind ein paar schwer wiegende Fragen zu beantworten, die über das »Schicksal« eines Bildes durchaus entscheiden können. Ich meine nicht, ob Sie ein Bild behalten oder löschen sollen – sondern das Prinzip, nach dem es eingeordnet wird. Bilder, die Sie später nicht mehr wiederfinden, sind auch verloren. Und da es noch kein Suchprogramm gibt, das Bilder anhand der Pixel findet, muss das Ordnungsprinzip entweder so gut sein, dass die Bilder auch nach Jahren noch auffindbar sind, oder die »Suchwörter« müssen als Klartext mit in die Bilddatei gepackt werden.

Dateinamen und Ordnerhierarchie

Das einfachste und erst einmal logische Ordnungsprinzip ist die »sprechende« Benennung der Bilddateien und ihre Einordnung in eine Ordnerhierarchie mit motiv- oder zeitbezogenen Namen. Da viele Digitalkameras automatisch Ordner mit dem Tagesdatum anlegen, können Sie diese z. B. nach Monaten zusammenfassen, diese wieder nach Jahren. Oder sie fassen die Datumsordner nach Ereignissen zusammen: Reisen, Foto-Shootings, Familienfeiern usw. Denkbar ist auch eine Ordnung nach Motiven: Blumen, Tiere, Menschen, Landschaften …

Sie sehen schon, es gibt viele mögliche Ordnungsprinzipien, aber kein ideales. Das Letztgenannte dürfte übrigens schnell Probleme bereiten: Wo wird ein Bild eingeordnet, das eine Libelle auf eine Lilie zeigt? Im Tiere- oder im Blumen-Ordner? Zwei Kopien sind hier die schlechteste Lösung. Entschärfen lässt sich dieses Dilemma nur mit den **Alben** von Bildverwaltungsprogrammen.

Bei der Ordnerhierarchie bevorzuge ich einen streng chronologischen Aufbau, ebenso sollte jeder Bilddateiname mindestens das Aufnahmedatum enthalten. Dadurch gibt es niemals Einordnungsprobleme, und es kann auch nie dazu kommen, dass zwei Bilder den gleichen Dateinamen erhalten. Weitere, beispielsweise motivbezogene Informationen können Sie dann fast nach Belieben an das Datum anhängen. Letzteres sollte natürlich immer das *Aufnahmedatum* und nicht das eher zufällige Datum des Überspielens auf den Computer sein.

Ordnernamen manuell zu vergeben ist kein großer Aufwand. Die Bilder selbst *müssen* dagegen automatisch und im Stapel umbenannt werden – am besten bereits beim Bildimport. Sie haben schon gesehen, dass weder Windows noch das Corel Photo Album dafür zufrieden stellende Werkzeuge mitbringen. Die den Digitalkameras beiliegenden Viewer sind oft nicht viel komfortabler, aber es gibt Ausnahmen: **Nikon View** kann Bild- und Ordnerdaten bereits beim Einlesen flexibel anpassen und dabei auch das Aufnahmedatum einbinden (**5**). Das kostenpflichtige **Nikon Capture** kann zusätzlich beim Bildimport EXIF-Aufnahmedaten und eine (vorbereitete) Maske mit Autoren- und Motivdaten in IPTC-Felder übernehmen.

Dateinamen-Konventionen

Je nach Betriebssystem, mit dem die Dateien voraussichtlich in Berührung kommen, sollten Sie bei der Namensvergabe einige Beschränkungen beachten: Die **Länge** darf 255 Zeichen, für Kompatibilität mit dem CD/DVD-Joliet-Dateisystem 64 Zeichen nicht überschreiten. **Sonderzeichen** wie Umlaute, Punkt, Komma und Leerzeichen funktionieren zwar unter Windows gut, können aber auf älteren Mac-Rechnern Probleme bereiten. Unproblematisch sind allein der Unter- und der Bindestrich.

Datum in den Dateinamen!

Aufnahmedatum und -zeit, in den Dateinamen eingefügt, sind eindeutig und bieten weitere Vorteile: Falls die Datei verändert wird (wobei sich nicht nur das Datum ändert, sondern manchmal auch die EXIF-Informationen verloren gehen), bleibt der Dateiname erhalten. Zudem werden solche Dateien standardmäßig im Windows Explorer und in vielen Bildbrowsern chronologisch sortiert. Damit Letzteres wirklich funktioniert, muss das Datum an erster Stelle stehen und »amerikanisch« geschrieben sein, also mit dem Jahr beginnen: JJ-MM-TT, oder etwas platzsparender: JJMMTT. Analog für Stunden, Minuten und Sekunden, falls diese benötigt werden. In der Regel genügt die Angabe von Jahr, Monat und Tag, gefolgt von einer laufenden Nummer.

5 So wie hier in Nikon View sollte die automatische Benennung aussehen.

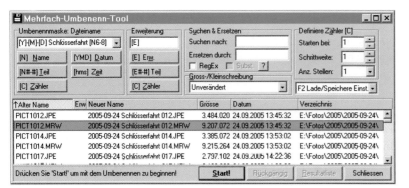

1 Das mit Abstand beste Datei-Umbenennungstool ist in dem (auch sonst sehr nützlichen) Share-ware-Dateimanager TotalCommander (www.ghisler.com) enthalten. Damit können Dateinamen zeichenweise, auch mit Datumseinbindung, neu komponiert werden.

2 EXIFER (www.friedemann-schmidt.com/software/exifer) kann EXIF-Daten wie Blende, Verschlusszeit und Brennweite zusammen mit Datum, Zeit und anderen Angaben in den Dateinamen schreiben.

3 Das Katalogisieren von Laufwerken oder Ordnern erzeugt Miniaturen von allen Bild-dateien und erlaubt das schnelle Durchblättern in der Ordner- oder Favoriten-Ansicht.

Zwar hat es Vorteile, Bilder bereits beim Import »endgültig« zu benen-nen, doch es ist nicht unbedingt notwendig und manchmal auch gar nicht machbar. Hier hilft die **Sta-pel-Umbenennung** weiter, wobei Sie auch dafür besser zu Fremdprogram-men greifen – die Funktion des Photo Albums ist zu rudimentär.

Sehr empfehlenswert ist das Share-ware-Programm **TotalCommander** mit seinem opulent ausgestatteten Dialog zum Mehrfach-Umbenennen (**1**). Das Dateidatum lässt sich pro-blemlos in den Namen übernehmen. Noch besser auf fotografische Belange zugeschnitten ist das kostenlose Programm **EXIFER**, mit dem sich sogar belie-bige EXIF- und IPTC-Informationen aus JPEG- und TIFF-Dateien in den Datei-namen schreiben lassen (**2**). Zudem kann EXIFER solche Metadaten auslesen, in externen Dateien sichern, ändern und zurückschreiben.

Beschreibende Texte im Dateinamen sind vor allem dann nützlich, wenn Sie *nicht* mit (IPTC)-Metadaten arbeiten. Tragen Sie sie vor der laufenden Nummer ein, wenn es sich um Sammelbegriffe (»Italien, Pisa«) handelt, dahinter, wenn es Bildbeschreibungen (»Schiefer Turm«) sind. Alternativ (für Privatanwender ausreichend) packt man übergreifende Angaben in den Ordnernamen, motiv-bezogene in den Dateinamen. Generell sind allerdings solche Angaben in den entsprechenden IPTC-Feldern besser aufgehoben, dort ist auch mehr Platz.

Digitale Fotoalben

Bildverwaltungsprogramme und digitale Fotoalben – zu denen auch das Corel Photo Album und Snapfire Plus gehören – kümmern sich wenig um die Datei-struktur, in der die Bilder gespeichert sind, und schaffen sich ihre eigene Ord-nung. Dazu werden Bildminiaturen, Schlüsselwörter, Bildbeschreibungen und die Eingliederung in benutzerdefinierte **Alben** zusammen mit dem Speicher-pfad des Bildes in einer eigenen Datenbank gespeichert. Ein Album enthält in der Regel nicht die Bilddatei selbst, sondern eine Verknüpfung darauf. Auch die Bildminiatur wird von effektiv programmierten Programmen nur einmal gespeichert. Dadurch können Bilder problemlos in mehrere Alben einsortiert werden. Wird das Originalbild geändert, ist die Änderung sofort in allen Alben sichtbar, in denen dieses Bild eingeordnet ist.

Ein vollwertiges Bildverwaltungsprogramm muss auch das Durchsuchen sogenannter **Offline-Medien** – CD-ROMs, DVDs – erlauben. Dazu wird von jedem Medium einmal ein **Katalog** inklusive der Bildminiaturen erstellt und auf der Festplatte gespeichert (**3**). Beim späteren Durchsuchen müssen die Medien dann nicht mehr ins Laufwerk eingelegt sein.

4 Die Verwaltungsansicht des Photo Albums mit Bildminiaturen. Das Photo Album eignet sich für die Bildverwaltung besser als Snapfire, kann jedoch weniger RAW-Formate anzeigen.

Nur das Corel Photo Album erfüllt diese Anforderungen und unterstützt (im Gegensatz zu Snapfire) auch Wechselmedien (**4**). Die Alben heißen hier **Sammlungen.** Sie lassen sich sowohl allein als auch zusammen mit der physischen Ordnerstruktur der Bilddaten einblenden. Anders als Ordner lassen sich die Sammlungen jedoch nicht verschachteln. Jedem Foto können ein **Titel,** eine **Beschreibung** und mehrere **Stichwörter** zugefügt werden. Diese Angaben sind IPTC-konform und werden direkt in der Bilddatei gespeichert, wenn deren Format das unterstützt (ist bei JPEG und TIFF der Fall), andernfalls in einer eigenen Datenbank. Wegen der Schwächen von Paint Shop Pro beim Umgang mit Metadaten (≫94) können Sie diese Daten teilweise nur im Photo Album sehen.

Dem schnellen Zugriff dienen eine **Favoritenliste** sowie die schon erwähnten drei **Ablagen**. Eine pfiffige Kalender- und Zeitleisten-Suchfunktion erlaubt, Fotos mit einem bestimmten Aufnahmedatum auch aus mehreren Ordnern herauszufiltern. Leider steht nur eine einzige Markierung (**Lieblingsfoto**) zur Verfügung. Alle diese Informationen werden in einer zentralen Datenbank gespeichert (**5**), während die Bildminiaturen als JPEG-Dateien in den Cache kommen (**6**).

Das Photo Album bietet auch einige Funktionen zur Bildoptimierung, auf die ich nicht weiter eingehe. Verwenden Sie dazu Paint Shop Pro – damit erreichen Sie weit bessere Ergebnisse. Farbmanagement wird vom Photo Album nicht unterstützt, so dass die Bildfarben hier eventuell deutlich abweichen.

Bilddatenbank sichern!

In einer gepflegten Bilddatenbank steckt sehr viel Arbeit, die bei einem Systemfehler schnell verloren ist. Es geht dabei nicht um die Miniaturbilder – die erzeugt das Programm bei Bedarf neu –, sondern um die in der Datenbank gespeicherten Metadaten: Bildbeschreibung, Schlagwörter, Zuordnung zu Alben etc. Deshalb ist es wichtig, die Datenbank regelmäßig zu sichern. Das Photo Album hat dazu einen extra Menüpunkt: Werkzeuge>Datenbank>Sicherungskopie. Verwenden Sie zur Sicherung aber nicht den hier vorgeschlagenen Unterordner, sondern nach Möglichkeit einen Ordner auf einer anderen Festplatte oder wenigstens Festplattenpartition. Sie können die Datenbank natürlich auch (genauso wie die Bilder selbst) regelmäßig auf CD oder DVD sichern.

5 Verschieben Sie Bilder oder Ordner mit einem anderen Programm – beispielsweise dem Windows Explorer –, kann das Photo Album die interne Datenbank nicht aktualisieren. Es sei denn, Sie haben vorher mit Werkzeuge>Datenbank> Exportieren die Datenbank-Informationen in die einzelnen Ordner geschrieben. Das Zurücklesen geschieht analog über Werkzeuge>Datenbank> Importieren.

6 Speicherort und Maximalgröße des Miniaturen-Cache lassen sich in den Voreinstellungen des Photo Albums festlegen (Werkzeuge >Optionen>Miniaturansichten). Im Unterordner **PhotoAlbumCache** werden die Miniaturen einzeln als JPEG-Dateien (allerdings mit der Endung .**cpathm**) gespeichert, was im Hinblick auf den Speicherplatzbedarf nicht sehr vorteilhaft ist. Ein zweiter Unterordner enthält die Miniaturen importierter Kamerabilder.

1 Im Infofenster des Photo Albums werden EXIF-Daten angezeigt. Dateiname, Fototitel und die Beschreibung lassen sich ändern. In Paint Shop Pro finden Sie lediglich den Titel unter Bild>Bildinformationen>Urheberinformationen>Erweitert.

2 Das Photo Album speichert Stichwörter für alle unterstützten Dateitypen. Solche Stichwörter lassen sich schnell mehreren Bildern gleichzeitig zuordnen, wenn diese markiert sind. Bei der Suche werden alle Fotos gefunden, die mindestens eines der mit blauer Lupe gekennzeichneten Stichwörter enthalten (Fenster im Vordergrund).

Ordnung mit Metadaten

Die Strukturierung von Daten in Ordner, Unterordner und Unter-Unterordner ist eigentlich ein Ordnungsprinzip aus dem vergangenen Jahrtausend. Ich nenne es das *Kanzleiprinzip*, denn es bedarf penibler, beamtenmäßiger Sorgfalt und ständiger Pflege, wenn es funktionieren soll. Heute dagegen können Computer blitzschnell hunderttausende von Dateien, die wie in einem riesigen Zettelkasten völlig ungeordnet auf einer Computerfestplatte liegen, nach fast beliebigen Kriterien durchsuchen und die Ergebnisse in einer vom Nutzer aktuell gewünschten Ordnung präsentieren. Für das Durchsuchen großer textbasierter Datenbanken ist diese Technik seit langem selbstverständlich. Der Inhalt von Bildern lässt sich leider nicht auf die gleiche Weise erschließen – es sei denn, die Suchbegriffe sind direkt in die Bilddatei eingebettet. Dies ist mit den verbreiteten Dateitypen JPEG und TIFF und den standardisierten EXIF- und IPTC-Informationen möglich. Statt ein Bild durch Dateinamen und Speicherpfad zu charakterisieren, etwa Fotos\2005\Italienreise\Pisa\2005-05-14_Schiefer_Turm_02.JPG, werden alle diese Informationen und noch mehr als Metadaten mit in die Bilddatei gepackt. Die Bilddatei selbst darf dann unter einem beliebigen, von der Digitalkamera vergebenen Dateinamen in einem riesigen Sammelordner liegen – sie wird durch eine Abfrage in der Art +Italien +Pisa +»Schiefer Turm« +2005 zuverlässig herausgepickt. Wollen Sie eine Diashow mit allen Turm-Fotografien ohne den von Pisa zusammenstellen? Kein Problem, die Abfrage +Turm -Pisa bildet diese Auswahl blitzschnell. Solche Abfragen sind viel flexibler und leistungsfähiger als jede Ordnerstruktur. Sie haben nur einen Nachteil: Sie sind im Corel Photo Album bisher nur ansatzweise möglich.

Da die Entwicklung aber in diese Richtung geht, sollten Sie Ihre Bilddaten schon jetzt entsprechend vorbereiten und Metadaten möglichst einbetten. Das Photo Album gestattet die Einbettung von **Fototitel** und **Fotobeschreibung** (**1**) in die EXIF-Daten sowie die Vergabe benutzerdefinierter **Stichwörter** (**2**). Gesucht werden kann nur nach Letzteren. Die oben beschriebene Flexibilität bietet das Photo Album dabei leider noch nicht. Wenn Sie mehrere Stichwörter markieren, entspricht dies stets einer ODER-Verknüpfung, d. h., es werden alle Bilder gefunden, die *mindestens einer* der Bedingungen genügen (im abgebildeten Beispiel also fünf Fotos). Sinnvoller wäre die UND-Verknüpfung, dann würden nur Fotos gefunden, die *allen* Bedingungen genügen. Im Beispiel könnte man so die Suche auf Katzenfotos einschränken, die zusätzlich mit **Privat** gekennzeichnet sind.

Die vom Photo Album mitgebrachte Stichwortliste lässt sich beliebig ändern und erweitern. Beachten Sie, dass für professionelle Zwecke die Stichwörter bzw. **IPTC-Keywords** bestimmten Bedingungen genügen müssen. Informationen dazu finden Sie unter www.iptc.org.

Mit dem Photo Album vergebene Stichwörter werden im PSP-Verwalter und in Snapfire als **Kennzeichen** angezeigt – allerdings nur dann, wenn es sich um JPEG-Dateien handelt.

Bildarchiv und Backup

Regelmäßige Sicherungen (Backups) sind bei Digitalfotos ein Muss. Negative, Dias und andere »reale« Vorlagen können Sie jederzeit wieder scannen, wenn ein Festplattenfehler oder Computerausfall das Bildarchiv zerstört hat. Das mag im Einzelfall teuer und arbeitsaufwändig sein, doch die Bilder sind nicht verloren. Bei Digitalfotos genügt dagegen ein falscher Mausklick, und von vielleicht jahrelanger Arbeit bleibt nur die Erinnerung. Sowohl im Photo Album als auch in Snapfire Plus ist eine Backup-Funktion unter dem Namen **PhotoSafe** enthalten. Die Funktionen unterscheiden sich kaum.

PhotoSafe brennt alle katalogisierten Bilddateien auf eine oder mehrere CDs oder DVDs (**3**). Ein zusätzliches Brennprogramm ist nicht notwendig. Im Photo Album wird das Backup-Medium gleichzeitig katalogisiert und kann deshalb später durchsucht werden, ohne es einlegen zu müssen. Praktisch ist die Anzeige in der Statusleiste, hier wird durch unterschiedliche Farben auf notwendige Sicherungen hingewiesen. Zusätzlich kann das Programm per Warnmeldung an die Datensicherung erinnern (**4**). Gesicherte Bilder werden intern markiert und bei der nächsten Sicherung nur auf ausdrücklichen Wunsch erneut gesichert.

Sie sollten diese Sicherungsfunktion unbedingt nutzen – es sei denn, Sie haben eine bessere Lösung. PhotoSafe hat auch Schwächen. Die für mich bedeutsamste: Es werden zwar CDs und einige DVD-Formate unterstützt, jedoch nicht das DVD-RAM-Format – und damit gerade das mit Abstand zuverlässigste DVD-Format, das einzige, was für Datensicherung empfohlen werden kann. Falls Ihr DVD-Brenner DVD-RAM überhaupt unterstützt (was eher die Ausnahme ist), sollten Sie nicht ohne Not ein anderes Format benutzen.

Backups auf andere Medien oder eine externe Festplatte sind mit PhotoSafe ebenfalls nicht möglich. Ein manuelles Backup auf ein Wechselmedium ist aber umständlich und wird gern verschoben. Auch ich sichere meine Dateien nur in größeren Zeitabständen auf CD bzw. DVD-RAM. Dafür erfolgt *täglich* mindestens eine automatische Sicherung auf eine zweite Festplatte. Diese automatische Sicherung hat mich schon mehrmals vor schwer wiegenden Datenverlusten bewahrt. Ein dauerhafter Ersatz für das Brennen von Sicherungskopien ist es nicht, denn jede Festplatte hat eine begrenzte Lebensdauer. Es ist aber extrem unwahrscheinlich, dass zwei Festplatten gleichzeitig ausfallen. *Zwei* Festplatten müssen es aber schon sein – eine einzige mit zwei Partitionen oder gar nur ein getrennter Ordner für die gesicherten Daten genügt nicht. Für solche automatischen Lösungen benötigen Sie ein spezielles Backup-Programm – oder Sie müssen sich die Mühe machen und das kleine Backup-Skript, das auf der Buch-CD liegt, an Ihren Rechner anpassen.

Natürlich altern auch CDs und selbst DVD-RAMs. Noch schneller könnte der Zustand eintreten, dass diese (in zehn Jahren sicher völlig antiquierten) Medien von neuen Laufwerken nicht mehr gelesen werden können. Ein digitales Archiv ist deshalb nur sicher, wenn es alle paar Jahre aus seinem Dornröschenschlaf geweckt und auf die dann gerade aktuellen Speichermedien umkopiert wird.

3 PhotoSafe merkt sich, welche Fotos schon gesichert wurden. Hier sind allerdings DVDs gemeint, wenn von »CD« die Rede ist.

4 Die Erinnerungsfunktion ist eine nützliche Einrichtung. Noch besser sichern Sie Ihre Fotos gleich nach dem Herunterladen von der Kamera.

Backup-Strategien

Das **Voll-Backup** sichert alle Daten komplett auf ein anderes Medium. Es muss zur Wiederherstellung also lediglich zurückkopiert werden.

Das **differentielle Backup** sichert die seit dem letzten Voll-Backup erfolgten Änderungen. Eine komplette Wiederherstellung der Daten erfordert also das letzte Voll-Backup und das letzte differentielle Backup.

Das **inkrementelle Backup** sichert nur die seit dem letzten Backup erfolgten Änderungen. Eine komplette Wiederherstellung erfordert also das Rückspielen des letzten Voll-Backup und aller inzwischen erfolgten inkrementellen Backups.

PhotoSafe führt beim ersten Mal ein Voll-Backup und anschließend inkrementelle Backups durch. Über **Art der Sicherung** können Sie jederzeit ein Voll-Backup erzwingen.

Bildbearbeitung 4

Das Lichtbild als fixierter »Augenblick« hält nicht nur das fest, was der Fotograf beim Betätigen des Auslösers »im Auge« hatte, sondern auch einiges Ungewolltes: die Objektiveigenschaften (Verzeichnung, Vignettierung und chromatische Aberration), Farbfehler und das Rauschen des Sensors. Zu solchen technischen Fehlern kommen fotografische Mängel: falscher Ausschnitt, Verkantung, »stürzende Linien«, nicht optimale Belichtung, falscher Weißabgleich, Verwacklung und mehr. Die meisten dieser Mängel können Sie mit den Werkzeugen von Paint Shop Pro beheben oder zumindest abmildern.

Das Ziel ist ein Bild, das dem, was Sie als Fotograf »gewollt haben«, möglichst nahe kommt. Die Spanne reicht dabei vom präzisen dokumentarischen Abbild bis zum kreativen Kunstwerk. Denn mit den Bildbearbeitungswerkzeugen von Paint Shop Pro können Sie viel mehr als nur Fehler beseitigen. Atemberaubende Effekte und verblüffende Verfremdungen liegen oft nur einen Mausklick entfernt.

Bildfehler korrigieren

1 Die Werkzeuge, um die es hier geht, finden Sie fast alle im Anpassen-Menü.

Auto-Korrekturen

Eigentlich könnten alle systematischen Kamera-fehler schon intern korrigiert werden. Teilweise geschieht dies auch, z. B. wird Rauschen reduziert und nachgeschärft. Für hochwertige Korrekturen bleibt der Kamera jedoch nicht genug Zeit. Oft arbeiten diese Automatiken auch zu stark. Deshalb schalten Sie sie besser ab und nehmen die Nachbearbeitung am Computer vor.

Computersoftware könnte viele Fehler ebenfalls automatisch korrigieren, wenn ein entsprechendes »Profil« vorhanden wäre. Solche Fehlerprofile sind mit ICC-Farbprofilen vergleichbar, jedoch bisher nicht standardisiert. Spezielle Plugins zur Rauschentfernung wie **Neat Image** und **Noise Ninja** benutzen »Rauschprofile«, die man selbst anfertigt, von der Hersteller-Website laden oder in Internetforen finden kann. Das passende Profil wird automatisch anhand der aus den EXIF-Daten des Bildes gelesenen Angaben zu Kamera, Empfindlichkeit etc. ausgewählt. Leider sind alle diese Profile proprietär, d. h., sie funktionieren nur mit einem einzigen Programm.

Bei der Optimierung eines Fotos wollen wir in der gleichen Reihenfolge vorgehen, in der die Fehler entstanden sind, und deshalb mit den **Kamerafehlern** beginnen. Jede Kamera hat Eigenheiten, die sich bei gleicher Einstellung auf gleiche oder zumindest ähnliche Weise auf die von ihr gemachten Bilder auswirken. Sie haben dies schon beim Thema *Farbmanagement* kennen gelernt. Geräte-Farbfehler werden von einem Farbprofil beschrieben und können damit korrigiert werden. Es gibt aber noch weitere, innerhalb der Kamera entstehende Fehler: Sensor und Kameraelektronik produzieren **Bildrauschen**, manche Objektive verursachen kissen- oder tonnenförmigen **Verzerrungen**, **Vignettierung** (Abschattung) in den Bildecken sowie Farbabweichungen an kontrastreichen Kanten (**chromatische Aberration**). Gegen die meisten dieser Fehler gibt es in Paint Shop Pro geeignete Werkzeuge (**1**).

Bei einem Teil dieser Fehler handelt es sich um *systematische* Fehler, die bei gleichen Einstellungen gleiche Effekte verursachen und deshalb mit einer entgegengerichteten Korrektur gut beseitigt werden können. Objektivfehler hängen vom Objektivtyp und teilweise von der Zoom- und Entfernungseinstellung ab. Bildrauschen enthält sowohl kameraabhängige (systematische) als auch zufällige Komponenten. Rein zufällige Störungen sind **Staub** und **Kratzer**. Von Staub sind übrigens nicht nur gescannte Fotos, sondern auch Digitalkamerafotos betroffen (deshalb sollte der Sensor ab und an gereinigt werden). Solche Störungen lassen sich aber durchaus auch halbautomatisch entfernen, wenn sie sich genügend vom Bildinhalt unterscheiden. In komplizierten Fällen hilft jedoch nur die manuelle Korrektur.

Bildstörungen entfernen

Unter Anpassen>Bildrauschen hinzufügen/entfernen besitzt Paint Shop Pro eine ganze Reihe von Werkzeugen zur Entfernung von Rauschen und anderen Bildstörungen. Seit Version 9 gibt es zusätzlich ein spezielles, sehr flexibles, aber auch nicht ganz einfaches Werkzeug zum Entfernen von Bildrauschen digitaler Kameras. Sein Hauptvorteil ist, dass sich die Korrektur auf bestimmte Farb- und Helligkeitsbereiche im Bild eingrenzen lässt, ohne mit Auswahlen oder Masken arbeiten zu müssen. Solche Auswahlen sind bei der Störungsentfernung oft angeraten, um zu verhindern, dass kleine Details im Bild mit angegriffen und weichgezeichnet werden.

Bildrauschen digitaler Kameras entfernen

Dieser Filter (Anpassen>Bildrauschen digitaler Kameras entfernen) arbeitet mit sogenannten **Samples**, das sind Proben aus dem Bild, die nach Möglichkeit nur das Rauschen enthalten sollen. Nach dem Aufruf sucht PSP selbst nach geeigneten Bildbereichen und setzt je ein Sample in einen hellen, mittleren und dunklen Bereich. Die Samples werden in dem kleinen Vorschaubild **Sample-Bereiche** als Fadenkreuze angezeigt, es sind aber quadratische, 33×33 Pixel große Bereiche, die sich im linken Vorschaufenster per Maus verschieben, vergrößern, verkleinern, löschen (durch Verkleinern bis unter das Minimum von 441 Pixeln) und neu anlegen lassen (**2**). Das Maximum sind 10 Samples. Diese Rauschproben geben dem internen Algorithmus Informationen über die Art und Stärke des Rauschens und beeinflussen damit stark die Qualität der Rauschentfernung. Achten Sie darauf, dass innerhalb eines Samples keinesfalls Bilddetails liegen. Oft genügen auch zwei oder nur ein Sample, um das Rauschen dort zu entfernen, wo es am meisten stört – etwa in einem blauen Himmel (**3**).

Das Teilfenster **Bildrauschen entfernen** enthält weitere Einstellungen und fünf Regler, von denen die ersten drei in einer Gruppe zusammengefasst sind:

Korrektur Bildrauschen Diese Gruppe enthält drei Regler zum Einstellen der Kontrast-Schwellenwerte für die Korrektur. Ist das Rauschen nur schwach ausgeprägt, genügen geringe Werte. Benachbarte Pixel, die sich um einen größeren Helligkeits- oder Farbwert unterscheiden, bleiben dann erhalten. Details, die einen stärkeren Kontrast haben als das Rauschen, können so von diesem unterschieden werden. In der Praxis müssen die Werte aber so hoch eingestellt werden, dass das Rauschen komplett aus gleichförmigen Flächen entfernt wird, da sonst wenige einzelne, nun aber umso störendere Pixel zurückbleiben.

Die Regler **Klein**, **Mittel** und **Groß** sind für drei Rauschfrequenzen zuständig, denen im Bild kleine, mittlere und großflächigere Störungen entsprechen. Standardmäßig sind alle Regler gekoppelt, durch Deaktivieren von Detailgrößen verknüpfen können Sie die Einstellungen auch einzeln vornehmen. Die stärkste Wirkung hat der Regler **Klein**. Steht dieser auf null, haben die beiden anderen Regler so gut wie keine Wirkung.

Korrekturmischung Hier legen Sie fest, wie stark das korrigierte Bild ins Original hineingemischt wird. Eine Mischung (Standard sind 70 %) ist stets zu empfehlen, da eine komplette Rauschentfernung das Bild glatt und unnatürlich wirken lässt.

Scharfzeichnen Damit sollen eigentlich Details, die durch die Rauschentfernung in Mitleidenschaft gezogen wurden, geschärft und somit restauriert werden. Leider wirkt die Schärfung nicht nur auf die korrigierten Bereiche, sondern auf das ganze Bild – also auch dort, wo gar nichts restauriert werden muss. Dort wird nun das verbliebene Rauschen verstärkt, was sicher nicht erwünscht ist.

Kameravoreinstellung Dies ist lediglich eine Speichern-Option. Sofern angekreuzt, werden alle Einstellungen (ausgenommen die Sample-Bereiche) als *Kameravoreinstellung* gespeichert. Genauso stehen dann beim Laden einer Voreinstellung nur diese Kameravoreinstellungen zur Auswahl.

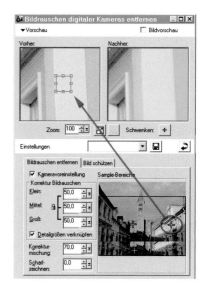

2 Samples sollen in gleichförmigen Bildbereichen liegen, andernfalls werden die vom Sample erfassten Strukturen im gesamten Bild weichgezeichnet.

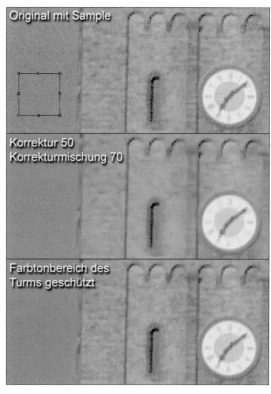

3 Rauschentfernung mit den Standardeinstellungen. Beim untersten Beispiel wurde das Bild teilweise geschützt (siehe folgende Seite).

Bildrauschentfernung in einem Schritt

Der gleichnamige Befehl aus dem Anpassen-Menü ist die automatische Version des hier erläuterten Werkzeugs. Sie können damit auf die Rauschentfernung keinerlei Einfluss nehmen. Die Ergebnisse sind aber oft durchaus zufrieden stellend, deshalb empfiehlt sich dieser Befehl für die Korrektur größerer Bildermengen.

Rauschentfernung und JPEG

Corel empfiehlt, vor der Anwendung der Rauschentfernung auf JPEG-Bilder diese mit Anpassen>Bildrauschen hinzufügen/entfernen>JPEG-Artefakte entfernen zu behandeln.

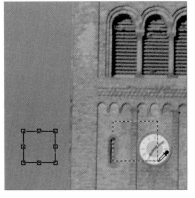

1 Auswahl einer Farbprobe für den zu schützenden Farbbereich mit der Maus (bei gedrückter [Strg]-Taste). Anders als die Rauschprobe (links im Bild) verschwindet der Umriss der Farbprobe sofort nach der Auswahl wieder.

2 Die Registerkarte **Bild schützen** enthält zwei Bereiche. Links erfolgt die Auswahl bzw. Änderung des Farbbereichs, rechts die Auswahl des Helligkeitsbereichs und die Festlegung des Schutzgrades. Liegt ein Ziehpunkt ganz oben, wird der betreffende Farb- und Helligkeitsbereich gar nicht geschützt, d. h., die Rauschentfernung wirkt hier voll.

Akt. zurücksetzen setzt die Einstellungen für den gewählten Farbbereich zurück, **Alle zurücksetzen** setzt alle Farbanpassungen zurück.

Auch perfekt gewählte Samples schützen nicht ausreichend vor dem unerwünschten Weichzeichnen von Bilddetails. Deshalb können auf der zweiten Registerkarte **Bild schützen** Farb- und Helligkeitsbereiche von der Rauschentfernung ausgeschlossen werden. Ähnlich wie beim Aufziehen neuer Samples werden im linken Vorschaufenster mit der Maustaste – aber nun bei gedrückter [Strg]-Taste – exemplarisch Bildbereiche ausgewählt (**1**). Paint Shop Pro analysiert die Farben und Helligkeiten innerhalb eines Bereichs und stellt sie im Farbkreis und im benachbarten Fenster grafisch dar (**2**). Die Funktion ist etwas kompliziert, aber sehr sinnvoll.

Ausgew. Farbtonbereich Dieses Teilfenster enthält den Farbkreis und zwei Regler für **Farbton** und **Bereich**. Nach dem Aufziehen eines zu schützenden Bereiches öffnet sich im Farbkreis ein mehr oder weniger breites Segment. Die Lage des Segmentes entspricht der mittleren Farbe des aufgezogenen Bildbereichs, die Breite etwa dem Spektrum der enthaltenen Farben (ohne selten vorkommende »Ausreißer«). Sie können beides entweder im Farbkreis durch Bewegen des Knopfes oder mit den beiden Reglern verändern. An der Vorschau ändert sich damit noch nichts, denn Sie haben jetzt erst einmal den zu schützenden *Farbbereich* vorgewählt. Es fehlt noch die Auswahl des *Helligkeitsbereichs*, welche Sie im benachbarten Fenster vornehmen.

Ausgewählten Farbtonbereich schützen An diesem rechteckigen Diagramm stellen Sie nun ein, welche Helligkeitsbereiche des gewählten Farbbereichs von der Rauschentfernung ausgenommen werden sollen. Die Helligkeit steigt von links nach rechts, was Sie an dem schmalen Farbbalken unterhalb des Diagramms sehen können – hier wird gleichzeitig die gewählte mittlere Farbe angezeigt. Der Grad der Rauschentfernung steigt von unten nach oben, was der schmale Balken links andeuten soll. Sie haben sieben Regler- oder Ziehpunkte zur Verfügung, die

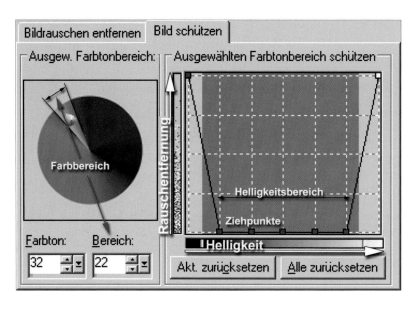

sich in der Grundeinstellung am oberen Rand des Diagramms befinden. Dies bedeutet, dass die Rauschentfernung *nicht* reduziert wird, d. h., der ausgewählte Farbtonbereich ist noch ungeschützt.

Durch Ziehen der Reglerpunkte nach unten (seitwärts lassen sich diese nicht ziehen) erhöhen Sie die Schutzwirkung bis zum Maximum. Wenn alle Punkte ganz nach unten gezogen sind, ist der gesamte Farbbereich von der Rauschentfernung nicht mehr betroffen. Je nachdem, welche Reglerpunkte Sie nach unten ziehen, können Sie den Schutz auf bestimmte Helligkeitsbereiche begrenzen.

Gleich nach dem Aufziehen des Schutzbereiches zeigt das Diagramm übrigens den Helligkeitsbereich an, den die ausgewählten Farben umfassen. Diese Anzeige geht jedoch verloren, wenn Sie an Farbton oder Bereich manuelle Änderungen vornehmen.

Sie können beliebig viele Schutzbereiche aufziehen und einzeln schützen; anders als die Rauschproben werden diese aber nicht dauerhaft angezeigt. Einen Überblick über bereits geschützte Farbbereiche gewinnen Sie nur beim »Durchfahren« des gesamten Farbkreises – entweder durch entsprechendes Bewegen des Knopfes oder per Farbton-Schieberegler (**2**).

3 Die Störungsfilter im Untermenü Anpassen>Bildrauschen hinzufügen/entfernen

Weitere Rauschfilter

Alle Rauschfilter basieren auf dem Prinzip, die Tonwerte benachbarter Pixel aneinander anzugleichen. Dies kann auf verschiedene Arten geschehen. Wenn man einfach den Mittelwert aller Nachbarpixel innerhalb eines bestimmten Bereiches nimmt, werden auch Bildstrukturen stark weichgezeichnet. Bessere Ergebnisse bringt der **Median** oder **Zentralwert** genannte Mittelwert. Er unterdrückt Ausreißer und verändert Bildstrukuren kaum, sofern diese wenigstens mehrere Pixel breit sind. In Paint Shop Pro gibt es einen **Median-Filter** sowie einige weitere Rauschfilter, die das Prinzip in abgewandelter Form nutzen. Sie befinden sich alle im Untermenü Anpassen>Bildrauschen hinzufügen/entfernen (**3**). Für die Entfernung des (digitalen) Bildrauschens sollten Sie besser den oben vorgestellten Filter nutzen, für spezielle Probleme haben die anderen Filter aber nach wie vor ihre Berechtigung.

Median-Filter Der einzige Regler dieses Filters heißt **Filter-Apertur** und erlaubt nur ungerade Werte zwischen 3 und 31. Diese Apertur (lat. Öffnung) beschreibt die Anzahl der Pixel in horizontaler und vertikaler Richtung, die für die Berechnung des Medians herangezogen werden. Bei Filter-Apertur = 3 ist dies ein Quadrat mit der Seitenlänge von 3 Pixeln. Das mittlere Pixel erhält den aus allen 9 Pixeln errechneten Median-Wert. Analog wird bei einer Apertur von 5 der Median aus den 25 Pixeln eines 5*5 Pixel großen Quadrats gebildet.

Der Median-Filter eignet sich gut zur Entfernung einzelner farbiger Pixel mit hohem Kontrast zur Umgebung (**4**). Zudem wird Helligkeitsrauschen recht wirksam unterdrückt. Details werden kaum angegriffen, sofern sie breiter als der halbe Apertur-Wert sind, schmalere Details dagegen sehr stark. Beginnen Sie deshalb stets mit dem kleinsten Wert.

Median

Der Median- oder Zentralwert ist ein »Mittelwert der Lage«, in diesem Fall der Tonwert des mittleren Pixels in der nach Tonwerten geordneten Reihe aller betrachteten Pixel. Pixel mit stark abweichenden Tonwerten gehen in den Median überhaupt nicht ein, wenn sie zahlenmäßig in der Minderheit sind.

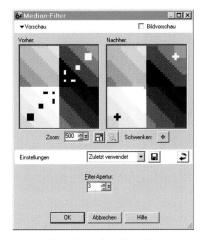

4 Der Median-Filter entfernt kleine Störungen komplett. Beachten Sie die starke Vergrößerung in den Vorschaufenstern.

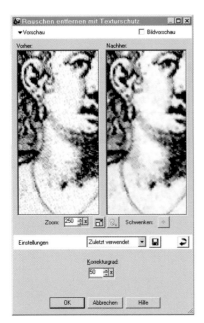

2 Der Texturschutz in diesem Filter schützt Bereiche eher schwachen Kontrasts.

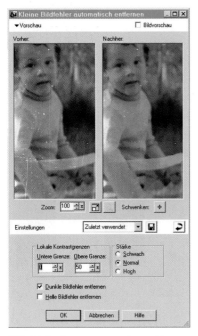

3 Die lokalen Kontrastgrenzen lassen sich zwischen 0 … 49 (**Untere Grenze**) bzw. 0 … 50 (**Obere Grenze**) wählen. Zur Entfernung der deutlichen Kratzer auf diesem gescannten Schwarz-Weiß-Negativ war die höchste Einstellung gerade ausreichend.

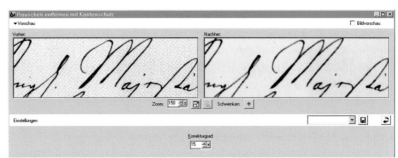

1 Wenn die schwachen Reste eines Druckrasters – hier an einer gescannten Reproduktion eines königlichen Schriftstücks – entfernt werden sollen, leistet **Rauschen entfernen mit Kantenschutz** sehr gute Arbeit. Die leichte Unschärfe kann durch eine nachfolgende Schärfung beseitigt werden.

Rauschen entfernen mit Kantenschutz Dieser Filter zeichnet Strukturen mittlerer Helligkeit und geringen Kontrastes weich und lässt sie damit verschwinden. Der Kantenschutz ist nicht nur sehr viel besser als beim Median-Filter – Kanten und sehr helle oder dunkle Pixel (auch einzelne) werden sogar verstärkt. Dadurch ist dieser Filter hervorragend geeignet für die Nachbehandlung von gescannten Bildern und Strichzeichnungen. Das Druckraster kann damit völlig entfernt werden (**1**). An normalen Fotos erzeugen dagegen auch schon niedrige Korrekturgrade (Maximum ist 30) deutliche Unschärfen.

Rauschen entfernen mit Texturschutz Dieser Filter hat eine fast entgegengesetzte Wirkung zum vorherigen. Schwache Strukturen bleiben erhalten, kleine Fehler, die aber einen hohen Kontrast zur Umgebung haben, werden entfernt. Der Korrekturgrad reicht hier sogar von 1 bis 100, doch erst bei Werten um 50 stellt sich eine deutliche Wirkung ein (**2**).

Staub und Kratzer entfernen

Bei Staub und Kratzern handelt es sich um mehr oder weniger vereinzelte Störungen, die noch dazu oft deutlich heller oder dunkler als das Bild sind. Letzteres lässt sich für eine automatische Entfernung nutzen. Zwei der folgenden drei Filter enthalten Regler, mit denen sich eine Kontrastgrenze einstellen lässt, oberhalb der Pixel als Störung erkannt werden.

Kleine Bildfehler automatisch entfernen Staub und Kratzer wirken sich entweder als dunkle oder als helle Störungen aus. Wählen Sie in diesem Filter zuerst, welche Sorte entfernt werden soll. Zwar sind auch beide gemeinsam wählbar, aber das ist in der Regel nicht sinnvoll, zumal dann auch die weiteren Einstellungen für beide Störungsarten gelten.

Einstellbar sind zwei **Lokale Kontrastgrenzen**. Erhöhen Sie zuerst die **Obere Grenze** gerade so weit, bis alle Bildfehler verschwunden sind. Erhöhen Sie nun die **Untere Grenze** so weit, dass die Störungen gerade noch nicht wieder auftreten (**3**). Unter **Stärke** sind die drei Stufen **Schwach**, **Normal** und **Hoch** wählbar. Liegen die Werte von **Obere Grenze** und **Untere Grenze** zu weit auseinander, können im Bild 6*6 Pixel große graue Artefakte entstehen.

Schwarze und weiße Bildfehler entfernen Statt einer Kontrastgrenze wählen Sie in diesem Filter die **Fehlerempfindlichkeit**. Je höher dieser Wert ist, desto besser werden Störungen entfernt, desto stärker ist aber auch die Weichzeichnung des gesamten Bildes. Diese Weichzeichnung (fast) homogener Bereiche entfernt zusätzlich Bildrauschen, lässt das Ergebnis aber auch etwas flächiger wirken als beim vorigen Filter (**4**). Artefakte produziert dieser Filter nicht.

Neben der Empfindlichkeit lässt sich die **Fehlergröße** einstellen. Dieser Wert liegt zwischen 3 und 25 und ist immer ungerade. Wählen Sie Alle kleineren Fehler ebenfalls korrigieren, damit nicht nur Fehler der gewählten Größe verschwinden. Die Option Hoch verstärkt die Wirkung.

Rauschunterdrückung Nur bei diesem Filter lässt sich keine Kontrastgrenze (und auch sonst nichts) einstellen. Der Name hat mit der Funktion überhaupt nichts zu tun: Als Rauschfilter ist dieser Filter denkbar schlecht geeignet, denn er entfernt lediglich einzelne Pixel und 1 Pixel breite Linien, die einen recht hohen Kontrast zu ihrer Umgebung haben. Die Kontrastgrenze liegt bei etwa 60 Tonwerten. Die Kratzer in dem hier verwendeten Bild ließen sich damit nur ganz minimal reduzieren. Dafür eignet sich dieser Filter gut für die Entfernung sogenannter **Hot Pixel** – einzelne, ständig dunkle oder helle Pixel, wie sie als Folge fehlerhafter Sensorzellen einer Digitalkamera entstehen können. Eigentlich sollten solche Hot Pixel schon bei der Produktion erkannt und in der Kamera-Firmware korrigiert werden. Wenn Sie trotzdem Hot Pixel feststellen, haben Sie in diesem Filter ein Mittel dagegen.

Manuelle Störungsentfernung

Manuelles Herangehen garantiert, dass wirklich nur die Störungen und keine wichtigen Bilddetails entfernt werden – und es geht oft schneller als gedacht. Paint Shop Pro besitzt speziell für linienförmige Störungen ein **Bildfehler-entfernungswerkzeug** ✎ (**5**), das diese zuverlässig entfernt, aber meist sichtbare Spuren hinterlässt: Umliegende Pixel werden zur Kratzermitte hin zusammen-gezogen. Wählen Sie deshalb die **Breite** möglichst klein (**6**).

Nicht ganz so fix, aber dafür weitgehend perfekt können Sie Fehler mit dem **Klonpinsel** ✎ reparieren. Nach Festlegung des **Klonursprungs** mit Rechtsklick oder ⇧✎ werden die dort befindlichen Pixel mit gedrückter Maustaste zum Ziel kopiert (**7**). So lassen sich auch größere Fehler mit geeigneten Strukturen aus anderen Bildbereichen ausbessern. Eine möglichst geringe **Größe** und nicht zu hohe **Härte** helfen, die Reparaturstellen unsichtbar zu machen.

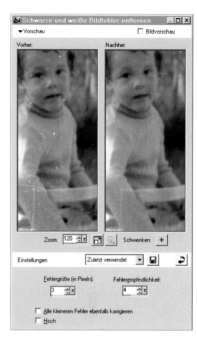

4 Fehlergrößen bis zu 25 Pixeln werden entfernt – leider nicht ohne Nebenwirkungen.

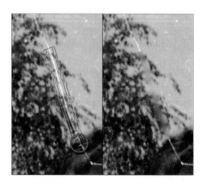

5 Das Bildfehlerentfernungswerkzeug in Aktion

7 Mit dem Klonpinsel und etwas Geduld lassen sich auch komplizierte Fehler reparieren.

6 Beim Bildfehlerentfernungswerkzeug können Sie nur die Breite (in Pixeln) festlegen. Der Klon-pinsel verfügt über zahlreiche Optionen. Mit Ausgerichtet folgt der Klonursprung der Pinselspitze stets im zuerst festgelegten Abstand, andernfalls nur so lange, wie die Maustaste gedrückt ist.

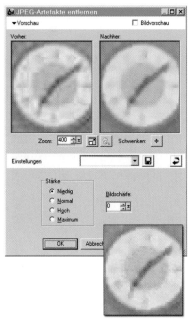

1 Das Testbild (links) habe ich per JPEG-Komprimierung auf fast 1/100 seiner Größe geschrumpft – die Artefakte sind überdeutlich. Sie werden aber relativ gut entfernt.

Das rechts unten eingeblendete Bild zeigt die Wirkung einer **Bildschärfe** von 100.

2 So entstehen Moirés: In der großen Abbildung überlagert sich das Raster des Siebes mit dem eigenen Schatten und bildet kreisförmige Moirés. Das Foto des Siebes habe ich verkleinert auf dem Monitor dargestellt, wobei sich das Muster noch einmal mit dessen Leuchtpunktmuster überlagert und die schlierenförmigen Moirés erzeugt (kleine Abbildung).

Übrigens ist das Bildschirmfoto in Photoshop entstanden. In Paint Shop Pro wäre es so nicht möglich gewesen – das Programm unterdrückt auch bei verkleinerter Monitordarstellung Moirés recht wirksam und zeigt solche Bilder fast immer originalgetreu an.

Spezielle Störungsfilter

Paint Shop Pro verfügt über drei Filter zur Entfernung spezieller Störungen, die sich ebenfalls im Untermenü Anpassen>Rauschen hinzufügen/entfernen befinden. Es handelt sich um Filter gegen JPEG-Artefakte und Moirés sowie zum Reparieren von Videoaufnahmen.

JPEG-Artefakte entfernen Die JPEG-Komprimierung arbeitet mit 8×8 Pixel großen Blöcken, die bei sehr hohen Komprimierungsstufen deutlich im Bild zu sehen sind. Aber auch wenn diese Artefakte mit bloßem Auge noch nicht sichtbar sind, besteht die Gefahr, dass nachfolgende Bildbearbeitungsschritte die dennoch vorhandenen Störungen verstärken. Deshalb sollten Sie vor dem Schärfen, aber auch vor der Anwendung des Filters **Bildrauschen digitaler Kameras entfernen** diesen Filter anwenden. Er reduziert schon bei niedrigen Stärken die Blockbildung deutlich, ohne Bilddetails zu sehr anzugreifen (**1**).

Der Regler **Bildschärfe** schärft das Bild nicht, sondern fügt lediglich *Rauschen* hinzu, was aber durchaus geeignet ist, den visuellen Schärfeeindruck etwas zu erhöhen. Bei hohen JPEG-Komprimierungsstufen werden die hohen »Frequenzen« im Bild beschnitten, zu denen auch das Rauschen zählt. Wenn Sie relativ gering komprimierte Digitalfotos bearbeiten, sollten Sie hier null wählen.

Moiré-Muster entfernen Moirés entstehen durch Überlagerung von Mustern in leicht abweichenden Größen oder Winkeln. Es handelt sich oft gar nicht um Fehler, sondern um optische Effekte, die uns aus dem täglichen Leben vertraut sind (gegen solche kräftigen Moirés wie in Abbildung **2** ist auch kein Kraut gewachsen). Störend werden Moirés, wenn sie an gescannten oder mit der Digitalkamera aufgenommen Fotos erscheinen. In solchen Fällen überlagert sich das Raster des Motivs mit dem internen Raster der Sensorzellen.

Moirés sollten nach Möglichkeit *immer* bei der Entstehung bekämpft werden – die nachträgliche Entfernung ist nur schwer möglich und stets mit Qualitätsverlust verbunden. Allerdings haben Sie bei einer Digitalkamera wenig Einfluss auf die Moiré-Entstehung. Kritische Motive sollten Sie stets mit der höchsten zur Verfügung stehenden Auflösung und möglichst ohne JPEG-Komprimierung aufnehmen. Auch beim Scannen sollte die Auflösung möglichst so hoch sein, dass das Druckraster vollständig aufgelöst wird. Dieses lässt sich hinterher viel besser entfernen als ein Moirè, wenn es erst einmal entstanden ist.

Der Filter **Moiré-Muster entfernen** bringt in dieser Hinsicht übrigens keine befriedigenden Ergebnisse (**3**). Er arbeitet mit einer sehr starken Weichzeichnung, begleitet von einer Schärfung. Im Feld **Details** wird die Stärke dieses Effekts festgelegt. **Bänder entfernen** dient dem Entfernen von Farbbändern oder -flecken, wie sie oft im Zusammenhang mit Moirés auftreten. Höhere Werte (Maximum ist 15) können hier zum ungewollten Entfärben von Bildbereichen führen, zudem werden damit teilweise sogar Farbflecke im Bild neu erzeugt.

Bei dem in Abbildung **3** gezeigten Beispiel erzielte ich mit dem Filter **Rauschen entfernen mit Kantenschutz** deutlich bessere Ergebnisse als mit dem speziellen Moiré-Filter von Paint Shop Pro.

3 Schon mit kleinen Werten von **Details** wirkt der Moiré-Filter stark weichzeichnend. Der Filter **Rauschen entfernen mit Kantenschutz** bringt hier mit Korrekturgrad 24 deutlich besssere Ergebnisse (Abbildung rechts).

Deinterlace Fernsehbilder werden in zwei »Halbbildern« übertragen und so auch angezeigt: Das erste Halbbild enthält die ungeraden, das zweite die geraden Zeilen des Bildes. Das spart etwas an der (zu analogen Zeiten sehr kostbaren) Videobandbreite, wobei die Verzahnung (Interlace) und der schnelle Wechsel bewirken, dass wir die Halbbilder nicht bemerken.

Ein »Bildschirmfoto« eines solchen Fernsehbildes enthält deshalb nur die Hälfte der Bildzeilen – jede zweite Zeile ist schwarz. Zumindest war das früher so. Heutige *Grabber*, mit denen Sie Video-Fotos direkt am PC anfertigen können, arbeiten besser. Falls Ihnen aber einmal ein solches Bild in die Hände fällt, können Sie mit **Deinterlace** die schwarzen Zeilen entfernen. Sie werden mit den Mischtonwerten aus den beiden angrenzenden Zeilen gefüllt (**4**).

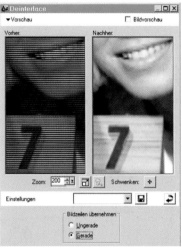

4 Wählen Sie im Gruppenfeld **Bildzeilen übernehmen** eine Option aus, um festzulegen, ob die geraden oder ungeraden Bildzeilen erhalten bleiben sollen.

Rauschen hinzufügen

Die Tatsache, dass **Rauschen** den subjektiven Bildeindruck verbessern kann, haben Sie bereits beim Filter **JPEG-Artefakte entfernen** kennen gelernt. Mit **Rauschen hinzufügen** können Sie solche Effekte individuell dosiert und in drei Varianten zufügen (**8**). Ungleichmäßig fügt Störpixel im gesamten Tonwertbereich hinzu, der Wert im Feld **Bildrauschen** legt die *Anzahl* fest (**5**). Gleichmäßig verändert *alle* Pixel, mit **Bildrauschen** wird nun die maximale Tonwertabweichung festgelegt (**6**). Gaußscher Wert ergibt die natürlichste, da weich auslaufende Verteilung der Tonwerte (**7**). Mit Monochrom werden nur farblose Pixel eingestreut bzw. die Farben nicht verändert. Die Abbildungen unten demonstrieren den Effekt an den auf Seite ≫228 erläuterten Kontrastkurven.

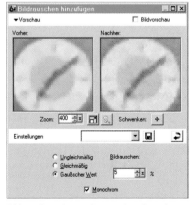

8 Normalerweise genügen geringe Rauschstärken für deutliche Effekte.

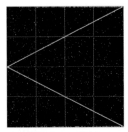

5 Ungleichmäßig: mit 25 % Bildrauschen

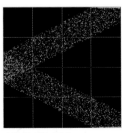

6 Gleichmäßig: 25 % entsprechen 32 Tonwerten Variation.

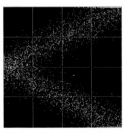

7 Die gleiche Einstellung mit **Gaußscher Wert**

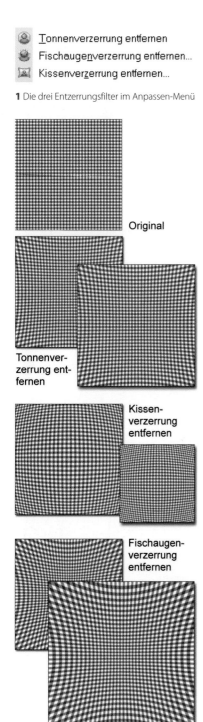

1 Die drei Entzerrungsfilter im Anpassen-Menü

Original

Tonnenver-
zerrung ent-
fernen

Kissen-
verzerrung
entfernen

Fischaugen-
verzerrung
entfernen

3 Die Arbeitsweisen der drei Entzerrungsfilter
ohne (links) und mit der Option **Maßstab der
Bildmitte beibehalten** (rechts). (Stärke 100 %.)

2 Dialog des Filters **Tonnenverzerrung entfernen**

Verzerrungen korrigieren

Paint Shop Pro XI besitzt drei Werkzeuge zur Korrektur von Bildverzerrungen, die von Objektiven verursacht werden (auch **Verzeichnungen** genannt). Sie wirken gegen **Kissenverzerrung**, **Tonnenverzerrung** und **Fischaugenverzerrung** (**1**). Die Aufteilung in drei Filter halte ich für unnötig – in dem schon älteren Filter **Linsenverzerrung** sind sogar noch mehr Effekte vereint. Letzterer eignet sich ebenfalls zur Korrektur von Objektivverzeichnungen, doch die neuen Filter arbeiten etwas besser.

Die drei Entzerrungsfilter

Alle drei Filter sind sehr ähnlich aufgebaut (**2**). Stellen Sie die **Stärke** der Entzerrung so ein, dass gerade Linien des Motivs auch im Bild gerade erscheinen. Visuelle Hilfsmittel bietet der Dialog dazu leider nicht. Behelfsweise können Sie das Vorschaubild vergrößern und so verschieben, dass eine solche Linie relativ nah zur Fensterbegrenzung verläuft. Eventuell muss das ganze Bild vorher erst gerade ausgerichtet werden (≫175). Änderungen des Bildausschnitts dürfen vorher jedoch nicht stattfinden, denn der Entzerrungsmittelpunkt lässt sich – anders als beim Filter **Linsenverzerrung** – hier nicht verschieben.

Normalerweise erhalten die Filter den Bildausschnitt so gut wie möglich und verzerren das ganze Bild einschließlich der Bildmitte. Mit der Option **Maßstab der Bildmitte beibehalten** können Sie das umgekehrte Verhalten erzwingen. Dann werden Bildbreite und -höhe an das Ergebnis angepasst (**3**). Tonnen- und Fischaugenentzerrung macht ein Bild größer, Kissenentzerrung kleiner. Der Grad der Größenänderung (in Prozent) wird unter **Ergebnisgröße** angezeigt. Beachten Sie, dass solche Größenänderungen nur stattfinden, wenn Sie die Filter auf die *Hintergrundebene* anwenden. Bei Anwendung auf eine normale Ebene wird nur die Ebenengröße verändert. Sie können die Bildgröße durch Änderung der *Leinwandgröße* (≫178) nachträglich an die Ebenengröße anpassen.

Eigentlich hatte ich erwartet, dass die Option **Maßstab der Bildmitte beibehalten** auch die *Schärfe* in der Bildmitte erhält, musste aber feststellen, dass damit teilweise sogar stärkere Unschärfen als ohne diese Option entstehen. An den Bildrändern, wo die Pixel am stärksten verändert werden, sind Unschärfen unvermeidlich. Abbildung **3** zeigt alle Varianten dieser drei Filter.

Um Objektivverzerrungen zeitsparend zu korrigieren, fotografieren Sie am besten ein Testbild (dazu eignet sich auch gut das Kameratestbild von Seite ≫122), korrigieren es mit dem geeigneten Filter und speichern die Einstellungen unter dem Namen des Objektivs. Bei Zoomobjektiven kommen Sie wahrscheinlich nicht umhin, mehrere Voreinstellungen zu speichern, da die Objektivverzerrung von der Brennweite abhängt. Die eingestellte Brennweite, manchmal auch weitere Daten zum Objektiv, finden Sie in den EXIF-Daten des Bildes (**4**). Die eingestellte Entfernung (auch diese beeinflusst die Objektivverzerrung) finden Sie hier aber wahrscheinlich nicht. Zwar gibt es auch dafür einen EXIF-Tag, doch er wird von den wenigsten Kameras genutzt.

Der Filter Linsenverzerrung

Dieser Filter (Effekte>Verzerrungseffekte>Linsenverzerrung) ist eher für Verzerrungen gedacht, lässt sich aber auch für Entzerrungen nutzen. Beachten Sie die scheinbar umgekehrten Bezeichnungen: Eine vom Objektiv verursachte *Tonnenverzerrung* wird mit dem Entzerrungsfilter **Tonnenverzerrung entfernen** korrigiert, der dazu eine *Kissenverzerrung* anwendet. Im Filter **Linsenverzerrung** wählen Sie für den gleichen Zweck unter **Verzerrungstyp** die Einstellung Kissen (**5**).

Der Filter enthält einige Optionen mehr als die drei oben genannten Filter. Die beiden Felder unter **Ursprung** gestatten die Verschiebung des Verzerrungsmittelpunkts zwischen -500 … +500 %, (100 % entsprechen der halben Bildabmessung). Unter **Einstellungen** finden sich vier **Verzerrungstypen**: Kissen, Tonne, Fischauge (sphärisch) und Fischauge (Vollformat). Bei den ersten beiden ist die **Stärke** wählbar, bei den beiden Fischaugenverzerrungen stattdessen das **Ansichtsfeld**.

Während die Entzerrungsfilter das Ergebnisbild so beschneiden, dass es keine ungefüllten Ecken oder Seitenbereiche gibt, nimmt der Filter **Linsenverzerrung** keinerlei Beschneidung vor. Wie Bildbereiche gefüllt werden, in denen durch die Verzerrung keine Originalpixel mehr auftauchen, legen Sie unter **Kantenmodus** fest. Möglich sind Andere Seite übernehmen, Wiederholen, eine

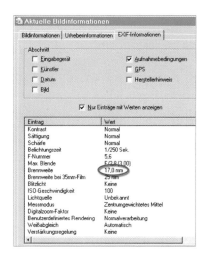

4 Die beim Foto aktuell eingestellte Brennweite eines Zoom-Objektivs wird in den EXIF-Daten gespeichert.

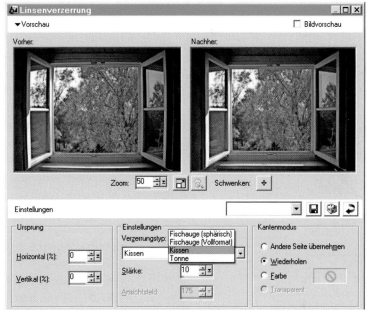

5 Dialog des Filters Linsenverzerrung. Die **Stärke** lässt sich zwischen 0 und 100 % wählen, das **Ansichtsfeld** zwischen 0 …179 (entspricht dem Öffnungswinkel eines fiktiven Fischaugenobjektivs in Grad).

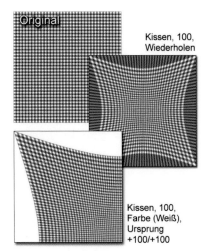

Kissen, 100, Wiederholen

Kissen, 100, Farbe (Weiß), Ursprung +100/+100

1 Die Kantenmodi Wiederholen und Farbe

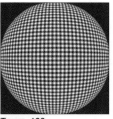

Tonne, 100, Wiederholen

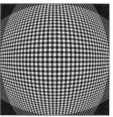

Fischauge (sphärisch), 175, Wiederholen

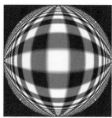

Fischauge (Vollformat), 175, Wiederholen

2 Drei extreme Verzerrungen mit dem Filter **Linsenverzerrung**

wählbare Farbe (**1**) und – nur, wenn der Effekt auf eine Ebene angewendet wird – Transparent.

Diese Optionen sind, ebenso wie die Verschiebung des Ursprungs, gut für Effekte geeignet. Insgesamt wirken die Linsenverzerrungen etwa dreimal so stark wie die Entzerrungsfilter. Eine Kissenverzerrung mit Stärke 33 entspricht etwa der Stärke 100 des Filters **Tonnenverzerrung entfernen**. Linsenverzerrungen mit den Verzerrungstypen Tonne und Fischauge (Vollformat) erlauben extreme Verzerrungen bis zur Kugelform (**2**).

Gitter- und Pinselverzerrung

Die manuelle Verzerrung mit den Werkzeugen **Gitterverzerrung** und **Pinselverzerrung** bietet noch mehr Freiheiten, ist aber ausschließlich für Effekte geeignet (**3**). Nach der Auswahl von **Gitterverzerrung** aus der Werkzeugleiste legt sich ein Verzerrungsgitter über das Bild. Die Anzahl der Gitterlinien kann zwischen 1 und 31 betragen (**5**), wobei die Linien an den Bildrändern nicht mitzählen. Diese lassen sich auch nicht verschieben, weshalb Tonnen- und Kissenverzerrungen gar nicht möglich sind. **Pinselverzerrung** ist für Freihand-Verzerrungen ohne Gitter gedacht. Es gibt die Verzerrungsmodi Verschieben, Ausdehnen, Zusammenziehen, Wirbel (rechts und links) und Rauschen (zufällige Verzerrungen). Zudem können die üblichen Pinsel-Parameter festgelegt werden.

Alle Einstellungen lassen sich als **Voreinstellung** speichern, beim Werkzeug **Gitterverzerrung** sogar das Gitter mit allen Verschiebungen, das damit auf andere Bilder angewendet werden kann. Zudem gestatten beide Werkzeuge unter **Verzerrungsgitter** die Speicherung der Verzerrung selbst (als sogenannte *DeformationMap* im Ordner Meine PSP-Dateien\Verformungsgitter). Gespeicherte Verzerrungsgitter können wechselseitig verwendet werden (**4**). Unter **Kantenmodus** legen Sie fest, wie Randbereiche, die dabei frei gelassen wurden, gefüllt werden. Hier gibt es analog zum Filter Linsenverzerrung (teilweise anders bezeichnet) die Optionen Hintergrund (Hintergrundfarbe), Fest (Wiederholung der Randpixel) und Andere Seite übernehmen.

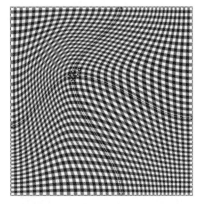

3 Das Werkzeug **Gitterverzerrung** mit je einer horizontalen und vertikalen Gitterlinie. Mit ⬧⇧↕ verschieben Sie komplette Gitterlinien geradlinig, mit Strg⇧↕ kurvenförmig.

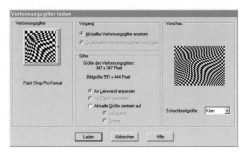

4 Lade-Dialog eines Verzerrungsgitters. Leider zeigt PSP XI hier den Namen nicht mehr an, unter dem das Gitter gespeichert wurde.

5 Die Optionen des Gitterverzerrungswerkzeugs

Farbstörungen entfernen

Da unterschiedliche Lichtwellenlängen von Glas unterschiedlich stark gebrochen werden (**chromatische Aberration**), verursacht jede fotografische Linse Farbsäume an kontrastreichen Kanten. Gute Objektive sind gegen solche Farbfehler durch aufwändige Kombinationen von Sammel- und Zerstreuungslinsen geschützt, bei preiswerten Objektiven und billigen Kompaktkameras können sie jedoch sehr störend sein. Dunkle Strukturen vor einem hellen, evtl. noch überbelichteten Hintergrund (Himmel) erhalten einen violetten Rand, der immer auf der inneren (der Bildmitte zugewandten) Seite der Strukturen liegt.

In Digitalkameras entstehen zudem Farbfehler durch die Farbinterpolation sowie durch interne Verarbeitungen. Paint Shop Pro bietet gegen solche Störungen zwei Filter: **Farbabweichungskorrektur** und **Violettrandkorrektur**, beide im Anpassen-Menü.

Farbabweichungskorrektur

Farbfehler werden mit **Samples** (Farbproben) erfasst, die Sie (ähnlich wie beim Entrauschen-Filter) mit der Maus im linken Vorschaufenster aufziehen. Es sind bis zu zehn Samples möglich. Der Filter analysiert den erfassten Farbbereich und zeigt ihn im Feld **Bereich** an (**6**), anschließend werden diese Farben in einem bestimmten **Radius** um kontrastreiche Kanten herum entsättigt, d. h. grau (**7**). Sie können den Radius zwischen 1 ... 100 Pixel selbst wählen und auch den Farbbereich nachträglich ändern (1 ... 100 entspricht annähernd dem Tonwertunterschied) und damit die Stärke der Korrektur bestimmen. Beide Einstellungen sollten so niedrig wie möglich sein. Überprüfen Sie vor der Anwendung mit Unterschiede anzeigen, welche Bildbereiche erfasst und verändert werden.

Violettrandkorrektur in einem Schritt

Dieser Filter hat keine Optionen, es ist die Automatik-Version des vorigen Filters mit voreingestelltem Farbbereich und Radius. Er wirkt auf violette Ränder bis etwa 20 Pixel Breite, die direkt an einen hellen Hintergrund grenzen, und entfärbt diese. An dem Foto mit starken Violetträndern brachte der Filter ein fast ebenso gutes Ergebnis wie der vorige mit manuellen Einstellungen, an anderen Fotos stellte ich aber auch deutliche Artefakte in Bildbereichen fest, wo es gar nichts zu korrigieren gab. Auch auf rein blaue Kanten wirkt dieser Filter (**7**).

Die oft gleichzeitig auf der Außenseite von Strukturen auftretenden grünen Ränder entfernt der Filter übrigens nicht. Grün ist zu Violett die Komplementärfarbe. Mit einem einfachen Trick können Sie auch diese Ränder entfernen lassen: Wandeln Sie die Bildfarben mit dem Filter Anpassen>Farbton und Sättigung>Farbton/Sättigung/Helligkeit ([⇧][H]) in die Komplementärfarben um (**8**). Dann wird Grün zu Violett und kann mit **Violettrandkorrektur in einem Schritt** entfernt werden. Anschließend müssen die Bildfarben natürlich wieder zurückgewandelt werden (gleicher Filter, gleiche Einstellung). Um Qualitätsverluste zu vermeiden, sollten Sie vorher die Farbtiefe des Bildes auf 16 Bit/Kanal erhöhen.

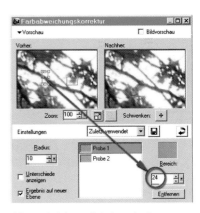

6 Die stark violetten Farbsäume in diesem Foto werden per Sample erfasst und korrigiert. Passen Sie den **Radius** an die Breite der Säume und den **Bereich** an deren Farbumfang an.

7 Die **Farbabweichungskorrektur** mit Radius =10 und Bereich = 10 (obere Balken) und die Wirkung der **Violettrandkorrektur** auf die gleichen vier Farbstreifen. Diese sind 5, 10, 15 und 20 Pixel breit (von oben nach unten).

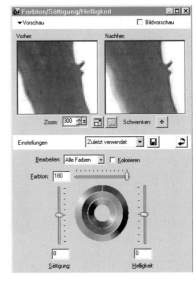

8 Eine Farbverschiebung um 180° ergibt die Komplementärfarben.

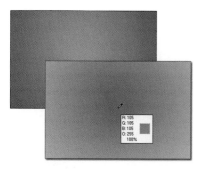

1 Die Vignettierung im Foto und nach der Invertierung (Vordergrundbild)

Vignettierung entfernen

Die meisten Objektive weisen einen Helligkeitsabfall zu den Bildrändern hin auf. Diese Vignettierung kann manchmal die Bildwirkung verstärken, ist oft aber unerwünscht. Wie stark ein Objektiv vignettiert, bestimmen Sie mit einer Probeaufnahme: Legen Sie ein weißes Blatt Papier (Plastikfolie oder Milchglas ist noch besser) auf das Objektiv, sorgen Sie für eine gleichmäßige Beleuchtung, stellen Sie die Entfernung manuell auf unendlich und drücken Sie auf den Auslöser. Die Vignettierung hängt übrigens auch von der Blende und der Brennweite ab. Sie ist bei Weitwinkelobjektiven am größten. Da Sie die Korrektur aber später noch manuell anpassen, sollte eine Aufnahme bei größter Blende und kleinster Brennweite genügen.

Das Foto wird nun in Graustufen umgewandelt (Bild>Graustufen) und invertiert (Bild>Negativbild). Ermitteln Sie, wie stark die Helligkeit in der Mitte des Bildes von 128 abweicht (**1**) und verändern Sie per Anpassen>Helligkeit und Kontrast>Helligkeit/Kontrast ⬆B die Helligkeit um exakt diesen Betrag (**2**). Damit wird erreicht, dass die Mitte etwa die Helligkeit von 128 hat und später »neutral« ist, d. h. die Bildhelligkeit nicht beeinflusst.

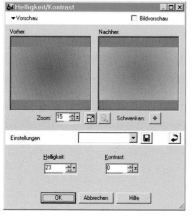

2 Die Differenz von 128 und dem gemessenen Tonwert wird unter **Helligkeit** eingetragen.

Die damit fertige Vignettierungsmaske wird als Ebene unter das zu korrigierende Bild gelegt und für dieses der Mischmodus Hartes Licht gewählt. Damit sollten die Bildränder bereits aufgehellt werden (**4**). Um den Effekt zu beeinflussen, legen Sie zwischen den beiden Ebenen eine Anpassungsebene **Helligkeit/Kontrast** an und erhöhen oder vermindern den Kontrast (**3**). Dies wirkt sich als stärkere oder schwächere Aufhellung der Randbereiche aus. Sie können zusätzlich mit dem Helligkeitsregler die Helligkeit der Bildmitte verändern und so z. B. erreichen, dass nicht die Randbereiche aufgehellt, sondern die Bildmitte abgedunkelt wird. Alles, was in der Vignettierungsmaske heller als 50 % Grau (Tonwert 128) ist, hellt das Ergebnisbild auf, alles, was dunkler ist, dunkelt ab.

Vignettierungsmaske und Bild müssen natürlich die gleichen (Pixel-)Abmessungen haben. Nehmen Sie deshalb die Vignettierungsmaske mit der höchsten Auflösung der Digitalkamera auf und verkleinern Sie sie bei Bedarf.

3 Der fertige Ebenenaufbau mit Vignettierungsmaske, Anpassungsebene und dem zu korrigierenden Bild (von unten nach oben)

4 Original (oben) und das korrigierte Bild (rechts)

Fotografische Mängel korrigieren

Alle bisher behandelten Fehler hatten ihre Ursachen in Mängeln und Schwächen von Optik und Elektronik. Bei den folgenden Fehlern geht es sozusagen um menschliches Versagen – beispielsweise um die nicht horizontale Ausrichtung der Kamera und den nicht optimalen Bildausschnitt. Ich zähle hierzu auch ungewollt stürzende Linien, die per Perspektivenkorrektur beseitigt werden. Die dazu benötigten Werkzeuge finden Sie fast alle in der Werkzeugpalette (**5**).

Alle diese Korrekturen dürfen übrigens erst im Anschluss an die Korrektur von Kamerafehlern vorgenommen werden, denn diese erfordern den vollen unverzerrten Bildausschnitt. Ausgenommen davon ist nur die Drehung des Bildes in die richtige Lage (Hoch- oder Querformat) – doch dies werden Sie wahrscheinlich bereits bei der Übertragung der Bilder von der Kamera in den Computer vorgenommen haben.

5 Um diese vier Werkzeuge geht es unter anderem auf den folgenden Seiten.

Ausrichtung

Es ist manchmal gar nicht so einfach, die Kamera exakt gerade zu halten. Damit der Horizont wirklich seinen Namen verdient und Türme nicht dem von Pisa Konkurrenz machen, ist oft eine nachträgliche Bilddrehung erforderlich. Paint Shop Pro unterstützt dies mit dem **Ausrichtungswerkzeug**, Sie können aber auch das auf der nächsten Seite vorgestellte **Objektauswahlwerkzeug** oder den Befehl **Frei drehen** (**6**) dazu benutzen.

6 Der Dialog **Frei drehen** (Bild>Frei drehen [Strg][R]) erlaubt exakte Drehungen in Schritten von Hundertstel Grad, bietet jedoch keine Vorschau.

Ausrichtungswerkzeug

In der Werkzeugleiste finden Sie dieses Werkzeug unter dem Namen **An Achse ausrichten** (**5**). Nach der Auswahl erscheint im Bild eine horizontale Ausrichtungslinie mit zwei Ziehpunkten. Richten Sie die Linie an einer Bildstruktur aus, die exakt horizontal oder vertikal verlaufen soll (**7**). Nach Klick auf **Übernehmen** ⊘ (oder Doppelklick ins Bild) wird das Bild entsprechend gedreht. In der Palette **Werkzeugoptionen** stehen weitere Optionen zur Verfügung (**8**).

Modus Es gibt drei Ausrichtungsmodi: Vertikal dreht das Bild stets so, dass die Ausrichtungslinie vertikal steht, Horizontal dreht das Bild, bis die Ausrichtungslinie horizontal liegt. Automatisch bestimmt die Ausrichtung selbst in Abhängigkeit davon, ob die Ausrichtungslinie eher vertikal oder horizontal liegt.

7 Über die Ziehpunkte kann die Ausrichtungslinie gedreht und an jede Position verschoben werden. Per Mausklick auf die Linie selbst ist auch eine Parallelverschiebung möglich.

Bild beschneiden Beschneidet das Ergebnis so, dass keine Lücken bleiben. Ist diese Option nicht gewählt, werden Lücken mit der Hintergrundfarbe gefüllt. Diese Option hat keine Wirkung, wenn das Werkzeug auf eine normale Ebene angewendet wird.

Alle Ebenen drehen Richtet alle Ebenen aus.

Winkel Hier erfolgen Anzeige und exakte Änderungen des Winkels der Ausrichtungslinie.

8 Die **Werkzeugoptionen** mit den drei Ausrichtungsmodi

1 Originalbild mit Ausdehnungsbereich (oben) und das Ergebnis der Entzerrung (unten)

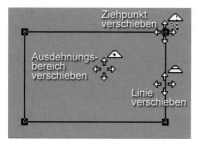

2 Der Mauszeiger zeigt, welche Funktion gerade ausgeführt werden kann.

Perspektive und Transformationen

Während die perspektivische Verkürzung in der Horizontalen unseren Sehgewohnheiten entspricht und wichtig für den Eindruck »räumlicher« Tiefe in einem Foto ist, wirkt die (genau den gleichen optischen Gesetzen folgende) Verkürzung in der Vertikalen ungewohnt und manchmal störend – zumindest, wenn wir sie auf einem Bild sehen und sie nicht allzu groß ist. Viele Jahrzehnte lang waren solche »stürzenden Linien« vor allem bei Architekturfotos verpönt. Heute sind sie ein beliebtes Gestaltungsmittel, sollten dazu aber »gewollt« und nicht nach einem zufälligen Fehler aussehen.

Perspektivenkorrektur-Werkzeug

Mit dem Perspektivenkorrektur-Werkzeug können Sie Perspektiven sowohl beseitigen als auch verstärken oder neu erzeugen. Nach der Auswahl aus der Werkzeugleiste erscheint im Bild ein sogenannter **Ausdehnungsbereich** mit vier Ziehpunkten (**1**). Richten Sie die Seiten dieses Vierecks parallel zu Bildstrukturen aus, die später exakt vertikal verlaufen sollen. Dies muss nicht direkt an den Bildrändern sein, denn das Bild wird nicht beschnitten, sondern nur verzerrt. Durch entsprechende Ausrichtung der unteren und oberen Linie können Sie gleichzeitig mit der Perspektivenkorrektur das Bild horizontal ausrichten (**2**).

In der Palette **Werkzeugoptionen** werden die x- und y-Positionen aller vier Ziehpunkte in Pixeln angezeigt (**3**). Zudem können Sie hier bis zu 30 Rasterlinien in den Ausdehnungsbereich einblenden lassen. Mit Bild beschneiden wird das Ergebnis gleich auf das größtmögliche Rechteck zugeschnitten.

Wie an Abbildung **1** gut zu sehen ist, *staucht* das Perspektivenkorrektur-Werkzeug stets das Originalbild. Bei der Korrektur stürzender Linien wird die Bildbreite verringert, die Bildhöhe bleibt erhalten. Das verändert zwangsläufig die Proportionen des Bildes bzw. darauf abgebildeter Objekte (**5**). Um das zu korrigieren, muss das Bild anschließend wieder etwas in die Breite gezogen werden. Dazu können Sie das folgende Objektauswahlwerkzeug verwenden – damit aber auch gleich die gesamte Perspektivenkorrektur in einem Schritt erledigen.

3 Die **Werkzeugoptionen** zeigen die Positionen aller vier Ziehpunkte sogar auf Hundertstel Pixel genau. Die Felder des gerade gewählten Ziehpunkts sind unterstrichen.

4 Ausschnitt aus den **Werkzeugoptionen** des Objektauswahlwerkzeugs

Objektauswahlwerkzeug

Dieses Werkzeug kam in Paint Shop Pro X hinzu, es stellt eine Kombination aus dem *Rasterverformungswerkzeug* und dem *Objektauswahlwerkzeug* der Vorgängerversion dar. Es handelt sich um ein sehr praktisches Universalwerkzeug zum Transformieren von Ebenen und Objekten, worauf die Bezeichnung leider nicht schließen lässt. Sie können damit sowohl maßstäbliche als auch freie Transformationen und Drehungen ausführen. Über die Art der Transformation entscheidet der in den Werkzeugoptionen gewählte **Modus** (**4**). Alternativ kann zwischen den Modi auch mittels Strg- und ⇧-Taste gewechselt werden.

5 Bei der Korrektur stürzender Linien wird das Bild seitlich gestaucht (mittleres Bild). Um das zu verhindern, müssen Sie die Stauchung anschließend korrigieren oder – besser – bei der Perspektivenkorrektur mit dem Auswahlwerkzeug das Bild gleich um die Mitte »kippen« (rechts).

Maßstab In diesem Modus ändern Sie die Größe proportional, wenn Sie einen der vier Eck-Ziehpunkte mit gedrückter linker Maustaste verschieben (⤾⇧). Mit gedrückter *rechter* Maustaste können Sie beliebige nichtproportionale Größenänderungen vornehmen (in der Online-Hilfe steht es übrigens umgekehrt), ebenso über die Verschiebung der Seiten-Ziehpunkte (**6**). Auf diese Weise lässt sich beispielsweise ein durch das Perspektivenkorrektur-Werkzeug zu schmal gewordenes Bild wieder etwas in die Breite ziehen.

Scheren (⇧⤾⇧) verschiebt die Seiten des Bildes gegeneinander.

Perspektive (Strg⤾⇧) arbeitet nur auf den ersten Blick ähnlich wie das Perspektivenwerkzeug. Statt einen Ausdehnungsbereich an Bildstrukturen anzulegen, müssen Sie die äußere Begrenzung des Bildes verzerren und die Stärke selbst kontrollieren. Dabei kann ein Raster helfen, das aber nicht über die Werkzeugoptionen einblendbar ist, sondern umständlicher über Ansicht>Raster Strg Alt G.

Frei (Strg⇧⤾⇧) gestattet die freie Verschiebung aller vier Eckpunkte, was vielfältige dreidimensionale Effekte erlaubt.

Drehen können Sie das Bild in jedem Modus über den seitlich am Drehpunkt angebrachten »Griff«. Der Drehpunkt lässt sich bei gedrückter Strg-Taste verschieben.

Ein Mangel dieses Werkzeugs ist, dass die Anzeige in den Werkzeugoptionen (**7**) nicht mitläuft, so dass man bei gezielten Positionierungen oder Größenänderungen per Maus nach der Versuch-und-Irrtum-Methode arbeiten muss. Nur bei Drehungen wird der aktuelle Drehwinkel in der *Statusleiste* angezeigt.

Leinwandgröße anpassen

Wenn durch die Korrektur Bildbereiche jenseits der Bildbegrenzung verschwinden, sind diese (ausgenommen bei Änderungen an der Hintergrundebene) nicht verloren. Sie können sie beispielsweise mit dem **Verschiebewerkzeug** ✛ zurückholen oder die **Leinwandgröße** (siehe folgende Seite) so verändern, dass wieder alle Pixel hineinpassen.

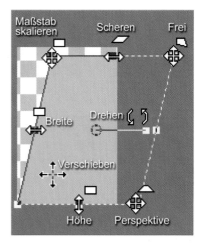

6 Die unterschiedlichen Mauszeiger des Objektauswahlwerkzeugs und ihre Bedeutung

Transformieren-Optionen

Drehpunkt Die x- und y-Koordinaten des Drehpunkts in Pixeln

Position Die x- und y-Koordinaten des linken oberen Ziehpunktes in Pixeln

Skalieren Größenänderung in Prozent in x- und x-Richtung

Perspektive Maß für das Verhältnis gegenüberliegender Seiten (z. B. Oben:Unten = 1:2 entspricht 50, 2:1 entspricht -100)

Scheren Die Verschiebung einer Seite in Pixeln (positiv: nach rechts)

Winkel Grad der Drehung um den Drehpunkt (im Uhrzeigersinn)

7 Die Optionen-Palette des Auswahlwerkzeugs enthält Felder für alle veränderbaren Parameter.

1 Beschnittrechteck mit Ziehpunkten, der freien **Beschnittsymbolleiste** und einigen gebräuchlichen Bildformaten. Die gleichen Bildformate finden Sie in den Voreinstellungen der Werkzeugoptionen-Palette.

Bildformat und Auflösung

Beachten Sie, dass alle in Zentimeter oder Zoll angegebenen Formate (auch die von Ihnen selbst definierten) sich auf die aktuelle Auflösung des Bildes beziehen. Diese wird in der Werkzeugoptionen-Palette lediglich angezeigt (**2**). Ändern können Sie die Auflösung nur im Dialog **Bild>Größe ändern**.

Bildausschnitt ändern

Im Anschluss an eine der vorgenannten Drehungen und Transformationen muss das Bild eventuell wieder zu einem Rechteck beschnitten werden. Aber auch sonst ist es oft sinnvoll, überflüssige, wenig aussagekräftige oder vom Hauptmotiv ablenkende Teile eines Bildes zu entfernen. Paint Shop Pro besitzt ein spezielles **Beschnittwerkzeug**, zudem können Sie Bilder über die Änderung der **Leinwandgröße** beschneiden, aber auch vergrößern.

Beschnittwerkzeug 🔲 Ⓡ

Nach der Auswahl dieses Werkzeugs öffnet sich ein **Beschnittrechteck** mit acht Ziehpunkten ähnlich wie beim Objektauswahlwerkzeug. Seit PSP XI wird zusätzlich eine **Beschnittsymbolleiste** mit drei Buttons und Formatvoreinstellungen eingeblendet (**1**). Das Rechteck lässt sich in jede rechteckige Form ziehen, jedoch nicht drehen und auch nicht anders transformieren. Halten Sie beim Ziehen die ⇧-Taste gedrückt, erfolgt die Größenänderung proportional. Das Gleiche bewirkt die Option Seitenverhältnis beibehalten in der Palette **Werkzeugoptionen** (**2**).

In dieser Palette können Sie auch direkt die gewünschte Größe (in Pixeln, Zentimetern oder Zoll) und Lage (nur in Pixeln) eingeben. Ganz automatisch funktioniert das Abschneiden transparenter Bildbereiche: Klicken Sie unter **Beschnittrechteck ausrichten an** auf das zweite oder dritte Symbol, um die deckenden Bereiche der aktuellen Ebene oder aller Ebenen auszuschneiden. Das erste Symbol in dieser Gruppe richtet das Beschnittrechteck an einer bestehenden Auswahl aus. Zum endgültigen Beschneiden ist stets noch ein Klick auf das ✅-Symbol oder ein Doppelklick ins Bild nötig.

Die Option Druckgröße festlegen stellt lediglich eine Vereinfachung dar: Damit wird Seitenverhältnis beibehalten eingeschaltet und von der Maßeinheit Pixel zu Zoll gewechselt. Falls Sie lieber in Zentimetern rechnen, müssen Sie dies selbst wählen. In den Voreinstellungen findet sich eine ganze Reihe gebräuchlicher Fotoformate in Zentimetern.

2 Die Maßeinheit für Breite und Höhe des Beschnittrechtecks lässt sich unter **Einheiten** wählen. Die Koordinaten des linken oberen und des rechten unteren Eckpunkts (in den vier Feldern ganz rechts) werden dagegen stets in Pixeln angezeigt. **Links** und **Rechts** entsprechen den x-Koordinaten, **Oben** und **Unten** den y-Koordinaten der beiden Punkte.

Leinwandgröße

Mit **Leinwand** ist in Paint Shop Pro die sichtbare *Arbeitsfläche* des Bildes gemeint. Pixel auf normalen Ebenen können sowohl innerhalb als auch außerhalb dieser Arbeitsfläche liegen. Im zweiten Fall sind sie zwar nicht sichtbar, können aber z. B. durch Verschieben wieder auf die Arbeitsfläche geholt werden. Nur ein Bild, das lediglich aus einer Hintergrundebene besteht, kann keine Pixel außerhalb der Arbeitsfläche enthalten.

Wenn ein Bild durch eine Drehung, Perspektivenkorrektur oder andere Transformationen nicht mehr auf die aktuelle Arbeitsfläche passt, können Sie diese per Dialog **Leinwandgröße** entsprechend vergrößern. Umgekehrt begrenzt eine Verringerung der Leinwandgröße zwar den sichtbaren Arbeitsbereich, löscht

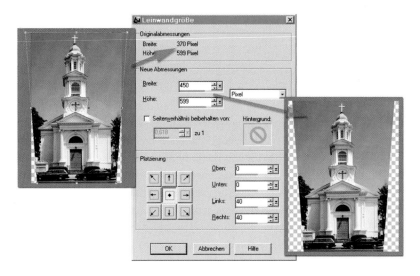

Leinwand und Auflösung

Das Ändern der Leinwandgröße ändert *niemals* die Auflösung. Auf normalen Ebenen werden keine Pixel entfernt (lediglich verdeckt) und auch nicht hinzugefügt (lediglich transparente Bereiche werden hinzugefügt).

Nur bei der Hintergrundebene ist dies anders: Sie kann keine Pixel außerhalb der aktuellen Leinwandgröße (der Arbeitsfläche) enthalten. Bei Vergrößerungen werden Bereiche, die der Hintergrundebene hinzugefügt werden, mit der Hintergrundfarbe gefüllt.

3 Die Anpassung der Leinwandgröße holt Bildbereiche zurück auf die Arbeitsfläche.

jedoch keine Pixel (es findet keine *Beschneidung* statt). Sie können diese Pixel wieder zurück auf die Arbeitsfläche holen. Mit einer Ausnahme: Pixel einer Hintergrundebene, die durch Verkleinerung der Leinwand außerhalb dieser zu liegen kommen, werden *immer* gelöscht, auch wenn das Bild weitere Ebenen enthält. Endgültig abgeschnitten werden solche Bildbereiche natürlich auch, wenn alle Ebenen zu einer Hintergrundebene zusammengefügt werden oder das Bild in einem Format gespeichert wird, das keine Ebenen unterstützt.

Die drei Teilfenster des Dialogs **Leinwandgröße** (**3**) haben die folgenden Funktionen:

Originalabmessungen Hier werden lediglich die Abmessungen des Arbeitsbereichs angezeigt. Die Maßeinheit wechselt mit der unter **Neue Abmessungen** getroffenen Auswahl.

Neue Abmessungen Die neue Breite und Höhe geben Sie hier in einer (im Auswahlfeld rechts davon) gewählten Maßeinheit an. Es sind Pixel, Zoll, Zentimeter und Millimeter möglich. Mit der Option Seitenverhältnis beibehalten berechnet Paint Shop Pro die zweite Abmessung anhand des originalen oder darunter eingetragenen Seitenverhältnisses selbst.

Wenn das Bild eine Hintergrundebene enthält und die Leinwand vergrößert wird, werden die zugefügten Bereiche mit der im Farbfeld Hintergrund gewählten Farbe gefüllt. Hinzugefügte Bereiche normaler Ebenen werden transparent.

Platzierung Mit der aus neun Schaltflächen bestehenden Schaltflächengruppe können Sie rasch die Platzierung des neuen Arbeitsbereichs im Verhältnis zum alten Arbeitsbereich wählen. Die vier Felder rechts davon (beschriftet mit Oben, Unten, Links und Rechts) zeigen den Abstand der neuen seitlichen Begrenzungen von den alten an. Die Maßeinheit ist wieder die unter **Neue Abmessungen** gewählte. Negative Werte bedeuten eine Verkleinerung der Arbeitsfläche, positive eine Vergrößerung.

Leinwand- und Ebenengröße

Leider zeigt weder die Ebenenpalette noch irgendeine andere Funktion an, ob es außerhalb der aktuellen Arbeitsfläche noch Pixel gibt. Sie können dies nur durch probeweises Verschieben der Ebene oder Vergrößern der Leinwand feststellen. Solche unbemerkt bleibenden Pixel stören eigentlich nicht, sie vergrößern aber den Speicherbedarf – sowohl bei der Bildbearbeitung selbst als auch beim Speichern in einem Format, das Ebenen unterstützt (**PspImage** oder PSD).

Wenn Sie beispielsweise ein großes Bild mit Kopieren+Einfügen (Strg C und Strg L) in ein kleineres Bild *als Ebene* einfügen, wird davon nur ein Ausschnitt in der Größe des kleineren Bildes angezeigt. Beim Speichern benötigt die Kombination aber mindestens den Speicherplatz des großen Bildes.

Um das zu verhindern, beschneiden Sie das Bild mit dem Beschnittwerkzeug entlang der aktuellen Begrenzung der Arbeitsfläche. Damit werden alle überstehenden Bereiche abgeschnitten – und zwar nicht nur der gerade angezeigten, sondern aller Ebenen.

Bildgröße ändern

Größenänderung und Bildqualität

Änderungen der Bildgröße, die mit einem **Resampling** (und damit einer Änderung der Pixelzahl) verbunden sind, sollten Sie möglichst nicht mehrmals anwenden. Jede neue Änderung ist mit etwas Qualitätsverlust verbunden. Falls Sie einen Fehler gemacht haben, können Sie mit der Rückgängig-Funktion das Bild wiederherstellen und, ausgehend von der Originalgröße, es nochmals versuchen.

Änderungen von Druckgröße und Auflösung *ohne* Resampling verändern kein einziges Bildpixel, sondern nur ein paar numerische Informationen im sogenannten Header der Bilddatei. Solche Änderungen können Sie ohne Furcht vor Qualitätsverlusten beliebig oft vornehmen.

Nachdem die technischen und handwerklichen Schwächen so gut wie möglich behoben sind und das Foto ausgerichtet und beschnitten ist, sollten Sie es in einem Standard-Dateiformat archivieren. Dies ist nun das Original (das *zweite* Original, falls Sie RAW-Dateien fotografieren und diese archivieren), von dem alle weiteren Bearbeitungsschritte ausgehen. Natürlich erfolgt diese Archivierung in der Originalauflösung und mit möglichst verlustfreier Komprimierung.

Die weiteren Schritte der Bildbearbeitung nehmen Sie nun wahrscheinlich schon für einen bestimmten Verwendungszweck vor. In diesem Fall *kann* die Änderung der Bildgröße – als Änderung der Pixelzahl – notwendig und nützlich sein. In der Regel erfolgt die Neufestlegung der Pixelgröße (wie das Schärfen) zielgerichtet für ein bestimmtes Ausgabegerät und steht deshalb am Ende der Bearbeitungskette. Es hat jedoch auch Vorteile, alle Bearbeitungen an einem Bild mit der »endgültigen« Pixelzahl auszuführen. Wenn Sie nur relativ kleine Bilder für das Internet benötigen, sparen Sie damit Speicherplatz und viel Rechenzeit.

Der Bildgröße-Dialog

Während **Beschnittwerkzeug** und **Leinwandgröße** den Bildausschnitt verändern und Pixel dabei nur an den Rändern zufügen oder abschneiden, ändert der Dialog **Größe ändern** (Bild>Größe ändern ⌂Ⓢ) den Bildausschnitt niemals, dafür jedoch – in erster Linie – die Anzahl der in diesem Bildausschnitt enthaltenen Pixel, was hier mit **Pixelgröße** (Bildlänge und -breite in Pixeln, das Produkt ist die **Pixelzahl**) bezeichnet wird. In zweiter Linie lassen sich damit die **Druckgröße** und die **Druckauflösung** einstellen – aber das ist wirklich eine zweitrangige Funktion, denn die Druckgröße können Sie auch noch direkt beim Ausdruck festlegen. Die Zusammenhänge zwischen Pixelgröße, Druckgröße und Auflösung habe ich ausführlich im zweiten Kapitel (»70) erläutert und dort auch bereits den Bildgröße-Dialog von Paint Shop Pro vorgestellt. Hier will ich vor allem auf die praktische Anwendung dieses Dialogs und die Funktion **Resampling** eingehen. Der Dialog (**1**) enthält drei Teilfenster und weitere Optionen:

Originalabmessungen Anzeige von Breite und Höhe des Originals in Pixeln und in der unter **Druckgröße** gewählten Maßeinheit (Zoll, Zentimeter oder Millimeter). Zudem wird die Auflösung (immer) in Pixel/Zoll angezeigt.

Pixelgröße Die beiden Felder **Breite** und **Höhe** enthalten die *neuen* Bildabmessungen in der im Feld rechts daneben gewählten Maßeinheit (Pixel oder Prozent der Originalgröße). In der Titelzeile dieses Teilfensters werden praktischerweise die Bildabmessungen in der *nicht* gewählten Maßeinheit angezeigt. Ist ganz unten Seitenverhältnis beibehalten gewählt, sind Breite und Höhe verbunden (angedeutet durch das Schloss) und lassen sich nur gemeinsam ändern. Ist Resampling *nicht* gewählt, sind die Eingabefelder deaktiviert (ausgegraut) – dann ändert sich die Pixelzahl des Bildes in keinem Fall.

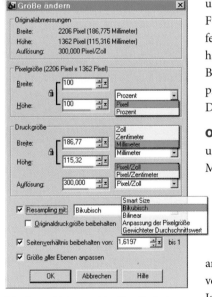

1 In diesem Dialog von Paint Shop Pro ändern Sie Pixel- und/oder Druckgröße des Bildes.

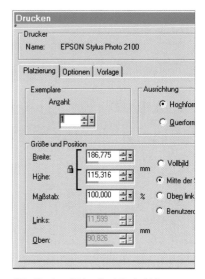

Druckgröße Die beiden Felder **Breite** und **Höhe** enthalten die neuen Bildabmessungen in Abhängigkeit von der unter **Auflösung** eingestellten Auflösung. Dies sind gleichzeitig die Abmessungen des gedruckten Bildes, wenn nicht noch nachträglich eine Skalierung erfolgt. Als Maßeinheiten sind Zoll, Zentimeter und Millimeter bzw. Pixel/Zoll und Pixel/Zentimeter wählbar. Auf die Größe des auf dem Monitor (egal ob mit Paint Shop Pro oder einem Internet-Browser) angezeigten Bildes haben die hier eingestellten Werte keinerlei Einfluss!

Seitenverhältnis beibehalten verbindet wieder die beiden Abmessungsfelder. Originaldruckgröße beibehalten deaktiviert diese Felder komplett. Änderungen der Pixelgröße wirken sich dann allein auf die Auflösung aus – und umgekehrt.

Die Druckgröße können Sie auch noch direkt vor dem Ausdruck im Drucken-Dialog (**2**) oder beim Festlegen des Seitenlayouts (**3**) ändern, ohne dass dies dauerhaft in der Datei gespeichert wird. Welche Auflösung Bilddateien erhalten, die in Paint Shop Pro neu erstellt werden, legen Sie in den Programmvoreinstellungen (**4**) fest.

2 Im Drucken-Dialog (Datei>Drucken) können Sie die Druckgröße noch ändern, jedoch fehlt hier die Anzeige der Auflösung und damit die Kontrolle über die eventuelle Änderung der Druckqualität.

Resampling Dies ist die wichtigste Option des gesamten Dialogs – sie entscheidet darüber, ob die Bildpixel unverändert erhalten bleiben oder neu berechnet werden. Im ersten Fall (kein Resampling) bleiben auch die Dateigröße und die Darstellung auf dem Monitor unverändert. Im zweiten Fall kann sich beides drastisch ändern und – wenn die Pixelzahl stark verringert, die Druckgröße aber beibehalten wird – die Druckqualität stark leiden.

Die drei weiteren Optionen Originaldruckgröße beibehalten, Seitenverhältnis beibehalten und Größe aller Ebenen anpassen sind nur aktiv, wenn Resampling gewählt ist. Andernfalls wirken sich ja Änderungen der Auflösung *immer* auf die Druckgröße aus, und das Seitenverhältnis bleibt *immer* gleich (da die Auflösung für Länge und Breite des Bildes immer gleich ist). Für einzelne Ebenen hat die Auflösung sowieso keine Bedeutung, bei diesen zählt nur die Pixelgröße.

3 Auch beim Drucken über die Seitenlayout-Arbeitsoberfläche können Sie nachträglich die Druckgröße ändern (Datei>Seitenlayout>Bearbeiten >Größe ändern). Die Auflösung wird hier ebenfalls nicht angezeigt.

Seitenverhältnis beibehalten Diese Option werden Sie sicher selten deaktivieren, denn andernfalls wird das Bild verzerrt – ebenso natürlich, wenn Sie hier einen vom Originalwert abweichenden Wert eingeben.

Größe aller Ebenen anpassen Normalerweise ist diese Option ebenfalls immer aktiviert. Wenn sie aber deaktiviert ist, können Sie einzelne Ebenen skalieren, ohne die anderen zu verändern. Das Gleiche ist zwar auch mit dem Objektauswahlwerkzeug möglich, doch erlaubt dies keine Auswahl der dabei angewendeten Resampling-Methode. Im Bildgröße-Dialog können Sie die Methode nach Wunsch vorgeben, was z. B. sinnvoll ist, wenn Strichzeichnungen und Screenshots (Bildschirmfotos) mit Anpassung der Pixelgröße skaliert werden sollen.

4 Auswahl der Standardauflösung für neue Dateien unter Datei>Einstellungen>Allgemeine Programmeinstellungen

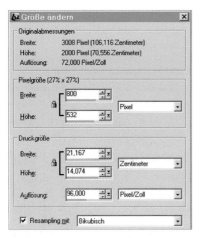

1 Verkleinerung eines Bildes auf eine Größe, die für die Darstellung auf einer Internet-Homepage geeignet ist

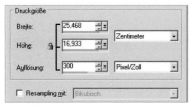

2 Eine Auflösung von 300 ppi genügt auch für qualitativ hochwertige Ausdrucke. Das hier als Beispiel gewählte Bild passt damit auf eine A4-Seite im Querformat.

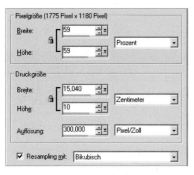

3 Bei einem Ausdruck des gleichen Bildes im Format 10*15 cm sind pro Abmessung nur knapp 60 % der Pixel notwendig.

Beispiele für Größenänderungen

Pixelgröße verringern Wenn ein Bild z. B. für die Darstellung auf einer Internetseite verkleinert werden soll, geben Sie die neue Breite *oder* Höhe unter **Pixelgröße** ein (**1**). Resampling muss aktiviert sein, Druckgröße und Auflösung sind unwichtig. Sie können sich allerdings hier die ungefähre Darstellungsgröße des Bildes auf dem Monitor anzeigen lassen, wenn Sie unter **Auflösung** die Monitorauflösung (verbreitet sind 96 Pixel/Zoll) eingeben. Dies muss *vor* der Änderung der Pixelgröße und bei *deaktivierter* Resampling-Option geschehen.

Optimale Druckauflösung ohne Resampling Deaktivieren Sie Resampling und geben Sie im Feld **Auflösung** die gewünschte Druckauflösung ein, z. B. 300 Pixel/Zoll für den Ausdruck auf einem hochwertigen Tintenstrahldrucker. Das Bild wird mit den unter **Druckgröße** angezeigten Abmessungen gedruckt (**2**).

Druckauflösung und Abmessungen einstellen Aktivieren Sie Resampling und wählen Sie die gewünschte Auflösung und die gewünschte Druckgröße. Stellen Sie unter **Pixelgröße** die Maßeinheit auf Prozent und kontrollieren Sie die prozentuale Größenänderung (**3**). Verkleinerungen sind unkritisch, Vergrößerungen bis ca. 150 % meist ebenfalls. In beiden Fällen sollte aber eventuell eine Nachschärfung erfolgen. Größenänderungen über 150 % sind mit qualitativen Einbußen verbunden.

Resampling-Methoden

Jede Änderung der Pixelgröße erfordert eine Neuverteilung der Bildstrukturen auf die vorhandenen Pixel. Bei einer Verdopplung von Breite und Höhe kann man alle Pixel vervierfachen. Bei einer Halbierung lässt die analoge Methode (das Weglassen jeder zweiten Pixelzeile und -spalte) Bildstrukturen, die nur 1 Pixel breit sind, aber vielleicht völlig verschwinden. Die Neuverteilung der Pixel gleicht dem Abtasten einer gerasterten Vorlage beim Scannen und wird in Paint Shop Pro deshalb **Resampling** (Neuabtastung) genannt. Gebräuchlich ist auch der Begriff **Interpolation**, da neue Pixel mit mathematischen Interpolationsmethoden berechnet werden.

Im Bildgröße-Dialog von Paint Shop Pro können Sie zwischen vier Resampling-Methoden wählen (**4**): Bikubisch, Bilinear, Anpassung der Pixelgröße und Gewichteter Durchschnittswert. Die fünfte (im Auswahlfeld an erster Stelle stehende) Methode Smart Size ist keine weitere Resampling-Methode, sondern bedeutet, dass PSP die Auswahl zwischen den vier Methoden in Abhängigkeit von der neu festgelegten Pixelgröße selbst trifft. Bei Verkleinerungen wird die Methode Gewichteter Durchschnittswert benutzt, bei Vergrößerungen Bikubisch.

Bikubisch Dies ist die gebräuchlichste Methode, denn sie bringt in den meisten Fällen die qualitativ besten Ergebnisse. Wie bei der folgenden Methode Bilinear erfolgt eine Mittelwertbildung, dabei werden jedoch Pixel aus einem weiteren Umfeld mit einbezogen und entsprechend ihrem Abstand gewichtet. Vorteilhaft

Nebeneffekt ist eine leichte Scharfzeichnung, wie an den Bildbeispielen (**6**) gut zu sehen ist: Die graue Fläche wird dort, wo sie direkt an die diagonalen Linien anstößt, etwas aufgehellt. Paint Shop Pro benutzt diese Methode intern, wenn **Smart Size** gewählt ist und die Pixelzahl *vergrößert* werden soll.

Bilinear Diese Methode gibt jedem neuen Pixel einen Mittelwert aus den Tonwerten der direkt angrenzenden Pixel. Details, auch wenn sie nur 1 Pixel groß sind, bleiben damit im Ergebnis zumindest als Schattierung erhalten. Die Mittelwertbildung bewirkt jedoch auch eine deutliche Verwischung (Weichzeichnung) von Konturen. Paint Shop Pro wendet diese Methode generell bei allen Transformationen an, die mit dem Objektauswahl- oder dem Perspektivenwerkzeug vorgenommen werden.

Anpassung der Pixelgröße Dupliziert oder entfernt Pixel, um die gewünschten Pixelabmessungen zu erhalten. Diese Methode eignet sich gut für die Vergrößerung von Strichzeichnungen und Grafiken mit harten Kontrasten. Fast alle Bildschirmfotos in diesem Buch wurden damit auf 200 % vergrößert, um die Schärfe der kleinen Schriften zu erhalten. Nachteil ist die vor allem an schrägen Kanten sichtbare »Pixeligkeit« (**5**).

Wählen Sie die Vergrößerung unbedingt in ganzen 100 %-Stufen. Bei »krummen« Stufen werden nicht alle Pixel verdoppelt, was gezackte Kanten verursacht. Verkleinerungen sollten mit dieser Methode nicht durchgeführt werden, da dabei feine Bilddetails völlig verschwinden können.

Gewichteter Durchschnittswert Ähnlich wie bei Bikubisch werden auch hier die gewichteten Durchschnittsfarbwerte der Nachbarpixel für die Neuberechnung herangezogen, jedoch fehlt der Scharfzeichnungseffekt. Paint Shop Pro empfiehlt diese Methode zum Verkleinern fotorealistischer Bilder und benutzt sie, wenn Smart Size gewählt ist und die Pixelzahl *verringert* werden soll. Ich ziehe jedoch dafür oft Bikubisch vor, da auch bei Verkleinerungen eine etwas größere Schärfe den Bildeindruck verbessern kann.

4 Die vier Resampling-Methoden aus dem Bildgröße-Dialog von Paint Shop Pro

5 Manchmal ist eine gewisse Pixeligkeit als Bildeffekt erwünscht. Diese erreichen Sie per Effekte>Verzerrungseffekte>Pixeltransformationen oder durch Verkleinern mit **Gewichteter Durchschnittswert** und anschließendem Vergrößern auf die Originalgröße mit **Anpassung der Pixelgröße**.

6 Vergleich der Resampling-Methoden von Paint Shop Pro bei Vergrößerung (obere Reihe) und Verkleinerung (untere Reihe) der Pixelgröße um jeweils 33 %

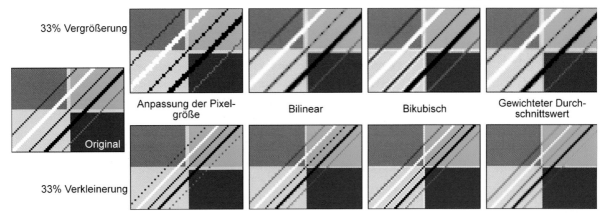

33% Vergrößerung

Original

33% Verkleinerung

Anpassung der Pixelgröße | Bilinear | Bikubisch | Gewichteter Durchschnittswert

Tonwertkorrekturen

Warum Tonwertkorrekturen?

Eigentlich sollten Fotos aus der Digitalkamera oder gescannte Fotos belichtungstechnisch perfekt sein – aber sie sind es keineswegs immer. Die Technik kann zwar schon relativ gut automatisch Schwarz- und Weißpunkt einstellen und teilweise auch Farbstiche entfernen, doch bisher kaum in die Helligkeitsverteilung des Bildes eingreifen und den Kontrast optimieren. Letzteres hängt nicht nur vom Motiv, sondern auch vom subjektiven Geschmack und zudem auch noch vom Ausgabezweck ab.

Wenn Sie Ihre (RAW-)Fotos mit einem guten RAW-Konverter »entwickeln« oder selbst scannen, empfehle ich, die wichtigsten Helligkeits- und Kontrastkorrekturen in diesen Programmen vorzunehmen. Die Arbeitsschritte habe ich im vorigen Kapitel beschrieben. Damit erhalten Sie in der Regel bessere Ergebnisse als bei einer Nachbearbeitung in Paint Shop Pro, denn die RAW- und Scanprogramme nutzen die volle interne Farbtiefe von Kamera oder Scanner. Trotzdem kann eine Nachbearbeitung in Paint Shop Pro nötig werden, wenn Sie solche Fotos für den Ausdruck, die Belichtung oder die Web-Veröffentlichung vorbereiten.

1 Die Tonwertkorrekturwerkzeuge im Anpassen-Menü

2 Poster findet sich unter **Kunsteffekte** im Effekte-Menü

Nachdem die technischen und handwerklichen Schwächen so gut wie möglich behoben sind, das Foto ausgerichtet und beschnitten ist und eventuell auch schon in der richtigen Größe vorliegt, können wir daran gehen, seinen Inhalt zu optimieren. Dazu gehören die Verbesserung von Helligkeit und Kontrastumfang und die Aufhellung der Schatten – alles Dinge, bei denen Kamera und Fotograf eigentlich alles richtig gemacht haben und das Ergebnis trotzdem nicht den Vorstellungen entspricht. Auch Grenzfälle wie die Entfernung von Farbstichen zähle ich dazu. Die Ursache kann ein falscher Weißabgleich sein, ebenso gut aber auch ein richtiger Weißabgleich, der jedoch die Farbstimmung z. B. eines Sonnenuntergangs zerstört.

Ziel der Arbeit ist ein Bild, das dem, was Sie als Fotograf »gewollt haben«, möglichst nahe kommt. Tonwertkorrekturen sind aber nicht nur für die Bildverbesserung, sondern auch für die kreative Bearbeitung von Bildern unverzichtbar. Damit lassen sich effektvolle Grafiken und Verfremdungen erzeugen, denen man nicht ansieht, dass sie mit relativ einfachen »Tricks« entstanden.

Die Tonwertkorrekturen sind sozusagen die Grundlage der Bildbearbeitung, mit denen ich deshalb in diesem Abschnitt beginne. Wenn sie kanalweise vorgenommen werden, lassen sich mit Tonwertkorrekturen sogar Farbänderungen erzielen. Auf spezielle Werkzeuge für die Farbkorrektur, für Weichzeichnung und Schärfung werde ich in den folgenden Abschnitten eingehen.

Tonwerte und Pixel

Die Pixel sind die Bausteine des Bildes, die **Tonwerte** legen deren Farbe und Helligkeit fest. Zur Erinnerung: Der Tonwert ist die Helligkeit eines Pixels in einem von (meist) drei Farbkanälen und wird (bei 8 Bit Farbtiefe) auf einer Skala mit 256 Werten gemessen. RGB-Pixel setzen sich aus drei solchen Tonwerten zusammen, je einem pro Farbe. Die Tonwerte bestimmen, ob ein Bild hell oder dunkel, flau oder kontrastreich ist. Die Farbe eines Pixels wird vom *Verhältnis* der Tonwerte in den Farbkanälen bestimmt. Sind alle drei Tonwerte gleich, ist das Pixel farblos. Bei einem Graustufenbild gibt es von vornherein nur einen Kanal, also auch nur einen Tonwert pro Pixel.

Bei Änderungen von Helligkeit und Kontrast eines RGB-Bildes werden die Tonwerte in den drei Kanälen gemeinsam beeinflusst und damit Farben in der Regel nicht verändert. Dies geschieht entweder direkt, z. B. durch eine proportional gleiche Änderung der RGB-Werte, oder indirekt über eine interne Umrechnung in den HSL- oder Lab-Farbraum und der Korrektur nur des Helligkeitskanals. Klassische Werkzeuge wie **Helligkeit/Kontrast** oder **Gammakorrektur** arbeiten nach der ersten Methode, modernere wie **Histogrammanpassung, Intelligente Fotokorrektur** und die neuen Versionen von **Kurven** und **Niveaus** arbeiten intern teilweise mit der Lab-Helligkeit, was (meist) bessere Ergebnisse bringt. Trotzdem können diese neuen Werkzeuge die alten nicht komplett ersetzen.

Die Werkzeuge

In Paint Shop Pro sind die meisten »klassischen« Werkzeuge für Korrekturen von Helligkeit und Kontrast im Untermenü Anpassen>Helligkeit und Kontrast zusammengefasst (**1**). Das Werkzeug **Poster**, das ich ebenfalls zu den Kontrastwerkzeugen zähle, finden Sie dagegen unter Effekte>Kunsteffekte (**2**). Darüber hinaus enthält PSP XI drei erst in PSP X hinzugekommene Dialoge: **Intelligente Fotokorrektur**, **Aufhellblitz** und **Hintergrundbeleuchtung**. Schon allein die Vielzahl dieser Werkzeuge (insgesamt 13) sorgt für Verwirrung. Eine ganze Reihe davon enthält auch noch gleiche oder zumindest ähnlich wirkende Funktionen, allerdings oft unter gänzlich anderem Namen. Auch die Namen der Werkzeuge selbst sind nicht immer glücklich gewählt, teilweise sogar irreführend (*Hintergrundbeleuchtung*, *Schärfekorrektur*).

Ich will auf den folgenden Seiten versuchen, Ihnen die Übersicht etwas zu erleichtern. Dazu teile ich zuerst die Werkzeuge in **Kurvenwerkzeuge** und **Histogrammwerkzeuge** ein. Die ersten ändern die Bildgradation (sichtbar an der Tonwertkurve) ohne Rücksicht auf das Histogramm, also die Helligkeitsverteilung im konkreten Bild. Die Histogrammwerkzeuge messen und berücksichtigen dagegen diese Helligkeitsverteilung und berücksichtigen sie bei ihrer Arbeit.

Exakt trennen lässt sich beides übrigens nicht, deshalb ist die Einteilung nicht ganz ohne Willkür. Einige Werkzeuge arbeiten je nach Option ohne oder mit Berücksichtigung des Histogramms. Zum Beispiel sind **Kurven** und **Niveaus** ursprünglich reine Kurvenwerkzeuge, die in PSP XI in beiden Dialogen hinzugekommene Automatikfunktion berücksichtigt aber das Histogramm.

Schärfekorrektur, **Schwellenwert** und **Poster** bilden als **spezielle Kontrastfilter** eine eigene Gruppe, ebenso die drei **Pinselwerkzeuge** zum Ändern der Helligkeit (**3**). Nur fünf der Tonwertkorrekturwerkzeuge können als **Anpassungsebenen** verwendet werden (**4**).

Zwei Werkzeuge, die Corel schon in PSP X unter die Nicht verwendeten Befehle verbannt hat, wollen wir uns auch noch anschauen: **Schwarz- und Weißpunkt** und **Gammakorrektur**. Sie sind zum Verständnis komplizierterer Filter nützlich und enthalten zudem sogar Funktionen, die es in den moderneren Filtern nicht mehr gibt. Sie können diese Befehle aus dem Anpassen-Menü in eine Symbolleiste ziehen (**5**).

3 Auch drei Pinselwerkzeuge erlauben Helligkeitsänderungen

4 Fünf Tonwertkorrekturwerkzeuge stehen als Anpassungsebenen zur Verfügung.

Die Grundbegriffe

Die Begriffe, mit denen wir es auf den folgenden Seiten zu tun bekommen, sind Ihnen sicher schon vertraut. Hier eine Kurzfassung:

Tonwert Bei einem Graustufenbild die Helligkeit eines Bildpixels auf der Skala 0 … 255. Bei einem RGB-Farbbild die Farbstärke (Farbwert, Farbhelligkeit) in einem der drei Farbkanäle. Auch eine aus den RGB-Farbwerten rein rechnerisch ermittelte Helligkeit (beispielsweise als Mittelwert oder im HSL- oder Lab-Farbsystem) wird als Tonwert angegeben.

Schwarzpunkt, Weißpunkt Die dunkelsten oder hellsten Bildpixel bzw. deren Tonwerte

Graupunkt Farbe, oft auch die Helligkeit von »mittlerem Grau« (wichtig für die Korrektur von Farbstichen)

Gamma Exponent der Potenzfunktion, die oft für Helligkeitsänderungen eingesetzt wird. Gamma = 1 bewirkt keine Änderung, größere Werte bewirken eine Abdunklung, kleinere Werte eine Aufhellung.

Gradation In der analogen Fotografie sprach man von der **Gradation** oder **Härte** eines Films bzw. Fotopapiers, um dessen Reaktion auf Licht zu beschreiben. Steile oder harte Gradation bedeutet, dass schon geringe Lichtänderungen starke Schwärzungsunterschiede ergeben. Flache (weiche) Gradationen reagieren schwächer auf Lichtänderungen. Die **Schwärzungskurve**, die dieses Verhalten grafisch darstellt, ist das Analogon zur Tonwertkurve.

5 Um einen der Nicht verwendeten Befehle verwenden zu können, ziehen Sie ihn aus dem rechten Dialogfenster (Ansicht>Anpassen>Befehle) in eine Symbolleiste. Unter Hilfe>Tastaturbelegung können Sie auch Tastaturkürzel zuweisen.

Automatische Kontrastkorrektur ist ebenfalls ein Tonwertkorrekturwerkzeug, das ich aber in PSP XI wirklich für verzichtbar halte.

1 Der Testaufbau mit einer Anpassungsebene **Schwellenwert**. Der exakte Schwellenwert ist 1, 2 macht die Kurve aber besser sichtbar.

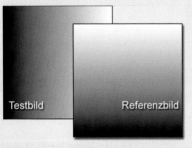

2 Testbild und Referenzbild sind zwei um 90° verdrehte Graustufenkeile.

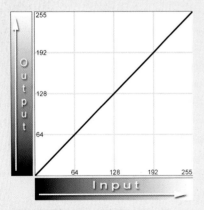

3 Die vom Testaufbau angezeigte Tonwertkurve mit Gitter und Bemaßung

Tonwertänderungen messen und darstellen

Im zweiten Kapitel haben Sie das Histogramm als Hilfsmittel zur Darstellung der Tonwertverteilung eines Bildes kennen gelernt (»70). Es zeigt, wie viele Pixel einen bestimmten Farb- oder Helligkeitswert haben. Verändern sich diese Werte durch eine Bildbearbeitung, verändert sich auch das Histogramm. Erhöhen Sie beispielsweise die Helligkeit per Anpassen>Helligkeit und Kontrast>Helligkeit/Kontrast um 10, verschiebt dies das Histogramm um zehn Tonwerte nach rechts. Umgekehrt ist es leider kaum möglich, aus der Veränderung des Histogramms zu erkennen, welche Bildbearbeitung die Ursache war. Das Histogramm ist eine rein statistische Auswertung und erlaubt keine Rückschlüsse darauf, wie einzelne Pixel verändert wurden.

Es gibt jedoch eine ganz einfache Methode, solche Änderungen pixelgenau sichtbar zu machen: Legen Sie das bearbeitete Bild als Ebene über das unbearbeitete Bild und wählen Sie als Mischmodus Differenz. Das Mischbild enthält nur die Unterschiede zwischen den beiden Bildern. Sehr anschaulich ist das allerdings noch nicht. Zum einen macht der Mischmodus Differenz keinen Unterschied zwischen positiven und negativen Abweichungen, zum anderen ist bei nur geringen Unterschieden das Mischbild ziemlich schwarz.

Anschaulich wird die ganze Sache erst, wenn es gelingt, die Änderungen als Diagramm darzustellen. Dieses sollte nicht – wie das Histogramm – zeigen, *wie viele Pixel* auf einen bestimmten Tonwert entfallen, sondern *um wie viele Tonwerte* ein bestimmter Tonwert verändert wurde. Ich habe dazu einen »Sandwich« aus Ebenen entwickelt, der genau dies erreicht (**1**). Zwar benötigt man ein spezielles Testbild dafür, aber das ist in den meisten Fällen nicht weiter schlimm, da die meisten Bildbearbeitungswerkzeuge »blind«, also ohne Rücksicht auf ein konkretes Bild arbeiten. Es ist ihnen völlig egal, ob die Pixel, die von ihnen verändert werden, zum Foto einer farbenfrohen Blumenwiese oder zu einem Graustufenkeil gehören.

Dieser Graustufenkeil dient mir sowohl als *Testbild* als auch als *Referenzbild*, mit dem das Testbild verglichen wird. Der Vergleich erfolgt mit dem genannten Mischmodus Differenz, jedoch habe ich die beiden übereinander liegenden Ebenen um 90° gegeneinander verdreht (**2**). Eine darüber gelegte Anpassungsebene zaubert aus dem Mischbild dessen **Tonwertkurve** – im Falle des unbearbeiteten Testbildes eine exakt um 45° ansteigende Linie, die *Normalkurve* (**3**). Der Verlauf entspricht dem Verlauf der Helligkeit des Testbilds von links nach rechts. Wie das genau funktioniert, erfahren Sie aus den Abbildungen und am besten durch eigene Experimente mit den Test-Sandwichs auf der Buch-CD.

Da dieses Diagramm dem Test von Bildbearbeitungsfunktionen dienen soll, habe ich an die waagerechte Achse **Input** geschrieben (dies sind die Eingangs- oder Originalwerte) und an die senkrechte Achse **Output**. Hier können Sie die Ausgangswerte ablesen, also das, was aus den Input-Werten durch die Bearbeitung geworden ist. Sie finden diese englischen Bezeichnungen übrigens auch in dem Dialog **Kurven** von Paint Shop Pro, den wir gleich ausprobieren wollen.

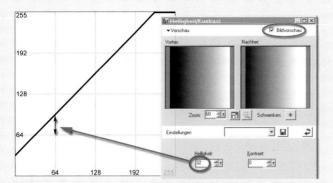

4 Helligkeitsänderungen verschieben die Tonwertkurve linear.

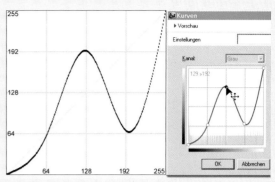

5 Alle Einstellungen des Kurven-Werkzeugs werden 1:1 dargestellt.

Vorher aber testen wir das neue Messinstrument (denn um so etwas handelt es sich) an einem einfacheren Werkzeug: Wählen Sie in der Ebenenpalette das Testbild aus und rufen dann den Dialog Anpassen>Helligkeit und Kontrast>Helligkeit/ Kontrast auf (**4**). Schalten Sie die Ansichtsoption Bildvorschau ein, damit sich alle Änderungen sofort auf das Bild auswirken. Wenn Sie nun den Helligkeitswert ändern, verschiebt sich die Tonwertkurve exakt um den gewählten Wert nach oben oder unten. Eine Änderung des Kontrasts macht dagegen die Kurve steiler oder – bei negativen Werten – flacher. Die Kurve macht jede Änderung von Tonwerten ganz in der Art sichtbar, wie solche Änderungen in Diagrammen dargestellt werden und wie auch ein Standard-Bildbearbeitungswerkzeug, genannt **Gradations- kurve**, solche Änderungen visualisiert.

In Paint Shop Pro heißt das Gradationskurvenwerkzeug **Kurven** (Anpassen>Helligkeit und Kontrast>Kurven). Öffnen Sie es, nachdem Sie **Helligkeit/Kontrast** per Abbrechen verlassen haben, klicken Sie in die Kurve und verbiegen Sie diese mit den dabei erzeugten Ankerpunkten (**5**). Unsere Tonwertkurve macht alle Verbiegungen exakt mit. Sie ist das genaue Gegenstück zu diesem Werkzeug – aber eben kein Werkzeug, sondern ein Messinstrument.

Eine unwesentlich kompliziertere Version des Test-Sand- wichs kann auch Farbveränderungen darstellen (**6**). Test- und Referenzbild müssen dazu im RGB-Farbsystem vorliegen. Die Schwellenwert-Anpassungsebene (die nicht farbkanalspezifisch arbeitet) ersetzen wir durch eine Anpassungsebene **Niveaus**. Darüber kommt eine weitere Anpassungsebene **Umkehren** zum Invertieren der Tonwerte. Sie verändert zwar auch den Hintergrund von Weiß auf Schwarz, doch ohne diese würden die Tonwertkurven nicht in Rot, Grün und Blau, sondern in den Komplementärfarben Cyan, Magenta und Gelb angezeigt. Dieser Testaufbau spiegelt nun auch Änderungen der einzelnen Farbkanäle – also Farbveränderungen – exakt wider (**7**).

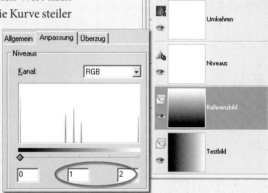

6 Der Testaufbau für Bilder im RGB-Modus enthält zwei Anpassungs- ebenen: **Niveaus** (Abbildung links) und **Umkehren**.

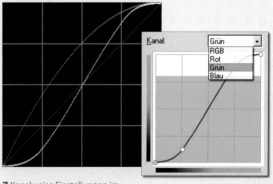

7 Kanalweise Einstellungen im Kurven-Werkzeug und die Anzeige in unserer Tonwertkurve

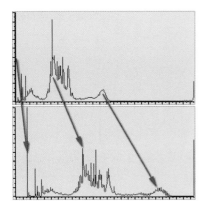

1 Das Histogramm des Kirchturmfotos vor (oben) und nach der Aufhellung mit den in **3** gezeigten Einstellungen. Die wunschgemäße Aufhellung der Mitteltöne ist mit dem Verlust tiefer Schatten (links) und Lichterzeichnung (schmale Spitze ganz rechts) erkauft.

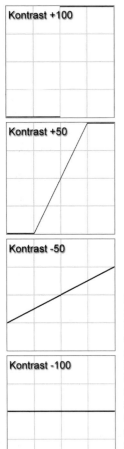

2 Die Wirkung unterschiedlicher Kontrasteinstellungen reicht vom harten Schwarz-Weiß-Kontrast (ganz oben) bis zum völligen Verschwinden der Bildinformation in mittlerem Grau (unten).

Kurvenwerkzeuge

Zu den Kurvenwerkzeugen zähle ich alle Werkzeuge, welche die Pixelhelligkeiten ohne Rücksicht auf die konkrete Helligkeitsverteilung im Bild (also das Histogramm) verändern. Zur Beschreibung dessen, was sie tun, genügt die auf den vorigen Seiten vorgestellte Tonwertkurve. Natürlich sind die Änderungen auch am Histogramm sichtbar, doch fallen diese von Bild zu Bild verschieden aus. Das ist die Gefahr: Eine Einstellung, die an einem Bild hervorragende Ergebnisse bringt, kann für ein anderes völlig falsch sein. Gerade deshalb ist es wichtig, das Histogramm bei der Anwendung im Auge zu behalten (**1**). Blenden Sie dazu vor dem Aufruf eines Kurvenwerkzeugs die Histogramm-Palette ein (Taste F7) und schalten Sie die Vorschau ein. Dann zeigt das Histogramm die Auswirkung jeder im Dialog vorgenommenen Änderung sofort an.

Die Gradationskurve kann *linear* gedreht/verschoben oder *nichtlinear* verbogen werden. Ausschließlich linear arbeitet die Funktion **Helligkeit/Kontrast**.

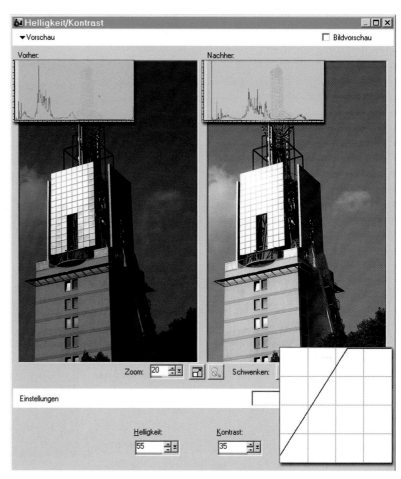

3 Eine Helligkeits- und Kontrastkorrektur »nach Gefühl«. Die dadurch verursachten Tonwertänderungen zeigt die rechts eingeblendete Tonwertkurve.

Helligkeit/Kontrast

Sie finden das Werkzeug unter Anpassen>Helligkeit und Kontrast>Helligkeit/Kontrast (⧉Ⓑ).
Der unter **Helligkeit** eingestellte Wert (-255 … +255) wird zu allen Tonwerten
addiert bzw. davon abgezogen. Das geschieht in allen Farbkanälen gleich. In
Abbildung **3** habe ich alle Tonwerte um 55 erhöht und damit das Bild deutlich
aufgehellt. Weil es damit aber recht flau wurde, habe ich den **Kontrast** um 35
erhöht. Positive Werte machen die Gradationskuve steiler (z. B. verdoppelt +50
den Anstieg), gleichzeitig werden in den Tiefen und Lichtern Tonwerte abgeschnitten. Negative Werte machen das Bild flauer bis zur völligen Vergrauung.
Der Bereich geht von -100 bis +100. Beispiele für reine Kontraständerungen
sehen Sie in Abbildung **2**.

Mit der höchsten Kontrasteinstellung (+100) funktioniert **Helligkeit/Kontrast**
wie ein Schwellenwertfilter (**4**). Sie sollten sich diese Alternative zum »regulären«
Filter **Schwellenwert** (Anpassen>Helligkeit und Kontrast>Schwellenwert) merken, denn
diesen hatte Corel in Paint Shop Pro X völlig umgekrempelt, er arbeitet jetzt
etwas »irregulär« (≫**204**).

Helligkeit/Kontrast funktioniert zwar einfach und schnell, doch lassen Sie
sich bitte davon nicht verleiten, dieses Werkzeug für die Verbesserung von Fotos
einzusetzen. Heraus kommt in den meisten Fällen eine *Verschlechterung*. Dies liegt
daran, dass lineare Funktionen keinerlei Rücksicht auf Schwarz- und Weißpunkt
des Bildes nehmen und Tiefen und Lichter rigoros beschneiden.
Auf einem mittelmäßigen Monitor ist dies vielleicht noch gar nicht
sichtbar, sondern erst im Ausdruck – wenn es also zu spät ist. Gut
geeignet ist **Helligkeit/Kontrast** dagegen für gescannte Strichzeichnungen und Texte, die kontrastreicher und klarer werden sollen
– hier ist das »Ausfressen« eines unsauberen grauen Hintergrunds
zu Weiß sogar erwünscht.

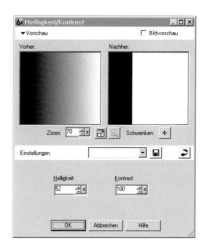

4 Da **Helligkeit/Kontrast** kanalweise arbeitet,
müssen Sie vor der Nutzung als Schwellenwert-
filter das Bild in Graustufen umwandeln. Die für
einen gewünschten Schwellenwert S einzustel-
lende Helligkeit H ergibt sich aus H = 127 – S.
In der Abbildung ist der Schwellenwert 75.

Kurven

Dieser Filter (Anpassen>Helligkeit und Kontrast>Kurven) ist eines der viel-
seitigsten Werkzeuge überhaupt, kann manch anderes (darunter
auch **Helligkeit/Kontrast**) komplett ersetzen, ist jedoch etwas
diffiziler zu bedienen. Es stellt eine Tonwertkurve dar, die über
Ankerpunkte direkt manipuliert werden kann. Bis zu 16 Ankerpunkte lassen sich per Mausklick auf die Kurve setzen und mit der
Maus oder den Tastatur-Pfeiltasten verschieben (**5**). Unter **Kanal**
wird ein RGB-Kanal gewählt, die Einstellung RGB beeinflusst alle
drei Kanäle zugleich.

Seit PSP XI zeigt das Diagrammfeld ein Histogramm. Das
Biegeverhalten der Kurve wurde deutlich verbessert, Knickpunkte
wie noch in PSP X treten jetzt nicht mehr auf. Außerdem sind Automatikfunktionen und drei Pipetten (rechts vom Diagramm) hinzugekommen. Der Filter **Niveaus** enthält die gleichen Funktionen,
ich werde diese deshalb weiter unten gemeinsam behandeln.

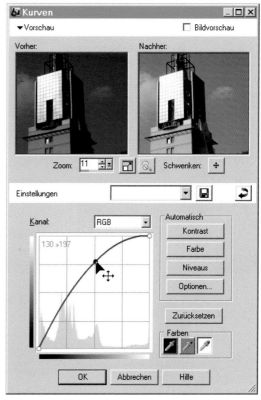

5 Setzen und Verschieben eines Ankerpunkts

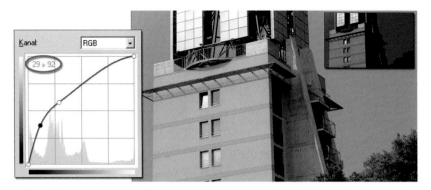

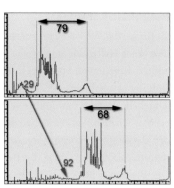

1 Aufhellung mit dem Kurven-Werkzeug. Alle Pixel mit Tonwert 29 (Input) werden zu Tonwert 92 (Output) verändert, andere Tonwerte entsprechend angepasst. Schwarz- und Weißpunkt ändern sich nicht.

Damit die Lichter nicht ausfressen, ist hier ein zweiter Ankerpunkt zur Begrenzung des Kurvenanstiegs nötig. Sie können zwischen solchen Ankerpunkten schnell mit den Tasten [Bild↑] und [Bild↓] wechseln.

2 Das Histogramm unterhalb von Tonwert 29 wird gespreizt, oberhalb davon wird es gestaucht. Die Mitteltöne werden aufgehellt, müssen sich aber einen geringeren Tonwertumfang teilen.

3 Die Mischung des korrigierten Bildes mit dem Original per Modus **Helligkeit** restauriert die bei der Korrektur verblassten Farben.

Leider bietet die neue Version des Kurvenwerkzeugs nicht nur Verbesserungen, sondern auch Mängel. In PSP X konnte man noch mit der Maus auf den Bildpunkt in der Vorschau klicken, dessen Helligkeit verändert werden sollte. Damit wurde automatisch ein Ankerpunkt gesetzt, der nun nur noch mit den Pfeiltasten in die gewünschte Richtung geschoben werden musste. Diese praktische und intuitive Methode funktioniert in PSP XI nicht mehr. Auch die Felder für die direkte Eingabe von Input- und Output-Werten eines Ankerpunktes sind weggefallen, diese Werte werden jetzt nur noch angezeigt (**1**).

Mit dem markierten Ankerpunkt in Abbildung **1** habe ich die viel zu dunklen Schatten und Mitteltöne im Testbild aufgehellt, mit einem zweiten den weiteren Kurvenanstieg begrenzt, damit die Lichter nicht ausfressen. Vermeiden Sie sehr flache oder gar abfallende Kurvenstücke – diese führen zu flauen, kontrastarmen Bildbereichen oder sogar zu teilweiser Tonwertumkehr (Negativeffekt).

Auch unser Testbild hat schon etwas an Farbkraft verloren. Im Histogramm (**2**) können Sie sehen, warum: Die höchsten Pixelberge werden zwar nach rechts verschoben, also aufgehellt, dabei jedoch auch gestaucht. Sie müssen sich nun einen deutlich kleineren Tonwertumfang teilen. Ein geringerer Tonwertumfang bedeutet weniger Kontrast – und da die Pixelberge in der Regel die bildwichtigen Bereiche sind (nämlich die mit den meisten Pixeln), wird das Bild flauer.

Mit einem Trick können Sie dem Kontrastverlust begegnen und zumindest die Farben wieder restaurieren: Bearbeiten Sie nicht das Original, sondern eine Ebenenkopie des Bildes und vermischen Sie diese anschließend mit dem Original per Mischmodus **Helligkeit** (**3**). Diese Methode funktioniert übrigens auch bei anderen Bildbearbeitungen, die Farben unerwünscht verändern.

Die beiden Endpunkte der Kurve sind ebenfalls verschiebbar. Ganz ohne neu gesetzte Ankerpunkte können Sie so jede mögliche Einstellung des Dialogs **Helligkeit/Kontrast** auch mit **Kurven** erreichen. Verschieben Sie versuchsweise einmal die Endpunkte gegensinnig nach rechts und links bzw. nach oben und nach unten und beobachten dabei, was mit dem Histogramm geschieht (**4**).

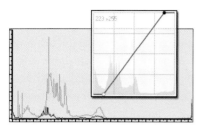
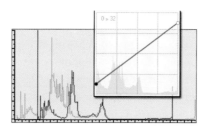
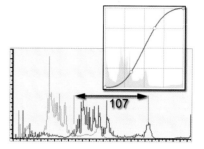

4 Dehnung (links) und Stauchung (rechts) eines Histogramms mit dem Kurven-Werkzeug. Dabei werden (ganz genau wie mit **Helligkeit/Kontrast**) auch Schwarz- und Weißpunkt verschoben. Das Ausgangshistogramm ist schwach eingeblendet.

5 Dehnung der Mitteltöne mit einer S-förmigen Gradationskurve. Solche Verbiegungen sind ein probates Mittel zur Kontrasterhöhung und lassen sich mit dem Kurven-Werkzeug von PSP XI besser als mit der Vorgängerversion bewerkstelligen. Vorgeformte Kurven in S- und gespiegelter S-Form finden Sie im Dialog **Histogrammanpassung**.

Sinnvoller sind S-förmige Verbiegungen der Gradationskurve, die sich als Dehnung und damit Kontrasterhöhung der Mitteltöne auswirken (**5**). Gegensinnige Verformungen (gespiegeltes S) machen die Mitteltöne flauer und erhöhen den Kontrast in den Schatten und Lichtern.

Niveaus

Auch dieses klassische Bildbearbeitungswerkzeug (Anpassen>Helligkeit und Kontrast>Niveaus) wurde von Corel in PSP XI überarbeitet und um ein eingeblendetes Histogramm, Pipetten und Automatikfunktionen ergänzt. Gegenüber der Vorversion fehlen allerdings die Regler zum *Stauchen* des Histogramms, die in PSP X mit **Output-Niveaus** bezeichnet waren. Eine vergleichbare Funktion gibt es jetzt nur noch im Werkzeug **Histogrammanpassung**, das jedoch nicht als Anpassungsebene zur Verfügung steht.

Die Korrekturen lassen sich (ebenso wie beim Kurvenwerkzeug) im »Kanal« RGB oder in einem der RGB-Einzelkanäle vornehmen. Die Standardeinstellung RGB ist der »Summenkanal« (auch **Composite** genannt). Hier vorgenommene Einstellungen beeinflussen alle drei RGB-Kanäle in gleicher Weise. Es ist also egal, ob Sie die Einzelkanäle getrennt, aber exakt gleich einstellen, oder dieselbe Einstellung nur im Summenkanal vornehmen.

Mit den drei Reglern und den drei korrespondierenden Eingabefeldern werden der **Schwarzpunkt**, der **Weißpunkt** und die Helligkeit der **Mitteltöne** neu festgelegt. Jede Verschiebung des Schwarz- und/oder Weißpunktes bewirkt eine Dehnung des Histogramms und damit eine Kontrasterhöhung. Eine Verschiebung des Mitteltonreglers verbiegt die Kurve nach einer Gammafunktion. Die Charakteristik unterscheidet sich deutlich von der Verbiegung der Gradationskurve, wie sie mittels eines Ankerpunkts im Kurven-Dialog vorgenommen werden kann. Die Gammafunktion allein führt *niemals* zum »Anstoßen« der Kurve und damit zum Clipping – mit einem Ankerpunkt kann dies dagegen sehr schnell geschehen.

6 Der Filter **Niveaus** mit Einstellungen für eine kräftige Kontrasterhöhung des Bildes. Das Originalbild enthält kein tiefes Schwarz und kein reines Weiß, wie im Histogramm gut zu sehen ist. Mit dem Heranziehen der Regler an die Enden des Histogramms wird dies korrigiert. Der Mitteltonregler zeigt an, bei welchem Input-Tonwert (hier 158) der Output-Tonwert 128 ist. Dieser Wert verändert sich deshalb beim Ziehen der anderen Regler ebenfalls, obwohl der intern wirkende Gammawert exakt 1,00 bleibt. Auch das ist ein Nachteil des neuen Dialogs.

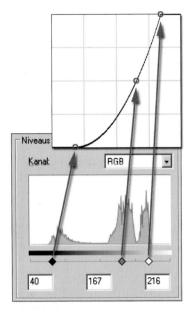

1 Niveaus-Dialog mit den Reglern für **Schwarz-punkt**, **Mitteltöne (Gamma)** und **Weißpunkt** (v. l. n. r.) und deren Auswirkungen auf die Bildgradation, sichtbar an der eingeblendeten Tonwertkurve. Wenn es Ihnen gelingt, im Kurven-Dialog die exakt gleiche Kurve einzustellen, erhalten Sie auch das gleiche Ergebnis.

2 Die Korrektur in den Einzelkanälen bietet viel mehr Möglichkeiten, ist aber langwieriger. Sie können mit solchen manuellen Korrekturen das Ergebnis einer automatischen Korrektur noch verbessern oder ändern. Hier habe ich nach dem Setzen von Schwarz- und Weißpunkt per Pipette (siehe übernächste Seite) die Mitteltöne im Rotkanal per Gammaregler abgedunkelt und damit die farbige Tonung erzielt.

Manuelle Korrekturen mit Kurven und Niveaus

Tonwertkorrekturen werden notwendig, wenn die Schatten eines Bildes nicht richtig schwarz und/oder die Lichter nicht richtig weiß sind – also grau sind oder sogar einen Farbstich haben. Wir sprechen von der Einstellung des **Schwarz-punktes** und des **Weißpunktes**. Des Weiteren müssen oft die **Mitteltöne** aufgehellt oder abgedunkelt werden. Das in den Filterdialogen **Kurven** und **Niveaus** eingeblendete Histogramm ist zwar statisch, d. h., es zeigt die gerade gemachten Änderungen nicht an, trotzdem ist es bei solchen manuellen Tonwertkorrekturen eine große Hilfe. In beiden Filtern können Sie sowohl den Summenkanal **RGB** als auch die drei RGB-Einzelkanäle bearbeiten. Im ersten Fall zeigt das Histogramm zu jedem Tonwert die Summe der Pixel an, die diesen Tonwert in einem der drei Kanäle haben.

Schwarzpunkt setzen Wenn die Histogrammkurve das linke Ende nicht berührt, fehlt im Bild tiefes Schwarz. Verschieben Sie im Niveaus-Dialog den linken Regler (oder im Kurven-Dialog den linken Ankerpunkt) so weit nach rechts, bis er gerade unter dem Beginn der Histogrammkurve steht (**1**). Alle Bildpixel, die mindestens ebenso dunkel sind wie der eingestellte Wert, sollten nun schwarz werden.

Falls Sie diese Korrektur am »RGB-Kanal« vornehmen, stimmt dies aber nur bedingt. Dann werden nämlich die RGB-Werte der dunklen Pixel alle um den gleichen Betrag verringert. Wenn diese Pixel viel Rot enthalten, muss eine relativ starke Korrektur erfolgen, um Rot zu entfernen – weil aber damit von Grün und Blau ebenso viel weggenommen wird, kann es hier bereits zum **Clipping**, d. h. zum Abschneiden von Tonwerten und damit zum Zeichnungsverlust kommen. Nur wenn Sie die Korrektur in jedem Farbkanal individuell vornehmen, ist Letzteres ausgeschlossen (**2**). Das ist aber langwierig. Schneller geht es mit einer der unten erläuterten Automatikfunktionen.

Weißpunkt setzen Wenn das Histogramm nicht bis ans rechte Ende des Diagrammfensters reicht, fehlt im Bild reines Weiß. Die Korrektur erfolgt analog zum Setzen des Schwarzpunktes und es gibt die gleichen Probleme – die hier allerdings störender sind, da wir Farbänderungen in hellen Bildbereichen eher sehen als in dunklen.

Mitteltöne korrigieren Während das Setzen von Schwarz- und Weißpunkt im Kurven- und Niveaus-Dialog prinzipiell auf die gleiche Weise vorgenommen wird, gibt es bei der Korrektur der Mitteltöne Unterschiede. Im Kurven-Dialog können Sie durch Setzen mehrerer Ankerpunkte jede gewünschte Charakteristik einstellen. Im Niveaus-Dialog ist nur ein »Ankerpunkt« möglich, der mit dem Mitteltonregler – der eigentlich ein Gammaregler ist – verschoben wird. Bis PSP X zeigte das zugehörige Feld wirklich den Gammawert an, in PSP XI dagegen den Helligkeitswert im Originalbild (Input-Tonwert), der auf den Tonwert 128 gesetzt wird (**1**). Beachten Sie, dass eine Verschiebung des Mitteltonreglers nach links die Mitteltöne aufhellt, eine Verschiebung nach rechts das Bild abdunkelt.

Clipping kontrollieren Wichtig ist, bei allen Korrekturen das ungewollte Abschneiden von Tonwerten zu vermeiden. Halten Sie beim Ziehen des Schwarzpunkt- oder Weißpunkt-Reglers die `Strg`-Taste gedrückt, wird das Vorschaubild schwarz und Bereiche, wo Clipping auftritt, werden hell (**3**). Dies können Sie zum schnellen Korrigieren nutzen: Ziehen Sie die Regler bei gedrückter `Strg`-Taste nach rechts bzw. links, bis Clipping gerade auftritt. Ein geringes Clipping ist oft erwünscht, um Spitzlichter zu schaffen und die Tiefen voller werden zu lassen.

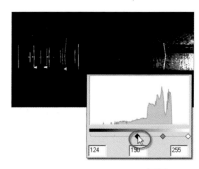

3 Clipping-Anzeige mit gedrückter `Strg`-Taste: Weiß oder (je nach Kanal) farbig werden in der Vorschau die »beschnittenen« Bildbereiche.

Automatische Korrekturen mit Kurven und Niveaus

Beide Filter erlauben ab PSP XI die automatische Korrektur von Histogrammfehlern. Solche Automatiken sind eigentlich nichts Neues: Auch die Befehle **Histogramm dehnen** (≫200) und **Verblasste Farben korrigieren** (≫211) stellen automatische Tonwertkorrekturen mit teilweise ähnlicher Wirkung dar. Der große Vorteil der neuen Automatiken liegt darin, dass alle automatisch vorgenommenen Einstellungen sofort manuell verändert und angepasst werden können. Übrigens muss jede Automatik die Original-Tonwertverteilung des Bildes (das Histogramm) analysieren und berücksichtigen – mit den Automatikfunktionen zählen diese Filter also eigentlich schon zu den Histogrammwerkzeugen.

4 Mit diesen in den Filtern **Kurven** und **Niveaus** vorhandenen Schaltflächen erledigen Sie einige Korrekturen automatisch.

Es gibt drei Automatiken: **Kontrast**, **Farbe** und **Niveaus**. Eine vierte Schaltfläche dient zur Einstellung der **Optionen** (**4**). Mit **Zurücksetzen** werden – genau wie mit der Symbolschaltfläche ![] – alle Regler (und damit auch die automatischen Einstellungen) auf den Standard zurückgesetzt. Eine Möglichkeit, nur die Einstellungen des gewählten Kanals zurückzusetzen, gibt es leider nicht. Beachten Sie, dass jede automatische Korrektur alle vorher manuell oder per Pipette vorgenommenen Einstellungen überschreibt.

Die Optionen-Einstellungen gelten sowohl für **Kurven** als auch für **Niveaus**, die Automatikfunktionen selbst sollten auch identisch sein, sind es aber wegen eines Fehlers im Niveaus-Filter nicht.

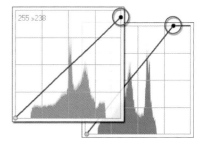

5 Die Farbautomatik bewirkt hier im Rotkanal eine Kontrastverringerung (Stauchung), im Blaukanal eine Kontrasterhöhung (Dehnung des Histogramms).

Kontrast Diese Funktion vermindert bzw. erhöht die RGB-Tonwerte der dunkelsten und hellsten Pixel im Bild um den Betrag ihrer Lab-Helligkeit. Alle anderen Tonwerte werden proportional angepasst. Da die Korrektur in allen Kanälen gleich erfolgt, sehen Sie die Veränderung nur im »RGB-Kanal«. In den Einzelkanälen werden keine Einstellungen vorgenommen. Das Ergebnis ist eine Kontrasterhöhung, ohne dass sich die Farben der Schatten und Lichter verändern. Ein eventueller Farbstich wird damit *nicht* entfernt.

Farbe Die Korrektur erfolgt *separat* in allen RGB-Einzelkanälen so, dass die dunkelsten und hellsten Pixel entfärbt werden, aber ihre Helligkeit erhalten bleibt. Dazu müssen die Histogramme der Einzelkanäle teilweise gespreizt, teilweise gestaucht werden. Im Kurven-Dialog können Sie dies gut sehen (**5**). Ein eventueller Farbstich wird damit meist komplett entfernt.

6 Die Automatiken arbeiten nur im Kurven-Dialog korrekt. Im Niveaus-Dialog entfernt die Farbautomatik einen Farbstich nicht komplett.

Im Filter **Niveaus** funktioniert dies jedoch nicht wie gewünscht, da eine Stauchung des Histogramms hier offenbar auch intern nicht möglich ist (**6**). Benutzen Sie deshalb für die Farbautomatik *immer* den Kurven-Filter!

1 Empfehlenswerte Automatik-Optionen

Farbverschiebungen korrigieren

Bei der Niveaus- und der Kontrastautomatik kann es (bedingt durch die feste Korrektur der RGB-Werte mit dem Wert der Lab-Helligkeit) zu unerwünschten Farbverschiebungen kommen. Um dies zu vermeiden, bietet sich auch hier die Kombination des korrigierten Bildes mit dem unkorrigierten Bild per Ebenenmodus **Helligkeit** an, wie auf Seite ≫**190** beschrieben.

Niveaus Dieser Modus stellt eine Kombination der Kontrast- und der Farbautomatik dar. Das Ergebnis ist ein Bild mit reinweißen Spitzlichtern und tiefschwarzen Schatten, wie es in den meisten Fällen erwünscht ist.

Wenden Sie auch diese Automatik nur im Kurven-Dialog an, da sie im Niveaus-Dialog nicht korrekt arbeitet.

Optionen Die Einstellungen hier beeinflussen das Verhalten an der **Histogrammbegrenzung**. Mit Untergrenze und Obergrenze legen Sie den Prozentsatz an Pixeln fest, der bei der Entscheidung, was »dunkelster« bzw. »hellster« Pixel ist, außer Acht gelassen wird. Je höher diese Werte sind, desto mehr Pixel werden tiefschwarz bzw. reinweiß. Stärke wirkt nur auf die Kontrastautomatik und begrenzt die Korrektur auf den eingestellten Wert (**1**).

Die Pipettenfunktionen von Kurven und Niveaus

Die drei Pipetten unter **Farben** im Kurven- und im Niveaus-Dialog bieten weitere (halb-)automatische Alternativen zur schnellen Tonwertkorrektur. Ähnliche Pipetten gab es bereits bis PSP 9 im Dialog **Schwarz- und Weißpunkt** (den Sie wieder reaktivieren können und den ich deshalb weiter unten bespreche).

Die linke und die rechte Pipette dienen zum Festlegen des **Schwarzpunktes** und des **Weißpunktes**. Wählen Sie erst eine Pipette aus und klicken dann im linken Vorschaufenster des Dialogs auf einen Bildpunkt, der schwarz bzw. weiß werden soll. Sofern er von dieser **Zielfarbe** nicht zu stark abweicht, werden die Regler bzw. Ankerpunkte in den RGB-Einzelkanälen so weit verschoben, dass der angeklickte Punkt tatsächlich schwarz bzw. weiß wird. Andere Zielfarben lassen sich in diesem Dialog nicht wählen, wohl aber im erwähnten Dialog **Schwarz- und Weißpunkt**.

Wenn Sie mit den Pipetten den dunkelsten und den hellsten Bildpunkt anklicken, gleicht das Ergebnis der Automatikfunktion **Niveaus**. Mit Punkten, die etwas heller bzw. dunkler sind als die Extremwerte, erreichen Sie Kontrastverstärkungen, die sich mit den Automatiken nicht erzielen lassen. Bedenken Sie aber, dass (genau wie beim manuellen Verschieben der Regler) alle Bildpunkte mit Helligkeiten jenseits der angeklickten Punkthelligkeiten ebenfalls völlig schwarz bzw. weiß werden.

Den **Graupunkt** wählen Sie auf analoge Weise mit der mittleren Pipette in einem Bildbereich mittlerer Helligkeit. Der Punkt wird entfärbt, behält aber seine Helligkeit. Wenn Sie sich die RGB-Einzelkanäle anschauen, sehen Sie, dass dabei die Mitteltonregler verschoben (Niveaus-Dialog) bzw. die Gradationskurven verbogen werden (Kurven-Dialog). Schwarz- und Weißpunkt sollten in jedem Fall erhalten

2 Das Setzen von Schwarz- und Weißpunkt (hier im Kurven-Dialog) wirkt auf die Gradationskurven der Einzelkanäle. Das Farbfeld rechts unten zeigt die gemittelte Farbe (aus 4*4 Pixeln) unter dem Mauszeiger. Dessen genaue RGB-Werte werden leider nirgends angezeigt.

bleiben. Ich erlebte jedoch manchmal bei kontrastarmen Bildern, dass in einem oder mehreren Kanälen statt des mittleren der ganz linke Ankerpunkt verschoben wurde. Kontrollieren Sie also bei unerwarteten Ergebnissen die einzelnen RGB-Kanäle.

Die Grau-Pipette liefert unterschiedliche Ergebnisse, je nachdem, ob sie im Kurven- oder im Niveaus-Dialog verwendet wird. Das ist hier prinzipbedingt: Wie Sie schon bei der Aufhellung des Kirchturmfotos (≫190) gesehen haben, reicht ein Ankerpunkt oft nicht aus, um die Kurve wunschgemäß zu verbiegen. Mit der Grau-Pipette wird aber stets nur ein einziger Ankerpunkt gesetzt. Deshalb erreicht man mit der Grau-Pipette des Kurven-Dialogs oft keine vollständige Entfärbung des angeklickten Punktes. Es kann sogar zu stärkeren Umfärbungen und Farbfehlern in anderen Bildbereichen kommen. Benutzen Sie deshalb besser die Grau-Pipette des Niveaus-Dialogs – oder kontrollieren Sie zumindest, was die Automatik anrichtet. Fehler wie in Abbildung **3** oben (die Kurve sollte nicht an der oberen Begrenzung anstoßen) können Sie natürlich auch ganz schnell mit einem weiteren, manuell gesetzten Ankerpunkt korrigieren.

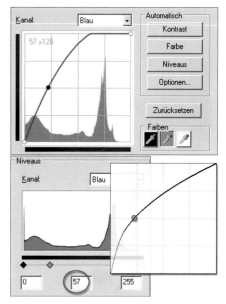

Ein alternativer Kurven-Filter: SmartCurve

SmartCurve ist ein kostenloses Plugin, das Sie auf der Buch-CD finden. Es weist einige der beschriebenen Schwächen nicht auf und verfügt über viele weitere Funktionen (**4**). So lassen sich Kurvenpunkte per Mausklick ins Vorschaubild setzen sowie auch geradlinige und per Hand gezeichnete Kurven erstellen. Das integrierte Histogramm zeigt »live« alle Änderungen an. Für die drei Pipetten lassen sich Zielfarben wählen, die Grau-Pipette kann (ähnlich wie in der **Intelligenten Fotokorrektur**) auch mehrfach gesetzt werden. Zudem ist eine Clipping-Warnung integriert.

3 Während eine Farbstichkorrektur per Grau-Pipette im Kurven-Dialog schnell zum Abschneiden von Tonwerten (Clipping) führt (oben), kann dies im Niveaus-Dialog nicht geschehen (unten). In beiden Fällen wurde mit der Pipette derselbe Bildpunkt angeklickt.

4 Der Dialog des SmartCurve-Plugins. Oberfläche und die ausführliche Hilfe sind deutsch. Sie finden das Plugin auch im Internet unter http://free.pages.at/easyfilter/smartcurve.html.

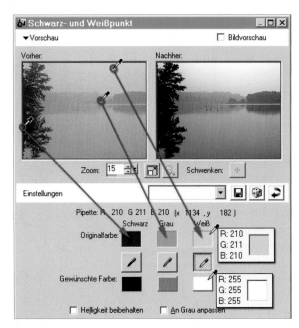

1 Drei ausgewählte Bildfarben werden mit drei Pipetten aufgenommen und auf drei Zielfarben gesetzt. Die Quellfarben können auch direkt aus dem Originalbild entnommen werden (dabei sollte die Vorschau ausgeschaltet sein). Zielfarben können Sie außer aus der Farbpalette auch direkt aus dem Bild oder einem beliebigen anderen Fenster entnehmen. Zeigen Sie dazu mit der Maus auf eines der Zielfarbfelder, drücken die Strg-Taste und klicken (ohne die Taste loszulassen) anschließend auf die gewünschte Farbe.

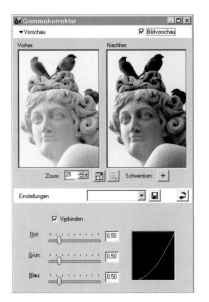

2 Der Filter **Gammakorrektur** und einige damit einstellbare Gammakurven

Der Dialog Schwarz- und Weißpunkt

Dieser »klassische« Dialog diente bis PSP 9 zum Setzen von Schwarz-, Weiß- und Graupunkt. In PSP XI finden Sie ihn unter Ansicht>Anpassen>Befehle>Nicht verwendete Befehle. Sie können ihm ein Tastaturkürzel zuweisen oder ihn als Symbol in eine Symbolleiste ziehen. Der Dialog bietet ein paar zusätzliche, in den neuen Pipettenfunktionen nicht enthaltene Optionen, weshalb sich die Reaktivierung möglicherweise lohnt.

Jeder der drei Pipetten sind hier zwei Farbflächen zugeordnet (**1**). Unter **Originalfarbe** wird die angeklickte Farbe angezeigt. Dies ist die *Quellfarbe*, die in die *Zielfarbe* umgewandelt wird (die in diesem Dialog **Gewünschte Farbe** heißt), wobei alle anderen Farben entsprechend angepasst werden. Auch die Mausposition und die RGB-Werte der Quellfarbe, die ich bei den neuen Pipettenfunktionen im Kurven- und Niveaus-Dialog vermisse, werden hier angezeigt.

Unter **Gewünschte Farbe** finden Sie standardmäßig Schwarz, Weiß sowie ein 50-Prozent-Grau (Tonwert 127). Sie können als Zielfarbe aber (das ist der Vorteil dieses Dialogs) jede beliebige Farbe wählen. Ein Klick auf ein Farbfeld öffnet den Farbauswahl-Dialog. Die Option **An Grau anpassen** beschränkt hier die Auswahl auf Grautöne.

Zum Setzen von Schwarz- und Weißpunkt muss Helligkeit beibehalten deaktiviert sein, andernfalls werden nur die Farben, aber nicht die Helligkeiten der angeklickten Bildbereiche geändert. Zum Setzen des Graupunktes sollten Sie diese Option wieder einschalten, denn dabei soll ja nur die Farbe verändert werden.

Wenn Sie aber nicht gerade eine abweichende Zielfarbe benötigen, sind die Pipetten des Niveaus-Dialogs für solche Aufgaben besser geeignet, denn damit lassen sich qualitativ bessere Ergebnisse erzielen.

Gammakorrektur

Eigentlich ist der Mitteltonregler im Niveaus-Dialog ein Gammaregler, jedoch können Sie keinen Gammawert direkt eingeben. Falls dies einmal nötig wird, müssen Sie die **Histogrammanpassung** (»199) bemühen oder (wie auf Seite »185 beschrieben) einen weiteren Nicht verwendeten Befehl aktivieren: **Gammakorrektur.** Auch der Tastaturbefehl ⇧ G öffnet diesen Dialog – sogar noch in PSP XI.

Der Dialog enthält drei Regler für die Farbkanäle **Rot**, **Grün** und **Blau**. Bei deaktivierter Option Verbinden lassen sie sich einzeln verschieben, was Farbänderungen bewirkt. Eine Tonwertkurve zeigt die Gradationsänderung an – allerdings sehr klein und ungenau (**2**).

Möglich sind Gammawerte zwischen 0,2 und 5,0, wobei die niedrigsten Werte seit PSP X nicht funktionieren. Zwar lässt sich 0,2 einstellen, doch das wirksame Gamma beträgt minimal 0,25 (**2**). Ansonsten ist die Gammakurve mathematisch exakt, was aber für dunkle Bildbereiche eher nachteilig ist. Die beiden Dialoge **Niveaus** und **Histogrammanpassung** benutzen deshalb etwas modifizierte Gamma-Algorithmen (≫**199**). Näheres zum Gammawert finden Sie auf Seite ≫**81**.

Aufhellblitz und Hintergrundbeleuchtung

Ein **Aufhellblitz** soll im Schatten liegende Motivbereiche aufhellen und damit den Motivkontrast verringern, beispielsweise bei Gegenlichtaufnahmen. Das gleichnamige Werkzeug von Paint Shop Pro (Anpassen>Aufhellblitz) hellt ebenfalls die Schattenbereiche eines Bildes auf und macht damit das Bild heller und etwas weicher. Intern wird dazu die Gradation in den Schatten und Mitteltönen verändert: Die Tiefen werden stark angehoben – bis zur Verdopplung bei den »Dreivierteltönen« bei Tonwert 64 –, die Mitteltöne auch noch etwas, die Lichter dagegen gar nicht beeinflusst (**3**).

Für eine wunschgemäße Aufhellung unseres Testbildes ist die höchste **Stärke** von 100 fast noch zu gering. Per Regler **Sättigung** kann der Farbkontrast angepasst werden. Schon in Nullstellung werden die Farben sehr gut erhalten – bei der Korrektur mit dem Kurven-Werkzeug mussten wir für den

3 Dialog **Aufhellblitz** und die Tonwertkurve und die Wirkung auf das Testbild bei einer **Stärke** von 100

gleichen Effekt den Trick mit den überlagerten Ebenen anwenden. Die Sättigung lässt sich zwischen -100 und +100 wählen, die Wirkung ist ebenfalls auf die Schattenbereiche beschränkt.

Sehr starke und dabei qualitativ befriedigende Schattenaufhellungen lassen sich mit Filtern, die lediglich mit Gradationsänderungen arbeiten, nicht erzielen. Dies gelingt nur bei gleichzeitiger **Maskierung** der tiefen Tonwertbereiche, wie es z. B. die Funktion **Fill Light** in RawShooter Essentials macht. Eine vergleichbare, in Paint Shop Pro anwendbare Technik stelle ich im nächsten Kapitel vor.

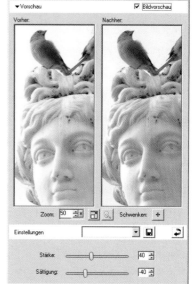

Der Filter **Hintergrundbeleuchtung** (Anpassen >Hintergrundbeleuchtung) ist die fast exakte Umkehrung des Aufhellblitzfilters – mit einem irreführenden Namen. Dieser Filter beleuchtet nichts, sondern dunkelt helle Bildbereiche ab (**4**). Sehr helle Bildstellen – die »Spitzlichter« – werden jedoch nicht beeinflusst. Am stärksten ist die Wirkung auf die Vierteltöne (bei 75 % Bildhelligkeit bzw. Tonwert 192), diese werden bei maximaler Einstellung auf unter 50 % Helligkeit abgesenkt. Die Sättigung kann ebenfalls beeinflusst werden.

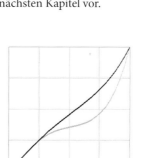

4 Eine leichte Abdunklung der Vierteltöne macht die Modellierung des Statuenkopfes besser sichtbar. Zusätzlich wurde die Sättigung verringert. Die Tonwertkurve zeigt die Wirkungen der Dialogeinstellung und (grau) der Maximaleinstellung.

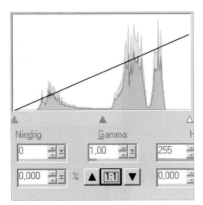

1 Paint Shop Pro wählt den vertikalen Maßstab von Histogrammen stets so, dass der höchste »Balken« gerade hineinpasst. Enthält ein Bild viele Pixel einer einzigen Farbe, werden diese im Histogramm zu einer langen Spitze, während der viel wichtigere »Rest« des Histogramms sehr klein dargestellt wird und manchmal gar nicht mehr sichtbar ist.

Das Histogramm im Filter **Histogrammanpassung** kann gegen solche Effekte vergrößert werden. Der linke Pfeil-Button vergrößert den Maßstab, der rechte verkleinert ihn, der Button in der Mitte setzt den Maßstab zurück.

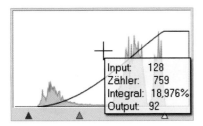

2 Das Histogramm im Dialogfenster zeigt die folgenden Informationen (kursiv: äquivalente Bezeichnungen in der Histogramm-Palette):

Input Tonwert unter dem Mauszeiger (*Wert*)

Zähler Anzahl der Pixel mit dem Input-Tonwert (unkorrigiertes Bild) (*in Bereich*)

Integral Prozentualer Anteil der Bildpixel, die den Input-Tonwert haben oder dunkler sind (unkorrigiertes Bild) (*% unter*)

Output Tonwert nach der Korrektur

Beispiel: Input-Tonwert 128 (mittlere Helligkeit, im Bild mit 759 Pixeln vertreten) wird durch die aktuelle Korrektur zu Tonwert 92 – das ist im Histogramm etwa dort, wo der Gammaregler (graues Dreieck) steht.

Histogrammwerkzeuge

Die Histogrammwerkzeuge beeinflussen die Bildgradation auch nicht viel anders als die Kurvenwerkzeuge, berücksichtigen dabei jedoch die Tonwertverteilung des konkreten Bildes. Voraussetzung dafür ist, dass sie dessen Histogramm nicht nur anzeigen, sondern daraus auch Messwerte entnehmen. In diesem Sinne sind die neuen Automatikfunktionen von **Kurven** und **Niveaus** ebenfalls Histogrammwerkzeuge – die Trennlinie lässt sich hier nicht scharf ziehen. Der folgende Dialog **Histogrammanpassung** ist dagegen eher ein »Kurvenwerkzeug«, lediglich in den Feldern **Niedrig** und **Hoch** werden Histogrammmesswerte angezeigt. Da aber die gesamte Funktion dieses Filters auf das – auch recht aussagekräftige – Histogramm abgestimmt ist (**1**, **2**), möchte ich damit die Gruppe der Histogrammwerkzeuge einleiten.

Wenn Sie mit früheren Versionen von Paint Shop Pro vertraut sind, werden Sie allerdings auch in diesem Dialog einen Verlust bemerken: Die **Histogramm-vorschau** gibt es in PSP XI nicht mehr. Wie sich das Histogramm verändert, sehen Sie nur bei aktivierter Vorschau in der Histogramm-Palette – und hier ist kein direkter Vorher-Nachher-Vergleich möglich.

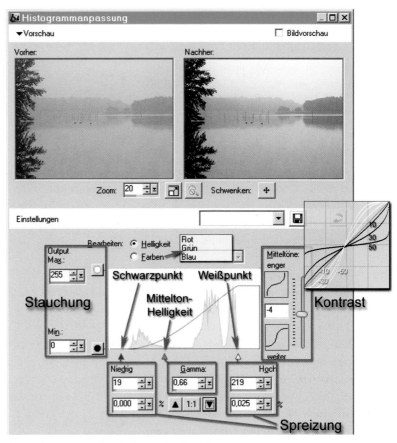

3 Die wichtigsten Einstellmöglichkeiten des Filters **Histogrammanpassung**

Histogrammanpassung

Das gleichnamige Werkzeug (Anpassen>Helligkeit und Kontrast>Histogrammanpassung Strg ⇧ H) zeigt nicht nur das Histogramm, sondern auch die Tonwertkurve an und gestattet Veränderungen von Schwarz- und Weißpunkt, des Gammas und des Bildkontrasts (3). Es ist damit fast ein Universalwerkzeug – lediglich individuelle Veränderungen der Gradationskurve, wie sie mit **Kurven** möglich sind, fehlen. Leider ist auch keine Bearbeitung von 16-Bit-Dateien möglich.

Bearbeiten Hier wählen Sie, ob sich die Korrekturen auf die Helligkeit des Bildes oder auf eine Farbe (einen einzelnen RGB-Kanal) auswirken sollen. Mit Helligkeit ist die **Lab-Helligkeit** (≫77) des Bildes gemeint. Das bedeutet: Wenn Sie bei einem Farbbild eine bestimmte Einstellung auf die Helligkeit und alternativ dazu die gleiche Einstellung nacheinander auf die drei Farbkanäle anwenden, erhalten Sie in der Regel *nicht* das gleiche Ergebnis.

Mitteltöne Der Schieberegler kann zwischen weiter und enger schrittweise von -50 nach +50 bewegt werden, was die Kurve in unterschiedliche S-Formen verbiegt. Mit weiter (negative Werte, S-förmige Kurven) werden die Mitteltöne gedehnt, mit enger (positive Werte, Kurven bilden ein spiegelverkehrtes S) gestaucht, was Sie am Histogramm kontrollieren können.

Am konkreten Bild macht sich die Dehnung allerdings vor allem als *Kontrasterhöhung*, die Stauchung als *Kontrastverringerung* bemerkbar. **Kontrast** wäre also die treffendere Bezeichnung für diesen Regler.

Gamma Dies ist der aus dem Filter **Gammakorrektur** bekannte, vor allem die Mitteltöne beeinflussende Gammaregler. Sofern Helligkeit gewählt ist, wirkt er auf die Lab-Helligkeit des Bildes, was für die Tiefen deutlich günstiger ist (4).

Zum Ändern der *Bildhelligkeit* sollten Sie stets zuerst den Regler **Gamma** probieren. Anschließend korrigieren Sie den *Kontrast* mit dem Regler **Mitteltöne**.

Niedrig und Hoch Diese Felder und Regler gestatten eine **Spreizung** des gesamten Histogramms. Wenn das Bild keine oder nur wenige sehr dunkle Pixel enthält, bleibt links vor dem Anfang der »Pixelberge« eine Lücke. Das Gleiche passiert am rechten Ende, wenn das Bild kein »richtig weißes« Weiß enthält. Durch Heranschieben der beiden Regler an Anfang bzw. Ende der Pixelberge wird das Histogramm gedehnt, bis es den zur Verfügung stehenden Platz (mindestens) voll ausfüllt. Das »Abschneiden« eines geringen Prozentsatzes (um 0,1 %) sehr heller und sehr dunkler Pixel ist manchmal erwünscht, um tiefe Schatten und helle Spitzlichter ins Bild zu bekommen (5).

Schwarz- und Weißpunkt werden durch die Spreizung neu gesetzt. Wenn Sie Helligkeit bearbeiten, erfolgt dabei keine Farbanpassung, d. h. keine Änderung der Farbtemperatur. Um den Weißpunkt wirklich auf »Weiß« (und nicht auf eine sehr helle Farbe) zu setzen, müssen Sie **Hoch** in jedem der RGB-Kanäle einzeln an die Histogrammenden heranführen (analog mit **Niedrig**). Schneller geht dies jedoch mit den Pipetten und Automatikfunktionen des Dialogs **Kurven**.

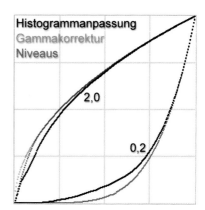

4 Alle drei Gammaregler in PSP arbeiten etwas anders: **Gammakorrektur** arbeitet mathematisch exakt (grau bzw. unter der roten Kurve). Die Farbkanal-Gammaregler von **Niveaus** und **Histogrammanpassung** begrenzen den Anstieg in den Tiefen (nach ITU-R Rec. 709 ≫82 – obere rote Kurve). Bei Bearbeitung des »Helligkeitskanals« der **Histogrammanpassung** werden die RGB-Werte indirekt über die Gammakorrektur der Lab-Helligkeit beeinflusst, was die Aufhellung der Tiefen noch besser begrenzt und zudem bei kleinen Gammawerten deren »Absaufen« besser verhindert (untere schwarze Kurve).

In **Intelligente Fotokorrektur** gibt es eine weitere Variante (≫202).

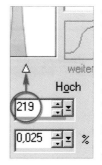

5 Das Feld **Hoch** zeigt den *alten* Tonwert des *neuen* Weißpunkts an. Alle Pixel mit diesem und höheren Tonwerten werden auf 255 gesetzt. Wie viele Pixel das (in Prozent aller Bildpixel) sind, steht im Feld darunter. **Niedrig** und Schwarzpunkt funktionieren analog.

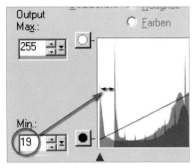

1 Diese Stauchung des Histogramms um 19 Tonwerte bewirkt, dass die dunkelsten Bildpixel den Tonwert 19 (anstatt 0) erhalten. Das graue Histogramm ist das Originalhistogramm, das rote zeigt die Veränderung nach der Stauchung. Leider zeigt PSP XI eine solche Histogrammvorschau nicht mehr an.

Output Die beiden Regler **Min.** und **Max.** sind die Gegenstücke zu den eben genannten Reglern **Niedrig** und **Hoch**: Sie erlauben eine **Stauchung** des gesamten Histogramms (**1**). Da es die Output-Regler im neuen Niveaus-Dialog von PSP XI nicht mehr gibt, können Sie solch eine Stauchung nun nur noch mit diesem Dialog oder (etwas weniger anschaulich) im Kurven-Dialog vornehmen. Ein gestauchtes Histogramm enthält links und/oder rechts Lücken, d. h., es fehlen sehr dunkle und sehr helle Pixel. Stärkere Stauchungen machen das Bild flau und kontrastarm, geringe sind manchmal für den Ausdruck auf Vierfarbdruckmaschinen nötig, damit die Schatten nicht zulaufen (mit schwarzer Farbe) und die Lichter noch ein wenig Druckraster enthalten.

Histogramm dehnen

Dieser Befehl hat keine Optionen. Sie starten ihn aus dem Menü (Anpassen>Helligkeit und Kontrast>Histogramm dehnen) oder per Tastaturbefehl ⇧T. Er macht im Prinzip das Gleiche wie die Niveaus-Automatik im Kurven-Dialog: Das Histogramm wird gedehnt, bis wenigstens *ein* Pixel völlig schwarz und *ein* Pixel völlig weiß ist. Umgekehrt genügt ein einziges schwarzes oder weißes Störungspixel, um die Automatik auszuhebeln. Histogrammbegrenzungen wie in den Automatik-Optionen lassen sich nicht einstellen. Deshalb ist dieser Filter in der Regel keine Hilfe. Verwenden Sie stattdessen die Automatik des Kurven-Dialogs oder **Verblasste Farben korrigieren** (≫211).

Histogramm angleichen

Ebenfalls ein automatisch arbeitender Befehl, den Sie aus dem Menü (Anpassen >Helligkeit und Kontrast>Histogramm angleichen) oder per Tastaturbefehl ⇧E starten. Bei vielen Bildern werden auf den ersten Blick erstaunliche Verbesserungen erreicht (**2, 3**). Intern erfolgt wie bei **Histogramm dehnen** eine Anpassung von Schwarz- und Weißpunkt, zusätzlich wird aber die Bildgradation so verändert, dass das Histogramm möglichst flach verläuft. Tonwertbereiche, auf die sehr viele Pixel entfallen, werden gedehnt (was einer Kontrasterhöhung entspricht), solche mit relativ wenigen Pixeln gestaucht (**4**). Damit arbeitet dieser Filter sehr gut die Zeichnung des Bildes vor allem in den dunklen Bereichen heraus. Die Lichter werden dagegen oft zu stark aufgehellt, hier kann auch Zeichnung verloren gehen. Dies ist leider nicht zu vermeiden, denn auch dieser Filter vollbringt keine Wunder. Da im Histogramm immer nur ein Gesamttonwertumfang von 256 Tonwerten zur Verfügung steht, führt die Dehnung einzelner Tonwertabschnitte zwangsläufig zu einer Stauchung (Kontrastverringerung) anderer Abschnitte.

Leider führt die rigorose Dehnung oft zu sogenannten **Tonwertabrissen** – sichtbaren Abstufungen in eigentlich homogenen Farbverläufen, zum Beispiel dem See und dem Himmel in Abbildung **2**. Um dies zu vermeiden, wäre eine individuelle Steuerung des Effekts wünschenswert. Es ist jammerschade, dass diese Angleichungsautomatik nicht Teil der neuen Automatikfunktionen des Kurven-Filters ist, denn dann wäre es möglich, die Wirkung nach der Anwendung noch von Hand zu korrigieren und abzumildern.

2 Histogramm angleichen bewirkt erstaunliche Kontrastverbesserungen – die damit ebenfalls verstärkten Bildfehler werden erst bei näherer Betrachtung sichtbar.

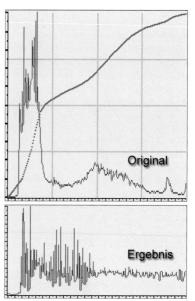

4 Ich habe das Originalhistogramm von Abbildung **3** in die Höhe gezogen und die vom Filter **Histogramm angleichen** darauf angewendete Gradationskurve darüber gelegt (rot). Das macht sichtbar, wie dieser Filter die Gradationsänderung in Abhängigkeit von den Pixelzahlen steuert. In Tonwertbereichen mit den meisten Pixeln erfolgt die stärkste Kontrastanhebung.

3 Auch zu kontrastreiche Bilder werden mit **Histogramm angleichen** deutlich verbessert.

Lichter, Mitteltöne und Schatten korrigieren

Während Sie bisher für jeden zu korrigierenden Tonwertbereich einen eigenen Filter öffnen mussten, gestattet **Lichter/Mitteltöne/Schatten** (Anpassen>Helligkeit und Kontrast>Lichter/Mitteltöne/Schatten ⇧M) die Korrektur aller drei Tonwertbereiche in einem einzigen Dialog (**5**). Trotzdem kann ich ihn als Ersatz für die Einzelfilter nur bedingt empfehlen. Das liegt vor allem an seiner kaum voraussehbaren Wirkung. Zwar sind flexiblere Einstellungen möglich als mit dem **Aufhellblitz** und seinem Pendant **Hintergrundbeleuchtung**, doch können ungünstige Kombinationen von Abdunklung und Aufhellung schnell zur Tonwertumkehr führen.

Wertebereiche und Wirkungen der drei Regler hängen von der **Anpassungsmethode** ab. Ist Relative Anpassungsmethode aktiviert, können die Reglerwerte zwischen -100 und +100 liegen.

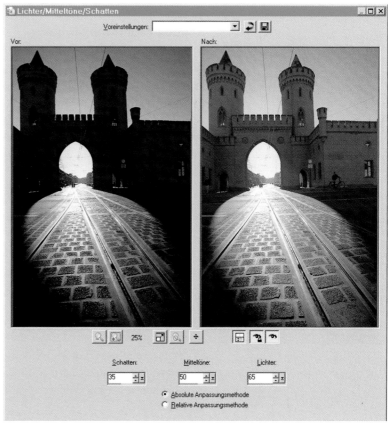

5 Dieses überwiegend dunkle Bild wird mit den empfohlenen Einstellungen durchweg aufgehellt.

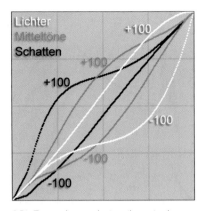

1 Die Tonwertkurven der jeweils maximalen und minimalen Einstellungen der Regler Lichter, Mitteltöne und Schatten (Relative Anpassungsmethode, Nullstellung der jeweils anderen zwei Regler).

Negative Werte dunkeln ab, positive hellen auf (**1**). Zwischen 0 und +100 hat der Schatten-Regler eine ähnliche (etwas stärkere) Wirkung wie **Aufhellblitz**, der Lichter-Regler wirkt zwischen 0 und -100 ähnlich wie **Hintergrundbeleuchtung**. Gleichgerichtete Einstellungen der anderen Regler können die Wirkung noch enorm verstärken.

Bei Aktivierung von Absolute Anpassungsmethode ändern sich die Wertebereiche auf 0 … 100. Laut Hilfe dient diese Methode zum »Festlegen der absoluten Position des 25 %-Histogrammpunktes (Schatten), des 50 %-Histogrammpunktes (Mitteltöne) und des 75 %-Histogrammpunktes (Lichter)«. Empfohlene Einstellungen sind 35 (Schatten), 50 (Mitteltöne) und 65 (Lichter). Diese führen bei einem Bild mit *ausgewogener* Helligkeitsverteilung zu einer leichten Schattenaufhellung und Absenkung der Lichter. Überwiegend helle Bilder werden mit den gleichen Einstellungen aber stark abgedunkelt, dunkle Bilder stark aufgehellt.

Diese Anpassungsmethode arbeitet (ebenso wie **Histogramm angleichen**) *adaptiv*, d. h., der Filter passt die Gradationsänderung an die Tonwertverteilung (das Histogramm) des aktuellen Bildes an. Das Ergebnis ist hier aber kaum voraussehbar, Korrekturen müssen nach der Versuch-und-Irrtum-Methode erfolgen. Voreinstellungen lassen sich nicht sinnvoll speichern, da sie auf unterschiedliche Bilder unterschiedlich wirken.

Intelligente Fotokorrektur

Die **Intelligente Fotokorrektur** kam erst in Paint Shop Pro X hinzu. Sie vereint einige der bisher vorgestellten Korrektur- und Automatikfunktionen in einem einzigen Dialog und kann zudem – besser als die **Histogrammanpassung** – mit Bildern in 16 Bit Farbtiefe umgehen. Aktivieren Sie auf jeden Fall Erweiterte Optionen, denn nur dann werden die Änderungen am integrierten Histogramm angezeigt (**3**). Wir wollen zuerst einmal die »Intelligenz« abschalten (mit Button 🔁 zurückstellen) und uns die Funktionen im Einzelnen anschauen:

Helligkeit Die drei Regler (Wertebereich -100 … +100) erlauben die Korrektur unterschiedlicher Tonwertbereiche. **Gesamt** entspricht dem aus anderen Dialogen bekannten Gammaregler, wirkt aber auf die (intern errechnete) Lab-Helligkeit des Bildes und wendet zudem einen einfacheren, letztlich aber besseren Algorithmus an (**2**). Sowohl die Anhebung als auch die Absenkung der Tiefen werden noch deutlicher begrenzt als mit dem Gammaregler des Filters **Histogrammanpassung** (**5**).

Der Regler **Schatten** hellt mit positiven Werten die Schattenbereiche etwas stärker auf als der Filter **Aufhellblitz**. Analog gilt dies für die Abschattung heller Bildbereiche per Regler **Lichter** (negative Werte) im Vergleich mit dem Filter **Hintergrundbeleuchtung**. Werden die Schatten angehoben und die Lichter abgesenkt, führt dies auch hier zur Kontrastverringerung der Mitteltonbereiche – bei hohen Reglerstellungen sogar bis zur Tonwertumkehr (**4**). Beide Regler können aber auch in die Gegenrichtung verschoben werden, was eine Kontrasterhöhung und als Tonwertkurve die dafür typische S-Form ergibt.

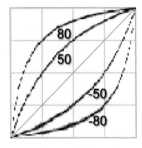

2 Ermittelt man die Tonwertkurven nicht in Abhängigkeit von den RGB-Werten, sondern von der Lab-Helligkeit, zeigt sich, dass hinter dem Regler **Gesamt** *keine* Gammafunktion steckt. Die Kurven sind völlig symmetrisch. (Die Funktion lautet $y = x*(t + 1)/(t*x - 1)$.)

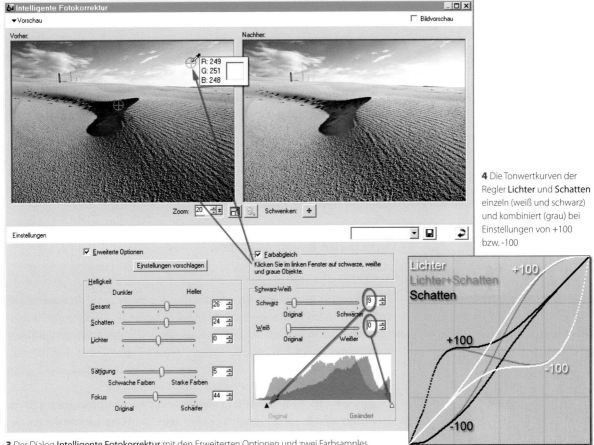

4 Die Tonwertkurven der Regler **Lichter** und **Schatten** einzeln (weiß und schwarz) und kombiniert (grau) bei Einstellungen von +100 bzw. -100

3 Der Dialog **Intelligente Fotokorrektur** mit den Erweiterten Optionen und zwei Farbsamples

Farbabgleich Diese Funktion arbeitet ähnlich wie die Grau-Pipette im Kurven-Dialog oder die drei Pipetten im Dialog **Schwarz- und Weißpunkt** bei aktivierten Optionen Helligkeit beibehalten und An Grau anpassen. Die angeklickten Bildbereiche werden entfärbt, alle anderen Farben angepasst. Paint Shop Pro setzt drei »Samplingpunkte« bereits automatisch beim Öffnen des Dialogs, Sie können diese aber löschen und eigene Punkte (auch mehr als drei) hinzufügen. In Abbildung **3** habe ich zwei Samplingpunkte manuell gesetzt.

Schwarz-Weiß Die zwei Regler **Schwarz** und **Weiß** (**3**) spreizen das Histogramm ähnlich wie **Niedrig** und **Hoch** im Dialog **Histogrammanpassung** und entfärben dabei gleichzeitig dunkle Bildbereiche. Farbe in den Lichtern wird dagegen kaum verändert. Das Histogramm unter den Reglern zeigt die (Lab-)Helligkeit des Originalbildes vor (grau) und nach der Korrektur (rot). Die zwei Dreiecke darunter markieren die Positionen von Schwarz- und Weißpunkt und lassen sich hier – anders als in der **Histogrammanpassung** und im Niveaus-Dialog – nicht direkt mit der Maus verschieben.

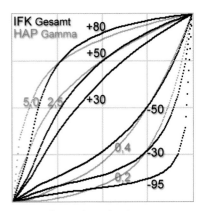

5 Tonwertkurven des Reglers **Gesamt** der **Intelligenten Fotokorrektur** (IFK) im Vergleich zum Gammaregler des Dialogs **Histogrammanpassung** (HAP)

Einstellungen vorschlagen

Mit diesem Button schalten Sie die »Intelligenz« des Filters (wieder) ein, wobei alle vorher manuell vorgenommenen Korrekturen verloren gehen. Automatisch werden Schwarz- und Weißpunkt und drei Samplingpunkte gesetzt und alle Regler, basierend auf einer internen Analyse des Fotos, voreingestellt. Für normale Tageslichtfotos sind diese Vorschläge meist schon recht gut geeignet. Bewusst dunkel gehaltene Fotos und Farbstimmungen – etwa ein Sonnenuntergang – werden aber teilweise stark überkorrigiert, so dass jede Stimmung verloren geht. Sie können aber alle diese automatisch vorgenommenen Korrekturen abmildern und beliebig verändern.

1 Die maximale Einstellung verdeutlicht die Arbeitsweise des Filters. Sie hebt hier die Wolken plastisch hervor, führt am Turm aber zu unakzeptablen Halos. Leider lassen sich solche Randeffekte auch durch eine vorherige *Auswahl* von Bildbereichen nicht verhindern. Hier hilft nur die *Maskierung* des Bildes weiter.

Sättigung Helligkeitskorrekturen mit der **Intelligenten Fotokorrektur** beeinflussen die Farbsättigung so gut wie nicht (auch dies ist ein Vorteil der internen Lab-Verarbeitung). Falls Sie die Sättigung trotzdem korrigieren wollen, können Sie diesen Regler dazu benutzen. Mit einer vollständigen Entsättigung (-100) erhalten Sie das gleiche Graustufenbild wie mit dem Befehl Bild>Graustufen.

Fokus Die Wirkung dieser Scharfzeichnungsfunktion entspricht bei stärkster Einstellung (100) exakt der des Filters **Stark scharfzeichnen** (≫234). Sie können weder eine Kontrastschwelle für die Schärfung einstellen noch diese auf die Helligkeit beschränken. Dies bedeutet, dass Rauschen mit geschärft wird und eventuell farbige Schärfungsartefakte an Rändern auftreten. Zwar ist die vorgeschlagene Fokuseinstellung meist so klein, dass solche Effekte noch nicht stören, trotzdem gibt es in Paint Shop Pro bessere Werkzeuge zum Schärfen.

Spezielle Kontrastfilter

Schärfekorrektur

Sie haben sich vielleicht schon gewundert, dass dieser Filter unter Anpassen>Helligkeit und Kontrast und nicht in einem Schärfe-Menü zu finden ist. Der Grund: Er erhöht nicht die Schärfe, sondern den *lokalen* Kontrast. Alle anderen Filter beeinflussen den Kontrast *global*, also im gesamten Bild (oder der gesamten Auswahl). Lokale Kontrasterhöhungen wirken dagegen nur im Abstand (**Radius**) von einigen Dutzend bis einigen Hundert Pixeln beidseits von Kanten.

Die **Schärfekorrektur** basiert allerdings auf einem Schärfungsalgorithmus (daher der Name), wie er ganz ähnlich auch den Filtern **Unscharf maskieren** und **Hochpass-Schärfen** zugrunde liegt. Diese wenden zuerst eine *Weichzeichnung* mit einstellbarem Radius auf das Bild an. Auch der Filter **Schärfekorrektur** zeichnet das Bild intern weich, was Sie bei höheren Stärke-Einstellungen deutlich als Halo in homogenen Bildbereichen sehen können (**1**). Hauptmangel dieses Filters ist, dass zwar die Effektstärke, aber nicht der Radius eingestellt werden kann. Sinnvoll lässt sich dieser Filter deshalb nur auf sehr detailreiche Fotos ohne große homogene Flächen (wie blauer Himmel) oder bei sehr kleinen Stärke-Einstellungen einsetzen. Ich bevorzuge für solche Kontrasterhöhungen den Unscharf-maskieren-Filter, mit dem sich beliebige Radien einstellen lassen. Leider arbeitet dieser sehr viel langsamer als die Schärfekorrektur.

Schwellenwert

Schwellenwert erhöht den Kontrast extrem – mehr geht nicht. Das Bild enthält anschließend nur noch Schwarz und Weiß. Pixel mit Tonwerten unterhalb des Schwellenwerts werden schwarz, solche mit gleichem oder höherem Tonwert weiß. Bei farbigen Pixeln, die ja nicht nur einen, sondern drei unterschiedliche Tonwerte haben (pro RGB-Kanal einen), wird daraus vorher die Helligkeit ermittelt. Meist geschieht dies über die Bildung der Luminanz, in welche die RGB-Tonwerte mit unterschiedlicher Wichtung eingehen.

So funktionierte der Schwellenwert-Filter von Paint Shop Pro bis zur Version 9, und so funktioniert auch in PSP X und XI die *Anpassungsebene* Schwellenwert. Den *Filter* (Anpassen>Helligkeit und Kontrast>Schwellenwert) hat Corel jedoch seit PSP X gründlich verändert. Jetzt wird nicht mehr die Luminanz, sondern die Lab-Helligkeit des Bildes zugrunde gelegt – und dies nicht nur bei Farb-, sondern sogar bei Graustufenbildern.

Deshalb hat der gewählte Schwellenwert nun mit den RGB-Tonwerten nicht mehr viel zu tun. Sogar bei Graustufenbildern sind die Abweichungen recht stark. Für definierte Umsetzungen ist dieser Filter deshalb ungeeignet – nehmen Sie stattdessen den Filter **Helligkeit/Kontrast** (≫189).

Auf Bildeffekte wirkt sich die Änderung kaum aus (**2**). Vielleicht hat Corel mit dieser Neuerung ja schon künftigen Entwicklungen (Verarbeitung von Bildern im Lab-Modus …) vorgegriffen. Ich wünsche mir aber (außer der korrekten Anzeige) eine Umschalt-Option zwischen altem und neuem Modus. Und gänzlich unbefriedigend ist, dass der Schwellenwert-Filter deutlich andere Ergebnisse bringt als die gleichnamige Anpassungsebene.

Poster

Dieser Filter verstärkt den Kontrast stufenweise und nach Farbkanälen getrennt. Eine solche *Tontrennung* bewirkt interessante grafische Effekte und wird gern für Illustrationen eingesetzt. Vielleicht ist der Filter deshalb unter Effekte>Kunsteffekte versteckt. Sie können im Dialog (**3**) die Anzahl der hier **Niveaus** genannten Tonstufen wählen (2 … 255), aber nicht deren Lage und Abstand. Für gute Ergebnisse sollte der Tonwertumfang des Bildes deshalb vorher optimiert werden, beispielsweise mit dem Filter **Histogramm angleichen** (**4**). **Poster** erhöht auch stark den Farbkontrast.

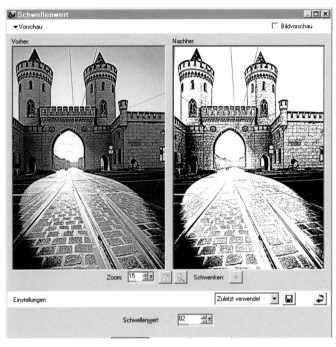

2 Strichzeichnung per Schwellenwert-Filter. Vorher wurde das Bild **Histogramm angleichen** und einer starken Scharfzeichnung unterzogen.

Luminanz und Lab-Helligkeit

Die beiden Helligkeitsdefinitionen gewichten nicht nur Farben, sondern auch Grautöne etwas anders. Als *Luminanz* behalten Grautöne ihren (zu einem zusammengefassten) RGB-Tonwert, als *Lab-Helligkeit* nicht. Ein mittleres Grau mit Tonwert 128 hat die Lab-Helligkeit 54 (der exakte Wert hängt vom Farbraum ab). Der Bereich 0 … 255 des Schwellenwertes entspricht den Lab-Helligkeiten 0 … 100.

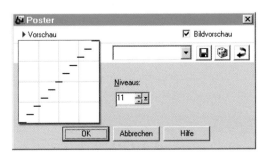

3 Dialog und Tonwertkurve des Poster-Effekts

4 Poster mit elf Stufen nach **Histogramm angleichen**

1 Die drei Pinsel für Tonwertkorrekturen

Pinselwerkzeuge

Die Werkzeugpalette enthält drei Pinselwerkzeuge zum Aufhellen und Abdunkeln von Bildbereichen durch »Malen« (**1, 6**). Dies geht bei gezielten, kleinflächigen Tonwertänderungen (beispielsweise dem Aufhellen von Gesichtern) schneller, als wenn man erst eine Auswahl erstellen würde. Die Pinseloptionen unterscheiden sich kaum von denen des Farbmalpinsels. Die Stärke des Effekts regeln Sie über die **Deckfähigkeit**, sichtbare Übergänge zur Umgebung werden durch eine Reduzierung der **Härte** vermieden. Letzteres schafft einen stufenlosen Übergang zum unbehandelten Bildbereich.

2 Optionen des Pinsels **Heller/Dunkler**

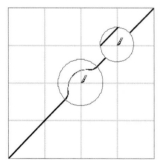

3 Aufhellungspinsel im Modus **Helligkeit** und mit **Härte** = 100 (oben) bzw. 50 (Mitte)

4 Tonwertkurven der drei Modi bei Über- und Unterbelichtung

Heller/Dunkler

Dieser **Aufhellungs- und Abdunklungspinsel**, wie er in der Werkzeugoptionen-Palette heißt (**2**), arbeitet in den Modi Helligkeit oder RGB. Im RGB-Modus werden (bei **Deckfähigkeit** = 100) alle RGB-Werte um 10 erhöht bzw. um 10 verringert. Das Werkzeug berücksichtigt dabei weder Helligkeit noch Farbe der Pixel. Es ist die gleiche Wirkung wie bei einer Anwendung des Filters **Helligkeit/Kontrast** mit der Einstellung **Helligkeit** = +10 (bzw. -10).

    Der Modus Helligkeit arbeitet stärker und erhält die Farben besser (**6**). Pro Pinselstrich werden alle RGB-Werte um 30 erhöht bzw. vermindert (**3**). Diese neue Farbe wird mit der Originalfarbe per Mischmodus Helligkeit gemischt. Ich habe eine Ebenenüberlagerung mit diesem Mischmodus beim Kurven-Werkzeug vorgestellt, wo sie ebenfalls der Verblassung von Farben entgegenwirkt (≫190). Hier wendet Paint Shop Pro intern selbst diese Methode an.

Unterbelichten und Überbelichten

Beide Werkzeuge sind austauschbar: Der **Unterbelichtungspinsel** arbeitet exakt wie der **Überbelichtungspinsel**, wenn man statt der linken die rechte Maustaste drückt (und umgekehrt). Dass es überhaupt zwei Werkzeuge gibt, hat lediglich den Vorteil, für beide getrennte Voreinstellungen speichern zu können.

    Unter **Grenzwert** können Sie einen Tonwertbereich auswählen, auf den die Werkzeuge vorrangig wirken (**5**). Keine erhöht bzw. vermindert alle RGB-Werte gleichmäßig um 51 Tonwerte. Lichter wirkt vorrangig auf die hellen, Schatten auf die dunklen Bildpixel und Mitteltöne ist eine Mischung von beiden. Die Tonwertkurven für Keine, Lichter und Schatten sind völlig linear, die Wirkung ist viel geringer als z. B. die der Filter **Aufhellblitz** oder **Hintergrundbeleuchtung**, zudem besteht die Gefahr des Abschneidens von Tonwerten (**4**).

5 Optionen des Unterbelichtungspinsels

Welcher Filter wofür?

Der erste Schritt zum optimalen Bild ist die Korrektur von Schwarz- und Weiß-punkt. Empfehlenswert sind dazu die in PSP XI neuen Automatikfunktionen des Dialogs **Kurven**, die Sie anschließend noch manuell anpassen können. Vermei-den Sie die Verwendung der Automatiken im Dialog **Niveaus**, da diese teilweise fehlerhaft arbeiten. Eine ebenfalls automatische Alternative ist der (bisher noch gar nicht behandelte) Filter **Verblasste Farben korrigieren** (»211). Er gehört eigentlich zu den Farbkorrekturwerkzeugen, eignet sich aber mit der niedrigsten Einstellung sogar viel besser für den genannten Zweck.

Das gezielte »Festmachen« von Schwarz- und Weißpunkt an konkreten Bildpunkten erlauben die (ebenfalls neuen) Pipetten im Kurven- und im Niveaus-Dialog. Nur wenn Sie diesen Punkten von Schwarz und Weiß abweichende **Ziel-farben** zuweisen wollen, benötigen Sie das Werkzeug **Schwarz- und Weißpunkt**, das Sie dann aber erst aus den Nicht verwendeten Befehlen hervorholen müssen.

Eigentlich soll die **Intelligente Fotokorrektur** diese Werkzeuge komplett ersetzen. Die Punkte lassen sich sowohl automatisch als auch manuell wählen. In der Regel sind die Ergebnisse sehr gut. Manchmal kommt es in hellen Bildstellen aber zu unerwünschten Farbänderungen und Artefakten. Die neuen Automatiken und Pipetten arbeiten nicht perfekt, aber oft besser und meist auch schneller.

Der zweite Schritt ist die Korrektur von Helligkeit und Kontrast. Das gleich-namige Werkzeug sollten Sie, wenn es um Fotos geht, *nie* benutzen. Bessere Hellig-keitskorrekturen erzielt man mit einer **Gammakorrektur** über die Mitteltonregler von **Niveaus** und **Histogrammanpassung**. Nur der letzte Dialog zeigt den Gamma-wert auch an und gestattet zudem gleich Kontrastkorrekturen mit vorgegebenen Kurvenformen. Wenn es um die Aufhellung von Schatten oder Abdunklung von Lichtern geht, sind **Aufhellblitz** und **Hintergrundbeleuchtung** die Werkzeuge der Wahl. Beides (und zusätzlich die Korrektur der Gesamthelligkeit) können Sie aber auch mit den Helligkeitsreglern der **Intelligenten Fotokorrektur** erreichen. Für solche Aufgaben empfehle ich dieses Werkzeug ganz ohne Abstriche.

Der Filter **Kurven** erlaubt flexible, individuell anpassbare Gradations-änderungen und ist damit für Kontrastkorrekturen besser geeignet als **Histo-grammanpassung**. Gezielte, tonwertgenaue Helligkeits- und Farbänderungen und viele ungewöhnliche Effekte lassen sich sogar nur mit diesem Filter erzielen. Reine Effektfilter sind **Poster** und **Schwellenwert**, und auch **Histogramm angleichen** ist wegen der fehlenden Optionen für die Kontrastkorrektur kaum geeignet.

Der dritte Schritt besteht in der Korrektur von Farbabweichungen. Wenn Farbstiche nicht schon beim Festlegen von Schwarz- und Weißpunkt verschwin-den, verwenden Sie die Grau-Pipette des Filters **Niveaus** (nicht des Kurven-Filters!). Mit der **Intelligenten Fotokorrektur** lassen sich mehrere Graupunkte setzen und so auch komplizierte Farbstiche beseitigen. Noch gezielter lässt sich mit den Farbkorrekturwerkzeugen arbeiten, um die es auf den folgenden Seiten geht. Diese sind auch für selektive Farb- und Sättigungsänderungen notwendig, bei denen Tonwertkorrekturwerkzeuge an ihre Grenzen stoßen.

6 Die Wirkung von drei Aufhellungen per Pinsel im Vergleich

Korrekturregeln

Für die RGB-Tonwerte eines optimal korrigierten Bildes gibt es drei fast immer gültige Regeln:

- Tiefes Schwarz hat die Tonwerte R,G,B = 0,0,0 (Schwarzpunkt).
- Das hellste Weiß hat die Tonwerte R,G,B = 255,255,255 (Weißpunkt).
- Grau hat je nach Helligkeit unterschiedliche Tonwerte, für die aber stets gilt: R = G = B.

Helligkeitszonen

Das Kurven-Werkzeug eignet sich für eine zonenweise Korrektur der Bildhelligkeit, ähnlich wie dies der amerikanische Fotograf Anselm Adams mit seinem Zonensystem chemisch bewerkstelligt hat. Schauen Sie sich das Bild an und teilen Sie es gedanklich in Helligkeitszonen ein. Bis Paint Shop Pro X genügte es, bei gedrück-ter [Strg]-Taste in eine Helligkeitszone zu klicken, um auf der Kurve einen Ankerpunkt zu setzen. In PSP XI funktioniert dies leider nicht mehr. Sie können die Ankerpunkte nur per Klick auf die Kurve selbst setzen – wo, müssen Sie schätzen. Anschließend wird jeder Punkt (und damit die Helligkeit jeder Zone) mit den Pfeiltasten nach oben oder unten auf den gewünschten Wert verschoben.

Auf diese Weise lassen sich die wichtigsten Hel-ligkeitsbereiche des Bildes exakt verändern. Es ist lediglich darauf zu achten, dass die Kurve keine zu starken Knicke oder gar Umkehrungen erhält, was im Bild Tonwertsprünge oder Farbumkehr verursachen würde.

Farbkorrekturen

Mit vielen der bereits vorgestellten Tonwertkorrekturwerkzeugen lassen sich, wenn sie auf einen einzeln RGB-Kanal angewendet werden, auch Farben ändern. Die Farbe wird ja, wie gesagt, durch das *Verhältnis* der Tonwerte in den RGB-Kanälen festgelegt. Der Kurven-Dialog mit ausgewähltem RGB-Einzelkanal eignet sich zum Beispiel zum Entfernen von Farbstichen (noch besser für wilde Farbeffekte), und auch das spezieller auf diesen Anwendungsfall ausgerichtete manuelle Setzen des Graupunkts mit der Grau-Pipette ändert lediglich die Gradation in den RGB-Farbkanälen. Zwei der drei im Menü Anpassen>Farbe versammelten Werkzeuge arbeiten nach dem gleichen Prinzip, ohne dass dies nach außen sichtbar wird.

Intuitiver ist es, Farben im HSL-Farbmodell zu bearbeiten, wo sich Farbton, Sättigung und Helligkeit getrennt einstellen lassen. Beachten Sie, dass PSP dafür unterschiedliche Kürzel und Wertebereiche verwendet (**1**). Das Standard-Farbkorrekturwerkzeug heißt **Farbton/Sättigung/Helligkeit**. Damit lassen sich nicht nur *globale* Korrekturen vornehmen, die auf alle Farben gleichermaßen wirken, sondern auch *selektive* – beispielsweise das Umfärben eines roten in ein blaues Auto, ohne die anderen Bildfarben zu verändern. Noch selektiver arbeiten das Rote-Augen- und das Make-Up-Werkzeug. Schließlich können Farbkorrekturen auch mit Pinselwerkzeugen direkt in Bilder eingemalt werden. Dies erlaubt nicht nur gezielteres Arbeiten, sondern auch Effekte, die mit normalen Filtern selbst unter Hinzuziehung von Auswahlen nur schwer oder gar nicht möglich wären.

Die Werkzeuge

Zwei der Farbkorrekturwerkzeuge finden Sie im Anpassen-Menü, sechs weitere in den zwei Untermenüs Anpassen>Farbe und Anpassen>Farbton (**2**). Das erste Untermenü enthält die auf RGB-Kanäle wirkenden Filter, das zweite diejenigen, die mehr oder weniger direkt auf die HSL-Kanäle wirken. Auch der Filter **Intelligente Fotokorrektur** (≫202) enthält eine Farbabgleich-Funktion, die ich hier aber nur noch für Vergleiche heranziehen werde.

Nur zwei dieser acht Filter stehen als Anpassungsebenen (**3**) zur Verfügung. Die *Anpassungsebene* Farbabgleich hat mit dem gleichnamigen *Filter* nichts zu tun. Bis PSP 9 hieß diese Anpassungsebene **Farbbalance** und es gab einen gleichnamigen Filter mit gleicher Funktion. In PSP X hatte Corel Letzteren durch den Filter **Farbabgleich** ersetzt, die Anpassungsebene aber nur umbenannt. Der alte Farbbalance-Filter ist seither unter den Nicht verwendeten Befehlen ebenfalls unter dem Namen **Farbabgleich** zu finden, was die Verwirrung komplett macht.

Auch auf die Tonungs- und speziellen fotografischen Farbeffekte in den Menüs Effekte>Fotoeffekte und Effekte>Kunsteffekte gehe ich in diesem Abschnitt ein.

Reichhaltig ist die Palette an Pinselwerkzeugen (**4**). Hier finden sich neben den zwei »kosmetischen« Pinseln (mit insgesamt vier Funktionen) fünf Pinsel für die Veränderung bzw. den Austausch von Farbton, Sättigung und Helligkeit sowie den Austausch ganzer Farben.

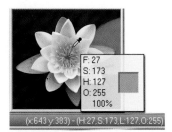

1 Deutsche Kürzel im Quickinfo-Fenster und englische in der Statuszeile für Farbton, Sättigung und Helligkeit. In den meisten Filtern verwendet PSP statt des Wertebereichs 0 … 255 für den Farbwinkel 0° … 359° und für Sättigung und Helligkeit 0 … 100.

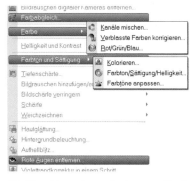

2 Farbkorrekturwerkzeuge im Anpassen-Menü

3 Die drei Anpassungsebenen für die Farbkorrektur

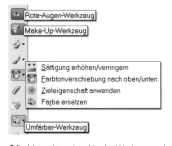

4 Farbkorrekturpinsel in der Werkzeugpalette

Farbkanäle mischen

Der radikalste Vertreter unter den Farbkorrekturwerkzeugen erlaubt es, die RGB-Farbkanäle komplett neu zu mischen. Mit einem solchen **Kanalmixer** können Farbbilder völlig verfremdet werden, es sind aber auch behutsame Korrekturen und hochqualitative Graustufenumsetzungen möglich. Der Kanalmixer legt für jeden RGB-Ausgabekanal neu fest, welche Anteile der Quellkanäle in ihn eingehen. Im Ursprungszustand werden in jeden Ausgabekanal nur Informationen aus dem gleichnamigen Quellkanal eingespeist – beispielsweise in den Rot-Ausgabekanal 100 % Rot, 0 % Grün und 0 % Blau. Wird die Einstellung auf 0 % Rot, 100 % Grün und 0 % Blau geändert, werden rote Pixel schwarz, da der Rot-Anteil im Rotkanal auf null gesetzt wurde. Grüne Pixel werden gelb, da sie im Rotkanal noch einmal den schon im Grünkanal vorhandenen Tonwert zugemischt erhalten (Gelb ist die Mischung aus gleichen Anteilen Grün und Rot). Das Prinzip veranschaulicht Abbildung **5**, die genannten Einstellungen und das Ergebnis sehen Sie in Abbildung **6**.

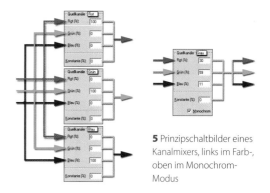

5 Prinzipschaltbilder eines Kanalmixers, links im Farb-, oben im Monochrom-Modus

Kanäle mischen in PSP

Der Kanalmixer von Paint Shop Pro heißt **Kanäle mischen** (Anpassen>Farbe >Kanäle mischen). Die drei in Abbildung **5** übereinander gezeigten Kanaleinstellungen können hier über das Auswahlfeld **Output-Kanal** nur einzeln aufgerufen werden (kontrollieren Sie also bei unerwarteten Ergebnissen, ob dies an Einstellungen liegt, die in einem anderen Fenster vorgenommen wurden). Eingestellt werden die prozentualen Anteile (-200 % … +200 %), die aus den drei Quellfarbkanälen in den Ausgabekanal (**Output-Kanal**) eingespeist werden. Zudem kann jedem Ausgabekanal eine **Konstante** zugemischt werden – ein konstanter Tonwert, der (anders als die Anteile aus den Quellkanälen) *nicht* von einem konkreten Farbtonwert abhängt. Das Prozentzeichen ist hier irreführend. Es bezieht sich stets auf 255, d. h., bei einer Einstellung von +20 % wird zu allen Tonwerten des gewählten Output-Kanals der Tonwert 51 addiert.

6 Kanäle mischen mit Speisung des Rotkanals aus dem Grünkanal

Achten Sie darauf, dass die Summe aller Quellkanal-Werte innerhalb eines Ausgabekanals stets 100 % beträgt. Andernfalls können dunkle oder helle Tonwerte abgeschnitten werden, zudem erhalten Grautöne einen Farbstich. Auch bei Einhaltung dieser Regel sind kreativen Farbveränderungen kaum Grenzen gesetzt.

Kanäle mischen eignet sich auch sehr gut für die Konvertierung von Farb- in Graustufenbilder. Dazu muss das Kästchen **Monochrom** markiert sein. Kein anderes Werkzeug erlaubt eine solch präzise Steuerung, welche Bildfarben in welcher Helligkeit in das Graustufenbild eingehen sollen. Abbildung **7** zeigt die Werte für die Umsetzung der Farben in die **Luminanz**. Wichtig ist auch hier die Einhaltung der Summe von 100 %. Mit dem Regler **Konstante** können Sie diese Summe übrigens nur sehr unvollkommen ausgleichen, da er, wie gesagt, stets konstante Tonwerte hinzufügt oder abzieht. Eine komfortablere Alternative, welche das mühsame Ausgleichen erspart, finden Sie auf der nächsten Seite.

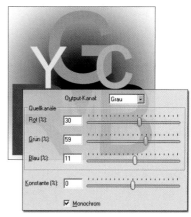

7 Graustufenumsetzung mit Luminanzwerten

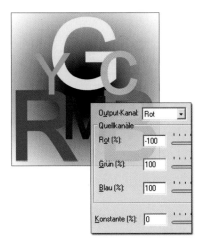

Falls Sie den Kanalmixer schon aus PSP 9 kennen (und vielleicht Voreinstellungen übernommen haben), werden Sie in PSP XI eventuell »unerklärliche« Veränderungen der Ergebnisse feststellen. Tatsächlich hat Corel die interne Arbeitsweise deutlich verändert, ohne ein Wort darüber zu verlieren. Die Änderungen machen sich bemerkbar, wenn Sie negative Werte einstellen oder der Wert in einem Ausgabekanal infolge der Einstellungen über 255 steigen würde.

Prinzipiell kann kein RGB-Wert negativ oder größer als 255 sein. Im Kanalmixer von PSP 9 wurden solche Ergebnisse deshalb auf 0 oder 255 begrenzt. Wenn in der neuen Version eine Farbe derart aus dem Rahmen fällt, wird sie zwar genauso begrenzt – gleichzeitig aber ihre *Gegenfarbe* um einen entsprechenden Betrag erhöht oder verringert (**1**). Dies verändert die Mixergebnisse enorm. Nur im Monochrom-Modus funktioniert **Kanäle mischen** noch wie von PSP 9 gewohnt.

1 Ein Rot-Quellwert von -100 % würde normalerweise Rot die Farbe ebenso entziehen wie ein Wert von 0, der Buchstabe **R** müsste also schwarz werden (wie in Abbildung **2** oben). Seit PSP X wird stattdessen in den Grün- und den Blaukanal etwa 1/3 des Rotwertes eingespeist, was hier dem **R** eine Mischung aus Blau und Grün verleiht. Blau und Grün ergeben zusammen Cyan – dies ist die Gegenfarbe von Rot.

Ein alternativer Kanalmixer

Mit den beiden auf der Buch-CD enthaltenen SimpelFilter-Plugins brauchen Sie auch unter PSP XI auf die gewohnte Wirkung des Kanalmixers nicht zu verzichten (**2**). Zudem ist die Bedienung deutlich komfortabler, da der 100 %-Ausgleich automatisch erfolgt (abschaltbar). Der Regler **Konstante** fügt eine wirklich prozentuale Konstante hinzu, zudem ist ein Regler **Gamma** zum Ändern der Helligkeit eingebaut. Die spezielle Version für die Graustufenumsetzung enthält eine **Clipping-Warnung**, die »abgeschnittene« Tonwerte farbig markiert.

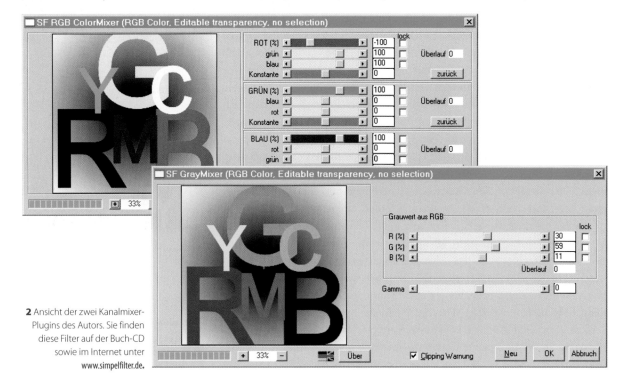

2 Ansicht der zwei Kanalmixer-Plugins des Autors. Sie finden diese Filter auf der Buch-CD sowie im Internet unter www.simpelfilter.de.

Globale Farbkorrekturen

Globale Farbkorrekturen ändern die Bildfarben, ohne auf die konkreten Farben der Pixel Rücksicht zu nehmen. Im Gegensatz dazu wirken die (weiter unten behandelten) selektiven Korrekturwerkzeuge beispielsweise nur auf rote Pixel. Natürlich lässt sich auch mit globalen Werkzeugen farbselektiv arbeiten, wenn die Wirkung mit einer Auswahl entsprechend eingeschränkt wird.

Rot/Grün/Blau

Dieser Filter (Anpassen>Farbe>Rot/Grün/Blau) enthält drei Felder zum Anheben oder Absenken der Rot-, Grün- und Blautöne (Bereich -100 … +100). Alle Änderungen wirken sich desto stärker aus, je heller die Originalfarbe ist (**3**). Sehr dunkle Farben sind kaum betroffen, Weiß wird *immer* eingefärbt.

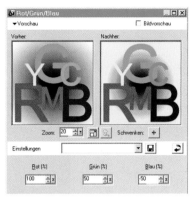

3 Rot/Grün/Blau färbt vor allem Weiß und Grautöne um.

Die Tonwertkurven (**4**) zeigen, wie dieser Filter arbeitet. Er verändert die Gradation in den einzelnen RGB-Kanälen, ohne den Schwarzpunkt anzutasten. Die Kurven werden gleichsam um den Nullpunkt (links unten) geschwenkt. Dadurch verändern sich aber helle Farben sehr stark. Schon bei viel geringeren Einstellungen als in **3** gezeigt können die Lichter an Zeichnung verlieren.

Ich sehe für diesen Filter keinen vernünftigen Einsatzzweck. Die gleichen Gradationsänderungen können Sie fast genauso schnell mit dem Filter **Kurven** erreichen (**4**), haben mit diesem aber noch viele weitere Einflussmöglichkeiten.

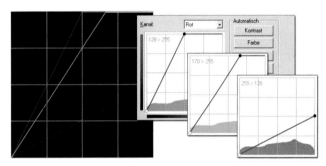

4 Die Tonwertkurve der in **3** gezeigten Einstellungen und die Einstellungen in den drei RGB-Kanälen des Kurven-Dialogs, mit denen die gleiche Wirkung erzielt werden kann.

Verblasste Farben korrigieren

Dias und Farbbilder verlieren mit den Jahren an Farbsättigung und Kontrast, was sich im Histogramm durch größere Lücken an den Enden zeigt. Mit diesem Filter (Anpassen>Farbe>Verblasste Farben korrigieren) bietet Paint Shop Pro eine schnelle, jedoch nicht perfekte Hilfe (**5**).

Die interne Korrektur erfolgt durch eine kanalweise Dehnung des Histogramms, bis die Lücken verschwunden sind. Sie kennen bereits mehrere Werkzeuge, mit denen eine Dehnung ebenfalls möglich ist: **Histogramm dehnen** (≫200), **Histogrammanpassung** (≫199) und die neuen Automatikfunktionen im Kurven- und Niveaus-Filter (≫193). Ähnlich wie die Letzteren erlaubt **Verblasste Farben korrigieren**, einen einstellbaren Prozentsatz an sehr dunklen und sehr hellen Pixeln bei der Dehnung zu ignorieren. Diese werden »abgeschnitten«, also (in allen drei RGB-Kanälen einzeln) auf 0 bzw. 255 gesetzt. Der Prozentsatz wird mit dem **Korrekturgrad** festgelegt. Der Korrekturgrad 8 entspricht etwa 0,1 %, 20 entspricht 0,3 % und die Werksvoreinstellung 45 entspricht etwa 1 %. Zusätzlich wird bei Korrekturgraden über 20 der Gesamtkontrast etwas erhöht. Starke Dehnungen zerlegen das Histogramm in einzelne Bänder (**5**).

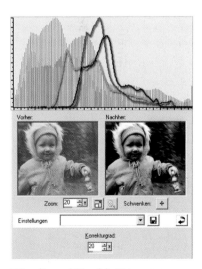

5 Korrekturgrad 20 und die Histogrammveränderung des Testbildes (RGB-Histogramme des Originals schattiert im Vordergrund)

1 Verblasste Farben korrigieren dunkelte das Bild zu sehr ab, deshalb habe ich es anschließend mit einer **Gammakorrektur** von 2 aufgehellt. Das manuelle Setzen von Schwarz-, Weiß- und Graupunkt per Pipette (Bild ganz rechts) liefert jedoch natürlichere Farben und entfernt zudem den Farbstich am rechten Rand fast vollständig. Die Automatik der **Intelligenten Fotokorrektur** bleibt hinter diesem Ergebnis deutlich zurück.

Original

Verblasste Farben korrigieren 20

Intelligente Fotokorrektur

Verblasste Farben korrigieren 20 und Gamma +2,0

Schwarz-, Weiß- und Graupunkt setzen

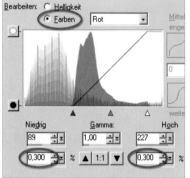

2 Einstellungen im Filter **Histogrammanpassung**, die den gleichen Effekt haben wie ein Korrekturgrad von 20 im Filter **Verblasste Farben korrigieren**. Die gleichen Einstellungen müssen auch für die Kanäle **Grün** und **Blau** vorgenommen werden. Das graue Histogramm zeigt den Zustand vor, das rote Histogramm den Zustand nach der Korrektur.

Im Dialog **Kurven** bringt die Niveaus-Automatik das gleiche Ergebnis wie **Verblasste Farben korrigieren**, wenn in den Optionen die entsprechenden Histogrammgrenzwerte gewählt werden. Im Filter **Histogrammanpassung** müssen Sie unter **Bearbeiten** Farben wählen und für *alle* drei RGB-Kanäle bei **Niedrig** und **Hoch** gleiche Prozentsätze eintragen (**2**). In beiden Filtern lassen sich zudem Kontrast und Helligkeit über den Gammaregler korrigieren, was wegen der kanalweisen Dehnung des Histogramms oft sowieso nötig wird.

Höhere Korrekturgrade können Zeichnung in den Lichtern und Tiefen vernichten. Zur Restaurierung verblasster Farben empfehle ich deshalb eher das korrekte manuelle Setzen von Schwarz-, Weiß- und Graupunkt (**1**), eventuell gefolgt von einer Sättigungserhöhung. Mit dem Minimalwert 1 ist dieser Filter aber ebenso gut für die erste Kontrastkorrektur und Farbstichentfernung von Fotos geeignet wie die Niveaus-Automatik des Kurven-Filters.

Farbabgleich (Anpassungsebene)

Bis PSP 9 gab es einen Filter und eine Anpassungsebene mit gleicher Funktionalität und gleichem Namen: **Farbbalance**. In PSP X hat Corel den Filter durch einen moderneren unter dem Namen **Farbabgleich** ersetzt und der Anpassungsebene den gleichen Namen gegeben – ohne jedoch an deren Funktion etwas zu ändern.

Die Situation ist deshalb etwas verwirrend: Die auch in PSP XI vorhandene *Anpassungsebene* Farbabgleich bietet die Funktionen des alten Farbbalance-Filters. Der gleichnamige *Filter* arbeitet völlig anders. Und zudem kann auch noch der alte Farbbalance-Filter reaktiviert werden – er trägt nun allerdings ebenfalls den irreführenden Namen Farbabgleich.

Schauen wir uns zuerst die Anpassungsebene an: Der Dialog enthält drei Schieberegler für die Farbbereiche

3 Die Anpassungsebene **Farbabgleich** und die Tonwertkurve der gezeigten Einstellungen (rechts)

Zyan-Rot, Magenta-Grün und Gelb-Blau sowie Auswahlkästchen für Schatten, Mitteltöne und Lichter (**3**). Die Schieberegler verändern die Gradation in den einzelnen Farbkanälen linear, wenn Schatten oder Lichter gewählt ist, als Gamma-kurve, wenn Mitteltöne gewählt ist. Ziemlich genau das Gleiche können Sie mit dem Filter **Niveaus** und der Bearbeitung von Einzelkanälen erreichen. Hauptmangel dieses Werkzeugs ist die sofortige Beschneidung von Schatten und Lichtern bei den gleichnamigen Modi. Die rechts abgebildeten Tonwertkurven machen dies sichtbar (**4**). Ich rate deshalb von der Verwendung ab.

4 Korrektur der Lichter mit (links) und ohne (rechts) **Helligkeit behalten**

Farbabgleich (Filter)

Der Filter **Farbabgleich** (Anpassen>Farbabgleich) beeinflusst die RGB-Kanäle nicht direkt, sondern über die Veränderung der **Farbtemperatur**. In der Standardansicht enthält der Dialog nur einen einzigen Regler für die Temperatur. Hier werden noch nicht einmal Werte angezeigt, so dass die Einstellung nach Gefühl erfolgen muss (**6**). Die Korrektur wirkt vor allem auf Lichter und Mitteltöne, auf die Schatten-bereiche niemals (**5**). Eine ähnliche Wirkung lässt sich mit der Anpassungsebene Farbabgleich nur sehr entfernt erreichen, wenn man dort Lichter wählt (**4**, **5**).

Die Option **Intelligenter Weißabgleich** soll zwar jeden manuellen Eingriff überflüssig machen, hat aber auf unser Beispielfoto so gut wie keine Wirkung (**6**).

5 Weißabgleich auf 4000 K

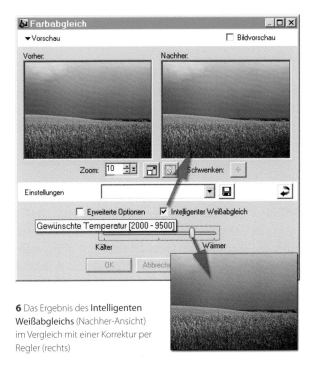

6 Das Ergebnis des **Intelligenten Weißabgleichs** (Nachher-Ansicht) im Vergleich mit einer Korrektur per Regler (rechts)

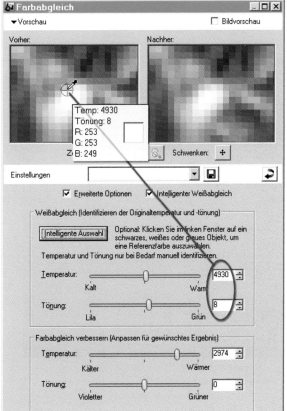

7 Die Werte des Referenzpunkts werden in die Weiß-abgleich-Regler übernommen. Bei Klick auf **Intelligente Auswahl** setzt der Filter auch den Referenzpunkt selbst.

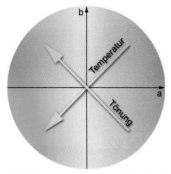

1 Die Wirkung der Regler im Bereich **Farbabgleich verbessern**: Eine höhere **Temperatur** verschiebt die Farben von Orange nach Blau, eine höhere **Tönung** von Violett nach Grün.

Sie wirkt nur bei farblich ausgewogenen Fotos. Auch der Versuch, die bei der Aufnahme vorhandene Gewitterstimmung mit dem Temperaturregler zu restaurieren, produziert lediglich einen Gelbstich in den Wolken.

Nach Aktivierung von Erweiterte Optionen erscheinen zwei Teilfenster mit insgesamt vier Reglern (Abb. **7** vorige Seite). Unser eben benutzter Regler ist nun der obere im Bereich **Farbabgleich verbessern**, hier können Sie jetzt sogar den eben eingestellten Wert ablesen. Die zwei Regler im Bereich **Weißabgleich** zeigen die »intelligent« gewählten Korrekturen. Im linken Vorschaufenster wird jetzt der für den automatischen Weißabgleich herangezogene **Referenzpunkt** angezeigt. Es ist ein heller, aber nicht völlig weißer Bildpunkt. Vergrößern Sie das Bild einmal, bis Sie sehen, um was für Bildpixel es sich handelt, und prüfen Sie deren Farbwerte per Mauszeiger, der hier zur Pipette wird. In unserem Beispiel liegt die Farbtemperatur dieses Punktes nahe an 5000 K – der Temperatur, die PSP als »Nullpunkt« ansieht, wo es demnach nichts zu korrigieren gibt. Das erklärt, warum die Automatik auf das Bild keine Wirkung hatte.

Hauptvorteil des erweiterten Dialogs ist, dass der Referenzpunkt für den Weißabgleich nun manuell gesetzt werden kann. In dem kleinen Quickinfo-Fenster sehen Sie Farbtemperatur, Tönung und die RGB-Werte des Punktes unter der Pipette. Nach Mausklick werden die ersten beiden Werte in die oberen beiden Regler übernommen. Dies sind jetzt die (angenommenen) Originalwerte des bei der Aufnahme herrschenden Lichts. Eine hohe Farbtemperatur (bläuliches »kaltes« Licht) bewirkt eine Korrektur in der Gegenrichtung, die Bildfarben werden wärmer, d. h. gelblicher.

Der Korrektur per Referenzpunkt sind allerdings Grenzen gesetzt. Im Unterschied zum Farbabgleich der **Intelligenten Fotokorrektur** ist nur ein einziger Punkt möglich, und wenn Sie diesen in allzu farbige Bereiche setzen wollen, wird »ungültig« angezeigt. Abbildung **2** zeigt einen Vergleich der zwei Filter.

Stärkere Korrekturen können Sie nur über die Regler unter **Farbabgleich verbessern** vornehmen. Beachten Sie, dass diese Regler nicht für das *Aufnahmelicht*, sondern für die *Bildfarben* zuständig sind und deshalb entgegengesetzt zu den ersten beiden arbeiten. Während eine Verschiebung der Weißabgleich-Regler nach links zu »Kalt« die Bildfarben *wärmer* macht, werden sie durch die gleichsinnige Verschiebung der Farbabgleich-Regler *kälter* (**1**). Die umgekehrte Übereinstimmung geht so weit, dass sich gleiche Einstellungen exakt aufheben. Es ist aber trotzdem nicht egal, mit welchem der Regler Sie die Korrekturen vornehmen. Die beiden Weißabgleich-Regler verändern gesättigte Farben sehr viel weniger als die Farbabgleich-Regler. Benutzen Sie die Ersteren, um einen natürlichen Eindruck des Fotos zurückzugewinnen, die Letzteren für kreative Veränderungen. Die Tönungsregler – sie wirken in beiden Bereichen ebenfalls entgegengesetzt – gestatten Farbverschiebungen zwischen Violett (Lila) und Grün.

2 Ein **Farbabgleich** per Pipette auf die Wolke holt annähernd die Originalstimmung zurück (oben). Den gewünschten tiefgrauen Himmel erzielte ich aber erst mit **Intelligente Fotokorrektur** und mehreren Samplingpunkten.

Selektive Farbkorrekturen

Mit selektiven Farbkorrekturwerkzeugen können Sie einzelne Farben ändern, ohne den Umweg über eine Auswahl gehen zu müssen. Das ist nicht nur einfacher, sondern führt oft auch zu qualitativ besseren Ergebnissen.

Farbtöne anpassen

Dieser Dialog (Anpassen>Farbton und Sättigung>Farbtöne anpassen) enthält unter **Farbton** Regler für zehn Farben, die im Abstand von 36° auf dem Farbkreis liegen. Jede Farbe lässt sich über den gesamten Farbkreis, also insgesamt 360° verschieben. Zwischenfarben oder eine Toleranz lassen sich nicht wählen. In Abbildung **4** habe ich den ersten, für Rot zuständigen Regler zur Gegenfarbe Cyan verschoben, den vierten Regler (Hellgrün) zu Rot. Diese **Zielfarben** und ihre Winkel werden unterhalb der Regler angezeigt. Alle anderen Regler blieben unverändert. Die erste Einstellung bewirkt die komplette Umfärbung des roten Quadrats (im Farbkreis) in Cyan. Auf dem Farbkreis selbst ist sichtbar, wie weit die Farbveränderung reicht: Sie nimmt den roten Bereich (ganz oben bei »12 Uhr«) voll ein und mischt sich an den Seiten mit den Originalfarben des Farbkreises zu Grün (links) und Lila (rechts).

Der zweite geänderte Bereich bei Winkel 108° oder etwa »8 Uhr« (der Farbwinkel wird entgegen dem Uhrzeigersinn gezählt) hätte eigentlich rot werden müssen, ist aber nur ein helles Rosa. Der Grund: Dieser Filter berücksichtigt bei der Umfärbung die (scheinbare) Helligkeit der Originalfarben. Auch ein komplett in einer Farbe eingefärbtes (koloriertes) Bild behält deshalb den Helligkeitseindruck bei (**3**).

Die Einstellungen in den Feldern **Sättigungsverschiebung** und **Helligkeitsverschiebung** wirken stets global, also unabhängig von Bildfarben und Einstellungen der Farbtonregler. Zwischen -50 und +50 wird die Helligkeit ähnlich wie mit einer Gammakurve verschoben (die hier wieder auf die Lab-Helligkeit wirkt), stärkere Einstellungen vergrauen die Lichter bzw. Tiefen. Sättigungsänderungen wirken fast exakt wie solche in **Intelligente Fotokorrektur**.

Farbkreis als Testbild

Für die folgenden Untersuchungen habe ich als Testbild den Farbkreis benutzt, den Paint Shop Pro in der Palette **Materialeigenschaften** anzeigt, sowie teilweise auch das Farbauswahlfeld aus der Palette **Materialien**. Sie können solche Schnappschüsse von Bildschirmfenstern rasch mit der Funktion Datei>Importieren>Bildschirm erfassen anfertigen.

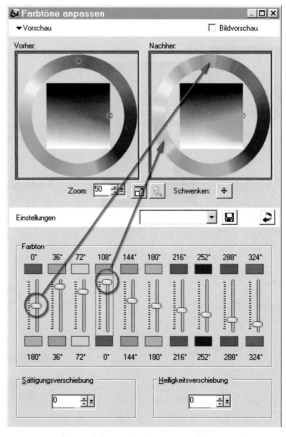

3 Gleiche Reglerstellungen bewirken eine (unvollständige) Kolorierung, die Grautöne nicht verändert (Originalbild siehe **2** folgende Seite).

4 Zwei von zehn möglichen Farbänderungen und die Auswirkungen auf den zum Test verwendeten Farbkreis

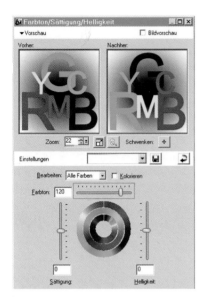

1 Verschiebung aller Bildfarben um 120°. Der innere Farbring hat sich gegenüber dem äußeren um diesen Winkel verdreht. Hier wird der Winkel übrigens im Uhrzeigersinn gezählt.

2 Umfärbung eines Ruderblatts ohne Veränderung anderer Farben. Um besser zu sehen, welche Bildfarben aktuell ausgewählt sind, sollten Sie die Sättigung temporär auf das Maximum erhöhen.

3 Die Handhabung des (hier stark vergrößerten) Dialogs ist etwas diffizil, man muss die Anfasspunkte recht genau treffen. Hier habe ich den vorgewählten Farbbereich (Rottöne) leicht nach Gelb verschoben, den linken Übergangsbereich auf 134° vergrößert (er reicht jetzt von 37° bis 171°) und den rechten auf das Minimum (1°) verkleinert. Die Farben des so ausgewählten Farbbereichs wurden um -120° verschoben. Die neuen Farben und auch der scharfe Übergang von Blau nach Rot sind am inneren Farbring sichtbar.

Farbton/Sättigung/Helligkeit

Dieser kurz **FSH** genannte Filter (Anpassen>Farbton und Sättigung>Farbton/Sättigung/Helligkeit oder ⬆Ⓗ) gestattet im Unterschied zum eben genannten fast beliebige Manipulationen von Breite und Toleranz des Farbbereichs, auf den die Korrekturen wirken sollen. Zudem wirken Sättigungs- und Helligkeitsregler ebenfalls selektiv. Aber alles Gute scheint in Paint Shop Pro nie beisammen: Die Charakteristik dieser beiden Regler kann mit denen von **Farbtöne anpassen** nicht mithalten. Der eigentlich ältere Filter besitzt hier die moderneren Funktionen. Zudem sind die wichtigsten Dialogelemente in **FSH** viel zu klein und deshalb schwer handhabbar.

Im Dialog wählen Sie unter **Bearbeiten** einen von sechs Farbbereichen oder Alle Farben. Letzteres lässt den Filter global wirken (**1**). Die anderen Farbbereiche sind lediglich Voreinstellungen, die Sie noch beliebig abändern können. Jeder Farbbereich kann individuell in Größe und Toleranzbereich angepasst und anschließend verändert werden (**2**). Es ist sogar möglich, einen Farbbereich auf eine komplett andere Farbe zu drehen, ohne dass der Filter dies übel nimmt. Solche Verdrehungen nehmen Sie an dem runden Anfasspunkt im Bereich zwischen den beiden Farbringen vor (**3**). Die beiden schmalen weißen Linien dienen zum Vergrößern bzw. Verkleinern des Farbbereichs, zudem lassen sich noch die Übergangsbereiche zu beiden Seiten anpassen.

Sie können für alle sechs Farbbereiche und Alle Farben getrennte Einstellungen vornehmen, also insgesamt sieben. Der innere Farbring zeigt auch die Wirkung der aktuell nicht sichtbaren Einstellungen an.

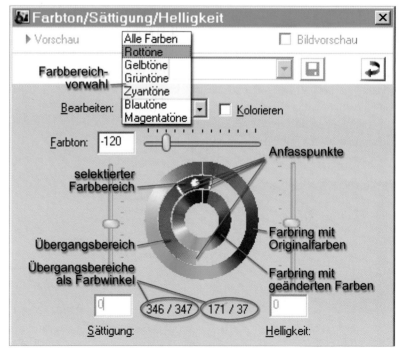

Der Regler **Helligkeit** wirkt in diesem Filter deutlich anders als in **Farbtöne anpassen** (**4**). Bei Aufhellungen werden Schatten proportional am meisten angehoben, was schnell zu einer Vergrauung führt, bei Abdunklungen vergrauen die Lichter. Gleiche Einstellungen wie in **Farbtöne anpassen** wirken lediglich auf die Mitteltöne annähernd gleich, ansonsten unterscheiden sich die Tonwertkurven extrem (**5**). Übrigens behandelt **FSH** Grautöne bei Helligkeitsänderungen wie Rot: Wenn Sie selektiv nur rote Farbbereiche ändern möchten, sind schwarze, graue und weiße Bildbereiche stets mit beroffen.

Auch der Sättigungsregler arbeitet anders als in anderen Filtern. In **FSH** beeinflusst er die Werte des HSL-Farbsystems (≫**75**). Insbesondere bei Sättigungsverringerungen ist dies ein Nachteil, denn die HSL-Helligkeit schert alle Farben über einen Kamm. Wenn Sie Farbbilder mit **FSH** entsättigen, verschwinden die Helligkeitsunterschiede zwischen den Farben (**7**). Weil dies auch im Kolorieren-Modus so ist, gibt es für das Kolorieren einen eigenen Filter.

Bei Sättigungserhöhungen besteht die Kunst darin, gering gesättigte Bildfarben zu verstärken, ohne solche, die sowieso schon hoch gesättigt sind, zu übersättigen. Zudem soll farbiges Pixelrauschen nicht verstärkt werden. Alle diese Anforderungen erfüllt **FSH** eher schlecht. Die Filter **Farbtöne anpassen** und **Intelligente Fotokorrektur** sind für Sättigungserhöhungen wesentlich besser geeignet (**6**), arbeiten allerdings nicht selektiv. *Helligkeitsselektive* Sättigungsänderungen (also beschränkt auf die Schatten- oder Lichterbereiche) können Sie mit den Filtern **Aufhellblitz** und **Hintergrundbeleuchtung** vornehmen. *Sättigungsselektive* Farb- und Sättigungsänderungen erfordern den Einsatz von Masken (≫**273**).

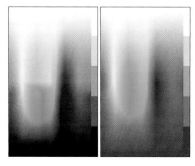

4 Links habe ich die Helligkeit mit **Farbtöne anpassen** um 25 erhöht, rechts mit **Farbton/Sättigung/Helligkeit** um den gleichen Betrag. Das Original dieses Farbspektrums sehen Sie (um 90° gedreht) in Paint Shop Pro in der Materialien-Palette.

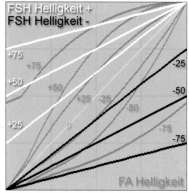

5 Die Tonwertkurven von Helligkeits-änderungen mit dem Filter **Farbton/Sätti-gung/Helligkeit** (FSH) im Vergleich zu solchen mit dem Filter **Farbtöne anpassen** (FA)

6 Farbtöne anpassen hebt die Sättigung der Grüntöne relativ stärker an als die der sowieso schon gesättigten Gelb- und Orangetöne. **Farbton/Sät-tigung/Helligkeit** übersät-tigt Letztere bereits, was sich z. B. als Zeichnungs-verlust in den Blüten bemerkbar macht.

7 Vollständige Entsättigung mit **Farbtöne anpassen** (links) und **Farbton/Sättigung/Helligkeit** (rechts)

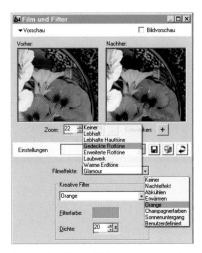

1 Der Dialog **Film und Filter** mit seinen vordefinierten **Filmeffekten** und **Kreativen Filtern**

2 Den kreativen Filter **Sonnenuntergang** habe ich hier mit einer per Mischmodus **Farbe** überlagerten Farbebene nachgestellt. Im Filter **Film und Filter** ist dieser Effekt noch mit einer leichten Erhöhung des Kontrasts verbunden.

3 Fünf Filmeffekte im Vergleich zum Original

Spezielle Farbeffekte

Film und Filter

Dieser in PSP XI neue Effekt simuliert die Farbeffekte verschiedener Film- und Filtertypen. Es stehen sieben **Filmeffekte** und sechs voreingestellte **Kreative Filter** zur Verfügung (**1**). Nur die Letzteren lassen sich abwandeln und mit benutzerdefinierten Einstellungen speichern.

Filmeffekte Traditionelle Filme haben unterschiedliche Charakteristiken der Farbwiedergabe, die hier per Software simuliert werden. Die Effekte sind nicht nach dem Filmtyp, sondern nach der Wirkung bezeichnet (**3**). Um die kräftige Farbwiedergabe eines Velvia-Films zu erzielen, wählen Sie Lebhaft. Die weiteren Effekte verstärken oder schwächen einzelne Farben und Farbbereiche. Beispielsweise verringert Gedeckte Rottöne die Sättigung von Rottönen. Erweiterte Rottöne erhöht jedoch nicht die Sättigung von Rot, sondern setzt die Sättigung anderer Farben herab – reines Grün und Blau werden sogar völlig grau.

Der letzte Effekt Glamour spielt eine Sonderrolle, da er auch in die Bildschärfe eingreift und eine leichte Überstrahlung an Kanten verursacht. Für solche vor allem in der Porträtfotografie beliebten Effekte hat man früher spezielle Weichzeichnerobjektive benötigt. Ähnliche Überstrahlungen können Sie auch mit dem manuellen Weichzeichner erreichen (≫231).

Kreative Filter Diese Effekte wirken ähnlich wie auf das Kameraobjektiv montierte Farbfilter. Stets wird (falls nicht vorher eine Auswahl getroffen wurde) das gesamte Bild beeinflusst. Es lassen sich die **Filterfarbe** und die **Dichte** wählen. Sechs Kombinationen daraus sind bereits als Voreinstellungen von Nachtblau bis Sonnenuntergang vorhanden. Eigene Kreationen werden mit Benutzerdefiniert bezeichnet und lassen sich in dieser Liste *nicht* unter einem eigenen Namen speichern – wohl aber, wie in jedem anderen Dialog auch, als Filtereinstellung.

Die **Kreativen Filter** stellen nichts anderes dar als die Überlagerung des Originalbildes mit einer Farbebene. Sie können ähnliche Effekte mit dem in **2** gezeigten Ebenenaufbau erreichen. Die Farbebene muss den Mischmodus Farbe und eine verringerte Deckfähigkeit erhalten, welche der **Dichte** entspricht.

Zeitmaschine

Dieser Filter verleiht Fotos ein »antikes« Aussehen. Die sieben Stile haben ihre Vorbilder in fotografischen Techniken von 1839 (**Daguerreotyp**) bis zu den 1980er Jahren (**Crosseffekt**). Die meisten Stile gehen von einer Graustufenversion des Fotos aus, die älteren Stile schränken zudem Kontrast und Tonwertumfang stark ein und fügen eine Randabschattung und meist auch eine Tonung in einer für den Stil typischen Farbe hinzu (**4**). Mit dem Regler Intensität lässt sich die Stärke der Tonung, teilweise auch der Kontrast beeinflussen. Zu jedem Stil steht ein passender Fotorand zur Verfügung (**5**). Weitere Optionen gibt es nicht.

Nur die beiden Stile **Frühe Farbfotografie** und **Crosseffekt** erhalten die Farbinformation des Originals. Während der Erstere mit zunehmender Intensität die Farbsättigung verringert, übersteigert **Crosseffekt** die Farben bis ins Unnatürliche. Er ist der meiner Meinung nach einzige Stil, der auch für moderne, posterartige Bildverfremdungen ohne Nostalgieeffekt geeignet ist.

Mit den älteren Stilen bietet die Zeitmaschine eine schnelle Möglichkeit, Porträts, Hochzeitsfotos etc. sentimental bis effektvoll in Szene zu setzen. Für anspruchsvollere Zwecke halte ich es generell für bedenklich, einen historischen Stil nur vorzutäuschen. Interessant ist an diesen Effekten aber die mit der Tonwertreduzierung verbundene Abstraktion, die oft die Bildwirkung verstärkt – und aus der man viel für individuelle, nicht auf Knopfdruck zu erreichende Bildverfremdungen lernen kann.

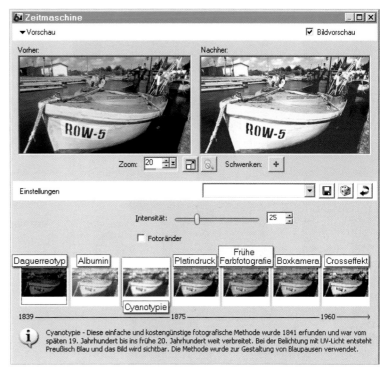

4 Der Filter **Zeitmaschine** zeigt nicht nur Miniaturvorschauen aller sieben möglichen Effekte, sondern auch informative Beschreibungen der zugrunde liegenden Stile an.

5 Die Fotoränder werden dem Bild hinzugefügt, was dessen Abmessungen je nach Effekt unterschiedlich stark vergrößert.

Kolorieren

Einige Stile des neuen Zeitmaschine-Filters beruhen auf einer **Kolorierung** (auch **Tonung** genannt) des Fotos. Kolorierte Bilder enthalten nur eine einzige Farbe unterschiedlicher Helligkeit und ähneln darin Graustufenbildern. Bekannt und beliebt ist das »Sepiabraun« alter Fotos, aber auch andere Farben sind zum Kolorieren geeignet. Kolorieren ist zudem für die Anfertigung von **Duplexbildern** notwendig. Diese werden mit zwei Farben gedruckt, um feinere Helligkeitsabstufungen zu erzielen.

PSP besitzt fünf zum Kolorieren geeignete Filter. **Farbtöne anpassen** wirkt jedoch nicht auf Graustufenbilder und koloriert keine Grautöne (»215). Die vier weiteren (Beispiele links) wandeln Farbbilder selbst in Graustufen um, können aber auch Graustufenbilder kolorieren, die als 8-Bit-RGB-Bilder vorliegen.

Vergilbte Zeitung Dieser Effekt (unter Effekte>Kunsteffekte) reduziert alle Bildfarben auf ein schwach gesättigtes helles Braun (Farbwinkel 38°). Mit wachsendem **Alterungsgrad** wird zusätzlich der Kontrast vermindert und die Sättigung wieder etwas erhöht, was den Vergilbungseffekt ergibt. Ich habe auch bei den anderen Filtern diesen Farbwinkel und eine ähnliche Sättigung gewählt.

Farbton/Sättigung/Helligkeit Die Kolorierungsoption dieses (auf Seite »216 vorgestellten) Filters leidet unter der mangelhaften Graustufenumsetzung, die keinen Unterschied zwischen Farbhelligkeiten macht. Helligkeit und Sättigung können aber sehr exakt über die Regler eingestellt werden.

Kolorieren Diesen speziellen Filter finden Sie wie den letztgenannten unter Anpassen>Farbton und Sättigung. Sein großer Vorteil ist die richtige Helligkeitsumsetzung der Originalfarben, ansonsten sind die Unterschiede zu **FSH** nicht sehr groß. Beachten Sie aber die abweichenden Wertebereiche: Sowohl **Farbton** als auch **Sättigung** werden hier auf einer Skala von 0 … 255 angegeben. Für den gewünschten Farbwinkel von 38° muss also 27, für die gewünschte Sättigung von 25 % muss 64 eingegeben werden.

Sepiatönung Ein Effekt (unter Effekte>Fotoeffekte), der wie **Vergilbte Zeitung** mit einer festen, aber etwas rötlicheren Farbe arbeitet (Farbwinkel 30°). Der **Alterungsgrad** 0 bewirkt eine Graustufenumsetzung in der Art des Kolorieren-Filters.

Schwarz-Weiß-Umsetzung

Die Umsetzung eines Farb- in ein »Schwarz-Weiß-Bild«
(das korrekter Graustufenbild heißen sollte) per Befehl
Bild>Graustufen geht zwar schnell, bringt aber selten optimale Ergebnisse. Viele Farben, die wir in der Natur als
stark unterschiedlich wahrnehmen, haben annähernd
gleiche Helligkeiten, sind also nach der Graustufenumsetzung kaum zu unterscheiden. In der Analogfotografie,
wo dieses Problem seit langem bekannt ist, benutzt
man Farbfilter, um Farbkontraste wunschgemäß in
Helligkeitskontraste umzusetzen. Ein Rotfilter dunkelt
beispielsweise blauen Himmel ab, so dass sich Wolken
kontrastreicher abheben.

Der Filter **Schwarzweißfilm** (Effekte>Fotoeffekte>Schwarz-
weißfilm) bietet fünf solcher in der Analogfotografie
üblichen Filterfarben (**1**). Die Ergebnisse sind besser als
bei der Graustufenumsetzung per Befehl, aber keineswegs optimal. Im folgenden
Kapitel stelle ich eine Methode vor, mit der Sie die Graustufenumsetzung viel
flexibler und ganz nach Ihren Wünschen steuern können.

1 Die Filterfarben Rot, Grün und Blau erzeugen
(bei Stärke 100) Kanalauszüge der gleichnamigen Kanäle, also das gleiche Ergebnis wie
Bild>Kanäle trennen>RGB-Kanäle. Gelb und Orange sind
Mischungen unterschiedlichen Verhältnisses
zwischen Rot und Grün. Die sechste Einstellung Keine erzeugt (ebenso wie Stärke = 0) das
gleiche Ergebnis wie eine normale Graustufenumsetzung.

Infrarotsimulation

Infrarotfotos haben eine spezielle, meist etwas dramatische Lichtstimmung, weil
blauer Himmel sehr dunkel wiedergegeben wird. Zwar lässt sich dieser Effekt
auch mit einem Rotfilter erreichen, doch dunkelt dieser auch Grün ab. Auf
Infrarotfotos ist *pflanzliches* Grün dagegen sehr hell. Blattgrün (Chlorophyll)
reflektiert im infraroten Spektrum sehr stark. Diesen Effekt kann zwar auch der
Spezialfilter **Infrarotfilm** (Effekte>Fotoeffekte>Infrarotfilm) nicht simulieren, trotzdem
sind die Ergebnisse recht ansprechend (**2**, **3**).

2 Der Dialog des Filters enthält drei Einstell-
felder: **Stärke** bestimmt die Effektstärke (bei 0
erfolgt eine normale Graustufenumsetzung).
Gegenlichtreflex bewirkt eine koronaartige
Aufhellung der Schattenseiten von Konturen.
Körnung fügt eine spezielle, Filmkorn nach-
empfundene Sorte von Rauschen hinzu.

3 Das Ergebnis des Effekts **Infrarotfilm** mit den
oben gezeigten Einstellungen

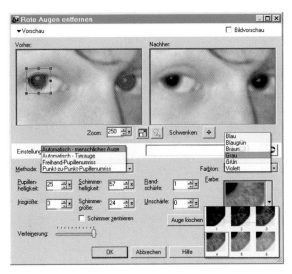

1 Der Filter zum Austauschen roter Augen

2 Farbkorrekturpinsel in der Werkzeugpalette

3 Rote Augen per Pinsel entfernen

4 Entfernung von Hautfehlern

5 Die **Zahnbürste** hellt Bildbereiche auf.

Rote Augen entfernen

»Rote Augen« entstehen, wenn Blitzlicht direkt in die weit geöffneten Pupillen fällt. Was hier unerwünscht abgebildet wird, ist der hell ausgeleuchtete Augenhintergrund. Der Effekt lässt sich am besten bei der Aufnahme vermeiden, beispielsweise durch Vorblitze (Verengung der Pupillen) oder durch einen größeren seitlichen Abstand zwischen Blitzgerät und Kamera. Ist er jedoch einmal aufgetreten, haben Sie in Paint Shop Pro sogar zwei Hilfsmittel dagegen: einen Filter und ein weiter unten behandeltes Pinselwerkzeug. Arbeitsweise und Ergebnisse unterscheiden sich stark.

Der Filter **Rote Augen entfernen** (Anpassen>Rote Augen entfernen) macht erst gar nicht den Versuch, die Originalfarbe des Auges zu restaurieren, sondern ersetzt es einfach. Sie wählen das passende Auge unter **Farbton** und **Farbe** aus einer Bibliothek und können anschließend die Größe (über die Größe des Auswahlbereichs im linken Vorschaufenster) und die Eigenschaften von Pupille und Iris noch anpassen (**1**). Der Dialog enthält alle Optionen, damit diese Montage später nicht auffällt. Auch Reflexe und die Blickrichtung lassen sich ändern. Mit **Verfeinerung** steuern Sie die Verdeckung des neuen Auges durch vorhandene Hautbereiche. In schwierigen Fällen (halb verdeckte Pupillen) helfen die Methoden Freihand Pupillenumriss und Punkt-zu-Punkt-Pupillenumriss, mit denen sich beliebige Pupillenformen zeichnen lassen. Die Methode Automatisch – menschliches Auge fügt immer runde Augen ein. Tieraugen lassen sich im Unterschied zu menschlichen auch dehnen und drehen und basieren natürlich auf einer anderen Bibliothek.

Pinselwerkzeuge

Die Werkzeugpalette enthält zwei Pinsel zur schnellen Korrektur von typischen Fehlern und vier allgemein einsetzbare Pinsel zum Ändern von Farben (**2**).

Rote-Augen-Werkzeug

Dieses Pinselwerkzeug ist für die schnelle Korrektur von roten Augen gedacht, die im Bild recht klein und ohne Details erscheinen. Er bringt bei weitem nicht so gute Ergebnisse wie der vorherige Filter (**3**). Innerhalb des Korrekturkreises (lediglich dessen Größe lässt sich einstellen) werden rote Farben stark abgedunkelt, wobei auch Helligkeitsunterschiede und Reflexe teilweise verloren gehen.

Make-Up-Werkzeug

Kein Model ist so vollkommen wie sein Bild in einem Hochglanzmagazin – und daran hat die »digitale Kosmetik« inzwischen erheblichen Anteil. Paint Shop Pro bietet mit dem **Make-Up-Pinsel** drei Verschönerungsmöglichkeiten. Falten lassen sich zudem mit dem schon weiter oben vorgestellten **Bildfehlerentfernungswerkzeug** (≫167) eliminieren.

Unreinheiten-Korrektur Entfernt kleine Hautfehler, Muttermale etc. durch Überdeckung mit dem Durchschnitt der Pixel aus der Umgebung. Der Mauszeiger verwandelt sich in zwei konzentrische Kreise einstellbarer **Größe**, der innere umfasst den Korrekturbereich, der äußere den Bereich, aus dem die Farbinformationen entnommen werden (**4**). Mit **Grad** lässt sich die Stärke der Überdeckung festlegen.

Zahnbürste Hellt farbige Bildbereiche stark auf, wobei die Grenzen anhand von Bildkonturen selbst gefunden werden. Deshalb ist die Option **Größe** hier abgeblendet (**5**). Mit **Grad** wird der Grad der Aufhellung festgelegt, beim Maximum von 100 findet gleichzeitig eine vollständige Entsättigung statt.

Sonnenbräune Bräunt schwach gesättigte Farben und Grautöne durch eine leichte Farbverschiebung und Sättigungserhöhung und trifft dabei sonnenbraune Hauttöne recht gut. Außerdem eignet sich dieses Werkzeug zur Auffrischung von blonden und braunen Haaren. Nur die Größe des Pinsels lässt sich festlegen (**6**). Der Effekt steigert sich auch bei mehrmaligem Übermalen eines Bereichs nicht. Zur Erzielung stärkerer Bräunung müssen Sie zu einem anderen Werkzeug wechseln und dann das Bräunungswerkzeug erneut wählen.

Sättigung erhöhen/verringern

Dieser Pinsel wirkt (wie auch die folgenden) auf die Farben im HSL-Farbmodell. Er erhöht die Sättigung oder verringert sie (bei Anwendung der rechten Maustaste oder mit der Option Maustasten vertauschen **9**) um einen *konstanten* Betrag, also unabhängig von der Originalsättigung. Zum Vergleich: Der Sättigungsregler von **FSH** beeinflusst die Sättigung *proportional* zur Originalsättigung, gering gesättigte Bereich werden nur schwach, stark gesättigte Bereiche stark verändert.

Zur Verstärkung der Farbwirkung »flauer« Bildstellen ist also dieser Pinsel besser geeignet. Bei Sättigungsverringerungen (**7**) hat er jedoch ebenfalls den Nachteil, die Farbhelligkeiten nicht zu berücksichtigen.

Farbtonverschiebung nach oben/unten

Bei einer **Deckfähigkeit** von 100 bewirkt dieser Pinsel eine Verschiebung des Farbtons um ca. 45°. Mit so hohen Einstellungen lässt sich jedoch nicht arbeiten, da der Effekt dann mit jedem Pinselstrich erneut angewendet wird – selbst bei aktivierter Option Kontinuierlich, die das eigentlich verhindern soll (**9**). Je geringer aber die Deckfähigkeit ist, desto mehr wird die Farbtonverschiebung von einer Sättigungsverringerung begleitet. Schon wenige Pinselstriche genügen, um die Farben völlig zu vergrauen.

Abhilfe schafft der Trick der überlagerten Ebenen. Legen Sie die bearbeitete Ebene mit dem Mischmodus Farbton über die Originalebene, dann werden aus dieser Sättigung und Helligkeit unverändert übernommen (**8**).

6 Sonnenbräune ohne Solarbank

7 Entsättigung des Hintergrunds mit dem Pinselwerkzeug hebt farbige Objekte besser hervor.

8 Die mit Farbtonverschiebungen verbundene Vergrauung von Farben (in der Abbildung oben der linke Ausschnitt) kann durch eine Ebenenüberlagerung mit dem Originalbild per Modus Farbton verhindert werden.

9 Die **Werkzeugoptionen** des Sättigungs- und des Farbtonverschiebungspinsels sind identisch.

1 Die Zieleigenschaft wird unter **Modus** gewählt, der Wert ergibt sich aus der aktuellen Vordergrundfarbe.

2 Drei mögliche Zieleigenschaften: Farbton, Sättigung und Helligkeit

3 Ebenenüberlagerung mit Mischmodus **Farbton**

Zieleigenschaft anwenden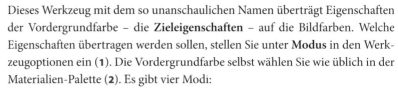

Dieses Werkzeug mit dem so unanschaulichen Namen überträgt Eigenschaften der Vordergrundfarbe – die **Zieleigenschaften** – auf die Bildfarben. Welche Eigenschaften übertragen werden sollen, stellen Sie unter **Modus** in den Werkzeugoptionen ein (**1**). Die Vordergrundfarbe selbst wählen Sie wie üblich in der Materialien-Palette (**2**). Es gibt vier Modi:

Farbe überträgt *Farbton* und *Sättigung* der Vordergrundfarbe auf das Bild.
Farbton überträgt nur den *Farbton* der Vordergrundfarbe auf das Bild.
Helligkeit überträgt nur die *Helligkeit* der Vordergrundfarbe auf das Bild.
Sättigung überträgt nur die *Sättigung* der Vordergrundfarbe auf das Bild.

Die ein oder zwei jeweils verbleibenden Farbeigenschaften werden dem Originalbild entnommen. Das Ergebnis stellt also immer eine *Mischung* aus Farbeigenschaften des Originalbildes und Farbeigenschaften der Vordergrundfarbe dar (**4**). Mit Farbton, Sättigung und Helligkeit sind hier die Parameter des HSL-Farbmodells gemeint. Die weiteren Werkzeugoptionen haben keine Besonderheiten. Mit der **Deckfähigkeit** können Sie den Effekt abmildern, also Quell- und Zieleigenschaft ineinander übergehen lassen.

Vielleicht kommen Ihnen ja die vier Modi dieses Pinsels bekannt vor: Gleichnamige Modi gibt es im Feld **Mischmodus** der Ebenenpalette (**3**), wir haben sie teilweise schon eingesetzt. Die vier Mischmodi bewirken, wenn sie auf eine mit der Vordergrundfarbe gefüllte Ebene angewendet werden, tatsächlich das Gleiche wie die Modi des Zieleigenschaften-Pinsels, nun aber natürlich für das ganze Bild. Eigentlich brauchen Sie diesen Pinsel also gar nicht: Sie können genauso gut mit der Vordergrundfarbe auf einer *transparenten*, über das Originalbild gelegten Ebene malen. Mehr zu dieser Methode später.

Mit dem Zieleigenschaften-Pinsel übertragen Sie *ausgewählte* Eigenschaften der Vordergrundfarbe ins Bild. Ein Werkzeug, das *alle* Eigenschaften überträgt, gibt es auch – es ist der Standardpinsel ✎. Er überdeckt die Farben des Originalbildes komplett (falls Sie nicht die Deckfähigkeit verringern). Etwas raffinierter geht der folgende Pinsel **Farbe ersetzen** vor.

4 Die Wirkung der vier Modi des Pinsels **Zieleigenschaft anwenden** bei vollflächigem Auftrag der grünen Vordergrundfarbe aus Abbildung **2**

5 Optionen des Farbersetzungswerkzeugs

Farbe ersetzen

Dieser Pinsel ersetzt Bildpixel, die der Hintergrundfarbe ähneln, komplett durch die Vordergrundfarbe. Die Auswahlkriterien sind die RGB-Werte der Hintergrundfarbe und die **Toleranz** (**5**). Nur Bildpixel, deren RGB-Werte gleich denen der Hintergrundfarbe sind bzw. innerhalb des Toleranzbereichs um diese herum liegen, werden ersetzt. Wählen Sie als praktisches Beispiel aus einem konkreten Bild eine Vordergrundfarbe aus (Strg⌐ auf die Bildfarbe) und ebenso eine Hintergrundfarbe (Strg⌐ mit rechter Maustaste). Wenn Sie nun bei gedrückter linker Maustaste mit dem Pinsel über Bildbereiche malen, die etwa der Hintergrundfarbe entsprechen, werden diese durch die Vordergrundfarbe ersetzt (**6**).

Halten Sie beim Malen die *rechte* Maustaste gedrückt, kehrt sich das Verhalten um. Nun werden Pixel, deren Farbe der *Vordergrundfarbe* entspricht, durch die *Hintergrundfarbe* ersetzt. Mit einem Doppelklick (oder 🗎 in der Optionen-Palette) werden alle entsprechenden Bildfarben ersetzt, ohne dass Sie den Pinsel benutzen müssen. Übrigens fehlt unter den Optionen die Deckfähigkeit; die Bildfarben werden also stets vollständig oder gar nicht ersetzt. Überblendungen sind nur möglich, wenn Sie den Effekt auf eine duplizierte Ebene anwenden.

6 Anwendung des Farbersetzungspinsels zum raschen Austausch des Hintergrunds eines Objekts, was hier auf eine *Freistellung* hinausläuft. Das Vorzugswerkzeug zum Freistellen ist allerdings der Freistellungspinsel 🖌.

Farbfüllung 🪣

Der »Farbeimer« ist kein Pinselwerkzeug im herkömmlichen Sinn, was man schon am Fehlen von Optionen wie *Größe* und *Härte* sieht. Malen ist weder nötig noch

möglich. Ein Mausklick genügt, um den angeklickten Pixel sowie alle ähnlichen Nachbarpixel mit der Vordergrund- bzw. (bei rechtem Mausklick) mit der Hintergrundfarbe zu »füllen«. Über die Ähnlichkeit entscheiden **Toleranz** und **Auswahlmodus**. Die Auswahlmodi wurden in PSP XI erweitert und modernisiert: Es gibt jetzt sieben davon (**7**) und den Modus *Keine* – bei diesem wird das gesamte Bild mit Farbe gefüllt.

Im Unterschied zum Farbersetzungspinsel beziehen sich die Auswahlkriterien (also Modus und Toleranz) nicht auf die Abweichung von der Hintergrundfarbe, sondern auf die Abweichung vom angeklickten Bildpixel. Zudem werden nur zusammenhängende Farbbereiche mit der neuen Farbe gefüllt.

7 Optionen des Farbfüllungswerkzeugs, das teilweise auch **Farbverlaufswerkzeug** heißt. Außer Volltonfarben können auch Verläufe und Texturen als Füllmaterialien verwendet werden. Pixel werden entweder ganz (bzw. mit der eingestellten **Deckfähigkeit**) oder gar nicht mit dem Füllmaterial gefüllt – Übergangsbereiche gibt es nicht. Die verfügbaren **Mischmodi** sind die gleichen wie beim Mischen von Ebenen (⋙**92**). Auf die **Auswahlmodi** gehe ich bei den Auswahlwerkzeugen näher ein (⋙**254**).

Umfärber 🪣

Dieses Werkzeug ist neu in PSP XI. Es dient zum raschen Ein- und Umfärben von Bildbereichen, wobei die Helligkeit erhalten bleibt und weiche Übergänge möglich sind. Die Ergebnisse fallen damit deutlich sauberer und realistischer aus als mit allen bisher genannten Werkzeugen. Es gibt nur zwei Optionen: **Toleranz** und **Konturenweichzeichnung** (**8**). Versteckt im Hintergrund arbeiten

8 Die Optionen des Umfärber-Werkzeugs. Hier vorgenommene Änderungen aktualisieren den Effekt, bis der Übernehmen-Button ✓ angeklickt wird. Änderungen der Füllfarbe wirken sich auch später noch aus (bis zum Werkzeug- oder Ebenenwechsel).

1 Der Umfärber ändert (anders als das Farbfüllungswerkzeug) nicht nur benachbarte, sondern stets alle farblich passenden Pixel. Bildbereiche, die nicht beeinflusst werden sollen, müssen evtl. per Auswahl geschützt werden.

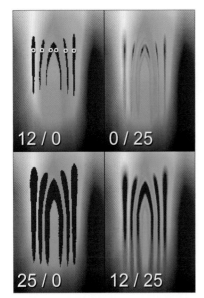

2 Ich habe in einem Regenbogenverlauf sechs Punkte angeklickt (markiert im Bild links oben) und **Toleranz** (erste Zahl) und **Konturenweichzeichnung** (zweite Zahl) variiert. Die Toleranz legt den Farbbereich fest, der mit der Vordergrundfarbe (hier Blau) gefüllt wird. Die Abgrenzung zu nicht ausgewählten Pixeln ist stets scharf (linke Spalte). Die Konturenweichzeichnung erweitert diesen Bereich in hellere und dunklere Bereiche der gleichen Farbe (rechte Spalte), wobei die Füllfarbe abgeschwächt wird.

der Auswahlmodus *Farbe* und der gleichnamige Mischmodus. Wenn Sie diese Modi im Farbfüllungswerkzeug sowie die gleiche Toleranz einstellen, erhalten Sie auch die gleiche Farbfüllung – vorausgesetzt, die Konturenweichzeichnung ist null.

Die Konturenweichzeichnung sorgt für die weichen Übergänge, welche die anderen Werkzeuge vermissen lassen. Es ist übrigens gar keine Weichzeichnung (und deshalb auch nicht vergleichbar mit der **weichen Kante** einer Auswahl), sondern ebenfalls eine Toleranz, die sich in abweichende Helligkeitsbereiche der gewählten Farbe erstreckt und dabei die Füllfarbe abschwächt (**2**). Kontrastreiche Bildkanten werden von dieser »Weichzeichnung« nie überschritten.

Außergewöhnlich am Umfärber-Werkzeug ist, dass sich alle Optionen (einschließlich der Füllfarbe) auch nach der Anwendung noch ändern lassen. Angeklickte Bildpunkte werden intern gespeichert, die Optionen erst anschließend darauf angewendet. Damit bietet sich eine völlig andere Arbeitsweise an als mit anderen Werkzeugen: Wählen Sie eine sehr geringe Toleranz und eine Konturenweichzeichnung von null, klicken dann den umzufärbenden Farbbereich ab und erhöhen nun erst die Einstellungen, bis alle Lücken verschwunden sind.

Welcher Filter wofür?

Für die erste Farbkorrektur genügt meist schon das korrekte Setzen von Schwarz-, Weiß- und Graupunkt bzw. der Filter **Verblasste Farben korrigieren** mit der niedrigsten Einstellung von 1. Zum Auffrischen von Farben eignet sich Letzterer dagegen weniger. Benutzen Sie dafür die Sättigungsregler der **Intelligenten Fotokorrektur** oder des Filters **Farbtöne anpassen**. Auch **Farbton/Sättigung/Helligkeit** ist für diesen Zweck nicht so gut geeignet, erlaubt aber *farbselektive* Änderungen von Sättigung, Helligkeit und Farbe.

Den Weißabgleich und damit gleichzeitig die Farbstimmung eines Fotos beeinflussen Sie – komfortabel über die Farbtemperatur – mit dem Filter **Farbabgleich**. Beachten Sie, dass die gleichnamige Anpassungsebene völlig anders arbeitet. Bei diesem Werkzeug besteht die Gefahr der Beschneidung von Schatten oder Lichtern. Aus dem gleichen Grund sollten Sie **Rot/Grün/Blau** völlig vermeiden.

Für selektive Umfärbungen von Bildbereichen war bisher **Farbton/Sättigung/Helligkeit** der Filter der Wahl; PSP XI besitzt hierfür mit dem **Umfärber** ein besser geeignetes Werkzeug. Denken Sie bei kreativen Farbverfremdungen auch immer an den Filter **Kurven** (mit Bearbeitung der Einzelkanäle) und den **Kanalmixer**. Letzterer gestattet zudem Graustufenumsetzungen, die zwar etwas umständlich, aber dafür besser steuerbar sind als mit dem Filter **Schwarzweißfilm**. Viele vorgefertigte, teilweise aber auch noch anpassbare Farb- und Monochromeffekte finden Sie in den neuen Filtern **Film und Filter** und **Zeitmaschine**. Mit den Pinselwerkzeugen können Sie gezielte manuelle Farbkorrekturen vornehmen – bis zur Änderung einzelner Pixel.

Schärfekorrekturen

Die Schärfe entscheidet mit darüber, ob ein Bild gelungen ist. Dies bedeutet jedoch nicht, dass jedes Bild in allen seinen Teilen unbedingt scharf sein muss. Im Gegenteil: Oft ist es gerade der Gegensatz zwischen Schärfe und Unschärfe, der gute Bilder ausmacht, und manchmal darf ein Bild auch völlig unscharf sein, wenn es darum geht, Stimmungen auszudrücken.

Auf Pixelebene wird die Schärfe vom Helligkeitsunterschied (Kontrast) zwischen benachbarten Pixeln bestimmt. Ein Bild wirkt umso schärfer, je größer und räumlich begrenzter solche Helligkeitssprünge (**Kanten**) ausfallen. Fotografiert man eine scharfe Kante, entstehen jedoch wegen der begrenzten Leistung von Objektiv und Sensor immer Übergangspixel. Der ursprünglich scharfe Kontrast wird über zwei oder mehr Pixelreihen »verschmiert«. Beispiele dazu finden Sie in den Abbildungen **1** bis **3** auf der folgenden Seite.

Einmal verlorene Schärfe kann durch eine Schärfung niemals vollständig restauriert werden. Um den *Schärfeeindruck* zu erhöhen, genügt es jedoch auch, vorhandene Kantenkontraste zu verstärken. Das Prinzip zeigt die Abbildung **4** auf der folgenden Seite: Die Übergangspixel haben hier einen höheren Kontrast, als er ursprünglich war. Solche Kontrasterhöhungen an Kanten kann man (nur scheinbar paradoxerweise) mit Hilfe *weichgezeichneter* Bilder erreichen.

Die Werkzeuge

Die meisten **Weichzeichnungswerkzeuge** von Paint Shop Pro befinden sich in zwei Untermenüs: Anpassen>Bildschärfe verringern und Anpassen>Weichzeichnen (**3**). Meiner Meinung nach gibt es keinen sachlichen Grund für eine solche Unterteilung, sie stiftet nur Verwirrung (so sucht man den **Gaußschen Weichzeichner** vergeblich im Weichzeichnen-Menü). Ich werde deshalb diese Werkzeuge in der Reihenfolge behandeln, die mir logisch erscheint. **Tiefenschärfe** und **Hautglättung** sind zwei weitere, erst in PSP XI hinzugekommene Weichzeichnungswerkzeuge.

Die **Schärfungswerkzeuge** finden sich vor allem im Menü Anpassen>Schärfe (**3**). Doch auch die Filter **Nachzeichnen** und **Stark nachzeichnen** im Menü Effekte>Kanteneffekte sind eigentlich Schärfefilter (**4**).

Die **Kanteneffekte** selbst bilden eine dritte Gruppe. Ich habe sie hier nicht nur wegen der engen Verwandschaft aufgenommen (jede Scharf- oder Weichzeichnung ist ja ein »Kanteneffekt«), sondern auch, weil sie für die Anfertigung von Masken (die unter anderem für komplexe Schärfekorrekturen benötigt werden) unverzichtbar sind. In diese Gruppe gehören zudem zwei »Kunsteffekte« (**4**).

Die beiden Pinselwerkzeuge (**5**) wirken genau wie zwei der Filter und werden deshalb in diesem Zusammenhang behandelt. Das Gleiche trifft für die Schärfe-funktionen der **Intelligenten Fotokorrektur** und des Filters **Bildrauschen digitaler Kameras entfernen** zu. Anpassungsebenen zum Schärfen oder Weichzeichnen gibt es leider nicht. Falls Sie den Filter **Schärfekorrektur** vermissen: Ihn habe ich bei den Tonwertkorrekturwerkzeugen (**≫204**) vorgestellt.

3 Die Filter zum Schärfen und Weichzeichnen im Anpassen-Menü

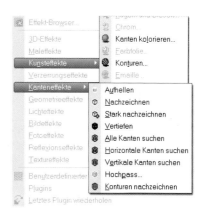

4 Die Kanten- und Kontureneffekte aus dem Menü **Effekte**

5 Zwei Pinselwerkzeuge zum Schärfen und Weichzeichnen

1 Ausschnitt aus dem Kontrastverlauf **9**

2 Weichzeichnung, Radius 1 Pixel

3 Weichzeichnung, Radius 2 Pixel

4 Geschärftes Bild **1**

5 Geschärftes Bild **3**

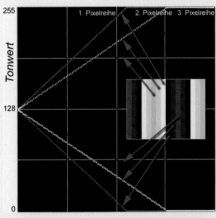

6 Tonwertkurve des Kontrastverlaufs **9**

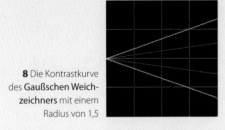

7 Die Kontrastkurven stellen die Tonwerte je nach ihrer Entfernung von einer Kante in unterschiedlichen Farben dar.

8 Die Kontrastkurve des **Gaußschen Weichzeichners** mit einem Radius von 1,5

9 Der Kontrastverlauf aus hellen und dunklen Balken

Kanteneffekte messen und darstellen

Globale Kontrastveränderungen, die alle Pixel betreffen, habe ich mit **Tonwertkurven** veranschaulicht (≫186). Solche Kontraständerungen beeinflussen die Steilheit der Tonwertkurve. Lokale, nur an Kanten auftretende Kontraständerungen lassen sich ganz ähnlich mit **Kontrastkurven** darstellen. Während den Tonwertkurven ein einfacher Verlauf von Schwarz nach Weiß zugrunde liegt, benötigen wir hier als Testbild einen Kontrastverlauf, der aus vielen schmalen, abwechselnd dunklen und hellen Balken besteht (**9**). Von links nach rechts steigt der Kontrast zwischen diesen Balken vom Minimalwert 1 bis zum Maximalwert 255 an.

Die *Tonwertkurve* dieses Kontrastverlaufs hat zwei Schenkel: einen ansteigenden für die helleren und einen abfallenden für die dunkleren Balken. Der Abstand zwischen beiden Schenkeln entspricht dem Kontrast (**6**). Eine Kontrasterhöhung (also auch eine Schärfung) biegt die Schenkel auseinander, eine Kontrastverringerung (also auch eine Weichzeichnung) verengt sie. Zur *Kontrastkurve* wird diese Kurve durch eine interne Aufspaltung in drei farbige Kurven, welche die Veränderungen einzelner Pixelreihen sichtbar machen. Die ersten, direkt an die Kante grenzenden Pixelreihen werden rot, die zweiten Pixelreihen grün und die Pixel in dritter Reihe werden blau dargestellt (**7**).

Ein Werkzeug, das nur die direkt an einer Kante anliegenden Randpixel beeinflusst, verändert nur die roten Schenkel. Ist der Wirkungsradius größer, spaltet sich Kurve weiter auf und auch die zwei grünen und blauen Schenkel werden verändert. Globale Kontraständerungen verändern alle Pixel gleichmäßig, so dass sich die Schenkel erst gar nicht in farbige Einzelkurven aufspalten, sondern nur insgesamt verbiegen.

Abbildung **7** zeigt die Kontrastkurve des Werkzeugs **Stark scharfzeichnen**. Der Kontrast zwischen direkt an Kanten nebeneinander liegenden Pixeln wird verdoppelt (rote Linien), zwischen den Pixeln in zweiter Reihe wächst er um 50 % (grüne Linien). Erst Pixel, die in drei Pixel Entfernung (Radius) von der Kante liegen, werden nicht mehr verändert (blaue Linien). Eine Weichzeichnung wirkt analog, aber umgekehrt (**8**).

Weichzeichnungswerkzeuge

Weichzeichnung vermindert den Kontrast zwischen benachbarten Pixeln und damit gleichzeitig die Bildschärfe. Doch ein *unscharfes*, etwa mit falscher Entfernungseinstellung aufgenommenes Bild unterscheidet sich von einem *weichgezeichneten* Bild deutlich. Der Weichzeichner »verschmiert« Helligkeit und Farbe von Pixeln über einen mehr oder weniger großen Bereich. Ein unscharf eingestelltes (defokussiertes) Objektiv erzeugt dagegen **Zerstreuungskreise**. Ein Punkt wird nicht mehr als Punkt, sondern als Kreisscheibe abgebildet (die genaue Form ist ein Abbild der Blende). Die Überlagerung vieler solcher Scheiben ergibt eine völlig andere Wirkung, als sie Weichzeichner erzeugen (**10**). Es gibt sogar einen (aus dem Japanischen stammenden) Fachbegriff dafür: **Bokeh**.

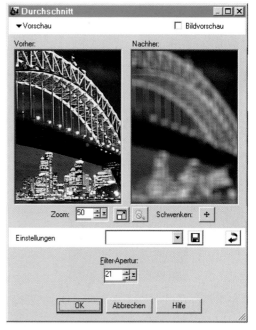

10 Zerstreuungskreise im Hintergrund

    Solche fotografische Unschärfe lässt sich erst ab PSP XI mit dem Filter **Tiefenschärfe** simulieren. Ganz ohne Software erzielen Sie ähnliche Ergebnisse mit einem Trick, den Sie zwei Seiten weiter finden.

    Die »richtige« fotografische Unschärfe ist natürlich gar nicht nötig, wenn es nur darum geht, Bildfehler wie Moiré oder allzu harte Kontraste zu verringern. Dafür besitzt PSP eine ganze Reihe von Werkzeugen.

Durchschnitt

Der erste Filter im Menü **Bildschärfe verringern** verleiht jedem Pixel den Durchschnittswert aus mehreren Pixeln. Die Seitenlänge des Pixel-Quadrats, dessen Durchschnittstonwerte dazu (kanalweise) ermittelt werden, legen Sie im Feld **Filter-Apertur** zwischen 3 und 31 fest. Der Wert ist immer ungerade, da das neu berechnete Pixel in der Mitte liegt. Falls Ihnen dieser Dialog bekannt vorkommt: Er gleicht dem des Median-Filters (Anpassen>Bildrauschen hinzufügen/entfernen>Median-Filter ≫165) aufs Haar. Der Unterschied liegt in der Art der Mittelwertbildung: Dort wurde der Median ermittelt, was Tonwert-Ausreißer eliminiert, hier der arithmetische Mittelwert, was die Helligkeitswerte aneinander angleicht.

    Bei geringen Apertur-Werten ist die Weichzeichnung kaum sichtbar. Höhere Werte verleihen dem Bild eine etwas »harte« Unschärfe (**12**), was vor allem im Vergleich mit dem Gaußschen Weichzeichner sichtbar wird (**11**). Zwei der folgenden Filter stellen Durchschnitt-Filter mit fest eingestellten Apertur-Werten dar.

11 Tonwertverlauf an einer mit **Durchschnitt** (links) und mit dem **Gaußschen Weichzeichner** (GWZ, rechts) weichgezeichneten scharfen Kante (Mitte)

12 Durchschnitt mit etwa 2/3 der Maximalwirkung

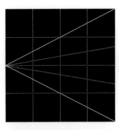

1 Stark weich-zeichnen, der Weichzeich-nungspinsel und Durch-schnitt mit Apertur 3 verringern den Kanten-kontrast auf etwa 1/3 des Ursprungswertes.

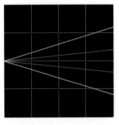

2 Bildschärfe stark verringern und Durch-schnitt mit Apertur 5 ver-ringern den Kontrast zwischen benachbarten Bildpixeln auf weniger als ein Viertel, bei den Pixeln in zweiter Reihe auf knapp die Hälfte.

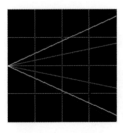

4 Kontrastkurve des Gaußschen Weichzeichners (Radius = 1,0)

5 Die visuelle Wirkung des Gaußschen Weich-zeichners hängt nicht nur vom Radius, sondern auch von der Bildgröße ab. Mit dem maxima-len Radius 100 bleiben aber auch von einem 9 Megapixel großen Bild nur noch Schemen.

Weichzeichner ohne Optionen

Sowohl im Menü **Weichzeichnen** als auch in **Bildschärfe verringern** gibt es zwei Befehle ohne Optionen, die recht schwache, gleichwohl aber unterschiedliche Wirkungen haben. Diese sind an gedruckten Bildbeispielen kaum zu erkennen. Ich habe deshalb nur ein paar ausgewählte Kontrastkurven abgebildet. Die Filter stelle ich nachfolgend in der Reihenfolge ihrer Stärke vor.

Weichzeichnen verringert den Kontrast zwischen benachbarten Pixeln auf die Hälfte. Weiter weg liegende Pixel sind nicht betroffen (Radius = 1 Pixel).

Stark weichzeichnen verringert den Kontrast zwischen benachbarten Pixeln auf ein Drittel des Originalwertes. Die Wirkung dieses Filters gleicht exakt der Wirkung von **Durchschnitt** mit **Filter-Apertur** = 3 (**1**).

Bildschärfe verringern hat auf benachbarte Pixel die gleiche Wirkung wie **Stark weichzeichnen**, zusätzlich wird aber der Kontrast zwischen den Pixeln in zweiter Reihe um ca. 25 % vermindert (Radius = 2 Pixel).

Bildschärfe stark verringern wirkt etwas stärker als der vorige Befehl und hat die gleiche Wirkung wie der Filter **Durchschnitt** mit **Filter-Apertur** = 5 (**2**).

3 Optionen des Weichzeichnungspinsels

Weichzeichnungspinsel

Der Pinsel zum manuellen Weichzeichnen von Bilddetails hat in der stärksten Einstellung (**Deckfähigkeit** = 100) genau die gleiche Wirkung wie **Stark weich-zeichnen** – nun natürlich auf die Pinselgröße beschränkt und je nach **Härte** mit mehr oder weniger stark nachlassender Wirkung an den Rändern (**3**). Mehrmaliges Übermalen verstärkt den Effekt (wenn kontinuierlich deaktiviert ist) etwa bis zur Wirkung von **Durchschnitt** mit **Filter-Apertur** = 7 oder **Gaußscher Weichzeichner** mit **Radius** = 2.

Gaußscher Weichzeichner

Dies ist der Filter mit der stärksten und »weichesten« Wirkung. Der **Radius** lässt sich von 0.00 … 100,00 wählen, die Wirkung setzt aber erst oberhalb von 0,3 ein. Schon bei einem Radius von 1,0 ist der Effekt ähnlich stark wie der von **Stark weichzeichnen** (**4**). Die Radius-Angabe ist hier eine Rechengröße für den internen Algorithmus und mit dem Wirkungsradius in Pixeln nicht vergleichbar. Wenn Sie hier den gleichen Wert wie im Filter **Durchschnitt** einstellen, ist die Wirkung 3 … 5 Mal stärker, wie auch in Abbildung **11** (vorige Seite) zu sehen ist.

Bei höheren Radius-Werten verschwimmt das Bild zunehmend bis zur fast völligen Auflösung (**5**). Der **Gaußsche Weichzeichner** erlaubt als einziger Filter solche extremen Effekte, erzielt aber auch mit geringeren Einstellungen eine deutlich weichere Wirkung als **Durchschnitt** (**3**). Den Dialog und ein Bildbeispiel finden Sie in Abbildung **7**.

6 Bildunschärfe durch unscharf fotografiertes Monitorbild   **7** Bildunschärfe mit **Gaußschem Weichzeichner**

Manuell weichzeichnen

Mit diesem etwas komplizierteren Dialog (**9**) lassen sich Überstrahlungen erzeugen, die an den früher mit speziellen Weichzeichner-Objektiven erzeugten »Softfokus«-Effekt erinnern. Im Feld **Unschärfe** fügen Sie Unschärfe hinzu, ohne dass die Kanten komplett weichgezeichnet werden. Mit **Kantenschärfe** lässt sich dieser Kantenschutz weiter verstärken. Streulicht hinzufügen mildert den Kontrast noch einmal etwas ab. Alle Einstellungen unter **Fokus** beeinflussen sowohl die hellen als auch die dunklen Seiten kontrastreicher Kanten.

Dagegen wirken jene unter **Korona** *nur* auf die dunkleren Seiten. Der Effekt zeigt sich besonders gut an dunklen Bildern (**8**). **Grad** beeinflusst die Kontrastschwelle, ab der die Korona erzeugt wird. Die Wirkung setzt bereits bei null ein, bleibt bei kleinen Werten auf Bilddetails mit hohem Kontrast beschränkt, doch bei 100 überstrahlen auch schwächste Lichter in die Umgebung. **Koronagröße** beeinflusst die Ausdehnung der Überstrahlung, **Koronasichtbarkeit** deren Helligkeit. Beim Maximum sinkt der Kantenkontrast auf weniger als die Hälfte, ohne dass die Kante selbst verloren geht. Letzteres ist ein großer Vorteil gegenüber dem **Gaußschen Weichzeichner** (**7**), der zuerst die Kante vernichtet.

Bokeh simulieren

Fotografieren Sie das bildschirmfüllend auf dem Monitor angezeigte Bild mit der (Digital-)Kamera ab. Wählen Sie eine längere Belichtungszeit, schalten Sie den Autofokus ab und stellen Sie die Entfernung nach Sicht auf die gewünschte Unschärfe ein. Das Foto zeigt echte, durch eine Optik erzeugte Zerstreuungskreise (**6**), die Wirkung steht der des Tiefenschärfe-Filters nicht nach. Je schärfer das Ausgangsbild ist, desto besser gelingt auch das Bokeh.

Das *teilweise* Unschärfen eines Bildes erfordert deutlich mehr Aufwand. Das Motiv, das scharf bleiben soll, muss freigestellt, ausgeschnitten und nach der Unschärfe-Behandlung wieder eingefügt werden. Bleibt es nämlich bei Weichzeichnung oder Bildschirmfoto mit im Bild, strahlt seine Unschärfe in die Umgebung aus und wirkt später wie ein Schatten.

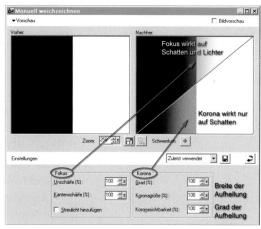

8 Mit **Manuell weichzeichnen** erzeugte Korona – effektvoll, doch eher an Nebel als an Tiefenunschärfe erinnernd

9 Fokus und Korona wirken sich auf unterschiedliche Helligkeitsbereiche des Bildes aus.

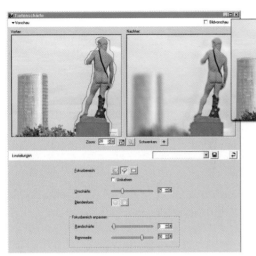

1 Unregelmäßig geformte Objekte müssen mühsam per Freihandwerkzeug ausgewählt werden. Das Bild rechts oben zeigt das Ergebnis bei angekreuzter Option **Umkehren**.

2 Eine Tiefen(un)schärfe von 25

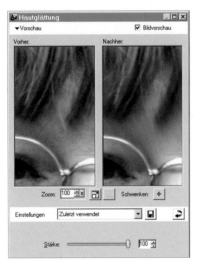

3 Hautglättung mit der maximalen Stärkeeinstellung. Angrenzende Haare werden teilweise auch schon bei geringeren Werten angegriffen.

Tiefenschärfe

Mit Anpassen>Tiefenschärfe besitzt PSP XI einen Filter zum Hinzufügen fotografischer Unschärfe. Der Grad der **Unschärfe** und die **Blendenform** (rund oder sechseckig) lassen sich wählen. Im Vergleich mit den obigen Beispielen ist das Ergebnis etwas kontrastarm (**2**), aber das ist (z. B. mit der Niveaus-Automatik von **Kurven**) schnell korrigierbar.

Der Clou – aber auch die größte Problematik – des Filters ist die Möglichkeit, einen bestimmten **Fokusbereich** von der Unschärfe auszunehmen. Erst dieser Gegensatz zwischen scharfem Vordergrund und unscharfem Hintergrund (oder umgekehrt) macht ja den Reiz von Bokeh-Fotos aus. Der Fokusbereich wird im Dialog-Vorschaufenster mit einem von drei Auswahlwerkzeugen (Rund, Freihand, Rechteckig) ausgewählt. Und hier beginnt das Problem: Diese Auswahl muss in einem Zug erfolgen und kann hinterher nicht korrigiert werden. Die Standard-Auswahlwerkzeuge von PSP arbeiten wesentlich besser, lassen sich aber mit diesem Filter nicht verwenden.

Unter **Fokusbereich anpassen** kann anschließend der Übergangsbereich der fertigen Auswahl verändert werden. Der Regler **Randschärfe** bewirkt mit steigenden Werten eine größere *Randunschärfe* des Fokusbereiches (trägt also eine falsche Bezeichnung, auch die Erläuterung in der PSP-Hilfe ist falsch). Sehr geringe Werte (also eine hohe Randschärfe) bewirken übrigens deutlich sichtbare Randartefakte.

Der zweite, völlig unpassend mit **Brennweite** bezeichnete Regler verkleinert (bei negativen Werten) oder vergrößert den Fokusbereich. Mit der fotografischen Brennweite hat dies nicht zu tun – diese beeinflusst (neben der Perspektive) den Unschärfegrad.

Selbst die Auswahl eines so klar abgegrenzten Objekts wie der Skulptur in Abbildung **1** gelang mit diesen Werkzeugen nur mühsam und trotzdem unvollkommen. Erschwerend kommt hinzu, dass bei jeder Änderung einer Einstellung offenbar das Vorschaubild in Originalgröße berechnet wird, was bei größeren Bildern zu völlig unakzeptablen Wartezeiten führt. Fazit: Der Tiefenschärfe-Filter ist eine gute Idee, aber (wie leider einige Neuerungen in PSP XI) noch unausgegoren. Hoffen wir auf die nächste Version.

Hautglättung

Dieser zu den Make-up-Filtern gehörende, ebenfalls erst in PSP XI hinzugekommene Filter wendet eine Weichzeichnung selektiv auf Hauttöne an. Der Regler **Stärke** bestimmt die Stärke der Weichzeichnung (**3**). Optionen zur Änderung des Farbbereiches gibt es nicht. Dieser Farbbereich scheint recht eng auf »gesunde« Brauntöne beschränkt, denn bei blasser und rötlicher Haut hat der Filter nur eine schwache oder gar keine Wirkung. Behandeln Sie also die zu glättende Haut eventuell vorher mit dem **Make-Up-Pinsel** und der Option **Sonnenbräune** (≫223).

Bewegungsunschärfe

Dieser Filter (unter Anpassen>Bildschärfe verringern>Bewegungsunschärfe) simuliert Bewegungsunschärfe durch eine winkelabhängige Weichzeichnung (**4**). Die Charakteristik der Weichzeichnung ist ähnlich hart wie beim Filter **Durchschnitt**, erstreckt sich jedoch über einen größeren Bereich. Bei maximaler **Stärke** von »100 %« wird eine Kante über 50 Pixel verschmiert. Die Prozentangabe ist hier fehl am Platz – sie suggeriert, dass die Wirkung abhängig von der Bildgröße sei. Das ist aber nicht der Fall.

Um einen einigermaßen realistischen Bewegungseffekt zu erreichen, können Sie die Originalebene mit dem Mischmodus Abdunkeln (bei hellem Hintergrund, andernfalls Aufhellen) über die bearbeitete Ebene legen und bei dieser die Deckfähigkeit verringern (**5**).

Strahlenförmige Unschärfe

In diesem Filter sind drei Effekte (**Unschärfetypen**) vereint, die sich mit zahlreichen Optionen noch individuell anpassen lassen.

Drehung erzeugt eine kreisförmige Bewegungsunschärfe um den Drehpunkt. Der Winkel ist abhängig von der **Stärke**, 100 % entsprechen etwa 180° (**8**).

Zoom erzeugt eine radiale Bewegungsunschärfe (**6**). Vor allem bei diesem Unschärfetyp empfiehlt sich die zusätzliche Option **Mitte schützen**.

Wirbel erzeugt eine spiralförmige Bewegungsunschärfe (**7**). Der Drehwinkel wird näherungsweise vom **Wirbelgrad** (-90 … +90) bestimmt, wobei ich keinerlei Unterschiede zwischen negativen und positiven Werten feststellen konnte. Die scheinbare Drehung verläuft immer im Uhrzeigersinn. Bei einem Wirbelgrad von 0 ist der Effekt identisch mit dem Zoom-Effekt.

Unter **Zentriert** findet sich die relative Lage des Mittel- bzw. Drehpunktes im Bild. Der Punkt kann sowohl hier als auch direkt im linken Vorschaubild mit der Maus verschoben werden. **Mitte schützen** nimmt den eingestellten Prozentbereich vom Effekt aus (die Prozentangaben beziehen sich auf die Bildgröße). **Elliptisch** passt den Effekt an die Form nichtquadratischer Bilder an.

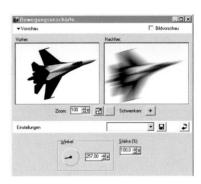

4 Die Bewegungsunschärfe erstreckt sich immer in Richtung des Zeigers im Winkelkreis. Eine Änderung um 180° wirkt sich als Verschiebung aus, der Effekt selbst bleibt gleich.

5 Überlagerung des bearbeiteten Bildes mit dem Original. Die Ebene **Jet unscharf** erhielt hier eine Deckfähigkeit von 25 %.

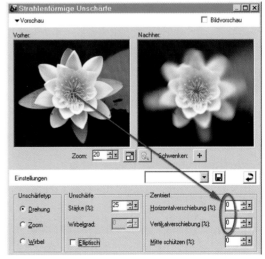

8 Der Dreh- bzw. Mittelpunkt für den Effekt lässt sich per Maus im Vorschaufenster oder über die Eingabefelder festlegen.

6 Zoom mit Stärke 25

7 Wirbel mit Stärke 25 und Wirbelgrad 30

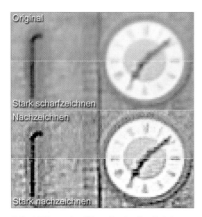

1 Die Wirkung des Filters **Stark scharfzeichnen** und der beiden Kantureneffekte **Nachzeichnen** und **Stark nachzeichnen** (Vergrößerung ca. 6 x)

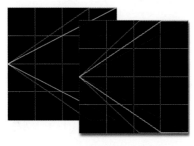

2 Die Kontrastkurven von **Scharfzeichnen** (links) und **Stark scharfzeichnen** (rechts)

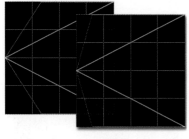

3 Die Kontrastkurven von **Nachzeichnen** (links) und **Stark nachzeichnen** (rechts)

4 Verlauf der Tonwerte an einer Kante (Original ganz rechts) bei Schärfung mit **Unscharf maskieren** (USM) und **Hochpass-Schärfen** (HPS) und verschiedenen Einstellungen

Scharfzeichnungswerkzeuge

Scharfzeichnung erhöht den Kontrast zwischen Nachbarpixeln, wirkt also genau umgekehrt wie Weichzeichnung – es sind zwei Seiten einer Medaille. Eine solche Kontrasterhöhung ist aber auch beim Schärfen nicht immer im gesamten Bild erwünscht. Beispielsweise soll Rauschen nicht mit geschärft werden, und in gleichförmigen Flächen fallen einzelne geschärfte Details übermäßig auf. Zudem sollen bei stärkerer Schärfung möglichst keine Schärfungsartefakte sichtbar werden – sehr helle Halos und dunkle Ränder an den beiden Seiten kontrastreicher Kanten. Wie Sie solche höheren Anforderungen mit Hilfe von *Konturenmasken* bewältigen, zeige ich im nächsten Kapitel. Für die alltäglichen Anforderungen sind aber die Schärfungswerkzeuge von Paint Shop Pro durchaus geeignet.

Scharfzeichner ohne Optionen

Im Menü Anpassen>Schärfe befinden sich zwei schwach wirkende Scharfzeichnungsfilter ohne Optionen. Zwei weitere Schärfungsfilter zählt Paint Shop Pro zu den **Kanteneffekten**. Da sie aber ganz ähnlich, nur deutlich stärker wirken, behandle ich sie an dieser Stelle mit. Die Reihenfolge folgt wieder der Stärke.

Scharfzeichnen (Anpassen>Schärfe>Scharfzeichnen) erhöht den Kontrast zwischen Nachbarpixeln um 50 % (**2**). Weiter weg liegende Pixel werden nicht verändert. Da der Effekt sehr schwach ist, habe ich auf ein Bildbeispiel verzichtet.

Stark scharfzeichnen steigert den Kontrast zwischen Nachbarpixeln auf knapp das Doppelte und den Kontrast zwischen Pixeln der zweiten Reihe um 50 % (**2**) (Wirkungsradius 2 Pixel). Das erzeugt um relativ kontrastreiche Details bereits schmale Halos, die aber nur bei sehr starker Vergrößerung sichtbar sind (**1**).

Nachzeichnen (Effekte>Kanteneffekte>Nachzeichnen) verdreifacht den Kontrast (**3**).

Stark nachzeichnen (Effekte>Kanteneffekte>Stark nachzeichnen) verachtfacht den Kontrast sogar, was schwächste Kontrastunterschiede hervorhebt und mittlere Unterschiede schon zu reinen Schwarz-Weiß-Kontrasten steigert. Zum Schärfen von Fotos sind die beiden Nachzeichnen-Filter nicht geeignet, sie können aber Strichzeichnungen und Grafiken verstärken.

Scharfzeichnungspinsel $\boxed{\text{O}}$

Der Pinsel zum manuellen Scharfzeichnen hat in der stärksten Einstellung (**Deckfähigkeit** = 100) genau die gleiche Wirkung wie **Stark scharfzeichnen**. Die Optionen unterscheiden sich nicht von denen des Weichzeichnungspinsels (≫230 Abb. **3**). Mehrmaliges Übermalen verstärkt den Effekt (wenn Kontinuierlich deaktiviert ist) bis zur Wirkung von **Stark nachzeichnen** und darüber hinaus.

Schärfungsfunktionen in anderen Dialogen

Im Dialog **Bildrauschen digitaler Kameras entfernen** befindet sich ein Feld **Scharfzeichnen** (0,0 … 100,0), das bei der Einstellung 33 etwa die Wirkung von **Stark scharfzeichnen** hat. Der Regler **Fokus** im Dialog **Intelligente Fotokorrektur** wirkt etwas schwächer: In Mittelstellung (50) schärft er exakt wie der Filter **Scharfzeichnen**, in Maximalstellung (100) wie **Stark scharfzeichnen**.

Unscharf maskieren

In der klassischen Fototechnik schärft man ein Diapositiv durch Kombination mit einem unscharfen Negativ desselben Bildes. Die Stärke der Schärfung lässt sich bei dieser **Unschärfemaskierung** (**USM**) bis zu einem gewissen Grad durch die Stärke der Unschärfe steuern. In einem Bildbearbeitungsprogramm geht dies natürlich noch viel einfacher und mit zusätzlichen Optionen. Solche **USM-Filter**, früher das High-End-Instrument für die Bildschärfung, gehören seit langem zum Standard. In Paint Shop Pro finden Sie den USM-Filter unter Anpassen >Schärfe>Unscharf maskieren. Er besitzt drei Eingabefelder und eine Option (**5**):

Radius legt die Stärke der internen Weichzeichnung fest. Der Bereich geht von 0,01…100,00 und hat mit der Wirkungsbreite in Pixeln ebenso wenig tun wie der Radius des Gaußschen Weichzeichners. Praktikable Werte sind 0,5 … 5.

Stärke legt die Stärke der Scharfzeichnung fest. (1 … 500). Standard ist 100.

Differenzwert ist der Kontrast-Schwellenwert, ab dem die Scharfzeichnung einsetzt (0 … 100). Die konkrete Schwelle hängt auch von Stärke und Radius ab. Die Schärfung setzt sehr abrupt ein, was in weichen Verläufen neue Kanten – die im Bild gar nicht vorhanden waren – erzeugen kann (**4**, **6**). Aktivieren Sie, um dies zu vermeiden, stets die folgende Option:

Nur Helligkeit Damit wird die Schärfung auf die Helligkeit beschränkt, was meist empfehlenswert ist. Zudem setzt die Schärfung an der Kontrastschwelle (**Differenzwert**) weicher ein (**4**, **6**). Ist die Option deaktiviert, werden auch geringe Farbunterschiede (Farbrauschen) verstärkt und damit auffälliger.

Der USM-Filter lässt sich mit extremen Radien zur lokalen Kontrasterhöhung einsetzen. Dabei werden Strukturen herausgearbeitet, ohne die Kanten direkt zu schärfen (**7**). Wählen Sie einen hohen Radius (30 … 60 je nach Bild) und eine geringe Stärke (20 … 50). **Nur Helligkeit** sollte aktiviert werden, der **Differenzwert** kann null sein.

Hochpass-Schärfen

Der Filter **Hochpass** (≫238) erzeugt ein »Kantenbild«, das bei geeigneter Überlagerung mit dem Original dieses ebenfalls schärft (das Prinzip ist auf der übernächsten Seite erklärt). Mit dem Filter **Hochpass-Schärfen** (Anpassen>Schärfe >Hochpass-Schärfen) lässt sich diese Methode schnell anwenden, ohne dass man selbst mit Ebenen hantieren muss. Sie können im Dialog den **Radius** der internen

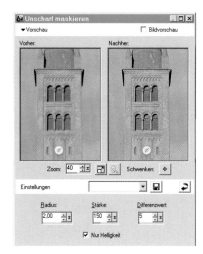

5 Der Dialog des USM-Filters. Anders als hier gezeigt sollten Sie beim Schärfen stets die 100 %-Vorschau (oder größer) wählen, um Schärfungsartefakte erkennen zu können.

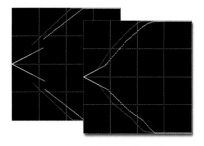

6 Die Kontrastkurven des USM-Filters ohne (links) und mit aktivierter Option **Nur Helligkeit** (rechts). Die weiteren Einstellungen: Radius 2, Stärke 100, Differenzwert 20.

7 Lokale Kontrastanhebung verstärkt den Kontrast an den Rändern von Strukturen und eignet sich für differenzierte, »organische« Motive ohne ausgeprägte homogene Bereiche. **Radius** und **Stärke** für diesen Effekt waren jeweils 40.

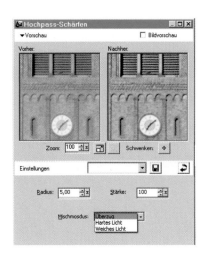

1 In **Hochpass-Schärfen** bestimmt der Misch-modus über den Effekt.

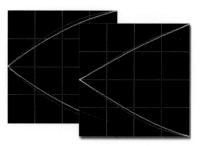

2 Die Kontrastkurven zeigen die behutsame Schärfung dieses Filters (Links: **Hartes Licht**, rechts: **Weiches Licht**). In keinem Fall kommt es zur Über-schärfung (d. h. harten Kontrasten und Halos an Bildkanten). Mit dem Modus **Weiches Licht** werden sehr geringe Kontraste (linke Spitze der Kurve) gar nicht geschärft.

Weichzeichnung (0,00 ... 250,00) wäh-len, die **Stärke** des Effekts (0 ... 100) sowie den **Mischmodus** (**1**). Drei Modi stehen zur Auswahl. Überzug erzielt eine mittlere Wirkung, Hartes Licht ist der stärkste Modus und kann zu einer gewissen Körnigkeit führen, da auch sehr geringe Kontraste geschärft wer-den (**2**, **3**). Weiches Licht vermeidet dies, bewirkt jedoch auch den geringsten Schärfungseffekt.

Der Radius kann beim Hochpass-Schärfen etwa doppelt so hoch wie beim USM-Filter eingestellt werden, da Halos an den Kanten prinzipbedingt nicht auftreten.

Welche Schärfe wofür?

Die notwendige Schärfe eines Bildes hängt vom Verwendungs-zweck, von der Ausgabeauflösung und der Ausgabegröße ab. Ausgedruckte Bilder erfordern mehr Schärfe als solche, die für den Monitor bestimmt sind. Großformatbilder müssen (bei gleicher Auflösung) aber weniger scharf sein als kleine, denn der Betrachtungsabstand ist auch größer. Deshalb soll-ten Sie die endgültige Schärfung als letzten Arbeitsschritt auf das optimierte und auf die endgültige Pixelgröße gebrachte Bild anwenden. Vorher ist allenfalls eine minimale Schärfung zulässig – bei JPEG-Digitalkamerabildern also gar keine, da diese bereits intern geschärft werden (oft auch, wenn man diese Funktion abwählt).

Zu **Unscharf maskieren** und **Hochpass-Schärfen** gibt es meiner Ansicht nach keine Alternative. Deshalb rate ich auch von der Schärfefunktion der **Intelligenten Fotokorrektur** ab (sie eignet sich allenfalls für rauschfreie Bilder). Schwieriger ist die Entscheidung zwischen den beiden Filtern. Hochpass-Schärfen erzeugt weniger Artefakte, lässt aber auch die richtig »knackige« Schärfe vermissen. Diese entsteht erst durch die etwas übersteigerten Kontraste (Halos) an Bildkanten. Sie dürfen nur nicht zu auffällig sein, deshalb sind USM-Schär-fungsradien über 2 oft schon zu viel.

Die allerhöchste Schärfe ist nicht immer das Ziel, denn sie macht Bilder auch hart oder gar pixelig. Oft führen gezielt eingesetzte Weichzeichnungen zu viel schöneren Effekten – und heben die scharfen Details erst richtig hervor.

3 Vergleich von **Unscharf maskieren** und **Hochpass-Schärfen**

Schärfen per Weichzeichnung: So funktioniert es

Wie schon der Name sagt, beruhen Unscharf-maskieren-Filter auf einer Weichzeichnung. Um diese Technik selbst nachzuvollziehen, benötigen Sie lediglich den Gaußschen Weichzeichner und die Bildberechnungsfunktion von Paint Shop Pro. Die Formel, die damit umgesetzt wird, steht in der Randspalte.

- Das zu schärfende Bild nennen wir *Bild1*. Duplizieren Sie es mit Fenster>Duplizieren (Tastenbefehl ⇧D). Das Duplikat erhält automatisch den Namen *Bild2*.
- Wenden Sie auf *Bild2* den Befehl Anpassen>Bildschärfe verringern>Gaußscher Weichzeichner mit einem relativ geringen Radius (beispielsweise 3) an.
- Öffnen Sie den Dialog Bild>Berechnung und nehmen Sie die in **4** gezeigten Einstellungen vor. Damit wird *Bild2* von *Bild1* subtrahiert. Der Wichtungsfaktor sorgt dafür, dass keine Tonwerte kleiner als null werden und so verloren gehen. Das Ergebnis (*Bild3*) ist ein fast völlig graues »Kantenbild« – es enthält nur noch die Kanteninformation und wird auch als **Hochpassbild** bezeichnet.
- Führen Sie die zweite Berechnung mit den in **5** gezeigten Einstellungen aus. Damit wird zum Kantenbild das Originalbild addiert und über den (jetzt negativen) Wichtungsfaktor der vorhin zugeschlagene Betrag wieder abgezogen. Das Ergebnis (*Bild4*) ist ein scharfgezeichnetes Bild.

Das Ergebnis ist identisch mit dem Ergebnis des USM-Filters, wenn Sie dort als Radius denselben Wert einstellen wie hier im Gaußschen Weichzeichner. Sie können das leicht überprüfen: Legen Sie beide Bilder als Ebenen übereinander und geben Sie dem oberen den Mischmodus Differenz. Es sollte ein völlig schwarzes Bild entstehen, dessen Histogramm nur Pixel vom Tonwert null hat (Mittelwert und Median müssen beide null sein).

Die Stärke-Einstellung im USM-Filter lässt sich durch eine Kontrasterhöhung des Kantenbildes nachbilden. Wenn Sie vor dem zweiten Rechenschritt den Kontrast des Kantenbilds verdoppeln (im Dialog Anpassen>Helligkeit und Kontrast>Helligkeit/Kontrast den Kontrast auf +50 einstellen), kommt dies einer Stärke-Einstellung von 200 % gleich.

4 Einstellungen für den 1. Rechenschritt

USM-Formel

Das geschärfte Bild B_s errechnet sich nach folgender Formel aus dem Originalbild **B** und dem weichgezeichneten Bild B_w:

$$B_s = 2*B - B_w$$

Gerechnet wird mit den Tonwerten der Bildpixel, getrennt nach Farbkanälen.

Die Berechnung muss in zwei Schritten erfolgen, da sonst Zwischenergebnisse, die kleiner als 0 und größer als 255 sind, abgeschnitten werden und im Ergebnis fehlen. Die für diesen Zweck umgeformte Formel lautet:

$$B_s = B + (B - B_w + 128) - 128$$

Zuerst wird der Klammerausdruck errechnet, er ergibt das Hochpassbild. Die folgende Abbildung zeigt das Prinzip.

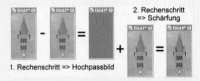

5 Einstellungen für den 2. Rechenschritt

Hochpass-Schärfen nachstellen

Auch die Funktion **Hochpass-Schärfen** lässt sich schnell nachstellen. Legen Sie das als Zwischenergebnis gewonnene Kantenbild (*Bild3*) als Ebene über das Original und stellen Sie als Mischmodus Überzug, Hartes Licht oder Weiches Licht ein (**6**). Das ist schon alles. Wenn das Ergebnis mit dem des PSP-Filters völlig identisch sein soll, müssen Sie *Bild3* vorher noch in Graustufen umwandeln.

6 Das Kantenbild (*Bild3*) wird mit dem gewünschten Mischmodus über das Original gelegt – fertig ist die Hochpass-Schärfung.

Konturerzeugung steuern

Das Aussehen des Konturenbildes können Sie durch eine geeignete Vorbereitung des Bildes entscheidend beeinflussen:

Helligkeit und Kontrast beeinflussen die Lage der von **Konturen nachzeichnen** erzeugten Konturen. Diese Korrektur dürfen Sie hier ausnahmsweise mit **Helligkeit/Kontrast** vornehmen, da das Abschneiden von Tonwerten für das spätere Konturenbild kaum eine Rolle spielt.

Weichzeichnung glättet die erzeugten Konturen und zieht sie weiter auseinander.

Schärfung erhöht Kantenkontraste und damit ebenfalls die Anzahl und Lage der erzeugten Konturen. Wenden Sie die Schärfung nach der Weichzeichnung an, um die schon geglätteten Konturen zu verstärken.

Tonwertreduzierung mit dem Effekt **Poster** reduziert die Anzahl der von den Kanten-suchen-Filtern erzeugten Konturen deutlich und macht diese Filter damit erst sinnvoll einsetzbar.

1 Kanten heißen die Grenzen zwischen Flächen unterschiedlicher Farbe oder Helligkeit. Der Effekt **Poster** fasst Tonwerte ähnlicher Helligkeit zusammen und verstärkt damit die Kanten nicht nur, sondern vereinfacht sie auch (links). **Konturen** heißen die entlang solcher Tonwertgrenzen eingezeichneten Linien – hier von dem Filter **Alle Kanten suchen** (rechts).

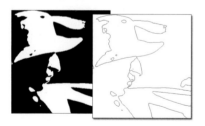

2 Eine extreme Zusammenfassung und Verstärkung von Kanten leistet der Filter **Schwellenwert**. Er reduziert das Bild auf reine Schwarz-Weiß-Kontraste (links). **Konturen nachzeichnen** (rechts) beruht intern auf der gleichen Schwellenwertbildung.

Kanteneffekte

Die im Effekte-Menü versammelten Kanteneffekte sowie zwei ebenfalls in diese Klasse gehörende Kunsteffekte sind nicht nur für Bildverfremdungen gut, sondern erlauben in Verbindung mit Ebenen und Masken auch qualitativ hochwertige Scharf- und Weichzeichnungen. Der besseren Übersicht wegen teile ich diese Effekte in drei Gruppen ein: Filter zum *Verstärken* von Kanten, solche zum *Erzeugen* von Konturen und solche zum *Verändern* von Konturen.

Kanten verstärken

Damit Kanten besser gefunden werden, ist es ratsam, das Bild zu schärfen. PSP enthält unter **Kanteneffekte** zwei bereits vorgestellte Scharfzeichnungsfilter **Nachzeichnen** und **Stark nachzeichnen** (≫234), die offenbar für diesen Zweck gedacht sind. Ich ziehe allerdings den USM-Filter vor, da sich mit diesem die Wirkung steuern lässt und schwach ausgeprägte Kanten durch eine Erhöhung des Differenzwertes von der Schärfung ausgenommen werden können.

Konturen erzeugen

Konturen markieren den *Verlauf* von Kanten auf einfarbigem Hintergrund. Sie können zum Beispiel durch pixelweise Abtastung des Bildes gewonnen werden, wobei jedes Pixel den Wert seines Kontrastes zum Nachbarpixel erhält. Paint Shop Pro enthält drei Filter ohne Optionen, die so arbeiten:

Horizontale Kanten suchen tastet das Bild zeilenweise ab, **Vertikale Kanten suchen** macht das Gleiche spaltenweise und **Alle Kanten suchen** mischt die Ergebnisse der beiden Verfahren (**1**).

Das Resultat wird intern noch invertiert, damit hohe Kontraste – also die Konturen – dunkel, niedrige hell erscheinen.

Konturen nachzeichnen arbeitet ähnlich, wendet jedoch vor dem Bestimmen der Kanten den Schwellenwert-Filter (≫204) mit einem festen Schwellenwert von 128 an. Dadurch werden nur Kanten gefunden, deren Kontrast über diesem Schwellenwert liegt – meist sind das recht wenige (**2**). Sie können die Erfolgsquote durch vorherige starke Scharfzeichnung des Bildes verbessern.

Hochpass Den Hochpass haben Sie schon als Hilfsmittel zum Scharfzeichnen kennen gelernt. Das von ihm erzeugte Kantenbild unterscheidet sich deutlich von den vorherigen, da es auf einer Weichzeichnung beruht. Zudem ist es der einzige Filter aus dem Menü mit einem Dialogfenster. Hier lässt sich der **Radius** des Effekts und damit indirekt die Breite der Konturen einstellen (**3**).

Der Hochpass zeichnet nicht nur eine, sondern zwei Konturen um eine Kante: eine helle und eine dunkle (**5**). Dies und die Tatsache, dass die Grundfarbe des Bildes Grau wird, erfordert eine Nachbearbeitung. Sie können beispielsweise einen der Filter **Schwellenwert**, **Helligkeit/Kontrast** oder **Niveaus** anwenden, um ein Konturenbild zu erhalten.

Konturen verändern

Die von **Alle Kanten** suchen und **Konturen nachzeichnen** erzeugten Konturen sind in der Regel nur 1 Pixel dick. Zum Erhöhen oder auch Verringern der Konturbreite stehen im Menü Effekte>Kanteneffekte zwei Filter zur Verfügung:

Aufhellen macht dunkle Konturen schmaler und helle Konturen breiter, **Vertiefen** macht helle Konturen schmaler und dunkle Konturen breiter.

Konturlinien werden dabei um exakt 1 Pixel Breite (an jeder Seite) verändert, eine 1 Pixel breite Linie also auf 3 Pixel verbreitert. Intern arbeiten diese Filter ähnlich den Filtern **Median** und **Durchschnitt**. Statt des Median- oder Durchschnitt-Wertes in einem 3∗3 Pixel großen Quadrat wird von **Aufhellen** der hellste, von **Vertiefen** der dunkelste der neun Pixel übernommen. Diese Filter werden deshalb oft auch **Maximum** und **Minimum** genannt.

Zwei weiterere zum Erzeugen und Verändern von Konturen sehr nützliche Filter sind im Menü Effekte>Kunsteffekte versteckt:

Kanten kolorieren füllt Kanten mit einer selbst gewählten Farbe. Wenn das Ergebnis als Maske Verwendung finden soll, verwenden Sie natürlich nur Schwarz oder Weiß. Trotz dieser Vorwahl werden farbige Kanten farbig gefüllt (**4**) – die vorherige Umsetzung in ein Graustufenbild ist also angeraten.

    Unschärfe zeichnet das Bild vor der Konturenfindung weich (**5**). Damit wird nicht nur die Lage, sondern auch die Breite der Konturen beeinflusst. Wählen Sie zum Nachzeichnen von *Konturen* eine sehr kleine Unschärfe, andernfalls werden doppelte Konturen erzeugt (pro Seite der alten Kontur eine neue).

    Intensität steuert die Sichtbarkeit der Konturen. Höhere Unschärfen erfordern auch höhere Intensitäten. Mit **Helligkeit** und positiven Werten hellen Sie die Schatten des Bildes auf, ohne die Lichter zu verändern. Negative Werte dunkeln die Lichter ab und beeinflussen die Schatten kaum.

Konturen enthält noch eine Option mehr als der vorige Filter und damit fast alles, was ich auf der vorigen Seite für die Vorbereitung von Konturenbildern empfohlen habe (**7**). **Helligkeit**, **Unschärfe** und **Intensität** wirken genauso wie im vorigen Filter. **Details** ist die zu **Niveaus** im Poster-Effekt analoge Option mit ähnlicher Charakteristik und geringerem Wertebereich (1 … 100). Abgesehen von Schärfung und Kontrast haben Sie also hier alle Optionen komfortabel vereint. Zudem erzeugt dieser Filter auch keine farbigen Konturen, wenn Sie dies nicht ausdrücklich wünschen. Er ist damit für die Konturierung von Grafiken in der Art von Comiczeichnungen geeignet (**6**). Achten Sie beim Verändern von Konturen wieder auf die mögliche Verdopplung.

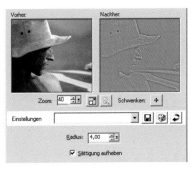

3 Der **Hochpass** in der Anwendung auf das farbige Original des zum Test verwendeten Fotos

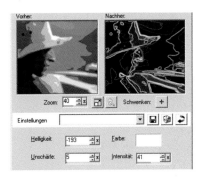

4 Kanten kolorieren erlaubt Effekte, die als *leuchtende Konturen* bekannt sind.

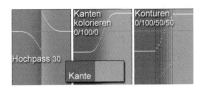

5 Der **Hochpass** erhält den Kontrast direkt an der Kante und gleicht kontrastarme Bereiche an. **Kanten kolorieren** und **Konturen** zeichnen die Kante ähnlich weich wie der Gaußsche Weichzeichner (Mitte). Beide fügen direkt an der Kante die gewählte Farbe ein, **Konturen** sogar desto öfter, je kleiner **Details** gewählt wurde (rechts).

6 Konturierung mit **Konturen**

7 Der Dialog des Filters **Konturen**

Arbeitstechniken 5

Nicht jedes Ziel lässt sich mit den Werkzeugen von Paint Shop Pro auf geradlinigem Wege erreichen. Im letzten Kapitel erfahren Sie, wie sich Ebenen und Masken einsetzen lassen, um eigentlich
Unmögliches zu realisieren. Viele der hier vorgestellten Arbeitstechniken haben zudem den Vorteil,
»zerstörungsfrei« zu sein: Die Änderungen werden nicht endgültig auf das Originalbild angewendet. Und mit den komfortablen Automatisierungsfunktionen von Paint Shop Pro erfordern auch
komplexe Bildbearbeitungstechniken nur ein paar Mausklicks.

Mit Ebenen arbeiten

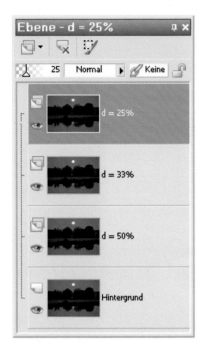

1 Diese Ebenenmischung mit nach oben abnehmender Deckfähigkeit mittelt alle Tonwerte und verringert dadurch Bildrauschen.

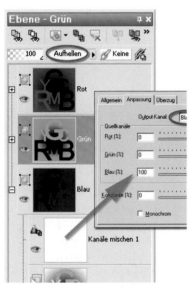

2 RGB-Farb»kanäle« in der Ebenenpalette. Die Ebenengruppen *Grün* und *Rot* sind genauso aufgebaut wie die hier aufgeklappte Ebenengruppe *Blau*.

Ebenen und die Ebenenpalette gehören zu den nützlichsten Hilfsmitteln von Paint Shop Pro. Sie erlauben viel mehr als nur Montagen von unterschiedlichen Bildern und Objekten. Zusammen mit den Mischmodi sind gezielte Helligkeits- und Farbänderungen möglich, ohne dass dazu ein Filter aufgerufen werden muss. Ich beginne dieses komplexe Thema mit ein paar Tricks, für die Sie lediglich die Funktionen **Deckfähigkeit** und **Mischmodus** sowie die Anpassungsebene **Kanäle mischen** benötigen.

Rauschunterdrückung per Ebenenmix

Die in manche Scanner eingebaute Multiscan-Funktion (≫138) unterdrückt Rauschen durch Überlagerung mehrerer Bilder, die sich lediglich in den Rauschanteilen unterscheiden. Da das Rauschen zufällig schwankt – die Pixel werden sowohl heller als auch dunkler –, lässt es sich durch Mittelwertbildung gut unterdrücken. Die Bilder werden dazu noch im Scanner überlagert.

Falls Ihr Scanner kein Multiscan unterstützt, überlagern Sie die gescannten Bilder in Paint Shop Pro. Mit Digitalfotos ist das ebenfalls möglich. Sie müssen aber absolut gleich, also mit Stativ und gleichen Einstellungen aufgenommen worden sein. Wie Sie unterschiedlich *belichtete* Scans und Digitalfotos überlagern, um den Dynamikumfang zu erhöhen, erfahren Sie weiter unten (≫268).

Öffnen Sie alle Bilder in Paint Shop Pro und ziehen Sie die Ebenenminiaturen aus der Ebenenpalette nacheinander auf eines der Bilder. Anschließend enthält dieses Bild alle anderen als Ebenen. Nun müssen noch die Deckfähigkeiten so angepasst werden, dass sich der Mittelwert ergibt. Bei zwei Ebenen ist dies einfach: Die obere erhält die Deckfähigkeit 50 %. Bei mehr als zwei Ebenen müssen sich die Deckfähigkeiten von unten nach oben in der Folge 1, 1/2, 1/3, 1/4, 1/5 usw. staffeln. Die unterste Ebene hat immer 100 % (1), die nächste 50 % (1/2), die dritte 33 % (1/3), die vierte 25 % (1/4) usw. (**1**).

Manchmal wird empfohlen, die Bilder per Mischmodus Dunklere Farbe zu mischen. Dies dunkelt aber auch die Schattenbereiche ab – also die Bereiche, die in der Regel sowieso schon zu dunkel sind.

Farbkanäle einzeln bearbeiten

Paint Shop Pro verfügt bisher leider nicht über eine Kanälepalette, und das Bearbeiten von Einzelkanälen gestatten nur wenige Werkzeuge. Ich stelle Ihnen im Folgenden eine Methode vor, mit der Sie diese Einschränkung umgehen und mit Hilfe der Ebenenpalette einzelne Kanäle bearbeiten können.

RGB-Kanäle einzeln bearbeiten

Zuerst muss das Bild in die RGB-Kanäle zerlegt werden. Dazu ist der Befehl Bild>Kanäle trennen>RGB-Trennung geeignet. Da dieser Graustufenbilder erzeugt, die wir mit dem Kanalmixer zurück in Farbbilder wandeln müssten, können wir aber auch gleich vom Original-RGB-Bild ausgehen. Vorteilhaft ist, dass der Kanalmixer als Anpassungsebene zur Verfügung steht. Ein Skript, welches die folgenden Schritte selbsttätig ausführt, befindet sich auf der Buch-CD.

- Legen Sie mit Ebenen>Neue Ebenengruppe eine Ebenengruppe an und geben Sie ihr den Namen *Blau*. Die Originalebene liegt automatisch innerhalb der Gruppe.
- Wechseln Sie zur Originalebene und legen Sie eine Kanalmixer-Anpassungs-ebene (Ebenen>Neue Anpassungsebene>Kanäle mischen) an.
- Beide Ebenen liegen jetzt innerhalb der Ebenengruppe *Blau*. Duplizieren Sie diese Gruppe zweimal (Ebenen>Duplizieren). Die Duplikate erhalten die Namen *Grün* und *Rot* sowie den Mischmodus Aufhellen.
- Doppelklicken Sie nacheinander innerhalb der Ebenengruppen auf alle drei (mit duplizierten) Anpassungsebenen und stellen Sie in den Output-Kanälen, die *nicht* zum aktuellen Kanal passen, alle Werte auf null. In der Ebenengruppe *Blau* müssen also die Output-Kanäle Rot und Grün auf null gestellt werden, Output-Kanal Blau bleibt erhalten (**2**).

Das wars. Das Mischbild sollte jetzt exakt so aussehen wie das Original. Die Miniaturen der Ebenengruppen zeigen die einzelnen Farbkanäle an. Bearbeiten können Sie aber nicht die Ebenengruppen selbst, sondern die duplizierten Originale. Je nachdem, in welcher Gruppe sich das Bild befindet, wirken sich die Bearbeitungen nur auf den R-, G- oder B-Kanal aus. Auf diese Weise können Sie beispielsweise **Helligkeit/Kontrast** auf einzelne RGB-Kanäle anwenden, aber auch Schärfen- und Weichzeichnen-Funktionen (das leichte Weichzeichnen nur des Blaukanals ist ein einfaches Mittel zur Rauschreduzierung). Natürlich wirken sich auch alle Pinselaktionen nur auf den jeweils bearbeiteten Kanal aus.

3 Die vier CMYK-»Kanäle« bestehen aus einer Schwarz-Ebene und drei gleichartig aufge-bauten Ebenengruppen C, M und Y. Stellen Sie die Output-Kanäle der Kanalmixer-Anpassungs-ebenen analog zu den hier für den »Y-Kanal« gezeigten ein.

CMYK-Kanäle einzeln bearbeiten

Auf analoge Weise ist es möglich, die Kanälepalette eines CMYK-Bildes zu simulieren (**3**). PSP verfügt über keinen CMYK-Modus, deshalb greifen wir in diesem Fall auf die CMYK-Trennung (Bild>Kanäle trennen>CMYK-Trennung) zurück und fügen drei der Einzelbilder in Ebenengruppen ein, die jetzt den Mischmodus Multiplikation erhalten. Die vierte Ebene (*Schwarz1*) kommt ohne Gruppe und Mischmodus ganz nach unten in den Ebenenstapel.

HSL-Kanäle einzeln bearbeiten

Die Auftrennung des Bildes in HSL-»Kanäle« ist recht einfach, da PSP über entsprechende Mischmodi verfügt. Duplizieren Sie das Bild zweimal und geben Sie der obers-ten Ebene den Mischmodus Farbton, der zweiten den Modus Sättigung (**4**). Diesen Mischmodi werden Sie auch auf den folgenden Seiten immer wieder begegnen, denn die selektive Bearbeitung eines oder mehrerer HSL-Kanäle lässt sich für viele Effekte und Techniken nutzen.

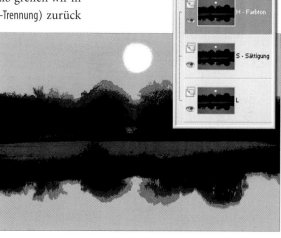

4 Der Ebenenaufbau für die HSL-Simulation und ein (mit Weichzeichnung und dem Poster-Effekt im L-Kanal) erzeugter grafischer Effekt

1 Hier wird der auf die untere Ebene angewendete Effekt **Schwellenwert** mit dem Klonpinsel in die obere Ebene eingemalt.

2 Mit **Weiches Licht** oder **Überzug** und verringerter Deckkraft lassen sich schöne Effekte erzeugen. Der Mischmodus kräftigt die Farben, die Weichzeichnung erzeugt eine feine Überstrahlung ähnlich der eines Softfokus-Objektivs.

Beliebige Filter per Klonpinsel anwenden

Die Fähigkeiten der Pinselwerkzeuge von Paint Shop Pro sind begrenzt, und teilweise können damit vorgenommene Tonwert- und Farbkorrekturen mit den »richtigen« Filtern qualitativ nicht mithalten. Kein Problem: Jeder noch so exotische Effekt lässt sich mit dem **Klonpinsel** in das Originalbild einmalen.

Der *Klonursprung* darf bei diesem Pinsel auf einer anderen Ebene (sogar in einem anderen geöffneten Bild) liegen als das *Klonziel*. Wenden Sie zuerst den gewünschten Effekt auf ein Duplikat der Originalebene an. In diesem Duplikat wählen Sie anschließend den Klonursprung. Gemalt wird auf einer anderen Ebene, also entweder im Original oder sogar – wenn das Original erhalten bleiben soll – auf einer neuen transparenten Ebene, die über dem Original liegt.

Praktischerweise sollte die Ebene, auf der Sie malen wollen, als oberste Ebene im Stapel liegen. Es geht aber auch anders herum, dann müssen Sie die Sichtbarkeit der oberen Ebene abschalten. Der Klonursprung darf auch in einer unsichtbaren Ebene liegen. Drei Schritte führen zum Erfolg:

- Wählen Sie den Klonpinsel und in der Werkzeugoptionen-Palette Ausgerichtet.
- Wählen Sie in der Ebenenpalette die Ebene mit dem Klonursprung (in Abbildung **1** ist dies die Ebene *Schwellenwert*), halten Sie den Klonpinsel über einen beliebigen Punkt im Bild und klicken Sie einmal mit der *rechten* und sofort mit der *linken* Maustaste. Die Maus darf dazwischen nicht bewegt werden.
- Nun wählen Sie die Ebene, in der Sie malen wollen, und beginnen. Sie können auch zu weiteren Ebenen wechseln. Der Klonursprung bleibt so lange in der zuerst gewählten Ebene, bis Sie einen neuen anklicken.

Effekte verblassen

Es ist immer eine gute Idee, Bildbearbeitungen nicht am Original, sondern an einem Ebenen-Duplikat vorzunehmen. Dies erlaubt es unter anderem, einen Effekt, der Ihnen nach der Anwendung doch etwas zu stark erscheint, zu »verblassen«, das heißt mit dem Originalbild zu mischen.

Die Deckfähigkeit der oben liegenden Ebene (in der Regel die bearbeitete Ebene) bestimmt das Mischungsverhältnis. Bei 100 % erfolgt keine Mischung, also auch keine Verblassung. Bei 50 % gehen Original und Effekt je zur Hälfte in das Ergebnis ein. Verblassen empfiehlt sich vor allem nach stärkeren Scharfzeichnungen, um überschärfte Kanten wieder abzumildern.

Wenn Sie die Ebenen per Mischmodus überlagern, können Sie mit einfachen Mitteln verblüffende Effekte erzielen, die aber ohne »Verblassen« oft zu stark sind. Überlagern Sie einmal ein mit dem Gaußschen Weichzeichner und recht hohem Radius weichgezeichnetes Bild mit dem Original per Überzug (**2**). Sehr interessante Effekte ergeben sich auch, wenn solche Überlagerungen nicht auf das Gesamtbild, sondern nur innerhalb eines Kanals (Sättigung oder Helligkeit) angewendet werden.

Kontrastausgleich

Für Fotos mit schlecht ausgewogenem Kontrast – also zu dunklen Schatten oder zu hellen Lichtern – bietet Paint Shop Pro zwei Korrekturwerkzeuge: den **Aufhellblitz** und die **Hintergrundbeleuchtung** (≫197). Beide beruhen auf Gradationsänderungen und erzielen deshalb nur mäßige Korrekturstärken. Bessere Kontrastkorrekturen lassen sich mit einer *Maskierung* des Bildes (ähnlich den von Fotografen benutzten Verlaufsfiltern) erreichen – diese Methoden stelle ich weiter unten vor. Die folgende Methode **Kontrastausgleich** kommt mit zwei Ebenen aus. Intern wirkt hier zwar auch bereits eine Maske, aber das braucht Sie jetzt noch nicht kümmern.

Voraussetzung für einen erfolgreichen Kontrastausgleich ist, dass in den Schatten und Lichtern genügend Zeichnung vorhanden ist. Aus völlig zugelaufenen Schatten und ausgefressenen Lichtern kann die beste Technik nichts mehr herausholen.

- Duplizieren Sie die originale Bildebene (Ebenen>Duplizieren) und wählen Sie für das Duplikat den Mischmodus Weiches Licht oder Überzug (bringt etwas härtere Kontraste).
- Setzen Sie die Kopie in ein Graustufenbild um, zum Beispiel mit Anpassen>Helligkeit und Kontrast>Farbanpassung.
- Invertieren Sie das Graustufenbild mit Bild>Negativbild. Jetzt sollten Sie eine etwas kontrastärmere Version des Bildes sehen.
- Zeichnen Sie das invertierte Graustufenbild mit Anpassen>Bildschärfe verringern>Gaußscher Weichzeichner weich. Der Radius (Anhaltswert 20 … 60) hängt vom Bild und vom gewünschten Effekt ab (**3**).

Die Grundform dieser Methode benötigt nur zwei Ebenen (diese liegen in Abbildung **3** *innerhalb* der Gruppe). Sie können die Ebenen übrigens auch umkehren: Das oben liegende Originalbild erhält dann den Mischmodus Hartes Licht. (Der Ebenenaufbau entspricht dann Abbildung **5** auf Seite ≫251). Um zu verhindern, dass die Kontraständerung die Bildfarben beeinflusst, habe ich die beiden Ebenen anschließend in eine Ebenengruppe gelegt und diese per Mischmodus Helligkeit mit dem Originalbild gemischt (**3**).

Der Kontrastausgleich dunkelt die Lichter ab und hellt die Schattenbereiche auf (**4**). Etwas beeinflussen können Sie den Effekt über Helligkeit und Kontrast der Korrekturebene: Eine Gammaänderung verschiebt die Grenze zwischen den Bildbereichen, die bei der Korrektur für »Lichter« und »Schatten« gehalten werden, und damit die Helligkeit der Mitteltöne. Mit einer Einschränkung des Tonwertumfangs lässt sich die Wirkung auf die Lichter oder Schatten einschränken oder ganz aufheben. Benutzen Sie dazu den Filter **Kurven**, denn im Niveaus-Filter von PSP XI sind die dazu geeigneten Regler (**Output-Niveaus**) ersatzlos weggefallen.

Alle Ebenen kopieren

Wenn Sie mit dem Ergebnis der Verblassen-Methode (oder einer anderen aus mehreren Ebenen bestehenden Komposition) zufrieden sind, können Sie es als zusammengefügte Ebene kopieren, ohne zuvor alle Ebenen in der Palette auf eine einzige reduzieren zu müssen. Drei Tastaturbefehle sind dazu nötig: zuerst Strg A, um das gesamte Bild auszuwählen, dann ⬆ Strg C, um alle sichtbaren Ebenen gemeinsam in die Zwischenablage zu kopieren, und drittens Strg L, um diese Komposition als einzelne Ebene in den Ebenenstapel einzufügen.

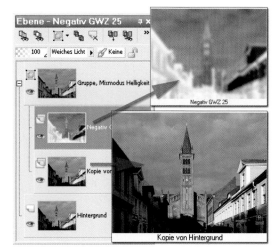

3 Original und dessen weichgezeichnetes Negativ werden mit dem Mischmodus **Weiches Licht** gemischt. Das hebt die Schattenzeichnung bereits deutlich hervor. Eine weitere Mischung des Ergebnisses mit dem Original per **Helligkeit** kräftigt die Farben in den Schattenbereichen.

4 Das Ergebnis mit deutlich aufgehellten Schatten

1 Die Anpassungsebenen von Paint Shop Pro und die Seiten, wo Sie die Beschreibung der zugrunde liegenden Funktionen finden.

Nichtdestruktive Bildbearbeitung

Beinah jede Bildbearbeitung ändert die Tonwerte von Pixeln. Wenn Sie das Bild danach schließen, löscht Paint Shop Pro die Rückgängig-Dateien. Damit sind die Originalpixel ein für alle Mal »zerstört«. Natürlich (!) haben Sie irgendwo eine Kopie des Originals archiviert – doch was ist, wenn es sich bei dem gerade bearbeiteten Bild um die mit viel Mühe fehlerbereinigte Version davon handelt? Ein zweites Original sozusagen, womöglich gibt es noch ein drittes – den Überblick über alle solche Varianten zu behalten, ist selbst mit vorbildlicher Ordnung (und dem Corel Photo Album) nicht einfach.

Viel besser ist es daher, das Original (natürlich auch hier eine Kopie vom eigentlichen Original) zusammen mit allen Bildbearbeitungsschritten in einer einzigen Datei zu speichern. Damit gewinnen Sie zweierlei: Zum einen haben Sie immer sofort Zugriff auf das Ursprungsbild, zum anderen können Sie jeden Bildbearbeitungsschritt auch nach Monaten rückgängig machen. Weil dabei die originalen Bildpixel nicht geändert werden, heißt diese Arbeitsmethode nichtdestruktive Bildbearbeitung.

Es wäre aber keine gute Lösung, nach jedem Arbeitsschritt eine Ebenenkopie anzulegen und mit dieser weiterzuarbeiten. Mit jeder (Raster-)Ebene erhöht sich die Dateigröße im Prinzip noch einmal um die Bildgröße. Trotz Komprimierung kann damit die Dateigröße schnell auf mehrere 100 MB anwachsen. Deshalb benutzt man für die zerstörungsfreie Bildbearbeitung Ebenen-Mischtechniken, Masken und Anpassungsebenen. Letztere benötigen (ebenso wie Vektorebenen) kaum Speicherplatz, denn sie bestehen lediglich aus ein paar Einstellungswerten, die stets aktuell auf das geöffnete Bild angewendet werden.

Mit Anpassungsebenen arbeiten

Anpassungsebenen enthalten per se keine Pixel, sondern lediglich mathematische Anweisungen für deren Bearbeitung – Anweisungen, die sich jederzeit ändern lassen. Sie sind deshalb prädestiniert für die **nichtdestruktive** (zerstörungsfreie) Bildbearbeitung. Paint Shop Pro verfügt über neun Anpassungsebenen (**1**). Scharf- und Weichzeichnungswerkzeuge sind leider gar nicht darunter. Beachten Sie auch, dass die Anpassungsebene **Farbabgleich** völlig anders arbeitet als der gleichnamige Filter aus dem Anpassen-Menü (≫212).

Ganz ähnlich wie Anpassungsebenen lassen sich Rasterebenen einsetzen, die mit einer einzigen Farbe gefüllt sind und einen Mischmodus erhalten. Die Ebenen-Mischmodi sind auch nur mathematische Anweisungen (≫92), und homogene Farbebenen benötigen in einer komprimierten Bilddatei wenig Platz. Beispiele für den Einsatz solcher Ebenen finden Sie auf den folgenden Seiten ebenfalls.

Anpassungsebenen verfügen über viele Optionen von Rasterebenen, aber mit teilweise anderer Wirkung. Die Optionen **Deckfähigkeit** und **Mischmodus** arbeiten intern so ähnlich wie die Verblassen-Methode: Zuerst wird der Effekt der Anpassungsebene vollständig auf das Bild angewendet und dann mit der gewählten Deckfähigkeit und dem Mischmodus mit dem Original gemischt.

Jede Anpassungsebene ist mit einer **Maske** verbunden (und enthält insofern also doch Pixel). Die Maske ist im Prinzip ein Graustufenbild, das in Abhängigkeit von seiner Helligkeit den Effekt mehr oder weniger stark durchlässt. Weiß (Standard) erlaubt die volle Wirkung, Schwarz blendet den Effekt völlig ab, Grau wirkt wie eine Verringerung der Deckfähigkeit der Anpassungsebene.

Wenn Sie den Effekt der Anpassungsebene nur auf einen Teil des Bildes anwenden wollen, wählen Sie diesen aus und erzeugen erst dann die Anpassungsebene (**2**). Die Maske wird in den ausgewählten Bereichen weiß, in allen anderen Bereichen schwarz. Sie können auf dieser Maske (wie auf jeder Graustufenebene) malen oder Filter darauf anwenden und so die Durchlässigkeit gezielt verändern. Zusammen mit Masken sind Anpassungsebenen wahre Wunderwerkzeuge. Beispiele für den Einsatz finden Sie im Kapitel **Arbeiten mit Masken**.

Leider zeigt Paint Shop Pro die Graustufenansicht von Masken generell nur als Miniatur in der Ebenenpalette an. Im Bildfenster selbst lässt sich lediglich mit einem (standardmäßig roten) Überzug markieren, welche Bildbereiche maskiert und welche nicht maskiert sind. Bei Anpassungsebenen werden die *nicht maskierten* Bildbereiche rot markiert. Mit einem Trick ist es aber möglich, solche Masken korrekt als Graustufenbilder im Bildfenster anzuzeigen. Abbildung **3** zeigt das Prinzip, auf Seite ≫256 folgt eine detailliertere Erläuterung.

Die meisten Anpassungsebenen sind »Kurvenwerkzeuge«, die ohne Rücksicht auf die konkrete Tonwertverteilung die Bildgradation ändern. Die Anpassungsebenen **Helligkeit/Kontrast**, **Farbabgleich**, **Umkehren** und **Schwellenwert** lassen sich sogar mühelos, **Niveaus** und **Poster** mit etwas mehr Aufwand mit der Anpassungsebene **Kurven** nachstellen. Lediglich die in PSP XI hinzugekommenen Automatik- und Pipettenfunktionen in **Kurven** und **Niveaus** berücksichtigen das Histogramm des konkreten Bildes. Falls Sie diese Funktionen benutzen, müssen Sie beachten, dass die Einstellungen nur für den aktuellen Ebenenaufbau gelten. Ändert sich daran etwas – und sei es nur die Sichtbarkeit einer Ebene –, können die per Automatik vorgenommenen Einstellungen völlig falsch sein. Das ist kein Programmfehler, sondern prinzipbedingt: Die Automatik wirkt ja nur im Moment des Aufrufs.

Ein echter Mangel ist dagegen, dass in der Vorher-Nachher-Vorschau der Dialoge von Anpassungsebenen nicht das Bild oder die Ebenen-Mischung angezeigt wird, auf welche die Anpassungsebene wirkt, sondern das gesamte Composite-Bild inklusive solcher Ebenen, die *über* der Anpassungsebene liegen (und deshalb von dieser gar nicht beeinflusst werden). Das macht eine Beurteilung der Wirkung kaum möglich. Die Anpassungsebenen **Kurven** und **Niveaus** zeigen zudem ein nicht zutreffendes Histogramm, und die Automatik-und Pipettenfunktionen nehmen falsche Farbwerte als Referenz. Die einzige Möglichkeit, dies zu verhindern, besteht in der vorübergehenden Ausblendung aller Ebenen, die über der Anpassungsebene liegen, womit aber auch die Möglichkeit verlorengeht, die Wirkung auf das Composite-Bild in der Vollbildvorschau zu betrachten.

Flexible Graustufenumsetzung

Ein Fabbild lässt sich mit mehreren Methoden in ein Graustufenbild umsetzen, die aber bei näherer Betrachtung nicht so verschieden sind. Bild>Graustufen konvertiert in ein 8-Bit-Graustufenbild. In den Filtern **Intelligente Fotokorrektur** und **Farbe anpassen** können Sie durch Nullstellung des Sättigungsreglers das optisch gleiche Ergebnis erhalten, jedoch bleibt das Bild im RGB-Farbmodus. Den Filter **Farbton/Sättigung/Helligkeit** sollten Sie für diesen Zweck nicht einsetzen, denn er wichtet bei der Umsetzung in Helligkeit alle Farben gleich stark (≫**216**).

Bei Graustufenumsetzungen mit *fester* Gewichtung der Farbhelligkeiten gibt es immer einige Farben, die sich nach der Umsetzung nicht mehr unterscheiden lassen. Details, die im Farbbild gut zu erkennen sind, können dadurch völlig unsichtbar werden (Abbildung **1** auf der folgenden Seite).

In der Schwarz-Weiß-Fotografie setzt man gegen solche Kontrastverluste Farbfilter ein. Rot- und Orangefilter schwächen blaues Licht, damit wird ein blauer Himmel dunkler und hebt sich besser von Wolken und Landschaft ab. Dieser Effekt lässt sich auch nachträglich an einem Farbbild erreichen, indem man alle Blautöne abdunkelt und das Bild erst dann in Graustufen umsetzt. So ähnlich arbeitet der Filter **Schwarzweißfilm** (≫**221**).

Eine stufenlose Wichtung der Farbhelligkeiten erlaubt der **Kanalmixer** (**2**). Die Einstellungen sind jedoch (wenn Sie nicht das spezielle, auf der CD befindliche Kanalmixer-Plugin benutzen) sehr umständlich. Ich verwende oft eine Methode,

2 Die Anpassungsebene **Kanäle mischen** setzt hier das darunter liegende Farbbild in ein Graustufenbild um. Ausgenommen davon sind die Bildbereiche, die in der Maske der Anpassungsebene – sichtbar als Miniatur in der Ebenenpalette – schwarz maskiert sind.

3 Um die Maske einer Anpassungsebene als Graustufenbild im Bildfenster anzuzeigen, legen Sie eine Rasterebene darunter und füllen diese mit Schwarz ([F] und [Strg][⇧][F6] drücken und irgendwo ins Bild klicken). Wählen Sie als **Überzug-Farbe** der Anpassungsebene Weiß und als **Deckfähigkeit** 100 %. Ausführlich ist diese Methode auf Seite ≫**256** erklärt. Die Sichtbarkeit des Überzugs schalten Sie mit [Strg][Alt][V] oder Klick auf [image] aus und ein.

1 Diese Blume verschwindet nach der Grau-stufenumsetzung mit Paint Shop Pro spurlos. Zwar wurde sie extra für diese Demonstration konstruiert, doch Ähnliches passiert natürlich auch mit manchen Farben eines realen Fotos.

Eine Scharfzeichnung vor der Konvertierung hilft, die Strukturen hervorzuheben (untere Abbildung). Benutzen Sie dazu **Unscharf maskieren** mit – hier ausnahmsweise! – deakti-vierter Option **Nur Helligkeit**.

2 So funktioniert die nichtdestruktive und zudem flexible Graustufenumsetzung. Die Miniaturen ganz unten zeigen das Originalbild (links) und rechts daneben zum Vergleich das Ergebnis der Graustufenumsetzung mit **Bild>Graustufen**. Die Miniatur links oben ist das »Falschfarbenbild«, das die Anpassungsebene **Farbton/Sättigung/Helligkeit** (Dialog links unten) aus dem Original gemacht hat. Für die endgültige Graustufenumsetzung ist dann nur noch die mit dem richtigen Mischmodus ein-gebundene Ebene *Luminanzumsetzung* nötig.

für die lediglich eine Anpassungsebene und eine weitere Rasterebene nötig sind. Das Prinzip besteht darin, mit einer Anpassungsebene zuerst ein *Falschfarbenbild* zu erzeugen (das tut ja ein Farbfilter vor dem Kameraobjektiv auch) und dieses dann mit einer überlagerten Ebene in ein Graustufenbild umzuwandeln. Die Methode folgt ganz dem Prinzip der nichtdestruktiven Bildbearbeitung, denn das Original wird nicht angetastet. Die Schritte im Einzelnen:

- Erzeugen Sie mit Ebenen>Neue Anpassungsebene>Farbton/Sättigung/Helligkeit die benötigte Anpassungsebene direkt über dem umzusetzenden Farbbild.
- Über die Anpassungsebene kommt eine neue Rasterebene (Ebenen>Neue Raster-ebene), der Sie im sich öffnenden Dialog gleich den Mischmodus Sättigung (Vorversion) geben.
- Wählen Sie das Füllwerkzeug F und Schwarz als Vordergrundfarbe Strg ⇧ F6 und füllen Sie die eben angelegte Ebene damit. Sie können auch Weiß oder Grau benutzen – nur eine *Farbe* darf die Füllfarbe nicht haben.

Jetzt sollten Sie bereits ein Graustufenbild sehen, denn die oberste Ebene redu-ziert (da ihr Inhalt die Sättigung 0 hat) alle darunter liegenden Farben auf ihre Helligkeit. Genauer gesagt, auf die *Luminanz* dieser Farben, deshalb habe ich diese Ebene *Luminanzumsetzung* genannt (**2**).

Die Anpassung selbst geschieht im Dialog der Anpassungsebene mit dem Regler **Farbton**. Er ändert alle Bildfarben quer durch den Regenbogen, da sollte also auch eine Variante dabei sein, die ein ansprechendes Schwarz-Weiß-Ergeb-nis erzeugt. Falls Sie mit dem Ergebnis noch nicht zufrieden sind, können Sie die Sättigung erhöhen (verringern bitte nicht – dies gleicht die Farbhelligkeiten wieder aneinander an), einzelne Farben selektiv verschieben und damit ihre Umsetzung in die Luminanz beeinflussen. Ein Skript, das Ihnen das Anlegen der Ebenen abnimmt, befindet sich auf der Buch-CD.

Mit dem Mischmodus Sättigung (ohne *Vorversion*) funktioniert diese Methode übrigens nicht. Dieser Modus erzeugt nicht die Luminanz, sondern die HSL-Helligkeit, die wie gesagt alle Farben über einen Kamm schert.

Sättigung korrigieren per Ebenenmix

Für die Graustufenumsetzung war wichtig, dass die obere, mit dem Mischmodus Sättigung eingebundene Ebene eine Sättigung von 0 hat. Probieren Sie doch einmal aus, was passiert, wenn das nicht der Fall ist: Farbe und Helligkeit spielen keine Rolle – aber ihre Sättigung prägt diese Ebene exakt dem Mischbild auf.

Das lässt sich nutzen, um Sättigungsänderungen gezielt per Pinsel auf ein Bild aufzutragen: nicht mit dem **Sättigungspinsel** (≫223), sondern mit dem ganz normalen **Standardpinsel** 🖌 Ⓑ, und auch nicht direkt auf das Bild, sondern auf eine darüber liegende, wieder per Mischmodus Sättigung eingebundene *Sättigungsebene*. Wählen Sie als Vordergrundfarbe irgendeine Farbe mit der gewünschten maximalen Sättigung, die das darunter liegende Bild erhalten soll. Im Zweifelsfall wählen Sie die höchste Sättigung und für den Pinsel eine geringe Deckfähigkeit. Stärkere Sättigungen lassen sich durch mehrmaliges Übermalen erreichen. Mit gering gesättigten Malfarben können Sie auf die gleiche Weise die Sättigung verringern – praktischerweise sogar im schnellen Wechsel per linker/rechter Maustaste, wenn Sie als Vordergrundfarbe eine hoch gesättigte, als Hintergrundfarbe ein schwach oder gar nicht gesättigte Farbe wählen (**3**).

Eine Sättigungsebene, die komplett mit einer einzigen Farbe gefüllt ist, zwingt die Sättigung dieser Farbe einheitlich allen Pixeln des Mischbilds auf. Das bringt in der Regel keinen großen Nutzen. Was geschieht aber, wenn die *Deckfähigkeit* der Sättigungsebene verringert wird? Dann mischt sich die Sättigung der Sättigungsebene mit den Sättigungen der Einzelpixel. Sind diese niedriger, werden sie angehoben, sind sie höher, werden sie abgesenkt. Es findet ein *Sättigungsausgleich* statt. Über die Sättigung der Sättigungsebene und die Deckfähigkeit lässt sich dieser Effekt recht gut steuern.

Als dritte Möglichkeit wollen wir die Sättigung des Originalbildes »von sich selbst« beeinflussen lassen. Legen Sie eine Kopie der Originalebene zusammen mit einer Anpassungsebene **Farbton/Sättigung/Helligkeit** in eine Ebenengruppe, die den Mischmodus Sättigung erhält (**4**). Erhöhen Sie per Anpassungsebene die Sättigung recht kräftig und vermindern Sie anschließend den Effekt über die Deckfähigkeit der Ebenengruppe wieder. Damit wird die von der Anpassungsebene verursachte Übersättigung von sowieso schon hoch gesättigten Pixeln beseitigt. Gering gesättigte Pixel werden aber trotzdem farbiger. Diese Methode steht qualitativ den Sättigungsoptionen von **Intelligente Fotokorrektur** und **Farbtöne anpassen** nicht nach, arbeitet jedoch »zerstörungsfrei«. Zudem lässt sich (wenn Sie die Ebenengruppe nicht zusammenfügen) der Effekt jederzeit ändern.

Für Sättigungserhöhungen können Sie (anders als für Graustufenumsetzungen) beide Sättigungs-Mischmodi verwenden. Meist fand ich die Ergebnisse der »Vorversion« jedoch besser. Damit wird die Originalhelligkeit der Farben besser erhalten, zudem färbt die »neue« Version reine Grautöne rot ein. Bei schwach gesättigten, sehr hellen Farben stellte ich jedoch auch mit Sättigung (Vorversion) manchmal eine Übersättigung fest. Bessere und flexibler anpassbare Sättigungsänderungen erreichen Sie mit **Sättigungsmasken** (≫273).

3 Partielles Erhöhen und Abschwächen der Sättigung durch Malen mit zwei Farben auf einer per Mischmodus Sättigung eingebundenen, transparenten Rasterebene. Ich habe für die Demonstration des Effekts hier eine recht harte Pinselspitze eingestellt.

4 Die Abschwächung der Sättigungserhöhung über die Deckfähigkeit ähnelt der Effekt-verblassen-Methode. Die Ebenengruppe (*Gruppe1*) wirkt hier als **Sättigungsmaske**.

1 Der Ebenenaufbau für den Beleuchtungseffekt

2 Eine mögliche Einstellung für die Anpassungsebene **Helligkeit/Kontrast**

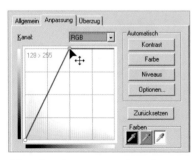

3 Einstellung der Anpassungsebene **Kurven**

Beleuchtungseffekte setzen

Als Nächstes wollen wir die *Beleuchtung* eines Fotos ändern. Das ist mehr als eine einfache Korrektur der Helligkeit oder eine Aufhellung der Tiefen, denn es ändert die Lichtverteilung komplett (**4**). Zuerst werden wir deshalb die alte Beleuchtung »ausschalten« und dann das Motiv neu ausleuchten. Ich erläutere diesmal nicht das Anlegen der einzelnen Ebenen, sondern nur deren Funktion und die Einstellungen. Den Ebenenaufbau zeigt Abbildung **1**. Auch hierzu befindet sich ein Skript auf der Buch-CD.

Fast der gesamte Effekt wird innerhalb der Ebenengruppe *Beleuchtung* realisiert, die über der Originalebene liegt und den Mischmodus Multiplikation erhält. Oberhalb dieser Ebenengruppe liegt nur noch eine Anpassungsebene. Die einzelnen Ebenen von unten nach oben:

Hintergrund Das neu auszuleuchtende Bild. Es wird auch jetzt nicht angetastet.

Schattenebene Mit Grau (Tonwert 128) gefüllte Ebene, Mischmodus Normal.

Helligkeit/Kontrast Eine gleichnamige Anpassungsebene zum Einstellen der Basisabdunklung des Bildes. Reduzieren Sie die Helligkeit so weit, dass die hellsten Bildstellen gerade noch die gewünschte Helligkeit haben (**2**).

Lichterebene Eine per Mischmodus Aufhellen eingefügte transparente Rasterebene. Später werden hier die Lichter eingemalt.

Beleuchtung Ebenengruppe mit allen drei zuletzt genannten Ebenen. Sie erhält den Mischmodus Multiplikation.

Kurven Eine Anpassungsebene **Kurven**, die alle Input-Tonwerte verdoppelt. Stellen Sie dazu die in **3** gezeigte steile Kurve ein. Alternativ können Sie auch den Kanalmixer verwenden und in allen drei Kanälen den Farbanteil von 100 % auf 200 % erhöhen. Ohne diese Verdopplung wäre nur eine Abdunklung des Bildes, keine Aufhellung möglich.

4 Original und das mit etwas romantischerer Lichtstimmung versehene Ergebnis

Schattenebene und die Anpassungsebene **Helligkeit/Kontrast** dienen zum »Ausschalten« der alten Motivbeleuchtung. Die neuen Lichteffekte tragen Sie mit dem Standardpinsel und einer hellgrauen Malfarbe auf die Lichterebene auf. Dies kann relativ grob geschehen. Anschließend modifizieren Sie die aufgetragenen Lichter mit den Pinseln **Heller/Dunkler** 🔳 L oder **Unterbelichtung** 🔲 J. Malen bei gedrückter linker Maustaste hellt auf, die rechte Maustaste dunkelt ab. Zum Abschluss erfolgt eine Weichzeichnung der gesamten Ebene, um Pinselspuren zu verwischen. Links in der Randspalte finden Sie noch eine vereinfachte Version dieser Beleuchtungstechnik.

Lichtkegel einfügen

Zum Einfügen von Lichtkegeln eignet sich das **Ellipsenwerkzeug** 🔘. Die Ellipsen werden auf einer Vektorebene erstellt und mit dem Hintergrundmaterial gefüllt. Wählen Sie in der Palette Materialeigenschaften>Farbverlauf den Verlauf von Vorder- zu Hintergrundfarbe, um den Helligkeitsverlauf innerhalb der Ellipse schnell ändern zu können. Werden mehrere Lichtquellen benötigt, legen Sie jede auf einer extra Vektorebene an und wählen für alle den Mischmodus Aufhellen (**6**). Größe und Form der in dieser Phase noch scharf abgegrenzten Lichtkegel können im Bearbeiten-Modus des Ellipsenwerkzeugs geändert werden (**7**). Für Drehungen und Verzerrungen müssen Sie zum **Objektauswahlwerkzeug** 🔲 K wechseln. Wenn Lage und Form einigermaßen stimmen, behandeln Sie alle Ellipsen mit dem Gaußschen Weichzeichner und nicht zu kleiner Radius-Einstellung. Die Vektorebenen werden dabei automatisch in Rasterebenen umgewandelt. Feinkorrekturen können Sie nun mit den Pinseln vornehmen.

Farbiges Licht

Unterschiedliche Lichtfarben sind möglich, wenn Sie die Lichtkegel statt mit Grautönen mit schwach gesättigten Farben füllen (**7**). Die Einfärbung kann auch nachträglich geschehen, geeignete Werkzeuge dafür sind Anpassen>Farbe>Rot/Grün/Blau oder Anpassen>Farbton und Sättigung>Kolorieren.

Beleuchtung »von unten«

Für einfache Helligkeitskorrekturen mit geringerem Belichtungsspielraum genügt eine einzige Beleuchtungsebene, die ich hier ganz unten in den Ebenenstapel gelegt habe. Sie wird mit Grau (Tonwert 128) gefüllt und mit dem Pinsel Heller/Dunkler partiell aufgehellt oder abgedunkelt. Darüber liegt das Original mit Mischmodus Hartes Licht, darüber eine weitere Kopie mit Mischmodus Farbe (zur Korrektur von Farbverfälschungen).

5

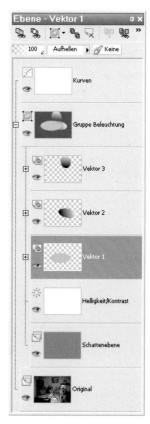

7 Drei Vektorebenen enthalten die teilweise mit Verläufen gefüllten Lichtkegel.

6 Das vom Blitz falsch ausgeleuchtete Familienfoto erhielt drei Lichtkegel (einer davon rötlich). Das große Bild zeigt eine Zwischenstufe beim Bearbeiten der Ellipsen.

Mit Auswahlen arbeiten

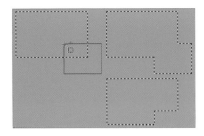

1 Paint Shop Pro bietet drei Modi zum Kombinieren von Auswahlen: **Ersetzen** (Standard) löscht eine vorherige Auswahl komplett. **Hinzufügen** ⇧ fügt die neue Auswahl zu einer vorhandenen Auswahl hinzu (rechts oben), **Entfernen** [Strg] zieht die neue Auswahl von einer bereits vorhandenen ab (rechts unten).

Kreative Bildschöpfungen wie Collagen und Montagen erfordern die vorherige Auswahl von Bildbereichen. Paint Shop Pro bietet dafür komfortable Werkzeuge und Bearbeitungsmöglichkeiten. In diesem Kapitel erfahren Sie, wie Auswahlen erstellt, verändert und gespeichert werden können.

Auswahlen erstellen

Paint Shop Pro besitzt drei Werkzeuge zum Erstellen von Auswahlen: **Auswahl** ⬚ für geometrische Auswahlen, **Freihandauswahl** 🖔 für beliebige Formen und den **Zauberstab** ⬟ für Auswahlen, die auf Farbähnlichkeiten beruhen. Jedes Werkzeug zieht bei der Arbeit weitere **Auswahlkriterien** heran – beispielsweise eine vorgegebene Form oder den Kontrastunterschied zwischen Nachbarpixeln. Zudem hat eine Auswahl bestimmte **Randeigenschaften**, die direkt beim Erstellen festgelegt, aber auch später noch geändert werden können.

Auswahlkriterien

Die meisten Auswahlkriterien sind werkzeugspezifisch und werden als **Auswahltyp** bzw. als **Auswahlmodus** in der Werkzeugoptionen-Palette festgelegt. Zwei Optionen gelten dagegen für alle bzw. fast alle Auswahlwerkzeuge:

Modus Bestimmt, ob eine neue Auswahl eine bereits bestehende Auswahl ersetzt, zu dieser addiert oder von dieser abgezogen wird (**1**).

2 Eine Rechteckauswahl mit einer Randschärfe von 0 (linke Hälfte) und einer Randschärfe von 10 (rechte Hälfte). Zur Darstellung wurde das ausgewählte schwarze Rechteck ausgeschnitten und über einen weißen Hintergrund gelegt. Paint Shop Pro zeigt den Auswahlrahmen stets entlang der äußersten Begrenzung der ausgewählten Pixel an.

Alle Ebenen verwenden Legt fest, dass bei der Suche nach passenden Pixeln das Composite-Bild (und nicht nur die gerade ausgewählte Ebene) betrachtet wird (nur beim **Zauberstab** und zwei Auswahltypen der **Freihandauswahl** verfügbar).

Randeigenschaften

Zwei Optionen bestimmen, wie der Übergang zwischen ausgewählten und nicht ausgewählten Pixeln aussieht. Wenn hier Pixel nur teilweise (»halbtransparent«) ausgewählt sind, sorgt dies für weichere Übergänge und unsichtbare Montagen. Beide Optionen lassen sich auch noch nach Erstellen der Auswahl hinzufügen und abändern – teilweise sogar flexibler. Ich gehe darauf im Abschnitt **Auswahl bearbeiten** näher ein.

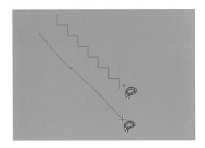

3 Freihandauswahl ohne (oben) und mit Antialiasing (unten). Im ersten Fall werden Pixel entweder ganz oder gar nicht ausgewählt, im zweiten Fall werden die »angeschnittenen« Pixel nur teilweise ausgewählt.

Randschärfe Diese bei allen drei Werkzeugen vorhandene Option müsste eigentlich *Randunschärfe* heißen (in anderen Programmen ist **Weiche Auswahlkante** gebräuchlich). Bei einem Wert von 0 ist die Auswahlkante völlig scharf, d. h., es gibt nur ganz oder gar nicht ausgewählte Pixel. Höhere Werte schaffen einen »unscharfen« Übergangsbereich mit nur teilweise ausgewählten Pixeln (**2**). Dieser Bereich erstreckt sich sowohl ins Innere der Auswahl als auch nach außen und ist insgesamt doppelt so breit (in Pixeln) wie der eingestellte Randschärfe-Wert. Nur beim Hinzufügen einer Randunschärfe per Dialog (Auswahl>Ändern>Randschärfe innen/außen) lässt sich die Ausbreitungsrichtung wählen.

Antialiasing Eine Methode zur optischen Kantenglättung durch *teilweise* Auswahl von Kantenpixeln. Es wird dabei – anders als von der Randschärfeoption – immer nur eine Pixelreihe verändert. Sie können die Arbeitsweise mit dem Freihandauswahlwerkzeug prüfen: Ohne Antialiasing folgt die Auswahlkurve den Pixelrändern, mit Antialiasing wird die Auswahlkurve so dargestellt, wie sie gezeichnet

4 Alle Optionen des Auswahlwerkzeugs

wurde, also auch quer durch Pixel hindurch (**3**). Wie stark ein Pixel ausgewählt wird, hängt davon ab, wie viel Prozent von ihm innerhalb der Auswahl liegen.

Beim Zauberstab spielt stattdessen die Farbe der angrenzenden Pixel eine Rolle. Zudem können die teiltransparenten Pixel hier **Innen** oder **Außen** liegen.

Auswahlwerkzeug Ⓢ

Unter **Auswahltyp** wählen Sie die geometrische Form der Auswahl (**4**). Die Abmessungen werden beim Ziehen mit der Maus festgelegt. Dabei können Sie die Werte im Infofenster und in der Statusleiste überprüfen (**5**). Die vier Schaltflächen rechts in der Werkzeugoptionen-Palette rufen vier weitere Auswahltypen auf:

Benutzerdefinierte Auswahl Erlaubt die direkte Eingabe der Positionen von linker, oberer, rechter und unterer Begrenzung einer rechteckigen Auswahl. Beachten Sie, dass diese Funktion *immer* eine rechteckige Auswahl erzeugt – auch wenn ein anderer Auswahltyp gewählt wurde.

Aktuelle Auswahl Ersetzt die vorhandene Auswahl durch eine rechteckige Auswahl, welche die alte Auswahl voll umschließt.

Deckend in Ebene Erstellt eine rechteckige Auswahl um alle nicht völlig transparenten Bereiche der aktuellen Ebene (Deckfähigkeit > 0).

Deckend – alle Ebenen Wirkt wie die vorige Funktion, zieht dabei jedoch nicht die Pixel der aktuellen Ebene, sondern die Pixel des Composite-Bildes heran.

Freihandauswahl 🪢

Dieses Werkzeug bietet zwei manuelle und zwei halbautomatische Auswahltypen (**6**):

6 Alle Optionen des Freihandauswahlwerkzeugs

Freihand Gestattet eine manuelle Auswahl allein durch Ziehen mit der Maus.

Kontrastgrenze Sucht nach Bildkanten anhand von Farbunterschieden. Die nur hier verfügbare Option **Bereich** bestimmt den »Fangradius« für die Suche.

Punkt-zu-Punkt Erzeugt gerade Linien zwischen den Klickpunkten.

Smart Edge Sucht ähnlich wie **Kontrastgrenze** nach Kanten innerhalb eines Bereichs. Dieser ist hier jedoch fest eingestellt und wird als Rechteck angezeigt (**7**). Die Arbeitsweise ist deshalb einfacher und bringt meist bessere Ergebnisse als der Auswahltyp **Kontrastgrenze**.

5 Die Positionen der linken oberen und der rechten unteren Ecke der Auswahlbegrenzung, Breite und Höhe und das Seitenverhältnis werden beim Erstellen einer Auswahl im **Info****fenster** und der **Statusleiste** angezeigt. Bei einer nicht rechteckigen Auswahl gelten diese Angaben für das umschließende Rechteck, bei einer Punkt-zu-Punkt-Freihandauswahl für das Rechteck, welches die gerade gezogene Linie umschließt.

Um diese Informationen für eine bereits erstellte Auswahl zu sehen, halten Sie die rechte Maustaste über der Auswahl für mehrere Sekunden gedrückt. Vorsicht: Ein nur kurzer rechter Mausklick löscht die Auswahl, eine Verschiebung während des Mausklicks verschiebt die Auswahl.

7 Freihandauswahl mit **Smart Edge**: Die Auswahlbegrenzung wird automatisch auf die höchsten Kontrastunterschiede gelegt, die innerhalb des Rechtecks gefunden werden.

1 Die Optionen des Zauberstabs

Änderungen gegenüber PSP X

PSP X bot die Auswahlmodi RGB-Wert, *Farbe*, *Farbton*, *Helligkeit*, Deckende Bereiche und Deckfähigkeit. Die kursiv gedruckten Modi gibt es in PSP XI so nicht mehr. *Farbton* fiel ganz weg, **Farbe** und **Helligkeit** beruhen jetzt auf dem Lab-Farbmodell.

Neu hinzugekommen sind die Modi **Wahrnehmungsmodus** und **Herkömmlicher Modus**.

Randschärfe versus Toleranz

Beide Einstellungen beeinflussen die Größe der Auswahl, jedoch auf völlig unterschiedliche Weise. Bei einer höheren **Toleranz** erfüllen mehr Pixel das Auswahlkriterium und werden deshalb voll ausgewählt. Bei einem höheren Wert für die **Randschärfe** wird der weichgezeichnete Übergangsbereich entlang der Auswahlbegrenzung breiter. Die Anzahl voll ausgewählter Pixel verringert sich deshalb sogar, die Anzahl teilweise ausgewählter Pixel vergrößert sich aber und der Auswahlrahmen rückt weiter nach außen.

Die Randschärfe-Einstellung beeinflusst den Randbereich der Auswahl ohne Rücksicht auf die dort herrschenden Farbwerte. Die Toleranz beeinflusst dagegen immer nur Pixel mit ähnlichen Farbwerten. Stark andersfarbige Details werden in der Regel nicht angegriffen.

Wichtige Tastenkürzel

Gesamtes Bild auswählen	Strg A
Auswahl addieren/subtrahieren	⇧ / Strg
Auswahl umkehren	Strg ⇧ I
Auswahl aufheben	Strg D
Auswahlrahmen ein-/ausblenden	Strg ⇧ M
Punkt löschen (Freihandauswahl)	Entf
Auswahl in Ebene umwandeln	Strg ⇧ P
Freie Auswahl erzeugen	Strg F
Freie Auswahl einbinden	Strg ⇧ F
Auswahl aus Maskenkanal	Strg ⇧ S

Auswahlrahmen verschieben Rechtsklick in Auswahl und ziehen.

Eine weitere, nur beim Freihandwerkzeug vorhandene Option heißt **Glätten**. Damit werden bereits beim Zeichnen der Auswahl scharfe Ecken abgerundet, die Stärke der Rundung ist wählbar. Auch diese Funktion lässt sich – mit mehr Optionen – nachträglich anwenden und ist dann nicht auf die Freihandauswahl beschränkt.

Zauberstab

Der Zauberstab wählt Pixel nach ihrer Ähnlichkeit mit dem angeklickten Pixel (Referenzpixel) aus. Die Auswahlkriterien finden sich hier unter **Auswahlmodus**. Gegenüber PSP X gibt es in PSP XI bei den Modi einige Veränderungen.

Keine Es werden alle Bildpixel ausgewählt (wie mit Strg A).

RGB-Wert Wählt Pixel aus, deren Werte in *allen* RGB-Kanälen innerhalb der Toleranz um die Werte des Referenzpixels liegen.

Farbe Wählt Pixel ähnlicher **Farbart** aus. Bis PSP X beruhte der gleichnamige Modus auf Farbton und Sättigung des HSL-Farbmodells. Der neue Algorithmus ist besser für die Auswahl von Schattierungen einer Grundfarbe geeignet.

Helligkeit Auswahlkriterium ist die **Lab-Helligkeit** L^*, die unserer Helligkeitswahrnehmung noch besser entspricht als die (bis PSP X verwendete) Luminanz.

Wahrnehmungsmodus Auswahlkriterium ist der wahrnehmbare Farbunterschied im Lab-Farbraum (**Delta E**, Kürzel ΔE).

Herkömmlicher Modus Eine Variante des RGB-Modus, die Farben besser von Grautönen unterscheiden kann.

Deckende Bereiche Wählt nur Pixel mit einer Deckfähigkeit > 0.

Deckfähigkeit Wählt Pixel ähnlicher Deckfähigkeit aus.

Nur der Zauberstab verfügt über einen Regler **Toleranz**. Dieser bestimmt, wie ähnlich die Werte eines Bildpixels denen des Referenzpixels sein müssen, damit das Bildpixel in die Auswahl aufgenommen wird. Der Toleranzwert reicht von 0 bis 200 und ist der Prozentwert vom gesamten Wertebereich des Auswahlkriteriums (z. B. dem Tonwert). Gemeint ist hier aber die Abweichung in beide Richtungen, d. h. nach oben *und* unten. Eine Toleranz von 20 beim Modus **RGB-Wert** bedeutet, dass nur Pixel aufgenommen werden, die in jedem Kanal nicht mehr als 26 Tonwerte (rund 10 % von 256) vom Tonwert des angeklickten Pixels abweichen. Beim **Wahrnehmungsmodus** bedeutet die gleiche Toleranz, dass die Pixelfarbwerte sich maximal um ΔE = 10 vom Referenzwert unterscheiden dürfen.

Eine weitere Zauberstab-Option heißt **Zusammenhängend**. Wenn diese Option ein Häkchen hat, werden nur Pixel ausgewählt, die mit dem Referenzpixel über weitere ausgewählte Pixel örtlich zusammenhängen. Andernfalls werden alle passenden Pixel unabhängig von ihrer Lage im Bild ausgewählt.

Auswahlen bearbeiten

Wenn ich vom Bearbeiten einer Auswahl spreche, meine ich stets das Bearbeiten des *Auswahlrahmens* – nicht der ausgewählten Pixel. In der Hilfe von Paint Shop Pro wird beides manchmal vermischt.

Eine fertige Auswahl kann nicht so ohne Weiteres verschoben werden. Falls Sie dies z. B. mit dem Verschiebungswerkzeug versuchen, werden die *ausgewählten Pixel* verschoben (und dabei eine **freie Auswahl** angelegt). Der Auswahlrahmen lässt sich lediglich mit gedrückter rechter Maustaste nach Augenmaß verschieben. Pixelgenaue Verschiebungen, andere Transformationen und noch vieles mehr sind nur im **Bearbeitungmodus** möglich, den Sie über Auswahl>Auswahl bearbeiten erreichen. Praktischerweise gibt es in der Ebenenpalette eine Schaltfläche dafür: .

Weitere Befehle zum Ändern einer Auswahl liegen im Menü Auswahl>Ändern. Ich werde Ihnen diese Befehle kurz vorstellen und auf Parallelen zu den Optionen der Auswahlwerkzeuge und zu anderen Bildbearbeitungswerkzeugen eingehen.

Auswahl-Bearbeitungsmodus

Nach einem Klick auf diese Schaltfläche erscheint in der Ebenenpalette eine neue Ebene mit der Bezeichnung *Auswahl*. Diese Ebene enthält die **Maske**, die intern hinter jeder Auswahl steckt, in Form eines Graustufenbildes. Dass diese Maske nicht nur angezeigt wird, sondern fast beliebig bearbeitet werden kann, ist vorbildlich in Paint Shop Pro. Einziger Mangel: Die Graustufenansicht der Maske ist nur in der Ebenenpalette, aber nicht im Bildfenster sichtbar. Hier werden die ausgewählten Bereiche lediglich mit einem farbigen Überzug angezeigt (**2**). Weiter unten zeige ich Ihnen, wie sich die Graustufenmaske auch hier darstellen lässt.

Im Bearbeitungsmodus ist das Verschieben und sonstige Verändern der Auswahl ein Kinderspiel. Es sind fast alle Werkzeuge und Filter verwendbar, die Paint Shop Pro für Graustufenbilder zur Verfügung hat, und in den Vorher-Nachher-Fenstern von Filterdialogen wird die Maske sogar von vornherein als Graustufenbild angezeigt. Ein weiterer Vorteil des Bearbeitungsmodus ist, dass in ihm die manuelle Bearbeitung der Auswahl mit Malwerkzeugen möglich ist – wenn gewünscht, pixelgenau. Die Malfarbe **Weiß** vergrößert die Auswahl, **Schwarz** verkleinert die Auswahl, **Grautöne** bewirken je nach ihrer Helligkeit eine teilweise Auswahl der darunter liegenden Pixel.

Im Bearbeitungsmodus lassen sich zudem die **Randeigenschaften** einer Auswahl über die Standardfilter von Paint Shop Pro beeinflussen, was mehr Möglichkeiten bietet als die entsprechenden Optionen in der Werkzeugoptionen-Palette oder die Nachbearbeitung per Auswahl-Menübefehl. Beispielsweise lässt sich die **Randschärfe** durch eine **Gaußsche Weichzeichnung** bzw. gegenläufig durch eine **Unscharfmaskierung** der Auswahlebene verändern.

Freie Auswahl

Während die Standardauswahl Pixel der aktuellen Ebene umfasst und – etwa beim Verschieben – gegebenenfalls verändert, stellt eine **freie Auswahl** eine Kopie aller ausgewählten Pixel auf einer temporär angelegten Ebene dar. Sie können diese Pixel bearbeiten, ohne die Originalebene zu verändern. Eine Auswahl wird automatisch frei, wenn sie mit einem Auswahlwerkzeug verschoben wird, und wieder eingebunden, wenn sie aufgehoben, vergrößert oder verkleinert wird.

Da jede Auswahl sich auch dauerhaft in eine Ebene umwandeln (Auswahl>In Ebene umwandeln oder Strg ⇧ P) und bei Bedarf wieder mit der Originalebene vereinigen lässt, hat die freie Auswahl kaum Vorteile und ist verzichtbar.

Auswahl pixelgenau verschieben

Wählen Sie Auswahl>Auswahl bearbeiten und das Verschiebungswerkzeug . Die Verschiebung erfolgt mit den **Pfeiltasten** um jeweils ein Pixel. Zusatztasten erlauben größere Verschiebungen:

10 Pixel	Strg	+ Pfeiltasten
50 Pixel	⇧	+ Pfeiltasten
100 Pixel	Strg ⇧	+ Pfeiltasten

Das Objektauswahlwerkzeug erlaubt neben Verschiebungen auch beliebige Skalierungen.

2 Graustufenansicht der Auswahl in der Ebenenpalette und die Ansicht mit Überzug im Bildfenster. **Überzug-Farbe** und **Deckfähigkeit** lassen sich wählen. Die Sichtbarkeit des Überzugs schalten Sie mit Strg Alt V ein bzw. aus.

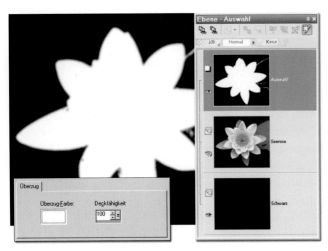

1 Die (hier schon leicht weichgezeichnete) Auswahlebene in Graustufenansicht im Bildfenster und der Ebenenaufbau, mit dem diese Darstellung erreicht wird (rechts). Das Fenster links unten zeigt die Einstellung des Überzugs.

Die Auswahlebene selbst lässt sich leider nicht temporär ausblenden – der Klick auf das Augensymbol funktioniert nicht.

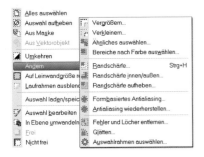

2 Die Befehle im Auswahl-Menü, mit denen sich eine Auswahl nachträglich ändern lässt

3 Verbreitern einer Auswahl um 35 Pixel. Der Dialog **Auswahl verkleinern** arbeitet analog.

Auswahl als Graustufenbild bearbeiten

Paint Shop Pro bietet wie gesagt keine direkte Anzeige einer Auswahlebene als Graustufenbild. Die Bearbeitung mit einem Malpinsel gestaltet sich dadurch als unnötig schwierig, denn der standardmäßig verwendete rote Überzug ist manchmal kaum sichtbar und gestattet zudem kaum Rückschlüsse auf die Deckfähigkeit. Mit dem folgenden Trick können Sie aber auch eine Auswahlebene als Graustufenbild anzeigen und bearbeiten. Mit Anpassungsebenen (»246) sowie Maskenebenen (»260) funktioniert der Trick analog.

Wir benötigen für die Darstellung einen schwarzen Hintergrund, der als eigene Ebene (möglichst vor dem Erstellen der Auswahl) angelegt werden muss. Legen Sie dazu *unterhalb* der Ebene, die Sie gerade bearbeiten, eine neue Rasterebene an und füllen Sie diese mit Schwarz (F und anschließend Strg ⇧ F6 drücken und irgendwo ins Bild klicken). Erstellen Sie nun die Auswahl wie gewohnt, wechseln in den Bearbeitungsmodus und doppelklicken auf die Miniatur der Auswahlebene. Es erscheint das Eigenschaften-Fenster der Ebene mit der einzigen Registerkarte **Überzug**. Wählen Sie hier als **Farbe** Weiß und als **Deckfähigkeit** 100 %. Nach dieser Änderung müssen Sie nur noch die Ebene unter der Auswahlebene durch Klick auf das Augensymbol ausblenden, dann erscheint die Auswahlebene in voller Schönheit im Bildfenster (**1**).

Auswahl vergrößern/verkleinern

Die zwei obersten Befehle im Menü Auswahl>Ändern (**2**) gestatten das nachträgliche Vergrößern bzw. Verkleinern einer Auswahl um eine bestimmte, in Pixeln gemessene Breite (**3**). Diese Änderung basiert auf der Form der Auswahl und ist unabhängig von den Bildfarben. Die mögliche **Pixelanzahl** liegt zwischen 1 und 100. Das Ergebnis entspricht einer Erweiterung heller bzw. dunkler Bereiche in der Auswahlmaske, wobei Grautöne (also Bereiche teilweiser Auswahl) nicht verloren gehen. Einen Filter, der bei Anwendung auf die Auswahlebene das gleiche Ergebnis erreicht, habe ich in Paint Shop Pro nicht gefunden.

Auswahl farbselektiv verändern

Mit den zwei Befehlen **Ähnliches auswählen** und **Bereiche nach Farbe auswählen** (**2**) lässt sich eine vorhandene Auswahl um Bereiche erweitern, die gleich oder ähnlich einer gewählten Farbe sind. Es muss sich dabei gar nicht um Farben der Ebene handeln, aus der die Auswahl erstellt wurde: Wenn Sie nach Erstellen der Auswahl die aktive Ebene wechseln, sind auch völlig andere Farben möglich. Nur der zweite Befehl erlaubt das *Entfernen* eines Farbbereichs aus der Auswahl.

Mit **Ähnliches auswählen** wird die Auswahl um Farben erweitert, die ähnlich den bereits ausgewählten sind. Die **Toleranz** bestimmt (analog zum Zauberstab), wie genau die Farben übereinstimmen müssen. Drei weitere Optionen sind eben-

falls schon bekannt: **Zusammenhän-**
gend, **Antialiasing** (mit den Optionen
Innen und **Außen**) und **Auf alle Ebe-**
nen anwenden. Die Farbähnlichkeiten
werden auf Basis des HSL-Farbsystems ermittelt, deshalb erzeugt dieser
Befehl etwas andere Auswahlen als eine
mehrmalige Anwendung des Zauberstabs (**4**). Die ursprüngliche Auswahl
sollte nicht zu viele Farben enthalten,

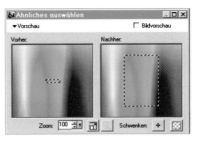

4 Die Auswahl ähnlicher Farben am Beispiel der
PSP-Farbpalette

andernfalls werden auch Zwischenfarben mit ausgewählt.

Während der vorige Befehl die auszuwählenden Farben der ursprünglichen
Auswahl entnimmt, beachtet **Bereiche nach Farbe auswählen** diese Auswahl
überhaupt nicht. Die zusätzlich zu selektierende Farbe muss manuell festgelegt
werden – per Klick ins Bildfenster oder über das Farbfeld **Referenzfarbe**. Es gibt
zwei Regler: **Toleranz** wirkt ähnlich wie die Zauberstab-Toleranz im RGB-Modus,
hat jedoch einen Wertebereich von 0 bis 256. **Unschärfe** ist eine »weich auslaufende« Toleranz und hat mit der **Randschärfe** der Auswahlwerkzeuge nichts zu tun
(**5**). Die ausgewählten Farbbereiche können der ursprünglichen Auswahl sowohl
hinzugefügt (Bereiche nach Farbe hinzufügen) als auch davon abgezogen werden.

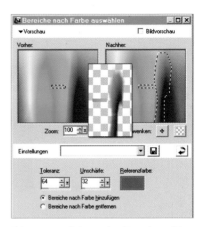

5 Der ursprünglichen rechteckigen Auswahl
habe ich hier die Farbe Blau hinzugefügt. Die
Unschärfe von 32 sorgt für eine entsprechende
Abschwächung der Auswahl, je weiter die
Farbe von der Referenzfarbe abweicht (Mitte).
Eine Toleranz von 96 (= 64+32) und Unschärfe
von 0 würde übrigens exakt die gleiche Pixelzahl auswählen, allerdings stets voll ausgewählt
und nicht abgeschwächt wie im Beispiel.

Auswahl bereinigen

Mit dem Befehl **Fehler und Löcher entfernen** lassen sich falsch ausgewählte
Bereiche (Fehler) und Löcher in der Auswahl beseitigen. Die Erkennung von
Fehlern und Löchern beruht auf Pixelzahlen: Enthält ein Fehler oder ein Loch
weniger Pixel als vorgegeben, wird er/es entfernt. Die Vorgabe nehmen Sie in den
Feldern unter **Quadrat kleiner als** als Produkt einer Pixelzahl mit einem Faktor vor
(**6**). Mit »Quadrat« hat diese Vorgabe übrigens nichts zu tun – es werden Fehler
jeder Form entfernt, wenn die Pixelzahl stimmt. Dieser Befehl ist sehr nützlich
nach Zauberstab-Auswahlen, die manchmal recht »zerfasert« aussehen.

6 Diese Einstellung entfernt Löcher, die weniger als 7.700 Pixel enthalten. Die Einstellmöglichkeiten sind zukunftssicher: Der maximal
mögliche Wert ist 100 Megapixel.

Auswahlrahmen auswählen

Der gleichnamige Befehl macht die Begrenzung einer Auswahl (Auswahlrahmen)
selbst zu einer Auswahl mit einer einstellbaren **Rahmenbreite** von 1 … 200
Pixeln. Zusätzlich lässt sich wählen, ob der Rahmen **Innen**, **Außen** oder beidseits des ursprünglichen Rahmens liegen soll. Auch **Antialiasing** ist möglich.
Beachten Sie, dass der äußere Rahmen stets abgerundete Ecken erhält (**7**). Bei
abgeschaltetem Antialiasing kommt es zudem bei manchen Rahmenbreiten zu
Abweichungen von 1 Pixel.

Randschärfe

Für die nachträgliche Änderung der Randschärfe gibt es drei Befehle (**2**). Mit
Randschärfe [Strg][H] erhöhen Sie die *Randunschärfe* beidseits der Auswahlbegrenzung um die gewählte **Pixelanzahl**. Bei **Randschärfe innen/außen** haben

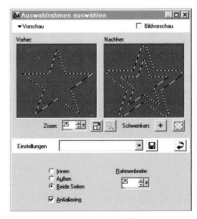

7 Die beidseitige Zufügung des Rahmens verdoppelt die Rahmenbreite, hier auf 50 Pixel.

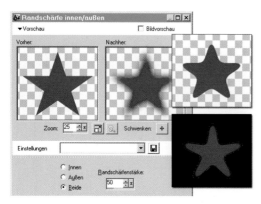

1 Eine Randschärfe von 50 und der Versuch, diese wieder aufzuheben (rechts oben). Das Bild rechts unten zeigt das Ergebnis einer extremen Unscharf-Maskierung der Auswahlebene.

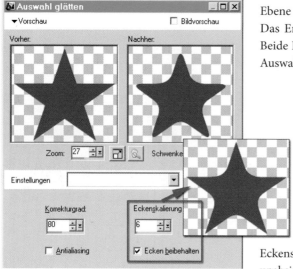

2 Der gleiche, per Auswahlwerkzeug erstellte Pfeil ohne Antialiasing (links unten), mit Antialiasing-Option des Auswahlwerkzeugs (Mitte) und mit per **Formbasiertes Antialiasing** und **Innen** zugefügtem Antialiasing (oben).

3 Glättung einer sternförmigen Auswahl ohne (Nachher-Vorschaubild) und mit Option **Ecken beibehalten** (rechts). Die **Eckenskalierung** beeinflusst die Eckenrundung nicht immer voraussehbar und muss durch Probieren ermittelt werden.

Sie die Wahl, ob die Randunschärfe **Innen**, **Außen** oder beidseits zugefügt werden soll (**1**). Statt Pixelanzahl heißt es hier noch falscher **Randschärfenstärke** (je höher diese Stärke, desto unschärfer wird der Rand). Mit der Option **Beide** ist die Wirkung fast identisch mit der des Befehls **Randschärfe**.

Der Befehl **Randschärfe aufheben** bewirkt ebenfalls das Gegenteil von dem, was der Name vermuten lässt: Er hebt jede *Randunschärfe* auf (übrigens auch Antialiasing). Per Regler **Schwellenwert** (0 … 254) wird festgelegt, auf welchen Grad der Deckfähigkeit des unscharfen Auswahlrandes die neue, scharfe Auswahlbegrenzung gelegt werden soll. Die ursprüngliche Form einer mit der Randschärfeoption unscharf gemachten Auswahl erhalten Sie aber weder mit diesem Befehl noch mit alternativen Schärfungsmethoden zurück (**1**).

Antialiasing hinzufügen

Auch für diese Aufgabe gibt es zwei Befehle. **Formbasiertes Antialiasing** wirkt etwas anders als die Antialiasing-Option in der Werkzeugoptionen-Palette direkt beim Erstellen einer Auswahl. Letztere beruht zwar auch auf der Auswahlform, zusätzlich wird jedoch beim Freihandwerkzeug der Verlauf der Auswahllinie (geht sie durch Pixel hindurch?) und beim Zauberstab die Farbe der angrenzenden Pixel berücksichtigt. **Formbasiertes Antialiasing** berücksichtigt allein die Form: Die zugefügte Randunschärfe ist an Ecken gering, zwischen diesen hoch (**2**).

Der zweite Befehl **Antialiasing wiederherstellen** wirkt wie die Antialiasing-Option des Zauberstabs und berücksichtigt die Farbe der an die Auswahl angrenzenden Pixel – entweder der aktuellen Ebene oder (mit **Alle Ebenen verwenden**) des Composite-Bildes. Das Ergebnis kann gleich auf eine neue Ebene kopiert werden. Beide Dialoge gestatten zudem die Auswahl, auf welcher Seite der Auswahlbegrenzung das Antialiasing angewendet werden soll.

Glätten

Beim Erstellen einer Auswahl bietet nur das Freihandwerkzeug eine Glätten-Option. Mit dem gleichnamigen Menübefehl können beliebige Auswahlen geglättet werden. **Glätten** rundet Ecken ab, der **Korrekturgrad** bestimmt den Rundungsradius (**3**). **Ecken beibehalten** schützt spitze Ecken abhängig von der **Eckenskalierung** vor der Verrundung. Auch die Entfernung von einer gegenüberliegenden Auswahlgrenze spielt eine Rolle. Mit geeignet gewählter Eckenskalierung lassen sich stumpfe (etwa bei der Freihandauswahl unabsichtlich entstandene) Ecken verrunden, während beabsichtigte spitze Ecken erhalten bleiben. Dies ist mit der Glätten-Option des Freihandwerkzeugs nicht möglich, diese verrundet spitze Ecken immer am stärksten.

Auswahlen speichern und laden

Nur wenn Sie ein Bild im PSP-Dateiformat **PspImage** speichern, geht eine vorhandene Auswahl nicht verloren. Es gibt jedoch auch die Möglichkeit, eine Auswahl per Befehl Auswahl>Auswahl laden/speichern>Auswahl als Datei speichern direkt in eine **Datei** zu speichern (**4**). Diese Datei hat die Endung **PspSelection** und liegt im dafür vorgesehenen Speicherorte-Ordner (»48). Sie lässt sich auch direkt in Paint Shop Pro öffnen, ihr Inhalt sieht so ähnlich aus wie die Darstellung der Auswahl als Graustufenmaske per Option **Auswahl bearbeiten**. PSP speichert Auswahlen als Graustufendateien und beschneidet sie automatisch um nicht notwendige Bereiche.

Umgekehrt akzeptiert Paint Shop Pro beim Laden einer Auswahl auch Farbbilder in einem beliebigen unterstützten Dateiformat – so sie denn am richtigen Speicherort liegen. Ich habe das an dem Seerosenbild einmal demonstriert (**5**). Die Auswahl selbst wird entweder aus der Luminanz, allen Bildbereichen, die nicht völlig schwarz sind, oder der Deckfähigkeit des Bildes erstellt. Außerdem können Sie wählen, ob die Auswahl in die linke obere Ecke verschoben (nützlich bei Auswahlen, die größer als das Zielbild sind), auf die Leinwandgröße reduziert oder umgekehrt werden soll. Die Wirkung ist jeweils am Vorschaubild sichtbar.

Beim Speichern der Auswahl in einen **Alphakanal** und dem Laden daraus sind die Optionen ganz ähnlich (**4**). Der Alphakanal kann in einem beliebigen geöffneten Bild liegen – vorzugsweise in dem, wo die Auswahl benötigt wird. Alphakanäle können nur Graustufendaten aufnehmen. Falls Sie einen Alphakanal wieder löschen wollen: Der Befehl dazu befindet sich seltsamerweise nicht im Auswahl-, sondern im Bildmenü.

Die dritte Möglichkeit, eine Auswahl dauerhaft zu machen, besteht in der Umwandlung in eine **Maskenebene**. Wählen Sie dazu Ebenen>Neue Maskenebene>Auswahl maskieren oder – wenn die Auswahl umgekehrt werden soll – ...>Außerhalb der Auswahl maskieren. Paint Shop Pro legt automatisch eine Ebenengruppe mit der gerade aktiven Ebene sowie der darüber gelegten Maskenebene an. Damit maskiert die Maskenebene nur die gerade aktive Ebene. Sie lässt sich aber an eine beliebige Stelle im Ebenenstapel verschieben und wirkt dann auf die jeweils direkt darunter liegenden Ebenen. Näheres zur Arbeit mit Masken finden Sie auf den folgenden Seiten.

Beachten Sie, dass Paint Shop Pro Alphakanäle und Maskenebenen nur in den Dateiformaten **PspImage** und **PSD** speichern kann.

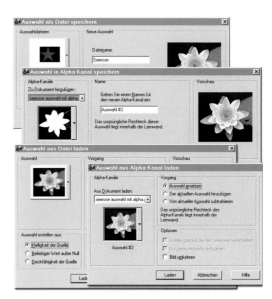

4 Die Dialoge zum Speichern einer Auswahl in einer Datei und in einem Alphakanal sehen sich recht ähnlich. Das Gleiche gilt für die Laden-Dialoge. Auch die Befehle dafür finden sich im gleichen Menü unter Auswahl>Auswahl laden/speichern.

5 Ich habe das Seerosenbild in den Speicherordner für Auswahlen kopiert und anschließend mit der Option **Helligkeit der Quelle** als Auswahl in das Bild mit dem Angler geladen. Dann wurden dessen ausgewählte Pixel mit Strg ⇧ P in eine neue Ebene umgewandelt und darunter ein weißer Hintergrund gelegt.

Mit Masken arbeiten

1 Die fünf Befehle zum Erzeugen einer Maskenebene im Ebenenmenü

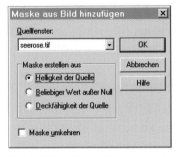

2 Alle in PSP geöffneten Bilder können als Maske in ein anderes Bild geladen werden.

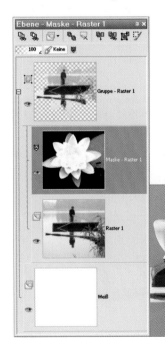

3 Die (hier schon etwas bereinigte) Maske liegt zusammen mit der maskierten Ebene **Raster 1** in einer Ebenengruppe. Nach Einschalten des Überzugs sehen Sie die maskierten Bildbereiche auch im Bildfenster.

Eine Maske dient dazu, etwas zu verdecken. In der traditionellen Fototechnik benutzte man beim Belichten Pappmasken, um bestimmte Bereiche des Fotopapiers vor dem Licht zu schützen. Auch das weiche »Abwedeln« von Bildbereichen mit der Hand ist eine Spielart des Maskierens. Die Bildbearbeitung am Computer hat das Maskieren um Vieles einfacher gemacht und neue Anwendungsgebiete erschlossen. Masken helfen beim Freistellen von Objekten, beim Kombinieren und Montieren, beim Schärfen, bei Helligkeits- und Kontrastkorrekturen und sogar bei Farbkorrekturen. Zwar muss es nicht immer eine Maske sein, doch dann, wenn die Standard-Werkzeuge versagen oder es um besonders komplizierte Aufgaben und hochwertige Ergebnisse geht, lassen sich mit Masken wahre Wunder bewirken. Masken gestatten die selektive, pixelgenaue und zudem fast stufenlos steuerbare Bearbeitung von Bildbereichen – in Kombination mit Anpassungsebenen sogar verlustfrei, d. h. ohne die originalen Bilddaten zu verändern.

Wie komfortabel es sich mit Masken arbeitet, haben Sie schon an der Auswahlebene gesehen, die sich per Auswahl>Auswahl bearbeiten aufrufen lässt (»255). Diese Maske verschwindet allerdings sofort wieder, wenn zu einer anderen Ebene gewechselt wird. Ein weiterer Nachteil ist, dass sich auf die Auswahlebene keine Auswahlwerkzeuge anwenden lassen. »Richtige« Masken können dagegen mit allen Werkzeugen behandelt werden, die auf Graustufenbilder anwendbar sind. Die schon erwähnten Anpassungsebenen enthalten solche Masken (»246), außerdem bietet Paint Shop Pro spezielle **Maskenebenen**.

Maskenebenen erzeugen

Für die Erzeugung einer Maskenebene gibt es im Menü Ebenen>Neue Maskenebene fünf Befehle (**1**). Die ersten beiden erzeugen eine schwarze bzw. weiße Maskenebene. Mit den nächsten zwei Befehlen lässt sich eine Auswahl in eine Maske umwandeln (und damit, wie auf der vorigen Seite beschrieben, gleich dauerhaft speichern). Der fünfte Befehl Aus Bild führt in einen weiteren Dialog (**2**), dessen Inhalt Sie schon aus dem Dialog Auswahl aus Datei laden (Abbildung **4** auf der vorigen Seite) kennen.

Ich habe damit und der Option Helligkeit der Quelle das Seerosenfoto ohne den Umweg über eine Maskendatei direkt in das Bild mit dem Angler geladen.

Paint Shop Pro legt jede neue Maskenebene zusammen mit der aktiven Ebene in eine **Ebenengruppe**. Dies verhindert, dass die Maskenebene noch weitere, eventuell darunter liegende Ebenen beeinflusst. Maskierung bedeutet bei Maskenebenen: Alle darunter liegenden Pixel werden transparent. Sie sehen das teiltransparente Ergebnis als Miniatur der Gruppenebene *Gruppe – Raster 1* (**3**). Ich habe deshalb unter die gesamte Gruppe noch eine weiße Ebene als Hintergrund gelegt.

Das Erzeugen einer Maskenebene aus einem Bild unterscheidet sich in einem wichtigen Punkt vom Laden einer Maske oder einer Auswahl aus einer Datei oder einem Alphakanal: Die Maske wird *immer* auf die Größe des Zielbildes skaliert und dabei gegebenenfalls verzerrt. Auch beim nachträglichen Einfügen eines in die Zwischenablage kopierten Bildes in die Maskenebene skaliert PSP dieses Bild. Wenn Sie das nicht wünschen, hilft nur der Umweg über eine neue Ebene, wie in der Randspalte beschrieben.

Masken bearbeiten

Da Masken wie gesagt »fast« normale Graustufenbilder sind, können Sie alle dafür gebräuchlichen Werkzeuge und Filter für die Bearbeitung verwenden. Wenn die Maske zu einer Anpassungsebene gehört oder selbst eine Maskenebene ist, funktionieren auch die Auswahlwerkzeuge selbst. Nur bei der temporären Maske einer Auswahlebene ist Letzteres nicht der Fall.

Beachten Sie bei Maskenebenen, dass PSP für die zugehörige Ebenengruppe die **Gruppenzugehörigkeit** (heißt im Eigenschaften-Dialog der Gruppe Gruppe verbunden) standardmäßig einschaltet. Um die Maske unabhängig von der maskierten Ebene mit dem Verschiebewerkzeug ✛ verschieben zu können, müssen Sie dies ausschalten, was am schnellsten per Klick auf 🖉 in der Ebenenpalette geht. Sie können aber auch das Objektauswahlwerkzeug 🗔 zum Verschieben und beliebigen Skalieren benutzen – dann kann die Gruppenzugehörigkeit eingeschaltet bleiben.

Die Maske einer **Maskenebene** können Sie jederzeit in eine Auswahl verwandeln: Aktivieren Sie die Maskenebene und wählen Auswahl>Aus Maske oder Strg ⇧ S. Bei Masken von **Anpassungsebenen** ist dies nicht möglich. Das Zurückspeichern einer – veränderten – Auswahl in die Maskenebene, aus der sie entstand, gelingt nur über Umwege. Falls dies doch einmal notwendig ist, weil Sie z. B. eine Maske mit den Bearbeitungsdialogen für Auswahlen bearbeiten wollen, löschen Sie besser die alte Maskenebene (Entf und dann Nein wählen), lösen die zugehörige Gruppe auf (Ebenen>Ebenengruppierung aufheben)und erzeugen aus der Auswahl eine neue Maskenebene (Ebenen>Neue Maskenebene>Außerhalb der Auswahl maskieren).

Zwar legt PSP jede neu geschaffene Maskenebene in eine Ebenengruppe, doch es steht Ihnen frei, diese Gruppe aufzulösen oder die Maskenebene an eine andere Stelle im Stapel zu verschieben. Auch ganze Ebenengruppen – sogar mit weiteren darin enthaltenen Maskenebenen – lassen sich maskieren.

Maskenebene als Graustufenbild bearbeiten

Leider zeigt Paint Shop Pro auch Maskenebenen im Bildfenster nicht als Graustufenbild, sondern nur als Überzug an, und dies auch noch anders als bei Anpassungs- und Auswahlebenen: Dort werden die *nicht maskierten* Bildbereiche rot markiert, bei Maskenebenen die *maskierten* Bildbereiche. Deshalb muss auch der schon bekannte Darstellungstrick (»247 und »256) etwas abgewandelt werden: Die Hintergrundebene wird mit Weiß gefüllt, für den Überzug Schwarz gewählt (**4**).

Masken einfügen

Das Einfügen eines in die Zwischenablage kopierten Bildes in eine Anpassungs- oder Maskenebene gelingt nur, wenn diese Ebene aktiviert ist und eine Auswahl enthält. Das Einfügen muss mit Bearbeiten>In eine Auswahl einfügen oder Strg ⇧ L geschehen. Das eingefügte Bild wird dabei, sofern es andere Abmessungen hat, auf die Abmessungen der Auswahl skaliert.

Um ein Bild komplett in eine Anpassungs- oder Maskenebene einzufügen, kopieren Sie es in die Zwischenablage, wechseln zur Anpassungs- oder Maskenebene, wählen diese mit Strg A komplett aus und fügen die Zwischenablage mit Strg ⇧ L ein.

Wenn das einzufügende Bild andere Abmessungen hat und Sie keine Skalierung wünschen, geht dies über einen Umweg: Fügen Sie dieses Bild erst per Strg L als normale Ebene in das Zielbild ein (dabei wird es nicht skaliert), kopieren diese Ebene mit Strg A + Strg C und fügen sie nach dem Wechsel zur Anpassungs- oder Maskenebene per Strg ⇧ L endgültig ein.

Wichtige Tastenkürzel

Neue Maskenebene (alles maskiert)	⇧ Y
Maskierung umkehren	⇧ K
Maske/maskiertes Bild aktivieren	Strg K
Nichts maskieren	Strg ⇧ F6 + Strg A + Entf
Alles maskieren	Strg ⇧ F6 + Strg A + Entf + ⇧ K
Überzug ein-/ausschalten	Strg Alt V
Auswahl aus Maskenkanal	Strg ⇧ S

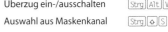

4 So funktioniert die Darstellung der Maske als Graustufenbild: Legen Sie unterhalb der Maskenebene eine Rasterebene an und füllen Sie diese mit Weiß (F + Strg ⇧ F6 + Strg Alt F6 drücken und irgendwo ins Bild klicken). Doppelklicken Sie auf die Miniatur der Maskenebene und wählen Sie als **Überzug-Farbe** Schwarz und als **Deckfähigkeit** 100 %: Schalten Sie die Sichtbarkeit des Überzugs mit Strg Alt V oder Klick auf 🛡 ein.

1 Die Masken betreffenden Befehle im Ebenen-Menü

Auswahl, Maske oder Alphakanal?

Eine **Auswahl** eignet sich gut für die rasche selektive Bearbeitung oder das Freistellen von Bildbereichen. Doch Auswahlen sind temporär und schon beim nächsten Auswählen wieder verloren. Komplizierte Auswahlen können Sie in einem oder mehreren **Alphakanälen** zwischenspeichern. Umgekehrt lässt sich eine Auswahl aus mehreren Alphakanälen kombinieren. Alphakanäle beeinflussen in Paint Shop Pro übrigens *niemals* das Bild – sie dienen lediglich als Sicherung und als Zwischenspeicher für aktuell nicht benötigte Auswahlen und Masken.

Während eine Auswahl immer auf die gerade aktivierte Ebene wirkt, ist die Zuordnung einer **Maskenebene** fest: Sie beeinflusst alle ihr in der Ebenenhierarchie untergeordneten Ebenen wie eine ständig vorhandene (jedoch zu- und abschaltbare) Auswahl. Sie zeigt sich auch nicht als (nicht sehr aussagekräftiger, oft störender) flimmernder Auswahlrahmen, sondern macht stattdessen das Bild dort, wo die Maske nicht völlig weiß ist, mehr oder weniger transparent.

In Verbindung mit **Anpassungsebenen** erlauben Masken und Maskenebenen die zerstörungsfreie Bildbearbeitung: Originalpixel werden nicht verändert.

Eine Maske vorbereiten

Nehmen Sie für komplizierte Masken stets eine Kopie des Originals – und zwar die beste und am höchsten aufgelöste, die es gibt. JPEG-Komprimierungsartefakte können die Arbeit deutlich erschweren. **Entrauschen** und eine leichte **Schärfung** sind hilfreich, ebenso **Kontrastverbesserungen** wie Tiefenaufhellung, wenn dadurch keine Tonwertverluste eintreten. Farbliche Korrekturen, auch die Entfernung von Farbstichen, sind dagegen nicht nötig – im Gegenteil, denn sie können sogar Farbdifferenzierungen, die sich eventuell für die Anfertigung der Maske nutzen lassen, zerstören.

Masken speichern und laden

Die Maske einer *Maskenebene* lässt sich in einer Datei oder einem Alphakanal speichern. Die Befehle dafür (sie liegen im Ebenen-Menü **1**) und auch die Dialoge sind fast identisch mit denen zum Speichern/Laden von Auswahlen (≫**259**). Kein Wunder – intern handelt es sich ja in beiden Fällen um Masken. Es ist eher verwunderlich, dass Paint Shop Pro hier überhaupt Unterschiede und die Sache damit nur komplizierter macht. Inkonsequent ist es außerdem, denn zum Speichern und Laden der Maske einer *Anpassungsebene* gibt es keine Befehle.

Eine als Datei gespeicherte Maske legt PSP mit der Endung **PspMask** in den (in den Speicherorten vorgegebenen) Masken-Ordner. Beim Laden wird aber auch jede andere (unterstützte) Datei als Maske akzeptiert, sofern sie am richtigen Speicherort liegt. Ähnlich wie Auswahlen lassen sich Masken beim Laden an die Leinwandgröße anpassen – die Optionen dafür finden Sie hier unter **Ausrichtung**. Eine solche Skalierung ist auch beim Laden aus einem Alphakanal möglich.

Objekte freistellen

Freistellen macht Bildbereiche durchsichtig, was z. B. das Einfügen eines neuen Hintergrunds erlaubt. Masken sind für solche Aufgaben prädestiniert. Objekte, die sich relativ kontrastreich vom Hintergrund abheben, lassen sich leicht mit einem Auswahlwerkzeug (z. B. dem Zauberstab oder dem Freihandwerkzeug mit Option Smart Edge) auswählen. Wählen Sie anschließend Ebenen>Neue Maskenebene>Außerhalb der Auswahl maskieren – schon ist die Maske (fast) fertig. Meist ist noch eine leichte Weichzeichnung angebracht, um Übergänge unsichtbar zu machen.

Für komplizierte Objekte wie Haare oder durchscheinende Materialien sind die Auswahlwerkzeuge wenig geeignet, weil sie meist zu harte Kanten erzeugen und die Arbeit auch recht langwierig wird. In solchen Fällen ist es besser, die Maske aus dem Bild selbst zu erstellen: mittels einer Folge von Kontrasterhöhungen. Das Ziel ist ein Bild, das im freizustellenden Bereich reinweiß, im abzudeckenden Bereich tiefschwarz ist. Rechts finden Sie das Beispiel eines ziemlich haarigen Fotos, das per Maske freigestellt und auf einen neuen Hintergrund gesetzt wurde (**3**).

Die Maske im Bild finden

Es gehört etwas Erfahrung dazu, die im Bild »versteckte« Maske zu sehen. Achten Sie (neben Helligkeitsunterschieden) vor allem auf Farbunterschiede, denn die RGB-Farben haben ganz spezifische Helligkeiten. Oft eignet sich ein einzelner RGB-Kanal besser als Basis für die Maske als das Farbbild. Da PSP über keine Kanälepalette verfügt, müssen Sie dazu über Bild>Kanäle trennen>RGB-Trennung drei Kanalauszüge herstellen und den kontrastreichsten aussuchen. Mehr Möglichkeiten bietet der Kanalmixer (Anpassen>Farbe>Kanäle mischen) mit der Option monochrom. Die Grundeinstellung (Regler **Rot** auf 100 %, alle anderen auf 0 %) liefert den Rotkanal. Suchen Sie die Einstellung, welche das kontrastreichste Graustufenbild ergibt. Auf Über- und Unterbelichtungen brauchen Sie nicht zu achten, solange die für die Maske wichtigen Details erhalten bleiben.

Unterschiede verstärken

Nun muss der Kontrast des Graustufenbilds verstärkt werden. Der erste Schritt ist das großzügige Setzen von Schwarz- und Weißpunkt mit den Pipetten des Kurven-Filters. Mit Effekte>Kanteneffekte>Nachzeichnen bzw. Stark nachzeichnen lassen sich zusätzlich schwach ausgeprägte Details hervorheben. Nach der Anwendung ist Anpassen>Bildrauschentfernung in einem Schritt ratsam, zwischen eventuellen mehrmaligen Anwendungen Anpassen>Bildschärfe verringern>Gaußscher Weichzeichner mit geringem Radius. Auch der Unscharf-maskieren-Filter ist mit extremen Radiuseinstellungen gut für lokale Kontrastanhebungen geeignet. Anschließend habe ich die unproblematischen Bereiche innerhalb und außerhalb der Maske per Pinsel und schwarzer bzw. weißer Farbe ausgemalt (**2**).

Für die problematischen Haarsträhnen genügen diese Kontrasterhöhungen noch nicht. Jede weitere Erhöhung zerstört jedoch bereits die feineren Haare. Dagegen hilft, die nächste Kontrasterhöhung mit der halb fertigen Maske zu maskieren. Kopieren Sie die Maske (Strg A + Strg C), erzeugen eine Anpassungsebene **Kurven** oder **Helligkeit/Kontrast** (Kontrasterhöhung ca. 50) und fügen Sie die Maske mit Strg ⇧ L als Auswahl in die Anpassungsebene ein.

Alternativ können Sie lokale Kontrasterhöhungen und Bereinigungen auch mit dem **Unterbelichtungspinsel** vornehmen. Zum Bereinigen stellen Sie in den Werkzeugoptionen als Grenzwert Mitteltöne und eine nicht zu hohe Deckfähigkeit ein; dann werden sehr dunkle und sehr helle Pixel kaum beeinflusst. Wählen Sie als Vorder- und Hintergrundfarbe Weiß und Schwarz und malen mit gedrückter linker Maustaste zum Aufhellen, mit der rechten Maustaste zum Abdunkeln.

Durchscheinende Materialien müssen im freigestellten Objekt eine gewisse Transparenz behalten, damit der neue Hintergrund ebenfalls hindurchscheinen kann: Die Maske muss an diesen Stellen grau sein. Wenn Sie alle diese Anforderungen nicht auf einmal erfüllen können, stellen Sie die Maske in mehreren Teilen her und kombinieren die Teile erst zum Schluss per Mischmodus Dunklere Farbe.

Neuen Hintergrund einfügen

Damit der neue Hintergrund nicht auf Anhieb als künstlich eingefügt erkennbar ist, sollten Perspektive, Lichteinfall (Schattenwurf), Schärfentiefe und die Farbstimmung einigermaßen zum Vordergrundobjekt passen. Zudem sollte der Hintergrund dem Vordergrund keine Konkurrenz machen, sondern ihm lediglich einen Rahmen geben. Eine »Hintergrundbibliothek« ist sehr nützlich, wenn Sie öfter Porträts anfertigen. Fotografieren Sie passende Hintergründe stets mindestens zweimal: einmal scharf und ein zweites Mal mit unscharf gestelltem Objektiv. Die damit erzielte fotografische Unschärfe lässt sich durch keine Weichzeichnung imitieren.

2 Drei Schritte zur Freistellungsmaske:

- Kontrastautomatik für das Gesamtbild und manuelle Kontrasterhöhung in den Haarbereichen (1)
- Grobes Ausmalen der Innen- und Außenbereiche der Maske mit Schwarz bzw. Weiß (2)
- Die Anpassungsebene **Helligkeit/Kontrast** wird maskiert und dafür die eben erstellte Maske 2 (leicht weichgezeichnet) verwendet. Der Mischmodus Überzug verstärkt den Kontrast noch ein wenig mehr. Sollten schwache Details dabei doch verlorengehen, malen Sie diese Bereiche auf der Anpassungsebene mit Schwarz nach. Das Ergebnis zeigt Bild 3.

3 Die Maske aus **2** wird *invertiert* in die Maskenebene kopiert. Abschließende Weichzeichnung und Feinkorrekturen erfolgen unter Sichtkontrolle.

Scharf und schärfer

Die meisten Digitalkameras schärfen JPEG-Fotos bereits intern (manchmal sogar zu stark), solche Fotos lassen sich kaum verbessern. Nur RAW-Dateien werden von der Kamera nicht geschärft. Natürlich kann auch die falsche Entfernungseinstellung oder die Bewegung von Kamera oder Objekt zu korrekturbedürftigen Unschärfen führen. Wenn Bilder durch Hinzurechnen von Pixeln (Interpolation) vergrößert werden, ist Nachschärfen ebenfalls angebracht.

Zudem gibt es neben der objektiven Schärfe auch eine subjektive »gefühlte« Schärfe. Für Letztere spielt die Überhöhung des Kantenkontrasts eine Rolle. Ein weniger scharfes Bild mit verstärkten Kantenkontrasten kann deshalb vom Auge als schärfer empfunden werden als ein scharfes Bild mit unverstärkten Kontrasten.

Für die Kräftigung und gegebenenfalls Überhöhung des Kantenkontrasts sorgt der **Unscharfmaskieren-Filter** (USM). Der Name sagt, dass in ihm bereits eine Maske steckt: eine unscharfe (weichgezeichnete) Kopie des zu schärfenden Bildes. Es ist möglich, mit einer solchen Unscharfmaske und zweimaliger Anwendung des Bildberechnungs-Dialogs die Arbeitsweise des USM-Filters nachzustellen (»**237**), für die tägliche Arbeit ist dies aber zu kompliziert. Wir wollen diesen Filter deshalb so verwenden, wie er ist – und seine Unzulänglichkeiten mittels einer von außen zugefügten Maske ausgleichen.

Schärfen mit Konturenmaske

Konturenmasken enthalten nur die *Konturen* eines Bildes. Sie gestatten damit die alleinige Bearbeitung entweder der Konturen selbst (etwa für eine Scharfzeichnung) oder der Bereiche zwischen den Konturen (etwa für eine Weichzeichnung oder Rauschentfernung). Um genau zu sein: Bearbeitet wird immer das *ganze* Bild (d. h. eine Kopie), doch nur dessen *nicht maskierter* Anteil wird mit dem darunter liegenden unbearbeiteten Bild kombiniert. Das ist der Unterschied und gleichzeitig der große Vorteil gegenüber der Bearbeitung einer *Auswahl*. Jede Bearbeitung per Auswahl ist endgültig. Die Maskierung gestattet dagegen jederzeit (zumindest so lange, wie die Ebenen erhalten bleiben) nachträgliche Änderungen von Effektstärke und Wirkungsbereich. Weiter unten werden wir solche Korrekturen noch komfortabler mit Anpassungsebenen durchführen, doch das geht hier leider nicht: Eine Anpassungsebene *Schärfen* gibt es nicht.

Das Ausgangsbild für die Konturenmaske sollte möglichst rauscharm und kontrastreich sein. Die schnellste, aber nicht die beste Lösung ist, dafür die Graustufenversion des zu schärfenden Bildes zu nehmen: Paint Shop Pro füllt die Maske automatisch mit dieser Version, wenn Sie Ebenen>Neue Maskenebene>Aus Bild und die Option Helligkeit der Quelle wählen. Prüfen Sie stattdessen, ob ein einzelner, per RGB-Kanäle trennen gewonnener Farbkanal besser geeignet ist. Dieses Basisbild für die Maske erhält per Kurven-Filter und einer ausgeprägten S-Kurve eine erste Kontrastverstärkung und wird dann mit ⌊Strg⌋⌊A⌋ + ⌊STRG⌋⌊C⌋ in die Zwischenablage kopiert. Die weiteren Schritte:

- Duplizieren Sie die zu schärfende Bildebene und legen Sie mit Ebenen>Neue Maskenebene>Alles maskiert (oder schneller mit ⌊⇧⌋⌊Y⌋) eine neue Maskenebene an, wählen diese aus ⌊Strg⌋⌊A⌋ und kopieren mit Bearbeiten>In eine Auswahl einfügen (⌊Strg⌋⌊⇧⌋⌊L⌋) das für die Maske ausgewählte Bild hinein. Das erzeugt den Ebenenaufbau **1**.
- Wenden Sie auf die Maskenebene den Filter Effekte>Kanteneffekte>Alle Kanten suchen an, invertieren Sie das erhaltene Konturenbild (⌊⇧⌋⌊K⌋) und verstärken

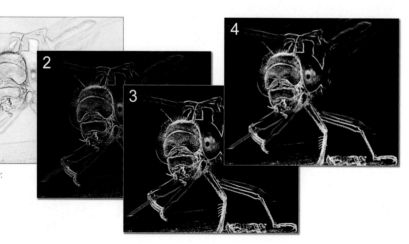

1 Der Ebenenaufbau und vier Schritte zur Maske:

　1 Konturen finden
　2 Invertierung
　3 Kontrasterhöhung
　4 Weichzeichnung und Kontrasterhöhung

Sie den Kontrast mit **Kurven** oder **Niveaus** so, dass die zu maskierenden Bereiche komplett schwarz, die Konturen möglichst hell sind. Achten Sie aber darauf, dass die Konturen nicht zu breit werden und nicht miteinander verschmelzen. Das Ergebnis (in Abbildung **1** die Maske 3) ist die Rohform der Konturenmaske.

- Entfernen Sie die noch störende Rauigkeit der Konturen mit dem Gaußschen Weichzeichner (Radius 1 … 3). Anschließend sollte der Kontrast noch einmal erhöht werden. (Dies ist der letzte Schritt in **1**.) Dazu lässt sich auch der USM-Filter verwenden: Wählen Sie sehr hohe Radien (über 20) und eine Stärke von höchstens 50. Alle diese Schritte können Sie übrigens als **Skript** aufzeichnen und automatisch auf andere Bilder anwenden.

- Schärfen Sie nun die unter der Maskenebene liegende Kopie des Originals mit dem Filter **Unscharf maskieren** bei einem **Differenzwert** von 0 (die kontrastarmen Bildbereiche werden ja jetzt durch die Maske geschützt) und eingeschalteter Bildvorschau. Letzteres gestattet, die *volle* Schärfung in der Dialog-Vorschau und die *maskierte* (und damit auf die Konturen beschränkte) Schärfung im Bildfenster zu verfolgen (**2**).

2 Feinarbeiten an der Maske (links) werden nach erfolgter Schärfung durchgeführt. Wählen Sie im USM-Filter **Nur Helligkeit** (oder geben Sie der Maskengruppe den Mischmodus **Helligkeit**), um Farbfehler von vornherein auszuschließen.

3 Diese Nahaufnahme einer fressenden Libelle wurde nur in den (im Tiefenschärfebereich der Kamera liegenden) Vordergrundbereichen nachgeschärft und dabei jede Überschärfung mit einer Konturenmaske vermieden. Die Vergrößerungen zeigen einen Ausschnitt aus dem Facettenauge vor und nach der Schärfung (unten).

Die nicht zu schärfenden Konturen (z. B. die Flügel und hinteren Beine der Libelle in **3**) habe ich zum Abschluss in der Maske mit Schwarz übermalt und das Innere des Kopfes aufgehellt. Solche manuellen Korrekturen sind exakt nur in der Graustufen-Vollbildvorschau der Maske möglich, wozu ich der Maskenebene eine weiße Ebene untergeschoben (**2**) und die Überzug-Farbe verändert habe (Beschreibung der Methode auf Seite ≫**261**).

Die Qualität der Schärfung hängt vor allem von der Qualität der Konturenmaske ab. Für hochwertige Konturenmasken empfehle ich Ihnen das auf Seite ≫**270** vorgestellte Maskerade-Plugin. Damit können Sie die aufwändige Erstellung der Maske fast in einem Arbeitsgang erledigen.

1 Der (hier schon fertig gestellte) Ebenen-aufbau für die Lichter-Maskierung

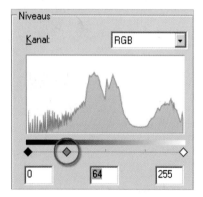

2 Mit dieser (oder einer ähnlichen) Verringe-rung des Mitteltonwertes im Dialog der Anpas-sungsebene *Niveaus 1* wird das Bild aufgehellt.

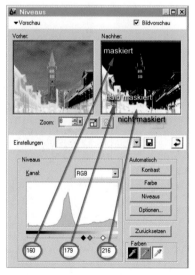

3 Die Anpassung der Maske erfolgt mit dem Filter **Niveaus**.

Tiefen/Lichter maskieren

Der Kontrastausgleich mit Ebenen-Mischmodi (≫245) hat zwei Nachteile: Erstens lässt sich die Stärke des Kontrastausgleichs nicht beliebig erhöhen. Zweitens erzeugt die Weichzeichnung mehr oder weniger breite Halos, die vor allem in gleichförmigen Flächen (wie im Himmel) zu sehen sind und dort stark stören können. Erst die **Maskierung** der Tiefen und Lichter vermeidet diese Nachteile und erlaubt zudem, die Helligkeiten der Tiefen und Lichter getrennt und unter viel besserer Kontrolle zu beeinflussen. Dazu benutzen wir nun Anpassungsebenen. Die Masken werden aus dem Bild selbst erstellt, was hier viel leichter fällt als bei den Freistellungsmasken, da keine starken Kontrasterhöhungen nötig sind. Zuerst wollen wir die Tiefen aufhellen. Dazu werden die *Lichter* maskiert, denn diese sollen ja nicht verändert werden. Abbildung **1** zeigt den Ebenenaufbau.

- Legen Sie über das Originalbild eine Anpassungsebene **Niveaus** mit dem Misch-modus Helligkeit (dies verhindert unerwünschte Farbveränderungen). Verschieben Sie den Mitteltonregler nach links, bis die Tiefen die gewünschte Helligkeit haben (**2**). Die Lichter werden damit deutlich zu hell – aber das brauchen Sie nicht zu beachten, denn diese werden ja gleich maskiert. Auch die Einstellung selbst ist unkritisch, sie kann jederzeit geändert werden.

- Wählen Sie in der Ebenenpalette das Originalbild mit ⌈Strg⌉⌈A⌉ aus, kopieren es (⌈Strg⌉⌈C⌉), wechseln zur Anpassungsebene und fügen das Bild mit ⌈⇧⌉⌈Strg⌉⌈L⌉ als *Maske* ein. Es wird dabei automatisch in Graustufen umgesetzt.

- Invertieren Sie die Maske mit ⌈⇧⌉⌈K⌉. Das jetzt angezeigte Bild ist in den Schatten aufgehellt, aber kraftlos, zudem werden – unerwünscht – auch die anderen Bildbereiche aufgehellt, jedoch nicht so stark. Beides werden wir jetzt durch eine Bearbeitung der Maske beheben.

- Zuerst ändern wir die Maske so, dass sie die Anpassungsebene in den Bild-bereichen, die unverändert bleiben sollen, komplett maskiert. Öffnen Sie dazu den Filter Anpassen>Helligkeit und Kontrast>Niveaus und verschieben Sie den linken Reglerpunkt nach rechts, bis diese Bereiche im Vorschaubild völlig schwarz sind (**3**). Hellen Sie nun mit den anderen beiden Reglern die Bereiche der Maske, die für den Effekt durchlässig bleiben sollen, wieder auf.

- Der letzte Schritt ist die Gaußsche Weichzeichnung der Maske. Sie haben hier Sie zwei Möglichkeiten: Kleine Radien (1 … 5) bewirken eine recht kontrastarme Schattenzeichnung, wobei die durch die Weichzeichnung verursachten Halos aber noch nicht sichtbar werden (**4**). Bei sehr hohen Radien (50 … 100) ver-schwinden die Halos meist in den Bilddetails und die Zeichnung in den Schatten wird kontrastreicher. Wenn bei sehr großen Bildern selbst ein Radius von 100 nicht ausreicht, können Sie den Filter auch zweimal anwenden.

Um Halos sicher zu vermeiden und damit mehr Freiheit bei der Anwendung des Weichzeichners zu haben, ist ein weiterer Zwischenschritt notwendig. Die voll maskierenden (schwarzen) Bereiche der Maske müssen durch eine **Auswahl** vor dem Übergreifen der Weichzeichnung geschützt werden. Dies funktioniert so:

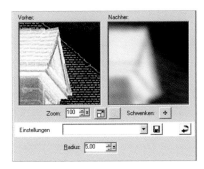

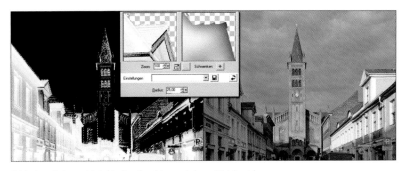

4 Die Weichzeichnung der Maske ist nötig, um verloren gegangenen Kontrast zurückzuholen.

5 Maske mit Auswahl der hellen Bereiche und deren Weichzeichnung. Das rechte Bild zeigt das Ergebnis.

6 Kombinierte Aufhellung der Schatten und Abdunklung der Lichter mit zwei Anpassungsebenen und inversen Masken

- Wählen Sie *vor der Weichzeichnung* mit dem Zauberstab ⟨ ⟩ (Zusammenhängend deaktivieren, geringe Toleranz) die schwarzen Bereiche in der Maske aus (**5**). Eine eventuell noch bestehende Auswahl muss vorher mit ⟨Strg⟩⟨D⟩ entfernt werden. Invertieren Sie die neue Auswahl mit ⟨⬆⟩⟨Strg⟩⟨I⟩ und entfernen Sie Fehler und Löcher mit Auswahl>Ändern>Fehler und Löcher entfernen.
- Wenden Sie die Gaußsche Weichzeichnung an. Jetzt sind auch mittlere Radien von 5 … 50 erlaubt, da die Weichzeichnung sich nicht mehr so stark als Halo auswirken kann. Wenn die nicht ausgewählten Bereiche noch helle Details enthalten (wie in **5** der Turm), müssen diese entweder mit dem Pinsel beseitigt oder diese Bereiche ebenfalls (separat!) weichgezeichnet werden.

Die Maske selbst lässt sich als transparenter roter Überzug (mit ⟨Strg⟩⟨Alt⟩⟨V⟩ einschalten) oder mit der auf Seite ≫261 erläuterten Methode als Graustufenmaske betrachten. Kontrollieren Sie damit, ob die Auswahl wirklich alle aufzuhellenden, aber möglichst wenige andere Bildbereiche umfasst. Sie können die Auswahl nach Belieben verändern und (auch nach der Weichzeichnung) die Maske selbst nachbearbeiten. Der Filter **Niveaus** ändert die Gewichtung zwischen ganz und

halb durchlässigen Maskenbereichen, die Pinselwerkzeuge dienen zum manuellen Hervorheben oder Abdunkeln bestimmter Bereiche.

Die Stärke der Aufhellung lässt sich jederzeit über die Anpassungsebene verändern. Statt **Niveaus** können Sie dazu auch **Kurven** verwenden – **Helligkeit/Kontrast** sollten Sie aber auch hier vermeiden. Allzu starke Aufhellungen machen natürlich auch das Rauschen stärker sichtbar. Dieses Problem werden wir erst mit der folgenden Methode **DRI** beheben.

Die Abdunklung von Bildbereichen funktioniert analog. Es wird lediglich die Maske nicht invertiert. Zwei invers maskierte Anpassungsebenen erlauben es, gleichzeitig die Schatten aufzuhellen und die Lichter abzudunkeln (**6**).

1 Zwei mit vier EV-Stufen Belichtungsunterschied aufgenommene Fotos. Der vergrößerte und aufgehellte Ausschnitt des dunkleren Bildes (links) hat im Vergleich mit dem helleren Bild (rechts) eine deutlich schlechtere Qualität.

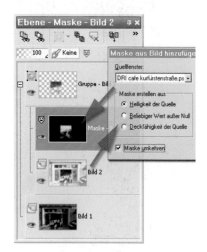

2 Die Maske wird hier aus *Bild 2* erstellt und zusammen mit diesem in einer Ebenengruppe zusammengefasst. Dies maskiert die überbelichteten Teile und kombiniert die richtig belichteten Teile mit *Bild 1* zu einem insgesamt richtig belichteten Bild.

3 Das fertig kombinierte Bild

Dynamikumfang vergrößern (DRI)

Alle Maskierungstechniken können aus Tiefen und Lichtern nicht mehr herausholen als das, was vorhanden ist. Zu stark aufgehellte Schatten zeigen nur Rauschen (**1**), und Lichter, die keine Detailzeichnung enthalten, werden bei Abdunklung nur grau. Der von einem Foto erfassbare Dynamikumfang (der Unterschied zwischen Schatten und Lichtern *des Motivs*) wird vom Sensor bestimmt. Er lässt sich nur vergrößern, wenn man zwei oder mehr Fotos mit unterschiedlichen Belichtungen anfertigt (**1** und **4**). Also z. B. ein Foto, auf dem die Lichter und Mitteltöne richtig belichtet sind (dafür die Schatten absaufen), und ein zweites, auf dem die Schatten richtig belichtet sind und dafür notgedrungen die Lichter ausfressen. Diese Fotos müssen natürlich geometrisch exakt übereinstimmen, also mit Stativ und sonst gleichen Einstellungen angefertigt worden sein. Behelfsweise können Sie auch zwei unterschiedlich belichtete «Abzüge» eines einzigen Fotos verwenden – also beispielsweise zwei unterschiedlich belichtete Scans oder zwei aus einem einzigen RAW-File einer Digitalkamera hergestellte 8-Bit-Bilder. Damit sind aber niemals solch beeindruckende Verbesserungen erreichbar wie mit zwei oder gar mehr Fotos, die bereits bei der Aufnahme unterschiedlich belichtet wurden.

Die Kombination mehrerer solcher Fotos zu einem Einzelbild bewirkt eine *Erhöhung des Dynamikumfangs* (die Abkürzung dafür lautet **DRI** vom englischen *Dynamic Range Increase*). Der Dynamikumfang des Mischbildes ist (zumindest theoretisch) gleich dem Dynamikumfang eines Einzelbildes plus dem Belichtungsunterschied (in EV-Stufen) zwischen den Fotos (**3** und **6**). Zu groß sollten Sie aber den Belichtungsunterschied zwischen zwei Fotos nicht wählen, da sonst die Kombination schwierig wird. Von Szenen mit sehr großem Motiv-Dynamikumfang macht man mehrere Aufnahmen mit kleineren Abstufungen (2 bis maximal 4 EV). Eine *Belichtungsreihe*, wie sie manche Kameras automatisch anfertigen können, vereinfacht solche Aufnahmen enorm.

Die Kombination der Bilder erfolgt über Masken, die aus den Bildern selbst erstellt werden – ganz ähnlich wie bei der eben beschriebenen Aufhellung mit maskierten Anpassungsebenen. Allerdings werden jetzt die Einzelbilder maskiert, wozu stets eine Ebenengruppe notwendig ist. Für die Demonstration verwende ich zwei Einzelbilder, die Maske wird aus dem helleren erstellt:

- Legen Sie beide Bilder als Ebenen übereinander – das hellere Bild oben.
- Wählen Sie die obere Ebene, Ebenen>Neue Maskenebene>Aus Bild und in diesem Dialog unter **Maske erstellen aus** die Optionen Helligkeit der Quelle sowie Maske umkehren (**2**). Damit wird eine Ebenengruppe aus dem helleren Bild und der daraus erstellten Maske angelegt.
- Verändern Sie Helligkeit und Kontrast der Maske ähnlich wie auf den vorigen Seiten erläutert, um sie nur dort durchlässig zu machen, wo Details des helleren Bildes sichtbar sein sollen. Eine Weichzeichnung ist in der Regel ebenfalls notwendig. Schränken Sie zur Vermeidung von Halos den weichzuzeichnenden Maskenbereich durch eine Auswahl ein oder entfernen Sie Halos manuell.

Die manuelle Nachbearbeitung der Maske mit dem Unter- und Überbelichtungspinsel (unscharfer Rand und halbe Deckfähigkeit) erlaubt, die Lichtstimmung ganz nach Wunsch in das Ergebnis einzumalen. Um mit solchen Korrekturen die originale Maske nicht zu zerstören, duplizieren Sie sie einfach und arbeiten mit der Kopie (**5**).

Mit der Kombination unterschiedlich belichteter Aufnahmen lassen sich stimmungsvolle bis hyperrealistische, schon unwirklich anmutende Bildkunstwerke erzeugen. Nachtaufnahmen und Motive mit künstlichen Lichtquellen sind hervorragend für solche Experimente geeignet (**6**). Die hohe Schule von DRI heißt **HDR** (*High Dynamic Range* – hoher Kontrastumfang), hierbei werden die kombinierten Bilddaten in 32 Bit Farbtiefe/Kanal gespeichert. Darauf müssen Sie in Paint Shop Pro aber derzeit noch verzichten.

4 Zwei DRI-Ausgangsfotos mit Belichtungszeiten von 1 s (oben) und 6 s bei Blende 5,6

5 Ebenenaufbau mit zwei Maskenebenen. Diese können übrigens auch kombiniert auf das Bild angewendet werden.

6 Kombination der Fotos aus **4**

Maskerade LE – oder Vollversion?

Die Vollversion des Maskerade-Filters bietet nicht nur die zusätzliche Möglichkeit, Konturenmasken zu erzeugen, sondern darüber hinaus zahlreiche weitere Features. Das Dialogfenster ist beliebig vergrößerbar. Es gibt komfortable Navigatorfunktionen und eine 200%-Ansicht. Original- und Maskierungswerte unter dem Mauszeiger (bzw. für einen ausgewählten Messpunkt) werden angezeigt. Die fertige Maske lässt sich direkt im Dialog weichzeichnen, im Kontrast optimieren und auf Wunsch auch als Transparenz ausgeben.

Alle Einstellungen können in maximal zehn Varianten temporär abgelegt werden, was schnelle Vergleiche ermöglicht. Die Varianten lassen sich auch einzeln oder gemeinsam in eine Datei speichern und laden. Im Kombinationsmodus lassen sich mehrere Varianten zu einer einzigen Maske kombinieren.

Eine ausführliche Beschreibung aller Funktionen und die Bestellmöglichkeit finden Sie im Internet: www.simpelfilter.de/bildbearbeitung/maskerade.html

Masken mit SF Maskerade erzeugen

Das Plugin **SF Maskerade LE** des Autors (auf der Buch-CD) erlaubt die einfache Erzeugung von Helligkeits-, Farb- und Sättigungsmasken (**1**). Auch eine Kanalauswahl ist eingebaut, so dass eine vorherige Kanaltrennung nicht notwendig ist. Zudem können weitere Farbkanäle und bei der Farbauswahl auch Grautöne ausgewählt werden. Sehr nützlich ist die Bereichswahl mit zwei Schiebereglern, mit denen die Auswahl auf bestimmte Wertebereiche – z. B. nur auf mittlere Helligkeiten im Rotkanal – eingeschränkt wird. Die Schwarz- bzw. Graufärbung des Farbbalkens zeigt dabei stets an, welche Bereiche wie stark maskiert werden. Mit dem Regler **Kontrast** erhöhen Sie den Kontrast der Maske und sparen damit diesen Arbeitsschritt ebenfalls in Paint Shop Pro. Umkehren invertiert die Maske, Ohne S/W maskiert zusätzlich Bereiche, die fast farblos sind.

Mit der Vollversion des Maskerade-Filters können zusätzlich **Konturenmasken** erzeugt werden, wie wir sie für die Schärfung benötigt haben (**2**). Auch hier lässt sich ein **Kanal** auswählen, aus dem die Maske erzeugt wird. Die Bereichsregler erlauben eine präzise Einstellung der Grenzwerte, zwischen denen der Kantenkontrast liegen muss, um in der Maske zu erscheinen. Alternativ können die Grenzwerte auch direkt durch Mausklick in die Vorschau festgelegt werden.

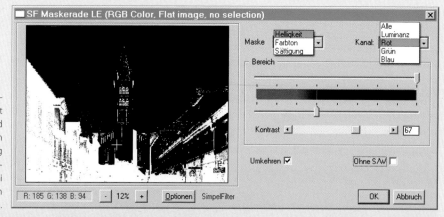

1 Erzeugung einer invertierten Helligkeitsmaske aus dem Rotkanal mit SF Maskerade LE. Diese Maske und die nicht invertierte Version werden bei der Tiefen/Lichter-Maskierung (≫**266**) benötigt. Die hier noch notwendige Weichzeichnung muss bei der Verwendung der LE-Version in Paint Shop Pro erfolgen.

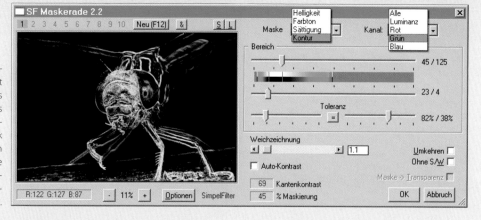

2 Erzeugung einer Konturenmaske aus dem Grünkanal mit SF Maskerade. Der Bereich des ausgewählten Kantenkontrasts wurde hier mit den Bereichsreglern auch nach oben stark begrenzt, um sowieso schon scharfe Kanten in der Maske nicht noch weiter hervorzuheben. Eine vergleichbare Funktion gibt es in PSP nicht.

Sättigungsmasken erzeugen

Eine **Sättigungsmaske** enthält die Sättigung eines Bildes als Helligkeitsabstufungen: schwarz, wo die Sättigung null ist, und weiß, wo die Sättigung 100 % ist. Wir werden solche Masken für die gezielte Kräftigung und Abschwächung von Farben benötigen – diese Methode ist der alleinigen Anwendung des Filters Farbton/Sättigung/Helligkeit deutlich überlegen.

Leider gibt es »die Sättigung« nicht. Jedes Farbsystem hat eine eigene Definition. Welche am zweckmäßigsten ist, lässt sich nicht eindeutig sagen. Am »natürlichsten« erscheinen die HSB- und die spezielle Photoshop-Sättigung. Die HSL-Sättigung enthält teilweise stärkere Differenzierungen, ist jedoch in fast farblosen Bereichen recht hoch, so dass hier Farbstiche entstehen können.

In Paint Shop Pro lässt sich nur eine HSL-Sättigungsmaske, und dies nur über den Umweg der Kanaltrennung erzeugen (**3**). **SF Maskerade LE** erzeugt Sättigungsmasken mit der – besseren – Photoshop-Sättigung. Zudem können ein Quellkanal und der auszuwählende Sättigungsbereich festgelegt werden.

Mit der Vollversion **SF Maskerade** haben Sie sogar die Wahl zwischen fünf Sättigungsvarianten (HSL, HSB, Photoshop-Sättigung, LCH, YUV). Der **Kombinationsmodus** erlaubt, mehrere unterschiedliche Masken als Varianten anzulegen und zum Abschluss zu einer einzigen Maske zu vereinigen (**4**, **5**).

Sättigungsvarianten

Im HSL-Modell sind alle Farben voll gesättigt, bei denen ein RGB-Wert den Maximalwert hat – also auch die fast weißen Farben, die wir intuitiv keinesfalls als »gesättigt« empfinden. Im HSB-Modell erhalten zwar solche Farben maximal eine Sättigung von 50 %, doch sind dafür alle Farben voll gesättigt, bei denen mindestens ein RGB-Wert null ist. Lediglich reines Schwarz bzw. Weiß erhält in diesen Farbsystemen künstlich eine Sättigung von null »aufgedrückt«.

Photoshop benutzt eine bessere Sättigungsdefinition, die eine Farbe nur dann als voll gesättigt ansieht, wenn ein RGB-Wert null ist *und* ein anderer den Maximalwert hat. Diese **Photoshop-Sättigung** verwendet Paint Shop Pro (zusammen mit der Luminanz statt der HSL-Helligkeit) nur in den mit Vorversion gekennzeichneten Farbmischmodi. Die neuen Farbmischmodi verwenden dagegen die HSL-Sättigung. Wenn Sie einmal alle Varianten vergleichen wollen, geht dies mit dem kostenlosen Plugin **SF Farbraumkonverter** (www.simpelfilter.de/bildbearbeitung/konvertierung.html).

3 Nach der HSL-Trennung in Paint Shop Pro liegen die Kanäle als Graustufenbilder vor. Das mit **Sättigung** beschriftete mittlere Bild ist die Grundlage für unsere Sättigungsmaske. Fügen Sie es per Ebenen>Neue Maskenebene>Aus Bild als Maskenebene in das zu bearbeitende Bild ein.

In der von mir benutzten PSP-XI-Version fehlten leider die Namen der Einzelbilder. Falls dieser Fehler in Ihrer Version noch nicht behoben sein sollte: Die Kanalauszüge werden in der Reihenfolge H-S-L angelegt, Sie benötigen also das mittlere Bild.

4 Kombination einer Helligkeitsmaske mit einer weichgezeichneten Sättigungsmaske. Diese Maske wird auf Seite »275 verwendet.

5 Erzeugung einer Sättigungsmaske in SF Maskerade. Die Weichzeichnung und die Optionen **Umkehren** und **Auto-Kontrast** ersparen entsprechende Nachbearbeitungen in PSP.

Als Variante 1 habe ich hier schon eine Helligkeitsmaske (kleines Bild) erzeugt, die noch im gleichen Dialog mit der Sättigungsmaske kombiniert wird (**4**).

1 Der Ebenenaufbau mit maskierter Anpassungsebene Farbton/Sättigung/Helligkeit

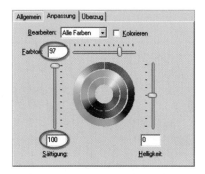

2 Die Einstellungen für die Umfärbung von Rot nach Grün sowie eine extreme Sättigungserhöhung im Dialog der Anpassungsebene. Eine Einschränkung des Farbbereichs ist nicht notwendig – diese Beschränkung erfolgt ja durch die Maske.

3 Feinanpassungen der Maske nehmen Sie manuell unter Sichtkontrolle am Ergebnis vor.

Farbkorrekturen mit Masken

Auf den vorangegangenen Seiten haben wir uns vor allem um Helligkeit und Kontrast von Pixeln gekümmert, um ihre Farbe nur insofern, wie es um deren möglichst unverfälschte Erhaltung ging. Masken können jedoch auch bei Farbkorrekturen eine große Hilfe sein, ja manche Korrekturen überhaupt erst ermöglichen. Auch hier gilt: Wenn Sie eine Farbe selektiv verändern wollen und dazu diese Farbe vorher auswählen (etwa mit dem Zauberstab), sollten Sie überlegen, ob es sich nicht lohnt, diese Auswahl in eine Maske umzuwandeln. Das erfordert kaum mehr Zeit, erlaubt aber präzisere Korrekturen und gestattet zudem, die Auswahl dauerhaft zu speichern. Wenn Sie die Korrekturen mit Anpassungsebenen oder Farbebenen vornehmen, werden zudem keine Originalpixel verändert.

Der Filter **Farbton/Sättigung/Helligkeit** (FSH) (Anpassen>Farbton und Sättigung->Farbton/Sättigung/Helligkeit) bietet eine Vorauswahl des Farbtonbereichs (Farbwinkel), auf den sich die Wirkung beschränkt – das ist eine Art interner Maskierung. Eine Vorauswahl des Sättigungsbereiches, auf den die Korrekturen wirken sollen, gibt es jedoch nicht. Diesen Mangel werden wir mit einer **Sättigungsmaske** beheben. Aber auch schon bei ganz normalen Farbänderungen von Bilddetails bietet eine **Farbmaske** Vorteile gegenüber der globalen (auf das Gesamtbild bezogenen) Farbvorauswahl mit dem FSH-Dialog. Wir werden diesen Dialog trotzdem benötigen – als Anpassungsebene. Alternativ dazu lassen sich für Farb- und Sättigungsänderungen auch einfache, mit einer einheitlichen Farbe gefüllte Farbebenen einsetzen, die den Mischmodus Farbton oder Sättigung erhalten.

Bilddetails umfärben

Eine **Farbmaske** beruht auf einer Farbauswahl, die sich mit dem Zauberstab und den Auswahlmodi Farbe bzw. Wahrnehmung in guter Qualität herstellen lässt. Diese Maske kaschiert später alle *nicht* umzufärbenden Bildbereiche. Übrigens macht das in PSP XI neue **Umfärberwerkzeug** (»225) diese Methode nicht überflüssig. Ich stellte fest, dass der Umfärber schnell auch unerwünschte Bereiche beeinflusst und zudem machmal unvorhersehbare Farbveränderungen produziert. Mit den folgenden zwei Schritten erzeugen Sie eine maskierte Anpassungsebene (**1**), die Farbänderungen gezielter und besser steuerbar erlaubt:

- Klicken Sie mit dem Zauberstab (Option Zusammenhängend und nicht zu große Toleranz) bei gedrückter Umschalttaste den umzufärbenden Farbbereich ab, bis er vollständig ausgewählt ist. Öffnet sich nach einem Klick die Auswahl zu weit, machen Sie dies mit Strg Z oder per Klick mit gedrückter Steuerungstaste rückgängig. Es lässt sich meist nicht völlig vermeiden, dass auch unerwünschte Bereiche ausgewählt werden. Dies ist nicht weiter schlimm und wird später in der Maske korrigiert.
- Legen Sie eine neue Anpassungsebene **Farbton/Sättigung/Helligkeit** an und stellen Sie eine extreme Farbänderung und eine hohe Sättigung ein (**2**). Die Auswahl wird dabei automatisch zur Maske der Anpassungsebene.

Da die Maske sicher noch nicht perfekt »sitzt«, folgt jetzt eine manuelle Korrektur: Zu viel ausgewählte Maskenbereiche werden mit Schwarz, Löcher mit Weiß übermalt. Die extreme Farbänderung macht solche Fehler deutlich sichtbar (**3**). Eine leichte Weichzeichnung (1 … 5 Pixel) rundet die Maske ab. Nun erst sollten Sie sich der Farbe widmen: Rufen Sie per Doppelklick den Dialog der Anpassungebene auf und nehmen die gewünschten Einstellungen vor. Dies können Sie – auch das ist ein Vorteil gegenüber dem Umfärber – später beliebig oft wiederholen.

Eine verringerte Helligkeit der Maske mischt die Originalfarbe mit der neuen Farbe. Sie können dies selektiv durch Malen mit grauer Farbe in der Maske erreichen oder gleich alle hellen Maskenbereiche auf einmal abdunkeln. Alternativ können Sie auch die Deckkraft der Anpassungsebene herabsetzen.

Über die FSH-Anpassungsebene lassen sich außer der Farbe natürlich auch Helligkeit und Sättigung der ausgewählten Farbbereiche ändern. Davon rate ich hier jedoch ab: Helligkeitsänderungen in diesem Dialog produzieren sehr flaue Farben, und bei Sättigungsänderungen entstehen schnell unschöne Übersättigungen. Für solche Korrekturen wollen wir **Sättigungsmasken** einsetzen.

Farbsättigung mit Sättigungsmasken ändern

Die Veränderung der Farbsättigung gehört zu den Standardaufgaben der Bildbearbeitung. Oft sollen Fotos etwas knackiger und farbenfroher werden. Vorbild ist ein fast legendärer Diafilm, der »Velvia«, der wegen seiner kräftigen Farbcharakteristik unter Analogfotografen sehr beliebt ist. Um diesen Effekt per digitaler Bildbearbeitung zu erreichen (»Digital Velvia«), genügt es nicht, einfach den Sättigungsregler etwas aufzudrehen. Geringe Sättigungserhöhungen sind für die flauen, wenig gesättigten Bereiche im Bild nicht ausreichend, größere machen die sowieso schon farbigen Details gleich unnatürlich bunt und verstärken zudem das Farbrauschen bis zu unvertretbaren Werten. Wir benötigen also wieder eine Maske, welche die Sättigungserhöhung auf die Bildbereiche konzentriert, wo sie erwünscht ist, und von anderen Bereichen ausschließt. Diese **Sättigungsmaske** wird aus dem Bild selbst erstellt. Weil es dafür keine Standardwerkzeuge gibt, erfordert dies jedoch ein paar Arbeitsschritte mehr und eventuell die Installation eines zusätzlichen Plugins. Ich gehe im Folgenden davon aus, dass Sie die Sättigungsmaske, wie auf Seite ≫**271** erklärt, bereits angefertigt haben.

Für die eigentliche Sättigungskorrektur eignen sich sowohl die Anpassungsebene **Farbton/Sättigung/Helligkeit** als auch jede mehr oder weniger stark gesättigte Farbebene, die den Mischmodus Sättigung (Vorversion) erhält und mit der Sättigungsmaske maskiert wird. Beginnen wir mit der zweiten Methode:

- Legen Sie über das zu korrigierende Bild eine neue Rasterebene und füllen Sie diese mit einer kräftigen Farbe. Farbton und Helligkeit spielen keine Rolle, die Sättigung sollte 100 % sein. Als Mischmodus wählen Sie Sättigung (Vorversion).
- Legen Sie zu dieser Ebene eine Maskenebene an, in die Sie die (zuvor angefertigte) Sättigungsmaske kopieren. Damit ist der Ebenenaufbau für eine Sättigungserhöhung schon fertig (**4**).

Farb- oder Anpassungsebene?

In der Wirkung auf das Bild scheint es zwischen maskierten Farb- und Anpassungsebenen keine prinzipiellen Unterschiede zu geben. Dem ist aber nicht so. Der Filter und die Anpassungsebene Farbton/Sättigung/Helligkeit arbeiten mit den Komponenten des HSL-Farbsystems. Ein kompletter Sättigungsentzug konvertiert die Farben also in die unserem Farbsehen kaum entsprechende HSL-Helligkeit (≫**75**). Beim Bereinigen schwach gesättigter Bereiche spielt dies keine große Rolle. Beim stärkeren oder kompletten Entsättigen eines Bildes können die Unterschiede zur Luminanz oder Lab-Helligkeit jedoch gravierend sein.

Empfehlung: Benutzen Sie zum Entsättigen stets eine per Sättigung (Vorversion) eingebundene Farbebene (dies setzt die Farbhelligkeit in die Luminanz um), für Sättigungserhöhungen eine Anpassungsebene.

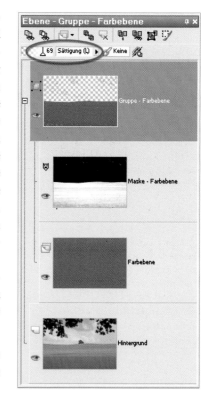

4 Selektive Sättigungserhöhung über eine maskierte Farbebene. Als Maske habe ich hier die Photoshop-Sättigung verwendet (siehe folgende Seite).

1 Von der Güte der Sättigungsmaske hängt der Erfolg der Korrektur ab. Die Abbildungen zeigen v. l. n. r. die mit Paint Shop Pro erzeugte HSL-Sättigung , die Photoshop-Sättigung sowie die im Maskerade-Plugin optimierte Maske mit der Photoshop-Sättigung. Das originale Farbbild und die Ergebnisse der Sättigungserhöhung zeigt die nebenstehende Abbildung.

2 Oben v. l. n. r.: Original-Farbbild, Sättigungserhöhung ohne Maskierung, Maskierung mit der HSL-Sättigung.

Rechts: Ergebnis mit der (im Himmel noch manuell nachbearbeiteten) Photoshop-Sättigungsmaske

Positive oder negative Maske?

Eine neu erstellte Sättigungsmaske ist dort, wo die Farbsättigung im Originalbild gering ist, dunkel bis völlig schwarz. Hell bzw. weiß ist sie dort, wo das Farbbild eine hohe Sättigung hat. Diese Maske (**Positiv**) lässt Korrekturen also vor allem dort zu, wo die Sättigung des Originalbildes hoch ist. In Verbindung mit einer Sättigungserhöhung eignet sie sich zur Betonung der Farbigkeit eines Bildes, ohne es »bunt« zu machen. In Verbindung mit einer Sättigungsverringerung können mit der gleichen Maske farblich zurückhaltende Bilder erzeugt werden, ohne dass in den ursprünglich wenig gesättigten Bereichen die Farbigkeit völlig verloren geht.

Eine *invertierte* Sättigungsmaske (**Negativ**) lässt Korrekturen vor allem dort zu, wo die Ursprungssättigung gering ist. Damit lassen sich flaue Bildbereiche aufpeppen, ohne dass farbige Details übersättigt werden. Es gibt jedoch ein Problem: Fast farblose Bildbereiche mit einer »Restsättigung« können dadurch einen Farbstich erhalten, zudem wird Farbrauschen verstärkt. Solche Bereiche müssen also in der Maske per Hand mit schwarzer Farbe abgedeckt werden.

Mit einer Sättigungsverringerung ist die Negativ-Maske gut zum Bereinigen fast farbloser Bereiche geeignet. Farbrauschen und Farbstiche werden beseitigt, ohne farbige Details anzugreifen.

Oft bietet sich eine Kombination der beiden Methoden an: Verringerung der Sättigung in relativ farblosen, Erhöhung der Sättigung in relativ farbigen Bereichen. Dies erhöht den Farbkontrast, der für die Wirkung eines Fotos eine kaum geringere Rolle spielt als der Helligkeitskontrast.

- Die Intensität der Sättigungserhöhung lässt sich über die Helligkeit der Maske oder die Deckfähigkeit der Maskengruppe steuern. Weiche Übergänge schafft der Weichzeichner, härtere Farbkontraste eine Kontrasterhöhung per Kurven-Filter – stets natürlich auf die Maske angewendet! Achten Sie auch darauf, dass die Maske über Bildbereichen, die grau oder weiß sein sollen, völlig schwarz ist, sonst wird hier das Farbrauschen mitverstärkt.

- Erst wenn die Maske »passt«, stellen Sie die endgültige maximale Sättigung mit dem Filter **Farbton/Sättigung/Helligkeit** ein, der nun auf die *Farbebene* angewendet wird.

Flexibler wird der Aufbau mit zwei Farbebenen und zwei Masken. Die zweite ist (mit invertierter Maske) für Sättigungsverringerungen zuständig und macht beispielsweise Wolken wirklich weiß und entfernt Farbrauschen (**3**). Das folgende Beispiel (**4**) zeigt einen solchen Ebenenaufbau, allerdings nun mit Anpassungs- statt mit Farbebenen. Die Anpassungsebene **Farbton/Sättigung/Helligkeit** hat nicht nur den Vorteil, dass die Sättigung per Regler einstellbar ist, sondern gestattet auch gleich Farb- und Helligkeitsänderungen. Zudem können Sie den zu korrigierenden Bildbereich zusätzlich über die Farbauswahl einschränken, beispielsweise nur Grüntöne verstärken. Die Sättigungsmaske sorgt dann dafür, dass nur Grüntöne ab einer bestimmten Mindestsättigung verstärkt werden.

- Legen Sie über das Originalbild eine Anpassungsebene **Farbton/Sättigung/Helligkeit** und stellen die Sättigung auf +100. Fügen Sie die zuvor erstellte Sättigungsmaske mit `Strg`·`⇧`·`L` in die Anpassungsebene ein.

- Duplizieren Sie die Anpassungsebene, kehren die Maske mit `Strg`·`K` um und stellen (nach Doppelklick auf die Ebenenminiatur) die Sättigung auf -100.

- Verändern Sie Helligkeit und Kontrast der Masken, bis die gewünschte Wirkung erreicht ist. Zum Schluss werden – falls nötig – die Sättigungseinstellungen der Anpassungsebenen etwas abgemildert.

3 Entsättigung beseitigt Farbrauschen (untere Vergrößerung)

4 Sättigungserhöhung und gleichzeitige Entsättigung mit zwei Anpassungsebenen und inversen Masken

Als letztes Beispiel soll der etwas kraftlose Himmel eines Sonnenaufgangfotos verstärkt werden, ohne die leuchtenden Wolken zu übersättigen (**6**). Die Sättigungsmaske muss dazu invertiert werden: Sie schützt nun die höher gesättigten Farben (**5**). Dies kennen Sie schon von der Entsättigung (**4**), nun wird jedoch per Anpassungsebene die Sättigung *verstärkt*, statt sie abzuschwächen. Auf die Gefahr, damit Farbstiche und Farbrauschen in grauen Bereichen ebenfalls zu verstärken, habe ich schon hingewiesen. Dies lässt sich aber verhindern, wenn solche Bereiche von der Maske ebenfalls abgedeckt werden. Bei einfachen Strukturen hilft schon die manuelle Übermalung mit schwarzer Farbe. Für das Beispiel unten habe ich die dunklen Bildbereiche per Helligkeitsauswahl ausgewählt und mit der (stark weichgezeichneten) Sättigungsmaske kombiniert. In PSP werden die Teilmasken als einzelne Ebenen angelegt und dann per Mischmodus Dunklere Farbe vereinigt.

Original

5 Ebenenaufbau zur Verstärkung schwach gesättigter Bildbereiche. Die Maske ist aus zwei mit **SF Maskerade** geschaffenen Teilmasken kombiniert (≫**271**), so dass sie jetzt außer den stärker gesättigten Farben auch die dunklen Farben abdeckt. Das verhindert die Verstärkung von Farbrauschen.

6 Mit der passenden Maske sind spektakuläre Farbstimmungen ein Kinderspiel. Ohne Maske wäre es in diesem Bild kaum möglich, die Himmelsfarben zu kräftigen, ohne gleichzeitig die leuchtenden Wolken zu übersättigen.

16-Bit-Bearbeitung

Eine der wichtigsten Neuerungen in Paint Shop Pro X war die Möglichkeit, Bilder mit 16 Bit Farbtiefe/Kanal zu bearbeiten. Bis PSP 9 wurden solche Bilder beim Öffnen generell auf 8 Bit/Kanal reduziert. Zwar steht auch in PSP XI nur ein kleiner Teil der vorhandenen Werkzeuge und Effekte für 16-Bit-Bilder zur Verfügung, doch genügt dies, um das Potenzial der höheren Farbtiefe für stärkere Helligkeits- und Farbkorrekturen sowie die Graustufenumsetzung auszuschöpfen (**1**).

Die Werkzeuge

Standardmäßig zeigt PSP XI nach dem Öffnen eines 16-Bit-Bildes alle Werkzeuge und Menüs unverändert an. Erst wenn Sie ein 16-Bit-Bild bearbeiten wollen, stellt sich heraus, ob das betreffende Werkzeug dazu überhaupt geeignet ist: Falls nicht, möchte PSP das Bild in 8 Bit/Kanal umwandeln, gibt dies aber zum Glück vorher noch bekannt (»**45**). Schalten Sie diese Warnung nicht ab, denn schließlich wollen Sie ja die Kontrolle darüber behalten, *wann* die Reduzierung erfolgt.

Ich empfehle, in den Programmeinstellungen Datei>Einstellungen>Allgemeine Programmeinstellungen>Automatische Aktion den dritten Listenpunkt **Verringert Bild auf RGB – 8 Bit/Kanal** auf Nie zu stellen (**3**). Anschließend sind alle Menüpunkte und Werkzeuge, die sich nicht auf 16-Bit-Bilder anwenden lassen, ausgegraut. Wenn Sie eines dieser Werkzeuge anwenden wollen, müssen Sie die Umwandlung vorher selbst vornehmen (mit Bild>Farbtiefe verringern>RGB – 8 Bit/Kanal).

Die damit recht ausgedünnte **Werkzeugpalette** (**2**) enthält viele wichtige Werkzeuge nicht mehr: Weder Standard- noch Klonpinsel, keinen einzigen Tonwert- und Farbkorrekturpinsel, kein Lösch-, Hintergrund-Lösch- und Verzerrungswerkzeug. Benutzbar bleiben aber die Auswahlwerkzeuge, das Ausrichtungs- und das Perspektivenkorrektur-Werkzeug und alle Vektorwerkzeuge.

Im Bild-Menü sind die Lücken geringer: Es fehlen die Kanaltrennung in HSL- und CMYK-Kanäle und es lassen sich weder Ränder noch Bilderrahmen hinzufügen. Im Anpassen-Menü (**4**) fehlen dagegen *alle* Werkzeuge gegen Objektivverzerrungen, zudem die **Farbabweichungskorrektur**, **Verblasste Farben korrigieren**, **Histogrammanpassung** und einige Unschärfe- und Weichzeichnungsfilter sowie im Untermenü Bildrauschen hinzufügen/entfernen die Filter zur Rauschentfernung. Benutzbar bleiben die neuen Filter **Bildrauschen digitaler Kameras entfernen**, **Intelligente Fotokorrektur** und **Farbabgleich**.

Aus dem gesamten Effekte-Menü bleiben nur fünf Filter übrig (**5**): **Poster**, **Hochpass** (als einziger Kanteneffekt!), **Schwarzweißfilm** und **Infrarotfilm** sowie der **Benutzerdefinierte Filter**.

Die neun Anpassungsebenen bleiben benutzbar. Jedoch steht kein einziger **Mischmodus** mehr zur Verfügung. Dies und die fehlende Unterstützung für **Plugins** sind besonders herbe Mängel, da deshalb auch einige der oben beschriebenen Arbeitstechniken mit 16-Bit-Bildern nicht anwendbar sind. Maskenebenen lassen sich aber wie gewohnt anlegen.

1 In der Regel nützt es nichts, ein 8-Bit-Bild nachträglich in 16 Bit umzuwandeln, weil dies keine zusätzlichen Tonwertdifferenzierungen erzeugt. Anders ist das aber, wenn Sie ein Farb- in ein Graustufenbild umwandeln. Wenn Sie *vor* der Konvertierung die Farbtiefe des Farbbildes erhöhen, müssen die bei der Konvertierung zwangsläufig errechneten Zwischenwerte nicht auf 256 Helligkeitsstufen gerundet werden. Das Ergebnis hat dann deutlich mehr »Farben« und somit weichere Helligkeitsübergänge als ein direkt in Graustufen konvertiertes 8-Bit-RGB-Bild.

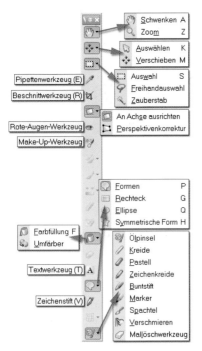

2 Die Werkzeuge für 16-Bit-Bearbeitung

3 Die automatische Verringerung der Farbtiefe sollten Sie PSP hier verbieten.

Ein 16-Bit-Workflow

Ein kompletter 16-Bit-Workflow bis zur fertigen Druckdatei ist in
Paint Shop Pro XI zwar möglich, aber doch mit erheblichen Einschränkungen verbunden. Zudem braucht das in vielen Funktionen
sowieso schon nicht sehr schnelle Programm für die Bearbeitung
von Bildern in 16 Bit Farbtiefe noch einmal deutlich länger. Deshalb
besteht ein sinnvoller Arbeitsablauf in der *richtigen* Mischung aus
16-Bit- und 8-Bit-Bearbeitung, und die eigentlich wichtige Frage
lautet: Wann soll die Konvertierung erfolgen?

4 Die im Anpassen-Menü für 16-Bit-Bearbeitung verfügbaren
Werkzeuge

Eine möglichst hohe Farbtiefe hat besonders dann Vorteile, wenn die Tonwertverteilung des Bildes stark verändert und damit das Histogramm partiell
gedehnt und gestaucht wird. Sie sollten also die Dateien zumindest so lange in
16 Bit belassen, bis diese Korrekturen abgeschlossen sind. Das bedeutet, dass
auch alle vorhergehenden Schritte bei 16 Bit Farbtiefe erfolgen müssen: Drehen,
Ausrichten, Perspektivenkorrektur, Beschneiden, Entfernen von Bildrauschen
und die Weißpunkt-Korrektur (Farbabgleich). Die **Intelligente Fotokorrektur**
ist anschließend der erste Korrekturschritt, der deutlich in das Bildhistogramm
eingreift. Wenn sich damit der gewünschte Kontrastausgleich noch nicht erreichen
lässt, wenden Sie die **Tiefen/Lichter-Methode** unbedingt noch auf das 16-Bit-
Farbbild an. Der **Kontrastausgleich** funktioniert mit 16-Bit-Bildern nicht. Das
Schärfen mit Konturenmaske funktioniert dagegen, jedoch ist das Anfertigen
der Konturenmaske umständlicher. Diese können Sie übrigens auch separat aus
einem 8-Bit-Duplikat des Bildes anfertigen und erst anschließend in die Ebe-
nenmaske des 16-Bit-Bildes einfügen. Auf den Schutz der Farben, den wir mit
dem Mischmodus Helligkeit vorgenommen hatten, muss leider verzichtet werden.
Dies lässt sich aber gleich nach der Reduzierung auf 8 Bit nachholen (dazu muss
natürlich auch das Original in 8 Bit konvertiert werden).

Die Konvertierung in 8 Bit erfolgt nach Abschluss dieser Korrekturen. Mehr als
8 Bit Farbtiefe sind weder für die Monitorausgabe noch für den Ausdruck nötig,
wenn diese 256 Tonstufen die Motivhelligkeiten wie gewünscht wiedergeben.
Für kleinere Änderungen und die endgültige Schärfung stellen 8 Bit Farbtiefe
keinen Nachteil dar. Für den Fall, dass Sie später mit einem Bild noch »wilde«
Verfremdungen anstellen wollen (was bei 8 Bit Farbtiefe Tonwertabrisse verursachen kann), sollten Sie von der 16-Bit-Datei eine Kopie im Bildarchiv haben.

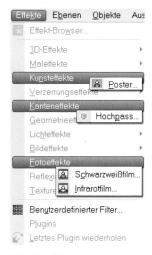

5 Die für 16-Bit-Bearbeitung geeigneten Filter
aus dem Effekte-Menü

16-Bit-Vorverarbeitung

Sie können auf die 16-Bit-Bearbeitung in Paint
Shop Pro völlig verzichten, wenn Sie Ihre Fotos
mit RawShooter Essentials oder einem Scanprogramm bearbeiten und darin schon alle
(zumindest die gröberen) Farb- und Helligkeitskorrekturen vornehmen. Für ein fertig korrigier-
tes, später kaum noch verändertes Bild gibt es
wie gesagt keine Notwendigkeit für eine größere Farbtiefe als 8 Bit/Kanal.

Automatisierung

Befehle wiederholen

Den jeweils zuletzt ausgeführten Befehl wiederholen Sie mit Bearbeiten>Wiederholen Strg Y. Damit lässt sich auch das zuletzt ausgeführte Skript schnell auf andere geöffnete Bilder anwenden.

Wenn Sie beim Klicken auf einen Befehl oder ein Symbol die Umschalttaste ⬆ gedrückt halten, führt PSP den Befehl mit den zuletzt vorgenommenen Einstellungen unter Umgehung des Dialogs aus. So lassen sich beispielsweise hintereinander Ebenen anlegen, ohne jedesmal den Dialog bestätigen zu müssen.

Wer am Computer zweimal das Gleiche tut, nutzt dessen Stärke nicht, die ja gerade darin besteht, wiederkehrende Abläufe zu automatisieren. Paint Shop Pro verfügt über zahlreiche pfiffige Automatisierungsfunktionen. Einige funktionieren einfach per »Drag and Drop« mit der Maus (z. B. das Ziehen einer Aktion aus der Verlauf-Palette in ein anderes Bild), andere per Tastaturkürzel (siehe Randspalte). Noch viel mehr Möglichkeiten bietet die ebenfalls sehr benutzerfreundlich umgesetzte Skripting-Funktion. Die Nutzung erfordert keinerlei Programmierkenntnisse. Wer sich jedoch die Mühe macht, hinter die Kulissen der Skripting-Funktion zu schauen, findet dort fast alle Bildbearbeitungen und Voreinstellungen im »Klartext« (nun ja – in einer nicht ganz einfachen Programmiersprache). Solche Skripts lassen sich ändern und damit an eigene Bedürfnisse anpassen oder auch völlig neu schreiben.

Während ein **Skript** die automatische Anwendung eines oder mehrerer Befehle auf *ein* Bild erlaubt, dient die **Stapelverarbeitung** zur Anwendung eines Befehls oder Skripts auf *mehrere* Bilder. Beide Funktionen ergänzen sich.

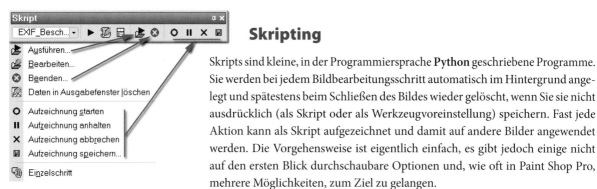

1 Die Skript-Symbolleiste und das Skript-Untermenü im Datei-Menü verfügen nicht über identische Funktionen. Die Umschaltung in den Einzelschrittmodus ist beispielsweise nur über das Menü möglich.

Skripting

Skripts sind kleine, in der Programmiersprache **Python** geschriebene Programme. Sie werden bei jedem Bildbearbeitungsschritt automatisch im Hintergrund angelegt und spätestens beim Schließen des Bildes wieder gelöscht, wenn Sie sie nicht ausdrücklich (als Skript oder als Werkzeugvoreinstellung) speichern. Fast jede Aktion kann als Skript aufgezeichnet und damit auf andere Bilder angewendet werden. Die Vorgehensweise ist eigentlich einfach, es gibt jedoch einige nicht auf den ersten Blick durchschaubare Optionen und, wie oft in Paint Shop Pro, mehrere Möglichkeiten, zum Ziel zu gelangen.

Skripts aufzeichnen

Sie können ein Skript direkt mit dem **Skript-Rekorder** aufnehmen – entweder über die vier Aufzeichnungsbefehle im Menü Datei>Skript oder mit den vier rechts angeordneten Symbolschaltflächen in der Skript-Symbolleiste (**1**). Es geht aber auch anders und das sogar im Nachhinein: PSP zeichnet sowieso jeden Schritt in der Verlauf-Palette auf (»**30**). Öffnen Sie diese Palette mit F3, markieren Sie die zu speichernden Schritte und wählen Sie im Kontextmenü Als Skript speichern (**2**). Ein **Quickskript**, das Sie hier auch finden, unterscheidet sich vom Skript vor allem dadurch, dass es lediglich bis zum Beenden des Programms gespeichert wird.

Die dritte Möglichkeit: Wählen Sie aus dem gleichen Kontextmenü In Zwischenablage kopieren und fügen Sie den Code mit Strg V in ein Editorfenster ein. Damit daraus ein lauffähiges Skript wird, fehlen allerdings noch ein paar sogenannte Header-Informationen im Kopf des Skripts. Sie können diese Funktion aber nutzen, um zu sehen, welche Python-Befehle hinter einer bestimmten Funktion stecken und diese z. B. in ein bestehendes, lauffähiges Skript einfügen.

Quickskript

Ein Quickskript speichert alle *aktiven* (d. h. nicht rückgängig gemachten) Aktionen zu einem Bild. Es kann auf das gleiche oder ein beliebiges anderes Bild angewendet werden. Quickskripts werden beim abermaligen Speichern überschrieben und gehen bei Beendigung des Programms verloren. Die Aufzeichnung starten Sie in der Verlauf-Palette mit der Schaltfläche 🖫, die Wiedergabe mit ▶.

Skripts speichern

Es ist nicht egal, wo Sie ein Skript speichern. Die »vorgeschriebenen« Ordner sind im Dialog Datei>Einstellungen>Speicherorte und dort unter **Skripts (eingeschränkt)** und **Skripts (vertrauenswürdig)** zu finden. Standardmäßig sind dies je ein Ordner für PSP-eigene und für selbst angelegte Skripts. Im Auswahlfeld der Skript-Symbolleiste sind nur Skripts aufgelistet, die sich an diesen Speicherorten befinden. Skripts in anderen Ordnern können Sie nur über das Menü Datei>Skript>Ausführen starten.

Die Unterteilung in eingeschränkte und vertrauenswürdige Skripts ist eine Sicherheitsmaßnahme. In der Programmiersprache Python lassen sich auch Skripts erstellen, die – versehentlich oder absichtlich – Dateien überschreiben oder löschen. Deshalb sperrt Paint Shop Pro bei Skripts, die *nicht* in einem als vertrauenswürdig deklarierten Ordner liegen, die Ausführung einiger Befehle (siehe Randspalte). Die Skripts können trotzdem ausgeführt werden. Wenn Sie sich nicht sicher sind, was ein Skript anrichtet (wenn Sie es z. B. aus dem Internet erhalten haben), belassen Sie es im Ordner für eingeschränkte Skripts.

Der Speichern-Dialog für Skripts (3) enthält mehrere Optionen. In einem Unterdialog lassen sich Angaben zum Autor und eine Beschreibung eingeben.

Materialien speichern speichert die für Farbfüllungen, Pinselstriche etc. verwendeten Materialien mit im Skript. Wenn diese Option nicht gewählt ist, werden stattdessen bei jedem Ausführen des Skripts die gerade aktuellen Vorder- und Hintergrundmaterialien verwendet.

Rückgängig gemachte Befehle entfernen Meist ist es kaum sinnvoll, rückgängig gemachte Befehle mit zu speichern. Wenn Sie dies trotzdem wünschen, müssen Sie diese Option deaktivieren. Es ist dann sogar möglich, **Nicht rückgängig zu machende Befehle** in ein Skript zu speichern. Vorher müssen diese über den Button ![] in der Verlauf-Palette sichtbar gemacht werden.

Dialogfeldpositionen speichern ist meist unnötig und kann sogar schädlich sein, wenn Sie das Skript auf einem anderen Rechner ausführen wollen.

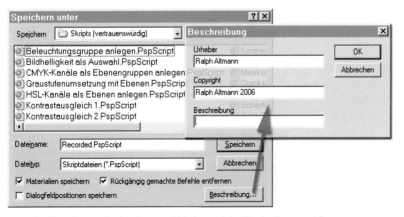

3 In jedes Skript können Sie Angaben zum Urheber und eine Beschreibung speichern.

2 Ausschnitt aus dem Kontextmenü der Verlauf-Palette

Eingeschränkte Skripts

Die folgenden Skriptbefehle führt Paint Shop Pro nur aus, wenn das Skript im Ordner **Skripts (vertrauenswürdig)** gespeichert ist. Gegebenenfalls müssen Sie also das Skript erst dorthin verschieben, damit es wie gewünscht funktioniert.

DateiSpeichern	Datei>Speichern
DateiSpeichernUnter	Datei>Speichern unter
DateiKopieSpeichernUnter	
	Datei>Kopie speichern unter
GIFExport	Datei>Exportieren>GIF-Optimierung
PNGExport	Datei>Exportieren>PNG-Optimierung
JPEGExport	Datei>Exportieren>JPEG-Optimierung
Speicherorte	Datei>Einstellungen>Speicherorte
DateiSchließen	Datei>Schließen
DateiAlleSchließen	Datei>Alle schließen
DateiSenden	Datei>Senden
BatchConvert	Datei>Stapelverarbeitung
BatchUmbenennung	
	Datei>Im Stapelverfahren umbenennen
Mapper	Datei>Exportieren>Imagemap
Unterteilen	Datei>Exportieren>Bildunterteilung
FileExit	Datei>Beenden

Weitere Einschränkungen

Nicht in einem Skript aufgezeichnet werden können:

- Anpassungen der Benutzeroberfläche, das Anordnen bzw. Docken von Symbolleisten, Paletten und Fenstern;
- Aktionen in der Browser-Palette und im Fenster **Seitenlayout**;
- das Erstellen von Farbverläufen.

Aktionen in der Material- bzw. Mischfunktionspalette und in der Palette Werkzeugoptionen sind skriptfähig, können jedoch nicht aufgezeichnet werden. Verwenden Sie dazu einen Text-Editor.

Nur Plugins, die Skripting unterstützen, können in Skripts integriert werden.

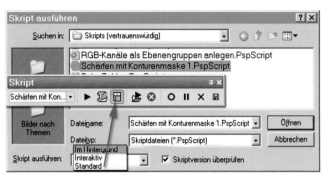

1 Je nachdem, von wo Sie ein Skript starten, bestimmt die Schaltfläche in der Skript-Symbolleiste oder die Auswahl unter **Skript ausführen** den Wiedergabemodus. Wenn Letztere auf Standard steht, gilt auch hier die Stellung des Schalters in der Symbolleiste. In jedem Fall haben aber die Einstellungen im Skript-Editor (**3**) Vorrang vor den hier gezeigten Einstellungen.

Einzelschrittmodus

Dies ist ein weiterer, vor allem für die Fehlersuche geeigneter Modus. Er lässt sich nur über das Programmmenü (Datei>Skript>Einzelschritt) einschalten. Das Dialogfeld **Skriptschritt** zeigt vor der Ausführung den Befehlsnamen jedes folgenden Schrittes an. Sie können den Ablauf jederzeit stoppen oder einen Befehl überspringen (**2**). Der Wiedergabemodus des Skripts wird vom Einzelschrittmodus nicht beeinflusst. Öffnen Sie beim Testen von Skripts die Palette **Skriptausgabe** ⓪ F3, in der die Fehlermeldungen ausgegeben werden.

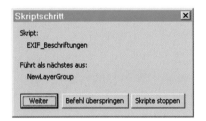

2 Der Dialog des Einzelschrittmodus zeigt die Befehle mit ihren englischen Bezeichnungen.

Python bändigen

Informationen zu der Programmiersprache Python finden Sie unter **www.python.org**. Beim Schreiben oder Ändern von Python-Skripts müssen Sie beachten, dass die *Einrückungen* eine wichtige Bedeutung haben. Leerzeichen und Tabulatoren dürfen nicht vermischt werden. Corel empfiehlt die Python-kompatiblen Editoren **PythonWin** und **Idle**.

Skripts wiedergeben

Auch für die Wiedergabe eines Skripts gibt es zwei Wege. Über Datei>Skript>Ausführen können Sie wie gesagt Skripts ausführen, die an beliebigen Orten gespeichert sind. Über die Skript-Symbolleiste lassen sich nur Skripts aus einem der *festgelegten* Speicherorte ausführen. In beiden Fällen können Sie vor der Skriptausführung noch   auf ebenfalls etwas unterschiedliche Weise – den **Skript-Ausführungsmodus** wählen. Ein Ausführungsmodus wird allerdings auch im **Skript-Editor** (und dort Befehl für Befehl) festgelegt. Alle drei Einstellungen wirken zusammen, was die Sache nicht ganz einfach macht. Aber erst einmal zu den Skript-Ausführungsmodi. Es gibt drei davon:

Im Hintergrund Dialogfelder zu den Befehlen oder Aktionen werden während der Ausführung des Skripts *nach Möglichkeit* unterdrückt.

Interaktiv Die Dialogfelder zu den Skript-Befehlen werden *nach Möglichkeit* geöffnet, so dass Sie die Einstellungen akzeptieren oder ändern können.

Standard Über den Modus entscheidet die Symbolschaltfläche Ausführungsmodus umschalten 🔳 in der Skript-Symbolleiste. Ist diese aktiviert (sichtbar am blauen Rahmen), gilt der Modus Interaktiv, andernfalls der Modus Im Hintergrund (**1**).

Nach Möglichkeit bedeutet in allen Fällen, dass der im Skript-Editor gewählte Befehls-Ausführungsmodus Vorrang hat. Nur wenn dort bei einem Befehl Standard eingetragen ist, kann sich die Modus-Einstellung im Dialog **Skript ausführen** oder in der Symbolleiste überhaupt auswirken.

Skripts bearbeiten

Mit dem Menübefehl Datei>Skript>Bearbeiten oder über die Bearbeiten-Schaltfläche der Skript-Symbolleiste 🖳 gelangen Sie in der Regel in den **Skript-Editor** von PSP (**3**). Hier können Sie die Skriptinformationen (Urheber, Copyright und Beschreibung) ändern oder nachtragen. Im darunter liegenden Fenster **Skriptbefehle** sind alle enthaltenen Befehle aufgelistet. Sie lassen sich hier einzeln löschen, deaktivieren und wieder aktivieren (das Häkchen vor einer Zeile bedeutet »aktiviert«). Im Auswahlfeld dahinter wird der **Befehls-Ausführungsmodus** festgelegt. Die Bedeutung entspricht den oben erläuterten Ausführungsmodi des Gesamtskripts, nun jedoch auf einen einzelnen Befehl bezogen.

Ein Klick auf den Button Bearbeiten öffnet das zum ausgewählten Befehl gehörende Dialogfeld in einer Version ohne Vorschau (trotzdem muss dazu ein Bild, das den betreffenden Bearbeitungsschritt erlaubt, geöffnet sein). Alle Einstellungen, die Sie hier vornehmen oder ändern, werden im Skript gespeichert. Das funktioniert natürlich nur bei Befehlen, die nicht mit »NICHT zu bearbeiten« gekennzeichnet sind.

Der Button Text-Editor öffnet den (in den Speicherorten »48) festgelegten Editor zum Anzeigen und Bearbeiten des zum Skript gehörenden Python-Codes. Einige Skripts werden generell nicht im Skript-Editor, sondern gleich im Texteditor geöffnet. Dies geschieht auch dann, wenn das Skriptformat nicht lesbar ist oder das Skript manuell erstellt wurde.

Skripts im Quelltext bearbeiten

Wenn Sie etwas tiefer in die Möglichkeiten des Skriptings eindringen wollen, lohnt es sich, öfter einmal einen Blick auf den sogenannten Quelltext – das sind die in der Programmiersprache Python auf-gezeichneten Befehle – zu werfen. Öffnen Sie interessante Skripts mit dem Texteditor, schauen Sie sich per In Zwischenablage kopieren die Python-Befehle an, die hinter einzelnen Bildbearbeitungsschritten in der Verlauf-Palette stecken, und testen Sie, was sich im Quelltext ändert, wenn Sie einige Einstellungen verändern. Auf diesem Wege werden Sie zwar sicher kein Python-Experte – doch um nützliche Änderungen und Anpassungen an bestehenden Skripts auszuführen, müssen Sie das auch nicht. Paint Shop Pro enthält einen reichen Fundus an solchen Skripts, die zudem sehr gut kommentiert sind (allerdings auf Englisch). Für ein grundlegendes Verständnis der Wirkungsweisen genügt vielleicht schon ein Wochenende.

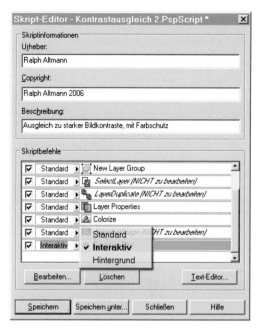

3 Der im **Skript-Editor** gewählte Befehls-Ausführungsmodus hat Vorrang vor dem Skript-Ausführungsmodus. Nur mit Standard gekennzeichnete Befehle können beeinflusst werden.

Mit welch geringen Änderungen sich ein komplexes Skript anpassen lässt, soll ein Beispiel zeigen. Das Skript **EXIF-Beschriftungen.PspScript** liest das Kamera-modell, die bei der Aufnahme benutzte Blende und die Belichtungszeit aus den EXIF-Informationen eines Bildes und schreibt diese (auf einer neuen Ebene) in die rechte untere Bildecke (**4**). Da ich das Aufnahmedatum viel interessanter finde als das Kameramodell, habe ich die entsprechenden Informationen im Quelltext des Skripts ausgetauscht. Dazu genügt eine zusätzliche Zeile. Die alte Zeile wird mit dem #-Zeichen auskommentiert, auch sonst habe ich nichts verändert (**5**). Die größte Schwierigkeit war, den Namen der Variable (ExifDateTime) zu finden, welche die gewünschte Information enthält. Letztlich half ein (an die Vorbilder der im Skript benutzten EXIF-Variablen angelehntes) gezieltes Ausprobieren.

4 Ein Bild mit den per Skript eingefügten EXIF-Informationen in zwei Varianten: ganz rechts unten die neue Version mit Datum, Zeit, Blende und Belichtungszeit, darüber die alte Version mit dem Kameramodell.

```
          'Pattern': None,
          'Gradient': None,
          'Texture': None
          },
      'Font': CaptionFontName,
      'PointSize': TextSize,
      'Start': TextPlacementLine1,
      'Stroke': None,              Alte Codezeile (auskommentiert)
      'LineStyle': None,            Neu eingefügte Zeile
      'LineWidth':0,
      'SetText': App.Constants.Justify.Right,
 #        'Characters': CaptionTextCamera,
          'Characters': ImageInfo['ExifDateTime'],
      'GeneralSettings': {
          'ExecutionMode': App.Constants.ExecutionMode.Silent,
          'AutoActionMode': App.Constants.AutoActionMode.Match,
          'Version': ((9,0,0),1)
```

5 Die Änderungen im Skript **EXIF_Beschrif-tungen.PspScript** in Zeile 146

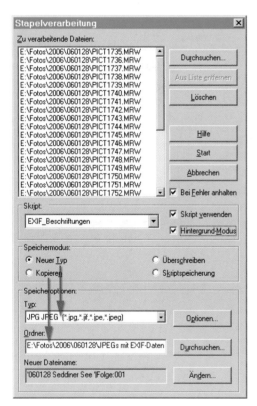

Stapelverarbeitung...

Im Stapelverfahren umbenennen...

1 Die beiden Stapelverarbeitungsbefehle im Datei-Menü

Aktion auf andere Bilder anwenden

Eine beliebige Aktion aus der Verlauf-Palette eines Bildes lässt sich auf alle anderen geöffneten Bilder anwenden. Wählen Sie dazu die Aktion mit der Maus aus, drücken Sie die rechte Maustaste und wählen im Kontextmenü **Auf andere geöffnete Dokumente anwenden**. Es spielt keine Rolle, ob die Aktion aktiv, rückgängig (gelb durchgekreuzt) oder selektiv rückgängig (rot durchgekreuzt) gemacht wurde. Auf das aktuelle Bild wird die Aktion dabei *nicht* noch einmal angewendet.

2 Der Dialog **Stapelverarbeitung** zeigt im oberen Fenster den Stapel, der mit den unteren Einstellungen abgearbeitet wird. Ich habe hier alle drei Aktionsarten gewählt: **Skriptausführung** (EXIF-Beschriftungen), **Konvertierung** in einen neuen Dateityp (JPEG) und **Umbenennung** mit einem benutzerdefinierten Text (060128 Seddiner See) und angehängter dreistelliger laufender Nummer (**3**).

Stapelverarbeitung (Batch)

In der Regel werden Befehle, Skripts und Aktionen auf ein einziges Bild angewendet: auf das, welches in Paint Shop Pro geöffnet ist und sich im Vordergrund befindet. Sollen mehrere Bilder oder ein ganzer Ordner mit Bildern auf die gleiche Weise bearbeitet werden, ist dies mit der **Batch**- oder **Stapelverarbeitung** möglich. Die einfachste Form der Stapelverarbeitung ist die Anwendung einer beliebigen Aktion, die Sie an *einem* der geöffneten Bilder ausgeführt haben, auf *alle anderen* geöffneten Bilder. Dazu genügen zwei Mausklicks (siehe Randspalte).

Paint Shop Pro bietet im Datei-Menü zwei Befehle mit sehr viel mehr und flexibleren Optionen: **Stapelverarbeitung** und **Im Stapelverfahren umbenennen** (**1**). Jede Stapelverarbeitung erfordert etwas Vorbereitung, die sich in drei Fragen zusammenfassen lässt: **Welche** Dateien sollen verarbeitet werden? **Was** ist zu tun? **Wohin** sollen die Ergebnisse gespeichert werden? Die entsprechenden Einstellungen erläutere ich im Folgenden am Dialog Datei>Stapelverarbeitung (**2**).

Welche Dateien?

Diese Frage beantworten Sie in der oberen Hälfte des Dialogs. Der Button Durchsuchen öffnet einen Dateiauswahl-Dialog, wo (ähnlich wie im Browser von Paint Shop Pro) alle gewünschten Dateien per Mausklick bei gedrückter ⇧-Taste (wählt benachbarte Dateien) oder bei gedrückter Strg-Taste (wählt mehrere einzelne Dateien) markiert werden. Diese Dateien erscheinen nach der Bestätigung mit OK mit ihren kompletten Speicherpfaden in der Liste **Zu verarbeitende Dateien**. Dateien aus unterschiedlichen Ordnern fügen Sie durch mehrmaligen Aufruf von Durchsuchen hinzu. Aus Liste entfernen entfernt eine oder mehrere ausgewählte Dateien wieder, Löschen löscht die Liste (nicht die Bilder!) komplett.

Was tun?

Es gibt drei Arten von Aktionen, die sich einzeln oder beliebig kombiniert ausführen lassen: ein **Skript ausführen**, die Dateien in einen **neuen Dateityp** konvertieren und ihnen einen **neuen Dateinamen** verleihen. Für jede Art sind unterschiedliche Optionen verfügbar.

Skript ausführen Nach Aktivierung per Skript verwenden können Sie das auszuführende Skript aus der Dropdown-Liste auswählen. Hintergrund-Modus verhindert (ähnlich wie die Funktion Ausführungsmodus umschalten in der Skript-Symbolleiste) das Öffnen von Dialogboxen während der Skriptausführung.

Neuer Dateityp Diese Funktion entspricht dem PSP-Befehl Datei>Speichern unter. Als **Speichermodus** muss Neuer Typ gewählt sein. Dann können Sie unter den **Speicheroptionen** den **Typ** aus einer Liste auswählen und die Optionen festlegen.

Neuer Dateiname Die Festlegung des neuen Dateinamens erfolgt im Dialog **Dateinamenformat ändern** (3), den Sie über den Button Ändern erreichen. Unter **Optionen zum Umbenennen** finden Sie fünf Komponenten, aus denen der neue Dateiname beliebig zusammengesetzt werden kann. Benutzerdefinierter Text ist das, was der Name sagt. Dokumentname ist der alte Dateiname. Datum und Uhrzeit sind das aktuelle Datum und die Uhrzeit des Rechners. (Für beide Angaben gibt es unterschiedliche Formate. Die Übernahme des Dateidatums oder des EXIF-Aufnahmedatums ist jedoch nicht möglich.) Folge verleiht den Dateien laufende Nummern in aufsteigender Folge. Anfangsnummer und Stellenzahl werden im Feld **Anfangsfolge** festgelegt.

Alle Komponenten lassen sich beliebig kombinieren und anordnen. Per Benutzerdefinierter Text können so Leerzeichen und Trennstriche – auch mehrmals – zwischen andere Komponenten eingefügt werden.

Die Änderung von Dateinamen ist sowohl über den Dialog **Stapelverarbeitung** als auch über den Dialog **Im Stapelverfahren umbenennen** möglich. Beide Wege erscheinen auf den ersten Blick gleichwertig – sind es aber nicht. Über den ersten erfolgt *immer* eine neue Speicherung der Datei, was nicht nur länger dauert, sondern auch das Dateidatum auf das aktuelle Datum und die Uhrzeit des Rechners setzt. Bei **Im Stapelverfahren umbenennen** wird dagegen wirklich nur der Dateiname geändert. Das Dateidatum bleibt erhalten. Die Umbenennungsdialoge selbst sind völlig identisch.

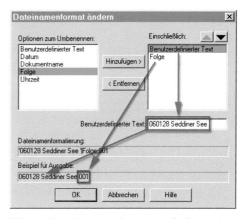

3 Komposition eines neuen Dateinamens für die Stapel-Umbenennung

4 Während der Ausführung der Stapelverarbeitung werden Status und ausgeführte Aktionen in diesem Fenster angezeigt.

Wohin speichern?

Über das Wohin entscheiden die Einstellungen unter **Speichermodus** und **Speicheroptionen** gemeinsam: Kopieren speichert die Daten in dem unter **Ordner** festgelegten Speicherort (im Ordner-suchen-Dialog lässt sich auch ein neuer Ordner anlegen) mit dem unter **Neuer Dateiname** festgelegten Namen. Überschreiben speichert jede Datei am ursprünglichen Speicherort, wobei die Originaldatei überschrieben wird. Nur wenn gleichzeitig Bei Fehler anhalten aktiviert ist, erfolgt vor jedem Überschreiben eine Rückfrage. Skript befolgen führt lediglich das ausgewählte Skript aus und kümmert sich um das Speichern überhaupt nicht. Die entsprechenden Speichern-Befehle müssen also im Skript vorhanden sein. Sind sie es nicht, wird das Skript zwar ausgeführt, aber kein einziges Ergebnis gespeichert. Mit den beiden letzten Optionen sind alle Speicheroptionen deaktiviert.

Stapelverarbeitung ausführen

Nach Betätigung von Start wird die Stapelverarbeitung gestartet und das Dialogfeld **Status der Konvertierung** geöffnet (4), wo Sie den Fortschritt anhand von zwei Balken verfolgen können. Die im Dialogfenster angezeigten Einzelschritte bleiben auch nach Beendigung der Verarbeitung sichtbar. Mit Protokolldatei speichern lassen sie sich in eine Datei speichern.

Dateiformat beachten!

Achten sie beim Festlegen des Dateiformats, in dem per Skript bearbeitete Dateien gespeichert werden sollen, auf die Kompatibilität zum Skript. Wenn beispielsweise ein Skript Ebenen anlegt, die Speicherung aber in einem Format erfolgt, das keine Ebenen unterstützt, gehen die Ebenen wieder verloren. Ebenso können bei Konvertierungen in ein anderes Dateiformat ungewollt EXIF- und IPTC-Informationen verloren gehen.

Stichwortverzeichnis